Lehner/Auer-Rizzi/Bauer/Breit/Lehner/Reber
Organisationslehre für Wirtschaftsinformatiker

Franz Lehner
Werner Auer-Rizzi
Robert Bauer
Konrad Breit
Johannes Lehner
Gerhard Reber

Organisationslehre
für Wirtschaftsinformatiker

 Carl Hanser Verlag München Wien

Die Autoren:

Dipl.-Ing. Dr. Franz Lehner, Mag. Werner Auer-Rizzi, Mag. Robert Bauer, MBA Konrad Breit, Mag. Dr. Johannes Lehner, o. Univ.-Prof. Dr. Gerhard Reber, alle Institut für Wirtschaftsinformatik und Organisationsforschung, Universität Linz.

Alle in diesem Buch enthaltenen Programme und Verfahren wurden nach bestem Wissen erstellt und mit Sorgfalt getestet. Dennoch sind Fehler nicht ganz auszuschließen. Aus diesem Grund ist das im vorliegenden Buch enthaltene Programm-Material mit keiner Verpflichtung oder Garantie irgendeiner Art verbunden. Autor und Verlag übernehmen infolgedessen keine Verantwortung und werden keine daraus folgende oder sonstige Haftung übernehmen, die auf irgendeine Art aus der Benutzung dieses Programm-Materials oder Teilen davon entsteht.

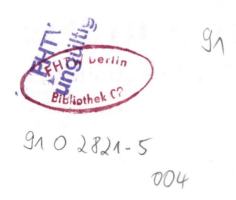

Die Deutsche Bibliothek – CIP-Einheitsaufnahme

Organisationslehre für Wirtschaftsinformatiker / F. Lehner ...
– München ; Wien : Hanser, 1991
  (Hanser Studienbücher)
  ISBN 3-446-15769-7
NE: Lehner, Franz

© 1991 Carl Hanser Verlag München Wien
Umschlagkonzeption: Hans Peter Willberg
Druck und Bindung: Druckerei Wagner, Nördlingen
Printed in Germany

Vorwort

Die überwiegende Anzahl der Lehr- und Fachbücher über Organisation konzentriert sich auf betriebswirtschaftliche Schwerpunkte, jene der Wirtschaftsinformatik auf den technisch orientierten Grundlagenstoff wie Hardware, Software, Datenorganisation, Systemanalyse, betriebliche Anwendungen usw. Die Wirtschaftsinformatik ist jedoch längst über eine isolierte Betrachtung von Systemkomponenten wie Hardware und Software sowie deren Entwicklung und Implementierung hinausgewachsen. Dennoch wird der Charakter der "Organisation" als Querschnitts- und Integrationsfunktion noch immer viel zu wenig berücksichtigt.

Ein einschlägiges Lehrbuch über "Organisation", das den Zielsetzungen der Wirtschaftsinformatik entsprechend aufbereitet ist, existiert bislang nicht. Mit dem vorliegenden Buch wird ein erster Versuch in diese Richtung unternommen. Das Hauptziel besteht darin, die Grundlagen der Organisationslehre für Lehrende und Lernende in der Wirtschaftsinformatik und für interessierte Praktiker darzustellen sowie in einen Bezug zur Unternehmensrealität zu setzen. Besonderer Wert wurde bei der Stoffauswahl auf eine geschlossene und in sich konsistente Darstellung der Inhalte sowie auf die Erläuterung an konkreten betriebswirtschaftlichen Beispielen gelegt.

Die Autoren haben dieses Lehrbuch in der Zeit zwischen Herbst 1989 und Winter 1990, mit persönlichen Zuständigkeiten für einzelne inhaltliche Schwerpunkte, nach einem gemeinsamen Konzept erstellt. Das Manuskript wurde seit Sommersemester 1990 an der Universität Linz als Grundlage für die gleichnamige Vorlesung und Übung verwendet. Unser Dank gilt allen, die durch ihre Anregungen und sachkundige Kritik zum Gelingen dieses Werkes beigetragen haben, insbesondere auch Frau Susanne Lehner für das Korrekturlesen.

Die Bezeichnung dieser Veröffentlichung als Lehrbuch soll ihren primären Zweck, als Unterlage für einschlägige Lehrveranstaltungen und zum Selbststudium für Studenten der Wirtschaftsinformatik (aber auch der Betriebswirtschaft) zu dienen, verdeutlichen. Darüber hinaus wird diese Veröffentlichung auch für viele Praktiker, in deren Verantwortungsbereich die Entwicklung oder Einführung von Informationssystemen fällt, von Nutzen sein.

Linz, im März 1991

Franz Lehner
Werner Auer-Rizzi
Robert Bauer
Konrad Breit
Johannes M. Lehner
Gerhard Reber

Inhaltsverzeichnis

EINLEITUNG

1. Einordnung der Organisationslehre in das Studium der Wirtschaftsinformatik 1

1.1 Entwicklung der Wirtschaftsinformatik 2
1.2 Zielsetzung und Aufbau des Buches 4

ORGANISATION

2. Organisationen in unterschiedlichen Interpretationen und Konstruktionen 7

2.1 Was versteht man unter "Organisation"? 7
    2.1.1   Das Entstehen "moderner" Wirtschaftsbetriebe 7
    2.1.2   Eine Analogie: Verbindungen aus der Sicht der Chemie 12
    2.1.3   Grenzen der naturwissenschaftlichen Analogie 13
    2.1.4   Organisationen als kognitiv konstruierte Gestalten 16
2.2 Organisationen in unterschiedlichen Interpretationen 22
    2.2.1   Organisationen als Maschinen 23
    2.2.2   Organisationen als Organismen 25
    2.2.3   Organisationen als Gehirne 28
    2.2.4   Organisationen als Kulturen 29
    2.2.5   Organisationen als politische Systeme 32

3. Organisatorische Grundlagen des Betriebs 37

3.1 Verhalten in Organisationen 37
    3.1.1   Individuum und Interaktion 38
        3.1.1.1 Wahrnehmung und Umwelt 40
        3.1.1.2 Musterbildung und Denken 44
        3.1.1.3 Die psycho-logische Konsistenz der Erfahrung 49
        3.1.1.4 Bedürfnisse und Ziele 52
        3.1.1.5 Die Metapher der nicht-trivialen Maschine 57
        3.1.1.6 Axiome menschlicher Kommunikation 60
        3.1.1.7 Lernen 63
    3.1.2   Gruppe und Kultur 67
        3.1.2.1 Die Gruppe-als-Ganzes 67

3.1.2.2 Der Konsolidierungsprozeß der Gruppe 71
3.1.2.3 Macht und Autorität 73
3.1.2.4 Führung 76
3.1.2.5 Großgruppe und Kultur 79
3.2 Organisationsstrukturen 82
3.2.1   Spezialisierung 82
3.2.1.1 Funktionale Spezialisierung 85
3.2.1.2 Objektbezogene Spezialisierung 88
3.2.2   Koordination 97
3.2.2.1 Einliniensystem 101
3.2.2.2 Mehrliniensystem 103
3.2.2.3 Stab-Liniensystem 105
3.2.2.4 Matrix-Organisation 108
3.2.2.5 Hierarchiesubstitute 113
3.2.2.6 Zentralisation/Dezentralisation, Delegation, Partizipation .. 117
3.3 Organisatorischer Wandel 122
3.3.1   Grundproblematik des Wandels 122
3.3.2   Veränderungswiderstände 123
3.3.3   Veränderungsstrategien 127

4. Aufgaben und Ziele der Ablauforganisation 136

4.1 Ziele der Ablauforganisation 138
4.1.1   Zielarten 138
4.1.2   Ökonomische Ziele der Ablauforganisation 140
4.1.3   Mitgliederorientierte Ziele 141
4.1.4   Ziele der Umwelt 142
4.1.5   Operationale Ziele 142
4.2 Aufgaben des Betriebs 143
4.2.1   Die Beschreibung und Klassifikation von Aufgaben 144
4.2.1.1 Originäre Aufgabenmerkmale 145
4.2.1.2 Abgeleitete und kontextabhängige Aufgabenmerkmale 146
4.2.2   Aufgaben- und Arbeitsanalyse 149
4.2.3   Aufgaben- und Arbeitssynthese 157
4.3 Planung von Abläufen 163
4.3.1   Allgemeines zur Planung 163
4.3.2   Arten der Planung 164
4.3.3   Planungsinhalte 166
4.3.3.1 Programm-, Termin- und Angebotsplanung 167
4.3.3.2 Reihenfolge- und Zuordnungsplanung 170
4.3.3.3 Planung von Rahmenbedingungen 172
4.4 Steuerung 173
4.5 Kontrolle 177

5. Struktur- und Ablaufgestaltung 180

5.1 Grundteile der Organisation 180
5.2 Informationsflüsse zwischen Teilen der Organisation 183
   5.2.1   Allgemeines zu Informationsflüssen 183
   5.2.2   Vertikale Informationsflüsse 185
   5.2.3   Horizontale Informationsflüsse 188
      5.2.3.1 Abhängigkeiten von Stellen auf gleicher Ebene 188
      5.2.3.2 Koordinationsmechanismen 191
      5.2.3.3 Zusammenhang zwischen Verknüpfungsart und
             Koordinationsmechanismus 193
5.3 Dispositive Abläufe 194
5.4 Operative Abläufe 202
   5.4.1   Auftragsabwicklung 202
   5.4.2   Planung und Steuerung der Produktionsabläufe 206
      5.4.2.1 Konstruktionsablauf 207
      5.4.2.2 Planung der Fertigung (Arbeitsplanung) 208
      5.4.2.3 Steuerung der Fertigung und des Materialflusses 210
      5.4.2.4 Gestaltung des Fertigungslayouts 214
      5.4.2.5 Kontrolle im Produktionsbereich 217
   5.4.3   Arbeitsgestaltung 219
   5.4.4   Abläufe zur Beschaffung 221
5.5 Abläufe in technischen und unterstützenden Bereichen 222
   5.5.1   Büroorganisation 223
   5.5.2   Verfolgung der Betriebsabläufe: Rechnungswesen, Controlling . 224
   5.5.3   Personalwesen: Personalverwaltung und -entwicklung 226

6. Methoden und Techniken der organisatorischen Gestaltung ... 228

6.1 Techniken zur Alternativengenerierung (Kreativitätstechniken) 228
   6.1.1   Brainstorming 230
   6.1.2   Methode 635 232
   6.1.3   Utopienspiel 234
   6.1.4   Synektik 235
   6.1.5   Morphologische Analyse 239
6.2 Techniken der Zielformulierung und Alternativenbewertung 242
   6.2.1   Zielformulierung 242
   6.2.2   Alternativenbewertung 244
   6.2.3   Wirtschaftlichkeitsrechnung 244
   6.2.4   Nutzwertanalyse 246
   6.2.5   Kosten-/Wirksamkeitsanalyse 247
6.3 Methoden der Datenerhebung 247
   6.3.1   Qualitative und quantitative Methoden 248
   6.3.2   Befragung als soziale Situation 250
   6.3.3   Formen der Befragung 251
   6.3.4   Interview 252
   6.3.5   Dokumentationsanalyse 257
   6.3.6   Beobachtung 260

6.4 Darstellungstechniken 264
   6.4.1   Darstellung der Aufbauorganisation 264
      6.4.1.1 Stellenbeschreibung 264
      6.4.1.2 Organigramm 266
      6.4.1.3 Aufgabenstrukturbild 267
      6.4.1.4 Funktionendiagramm 268
   6.4.2   Darstellung von Prozessen und Abläufen 269
      6.4.2.1 Verbale Rasterdarstellung 270
      6.4.2.2 Ablaufkarten 270
      6.4.2.3 Folgepläne und Folgestrukturen 271
      6.4.2.4 Blockdiagramm 273
      6.4.2.5 Struktogramm 274
      6.4.2.6 Entscheidungstabelle 275
   6.4.3   Structured Analysis (SA)............................... 278
      6.4.3.1 Datenflußdiagramm 279
      6.4.3.2 Verfahren der Modellbildung mit SA 280
      6.4.3.3 Datenlexikon 283
      6.4.3.4 Mini-Spezifikation 284
      6.4.3.5 SA im organisatorischen Aufgabenzusammenhang 285
   6.4.4   Petrinetze 287
      6.4.4.1 Darstellungselemente in Petrinetzen 288
      6.4.4.2 Bedingungs-Ereignis-Netze 290
      6.4.4.3 Stellen-Transitions-Netze 291
      6.4.4.4 Petrinetze mit individuellen Marken 293
      6.4.4.5 Prädikat-Transitions-Netze 294
      6.4.4.6 Prinzipien beim Systementwurf mit Petrinetzen 295
      6.4.4.7 Analyse von Petrinetzen 296
6.5 Softwareunterstützung für organisatorische Aufgaben 298
   6.5.1   PC-Software 298
   6.5.2   Projektmanagement-Software 300
   6.5.3   Organisations-Informationssysteme 304
   6.5.4   Tabellenkalkulationsprogramme 305
   6.5.5   Grafik-Software 308
   6.5.6   Werkzeuge für die Ablauf- und Prozeßgestaltung 310

SCHNITTSTELLEN ZUM INFORMATIONSWESEN

7. Mensch, Arbeitsbedingungen und Verhalten 321

7.1 Gestaltung des Mensch-Maschine-Verhältnisses 321
   7.1.1   Mensch-Maschine Funktionsteilung 321
   7.1.2   Der Mensch als Fehlerquelle beim Technikeinsatz 323
   7.1.3   Der Mensch als Korrektiv im Arbeitsprozeß 324
7.2 Informationstechnik und individuelles Verhalten 326

7.2.1 Sozialer Kontakt und Kooperation 326
7.2.2 Kontrolle und Autonomie 326
7.2.3 Akzeptanz von Informations- und Kommunikationssystemen 329
7.2.4 Kognitive Probleme bei technologischen Investitionen 330
7.3 Veränderung von Arbeitsbedingungen 332
7.3.1 Arbeitsgestaltung 332
7.3.2 Gefährdung durch Rationalisierungsmaßnahmen 334
7.3.3 Veränderungen der Arbeitsanforderungen 335

8. Informationswesen und Technik **338**

8.1 Computergruppen 338
8.2 Vernetzung 341
8.3 Verteilte Datenverarbeitung 342
8.4 Planung zukünftiger Informationssysteme........................ 343

9. Informationswesen und betriebswirtschaftliche Funktionen ... 344

9.1 Planung des Informationswesens 344
9.1.1 Bedarf nach Informationsplanung 344
9.1.2 Information als Produktions- und Wettbewerbsfaktor 345
9.1.3 Informationsmanagement 348
9.2 Betriebswirtschaftliche Funktionen 349
9.3 Informationssysteme für das Management 352
9.3.1 Management-Informations-Systeme 352
9.3.2 Strategische Unternehmensführung 355
9.4 Schnittstellen zu den Sachfunktionen 357
9.4.1 Beschaffung und Materialwirtschaft 357
9.4.2 Produktion 359
9.4.3 Marketing 362
9.5 Schnittstellen zu den Querschnittsfunktionen 367
9.5.1 Rechnungswesen 367
9.5.2 Controlling 372
9.5.3 Finanzwesen 375
9.5.4 Personalwesen 377

10. Informationswesen und Organisation **379**

10.1 Technologische Entwicklung und organisatorische Auswirkungen 379
10.2 Zentrales oder dezentrales Informationswesen 382
10.2.1 Gegenüberstellung 382
10.2.2 Das Konzept des Informationszentrums 385
10.2.3 Verteilung der Informationsressourcen 387
10.3 Einflüsse auf die Unternehmensorganisation 392
10.3.1 Änderung der Ablauforganisation 392
10.3.2 Änderung der Strukturorganisation 394

10.3.3 Informationswesen als Linienstelle der zweiten Ebene 396
10.3.4 Informationswesen als zentraler Stab 397
10.3.5 Informationswesen bei funktionaler Organisation 398
10.3.6 Informationswesen bei divisionaler Organisation 399
10.4 Aufbauorganisation des Informationswesens 400
    10.4.1 Strukturelle Beziehung zwischen Organisation und
            Informationswesen 400
    10.4.2 Funktionen und Aufgaben des Informationswesens 402
    10.4.3 Alternativen zur Gestaltung der Aufbauorganisation 404
10.5 Berufsbilder 407
    10.5.1 Tätigkeitsstruktur für Berufe im Informationswesen 407
    10.5.2 Anforderungsprofil eines Informationsmanagers 408

11. Systementwicklungsprozeß 411

11.1 Prinzipien und allgemeine Ansätze des Software Engineering 411
11.2 Phasenkonzepte 413
11.3 Teamorganisation 417
11.4 Alternative Konzepte im Systementwicklungsprozeß 419

12. Datenorientierte Modellierung betrieblicher Funktionen 422

12.1 Grundbegriffe der Datenmodellierung 425
12.2 Datenobjekt-Diagramme 429
12.3 Datenstrukturanalyse 434
    12.3.1 Bottom-Up-Analyse 435
    12.3.2 Top-Down-Analyse 437
    12.3.3 Überprüfung von Datenmodellen 443
12.4 Unternehmensdatenmodell 445
12.5 Relationales Datenmodell 447
    12.5.1 Normalisierung 448
    12.5.2 Datenobjekt-Diagramme und Relationenmodell 451
12.6 Beispiel für die Integration von Funktionsbereichen über Daten 453
    12.6.1 Teile, Teilestrukturen und Stücklisten 455
    12.6.2 Betriebsmittel, technische Verfahren und Arbeitspläne 459

PROJEKTMANAGEMENT

13. Grundlagen des Projektmanagements 463

13.1 Begriffliche Grundlagen 463
    13.1.1 Projektbegriff 463
    13.1.2 Projektmerkmale 464
    13.1.3 Projektarten 467

13.2 Einsatzgründe und Anwendung 468
    13.2.1 Projektträger 469
    13.2.2 Multi-Projektmanagement 470

14. Institutionales Projektmanagement 471

14.1 Projektorganisationsformen 472
    14.1.1 Reine Projektorganisation (Task Force) 472
    14.1.2 Einfluß-Projektorganisation 474
    14.1.3 Matrix-Projektorganisation 476
    14.1.4 Sonstige Formen der Projektorganisation 479
14.2 Einrichtung der Projektorganisation 480
    14.2.1 Auswahl der Projektorganisationsform 480
    14.2.2 Kompetenzzuteilung 483
14.3 Methoden und Instrumente der Projektorganisation 484
    14.3.1 Projekt-Organisationsplan 485
    14.3.2 Funktionen- und Verantwortungsmatrix 485
    14.3.3 Stellenbeschreibung 488

15. Funktionales Projektmanagement 489

15.1 Projektauftrag und Grobplanung 491
    15.1.1 Auftragsspezifikation und Leistungsverzeichnis 491
    15.1.2 Aufgabengliederung und Aufgabenverteilung 493
    15.1.3 Ablaufplanung 496
15.2 Detailplanung 503
    15.2.1 Termin- und Ablaufplanung 503
    15.2.2 Einsatzmittelplanung 504
    15.2.3 Kosten- und Finanzplanung 505
15.3 Projektkontrolle und Projektsteuerung 506
    15.3.1 Termin- und Ablaufkontrolle 507
    15.3.2 Kostenkontrolle 508
    15.3.3 Leistungsfortschrittskontrolle 509
    15.3.4 Integrierte Kontrolle 510
    15.3.5 Verfahren der Projektkontrolle 511
15.4 Berichts- und Dokumentationssystem 512
    15.4.1 Projekthandbuch 513
    15.4.2 Projektberichte 515
    15.4.3 Projektdokumentation 518
    15.4.4 Projektbibliothek 519

16. Personelle Aspekte des Projektmanagements 522

16.1 Projektmanager 522
    16.1.1 Aufgaben des Projektmanagers 522

16.1.2 Eigenschaften des Projektmanagers 523
16.1.3 Rolle des Projektmanagers 524
16.2 Projektgruppe 525
16.2.1 Anzahl der Projektmitarbeiter und Gruppengröße 526
16.2.2 Projektbeginn 527
16.2.3 Motivation und Konflikte 528
16.3 Randprobleme der Projektführung 529
16.3.1 Auf- und Abbau des Projektpersonals 529
16.3.2 Akzeptanz der Projektergebnisse 530

17. Schlußbemerkungen 532

Literatur 535

Stichwortverzeichnis 557

EINLEITUNG

1. Einordnung der Organisationslehre in das Studium der Wirtschaftsinformatik

Die Wirtschaftsinformatik ist eine Wissenschaft, die sich noch in Entwicklung befindet. Sie befaßt sich nach heutigem Verständnis mit den Aufgaben und Möglichkeiten der Anwendung von Informations- und Kommunikationssystemen in Unternehmen. Ihr Gegenstand sind computergestützte betriebliche Informationssysteme als Mensch-Maschine-Systeme im jeweils spezifischen organisatorischen und ökonomischen Kontext eines Unternehmens (vgl. Seibt 1990). Bisher standen überwiegend innerbetrieblich verwendete Systeme im Mittelpunkt des Interesses, die jedoch in Zukunft um zwischenbetrieblich und überbetrieblich verwendete Systeme (z.B. Datenaustausch mit Kunden und Lieferanten, internationaler Zahlungsverkehr, elektronische Märkte) ergänzt werden müssen. Kurbel führt im "Forschungsprogramm Wirtschaftsinformatik" noch die Schwerpunkte interaktive Anwendungssysteme, Methoden und Werkzeuge, Organisations- und Kommunikationsstrukturen und wissensbasierte Systeme an (vgl. Kurbel 1988). Heinrich/Burgholzer strukturieren die Wirtschaftsinformatik in die Teilgebiete Mensch, Aufgabe, Informations- und Kommunikationstechnik, Systemplanung und Informationsmanagement (vgl. Heinrich/Burgholzer 1990).

Im Rahmen der Wirtschaftsinformatik betrachtet man also einen erheblich weiteren Kontext als nur die Systemkomponenten Hardware und Software, wobei der "Organisation" eine zentrale und integrierende Stellung zukommt. Unter anderem geht es dabei um Fragen der organisatorischen Gestaltung und der Eingliederung des Informationswesens in Unternehmen, die Planung des Technikeinsatzes, Einsatzformen von Informations- und Kommunikationssystemen, Auswirkungen auf die Unternehmensorganisation, die Organisation des Systementwicklungsprozesses (z.B. Projektmanagement), Unterstützung von organisatorischen Aufgaben durch Software, Folgen und soziale Auswirkungen des Technologieeinsatzes für die Arbeitsorganisation (z.B. Akzeptanz, Motivation) u.v.a.m.

Die Wirtschaftsinformatik ist tendenziell betriebswirtschaftlich orientiert. Sie befaßt sich also mit dem Einsatz der Informations- und Kommunikationstechnik in Unternehmen. Die Informatik ist dagegen durch eine Technik-Orientierung gekennzeichnet. Diese Abgrenzung will nicht so sehr die Unterschiede betonen, als vielmehr aufzeigen, daß die verschiedenen Ausrichtungen jeweils eine ganz bestimmte Problemsicht repräsentieren, deren Unterscheidung für das Verständnis der Aufgaben des Wirtschaftsinformatikers wesentlich ist. Die Beziehungen zwischen **Informatik und Wirtschaftsinformatik** einerseits und zwischen **Wirtschaftsinformatik und Betriebswirtschaftslehre** andererseits wurden durch die Entwicklung der Informationsverarbeitung immer wieder stark beeinflußt. Die Betrachtung der historischen Entwicklung macht deutlich, wie sich der organisatorische Gestaltungszwang allmählich in einen Gestaltungsraum wandelte. Ursprünglich waren die Organisationsformen bei computerunterstützter Aufgabenabwicklung durch die begrenzten technischen Gestaltungsmöglichkeiten weitgehend vorgegeben (z.B. Zentralisierung um die wirtschaftliche Nutzung teurer Computerressourcen zu ermöglichen). Heute besteht dagegen für die meisten betrieblichen Aufgaben ein breites Spektrum an Realisierungsmöglichkeiten, das vom dezentralen PC-Einsatz bis zu zentralen Großrechneranwendungen reicht. Bestimmend für die Wahl einer bestimmten Organisationsform sind nicht mehr technische, sondern primär organisatorische und wirtschaftliche Gesichtspunkte.

Vor dem Hintergrund der historischen Entwicklung der Organisationslehre stellt sich zunächst die Frage, wie ein systematischer Ansatz zur Darlegung der Lehr- und Forschungsinhalte im Kontext der Wirtschaftsinformatik gewonnen werden kann. Diese Frage umfaßt einerseits die Stoffauswahl unter Berücksichtigung fachwissenschaftlicher und lernpsychologischer Aspekte und andererseits die Strukturierung dieses Lehrstoffs. Die überwiegende Anzahl der Lehr- und Fachbücher über Organisation konzentrieren sich auf betriebswirtschaftliche Schwerpunkte, jene der Wirtschaftsinformatik auf den technisch orientierten Grundlagenstoff wie Computerhardware und -software, Datenorganisation, Systemplanung und Systemeinführung sowie betriebliche Anwendungen. Der Charakter der "Organisation" als Querschnitts- und Integrationsfunktion wird jedoch bisher nicht ausreichend berücksichtigt. Da es auch keine "ausgereifte" Organisationslehre gibt, müssen sich Lehrende und Lernende aus den verschiedenen Disziplinen jene Elemente herausgreifen, die einen Beitrag zur Erreichung der jeweils angestrebten Ziele leisten. Die Auswahl und die Schwerpunktsetzung werden nachfolgend an der Entwicklung der Wirtschaftsinformatik als wissenschaftliches Fach und an der Zielsetzung und dem Aufbau dieses Buches noch näher erläutert.

1.1 Entwicklung der Wirtschaftsinformatik

Die Wirtschaftsinformatikausbildung entwickelte sich in mehreren Phasen (vgl. Heinrich 1986): In der ersten Phase, die vielfach als betriebliche Datenverarbeitung bezeichnet wurde und die sich im Rahmen der betriebswirtschaftlichen Ausbildung vollzog, stand die Vermittlung von Technikwissen im Vordergrund. Die nächste Phase war dadurch gekennzeichnet, daß das Technikwissen um das Anwendungswissen, d.h. um Kenntnisse über die Nutzung der Datenverarbeitung für betriebliche Aufgaben, erweitert wurde. Mit dem Übergang von der Datenverarbeitung zur Informationsverarbeitung wurde das Technik- und das Anwendungswissen zu einem Technologiewissen integriert und um Vorgehensweisen, Methoden und Werkzeuge für die Analyse, den Entwurf, die Entwicklung und die Implementierung von Informations- und Kommunikationssystemen (Systemanalyse, Systemplanung) ergänzt. In Verbindung damit entwickelte sich eine eigenständige Studienrichtung, für die sich die Bezeichnung Wirtschaftsinformatik allmählich durchsetzte. In einer vierten Phase wurde schließlich das gesamte Leitungshandeln in bezug auf die Informations- und Kommunikationstechnik einbezogen (Informationsmanagement).

Erkenntnisobjekte der Wirtschaftsinformatik sind Informations- und Kommunikationssysteme im Sinn von Mensch-Aufgabe-Technik-Systemen (auch Mensch-Organisation-Technik-Systeme). Jede der drei genannten Systemkomponenten ist Gegenstand einer eigenen Disziplin. Eine bloß additive Betrachtung ist jedoch nicht zielführend. Das Interesse richtet sich daher weniger auf die Komponenten selbst als vielmehr auf die Beziehungen der Komponenten zueinander (vgl. Heinrich 1986). Dies beinhaltet insbesondere Fragen der organisatorischen Gestaltung und Veränderung der Aufgabendurchführung unter besonderer Berücksichtigung des Zusammenwirkens der beteiligten Personen (z.B. Organisator, Systemplaner, Programmierer, Benutzer). In den meisten Vorschlägen zur Gestaltung des Studienplans der Wirtschaftsinformatik ist deshalb eine Ausbildung in Organisation explizit vorgesehen (vgl. z.B. Heinrich/Kurbel 1988, GI 1989). Dies deckt sich nicht immer mit der vorherrschenden Ausbildungspraxis, wo Organisation manchmal nur im Rahmen anderer Fächer (z.B. Systemanalyse) nebenbei abgehandelt wird. In manchen Fällen erfolgt auch eine Einschränkung auf Teilaspekte wie Projektorganisation oder "DV-Organisation", worunter oft nur die Organisation von Rechenzentren verstanden wird. Möglicherweise war dafür die bisher fehlende Systematisierung von Lehrinhalten verantwortlich. Eine solche Einschränkung oder Einordnung wird der aufgezeigten Bedeutung von Organisation nicht gerecht.

Sieht man von den genannten Problemen ab, so ist die Wirtschaftsinformatik heute eine eigenständige Disziplin innerhalb der Sozial- und Wirtschaftswissenschaften. Im Rahmen des Studiums werden grundlegende Kenntnisse, Verfahren, Methoden und Werkzeuge vermittelt, die es erlauben, Informations- und Kommunikationstechnik im betrieblichen und überbetrieblichen Rahmen zielgerichtet einzusetzen. Im Mittelpunkt stehen allgemeingültige Konzepte, in denen Information als wirtschaftliches Gut aufgefaßt wird (Heinrich 1986). Diesem Erkenntnisstand entspricht die Betrachtung der Informationsinfrastruktur in ihrer Gesamtheit. Als Konsequenz ergibt sich eine stärkere Ausrichtung der Wirtschaftsinformatikausbildung auf die unterstützten betrieblichen Funktionen und Abläufe sowie auf ihre organisatorische Gestaltung.

1.2 Zielsetzung und Aufbau des Buches

"Wirtschaftsinformatik trägt in sich nicht nur die Merkmale einer Ingenieurwissenschaft, sondern darüber hinaus auch viele Merkmale einer pragmatisch orientierten Organisationswissenschaft. (vgl. Grochla 1971, zit. nach Seibt 1990, 9). Gestaltung, Einführung und Einsatz computerunterstützter Informationssysteme erfordern die Berücksichtigung mindestens folgender Schichten: Hardware, Software, Aufgabe, Organisation und Mensch. Es muß ein Gestaltungsprozeß stattfinden, der aufeinander abgestimmte Aktivitäten und Ergebnisse auf allen Schichten erzeugt. Die Kompetenz für die Lenkung eines solchen Gestaltungsprozesses kann nur bei den für das Setzen und Durchsetzen der Organisationsziele Verantwortlichen angesiedelt werden (Seibt 1990, 9).

Ein einschlägiges Lehrbuch der Organisationslehre oder der Wirtschaftsinformatik, das den oben genannten Anforderungen gerecht wird und den Zielsetzungen der Wirtschaftsinformatik entsprechend aufbereitet ist, existiert bislang nicht. Mit dem vorliegenden Buch wird ein erster Versuch in diese Richtung unternommen. Das Hauptziel besteht darin, die Grundlagen der Organisationslehre für Lehrende und Lernende in der Wirtschaftsinformatik und für interessierte Praktiker darzustellen sowie in einen Bezug zur Unternehmensrealität zu setzen. Besonderer Wert wurde bei der Stoffauswahl auf eine geschlossene und in sich konsistente Darstellung der Inhalte gelegt. In der Vergangenheit zeigte sich, daß viele Studenten im Grundstudium nur geringe oder keine Vorkenntnisse über die betrieblichen Funktionalbereiche und deren Organisation besitzen. Ein zentrales Prinzip ist daher die Darstellung des Stoffes an konkreten betriebswirtschaftlichen Beispielen.

Ein computergestütztes Informationssystem muß immer auf die Bedürfnisse und Besonderheiten des jeweiligen Unternehmens abgestimmt werden, wenn es erfolgreich eingesetzt werden soll. Zu beachten sind daher (Seibt 1990, 11):

• Unternehmensspezifische technische, wirtschaftliche, organisatorische, soziale und personelle Randbedingungen als Restriktionen;

• Vielfältige und oft konfliktäre Zielvorstellungen des Managements, der Systembenutzer und sonstiger betroffener Personen;

• Unternehmensspezifische Gestaltungsspielräume, innerhalb derer die beste Lösung gefunden und realisiert werden muß.

Daraus leitet sich die Gliederung des Buches in folgende Hauptabschnitte, die in einem engen wechselseitigen Zusammenhang stehen, ab:

- Organisation;
- Schnittstellen zum Informationswesen;
- Projektmanagement.

Organisation. Bei der Gestaltung von Informationssystemen als Mensch-Maschine-Systeme kommt den organisationsspezifischen Besonderheiten mindestens das gleiche Gewicht wie den entsprechenden technischen Kriterien zu. Neben einer allgemeinen Einführung in das Fach Organisation und den Grundlagen der Strukturorganisation wird ein besonderer Schwerpunkt in dem für Wirtschaftsinformatiker besonders wichtigen Bereich der Ablauforganisation gesetzt. Die komplexeste, wertvollste, aber auch am wenigsten verstandene "Systemkomponente" ist jedoch der Mensch. Als Individuum agiert er in jeweils unterschiedlichen sozialen Kontexten. Die Auseinandersetzung mit dem Verhalten aus organisatorischer Sicht soll gewährleisten, daß entsprechende Erkenntnisse der Organisationspsychologie nicht nur berücksichtigt, sondern als zentraler Ausgangspunkt genommen werden, und die Gestaltung computerunterstützter betrieblicher Abläufe den Bedürfnissen der Benutzer immer besser gerecht wird. Die Vermittlung von Grundkenntnissen über Methoden und Techniken der organisatorischen Gestaltung (Erhebungsmethoden, Alternativengenerierung, Darstellungstechniken usw.) rundet das Aufgabenspektrum des Organisators bzw. Wirtschaftsinformatikers ab.

Schnittstellen zum Informationswesen. Die Verbindungen zwischen Organisationslehre und Wirtschaftsinformatik wurden bereits mehrmals hervorgehoben. Die einzelnen organisatorischen Gestaltungsschwerpunkte, die im ersten Teil des Buchs aus allgemeiner Sicht behandelt wurden, werden hier in ihrem spezifischen informationstechnischen Kontext präzisiert oder angewendet. Es geht also darum, die Schnittstellen oder Berührungspunkte zwischen dem Informationswesen und anderen Aufgabenbereichen, insbesondere aber der Organisation, verständlich zu machen. Inhaltliche Schwerpunkte sind u.a. die unterstützten betrieblichen Funktionen, die Organisation des Informationswesens, organisatorische und soziale Auswirkungen des Technologieeinsatzes und der Prozeß der Systementwicklung. Eine wichtige Stellung nimmt noch die datenorientierte Sichtweise betrieblicher Funktionen ein, die wegen der integrativen Bedeutung der Daten (z.B. Integration von Aufgaben oder Abläufe mittels zentraler Datenbanken) eine besondere Rolle bei der organisatorischen Gestaltung von computerunterstützten Abläufen spielt.

Projektmanagement. Bei der Entwicklung von betrieblichen Informationssystemen sind nicht nur Spezialisten sondern in zunehmendem Maß auch Fachabteilungen und Benutzer beteiligt. Das Management solcher Prozesse ist mit einer Vielzahl von Problemen verbunden, die vor einigen Jahren noch nicht im gleichen Ausmaß existierten. Erhebliche Unterschiede ergeben sich z.b. zwischen "klassischen" Systementwicklungsprojekten (z.b. Entwicklung eines Warenwirtschaftsystems), der Einführung der inividuellen Datenverarbeitung (z.B. PC-Einsatz, Endbenutzerwerkzeuge) oder der Entwicklung von Expertensystemen. Von besonderem Interesse sind dabei auch neue Ansätze zur Systementwicklung wie das Prototyping. Mit den Methoden und Techniken des Projektmanagements soll sichergestellt werden, daß auf die spezifischen Anforderungen Rücksicht genommen und die gesetzten Gestaltungsziele erreicht werden.

Beim Einsatz der Informationsverarbeitung sind unterschiedliche Organisationsformen möglich und sinnvoll. Der Technologieeinsatz sollte aber kein Selbstzweck sein, sondern Unternehmen bei der wirksamen und wirtschaftlichen Erreichung der Unternehmensziele unterstützen. Unter dieser Voraussetzung versucht das vorliegende Buch, aufbauend auf Erkenntnissen der Organisationslehre, einen Beitrag zu leisten.

ORGANISATION

2. Organisationen in unterschiedlichen Interpretationen und Konstruktionen

2.1 Was versteht man unter "Organisation"?

Menschliches Leben ist eng in Organisationen eingebunden: Vor der Geburt bereits erfolgt i. d. R. Kontakt mit dem Gesundheitssystem, Krankenhäuser stehen für den Eintritt ins Leben bereit, man wächst in Familien und Schulsystemen auf, arbeitet in Betrieben, singt oder treibt Sport in Vereinen, betet in Kirchen und wird von Bestattungsinstituten auf Friedhofsbetrieben begraben. Bei dieser Allgegenwart von Organisationen müßte es eigentlich leicht sein, deren Merkmale zu beschreiben und deren Eigenheiten zu verstehen. Eigenartigerweise stimmt dies nicht. Weder der tagtäglich betroffene Teilnehmer an Organisationen noch wissenschaftlichen Organisationen wie der Lehr- und Forschungsbetrieb einer Universität tun sich leicht mit der Definition von Organisationen. Es scheint so zu sein, daß gerade das Alltägliche, ständig Gebrauchte große Schwierigkeiten macht, begriffen und klar dargestellt zu werden, es ist eher "selbstverständlich" als "verständlich".

2.1.1 Das Entstehen "moderner" Wirtschaftsbetriebe

Vielleicht ist es ein guter Einstieg in das Ergründen des typisch Organisationalen, wenn man von der Frage ausgeht, was zur Entwicklung jener Organisationen geführt hat, die unser modernes Erwerbsleben ermöglichen und bestimmen. Adam Smith beschrieb 1776 mit seinem Stecknadelbeispiel einen zentralen Ausgangspunkt (Zitiert aus: Smith 1974, 9f):

"Wir wollen daher als Beispiel die Herstellung von Stecknadeln wählen, ein recht unscheinbares Gewerbe, das aber schon häufig zur Erklärung der Arbeitsteilung diente. Ein Arbeiter, der noch niemals Stecknadeln gemacht hat und auch nicht dazu angelernt ist (erst die Arbeitsteilung hat daraus ein selbständiges Gewerbe gemacht), so daß er auch mit den dazu eingesetzten Maschinen nicht vertraut ist (auch zu deren Erfindung hat die Arbeitsteilung vermutlich Anlaß gegeben), könnte, selbst wenn er sehr fleißig ist, täglich höchstens eine, sicherlich aber keine zwanzig Nadeln herstellen. Aber so, wie die Herstellung von Stecknadeln heute betrieben wird, ist sie nicht nur als Ganzes ein selbständiges Gewerbe. Sie zerfällt vielmehr in eine Reihe getrennter Arbeitsgänge, die zumeist zur fachlichen Spezialisierung geführt haben. Der eine Arbeiter zieht den Draht, der andere streckt ihn, ein dritter schneidet ihn, ein vierter spitzt ihn zu, ein fünfter schleift das obere Ende, damit der Kopf aufgesetzt werden kann. Auch die Herstellung des Kopfes erfordert zwei oder drei getrennte Arbeitsgänge. Das Ansetzen des Kopfes ist eine eigene Tätigkeit, ebenso das Weißglühen der Nadel, ja, selbst das Verpacken der Nadeln ist eine

Arbeit für sich. Um eine Stecknadel anzufertigen, sind somit etwa 18 verschiedene Arbeitsgänge notwendig, die in einigen Fabriken jeweils verschiedene Arbeiter besorgen, während in anderen ein einzelner zwei oder drei davon ausführt. Ich selbst habe eine kleine Manufaktur dieser Arbeit gesehen, in der nur 10 Leute beschäftigt waren, sodaß einige von ihnen zwei oder drei solcher Arbeiten übernehmen mußten. Obwohl sie nun sehr arm und nur recht und schlecht mit dem nötigen Werkzeug ausgerüstet waren, konnten sie zusammen am Tage doch etwa 12 Pfund Stecknadeln anfertigen, wenn sie sich einigermaßen anstrengten. Rechnet man für ein Pfund über 4000 Stecknadeln mittlerer Größe, so waren die 10 Arbeiter imstande, täglich etwa 48000 Nadeln herzustellen, jeder also ungefähr 4800 Stück. Hätten sie indes alle einzeln und unabhängig voneinander gearbeitet, noch dazu ohne besondere Ausbildung, so hätte der einzelne gewiß nicht einmal 20, vielleicht sogar keine einzige Nadel am Tag zustande gebracht. Mit anderen Worten, sie hätten mit Sicherheit nicht den zweihundertvierzigsten, vielleicht nicht einmal den vierhundertachtzigsten Teil von dem produziert, was sie nunmehr infolge einer sinnvollen Teilung und Verknüpfung der einzelnen Arbeitsgänge zu erzeugen imstande waren."

Das von Smith so eindringlich beschriebene Prinzip der Arbeitsteilung enthält die Chance zu ungeheuer wachsender Produktivität, steigendem Einkommen und Wohlstand. Diese Chance kann aber nur genützt werden, wenn die "Teilung" einhergeht mit einer "Verknüpfung" bzw. "Koordination"; spezialisierte Teilaktivitäten führen erst dann zur gesteigerten Produktivität und zum Erreichen des Gesamtziels, wenn sie mit den anderen notwendigen Teilaktivitäten verbunden bleiben.

Von den beiden sich ergänzenden Aspekten produktiver Arbeit - Teilung einerseits und Koordination andererseits - stand ersterer viel stärker im Rampenlicht von Theoretikern und Praktikern (Miller/Mintzberg 1988) als letzterer. Das Aufteilen von Arbeitsvorgängen in ihre kleinsten Detailverrichtungen ist ein zentrales Anliegen der "Wissenschaftlichen Betriebsführung" in den Darlegungen F. W. Taylors zwischen 1898 und 1911. Betroffen sind alle Arbeitsqualitäten von der Handarbeit bis zur Planung und Führung. Einer solchen rigorosen Analytik entspricht auch die Konstruktion von Maschinen, von der Dampfmaschine bis zum modernen Computerprogramm. Mit dem Einsatz der Maschinenwelt und ihrer Verbindung mit menschlicher Arbeit ergaben sich ökonomisch zwei Konsequenzen: Einerseits das "Gesetz" der Massenproduktion und andererseits die Produktivitätszuwächse durch Lernprozesse.

Bei "Massenproduktion" verteilen sich die Gemeinkosten auf eine große Anzahl gleicher Produkte. Zu den Gemeinkosten eines Produkts gehören z.B. die Kosten seiner Entstehung - etwa die Entwickungskosten des T-Modells der Ford Motor Company, des VW-Käfers - seiner Produktionsvorbereitung und Verwaltung - von den Kosten des Generaldirektors, Controllers, usw. bis zum Produktionsplaner - und Vermarktung, Marktforschung, Werbung, Vertriebsorganisation. Mit den Lernerfahrungen sind die Wirkungen von Wiederholungen gemeint, die sowohl die Übungsgewinne bei der wiederholten Ausführung einer Einzelarbeitsaktivität einschließen als auch die "Ecken" ausmerzen, die bei einem Aktivitätenfluß - etwa in der Produkion oder beim Kundenkontakt - aufgrund unvollkommener Planung bei der Erstumsetzung unvermeidbar sind.

Schlüssel für all die Rationalisierung menschlicher Arbeitsleistungen unter Einschluß maschineller Arbeit ist die möglichst genaue Kenntnis der Arbeitsteile bzw. -elemente zu deren Disposition in immer neue, wenn möglich leistungsfähigere Verbindungen. Vielleicht liegt hier die Begründung für das vorrangige Interesse an der "Teilung" der Arbeit: Erst wenn diese Elemente isoliert sind, können sie zu neuen Verbindungen koordiniert werden. Die Bevorzugung des "Teilungsprinzips" hat zu zwei Konsequenzen geführt. Diese liegen einmal in der Erfahrung zunehmender Abhängigkeit der betroffenen Menschen voneinander und zum anderen in psychologischen, soziologischen und ökonomischen Folgen der Vernachlässigung, die sich aus der Koordinationskomponente ergeben.

Kein Mensch kann allein leben. Auch in seiner Utopie von der Lebenstüchtigkeit des Einzelmenschen gab Daniel Defoe dem Helden Robinson Crusoe bald einen Gefährten. Mit der Namensgebung "Freitag" wird Bezug auf einen Kalender, d.h. auf ein hochentwickeltes Kulturprodukt genommen. Dies symbolisiert, daß Robinson nicht ohne soziale Lernerfahrungen der Bewältigung seiner Lebenssituation ausgesetzt war, nachdem er auf einer einsamen Insel gestrandet war.

In unserer Alltagswelt ist unsere Kunst bald am Ende, wenn es um Reparaturen für Autos, Waschmaschinen oder Rasierapparaten geht. Welche Eltern können spezielle Babynahrung beurteilen, welcher Skirennläufer seine Ski noch präparieren, welcher Stabhochspringer seinen Stab konstruieren? Arbeitsteilung und Spezialisierung führen nicht nur zu komplizierten und hochleistungsfähigen Produkten, sondern sie erzeugen auch ein hohes Maß an gegenseitiger Abhängigkeit. Diese kann nur durch die Entwicklung leistungsfähiger Koordinationsformen - z. B. Märkte, Verträge, Haftungsgarantien, Absprachen - bewältigt werden.

Die Problematik der Abhängigkeit stellt sich natürlich nicht nur im Bereich des Verbrauchs oder Gebrauchs eines Produkts, sondern vor allem auch im Bereich seiner Produktion und Vermarktung. Je spezieller die in der Produktion eingesetzten Maschinen - etwa im Bereich der Massenfertigung - sind, je spezifischer das notwendige Fachwissen, je risikoreicher und bedeutungsvoller das Zusammenwirken für die Beteiligten wird, desto stabilere Koordinationsformen müssen gefunden werden. Wenn eine Seminararbeit als Gruppenarbeit vergeben wird, ist die gegenseitige Abhängigkeit besonders groß, wenn keiner die gesamte Themenstellung beherrscht, jeder aber ein Spezialist für die relevanten Teilaspekte ist, einer nur eine spezifische Software besitzt und für alle eine positive

Benotung sehr wichtig ist. In einem solchen Fall wird man die Kooperation nicht etwa vom "Zufall" abhängig machen, ob man sich in der Mensa sieht, sondern klare Verabredungen treffen, u. U. einen "psychologischen" Vertrag eingehen, daß die Verabredungen eingehalten werden usw.

Die Abhängigkeit enthält grundsätzlich zwei Risikoarten. Einerseits kann es einem Teilnehmer an Wissen und Können fehlen, andererseits kann die Versuchung aufkommen, "opportunistisch" die gegebene Situation zum eigenen Vorteil mehr oder weniger trickreich auszunutzen (Williamson 1975). Der Eindämmung dieser Risiken dienen zwei Vorgehensweisen, die konstituierend für moderne Organisationen sind. Die eine liegt in der Verstärkung der Bindung zwischen den Organisationsteilnehmern in Form von **Verträgen** (Aoki et al. 1990) auf individueller (z. B. individuelle Arbeitsverträge) oder kollektiver (Gesellschaftsrecht, Mitbestimmungsgesetze, Arbeitsverfassungsgesetz, Tarifverträge, Produkthaftpflicht usw.) Ebene; die andere in der Einführung von **"Strukturen"** (z. B. "Hierarchien"), welche das innerorganisationale Zusammenwirken ordnen, verbindlich und zuverlässig machen sollen.

In der **Vertragsgestaltung** geht es um die Festlegung gegenseitiger Rechte und Pflichten. Die Realisierung des Verhältnisses zwischen diesen Rechten und Pflichten hängt von der jeweils gegebenen Machtverteilung ab. So bestimmt beispielsweise das Aktiengesetz den Einfluß der Aktionäre auf die Vertretung ihrer Interessen bei Bestimmung der Unternehmensziele im Sinne einer kapitalistisch-liberalen Wertordnung, während die Mitbestimungesetze (in der Bundesrepublik Deutschland bzw. das Arbeitsverfassungsgesetz in Österreich) eine Korrektur des Vorrangs der Aktionsinteressen durch die Entsendung von Mitarbeitervertretern in den Aufsichtsrat zur Stärkung der Vertretung der Arbeitnehmerinteressen vornehmen. Generell gilt, daß das Phänomen sozialer Macht untrennbar mit allen Aspekten des organisationalen Lebens verbunden ist.

Unter den angesprochenen "Strukturen" wollen wir die innerorganisationalen Regelungen der Arbeitsteilung und -koordination verstehen. Ihre konkrete Gestalt bestimmt die Effektivität und die Kosten einer Organisation wesentlich. So nimmt in dem Beispiel von der Bearbeitung eines Seminarthemas durch eine Gruppe die Leistungsfähigkeit i. d. R. zu, wenn Treffpunkte und Termine vereinbart, Rollen verteilt werden und eventuell ein Führer bestimmt wird. Es ist offensichtlich, daß beim Übergang zu größeren Organisationen die Strukturierungsnotwendigkeiten zur "Ordnung" und Koordination der vielen Einzelleistungen ansteigen. Bleibt man allein bei der Aufgabe, wachsende Größenordnungen - etwa zur Nutzung des "Gesetzes" der Massenproduktion und der Lernfähigkeit - zu ordnen, so werden bald auch Grenzen der Strukturierungsfähigkeit deutlich: Die Veränderungen in kommunistischen Ländern wurden wesentlich durch die Nichtbewältigung von Wirtschaftsstrukturen verursacht.

Strukturen sind eine notwendige Eigenschaft der Organisation; die Bestimmung ihrer spezifischen Eignung und ihrer Grenzen bilden das Zentralthema betriebswirtschaftlicher Organisationsforschung und -lehre. Aus der Nationalökonomie stammt der Begriff der "Transaktionskosten" (Coase 1937, Williamson 1975, Chandler 1978, zur Kritik an diesem Ansatz vgl. Perrow 1981, Robins 1987); sein Gebrauch ist zwar uneinheitlich, ihre Erfassung in der Praxis mit beträchtlichen Schwierigkeiten verbunden. Die Hervorhebung dieser Kostenart zielt aber höchst sinnvoll darauf ab, jene Kosten zu differenzieren, die durch die Strukturen und Prozesse verursacht werden, welche die Beziehungen zwischen den Elementen der Organisaton regeln.

Die Schlüsselbegriffe zur Identifakion von "Transaktionskosten" sind "governance" und "contracting" (Williamson 1990, 15); die erstgenannte Bezeichnung kann man mit "Regierung" oder "Leitung" übersetzen. Gemeint ist in Anlehnung an Regierungsformen - z. B. Diktatur, Demokratie bzw. verschiedene Formen der Demokratie (direkte einerseits, repräsentative andererseits) - eine vergleichende Betrachtung der Kosten und Leistungen verschiedener Leitungsformen ökonomischer Organisationen. So kann man grundsätzlich die Kosten und Leistungen eines Marktes mit den Wirkungen hierarchischer Strukturen vergleichen. Innerhalb hierarchischer Strukturen werden wir später verschiedene Formen unterscheiden - etwa das Einliniensystem im Vergleich zum Stab-Liniensystem.

Die Leitungssysteme spiegeln sich in den "Kontrakten" wieder; der ursprüngliche Ausdruck im Rahmen des Transakationskostenansatzes war "contract", in jüngsten Veröffentlichungen wird "treaties" (Aoki et al. 1990) bevorzugt, womit u. a. angezeigt wird, daß "Verträge" nicht im rein rechtlichen Sinne, sondern Absprachen jeder Art gemeint sind. Marktteilnehmer treffen z. B. ohne vertragliche Vereinbarung aufeinander, erst das Ergebnis ihres Zusammentreffens ist bei Einigung ein Kauf- bzw. Liefervertrag. Mit der Annäherung von Betrieben zu unterschiedlichen Formen der Zusammenarbeit sind immer entsprechende Verträge verbunden, welche die "Regierung" bzw. die Intensität des Einflusses regeln. Eine Zusammenarbeitsform über nationale Grenzen hinweg kann beispielsweise der Export mit Hilfe eines Generalvertreters für das Exportland sein. Der Einfluß des Exporteurs auf die Aktivitäten des Generalvertreters als Importeur ist nach dem Zusammenarbeitsvertrag geringer als für den Fall, daß die Partner ein Joint Venture gründen. Gegenüber einem Joint Venture, in dem beide Partner etwa gleichstarke Einflußmöglichkeiten haben, kann der Exporteur dann eine dominierende Machtstellung erhalten, wenn es ihm gelingt bzw. ermöglicht wird, die Mehrheit der Geschäftsanteile des Importeurs aufzukaufen. Mit jeder Kooperationsform sind unterschiedliche Koordinationskosten zur Wahrnehmung des Einflusses verbunden.

Der Begriff der Transaktionskosten lenkt die Aufmerksamkeit auf die unterschiedlichen Kosten und Leistungen der zwischenbetrieblichen und innerbetrieblichen Koordination. Damit können die Kosten unterschiedlicher Formen der Organisation aus dem Schatten der Einzelkosten der Produktion heraustreten und die Gemeinkosten der Organisation einer differenzierten Betrachtung zugeführt werden. Nicht nur gefühlsmäßig, sondern mit Hilfe eines modernen Rechnungswesens (bzw. Controlling) kann damit verglichen werden, ob z.B. eine "Spartenorganisation" gegenüber einer "funktionalen Organisation" durch die Verursachung spezieller Koordinationskosten günstiger bzw. durch den Vergleich mit den erzielten Leistungen wirtschaftlicher ist (Williamson 1975).

2.1.2 Eine Analogie: Verbindungen aus der Sicht der Chemie

Die beiden Elemente Wasserstoff (H) und Sauerstoff (O) bilden unter bestimmten Bedingungen die Verbindung Wasser (H_2O). Mit der Verbindung der Elemente entsteht eine neue Qualität. Die Elemente gehen dabei nicht unter, sie sind trennbar und nehmen mit einer Trennung ihre spezifischen "Elementareigenschaften" wieder an. Zu diesen Elementareigenschaften gehört, daß keine beliebigen Verbindungen eingegangen werden können. Ebenso ist auch das Verhältnis - zwei H zu einem O - von den Eigenschaften der Elemente bestimmt.

Wie weit kann dieses Naturphänomenen als analog zu organisationalen Merkmalen angesehen werden; lassen sich aus einer Analogie Einsichten in das organisationale Phänomen gewinnen?

Die Elemente der Organisation sind die Teilnehmer. Das organisationale Phänomen entsteht erst mit der Verbindung der Elemente. Eine Verbindung schafft nicht mehr vom Gleichen, es entsteht eine neue Qualität: Eine Gruppe ist in der Lage, zu völlig anderen Problemlösungen zu kommen als dies den gleichen Personen ohne ein Zusammenwirken möglich ist. Mit dem Übergang von einer Zweier-Beziehung zu einer Dreier-Beziehung entsteht die Möglichkeit der Koalitionsbildung. Wissenszuwächse in sozialen Einheiten können kurzfristig durch Selektion, Neuaufnahme anderer Gruppenmitglieder oder die Änderung von Kommunikationsstrukturen erreicht werden, erst größere Organisationen ermöglichen höhere Spezialiserungsgrade, welche die Wirkungen des "Gesetzes" der Massenproduktion ermöglichen. Organisationen haben Lebenszyklen, die nicht auf die Lebenszeit ihrer Gründer und temporären Teilnehmer beschränkt sind.

Verbindungen können nicht beliebig geschaffen werden. Die Interessen der Teilnehmer und ihre Fähigkeiten legen der Gestaltung der Verbindungen Grenzen auf, ebenso wie die Bedingungen der Umwelt. Letztere reichen von den Naturphänomenen - etwa bei der Konstruktion von Maschinen - über die Gestalt einer Volkswirtschaft und ihrer Branchen bis zu gesamtgesellschaftlichen Zuständen.

Damit ergeben sich zumindest zwei Merkmale von Organisationen, die sich mit Hilfe eines direkten Vergleichs mit einer der populärsten chemischen Verbindung verdeutlichen lassen:

• Das spezifisch Organisationale liegt dann vor, wenn Elemente in Verbindung gebracht werden. Die Arten der Verbindung - ein in der Psychologie bedeutungsvoller Begriff für unterschiedliche "Arten" trägt den plastischen Begriff "Gestalt" - bildet das "Objekt" der Organisationsforschung und -lehre. Sie ist damit nicht primär an den Eigenschaften der Elemente dieser Verbindung orientiert.

• Da sich aber keine Verbindungen ohne Rücksicht auf die Eigenschaften dieser Elemente herstellen lassen, geschweige denn ökonomisch zu optimieren sind, gilt es, diese "elementaren" Voraussetzungen möglichst vollständig zu erkennen. Elemente der organisatorischen[1] Gestaltung sind Menschen und Maschinen; im Falle der Hervorhebung der Informatik "Informationsmaschinen" bzw. -technologien. Soweit es um Menschen geht, liefern die Erkenntnisse der Psychologie die "Elementarbedingungen" für die Gestaltung organisationaler Strukturen und Prozesse.

2.1.3 Grenzen der naturwissenschaftlichen Analogie

Auf den ersten Blick wird die oben angesprochene Einteilung in Elemente und deren Verbindung in der klassischen Verhaltensformel von Kurt Lewin (1935) in einen Zusammenhang gebracht. Diese Formel lautet:

Verhalten (V) einer Person ist eine Funktion aus ihren individuellen Eigenschaften (p) und der gegebenen Umweltbedingungen (U): V = f(P,U).

Der Unterschied zu einer naturwissenschaftlichen Formel besteht darin, daß die "Umwelt" nicht alleine "naturgegeben" ist, sondern unter personaler Mitwirkung entstanden ist, und diese so mitgestaltete Umwelt die personalen Eigenschaften beeinflußt. Der Einzelmensch ist sowohl "Schöpfer" als auch "Betrof-

---

[1] Wir verwenden die Wörter "organisatorisch" und "organisational" schwerpunktmäßig unterschiedlich: "Organisatorisch" steht für das Gestalten von Organisationen; "organisational" wird als Produkt dieses "Organisierens" angesehen. Typisch für diese Wortwahl ist z. B., daß "organisational" gebraucht wird, wenn die Wirkungen von Strukturen und Prozessen entweder auf die "Elemente" - insbesondere beteiligte Personen - oder auf ökonomische Effektivität oder Kosten angesprochen werden.

fener" der Umwelt (Gergen 1982, Semin/Gergen 1990); die Umwelt ist nicht "natürlich", sondern von Personen gestaltetes "Kulturprodukt".

Wenn auch Mensch und Umwelt von Naturgesetzen geprägt sind, so gilt eindeutig, daß solche Gesetze gerade für das typisch Organisationale, eben die Konstruktion von Verbindungen zwischen Personen, nicht vorliegen. Die Konstruktion von Staatsverfassungen - etwa als Monarchien, Republiken, Demokratien - sind ebenso wenig naturgegeben wie (Volks-)Wirtschaftsverfassungen - z. B. zentrale Planwirtschaft, soziale Marktwirtschaft, Sozial- und Wirtschaftspartnerschaft bzw. Mitbestimmung - und Unternehmensverfassungen als AG`s, OHG`s und ihre innere Strukturierung. Diese Konstruktionen sind Menschenwerk, das menschlicher Phantasie und Kreativität entsprang und jederzeit auf der Grundlage der gleichen Kräfte veränderbar ist.

Die "Doppelnatur" des Menschen - Schöpfer und Opfer seiner Umwelt zu sein - wird differenzierter, wenn die angesprochene Verhaltensformel Lewins eingehender betrachtet und vor allem der Umweltfaktor in seine Hauptkomponenten untergliedert wird.

Grundlegend ist zu beachten, daß auf der einen Seite der Gliederung das **Verhalten** der Person A steht, das auf der anderen Seite der Gliederung bestimmt wird von den **Eigenschaften dieser Person** (E_{PA}), zu denen aber in den **"Umweltkomponenten"** U etwas hinzukommt, was <u>nicht</u> zu diesen Eigenschaften der Person A gehört:

$$V_{PA} = (E_{PA})U).$$

Das Verhalten von PA (V_{PA}) ist äußerlich beobachtbar, es wirkt in die Umwelt hinein, verändert diese oder wird von Kräften, die in der Umwelt aktiv sind, modifiziert bzw. bis zur Gänze abgeblockt. Die andere Seite der Gliederung (E_{PA}, U) ist äußerlich nicht sichtbar, sie "begründet" das Verhalten von PA. Diese Begründung muß von der sich verhaltenden Person und anderen, die diese PA-Verhalten wahrnehmen, gedanklich (kognitiv) erschlossen werden. Dem Verhalten wird eine Begründung - warum zeigt PA ein spezifisches Verhalten? - gegeben, "zugeschrieben" bzw. "attribuiert". Sogenannte "Attributionsstheorien" (Kelley 1972, Shaver 1975, Herkner 1980) haben sich besonders mit dieser Frage befaßt, wie solche Verhaltensbegründungen zustande kommen. Ein Hauptproblem besteht darin, die Einflüsse der Eigenschaften der Person (E_{PA}) von jenen der Umwelt zu unterscheiden. Untersuchungen zeigen dabei immer wieder, daß die Tendenz besteht, die Gründe für ein bestimmtes Verhalten eher den personalen Eigenschaften als den Umweltbedingungen zuzuschreiben (Jones/Nisbett 1971). Es ist ja auch so "offensichtlich": Man hat die Person als Akteur gesehen, gehört usw., die Umweltbedingungen etwa

Systemzwänge, mangelnde oder sich widersprechende Daten aus dem Informationssystem - bleiben dem Beobachter häufig verborgen, er hat weder Zeit, sie zu ergründen, noch Interesse an einer solchen Begründung, da sein Wissensdurst durch die Beobachtung des Verhaltens einer Person (oberflächlich) gestillt ist.

Die Hauptkomponenten der Umweltbedingungen sind die **Aufbauorganisation (AO)**, das **Informationssystem (IS)**, das **Führerverhalten (FV)** und die **Gruppenprozesse (GP)**. Zur Interpretation dieser Bedingungen versucht die Person einen Rahmen für das ihr erscheinende Verhalten zu finden:

$$V_{PA} = f(Ep_A, AO, IS, FV, GP, ...).$$

Die **Aufbauorganisation** regelt u. a. die Unterstellungsverhältnisse und Zusammenarbeitsprozesse. Die Untersuchungen der "Human Relations"-Schule (Roethlisberger/Dickson 1939) haben gezeigt, daß die "formal" vorgegebenen Strukturen und Prozesse zwar wirksam sind, aber von den Betroffenen "informal" modifiziert werden und dadurch faktisch völlig andere Realitäten konstruiert werden, als dies die formale Vorgabe vorsah: Neben den formalen Vorgesetzten entstehen z. B. informale Führerschaften, die u. U. einen höheren Einfluß haben als der ernannte Vorgesetzte. Zusammenarbeit folgt häufig nicht dem formal vorgesehenen Dienstweg, sondern findet "informale Kanäle".

Es ist offensichtlich, daß der **Informationsstand** das Verhaltensrepertoire mitbestimmt und die Konstruktion des Informationssystems und seine formalen/informalen Veränderungen Verhalten in Organisation kanalisiert.

Das **Führerverhalten** baut auf den verschiedensten Machtgrundlagen auf und hat Einfluß in dem Maße, in dem der/die Geführten Führungsansprüchen "Gehorsam" (Weber 1964) leisten.

Gruppenprozesse können sowohl die Eigenschaften einer gegebenen Umwelt genauer ergründen als dies einer Einzelperson möglich ist (Maier 1967) als auch alle Gruppenmitglieder und die Gesamtorganisation zu völlig falschen Annahmen über die vorliegende Realität führen. Janis (1982) hat z. B. in seinem Buch "Victims of Groupthink" Merkmale gesammelt, die Gruppen in zunehmendem Maße insensibel gegenüber Zuständen und Veränderungen in der Umwelt der eigenen Organisation machen und diese in "Flops" und "Desasters" hineintreiben.

Zu beachten ist, daß die Umweltkompontenten nicht "objektiv" wirksam sind, sondern in der Interpretation der im Verhaltensprozeß stehenden Person. In ihrer Interpretation schafft sich die Person ein subjektives Abbild der vorliegenden Umweltbedingungen ihres Verhaltens auf der Grundlage ihres gegebenen Lern- bzw. Wissensstandes (vgl. Kapitel 3.1.1.7). Dabei muß es weder zu einem differenzierten Wissen kommen - einfaches Imitieren z. B. eines erfolgreichen Vorgesetzten kann ebenso erfolgreiches Verhalten bewirken - noch unter Einsatz komplizierter Schlußfolgerungen und der Bereitschaft großer Rücksichtnahme auf Anforderungen aus der (sozialen) Umwelt zu erfolgreichem Verhalten kommen. Für den letztgenannten Tatbestand beschreibt beispielsweise Dyer (1977) das sogenannte Abilene-Paradoxon. Hier wird der Fall demonstriert, daß unter großer Rücksichtnahme eine ganze Gruppe zu einem Verhalten kommt, das für jeden der Beteiligten höchst unangenehm ist. Die gezeigte Rücksichtnahme hat verhindert, die vorliegenden Bedürfnislagen offenzulegen. In ähnliche Gefahren kommt ein Verhalten in "vorauseilendem Gehorsam". Nur weil bei einem Menschen der Eindruck entsteht, daß z. B. einer Respektperson etwas unangenehm sein könnte oder von dieser gewünscht bzw. belohnt/bestraft wird, kann ein Verhalten erfolgen, das kaum dem Beteiligten den erhofften Vorteil bringt und bei Offenlegen der Situation leicht hätte vermieden werden können. Ebenso kann für diese Respektperson alles "wie geschmiert" laufen, ohne daß ihr bewußt wird, wieviel Steine von anderen vorauseilend aus ihrem Weg geräumt werden.

2.1.4 Organisationen als kognitiv konstruierte Gestalten

Arbeitsteilung und -koordination können - zumindest auf den ersten Blick gesehen - in großer Vielfalt realisierbar sein. Betrachtet man die Realität, so gibt es zwar deutlich unterschiedliche Organisationsformen, ihre Zahl ist aber überschaubar und begrenzt. Die Erklärung hierfür gründet auf mindestens vier Ursachen: Eigenschaften der Elemente, Notwendigkeit der Entsprechung der inneren Strukturen, Komplementaritäten zwischen Organisationen und ihren Umwelten sowie kognitive Vereinfachungen.

Eigenschaften der Elemente. Bereits beim Einsatz des Beispiels der Verbindung von H und O zu H_2O wurde deutlich, daß Elemente sich nicht beliebig verbinden, dem stehen ihre individuellen Eigenschaften im Wege. Menschen als wesentliche Organisationsmitglieder haben spezifische Eigenschaften, auf die Stühle und Tische, Treppen und Aufzüge, Produktions- und Informationsmaschinen "Rücksicht" zu nehmen haben. Gruppen zerfallen, wenn sie durch das Hinzufügen von Mitgliedern permanent vergrößert werden, ein Vorgesetzter kann nicht beliebig viele Untergebene führen, seine "Kontrollspanne" ist begrenzt. Ebenso verändern Organisationen bei Wachstum ihren Charakter, werden z. B. "unpersönlicher", verursachen höhere Koordinations- bzw. Transaktionskosten, müssen ihre Strukturen u. U. sprunghaft verändern,um eben Zusammenhalt bewahren zu können.

Notwendigkeit der Entsprechung der inneren Strukturen. Die Notwendigkeit der Entsprechung der Strukturen ist bei organisationalen Grundsatzentscheidungen weniger zwingend als bei der Realisierung einer präferierten Alternative. Auch hier scheint das Sprichwort zu gelten: Vor einer Entscheidung ist man König, nach einer Entscheidung ist man Knecht. Was man studieren will, mag unter großer - zumindest subjektiv - erlebter Unsicherheit und Freiheit entschieden werden; nach der Wahl gilt der Zwang z. B. des Studienplanes. Sind einmal Grundsatzentscheidungen z. B. über einen hohen Delegationsgrad gefallen, müssen zwingend Maßnahmen getroffen werden, die dieser Strukturmaßnahme entsprechen. So sind Informationen weiterzugeben, spezielle Auswahlkriterien bei der Besetzung der mit großer Gestaltungsfreiheit ausgestatteten Positionen anzuwenden, Ausbildungsmaßnahmen einzusetzen usw.

Das Ergebnis der Berücksichtigung entsprechender Konstruktionen führt zu "Gestalten" (Köhler 1947) bzw. "Konfigurationen" (Miller/Mintzberg 1988), "Ganzheiten" (Kolbinger 1980). Lediglich "gute" Gestalten führen zu konsistenten, komplementären und sich gegenseitig verstärkenden Strukturen: Eine bürokratische Organisation muß die Macht an der (nichtbürokratischen) Spitze zentralisieren, wenn sie ihre Vorteile in einer stabilen Umwelt realisieren soll (Weber 1964), eine Matrix-Organisation wird nicht zum Leben kommen, wenn vorgesetzte Stellen alle Entscheidungen an sich ziehen, bzw. Untergebene nicht willens oder in der Lage sind, institutionell induzierte Konflikte erfolgreich zu lösen (Reber/Strehl 1988). Das Herstellen von differenzierten Gestalten bedeutet nicht, daß sie nicht auf gleiche Grundelemente zurückführbar sein können. Insbesondere Mintzberg (1979) hat sich um die Darstellung solcher Grundelemente des Organisierens sowie ihre Variation in einige wenige Konfigurationen bemüht.

Komplementarität zwischen Organisation und Umwelt. Die Thematik der Komplementarität zwischen der (inneren) Konfiguration einer Organisation - Strategien, Strukturen, Prozessen - und ihrer Umwelt wurde insbesondere von den Kontingenztheorien (Kieser/Kubicek 1983) angesprochen. Verdeutlicht wird von diesen Theorien, daß ein organisationales Wohlergehen ein "fit" oder "match" zwischen äußerer Umwelt und innerem Gefüge voraussetzt.

Die Umweltbedingungen selbst - insbesondere in der Gestaltung einer Volkswirtschaft bzw. einzelner Branchen - folgen einigen wenigen "Grundgestalten" nach dem jeweiligen ökonomischen und technischen Wissensstand. Im Sinne der Herstellung einer "Match"-Situation besteht die Tendenz der Anpassung zwischen der Gestalt der Umwelt und der organisationalen Konfiguration. Der Anpassungsvorgang kann wechselseitig wie dies Miller/Mintzberg beschreiben - erfolgen:

"Eine stabile Umwelt ermöglicht die Wiederholung von Operationen und ihre Formalisierung; die Existenz von formalisierten Abläufen veranlaßt die Organisation, stabile Umwelten zum Einsatz ihrer Aktivitäten zu finden. Größe fördert Standardisierung, da Abläufe sich wiederholen, ebenso müssen zumindest teilweise unpersönliche Kontrollverfahren eingeführt werden. Aber Standardisierung fördert wiederum Wachstum, um die Vorteile des Gesetzes der Massenproduktion durch die Erhöhung der durchlaufenden Produkte ausnutzen zu können. Entsprechend wiederum veranlaßt Größe die Organisation, eine stabile Umwelt anzusteuern, in der ihr Mangel an Flexibilität sich nicht so nachteilig auswirkt, aber Stabilität fördert ebenso wieder das Größenwachstum, usw. In anderen Worten: Jedes Merkmal erhält nur seinen Sinn im Rahmen des Ganzen - zusammen formen sie ein kohäsives System. Eine Bürokratie ist weit davon entfernt, ein perfektes System zu sein, es behandelt seine Teilnehmer schlecht und leidet unter Anpassungsproblemen. Aber die Bürokratie (und die Gesellschaft) gleicht dies als Kosten der Konzentration ihrer Kräfte aus, um Konsistenz, Produktivität und Komplementarität zu erreichen. Sie tut besser daran, das zu tun, was sie gut kann - das besteht in billiger Massenproduktion - als sich damit abzuquälen, jedermann exakt das Seinige bieten zu wollen." (Miller/Mintzberg 1988, 521)

Auch die "Population-Ecology-Theory" (Sozialdarwinismus, Hannan/Freeman 1977, zur Kritik Kieser 1988) liefert wie die Kontingenztheorie Hinweise auf eine Komplementarität bei einer Reduktion der Arten (Konfigurationen-)Vielfalt. Im Sinne dieser Denkweise sind Organisationen Selektionsprozessen unterworfen, die biologischen Systemen gleichen. Beide überleben nur dann, wenn sie ihrer Umwelt angepaßt sind. Selektionsvorgänge führen zu relativ wenigen organisationalen Gestalten, da eine große und aus feinen Übergängen bestehende Vielfalt in der gleichen Umwelt nicht überleben kann: Allein die für eine bestimmte Umwelt "fitteste" Organisationsform hat dauerhafte Erfolgschancen.

Kognitive Vereinfachung. Bei aller Schlüssigkeit der Komplementaritäts-idee zwischen Organisationsgestalt und Umweltausprägung bleibt unklar, wieso <u>beide</u> Bereiche keine sehr hohe Vielfalt aufweisen. Ein wichtiger Erklärungs-weg führt zurück zu den Eigenschaften der Systemmitglieder, diesmal nicht zu sehr in bezug auf die (begrenzten) Möglichkeiten, Beziehungen mit anderen Systemmitgliedern aufbauen zu können als in bezug auf die kognitiven Fähig-keiten, komplizierte Tatbestände verarbeiten und ordnen zu können.

Wir haben bereits darauf hingewiesen, daß die Formen der Arbeitsteilung unter Einsatz von Produktions- und Informationstechnologien grundsätzlich sehr vielfältig sein können, daß ein Größenwachstum in u. U. global aktive Unter-nehmen von keinem Einzelmitglied mehr überschaubare Strukturen erfordert, daß außerdem diese Strukturen nicht äußerlich sichtbar sind, sondern immer eines "Agenten" im Verhalten von Mitgliedern bedürfen. Solche Verhältnisse überfordern die menschliche Informationsfähigkeit, wenn alle Details Berück-sichtigung finden müssen. Die notwendige Nichtberücksichtigung von bestimm-ten Details bzw. die Berücksichtigung bestimmter anderer Details macht einen

effizienten Ausleseprozeß notwendig. Dieser wird von der menschlichen
Fähigkeit zur Gestalt- bzw. Konfigurationsbildung gesteuert. Das Konzept der
Gestaltbildung "... kann uns das Problem blinder Menschen überwinden helfen,
von denen jeder einen unterschiedlichen Teil eines Elefanten berührt und die
dann in gemeinsamer Debatte die Natur dieses Tieres bestimmen wollten.
Konfigurationen öffnen die Augen der Beobachter für das Studium ganzer
Tierarten, jede eine logische Kombination seiner eigenen Charakteristiken,
ähnlich zu allen Mitgliedern der gleichen Art, aber fundamental unterschiedlich
zu jenen anderer Arten." (Miller/Mintzberg 1988, 523).

So anschaulich dieses Beispiel für die Gestaltbildung im Falle des Erkennens
von Elefanten sein mag, so wenig kann es eine erschöpfende Erklärung sein,
was dieser Begriff genau bedeutet. Aus dem Beispiel wird zumindest klar, daß
häufig Phänomene aus dem Bereich des Wahrnehmens und Erkennens zur
Erläuterung benutzt werden. Diese entspricht der historischen Entwicklung
dieses Begriffs; insbesondere Wahrnehmungs- und Denkpsychologen haben ihn
zuerst angewandt (Köhler 1947, Wertheimer 1964 und 1967). Lerch stellt die
im Wahrnehmungszusammenhang gewonnenen Erkenntnisse sehr anschaulich
dar:

"Wie sehr unser sinnliches Weltinnewerden von vornherein auf gestalthafte Gliederung des
Empfindungsfeldes abgestimmt ist, das läßt sich vor allem auf optischem Gebiet mit besonderer
Eindeutigkeit und Eindringlichkeit aufzeigen. In der nachstehenden Figur (siehe Abbildung)
kommen uns nicht die vielen Einzelpunkte der schwarzen Striche und des weißen Papiers isoliert
und zugleich zueinander gleichwertig zum Bewußtsein, sondern jeder Strich erscheint als ganzheitliche Gestalt, als Figur:

Rücken wir dann die Striche paarweise aneinander, dann erscheinen die einzelnen Strichpaare
als Ganzes, als Figuren:

Die Beispiele zeigen also, daß irgend etwas im wahrnehmenden Subjekt darauf aus ist, die phy-
siologisch gleichwertigen Einzelempfindungen zu bestimmten Einheiten zusammenzufassen, das
Empfindungsfeld also nach Gestalten zu gliedern. Sie zeigen ferner die phänomenologischen
Grundmerkmale alles Gestalterlebens: die Abgehobenheit von Figur und Grund, die größere
Eindringlichkeit und Gewichtigkeit der Figur gegenüber dem Grund, die Tendenz der Figur, vor

dem Grund zu erscheinen und in den Vordergrund zu treten und den Dingcharakter der Figur gegenüber dem Stoffcharakter des Grundes. Die Gestalt ist ferner transponierbar. Wir können die Länge der Striche und die Größe ihrer Abstände auf die Hälfte reduzieren, wobei der Gestaltcharakter des Gesamtfeldes derselbe bleibt.

Stellt man die Frage, nach welchem Gesichtspunkt eine derart gestalthafte Aufgliederung des Empfindungsfeldes vorgenommen wird, so belehrt uns darüber folgender Versuch:

Das optisch Gegebene läßt sich in doppelter Weise gestalthaft gliedern: Man kann das Schwarz als Grund auffassen, dann hebt sich von ihm die Figur eines Bechers ab, oder man kann das Weiß als Grund auffassen, dann sieht man zwei einander zugekehrte menschliche Profile. Wir ziehen aus dieser Erfahrung mit Recht den wichtigen Schluß, daß Gestalten immer Bedeutsamkeitsganze sind. Unser wahrnehmendes Innewerden ist primär gerichtet auf das Innewerden von Bedeutsamkeitsganzen und interpretiert die Empfindungen in diesem Sinne" (Lerch 1956, 326 f).

Der Ganzheitsbegriff gilt auch außerhalb des Wahrnehmungsgeschehens. Zur Verdeutlichung können wir auf unser oben gebrauchtes Beispiel des chemischen Aufbaus des Wassers und seiner Bestandteile zurückkommen: Die Bestandteile eines Atoms - Kern[2] , Elektron - machen noch kein Atom aus. Erst durch eine ganz spezifische **Anordnung** der Teile zueinander[3] - die Elektronen kreisen auf bestimmten, vorgegebenen Bahnen um den Kern - entsteht eine "Ganzheit", eine "Gestalt". Diese "Ganzheit" - im Beispiel ein Wasserstoffatom

---

[2] Der Kern besteht seinerseits aus einem Proton und Neutronen. Nur die Zahl der Neutronen kann variieren, wodurch sogenannte Isotope entstehen.

[3] Kern und Elektron sind im Verhältnis zur Gesamtgröße des Atoms winzig, was die Bedeutung der Anordnung unterstreicht.

- kann nun wieder Teil einer neuen Gestalt werden. Wenn sich zwei Wasserstoffatome in ganz bestimmter Weise mit einem Sauerstoffatom verbinden, entsteht die "gute" Gestalt Wasser. Sie ist "gut" deswegen, weil die Verbindung dauerhaft ist und von der Natur als neue *Qualität* erkannt wird. Fehlt ein Wasserstoffatom, so entsteht keine Verbindung; erst wenn ein zweites hinzutritt, wird auf Grund der Natur der beteiligten Elemente die Verbindungsfähigkeit hergestellt. Wasser hat völlig andere Eigenschaften als Wasserstoff und Sauerstoff zusammen.

Mit der Auswahl von zwei sehr unterschiedlichen Beispielen zur Verdeutlichung des Gestaltbegriffs wurde angesprochen, daß dieser sowohl in der "Natur" seine Bedeutung hat als auch im subjektiven Erleben des Menschen eine wichtige, sein Wahrnehmen, Denken und Handeln ordnende Rolle spielt. Das zwischen beiden Bereichen ein Zusammenhang besteht, ist nicht verwunderlich, wenn man an die physiologischen Eigenschaften des Menschen denkt, die z. B. zu typischen, "guten" Gestaltungen in den Formen unserer Alltagsgegenstände führen: Tische und Stühle, Bett- und Zimmergrößen haben ein beschränktes Repertoire an "Wohlgestalten", bei deren Verlassen diese Gegenstände nicht mehr "funktional" sind (so haben Stühle meist vier Beine, ein- und dreibeinige können durchaus auch noch funktional sein, aber doch schon Nachteile aufweisen, die in der Mehrheit auf vier Beine zurückkommen lassen wie auch fünf und siebenbeinige usw. kaum eine optimale Gestalt ergeben).

Was hier an Gestalteigenschaften und deren "Bedeutsamkeiten", "Sinnhaftigkeit" und "Funktionalität" angesprochen wurde, gilt selbstverständlich auch für Organisationen. Fehlt ein wesentlicher Bestandteil, so ist das Ganze nicht funktionsfähig; die Teile müssen in einer bestimmten Beziehung zueinander stehen, damit die Funktionsfähigkeit des Ganzen zustande kommt. Der Mensch hat die Eigenschaft, funktionsfähige Gestalten zu erkennen, zu erlernen. Auf der Grundlage erlernter Gestalten kann er die Vielzahl der Wahrnehmungen und Begriffe seines Denkens ordnen und damit der Überflutung mit Informationen entgegentreten. Die Anzahl der "Ordnungen" ist beschränkt, die Unterschiede zwischen ihnen nicht verwaschen und "fließend" sondern zum vereinfachten Erkennen und Handeln "prägnant" abgehoben sowohl von ihrem "Grund" (Umwelt) als auch zwischen den einzelnen "Figuren" (vgl. später die "Organigramme", Kapitel 3.2 und Kapitel 6.4.1.2).

Gestalten, Konfigurationen bzw. Modelle usw. werden nicht nur zum Verstehen vorhandener Realitäten benutzt, sondern auch zum Entwurf neuer. Dabei ist es nicht möglich, sämtliche Wirkungen der neuen Konstruktion abzusehen. Dies läßt einerseits Vorsicht gegenüber Wandel und Neuem mit seinen Risiken und Unwägbarkeiten entstehen, gibt aber andererseits auch Anlaß zur schnellen Übernahme neuer Konstrukte, da ihre Nachteile noch nicht aufgetreten sind.

Unsicherheit gegenüber den Folgen neuer organisationaler Konfigurationen bleiben u. a. relativ lange erhalten, bis etwa ein Konkurrent positive Konsequenzen berichten kann. Dies kann Modebewegungen für Branchen, Größenordnungen oder viele Wirtschaftszweige auslösen: So habe z. B. viele große Chemieunternehmen in kurzer Zeitfolge eine Umstellung zu einer "Spartenorganisation" vorgenommen und später beinahe gleichzeitig die Strukturform wieder weiterentwickelt.

In anderen Zeiten dominiert die Vereinigung von Unternehmen zu "Konglomeraten" bzw. die Bildung von "Holdings" an der Spitze rechtlich selbständiger Unternehmen. Die Nähe von Modeentwicklungen bzw. die Betonung des subjektiven Charakters der Bildung von Konfigurationen wird durch Begriffsbildungen wie **"Mythen"** (Mitroff 1983, Westerlund/Sjöstrand 1981), "Sagen" und "Images of Organizations" (Morgan 1986) unterstrichen. Im folgenden wollen wir im Anschluß an Morgan "Images" bzw. Konfigurationen des Organisierens näher betrachten. Die Reihenfolge, in der die Konfigurationen besprochen werden, folgt in etwa der Reihenfolge ihrer historischen Entstehung. Dies bedeutet aber nicht, daß die jüngeren die jeweils älteren ersetzt hätten; alle Modelle sind in der Praxis unserer heutigen und wohl auch zukünftigen organisationalen Realität anzutreffen.

2.2 Organisationen in unterschiedlichen Erklärungen und Konstruktionen

In den einleitenden Bemerkungen zum Begriff Organisation wurde bereits etwas über die vielfältigen Aspekte von und in Organisationen angedeutet. Betrachtet man einen Betrieb, eine Unternehmung oder einen Verein, dann fallen zunächst ganz gewisse Teilaspekte, wie etwa die Art, in der die Arbeitsplätze gestaltet sind, auf. Für jemand anderen sind aber vielleicht ganz andere Tatbestände wesentlich, zum Beispiel die technologische Ausstattung.

Dies ist kein Zufall oder eine besondere Schwäche. Wir empfangen die Erfahrungen aus der Umwelt nicht passiv, Wahrnehmung und Entdeckung sind vielmehr aktive Tätigkeiten. Aus der Fülle der Eindrücke die auf uns strömen müssen wir einen Bruchteil auswählen, um überhaupt irgend etwas wahrnehmen zu können. Wie aber wählen wir aus? Neisser (1976) erklärt dies recht anschaulich mit dem Konzept des Schemas (siehe Abbildung 2-1). Aus unseren früheren Erfahrungen haben sich in unserem Denkapparat sogenannte Schemata (eine beliebte Metapher dafür ist auch die "Brille", durch die wir die Dinge sehen) ausgebildet. Diese Schemata bestimmen, welche Informationen aus der Umwelt relevant und sinnvoll sind und leiten den Suchvorgang, mit dem wir die Welt erkunden. Neisser erklärt dies mit einer Computeranalogie, indem er das Schema mit einem Format vergleicht, das als Eingabe nur Daten zuläßt, die eine ganz bestimmte Struktur aufweisen. Alle anderen werden abgewiesen. Auf unsere Wahrnehmung übertragen heißt dies, daß nur solche Objekte, Tatbestände und neuen Erfahrungen erkannt werden, die sich sinnvoll einordnen lassen. Diese neuen Erfahrungen verändern wiederum laufend die Schemata, womit der Wahrnehmungszyklus geschlossen ist (siehe Abbildung 2-1).

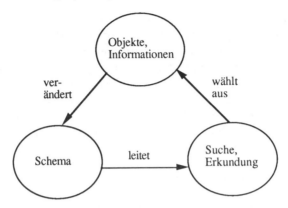

Abb. 2-1: Wahrnehmungszyklus nach Neisser (1976)

Auf diese Art erzeugen, gestalten oder konstruieren wir unsere Wirklichkeit immer wieder neu. Wenn man konsequenterweise weiter schließt (wobei hier nicht detailliert auf die erkenntnistheoretischen Konsequenzen, wie sie im sogenannten Logischen Konstruktivismus vertreten werden, eingegangen werden kann; siehe dazu etwa Watzlawick 1988, Weick 1985), daß eine vom Individuum unabhängige Realität nicht existiert, so heißt dies noch lange nicht, daß der Prozeß der Wirklichkeitskonstruktion beliebig ist. Wir können unsere Wirklichkeit nur so konstruieren, daß wir damit zumindest überleben können.

Der geschilderte Konstruktionsprozeß gilt natürlich auch für die Art und Weise, wie wir Organisationen sehen. Dieser Umstand ist kein "Nachteil", sondern notwendig, wenn wir eine sinnvolle Ordnung in unsere Wahrnehmung bringen wollen: Es kommt allerdings darauf an, sich dieser "Brillen" bewußt zu sein und wenn nötig, die Brillen auch öfters zu wechseln, um zu sehen, wie sich die wahrgenommene Ordnung aus einem anderen Blickwinkel darstellt. Gareth Morgan hat mit seinem Buch "Images of Organization" (1986) eine ausgezeichnete und sehr anschauliche Zusammenstellung verschiedener Sichten von Organisationen gegeben, an der wir uns teilweise orientieren.

2.2.1 Organisationen als Maschinen

Bereits das aus dem Griechischen *organon* abgeleitete Wort Organisation, das soviel wie Werkzeug oder Instrument bedeutet, zeigt den maschinellen Charakter, der hinter diesem Begriff stehenden Wesenheiten. Organisationen werden in dieser Sicht aufgebaut, um bestimmte Zwecke oder Ziele zu erreichen, die unabhängig von den Organisationen existieren. Solcherart sind Organisationen bloßes Mittel, niemals Selbstzweck. Sie bestehen wie Maschinen aus Teilen, die alle bestimmte, vorgegebene Funktionen erfüllen und prinzipiell austauschbar sind.

Sehr gut illustriert kann der maschinelle oder mechanische Aspekt von Organisationen am Beispiel des Militärs werden. Bereits Friedrich der Große hatte eine starke Vorliebe für automatisches Spielzeug. Indem er einige Prinzipien daraus auf sein Söldnerheer übertrug, gelang es ihm den Haufen aus individualistischen Freibeutern in eine "Schlachtordnung" zu bringen. Die wesentlicheren Prinzipien sind bis heute gleich geblieben: Mit einem festen System aus Regeln, Rängen, Kommandostrukturen, einer Kommandosprache und Diensträngen wird die Möglichkeit von unklaren Situationen und individualistischen Ausritten weitgehend ausgeschaltet. Für jede Situation gibt es genaue Vorschriften, wie zu handeln ist, jedes Organisationsmitglied weiß, von wem es Befehle zu empfangen und zu befolgen hat.

In eine geschlossene Darstellung, angewandt für Organisationen und Staatswesen, hat dies Max Weber Anfang dieses Jahrhunderts mit seiner Behandlung der bürokratischen Organisation gebracht (Weber 1976). Er fand, daß - genau wie Maschinen die Produktion automatisieren - durch bürokratische Formen der Prozeß der Administration, also die Lenkung organisatorischer Gebilde, rationalisiert werden könnte. Die Prinzipien der Maschine werden durch detaillierte Regeln, hierarchische Leitungsstrukturen und eine strikte Aufgabenteilung implementiert. Der Vorteil der Aufgabenteilung wurde übrigens schon von Adam Smith 1776 in seinem klassischen Werk "Der Wohlstand der Nationen" (am Beispiel der Warenproduktion) hervorgehoben (Smith 1974). Fortgesetzt und konkretisiert wurden diese Gedanken durch die "klassischen" Managementtheoretiker wie Fayol und Urwick und insbesondere durch die Vorschriften der "wissenschaftlichen Betriebsführung" von Frederick W. Taylor (1911) anfang dieses Jahrhunderts, dessen Kern von ihm durch fünf Prinzipien ausgedrückt wurde, die die Grundlage für die Gestaltung von Arbeitsstellen auf den unteren hierarchischen Ebenen (insbesondere in der Produktion) darstellen:

• Befreiung der Arbeit von Verantwortung für die Arbeitsorganisation
• Optimale Gestaltung (mittels "wissenschaftlicher" Methoden) der Arbeit und Vorgabe eines präzisen Arbeitsablaufes
• Selektion der bestgeeigneten Arbeiter für eine vorgegebene Arbeit
• Training der Arbeiter für diese Tätigkeit
• Beobachtung und Kontrolle der Arbeitsleistung, um sicherzustellen, daß die vorgegebenen Abläufe eingehalten werden.

Der wesentliche Grundgedanke ist, daß der "Faktor Mensch" an die Erfordernisse des Produktionsablaufes bzw. der Maschine angepaßt wurde und als ein "Zahnrad" unter vielen betrachtet wurde. Gilbreth (1911) verfeinerte die Methoden in Form von "Bewegungsstudien" weiter und Ford wandte die Prinzipien erstmals erfolgreich auf die Produktion in Montagestraßen an.

Diese Extremformen spielen heute kaum mehr eine Rolle. Mit dieser Maschinen-Metapher können aber nach wie vor viele Gegebenheiten in modernen und erfolgreichen Organisationen erklärt werden. Man ist heute in der Lage, Bedingungen - auf die wir hier nicht weiter eingehen können - anzugeben, unter denen der Einsatz mechanistisch orientierter Organisationsformen sehr erfolgversprechend ist (z.B. Burns/Stalker 1961). Die Nachteile, die sich andererseits dabei ergeben, erscheinen aus heutiger Sicht ebenfalls klar. Die wichtigsten sind kurz zusammengefaßt:

- Auf die Bedürfnisse des Menschen kann unter dieser Sichtweise nur indirekt Rücksicht genommen werden. So könnte etwa argumentiert werden, daß durch zunehmende Rationalisierung Lohnerhöhungen möglich sind, wodurch die Mitarbeiter viele Bedürfnisse besser befriedigen können.

- Maschinen können sich nicht selbst ändern und Organisationen, die an der Funktionsweise von Maschinen orientiert sind, stehen bei notwendigen Änderungen vor großen Schwierigkeiten.

- Maschinen nutzen sich ab und gehen früher oder später kaputt. Anders ausgedrückt tendieren sie von einem Zustand hoher Ordnung zu immer niedrigerer Ordnung (sie folgen dem Zweiten Hauptsatz der Thermodynamik wonach ohne Energiezufuhr von aussen Ordnung abnimmt bzw. Entropie zunimmt). Maschinen können sich nicht selbst reparieren.

2.2.2 Organisationen als Organismen

Der erste wesentliche Unterschied der einem zwischen Maschinen und Organismen einfallen mag, ist das Leben. Während Maschinen - einmal konstruiert und gebaut - von sich aus keiner Änderung unterliegen, entwickeln und verändern sich Organismen ständig - sie leben. Man kann diesen Unterschied auch so ausdrücken, daß Maschinen prinzipiell geschlossene Systeme darstellen, das heißt die Beziehung zur Umwelt ist auf genau vorgegebene Input-Output-Einheiten beschränkt, wodurch keine Änderungen des Systems selbst bewirkt werden können, Organismen dagegen sind offene Systeme. Diese Terminologie wurde von Systemtheoretikern (z.B. Bertalanffy 1969) eingeführt. Sie drücken damit aus, daß offene Systeme durch ihre Beziehungen zur Umwelt verändert werden können.

Warum können nun Organisationen als offene Systeme gesehen werden? Verständlich wird dies durch die historische Entwicklung dieser Sichtweisen. Nicht lange nachdem durch Taylor die Maschinen-Metapher so großartig indoktriniert wurde, zeigten Forscher, daß nicht nur das gute Funktionieren der mechanischen Prozesse in der Organisation für deren Erfolg verantwortlich ist. Als Ausgangspunkt für diese Entwicklung berühmt geworden sind die sogenannten Hawthorne-Studien von Elton Mayo und seinen Kollegen (die Studien sind in Walter-Busch 1989 genauer beschrieben). Sehr verkürzt ausgedrückt zeigten sie, daß die bloße Tatsache, daß sich die Arbeiter in einem Betrieb beachtet fühlten, deren Leistungen steigerte. Entscheidend daran ist, daß dieses Phänomen auf rein mechanistische oder tayloristische Weise nicht erklärt werden kann. Im Maschinen-Bild ausgedrückt würde man sagen: "Zahnräder" reagieren nicht auf so etwas wie "Beachtung".

Organisationen bestehen aber nicht (nur) aus Zahnrädern. Organisationen werden erst durch Menschen "zum Leben erweckt". Menschen haben Bedürfnisse. Ein wesentliches Bedürfnis, dessen Bedeutung in den Hawthorne-Studien zu Tage trat, ist jenes nach Beachtung. Daneben lassen sich noch viele weitere Bedürfnisse nennen. Abraham Maslow hat ein sehr einfaches, aber einleuchtendes Konzept mit seiner sogenannten Bedürfnis-Pyramide gefunden (Maslow 1981). Neben anderen Bedürfnis- und Motivationskonzepten war dies Anregung für viele Forschungsarbeiten ab den 40er Jahren, die häufig unter dem Titel Human-Relations Bewegung zusammengefaßt werden.

Zurück zur Betrachtung des offenen Systems. Die Berücksichtigung des "Faktors Mensch" hat entscheidende Auswirkungen auf die Art, wie die Organisation auf ihre Umwelt reagiert. Mit Umwelt meinen wir hier den Markt (Absatz, Beschaffung), das gesellschaftliche und politische Umfeld und ähnliche Einheiten, mit denen eine Organisation konfrontiert ist. Maschinen kümmern sich nicht darum, was sich in ihrer Umwelt abspielt. Sie produzieren jene Dinge, für die sie gebaut sind. Wenn aber etwa dieses Produkt nicht mehr benötigt wird und andere Dinge verlangt werden, sind mitunter aufwendige Umbauten, die lange dauern können, und Initiativen bedürfen, nötig. Organismen hingegen haben die Fähigkeit, sich bis zu einem gewissen Grad an veränderte Umweltbedingungen anzupassen. Bedingungen für die Anpassungsfähigkeit formulieren Systemtheoretiker. Ein Beispiel: Die Regelmechanismen eines Systems müssen genügend flexibel und variantenreich sein, um alle Schwankungen (Varietäten) der Umwelt auffangen zu können (Ashby 1974).

Dies läßt sich mit Einschränkungen auf Organisationen übertragen. Unternehmen, die wie Maschinen arbeiten, fällt es schwer, sich anzupassen. Ihre Mitarbeiter haben so wenig Verantwortung wie möglich, können also keine Entscheidungen treffen, die vom üblichen Weg abweichen. Ihr Interesse an der Sache selbst wurde nie geweckt, sie müssen immer von "oben" angetrieben werden.

Die Dienstwege sind lange. Bis die Notwendigkeit von Veränderungen der Leitung bekannt wird und die entsprechende Anweisung an die durchführenden Mitarbeiter gelangen, vergeht mitunter viel Zeit. Das System hat nicht genügend Varietät.

Anderes dürfen wir von organischen Organisationen erwarten. Die einzelnen Mitarbeiter stehen so weit wie möglich selbst in Interaktion mit ihrer Umwelt. Sie werden selbst als Organismen gesehen und ihre Bedürfnisse werden nicht unterdrückt, sondern so weit wie möglich für die Organisation nutzbar gemacht. So spielt etwa das Bedürfnis, sich an irgendeinem Leistungskriterium zu messen (wie etwa im Sport) ein große Rolle für die Bereitschaft, sich voll einzusetzen. Man versucht also - anders als im tayloristischen System - vermehrt Tätigkeiten nach motivationalen Gesichtspunkten zu gestalten. Menschen, die durch die Aufgabenstellung selbst motiviert werden, lernen im allgemeinen auch schneller mit neuen Situationen umzugehen. Diese Lernfähigkeit gibt dem System mehr Varietät.

Man könnte die Besonderheiten organischer Organisationen noch an mehreren Aussagen der Systemtheorie demonstrieren. Wir wollen hier nur noch kurz auf die Entwicklung der Organisationstheorie eingehen, die von der eher mechanistischen zur stärker organismischen Sichtweise führt. Am direktesten ist dies in der Arbeit von Burns und Stalker erkennbar, die mechanische und organische Organisationsformen gegenüber stellen und angeben, unter welchen Umweltbedingungen sich diese Extremformen bewähren (Burns/Stalker 1961). Dies war eine der ersten Arbeiten, die man unter die sogenannten Kontingenztheorien der Organisation einordnen könnte.

Abgeschlossen wird dieser Abschnitt mit einem Hinweis auf einen Ansatz, der die Analogie zwischen Organisationen und Organismen auf einer anderen Ebene sehr weit treibt. Diese andere Ebene ist die Population. Organisationen einer bestimmten Branche etwa bilden eine Population, vergleichbar mit den Populationen der Affen, Dinosaurier etc. in der Tierwelt. Der sogenannte "Population-Ecology Ansatz" (wichtigste Vertreter sind Hannan und Freeman 1977), erklärt nun alle Veränderungen, die sich innerhalb einer Population von Organisation abspielen durch Geburts- (Neugründungen) und Todesprozesse (Insolvenzen, Auflösungen). Damit werden die Grundgedanken Darwin´s über die Entstehung der Arten auf Organisationen übertragen. Der sicherlich bekannteste dieser Grundgedanke ist, daß Arten, die nicht in der Lage sind, mit den Gegebenheiten der Umwelt fertig zu werden, aussterben. Nur jene können überleben (und sich fortpflanzen), die "angepaßt" sind (allerdings nicht nur die am meisten "angepaßten").

2.2.3 Organisationen als Gehirne

Forscher im Bereich der künstlichen Intelligenz verwenden gerne das Gehirn als Vorbild für Computer und deren Programme, weil Computer wie Gehirne informationsverarbeitende Systeme darstellen. Obgleich das menschliche Gehirn ungleich komplexer als heute vorstellbare Computer ist, erhofft man sich aus dem Studium des Gehirnaufbaus und der sich darin abspielenden Prozesse wertvolle Hinweise.

Organisationen können ebenfalls als informationsverarbeitende Systeme gesehen werden. March und Simon (1958) haben auf diese Weise in den 50er-Jahren gezeigt, daß Organisationen wie Menschen ihre Entscheidungen immer nur begrenzt rational treffen können, weil ihre Kapazität Informationen zu verarbeiten, begrenzt ist. Jeder einzelne macht diese Erfahrung etwa bei Kaufentscheidungen: Es stehen nicht alle nötigen Informationen zur Verfügung, man kann nicht alle Alternativen prüfen und exakt bewerten, um die beste oder billigste Ware zu finden. Insbesondere bürokratische oder mechanistische Organisationsformen produzieren diese begrenzte Rationalität durch ihre Struktur: Entscheidungen werden nicht dort getroffen wo die meisten Informationen sind (also typischerweise auf den unteren Hierarchieebenen) sondern von übergeordneten Stellen, die in der Regel nur stark eingeschränkte, vorselektierte Informationen bekommen. Bereits die im letzten Abschnitt beschriebenen organischeren Organisationsformen versuchen diesem Umstand entgegenzuwirken.

Was können Gestalter von Organisationen vom Aufbau des Gehirns lernen? Sehr illustrativ für das Verständnis der Arbeitsweise des Gehirns ist das Prinzip der Holographie. Einfach ausgedrückt sind Holographien mit Laser belichtete Photoplatten, mit denen (wieder mit Laser) drei-dimensionale Bilder erzeugt werden können. Das für uns besondere ist jedoch nicht dieser Effekt der Drei-Dimensionalität sondern die Tatsache, daß in jedem einzelnen Teil derart belichteter Photoplatten das ganze Bild enthalten ist. Zerbricht die Photoplatte, so kann aus jedem Scherben die vollständige Holographie reproduziert werden. Wie gezeigt werden konnte, sind Gehirne teilweise ähnlich aufgebaut. Ratten, denen 90 % ihres Gehirns genommen wurde, konnten dennoch alle wesentlichen Lebensfunktionen ausführen. Dies gilt für den Menschen zumindest innerhalb gewisser Gehirnregionen. Darüber hinaus spezialisieren sich mit zunehmenden Alter die Regionen für bestimmte Funktionen.

Dieses Prinzip kann einfach mit dem Wort *Redundanz* umschrieben werden. Systeme die sich durch derart hohe Redundanz auszeichnen, haben den Vorteil, daß der Ausfall einiger Teile kaum etwas an der Funktionsfähigkeit des Systems ändert. Andererseits bedeutet Redundanz in gewissem Sinne Verschwendung von Kapazitäten. Hier liegt der Grund, warum für Organisationen ein derartig hohes Maß an Redundanz nie gefordert werden kann. Der Grundgedanke mechanistischer Gestaltungsformen war eben, diese Verschwendung zu vermeiden.

Warum kann Verschwendung dieser Art manchmal sehr wichtig sein? Wir haben bereits auf die Notwendigkeit von Anpassungen und Lernen in Organisationen hingewiesen. Wirkungsvolles Lernen benötigt Redundanz. Wir werden auf die Besonderheiten organisationalen Lernens in einem späteren Kapitel zurückkommen, hier soll ein Hinweis auf persönliche Erfahrungen genügen: Wir merken uns kaum Dinge, die wir nur einmal gehört oder gelesen haben. Für Lerneffekte sind mehrere Wiederholungen nötig.

Man könnte hier einwenden, daß auch Maschinen (z.B. Computer) in der Lage sind zu lernen und dies viel effektiver als Menschen. Dies führt uns zu einer wesentlichen Unterscheidung von Lernformen. Während Maschinen sehrwohl in der Lage sind gemäß vorgegebener Standards ihr Verhalten zu ändern (wie ein Thermostat, der je nach dem, ob eine gewisse Temperaturschranke erreicht ist oder nicht, einschaltet oder ausschaltet), können sie nicht diese Standards selbst verändern. Ersteres kann mit Lernen I (Bateson 1985), letzteres mit Lernen II (Deutero-Lernen) oder Lernen zu Lernen umschrieben werden. Diese Fähigkeit Standards zu verändern, ist aber eine Voraussetzung für Selbst-Organisation (siehe Abschnitt 3.1.1.7).

Auch Bürokratien haben Stellen, die in der Lage sind, Standards (Leistungs-standards, Organisationsziele, Budgets, etc.) zu verändern. Untergeordnete Stellen in einer strengen Hierarchie haben diese Fähigkeit, sich selbst zu organisieren jedoch nicht. Weder werden ihnen die notwendigen Entscheidungskompetenzen zugeordnet, noch bekommen die Mitarbeiter während ihrer unmittelbaren Tätigkeit Gelegenheit Lernen zu Lernen. Gestalter von Organisation, die sich an der Gehirn-Metapher orientieren, werden trachten, so weit wie möglich Redundanz von Funktionen zu schaffen, das heißt, daß möglichst viele Mitarbeiter möglichst viele Aufgaben erfüllen können. Sie werden möglichst wenig fest vorgegebene Regeln einführen. Darüber hinaus werden sie die Mitarbeiter ermutigen, überkommene Standards und Verfahrensregeln zu hinterfragen und wo nötig zu ändern.

2.2.4 Organisationen als Kulturen

Versetzen wir uns in die Lage eines Besuchers von einem anderen Planeten, der verschiedene Gebiete der Erde bereist und die Menschen beobachtet. Er wird sich wundern, daß so viele Menschen zu ganz bestimmten Zeiten an jedem Morgen aus ihren Wohnungen kommen und an immer die gleichen Plätze fahren oder gehen. Zunächst werden ihm viele Gemeinsamkeiten des Verhaltens der Menschen in den industrialisierten Ländern und die

Unterschiede zu weniger entwickelten Gebieten auffallen. Später, bei genauerer Betrachtung, werden auch viele Unterschiede zwischen den industrialisierten Ländern zu Tage treten. Vielleicht trifft unser Besucher auf einen jener Menschen, die jeden Tag in eines der Gebäude gehen, die die Menschen Universitäten nennen. Auf die Frage, was denn diese Unterschiede zu bedeuten haben, wird er zur Anwort bekommen: "Das sind eben unterschiedliche Kulturen!".

Was meinen wir mit "Kultur"? Wenn wir in einer bestimmten Umgebung aufwachsen, dann lernen wir ein umfangreiches und komplexes System von Regeln, Glaubenssätzen, erlaubten und nicht erlaubten Verhaltensmustern, Tabus und ähnlichem. Dieses System ist keineswegs oder nur zu einem kleinen Teil explizit beschrieben, vielmehr wird uns der Hauptteil nie bewußt, wir halten uns "automatisch" daran (siehe zu den Prozessen des sozialen Lernens Abschnitt 3.1.1.7). Ohne diese angelernten und automatisierten Regeln wäre wahrscheinlich soziales Leben praktisch unmöglich. Andererseits folgen wir dadurch unter Umständen Regeln oder Verhaltensmustern, die nicht unbedingt notwendig wären oder sogar in einem neuen Kontext ineffizient sind, eben weil wir uns dieser Regeln nicht bewußt sind.

Wenn wir von verschiedenen Kulturen sprechen, dann meinen wir damit, daß diese Regelsysteme nicht überall gleich sind. Aber warum ist das alles für Organisationen relevant? Die Kulturmetapher kann auf mehreren Ebenen Erklärungen für Unterschiede in der Arbeitsweise von und in Organisationen und damit auch für ihre Effizienz liefern. Eine dieser Ebenen rückte mit den auffallenden Erfolgen der japanischen Wirtschaft und ihrer Organisationen ins Zentrum des Interesses. Die zentralen Merkmale der japanischen Kultur im Vergleich etwa zur westeuropäischen und nordamerikanischen, die zur Erklärung dieses Aufstiegs beitragen könnten, scheinen sich in der Art, wie Menschen miteinander umgehen (interagieren), wie sie ihr Verhältnis zur Organisation sehen und welche Ziele mit der Arbeit in der Organisation verfolgt werden, auszudrücken. Was etwa Westeuropa und Nordamerika gemeinsam haben, ist die hohe Bewertung individueller Leistungen gegenüber der Bedeutung kollektiver Leistungen in Japan.

Dies drückt sich beispielsweise darin aus, daß in Westeuropa eine gewisse "Streitkultur" gepflegt wird, hinter der die Ansicht steht, nur die offene Austragung von Konflikten könne zu wirklich guten und effizienten Lösungen führen. Ähnliches gilt sicher auch für Nordamerika, jedoch mit dem Unterschied, daß dies weniger als notwendiger politischer Prozeß empfunden wird (siehe auch Abschnitt 2.2.5), sondern daß dies eher eine der Möglichkeiten eines Spieles ist. In Nordamerika wird eher auch die Alternative genutzt, dem Konflikt zu entgehen, indem man auf sich alleine gestellt arbeitet. Plakativ könnte man diese zwei Kulturräume mit folgenden Glaubenssätzen gegenüber stellen: "Jeder ist seines eigenen Glückes Schmied" und "Nur gemeinsam sind wir stark".

Die Betonung individueller Leistungen und den damit erklärbaren Interessen an besonders motivierenden Anreizsystem und den Spielcharakter der Arbeit in Organisationen andererseits wollen wir noch durch ein Beispiel illustrieren. Dazu zitieren wir einen neueren Vorschlag zur Gestaltung eines Anreizsystems für Verkäufer durch nordamerikanische Wissenschafter illustriert (Bushardt/ Fowler/Debnath 1989). Es wird vorgeschlagen, Prämien für bestimmte Umsätze nicht einfach in Geldform oder beispielsweise in Form von sogenannten "Incentive-Reisen" auszuzahlen, sondern für die Erreichung von bestimmten Umsatzgrenzen Jetons auszugeben, mit denen die Verkäufer an einem eigens dafür aufzustellenden Automaten (für alle sichtbar) spielen können. Dort können sie - abhängig vom Zufall - eine mehr oder weniger große Belohnung gewinnen.

Die skizzierten Kulturaspekte sind auch Gründe dafür, warum etwa in Nordamerika Gewerkschaften eine weit geringere Rolle als in Westeuropa spielen. Weder Gewerkschaften noch individuelle Auseinandersetzungen scheinen in Japan von Bedeutung zu sein. Erklärt wird das vielfach mit der Jahrtausende alten Ordnung, die praktisch unverändert, nur mit anderen Rollenbezeichnungen, in das 20. Jahrhundert der Superkonzerne übernommen wurde. Diese Ordnung ist geprägt durch den traditionellen ökonomischen Unterbau, nämlich dem Reisanbau und den damit in Verbindung stehenden militärischen Eliten, den Samurais (Sayle 1982, zit. nach Morgan 1986). Die Reisbauern waren auf Grund des begrenzten Raumes der japanischen Inseln und der kurzen Anbau- und Erntezeiten immer zu engster Kooperation gezwungen. Die Reisbauern sicherten die ökonomische Existenz der Samurais, die zu deren Schutz verpflichtet waren. Dadurch hat sich ein ganz bestimmtes Verständnis von hierarchischer Ordnung entwickelt, das mehr auf wechselseitigem Austausch von Schutz und Dienstleistung als auf Beherrschung beruht. Dies scheint sich im Verhältnis zwischen den einfachen Angestellten und den Managereliten fortzusetzen. Weiters ist an diese Ordnung eine extrem enge Bindung an die Organisation - Japaner wechseln im Normalfall die Firma nie, sondern gehören ihr ein Leben lang an - und ein Klima, das durch die Betonung von Harmonie und die Unterdrückung latenter Konflikte geprägt ist, geknüpft. Daß dies nicht nur Vorteile hat und daß unter der harmonischen Oberfläche oft sehr schlechte Arbeitsbedingungen herrschen, ließe sich allerdings auch durch viele Beispiele belegen.

Der Vergleich dieser Länderkulturen ist aber nur ein Aspekt dieser Metapher. Man kann auch von einer *Organisationskultur* und von *Subkulturen* in Organisationen sprechen. Ähnlich wie Länder als Kulturen charakterisiert werden können, lassen sich Charakteristika von Organisationen ausmachen, die sie als eigene Kultur von anderen Organisationen unterscheiden. Ja sogar innerhalb einer Organisationen unterscheiden sich einzelne Bereiche in dieser Hinsicht. Ein auffälliges, äußerliches Kennzeichen ist etwa die Kleidung. Warum gibt es Organisationen, in denen alle Männer Anzug und Krawatte tragen, während in anderen Firmen Blue Jeans zum Standard gehören? Daß sich die Kleidung von Arbeitern an der Werkbank von jener der Angestellten im administrativen Bereich unterscheidet, kann direkt durch die Art der Tätigkeit begründet werden. Um aber herauszufinden, warum etwa die Mitarbeiter der Marketing-Abteilung immer nach der neuesten Mode gekleidet sind, während die Kollegen aus Forschung und Entwicklung mit zehn Jahre alten Anzügen auskommen, dazu ist wieder die Kulturmetapher hilfreich. Unsere Gesellschaft ist geprägt durch verschiedene Subkulturen, die wiederum zum Beispiel durch Berufsgruppen abgegrenzt sind (z.B. Künstler, Techniker, Forscher, Beamte, Manager). Wenn sich Vertreter derartiger Subkulturen in Organisationen zusammenfinden, dann übernehmen sie zwar einiges der Kultur der Gesamtorganisation, je stärker die Subkultur aber in der Organisation vertreten ist, umso mehr werden sie die Identität der Subkultur bewahren und umso mehr wird die Subkultur die Kultur der Gesamtorganisation beeinflussen.

Wir haben einige Beispiele dafür gebracht, wie die Kultur Verhaltensweisen in Organisationen prägt. Darüber hinaus beeinflußt sie aber auch ganz entscheidend die Art, wie wir unsere Umwelt wahrnehmen bzw. unsere "Realität konstruieren". Auf Organisationen bezogen, könnte man auch sagen, daß die Kultur Einfluß darauf hat, welche der hier beschriebenen Metaphern man bevorzugt.

2.2.5 Organisationen als politische Systeme

Organisationen sind Zusammenschlüsse von Personen, die alle "am gleichen Strang" ziehen. Zu oft ist man in Organisationen mit Konflikten konfrontiert, die nicht bloß als Ausdruck einer sachlichen Debatte, sondern als Konsequenz divergierender Interessen betrachtet werden müssen und den einleitenden Satz absurd erscheinen lassen.

Schon beim Vergleich der verschiedenen Kulturen haben wir auf die unterschiedlichen Weisen des Interessensausgleichs etwa in Westeuropa gegenüber Japan hingewiesen. Dies impliziert, daß Mitglieder unterschiedliche Eigeninteressen in die Organisation einbringen und dort verfolgen, was offensichtlich für Japan genauso wie für alle übrigen Länder und Kulturkreise gilt. Die Arten, wie diese Einzelinteressen aufgearbeitet oder zu einem gemeinsamen Ziel integriert werden, sind eben sehr verschieden.

Wir können viele Ähnlichkeiten und Analogien entdecken, wenn wir die politischen Systeme in Staatsgebilden den organisatorischen Systemen gegenüberstellen. Politik ist ein Mittel zur Willensdurchsetzung in sozialen Gemeinschaften allgemein und kann vereinfachend als der Prozeß des gegenseitigen Darlegung der einzelnen Interessenslagen und der Austragung bestehender Konflikte gesehen werden. Darlegung der Interessen und Konfliktaustragung kann auf verschiedenste Art erfolgen, wodurch ganz wesentlich Typen von politischen Systemen unterschieden werden können. Eine gebräuchliche Dimension zur Einordnung politischer Systeme wird durch die Pole "Autoritäre Herrschaft" und "Demokratische Willensbildung" gekennzeichnet. Autokratie als extreme Form autoritärer Herrschaft ist durch Machtkonzentration bei einer Person oder einer sehr kleinen Gruppen von Personen ("Oligarchie") gekennzeichnet. In streng bürokratischen Systemen ist die Macht zwar auf mehrere hierarchische Ebenen verteilt, Macht auf unteren Ebene kann jedoch nur durch die jeweils höheren Ebenen legitimiert werden und ist somit stark eingeschränkt (siehe zur Dezentralisation auch Abschnitt 2.1). In letzter Zeit wird auch die sogenannte Technokratie als Form autoritärer Herrschaftsausübung vermehrt diskutiert. Diese kann deshalb als autoritär gewertet werden, weil Willensbildung nur durch Experten (fachliche Spezialisten) möglich ist. Demokratische Systeme können durch das Ausmaß, der Einbeziehung aller Systemmitglieder in den Willensbildungs- und Entscheidungsprozeß, unterschieden werden (direkte versus repräsentative Demokratien).

Mit diesen Typen und Mischformen politischer Systeme können auch Organisationen bis zu einem gewissen Grad beschrieben werden. Auch hat das politische System des Staatswesens - in Europa mehr als im amerikanischen Raum - entscheidenden Einfluß auf die politischen Strukturen und Prozesse in Organisationen. In einigen osteuropäischen Staaten wird bzw. wurde bis vor kurzem die Wahl der Betriebsleiter durch die Belegschaft gesetzlich vorgeschrieben. Hier wurde also auf relativ autoritäre Weise durch den Staat ein demokratischer Prozeß innerhalb der Organisation eingeleitet. In vielen mitteleuropäischen Ländern legen demokratisch gewählte Regierungen durch Mitbestimmungsgesetze (in Deutschland z.B. das Betriebsverfassungsgesetz, in Österreich das Arbeitsverfassungsgesetz) fest, in welcher Weise Arbeitgeber- und Arbeitnehmervertreter bei der Gestaltung des organisatorischen Lebens zusammenzuwirken haben (siehe auch Abschnitt 2.1. wo das Zusammenwirken von Arbeitnehmer und Arbeitgeber in der Matrixstruktur dargestellt wird). Speziell in Österreich hat auch die besondere Form der *Sozialpartnerschaft* (vgl. Nowotny 1991) große Bedeutung, bei der Arbeitnehmer- und Arbeitgebervertreter in festen Intervallen über Rahmenverträge etwa zur Festlegung von Lohntarifen und Preisen verhandeln. Dies hat vor allem das Ziel, offene Machtkämpfe zwischen diesen Gruppen in Form von Streiks und ähnlichem durch frühzeitige Einigung am "grünen Tisch" zu vermeiden.

Im politischen Zusammenhang in Staatswesen wie in Organisationen stützt sich die Machtausübung auf unterschiedliche Grundlagen. Auf verschiedene Grund-

lagen der Macht in Organisationen wollen wir im folgenden noch kurz eingehen. French/Raven (1959) unterscheiden folgende "Machtbasen" (siehe auch
Abschnitt 3.1.2.3):

• *Formale Autorität.* Mit einer Position (Stelle, Rolle) in einer Organisation
  sind ganz bestimmte Kompetenzen verbunden, die es ermöglichen, Entscheidungen innerhalb eines festgelegten Bereiches zu treffen und das Verhalten
  untergeordneter Stellen bis zu einem gewissen Grad vorzuschreiben (auf
  formale bzw. hierarchische Strukturen kommen wir in Abschnitt 2.3 zurück;
  formale Autorität ist darüber hinaus in Abschnitt 3.1.2.3 genauer beschrieben).

• *Expertenmacht.* Wird jemandem in einem Bereich besonderes Wissen und
  Fachkompetenz zugeschrieben, so ist man eher bereit, dessen Vorschläge und
  Anweisungen zu befolgen. Je größer der Wissensvorsprung einer Person
  umso stärker ist dessen Expertenmacht.

• Macht durch *Belohnungs- und Bestrafungsmöglichkeit.* Kann jemand für die
  Befolgung einer Anweisung eine Belohnung bzw. für Nichtbefolgen eine
  Bestrafung in Aussicht stellen, dann steigt die Wahrscheinlichkeit, daß ein den
  Anweisungen entsprechendes Verhalten gezeigt wird.

• *Informationsmacht.* Hat ein Person A Zugang zu mehr Information oder hat
  sie Informationen früher als eine andere Person B, so steigt die Wahrscheinlichkeit, daß A das Verhalten von B durch entsprechende Argumentation und
  Überredung beeinflussen kann.

• *Identifikationsmacht.* Eine wichtige Machtgrundlage ergibt sich auch, wenn
  eine Person A das Bedürfnis hat einer anderen Person B emotional nahe zu
  sein, sich also mit dieser Person identifiziert. Ein Weg diese emotionale Nähe
  zu erreichen ist das Befolgen der Anweisungen der Person B. Identifikationsmacht haben vor allem Personen mit starkem *Charisma* (Weber 1971).
  Charisma äußerst sich in spezifischen Verhaltensweisen (House 1987), welche
  die Identifikation mit einem Führer oder mit der Organisation stärken.

Diese Aufzählung ist keineswegs vollständig und die einzelnen Möglichkeiten
zeigen sich in den verschiedensten Facetten des organisatorischen Lebens. Auch
bezieht sich diese Unterscheidung nicht auf Personen sondern auf Funktionen.
Das heißt eine Person kann sich bei der Ausübung von Macht auf mehrere
Grundlagen stützen. Grundlage für den "Gehorsam" gegenüber Anweisungen
von Vorgesetzten ist das Vorhandensein von sozialem Konsens über die "Legi-
timität" einer solchen Machtausübung. Diese Legitimitäts- bzw. Akzeptanzbedin-
gung ist die generelle Voraussetzung für die Wirksamkeit *aller* Machtgrundlagen.

Der Einsatz von Machtgrundlagen in Konfliktsituationen führt zu komplexen Konfigurationen. Die eine Seite mag über Informationen verfügen, kann sie aber nicht verarbeiten; die andere kann über das zur Verarbeitung notwendige Wissen verfügen aber dieses nicht ohne die fehlende Information einsetzen. Diese Konstellation legt es nahe, einen Interessensausgleich herbeizuführen und "Information" gegen "Wissen" zu tauschen. Dieses gemeinsame Interesse könnte durch die angesprochene Konfliktsituation - etwa darüber, wer bzw. in welchem Verhältnis beide Parteien am Ergebnis des Austausches von Wissen und Information beteiligt sind - blockiert werden. Die *Spieltheorie* hat sich mit solchen Interessenskonstellationen und rationalen Konfliktlösungsstrategien befaßt (Reber 1973). In dem von uns konstruierten Fall spricht diese Theorie von "gemischten Interessenslagen", d.h. die Partner haben sowohl gemeinsame als auch widerstreitende Interessen. Diese Lage kommt relativ häufig in Organisationen vor. Besonders deutlich ist sie z.B. in Tarifkonflikten: Beide Partner möchten möglichst viel für ihre Seite herausholen; beide sind aber auch am Weiterleben des Betriebes interessiert (es macht wenig Sinn, die Kuh zu schlachten, wenn man sie weiter melken will). Andere Konflikt-/Machtkonstellationen sind sogenannte *Nullsummenspiele* bzw. "pure" Konflikte. Hier ist der Gewinn der einen Seite identisch mit dem Verlust der anderen Seite. Auch für diesen Fall gibt es eine rationale Lösung für beide Seiten. Sie wird bei Anwendung der sogenannten *Mini-Max-Strategie* erfüllt; dies stellt eine Strategie dar, in der das Beste aus der schlechtmöglichsten (Macht-)Konstellation herausgeholt wird.

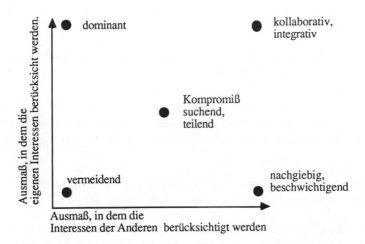

Abb. 2-2: Die Formen der Konflikthandhabung (nach Thomas 1976)

Diese Machtausübung ohne Berücksichtigung der Interessen der anderen beteiligten Gruppen ist aber nicht die einzige Möglichkeit des Umgangs mit Konflikten. Thomas (1976) ordnet mehrere Möglichkeiten der Behandlung von *dyadischen Konflikten* - also wenn nur zwei Individuen oder "Parteien" beteiligt sind - auf zwei Dimensionen zu: Das Ausmaß, in dem die eigenen Interessen verfolgt werden, und das Ausmaß, in dem die Interessen des oder der anderen berücksichtigt werden (siehe Abbildung 2-2).

Auf diesen zwei Dimensionen unterscheidet Thomas fünf wesentlich Formen der Konflikthandhabung:

- *Dominant.* Jede Partei will um jeden Preis ihre Interessen durchsetzen und jede Partei sieht sich in einer "Gewinner-Verlierer"- Situationen.
- *Nachgiebig.* Im krassen Gegensatz zum dominanten Verhalten steht hier der "Friede um jeden Preis" im Vordergrund. Die eigenen Interessen werden völlig aufgegeben.
- *Kompromiß suchendes Verhalten* steht zwischen diesen Extremen. Der Gewinn oder die Kosten einer Einigung werden zwischen den Parteien aufgeteilt.
- *Kollaborativ.* Hier werden die Einzelinteressen zu einem gemeinsamen Interesse integriert, sodaß die Interessen beider Parteien völlig erfüllt werden können.
- *Vermeidung.* Auch Nicht-Handeln ist eine Möglichkeit Konflikten zu begegnen. Man geht der Konfrontation einfach aus dem Weg und der Konflikt bleibt bestehen oder wird irgendwann durch äußere Ereignisse aufgelöst.

Die Möglichkeiten der Konflikthandhabung bzw. von Spielstrategien lassen sich zwar von der Situation mit zwei Personen bzw. Parteien auf mehrere Beteiligte übertragen, es kommen aber neue Alternativen hinzu. In einer Situation, in der drei Personen (*Triade*) mit unterschiedlichen Interessen beteiligt sind, ist es etwa möglich, daß zwei Personen eine *Koalition* bilden, um auf diese Weise zumindest einen Teil ihrer Interessen verwirklichen zu können oder zu verhindern, daß der Dritte seinen Willen durchsetzt. Weiters kann eine Partei einer anderen sogenannte *Kompensations- oder Seitenzahlungen* anbieten. Dafür hindert der Bezahlte den Zahlenden nicht an der Durchsetzung seiner Interessen.

Zur Funktion der Metaphern. Abschließend sei in Ergänzung zu den einleitenden Bemerkungen nochmals darauf hingewiesen, daß

- jede der gegebenen Beschreibungen (Abschnitte 2.2.1 bis 2.2.5) eine Konstruktion oder Metapher (man kann auch sagen, ein Gleichnis) ist und keine Organisation vollständig beschreiben kann und daß
- jede Organisation Aspekte jeder dieser Metaphern enthält. Verschiedene Organisationen lassen sich durch jeweils andere Metaphern besser beschreiben.

3. Organisatorische Grundlagen des Betriebs

3.1 Verhalten in Organisationen

Wie verhalten sich Menschen in Organisationen? - Die Tatsache, daß Organisation mit Menschen zu tun hat, ist unmittelbar evident. Die Frage, wie sich Wissen über menschliches Verhalten in betriebswirtschaftliches Organisationswissen eingliedert, ist jedoch keineswegs trivial. Unterschiedliche Interpretationen der Organisation lassen auch Stellenwert und Bedeutung des Verhaltens der beteiligten Personen in je unterschiedlichem Licht erscheinen.

Betont man etwa den instrumentellen Charakter von Organisationen (siehe Abschnitt 2.2.1), so versteht man sie primär als Werkzeuge, mittels derer Menschen Vorhaben durchführen und Ziele erreichen. Daraus ergibt sich die Frage, wie Organisationen in Hinblick darauf gestaltet werden, daß sie den Charakteristika und Bedürfnissen ihrer Benutzer entsprechen und diese sie optimal (be)nutzen können. Das heißt: Wissen um die Eigenschaften der Menschen ist Voraussetzung, sollen Organisationen gleichsam ergonomisch gestaltet werden.

Menschen sind aber auch Gegenstand der Beeinflussung durch Organisation, da diese notwendigerweise die Ausrichtung individueller Verhaltensweisen auf organisational bestimmte Richtungen (z.B. Organisationsziele, Projekttermine etc.) beinhaltet. Aus dieser Perspektive ist Wissen um menschliches Verhalten eine Grundlage für die Auseinandersetzung mit Wirksamkeit und (Neben)Wirkungen von Organisation.

Somit können Organisationen im Sinne von Instrumenten betrachtet werden, die Menschen zur Verfügung stehen und mit denen menschliches Verhalten beeinflußt wird. Schließlich sind Menschen auch selbst Teil von Organisationen. In diesem Sinn ist das Wissen um die Teile notwendige Basis für das Verständnis der Funktionsfähigkeit des Ganzen.

Wovon hängt nun das Verhalten von Menschen in Organisationen ab? Menschen sind biologische, zutiefst soziale Wesen, die mit Bewußtsein und Sprache ausgestattet sind. Aus Beschreibungen wie dieser folgen grundlegende Charakteristika menschlichen Verhaltens, die in allen Lebensbereichen wirksam und daher auch für das organisationale Geschehen maßgeblich sind. Alles was Verhalten im allgemeinen beeinflußt, muß daher auch für Organisationen relevant sein.

Darüberhinaus sind organisationale Zusammenhänge - etwa geprägt durch Orientierung an Arbeitsaufgaben, durch formale Regelungen und hierarchische

Beziehungen - spezielle Kontexte, von denen angenommen wird, daß Menschen sich darin typisch verhalten. Auf der Basis oben erwähnter Grundlagen allgemein menschlichen Verhaltens stellt sich somit die Frage nach den Charakteristika und Einflußfaktoren organisationalen Verhaltens im speziellen.

Diese Zweiteilung der Frage macht deutlich, daß "Verhalten in Organisationen" umfangreiche Wissensgebiete (von der Individualpsychologie bis zu organisations- und allgemein soziologischen Fragestellungen) umfaßt, deren Detailwissen schon rein mengenmässig nicht vollständig dargestellt werden kann und das überdies bislang in keiner umfassenden Theorie menschlichen Verhaltens zu einem kohärenten Ganzen integriert werden konnte. In einer ersten Annäherung gilt es daher eine Grundstruktur des Problembereichs zu vermitteln und anhand ausgewählter Beispiele einzelne konkrete Ergebnisse humanwissenschaftlicher Forschung zu skizzieren.

3.1.1 Individuum und Interaktion

Wann immer Individuen denken und handeln, tun sie das im Rahmen einer sozial konstituierten Welt. Das rein biologische Überleben setzt, ebenso wie die Kulturleistungen, die wir im Gebrauch der Sprache, der Arbeitsteilung und der Entwicklung von Werkzeugen sehen können, Interaktion in sozialen Einheiten verschiedener Größenordnung voraus.

Was Robinson Crusoe tat, war der Versuch, selbst nach dem Verlust der ursprünglichen sozialen Umgebung, die eigene (soziale) Identität durch (simuliertes) Sozialleben zu erhalten. Aber natürlich ist der Gebrauch englischer Kalender auf Südseeinseln nur dazu gut, ein Engländer zu bleiben; in bezug auf das Inselleben selbst ist er *völlig bedeutungslos*.

Was Menschen für recht und billig erachten, was sie fürchten und wonach sie streben, kurz die konkreten Inhalte menschlichen Verhaltens müssen sinnvollerweise immer in bezug auf den jeweiligen Kontext betrachtet werden.

Für die Analyse von Verhalten in Organisationen bedeutet dies, daß die Charakteristika einer sozialen Einheit nur im Zusammenhang der nächstgrößeren Einheit, deren Teil diese ist, verstanden werden können. Eine Abteilung beispielsweise kann also nur unter Berücksichtigung der Gesamtorganisation, in deren Rahmen sie agiert, verstanden werden; die Bedeutung eines Wortes etwa ergibt sich aus dem Kontext der Beziehung, in der es gesprochen wird u.s.w.

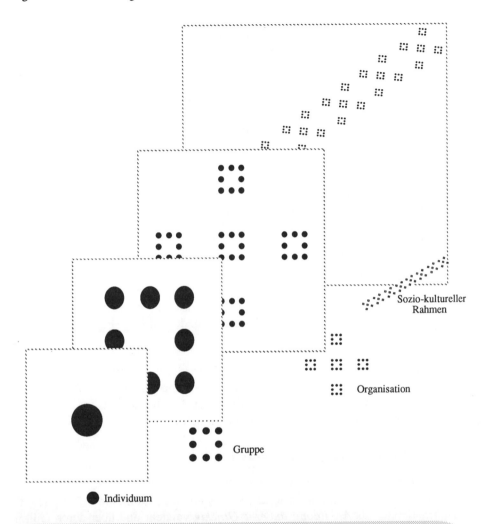

Sozio-kultureller Rahmen

Organisation

Gruppe

Individuum

Hierarchisches Analysemodell sozialer Zusammenhänge

• Jedes Element ist nur im Zusammenhang des nächstgrößeren sinnvoll zu analysieren.
• Die Charakteristika eines Elements lassen sich nicht aus denen des nächstkleineren ableiten, obwohl es aus solchen besteht.
• Für das Verständnis einer Einheit benötigt man daher
  - die nächstgrößere Einheit als Gesamtzusammenhang
  - die nächstkleineren Einheiten als innere Struktur.

Abb. 3-1: Hierarchisches Modell der Analyse sozialer Phänomene

Strukturiert man soziale Zusammenhänge nach Größenordnungen etwa wie folgt in

Gesellschaft (Kulturkreis),
Großgruppe (Gesamtorganisation),
Kleingruppe (Abteilung),
Zweierbeziehung,
Individuum,

dann bildet die jeweils übergeordnete Einheit den Kontext der jeweils kleineren (siehe Abbildung 3-1). Dabei können Phänomene einer Ebene niemals restlos aus den Phänomenen der darunterliegenden Ebene erklärt werden. Es besteht aber ein enger Zusammenhang insofern, als die kleineren Einheiten die Teile der größeren sind, und letztere also nur Phänomene hervorbringen können, die den Charakteristika der Teile nicht grundlegend widersprechen. Ähnlich wie sich die Eigenschaften eines Computers nicht aus den Eigenschaften von Halbleiterbauteilen erklären lassen, obwohl sie auf ihnen beruhen und daher diesen nicht widersprechen können, läßt sich die Dynamik einer Gruppe nicht einfach aus dem individuellen Verhalten erklären, obwohl natürlich eine Gruppe auf der vitalen Aktivität ihrer Mitglieder basiert (Polanyi 1966, 40) (siehe auch Abschnitt 2.1).

Im Folgenden werden daher einige Grundlagen individuellen Verhaltens skizziert, auf denen das Verhalten in größeren sozialen Aggregaten beruht, deren konkrete Ausformung (spezielle Verhaltensweisen) aber jeweils im Zusammenhang (Kontext) dieser größeren Einheiten zu betrachten ist.

3.1.1.1 Wahrnehmung und Umwelt

Wahrnehmung ist eine der wenigen Fragen, über die in unserem täglichen Leben breitester Konsens besteht. Es existiert eine dominante Theorie, die Wahrnehmung als *Abbildung äußerer Objekte* versteht und über deren Gültigkeit für die tägliche Praxis weitestgehende Einigkeit zu bestehen scheint: Ihre Richtigkeit wird zumindest de facto nicht bezweifelt.

Der Abbildtheorie zufolge existiert eine Realität unabhängig vom Beobachter, die dieser durch die Sinnesorgane zu einem inneren "Abbild" verarbeitet. Der Inhalt dieses "Abbilds" - so die gängige Ansicht - ist durch die abzubildende Welt bereits festgelegt; der Wahrnehmende kann nur ein mehr oder weniger detailliertes und unverzerrtes "Abbild" davon herstellen. Wahrnehmen wird somit als weitgehend passives Phänomen betrachtet, mit einer vom Wahrnehmenden unabhängigen Optimallösung, der es sich möglichst gut anzunähern gilt.

Die eben dargestellte Wahrnehmungstheorie steht in einer langen Tradition. Spätestens bei Plato ist sie bereits als Erkenntnistheorie formuliert (von Glasersfeld 1985), und obwohl der Leser möglicherweise die eben dargestellte Einfachheit einer 1:1-Relation von äußerer Realität und Wahrnehmung bezweifelt, muß nochmals betont werden, daß wir unserem Umgang mit alltäglicher Realität fast ausschließlich genau diese einfache Vorstellung von Wahrnehmung zugrundelegen.

Umso bedeutungsvoller ist es, daß diese Abbildtheorie in der wahrnehmungspsychologischen und -physiologischen Forschung etwa seit Anfang der 60er Jahre massiv in Zweifel gezogen wird. Die Beziehung zwischen Wahrnehmung und Wirklichkeit erscheint zunehmend komplexer.

Experimente aus dem Bereich der "Gewöhnungsforschung" (Ornstein 1976, 41) zeigen, daß es keineswegs so ist, daß man einfach wahrnimmt was da ist, sondern eher daß man das, was einfach da ist, gar nicht mehr wahrnimmt: Ein kontinuierliches Geräusch, wie zum Beispiel das Ticken einer Uhr, wird anfänglich wahrgenommen und verschwindet dann allmählich völlig aus dem Bewußtsein. Diese, aus der eigenen Erfahrung leicht nachvollziehbare Besonderheit menschlicher Wahrnehmung, läßt sich in wahrnehmungsphysiologischen Experimenten gut messen. Das erste Ticken, das die Aufmerksamkeit noch stark auf sich zieht, ist von einer körperlichen Erregung - Orientierungsreaktion genannt - begleitet, die sich zum Beispiel als Abfall des Hautwiderstands mit einem Psychogalvanometer messen läßt. Die Orientierungsreaktion wird zunehmend schwächer, bis sie schließlich ganz verschwindet. Verändert sich aber das Ticken, kehrt die Orientierungsreaktion augenblicklich zurück, und zwar bei lauter werdendem Ticken ebenso wie bei einem leiseren, bei einem schnelleren Ticken ebenso wie bei einem langsameren.

Ornstein (1976) vermutet daher, daß wir ein *inneres Modell* der Wirklichkeit schaffen und nur mehr das wahrnehmen, was von diesem Modell bzw. der damit verbundenen Erwartung abweicht.

Ein weiteres Beispiel für dieses Phänomen ist der "Bowery El"-Effekt, benannt nach der "Bowery Elevated Railroad", einer S-Bahn Linie, die entlang der Third Avenue in New York verlief. Dort fuhr jeden Tag zur selben Zeit spät abends ein sehr lauter Zug. Als die Linie stillgelegt wurde kam es zu interessanten Nachwirkungen: Viele Leute in der Umgebung riefen spät abends die Polizei an und berichteten, daß sich "seltsame" Dinge abspielten - die Rede war von Geräuschen, Dieben, Einbrechern usw. Die Polizei fand heraus, daß die Anrufe immer etwa um die Zeit erfolgten, zu der früher der Zug gefahren war,und in der Tat handelte es sich bei den Vorgängen keineswegs um ein kriminalistisches Phänomen, sondern vielmehr um ein wahrnemungspsychologisches: Was die Menschen hörten, war nichts anderes als das *Fehlen* des vertrauten Zuglärms.

Beide Befunde aus dem Bereich akustischer Wahrnehmung legen eines nahe: Was der menschlichen Wahrnehmung zugrunde liegt, sind nicht Objekte sondern *Veränderungsraten*, nicht Zustände sondern *Übergänge* von einem Zustand in den nächsten.

Besonders deutlich wird diese Ansicht von Untersuchungen zur visuellen Wahrnehmung gestützt: Obwohl die Alltagserfahrung durchaus so interpretiert werden kann, als sähe man konstante Bilder, ist das physiologisch nicht der Fall. Durch eine dreifache Bewegung - nämlich Kopfbewegung, beeinflußbare Drehung des Augapfels ("Saccaden") und unfreiwillig, ständig vorhandene schnelle, kleine Augenzuckungen ("Nystagmus") - verändert sich das Bild (präziser das Erregungsmuster) auf der Netzhaut ständig; ohne daß sich in der Umwelt etwas bewegen muß, werden ständig andere Rezeptoren auf der Netzhaut erregt.

Einer Gruppe physiologisch orientierter Psychologen (Ornstein 1976, 135) ist es gelungen, mittels eines extrem kleinen Projektors, der auf einer von der Versuchsperson getragenen Kontaktlinse angebracht wird, ein "stabilisiertes Abbild" auf die Netzhaut zu bringen. Die Kontaktlinse, und mit ihr der Projektor, bewegt sich mit jeder Bewegung des Augapfels. Die Vorderseite des Projektors ist auf den Augapfel gerichtet, und ganz unabhängig von jeder Augenbewegung fällt nun immer das gleiche Bild auf die Netzhaut. Die Versuchspersonen die auf die "stabilisierten Bilder" blickten, meldeten, daß diese verschwanden! Im Falle der visuellen Wahrnehmung *schafft* sich der Organismus jene Veränderung, die er benötigt, um überhaupt ein konstantes Etwas wahrnehmen zu können.

Ähnliche Hinweise für eine umfassendere Sichtweise des Verhältnisses von Umwelt und Wahrgenommenem ergeben sich aus dem Phänomen der farbigen Schatten (Maturana/Varela 1989, 23). Es wurde 1672 erstmals von Otto von Guericke beschrieben, der feststellte, daß seine Hände blau aussahen, als er sich im Schatten zwischen einer Lichtquelle und der untergehenden Sonne befand. In einer einfachen Versuchsanordnung, die mit Pappkartonröhren und farbiger Folie leicht nachvollzogen werden kann (siehe Abbildung 3-2), zeigt sich, daß obwohl nur weißes und rotes Licht beteiligt sind, blaue Schatten wahrgenommen werden (und nicht etwa rosa, was der Mischung aus Weiß und Rot entsprochen hätte). Die Erklärung des Phänomens führt - über die Wahrnehmung von Komplementärfarben - wieder in die oben beschriebene Richtung des Wahrnehmens von Unterschieden; sie soll aber hier nicht Gegenstand einer genaueren Bearbeitung sein. Hier ist vor allem von Bedeutung, daß zwischen einem physikalischen Ereignis (Wellenlänge des Lichts) und einer Empfindung (Farbsehen) kein linearer Zusammenhang besteht, und daß das für unsere Bewältigung der Realität von grundlegender Bedeutung ist! Mit welcher Kompliziertheit des Alltags hätten wir uns etwa herumzuschlagen, würden alle Gegenstände, die vom Tageslicht in einen, mit künstlichem Licht beleuchteten Raum gebracht werden, tatsächlich (in unserer Wahrnehmung) ihre Farbe so verändern, wie es der neuen Zusammensetzung der Wellenlängen des Lichts entspricht. So problemlos eben die Abbildtheorie selbst klingt, so wenig wäre ein Organismus auf ihrer Basis in der Lage zu überleben. Viele sogenannte "Wahrnehmungsttäuschungen"

Abb. 3-2: Versuchsanordnung
"Farbige Schatten"
Quelle: Maturana / Varela 1987

sind weniger als unterhaltsame Anomalien, denn als Hinweise auf die Komplexität des Phänomens Wahrnehmung zu verstehen.

Am Beispiel der Selektivität und der Werttönung wird schließlich deutlich, wie sehr Wahrnehmung vom wahrnehmenden Subjekt (und nicht von einer vorgegebenen Objektivität) geprägt ist.

Selektivität der Wahrnehmung bedeutet, daß es sich, was immer Gegenstand der bewußten Wahrnehmung ist, dabei um eine Auswahl aus vielen möglichen Inhalten handelt. Der Leser, der soeben diese Zeilen wahrnimmt, könnte sich ebensogut unendlich vielen anderen Aspekten seiner momentanen Situation zuwenden.

Die Auswahl dessen, was Gegenstand bewußter Wahrnehmung ist, erfolgt weitgehend unbewußt. Sie ist aber geleitet durch bewußte *Zwecke* einerseits (Wer Tennis spielt, nimmt vorwiegend den Ball und die Bewegung des Gegners wahr.) und unbewußte *Bedürfnisse* andererseits (Wer hungrig ist, dem werden insbesondere alle Anzeichen von Essen "ins Auge springen") (Graumann 1966) (siehe auch Abschnitt 3.1.1.4).

Aber nicht nur *was*, sondern auch *wie* es wahrgenommen wird, hängt von den Bedürfnissen und Zielen des wahrnehmenden Subjekts ab. Fordert man Versuchspersonen auf, aus dem Gedächtnis Münzen unterschiedlichen Werts zu zeichnen, stellt sich heraus, daß Münzen mit großem Wert systematisch in ihrer physikalischen Größe überschätzt werden, während Münzen geringen Werts kleiner wahrgenommen werden als sie (physikalisch) sind. In gleicher Weise neigen Kinder aus armen Familien dazu, bestimmte Geldstücke für größer zu halten, als weniger benachteiligte Kinder das tun (Ornstein 1976, 49).

Sowohl das eben skizzierte Prinzip der Werttönung, als auch die Selektivität der Wahrnehmung dürfen nicht als Fehler der Wahrnehmung interpretiert werden, sondern sind Teil eines ökonomischen Umgangs des wahrnehmenden Organismus mit seinen Fähigkeiten. Menschen bewältigen ihren Alltag nicht obwohl, sondern in erster Linie gerade weil ihre Wahrnehmung an ihren Bedürfnissen und Zielen orientiert ist. Der persische Dichter Jallaludin Rumi schrieb im dreizehnten Jahrhundert: "Wie ein Stück Brot aussieht, hängt davon ab, ob man Hunger hat oder nicht." Das ist sowohl wörtlich zu nehmen, als auch von vitaler Bedeutung für Menschen.

Für das Verständnis von Verhalten in Organisationen läßt sich, auf der Basis des bisher über Wahrnehmung Gesagten, eine erste Position ableiten: Ebenso wie die Wahrnehmungsphysiologie und -psychologie dazu übergegangen sind, Wahrnehmen nicht mehr als passives Geschehenlassen, sondern als interaktiven Prozeß zu sehen, so muß auch Organisieren als interaktiver Prozeß verstanden werden. Die Wirkungen einer organisatorischen Maßnahme (etwa die Einführung eines Informationssystems) auf die Mitglieder der Organisation können nicht aus der Maßnahme selbst erschlossen werden, sondern hängen davon ab, wie die Maßnahme von den Organisationsmitgliedern wahrgenommen wird; und das wiederum hängt stark von ihren Bedürfnissen und Zielen ab. *Jede* Aktivität ist grundsätzlich als Auslöser verschiedenster Reaktionen zu betrachten, da sie eben in unterschiedlichster Weise wahrgenommen wird. Es muß also, auch in für den Beobachter identen Situationen, mit unterschiedlichen Verhaltensweisen gerechnet werden. Verhalten in Organisationen ist in seiner allgemeinen Form als Phänomen größter Vielfalt zu sehen; erst die genaue Kenntnis der jeweiligen Situation (einschließlich Vergangenheit, Bedürfnisse und Ziele) erlaubt einschränkende Präzisierungen.

3.1.1.2 Musterbilden und Denken

Menschen sind in der Lage etwas wahrzunehmen und darüber zu reflektieren. Diese Fähigkeit des "Über-etwas-Nachdenkens" ermöglicht es Eindrücke in unterschiedlichster Weise miteinander zu kombinieren, ohne dazu unmittelbar auf die Umwelt angewiesen zu sein. So entsteht ein *Probehandeln bei vermindertem Risiko*, in dem die Konsequenzen von Verhalten vorweg abgeschätzt und neue Alternativen gefunden werden können. (Freud 1911) Die Qualität des Denkens vergrößert somit entscheidend den Handlungsspielraum und die Erfolgswahrscheinlichkeit der tatsächlich gewählten Handlungsalternative.

Wirft man einen Blick auf die Grundlagen des Denkens, begegnet man häufig der Ansicht, daß Denken nach den Gesetzen der Logik verläuft. Obwohl es eindrucksvolle Beispiele für diese Form des Denkens gibt, etwa die Fähigkeit der Schlußfolgerung, deren Bedeutung im täglichen Leben unbestritten ist, handelt es sich beim streng logischen Denken um einen Spezialfall. Denken im allgemeinen verläuft *sprachgestaltig*, d.h. die Begriffe, in denen wir denken, werden *nach den Regeln der Sprache*, also der Grammatik zueinander *in Beziehung gesetzt*. Diese Auffassung basiert auf dem Werk des österreichischen Philosophen Ludwig Wittgenstein (1953, dazu: Stegmüller 1969) und ist nach wie vor die maßgebliche Grundlage der Kognitionsforschung. Auch kann der Leser introspektiv einige Evidenz für die Sprachgestaltigkeit seines Denkens finden, haben doch Gedanken immer die Struktur innerer Dialoge.

Stark vereinfacht gesprochen besteht also die Grundstruktur des Denkens in der Verknüpfung von Elementen, die nicht unmittelbar in der Umwelt vorliegen müssen ("Eindrücke", "Begriffe"), nach den Regeln der Sprache[4]. Es lohnt daher, einen kurzen Blick auf diese Elemente zu werfen.

Die Tatsache etwa, daß es in der Alltagssprache durchaus korrekt ist, festzustellen, daß man schon einen Betrieb gesehen hat, verleitet zu der Fehlannahme, daß Begriffe wie "Betrieb" etwas Konkretes wären, das man in der Realität antreffen könnte. Begriffe sind aber vielmehr *Abstraktionen*: Das heißt "Betrieb" ist quasi der kleinste gemeinsame Nenner von Firma x , Firma y, Firma z. Dieser kleinste gemeinsame Nenner selbst (eine Abstraktion), kann aber nicht durch einfache Besichtigung erfahren werden. "Betrieb" fungiert als Menge, deren Elemente die einzelnen Firmen sind. Die Menge selbst ist aber kein Element! Welche Elemente dieser Menge angehören, was also ein Betrieb ist, entwickelt sich auf der Basis der eigenen *Erfahrung*, vor allem aber durch (sozialen) *Konsens*. Wie anders wäre es möglich, daß sich tausende Seiten betriebs-

---

4 Die Begriffe *Denken* und *Gedanken* werden hier in ihrer, der Alltagssprache nahen, Bedeutung des *über etwas Nachdenkens* verwendet. Faßt man Denken weiter, im Sinne *menschlicher Informationsverarbeitung*, dann ist neben dem hier erwähnten sprachlich, analytischen Verarbeitungsmodus auch ein ganzheitlich, intuitiver zu berücksichtigen. Dieser beruht auf den Bildern, Geräuschen, Gefühlen etc., die wir mit Worten verbinden. Zumal diese - nach assoziativen Gesichtspunkten d.h. rot mit rot, schrill mit schrill, weich mit weich etc. - miteinander in Beziehung gesetzt werden können, besteht neben der Sprache eine weitere Möglichkeit Elemente menschlicher Informationsverarbeitung miteinander zu verknüpfen. Introspektiv findet der Leser Hinweise auf die Wirkungsweise solcher Verknüpfungen, wenn er versucht sich die (assoziativen, unbewußten) Gedankensprünge zwischen seinen (die Struktur innerer Dialoge, als Sprachgestaltigkeit aufweisenden) Gedanken zu vergegenwärtigen. Technisch finden die beiden Verarbeitungsmodalitäten ihre Anwendung in der Künstlichen Intelligenz Forschung; im Ansatz der klassischen Symbolverarbeitung (Sprache) bzw. im konnektivistischen Paradigma (Assoziation) (dazu: Varela 1990).

wirtschaftlicher Literatur mit der Frage beschäftigen, wie Betrieb zu definieren ist? Begriffe sind offensichtlich nichts, was man sich durch simple "Besichtigung" aneignen könnte.

Was hier am Beispiel "Betrieb" gezeigt wurde, gilt grundsätzlich für alle Begriffe. Ein Drehsessel beispielsweise erscheint als ein bestimmtes Muster in der Wahrnehmung, ebenso ein Thonet-Stuhl oder ein Korbsessel, und wenn unser Verstand in der Lage ist, darin eine Ähnlichkeit zu finden und sie so zu einer Menge zusammenfaßt, können wir das als das ordnen kleinerer Muster zu einem größeren ("Sessel") verstehen. Und auch dieses Muster wird, gemeinsam mit anderen ("Tisch", "Bett" etc.) in einem noch größeren (allgemeineren) Muster wie "Möbel" organisiert.

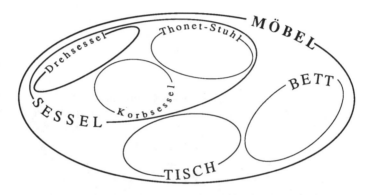

Abb. 3-3: Begriffe als Ordnung abstrakter Mengen

Der menschliche Verstand operiert im Sinne eines sich selbst organisierenden Systems, das eintreffende Information in Mustern und Mustern von Mustern organisiert. (de Bono 1986)

Die *elementare Informationseinheit* des menschlichen Verstands ist also das *Muster*, das heißt, eine sinnvolle Zusammenfassung und nicht etwa das Bit wie bei Computern. Eine Untersuchung der Kapazität des Kurzzeitgedächtnisses ergab, daß etwa sieben plus oder minus zwei Einheiten im Kurzzeitgedächtnis des Menschen gehalten werden. Diese Kapazitätsgrenze ist weitgehend unabhängig davon, ob es sich bei den Merkeinheiten um binäre Zahlen, um einsilbige oder zusammengesetzte Wörter handelt. Das heißt Menschen erhöhen ihre (in Bits gemessene) Informationsverarbeitungskapazität, indem sie Muster zu größeren Mustern zusammenfassen. Studierende benutzen diese Eigenschaft des musterbildenden Systems, wenn sie mehrere Aussagen mit Hilfe von "Eselsbrücken" zu einem neuen Muster verbinden.

Bedeutsam sind diesbezüglich auch die Erfahrungen mit industrieller Fließbandarbeit. Dabei entstanden durch fortschreitende Arbeitsteilung Aufgaben,
die, im Zusammenhang menschlicher Arbeit betrachtet, keinem vollständigen
Muster mehr entsprachen (Kolbinger 1983). Das Eindrehen einer einzelnen
Schraube ist alleine keine sinnvolle Arbeitseinheit und konnte daher auch nicht
das Gefühl vermitteln, *etwas* gearbeitet zu haben[5]. Diese Mißachtung der
Grundlagen menschlichen Verhaltens, nämlich des Prinzips der Musterbildung
im Denken und der Orientierung an Veränderung (vgl. Kapitel 3.1.1.1, Wahr-
nehmung und Umwelt) führte zu völligem Desinteresse an der Arbeit, hohen
Fluktuationsraten, hoher Ausschußproduktion und psychischer Deformation bei
Arbeitenden (Hill/Fehlbaum/Ulrich 1971, 308).

Der Verstand als musterbildendes System, hat eine weitere, für Verhalten recht
wichtige Implikation: Wenn eintreffende Information zu Mustern und Mustern
von Mustern organisiert wird, ist das entstehende Muster nicht nur von der Art
der Information sondern auch von deren zeitlicher Reihenfolge des Eintreffens
bestimmt. Ein einfaches Modell (Abbildung 3-4) mit geometrischen Formen
macht das deutlich: Die Teile werden einer nach dem anderen ausgegegeben,
und die Versuchsperson wird aufgefordert, sie in jeder Phase zum bestmög-
lichen (sinnvollsten) Muster zu ordnen.

Sequentielles Eintreffen der Information

Phase 1

Phase 2:

Das Muster aus Phase 1
wird kontinuierlich (ohne
entscheidende Veränderung
seiner Struktur) vergrößert.

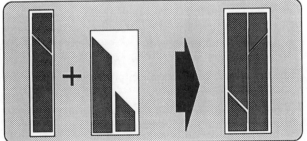

---

[5] In diesem Zusammenhang sei auf die unmittelbare Verwandtschaft zwischen den Begriffen
"vollständiges Muster", "vollendete Gestalt" und "Ganzheit" (siehe auch Abschnitt 2.1.2.)
hingewiesen. Der eher abstrakte Begriff des "Musters" wird in erster Linie in Zusammenhang
mit Denken gebraucht. Kolbinger selbst (1983) ist am ganzheitlichen Erleben interessiert und
spricht daher von *gestalthafter* Arbeit.

Phase 3:

Das neue Element läßt sich
nicht kontinuierlich einordnen. Eine Umstrukturierung
des Musters ist erforderlich !

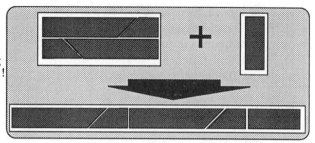

Simultan eintreffende Information

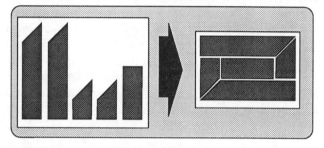

Abb. 3-4: Illustration eines musterbildenden Systems

Das Modell veranschaulicht folgende Charakteristika eines musterbildenden
Systems:

- Eine neue Information wird *immer* im Sinne der bereits bestehenden Anordnung verwendet.
- Erst eine Information, die nicht in das bestehende Muster paßt, erfordert eine
Umstrukturierung des Musters.
- Da jede Informationsanordnung durch die vorangegangenen Anordnungen geprägt ist, kann man *grundsätzlich* davon ausgehen, daß eine Neustrukturierung eine, zum gegebenen Zeitpunkt, bessere Anordnung ermöglicht.

Was hier als Eigenschaften des musterbildenden Systems beschrieben wird, ist
in seiner Implikation für Verhalten leicht nachvollziehbar:

- Die Ansichten und Einstellungen von Menschen entstehen im Zeitablauf, sind
also prinzipiell historische. Jede zusätzliche Information wird im Licht des
bereits Bekannten beurteilt.

• Umdenken erfolgt zumeist erst, wenn die alten Ansichten nicht mehr in die Lage versetzen aktuelle Probleme zu bewältigen. (Club of Rome 1983)

• Jede Sichtweise kann grundsätzlich nur eine von mehreren möglichen sein, sodaß man *immer* durch Neueinschätzung zu einer aktuelleren, adäquateren kommen kann. (Zum Versuch solche Umstrukturierungen methodisch zu unterstützen siehe de Bono 1976 sowie Abschnitt 6.1)

3.1.1.3 Die psycho-logische Konsistenz der Erfahrung

Ansichten und Ideen (also Muster, im Sinne einer Informationsanordnung im Verstand) haben die Tendenz sich selbst zu verstärken. Wie oben dargestellt, wird neue Information möglichst so eingeordnet, daß das bereits vorhandene Muster kontinuierlich wächst und seine Gestalt behält. Macht jemand beispielsweise die Erfahrung, daß er ein bestimmtes Problem lösen kann, bestätigt sich damit für ihn automatisch, daß er auf richtige Art und Weise an das Problem herangegangen ist: Ein Arzt, der seine Patienten durch chirurgische Eingriffe heilt, findet mit jedem gesundeten Patienten auch die Operation als Instrument bestätigt. Ein anderer Arzt der erfolgreiche medikamentöse Therapien durchführt, wird in gleicher Weise von der Pharmazie überzeugt sein. Das Interessante daran ist aber, daß viele Krankheiten sowohl durch Operation, als auch durch Medikamente geheilt werden können. Egal welche der beiden Therapieformen der Arzt daher wählt, er wird bestätigt finden, daß seine Therapie die richtige war, und er wird geneigt sein, eine ähnliche Krankheit wieder in bewährter Manier zu therapieren. Unabhängig davon, welche der beiden Sichtweisen im konkreten Fall besser gewesen wäre, erhöht sich für jede der gewählten Sichtweisen die Wahrscheinlichkeit ihrer zukünftigen Anwendung (siehe auch Kapitel 3.1.1.7, Lernen).

Die Muster und Muster von Mustern des menschlichen Verstands entwickeln also die Tendenz, ihre eigene interne Ordnung und damit sich selbst aufrechtzuerhalten. Im Bild der Datenbank gesprochen sind die vorhandenen Daten von entscheidender Bedeutung für das Auftreten und die Einordnung konsistenter, zukünftiger Daten und somit für die Konsistenz des Systems insgesamt.

Menschen beschreiten aber auch weit weniger elegante Wege, um Inkonsistenz in ihrer Erlebniswelt zu vermeiden. Der bekannteste Forschungsbeitrag zu diesem Thema ist die Theorie der kognitiven Dissonanz von Leon Festinger (1968). Im Mittelpunkt steht dabei, wie Menschen mit widersprüchlichen Informationen umgehen, vor allem dann, wenn diese geeignet sind, *Diskrepanzen* zwischen den *Ansichten* eines Menschen und seinem *tatsächlichen Verhalten* entstehen zu lassen. Festinger et. al. (siehe Reber 1973, 228) stellten fest, daß Menschen danach trachten, solche *Widersprüche gering zu halten*. Dabei stehen grundsätzlich zwei Möglichkeiten offen: Widersprechen sich Ansichten und tatsächliches Handeln, kann man sich entweder dazu entschließen, seinen Ansichten entsprechen zu handeln oder aber die Ansichten selbst zu ändern.

Bezogen auf ein weit verbreitetes (Selbst) Bild - demzufolge Menschen interessiert und aufgeschlossen nach möglicher Information Ausschau halten und sich daraus eine eigene Meinung bilden, gemäß der sie handeln - stellten die Forschungen Festingers und seiner Kollegen eine nicht unerhebliche Provokation dar; ergaben sie doch, daß Menschen durchaus bereit sind, ihre Meinung den gesetzten Handlungen anzupassen! Sie tun dies in unterschiedlichster Weise, meist ohne daß sich die Betroffenen dessen bewußt sind.

Im Einzelnen wurden vier Situationen (Raffee 1973) untersucht, die in folgender Weise Diskrepanzen[6] entstehen lassen:

* *Entscheidungen* lassen Diskrepanzen entstehen, wenn auch die abgelehnten Alternativen bedeutsame Vorteile haben.
* *Forcierte Zustimmung* - das ist Einwilligung unter äußerem Druck, wobei der Betroffene sich aber noch für sein "Nachgeben" verantwortlich fühlen muß - erzeugt Diskrepanzen zwischen den eigentlichen Ansichten der Person und der schließlich bekundeten Zustimmung zu einer anderen Meinung.
* *Externe Information*, die grundlegenden (direkt aus der Erfahrung abgeleiteten oder "Ich-nahen") Ansichten widerspricht, erzeugt Diskrepanzen zwischen den tatsächlich gelebten Grundpositionen und konkreten externen Informationen.
* *Soziale Zugehörigkeit* fördert die Entstehung von Diskrepanzen, wenn Informationen auftauchen, die im Widerspruch zu allgemein akzeptierten Ansichten des sozialen Umfelds stehen.

Mit solchen Situationen konfrontiert, beschritten Versuchspersonen unterschiedliche Wege, um die erlebten Widersprüche gering zu halten:

* *Verstärkte Aufnahme unterstützender und Zurückweisung widersprechender Information:* In einem Experiment zum Verhalten bei der Informationssuche wurden Personen, die soeben einen Autokauf (s.o. Entscheidung) getätigt hatten, gebeten in einem Raum (mit versteckter Kamera), in dem sich zahlreiche Autozeitschriften und Prospekte verschiedenster Fahrzeuge befanden, kurz zu warten. Die Versuchspersonen machten vom Informationsangebot grundsätz-

---

6 Was hier als Widersprüche bzw. Diskrepanzen bezeichnet wird, ist bei Festinger unter der Bezeichnung "kognitive Dissonanz" Gegenstand präziserer Klärung. Da hier, aus Gründen des Umfangs, auf die Details des Begriffs "kognitive Dissonanz" nicht näher eingegangen wird, verwenden wir auch im Text anstelle des Dissonanzbegriffs, die vorgenannten, alltagsnäheren Begriffe.

lich Gebrauch, bevorzugten dabei aber Werbematerial in dem für das eben gekaufte Fahrzeug geworben wurde, während sie die Broschüren über die Vorzüge anderer Modelle, besonders jener, die der gewählten Alternative am nächsten kamen (Ford/Opel; weniger Mercedes oder VW Käfer) mieden.

• *Deformation und Umbewertung von Information:* Bekannt ist die Reduktion von Diskrepanzen zwischen der Gewohnheit "Rauchen" und der (externen) Information "Rauchen erzeugt Krebs." durch Umbewertung der vorhandenen Information und Einführen zusätzlicher unterstützender Hypothesen ("Ich kenne jemanden, der raucht und bereits 90 Jahre alt ist.", "Wenn ich nicht rauche, nehme ich zu."). Bekannt ist auch die Umbewertung und Deformation von Information aus dem Umgang mit Vorurteilen, die ja genau durch diese Mechanismen zu "Sich selbst erfüllenden Prophezeihungen" werden.

• *Einflußnahme auf Informationsquellen:* Grundsätzlich kann auch versucht werden das eigene Umfeld so zu gestalten, daß es kaum widersprüchliche Information bereithält. In erster Linie sind hier die Versuche Andersdenkende vom eigenen Standpunkt zu überzeugen angesprochen.

• *Verhaltens- und Einstellungsänderungen:* In einem klassischen Experiment ließen Festinger/Carlsmith (1969) Versuchspersonen (einzeln) eine ausgesprochen langweilige Tätigkeit ausführen und anschließend beschreiben. Zwischen Ausführung und Beschreibung wurden die Versuchspersonen für ihre Mitarbeit unterschiedlich - einmal gut, einmal sehr niedrig - bezahlt. Interessanterweise beschrieben Versuchspersonen, die offensichtlich unterbezahlt worden waren, die Tätigkeit wesentlich positiver als jene die sich gut bezahlt fühlten. Festinger/Carlsmith interpretieren dieses Ergebnis wie folgt: Eine langweilige Tätigkeit, die gut bezahlt (entschädigt) wird, entspricht den Werthaltungen der Versuchspersonen. Dagegen erleben die unterbezahlten Versuchspersonen eine Diskrepanz, die sie im Experiment dadurch beseitigten, daß sie - mangels Möglichkeit die Bezahlung zu beeinflussen - ihre Ansicht änderten und die Tätigkeit eben doch nicht so langweilig fanden. Dadurch wurde die Übereinstimmung (Konsistenz) von Erlebnis (Unterbezahlung) und Einstellung (Ansichten über Angemessenheit) gewahrt bzw. wieder hergestellt.

"Mein Gedächtnis sagt, ich habe das getan; mein Gewissen sagt, ich kann es nicht getan haben. Das Gedächtnis gibt nach.", schrieb Friedrich Nietzsche in aphoristischer Vorwegnahme dissonanztheoretischer Forschungsergebnisse. Dieses Prinzip ist ebenso eindrucksvoll wie leicht nachzuvollziehen; es ist aber nicht in gleicher Weise und in gleichem Ausmaß für verschiedene Kulturen und Individuen gültig. Menschen sind unterschiedlich gut in der Lage Widersprüche auszuhalten und so den Verlust der zusätzlichen Information zu vermeiden.

Ambiguitätstoleranz - die angesprochene Fähigkeit Mehrdeutigkeit zulassen und bewältigen zu können - gilt als Indikator für das Ausmaß an psychischer Gesundheit (Rogers 1982) und den Stand kognitiver Entwickelung (Schroder 1975).

Die Theorie der kognitiven Dissonanz hat weitreichende Konsequenzen für Entscheidungsverhalten im allgemeinen und insbesondere für die Fähigkeit, die Notwendigkeit von Veränderung wahrzunehmen und Veränderung selbst akzeptieren und leisten zu können. In den Abschnitten zu Wahrnehmen und Denken wurde gezeigt, daß die Grundlagen menschlichen Verhaltens in der Lage sind, vielfältigste Verhaltensweisen zu ermöglichen, prinzipiell also einen enormen Handlungsspielraum geben. Mit den Überlegungen zur Konsistenz der Erfahrung sollte deutlich geworden sein, daß dieser Tendenz zur Vielfalt der Möglichkeiten auch Mechanismen zur Einschränkung dieser Vielfalt gegenüberstehen, und daß diese durchaus auf den selben Grundprinzipien beruhen. Die Selektivität der Wahrnehmung beispielsweise ermöglicht es, eine Situation in unterschiedlichster Weise wahrzunehmen. Und genau dasselbe Phänomen ermöglicht es ebenfalls, in - für den außenstehenden Beobachter - recht unterschiedlichen Situationen, immer das Gleiche zu sehen.

3.1.1.4 Bedürfnisse und Ziele

In den vorangegangenen Abschnitten wurden einige grundlegende psychologische Charakteristika skizziert, auf denen menschliches Verhalten basiert. Dabei kamen Ergebnisse zur Sprache, die prinzipieller Natur sind; prinzipiell insofern, als die konkreten Aktivitäten - das Verhalten in Organisationen - auf der Grundlage dieser allgemeineren Charakteristika beruhen. Anders ausgedrückt, das Wissen über Wahrnehmen und Denken, über das Aufrechthalten einer psycho-logischen Konsistenz der Erfahrung u. a. m. erlauben uns, einen Rahmen abzuschätzen, innerhalb dessen Menschen agieren; schließlich können Menschen kein Verhalten an den Tag legen, das ihren eigenen Grundlagen widerspricht. Aus der Kenntnis der Grundlagen kann man aber nicht stringent ableiten, welche Verhaltensweisen - innerhalb des Rahmens des prinzipiell Möglichen - Menschen konkret wählen.

Für Organisationen sind die skizzierten Grundlagen conditio sine qua non: Eine organisatorische Maßnahme, die im Gegensatz zu den Grundlagen menschlichen Verhaltens steht, wird scheitern. Umgekehrt aber garantiert die Berücksichtigung der grundlegenden Rahmenbedingungen noch nicht den Erfolg einen Maßnahme. Um diesem Ziel nahezukommen bedarf es genaueren Wissens darüber, was Menschen konkret wollen, wovor sie Angst·haben, wofür sie sich begeistern etc.

In der Tat ist solches Wissen in vielfältigster Weise vorhanden; im täglichen Miteinander bilden wir Hypothesen über die Ziele unserer Interaktionspartner; Modetrends zeigen, wonach Menschen zur Zeit besonders streben, psychologische Studien identifizieren Ängste und Wünsche von Personengruppen; viele weitere Aktivitäten ließen sich hier nennen, die jeweils konkrete menschliche Bedürfnisse und Ziele zum Vorschein und zum Ausdruck bringen.

Bevor im Folgenden auf eine konkrete arbeitspsychologische Studie eingegangen wird, muß aber nochmals unterstrichen werden, worauf bereits zu Beginn der Ausführungen über Verhalten in Organisationen hingewiesen wurde: was Menschen konkret bewegt (ihre Bedürfnisse, Ziele, Ängste etc.), ist je nach soziokulturellem Umfeld recht unterschiedlich. Wenn der Leser sich zurückerinnert, an die Spiele, die ihn in der Kindheit begeistert haben, wenn er aus Erzählungen von den Kinderspielen seiner Eltern weiß, um schließlich zu vergleichen womit sich die Kinder zur Zeit beschäftigen, dann wird schnell deutlich, daß es zwar grundsätzliche Ähnlichkeiten, aber auch - vor allem in der konkreten Gestaltung der Aktivitäten - wichtige Unterschiede gibt.

Ein anderes, vielleicht das deutlichste Beispiel soziokultureller Bedingtheit ist in den anthropologischen Arbeiten zur Frage geschlechtsspezifischer psychischer Disposition zu sehen. So sehr es unserem Alltagsdenken entspricht, Eigenschaften als typisch weiblich oder männlich qualifizieren zu wollen, sowenig ist diese Interpretation für interkulturelle Vergleich geeignet: In den anthropologischen Studien konnte bislang keine psychische Qualität identifiziert werden, die nicht - in jeweils unterschiedlichen Kulturen - sowohl bei Frauen als auch bei Männern anzutreffen wäre (Mead 1965).

So notwendig also Wissen um die konkreten Ziele und Bedürfnisse der Menschen für das Verstehen und die Gestaltung von Organisation ist, so große Vorsicht ist bei Analogieschlüssen zwischen unterschiedlichen Personengruppen (Kulturen) geboten.

Vor diesem Hintergrund ist auch die Studie Frederick Herzbergs zur Arbeitszufriedenheit zu betrachten (Herzberg 1966). Im Rahmen einer Untersuchung, die sich als eine der meistbeachtetsten der Organisationspsychologie erweisen sollte, ersuchte Herzberg Ingenieure und Buchhalter aus US-amerikanischen Industriebetrieben je ein Ereignis aus ihrem Arbeitsalltag zu beschreiben, das bei ihnen Zufriedenheit bzw. Unzufriedenheit in bezug auf ihre Arbeitssituation ausgelöst hatte. Eine Inhaltsanalyse der Beschreibungen ergab, daß folgende Faktoren von den Betroffenen am häufigsten als für ihre Zufriedenheit bzw. Unzufriedenheit verantwortlich angesehen wurden.

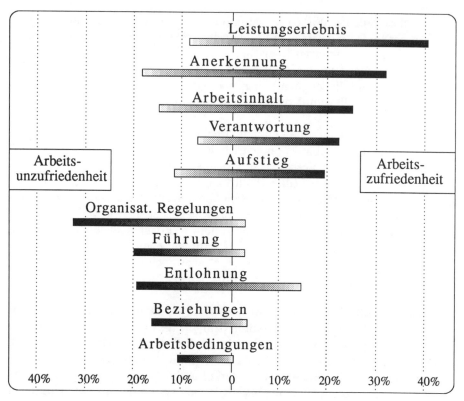

Abb. 3-5: Faktoren der Arbeitszufriedenheit nach F. Herzberg

Eine genauere Betrachtung zeigt, daß die einzelnen Faktoren entweder stark
mit Zufriedenheit oder aber stark mit Unzufriedenheit in Verbindung gebracht
wurde; jeder einzelne Faktor ist aber *nur für eine* der beiden Möglichkeiten
verantwortlich. Die Schlußfolgerung Herzbergs daraus ist folgende: Zufriedenheit ist *nicht* das Gegenteil von Unzufriedenheit; d.h. genauer betrachtet:
Zufriedenheit und Unzufriedenheit sind nicht das mehr oder weniger starke
Vorhandensein einer (derselben) Ursache sondern werden - unabhängig voneinander - von verschiedenen Faktoren ausgelöst. Schlechte Führungstechniken
etwa erzeugen Unzufriedenheit, gute aber kaum Zufriedenheit; Eigenverant-
wortung führt zu hoher Zufriedenheit, geringe Eigenverantwortlichkeit wird
aber kaum als Ursache von Unzufriedenheit genannt. Verbessert man also etwa
die schlechten Führungstechniken, kann man damit Unzufriedenheit beseitigen
aber noch nicht Zufriedenheit schaffen. Studierende kennen das Erlebnis der
Unabhängigkeit von Zufriedenheit und Unzufriedenheit: Eine interessante Vorlesung in einem überfüllten Hörsaal kann Zufriedenheit über die sinnvoll ge-
nutzte, da lehrreiche Zeit vermitteln, und erhebliche Unzufriedenheit bezüglich

der Arbeitsbedingungen auslösen. Eine langweilige Vorlesung ist umgekehrt nicht in der Lage, selbst unter besten Rahmenbedingungen Zufriedenheit zu erzeugen; es unterbleibt der Ärger bezüglich der Rahmenbedingungen, aber Zufriedenheit kann dadurch nicht entstehen.

Unter der Bezeichnung *Dual-Faktoren-Theorie* faßte Herzberg die Faktoren in zwei Gruppen zusammen: die sogenannten *Motivatoren*[7], die Zufriedenheit fördern und die *Hygienefaktoren*, verantwortlich für Unzufriedenheit; wobei sich die Faktoren der beiden Gruppen auf jeweils unterschiedliche Inhalte beziehen: die Motivatoren stehen mit dem *Arbeitsinhalt* und dem Leistungserlebnis in Beziehung, während die Hygienefaktoren (auch Kontextfaktoren) auf die *Rahmenbedingungen* (Klima, Kollegen, Bezahlung, Arbeitsplatzausstattung etc.) der konkreten Arbeit Bezug nehmen.

Als Herzberg in den 50er Jahren seine Ergebnisse veröffentlichte, beschäftigte sich die organisationspsychologische Erforschung der konkreten Ziele und Bedürfnisse der Menschen stark mit der Frage, durch welche Faktoren Menschen dazu veranlaßt werden könnten, sich in ihrer Arbeit zu engagieren. Diskutiert wurden dabei vor allem die drei Faktoren Bezahlung, Arbeitsklima und Arbeitsinhalt, wobei für die Bedeutung jedes einzelnen triftige Gründe angeführt werden konnten. Die Untersuchung Herzbergs ermöglichte in dieser Diskussion sowohl eine differenziertere Betrachtung, als auch eine Integration der für jeden einzelnen Faktor vorgebrachten Argumente. Darin, sowie in ihrer Einfachheit und intuitiven Einsichtigkeit, sind die maßgeblichen Gründe für das große Interesse zu sehen, das der Dual-Faktoren-Theorie entgegengebracht wurde.

Trotz des Erfolgs und des zweifellos großen Beitrags dieser Theorie zu Fragen konkreter Arbeitsgestaltung, ist - im Anschluß an die vorangestellten Ausführungen zur soziokulturellen Bedingtheit konkreter Ziel- und Bedürfnisanalysen - bezüglich der Verallgemeinerung der Studie Vorsicht geboten (King 1970). Obwohl die Dual-Faktoren-Theorie nach wie vor wertvolle Anregungen geben kann, ist der Schluß von den Bedürfnissen und Zielen der Ingenieure und Buchhalter aus dem Amerika der 50er Jahre darauf, was die Mitglieder europäischer Organisationen in den 90er Jahren bewegt nur unter Berücksichtigung entsprechender Vorbehalte (siehe z.B. Abschnitt 2.2.4) angebracht.

Die Breite der Palette menschlicher Bedürfnisse und Ziele läßt schließlich deutlich werden, daß das Vorhandensein eines Ziels (resp. Bedürfnis) nicht mit dem

---

7 Herzberg spricht von Motivatoren, bezeichnet die entsprechenden Faktoren aber *nicht* als Motive im engeren Sinn. Im vorliegenden Text wird der Begriff "Motiv" ebenfalls nicht verwendet, da die gebotene Kürze dieser Einführung seine Abgrenzung zu Bedürfnissen und Zielen allgemeinerer Art nicht erlaubt. (dazu: Heckhausen 1980)

aktualen Versuch dieses tatsächlich zu erreichen gleichgesetzt werden kann:
Daß jemand eine bestimmte Situation (bzw. ein Ereignis) für wünschenswert
hält, muß keineswegs bedeuten, daß er diese zum Ziel seines unmittelbaren
Handelns macht; andere Ziele können im Vordergrund stehen, die Person kann
sich außerstande sehen, das Ziel zu erreichen etc.

Solche Überlegungen deuten einmal mehr auf die enge Verflochtenheit der dis-
kutierten Problembereiche Wahrnehmen, Denken sowie Ziele und Bedürfnisse
(siehe 3.1.1.1 bis 3.1.1.4): Wie attraktiv etwa die Bereitstellung eines Dienstwa-
gens für den betroffenen Mitarbeiter, hängt davon ab, wie er diese Bereitstellung interpretiert (etwa ob als Anerkennung für Leistung oder als seiner Position entsprechende Selbstverständlichkeit), welche Konsequenzen er damit verbindet (Prestigegewinn, private Kostenvorteile, Neid von Kollegen etc.), wie er
dem Ereignis grundsätzlich gegenübersteht (beispielsweise, ob er großen oder
kaum Wert auf Autos legt) und ob es seiner aktuellen Bedürfnislage entspricht
(etwa, wenn der Betroffene schon länger keine Anerkennung seitens der Organisation erfahren hat und gerade im Begriff ist bezüglich seiner Position im
Unternehmen unsicher zu werden).

Wie das Beispiel zeigt ist die *Valenz* (=Attraktivität) eines Ereignisses zumindest vom wahrgenommenen bzw. antizipierten *Ereignis* selbst und der ihm zu-
kommenden grundsätzlichen (längerfristigen) Wertschätzung sowie davon, inwiefern das Eintreten dieses Ereignisses den *aktuellen Zielen und Bedürfnissen*
entsprechen würde beeinflußt (Lewin 1944, Tolman 1959 in Schmalt 1986,
Lawler 1975).

Bezüglich der Entscheidung ein Ereignis (selbst ein sehr attraktives) tatsächlich
herbeiführen zu wollen, es also zum Ziel unmittelbaren Handelns zu machen,
spielen neben der Valenz auch die *Erwartung* bezüglich der Erreichbarkeit
dieses Ziels eine wesentliche Rolle: Ob beispielsweise der Versuch durch eine
Leistungssteigerung eine Gehaltserhöhung zu erreichen tatsächlich in Angriff
genommen wird, hängt sowohl von der Chance ab, die jemand sieht, diese
erhöhte Leistung auch vollbringen zu können (Erwartungswert bzgl. Anstrengung --> Leistung), als auch von der Wahrscheinlichkeit, mit der jemand
glaubt, daß der erbrachten Leistung tatsächlich die erstrebte Gehaltserhöhung
folgen wird (Erwartungswert bzgl. Leistung --> Ergebnis) (Lawler 1975).[8]
Durch die Beachtung der Erwartungskomponente verschiebt sich der Fokus der

---

[8] Die Begriffe Erwartung und Valenz werden im Rahmen dieser Einführung als ergänzende,
insbesodere die *Zusammenhänge* zwischen den unterschiedlichen Grundlagen organisationalen Verhaltens betonende Aspekte verstanden. Zur Erwartungstheorie im engeren Sinne,
der zufolge ein Individuum aus der Fülle möglicher Verhaltensalternativen jene bevorzugt,
für die sich das größte Produkt aus Erwartung und Valenz ergibt (Verhaltenstendenz =
Valenz x Erwartung) (siehe Lewin 1944, Tolman 1959 in Schmalt 1986 und Lawler 1975).

Betrachtung von den Zielen selbst in Richtung der Ziel-Mittel-Relationen. Zumal das Verhalten von Organisationsmitgliedern immer auch Mittel zum Zweck ist, muß Organisationsgestaltung sowohl die Bedürfnisse und Ziele selbst, als auch die zu deren Erreichung geeigneten Mittel umfassen. Entsprechender Ausbildungsstand, ausreichende informationelle und materielle Basis, die notwendige Unterstützung durch den Vorgesetzten oder entsprechende Spezialisten, um nur einige Möglichkeiten zu nennen, schaffen erst entsprechende Ziel-Mittel Beziehungen, die dann vorhandene Bedürfnisse und gebotene Anreize im Sinne konkreter Handlugsziele wirksam werden lassen.

In Fortführung der Betrachtung vorrangig individueller Voraussetzungen organisationaler Phänomene (Abschnitt 3.1.1.1 bis 3.1.1.3) bedarf es in der Folge einer Skizze *zwischenmenschlichen* Verhaltens, jener unmittelbaren Umgebung, in der die Charakteristika des Individuums sich erstmals als Verhalten manifestieren und entwickeln können. Damit sind vor allem jene Phänomene Gegenstand des Interesse, die nicht mehr einem (hypothetisch) isolierten Individuum zurechenbar sind, sondern erst in der *Interaktion* solcher Individuen miteinander zutage treten.

3.1.1.5 Die Metapher der nicht-trivialen Maschine

Soziale Interaktion heißt, daß Menschen in Beziehung treten und ihre Verhaltensweisen wechselseitig aufeinander abstimmen. Anders als der forschende *Beobachter* - dessen Perspektive wir bisher breiten Raum gegeben haben und der nach den, dem tatsächlichen Verhalten *zugrunde liegenden Phänomenen* (die dieses Verhalten erst möglich machen) Ausschau hält -, ist der an der Interaktion (= wechselseitigen Koordination) unmittelbar *Beteiligte* daran interessiert, welche Zusammenhänge zwischen den *Verhaltensweisen selbst* bestehen: Die Fragen des Involvierten sind eher vom Typ, "Wenn ich X tue, was tut dann mein Gegenüber" bzw. "Was kann ich tun, damit mein Gegenüber Y tut". Interaktion betrachten, heißt also die Aufmerksamkeit auf die *Handlungen* zu lenken und darauf, wie diese Handlungen *(wechselseitig) aufeinander bezogen* sind.

Mit dieser Beschreibung ist zugleich der Kernpunkt des Phänomens Organisation umrissen. Organisieren heißt, Aktivitäten einzelner wechselseitig so zu koordinieren, daß ein Ganzes entsteht, das mehr als die Summe seiner Teile ist (siehe auch Abschnitt 2.1.2) Beim Versuch, diese angestrebte Koordinationsleistung zu erbringen, sind Organisationsmitglieder (und insbesondere Organisationsgestalter) daran interessiert, das Verhalten von Individuen in Organisationen zu *prognostizieren*; also im Sinne der obigen Frage - was tut B wenn sich A in bestimmter Weise verhält - Reaktionen abzuschätzen. Dieses Bemühen findet seine Entsprechung in zahlreichen organisatorischen Regelungen (Arbeits-

zeiten, Stellenbeschreibungen, etc.) und Berufsausbildungen (erlernen standardisierter Techniken, Berufsbilder, etc.), die darauf abzielen, individuelle Verhaltensweisen einander ähnlicher, vor allem aber vorhersehbarer zu machen.
Es ist leicht nachvollziehbar, daß Prognostizierbarkeit die Verhaltenskoordination erleichtert: Wer beispielsweise eine größere Organisation besucht
und dort zuerst auf den Portier trifft, weiß in etwa, was von Portieren zu
erwarten ist, sodaß es meist leicht fällt, sich entsprechend zu verhalten. Damit
kann ein ansonsten unter Umständen recht schwieriger Prozeß, in dem
adäquates Verhalten erst ermittelt werden müßte, entfallen.

Dem gegenüber steht allerdings die Erfahrung, daß Lebewesen immer auch
etwas Unberechenbares, Eigenwilliges an sich haben, das sie von der unbelebten
Natur unterscheidet und das der Vorhersagbarkeit von individuellem Verhalten
prinzipielle Grenzen setzt. Die beiden Begriffe der trivialen bzw. der nicht-
trivialen Maschine mögen dies verdeutlichen (von Förster 1985).

Ebenso wie man sich dem Verständnis von Organisationen durch die Konstruktion unterschiedlicher Metaphern (siehe Abschnitt 2.2) anzunähern sucht, ist
man auch bei der Analyse individueller Phänomene auf Analogien angewiesen.
Welche Analogien im einzelnen bevorzugt werden, hängt auch von den konkreten Lebensumständen der Menschen ab. Zur Zeit Sigmund Freuds, die (technisch) durch die Entwicklung hydraulischer Maschinen geprägt war, war man
auch geneigt, die Menschen als von (An-)Trieben und Kräften beherrscht zu
sehen. In ähnlicher Weise ist es seit Ende der 50er Jahre, mit der Entwicklung
und Verbreitung der Digitalcomputer, immer häufiger und üblicher geworden,
auch die Menschen als informationsverarbeitende Systeme zu betrachten.

Eine *triviale Maschine* ist ein abstrakter Automat vom Typ:

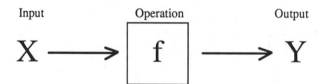

Dabei handelt es sich um eine zwar unter Umständen komplizierte aber grundsätzlich *zeitunabhängige, stabile Operation*. Eine solche Maschine ist durch
Versuch und Irrtum identifizierbar und daher in weiterer Folge exakt (von
außen) prognostizierbar: Wenn wir folgende Input- und Outputfolge in Beziehung setzen

$$I = 1, \ 3, \quad 5, \quad 4, \quad 2$$
$$O = 1, \ 9, \ 25, \ 16, \quad 4,$$

können wir die Maschine als "Quadriermaschine" erkennen und damit exakt prognostizieren. Erheblich komplizierter liegen die Dinge bei der folgenden Input- bzw. Outputsequenz, obwohl es sich auch hier um eine ausgesprochen einfache Maschine handelt:

$$I = A, \ B, \ C, \ D, \ A, \ A, \ B, \ B, \ C, \ D, \ C$$
$$O = 1, \ 2, \ 2, \ 1, \ 4, \ 1, \ 2, \ 3, \ 3, \ 4, \ 2.$$

Dieser Transformation liegt eine *nicht-triviale Maschine* zugrunde, die sich von der trivialen Maschine dadurch unterscheidet, daß sie über *innere Zustände* und ein(e) *Gedächtnis* (-variable) verfügt. Das heißt der Output ist abhängig vom Input und vom inneren Zustand der Maschine, der seinerseits Ergebnis der vorangegangenen Input-Output-Transformationen ist. Im konkreten Fall liegt eine nicht-triviale Maschine mit vier Inputwerten, vier Outputwerten und zwei Zuständen vor.

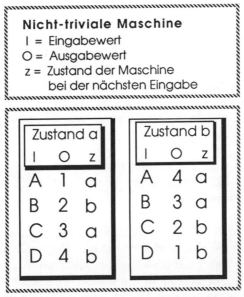

Abb. 3-6: Schema einer nicht-trivialen Maschine

Selbst eine Maschine dieser minimalen Komplexität ist für den Beobachter, der nur Input und Output kennt, nicht mehr zu identifizieren. Die Frage, die eine Verhaltensprognose erlauben würde, nämlich "Was ist das für eine Maschine?" ist durch Versuch und Irrtum nicht mehr zu beantworten, denn trotz ihrer Simplizität repräsentiert diese nicht-triviale Maschine 10^{2466} triviale Maschinen. Nun sind aber Menschen historische Wesen, die sich in einer persönlichen Geschichte entwickeln, die sich auf Grund ihrer Erfahrung verändern und die über ein Gedächnis verfügen, somit also alle Voraussetzungen für Nicht-Trivialität erfüllen.

Damit befinden wir uns wieder in jenem Spannungsfeld zwischen Einschränkung und Vielfalt, das ein Grundproblem allen Organisierens ist: die Komplexität menschlichen Verhaltens entspricht der einer nicht-trivialen Maschine; menschliches Verhalten ist damit prinzipiell unprognostizierbar. Durch Erziehung, Ausbildung, Vorschriften und organisatorische Regelungen machen wir Verhalten prognostizierbar, trivialisieren gleichsam individuelles Verhalten. Oben wurde deutlich, wie notwendig einerseits und wie sehr es gleichzeitig ein Bedürfnis ist, Verhalten innerhalb einer gewissen Bandbreite abschätzbar zu halten; gleichzeitig werden aber durch die Überbetonung genau dieser Einschränkungen die Menschen gerade jener Vielfalt und Flexibilität beraubt, die ihre Qualität als hoch entwickelte Lebewesen ausmachen.

3.1.1.6 Axiome menschlicher Kommunikation

Wenn menschliches Handeln also nicht mit letzter Sicherheit prognostiziert werden kann, dann heißt das auch, daß die Handlungen von Interaktionspartnern niemals endgültig aufeinander abgestimmt sein können. Solange es Veränderung geben kann, muß stets aufs neue überprüft werden, ob eine solche stattgefunden hat[9], und sobald jemand eine unerwartete Verhaltensweise an den Tag legt, müssen die Betroffenen ihrerseits darauf reagieren. Die wechselseitige Koordination von Handlungen muß also prinzipiell stets aufs neue zustande gebracht werden.

Ein kurzer Blick auf die einfachsten Eigenschaften menschlicher Kommunikation (Watzlawick 1971) verdeutlicht, wie Menschen diese permanente Koordinationsleistung erbringen:

• *Man kann nicht nicht kommunizieren:* Was immer jemand tut, er verhält sich damit in bestimmter Weise. Verhalten hat kein Gegenteil; man kann sich nicht nicht verhalten. Wenn beispielsweise ein Mitarbeiter seiner Abteilung fern bleibt, dann ist das organisationsbezogenes Verhalten, dem entsprechendes Verhalten der Kollegen und des Abteilungsleiters folgen werden.

• *Jede Kommunikation hat einen Inhalts- und einen Beziehungsaspekt:* Kommunikation ist immer mehrdeutig. Wenn der Vorgesetzte einen zu spät kommenden Mitarbeiter fragt, wie spät es ist, dann ist dies *inhaltlich* eine Frage

---

9 Begrüßungen, Fragefloskeln und Smalltalk informieren die Beteiligten vor allem darüber, ob die Beziehung zwischen den Interaktionspartnern noch die selbe ist wie zuletzt, d.h. ob eine Veränderung stattgefunden hat, oder ob man "so weiter machen" kann wie bisher (siehe auch "Delphinbeispiel" in Abschnitt 3.1.1.7).

nach einem Tatbestand (Uhrzeit); es bedeutet wohl aber auch, daß der Vorgesetzte, bezugnehmend auf die *Beziehung* Vorgesetzter - Mitarbeiter, den Zuspätkommenden zurechtweist.[10] Mit jeder Mitteilung wird sowohl über einen Inhalt kommuniziert, als auch die Beziehung zwischen den Interaktionspartnern definiert. In obigem Beispiel *muß* nun der Mitarbeiter in seiner Antwort die Beziehung definieren. Dabei kann er z.B. die Beziehungsdefinition des Vorgesetzten akzeptieren, in dem er sich für sein Zuspätkommen entschuldigt; er kann die Beziehungsdefinition durch den Vorgesetzten aber auch, etwa durch ein lässiges "Es ist kurz nach halb zehn, aber meine Uhr geht etwas nach.", zurückweisen; niemals aber kann er reagieren, ohne seinerseits über die Beziehung zum Vorgesetzten zu kommunizieren. Das gilt grundsätzlich für jede Interaktion, für eine Liebeserklärung genauso wie für die "rein" fachliche Diskussion eines Projektteams.

• *Die Beliebigkeit der Interpunktion von Ereignisfolgen:* Oben wurde im Zusammenhang mit der Koordination von Aktion und Reaktion gesprochen. Bei längerer Interaktion folgt aber auf die Reaktion wieder eine Reaktion, usw. sodaß sich für den unbeteiligten Beobachter schließlich nicht mehr sagen läßt, was Ursache (Aktion) und was Wirkung (Reaktion) ist.

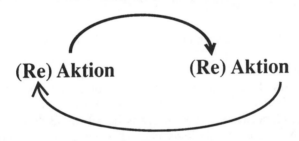

Abb. 3-7: Zirkularität kommunikativer Ursache- Wirkungszusammenhänge

Gleichzeitig erlaubt es dieser zirkuläre Ursache-Wirkungszusammenhang den Beteiligten beliebige Anfangspunke anzunehmen und so unterschiedliche Ursache-Wirkungsgefüge zu sehen. Am Beispiel der Kontrolle läßt sich dieses Phänomen illustrieren (vgl. Abbildung 3-8): Der Vorgesetzte nimmt jeweils die Sequenzen 1-2-3, 3-4-5, 5-6-7 wahr und sieht sich ob des sinkenen Engagements seines Mitarbeiters genötigt, stärker zu kontrollieren. Der Mitarbeiter seinerseits - er nimmt die Sequenzen 2-3-4, 4-5-6, 6-7-8 wahr - erfährt sein sinkendes Engagement als direkte Folge der zunehmenden Kontrolle durch den Vorgesetzten. Für den Beobachter sind beide Interpunktionen gleichermaßen wahr und falsch; er nimmt ein *Beziehungsmuster*

---

10 Zur Präzisierung und Illustration unterschiedlicher Bedeutungsapekte menschlicher Kommunikation vgl. Schulz von Thun 1988.

wahr, in dem die Handlungen der interagierenden Personen einander
wechselseitig bedingen.

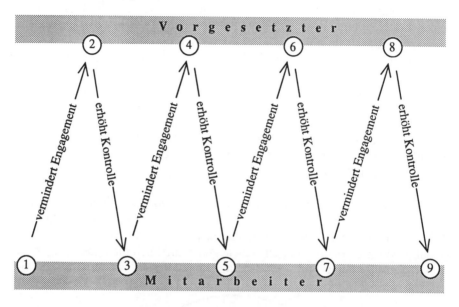

Abb. 3-8: Beliebigkeit der Interpunktion von Ereignisfolgen

• *Verbale und non-verbale Kommunikation:* Zwei grundsätzliche Kommunikationsformen lassen sich unterscheiden: non-verbale Kommunikation heißt, sich
durch *Hervorbringen von etwas Ähnlichem* (einer Anolgie in Form von Bildern, Gestik, Geräuschen, etc.) auf etwas beziehen; so drückt etwa räumlich
körperliche Nähe eine psychologischen Naheverhältnis aus. Verbale Kommunikation dagegen heißt das Etwas, auf das Bezug genommen wird, zu *benennen* ("Tisch", "16", etc.).

Wenn Menschen interagieren, sind stets beide Kommunikationsformen beteiligt und beeinflussen einander gegenseitig: Wenn jemand mit hochrotem Kopf
sein Gegenüber anbrüllt: "Ich will Sie nie wieder sehen!", ergeben beide
Kommunikationsformen zusammen eine stimmige Mitteilung (die nicht unbedingt mit dem Verbalteil (Inhalt) ident ist); dieselbe non-verbale Kommunikation zusammen mit "Ich empfinde tiefe Bewunderung für Dich." führt vermutlich zu weniger konsistenten Eindrücken.

Verbale und non-verbale Kommunikation beruhen jeweils auf unterschiedlichen Grundprinzipien, sodaß es nicht ohne weiteres möglich ist, Verbales
non-verbal auszudrücken und umgekehrt (vgl. Bateson 1985, 530). Die Leis-

tungsfähigkeit und Komplexität menschlicher Verhaltenskoordination beruht auf der permanenten Gleichzeitigkeit beider Kommunikationsformen.

• *Symmetrische und komplementäre Interaktion:* Schließlich sind Handlungen interagierender Menschen häufig auch recht unmittelbar aufeinander bezogen, in dem Sinn, daß einer Handlung entweder eine gleichartige folgt (= symmetrische Interaktion, z.B.: A prahlt weil B prahlt) oder aber eine ergänzende (= komplementäre, z.B.: Führungsanspruch seitens A --> Gefolgschaft von B). Dabei tendieren Interaktionsfolgen, die nur über eine der beiden Bezugsmöglichkeiten, symmetrisch oder komplementär, koordiniert sind dazu, sich selbst zu verstärken und schließlich zu eskalieren (z.B. Wettrüsten, ruinöser Wettbewerb, etc.) (siehe auch Abbildung 3-8). Längerfristig stabile Interaktionsformen sind hingegen, selbst wenn eine Beziehungsform stark dominiert, immer durch die Anwesenheit beider Beziehungsformen gekennzeichnet (z.B.: Vorgesetzter - Mitarbeiterbeziehung als komplementäre Beziehung; dieselben Personen als Gegner beim Betriebsschilauf als symmetrische Interaktion).

3.1.1.7 Lernen

Lernen im Sinn von Verhaltensänderung setzt die längerfristige Betrachtung von Verhalten voraus. Wenn sich jemand in Situationen (wiederholt) anders verhält, als er das früher getan hat, kann diese Differenz als Lernen interpretiert werden. Solche Verhaltensänderungen können in unterschiedlicher Art und Weise entstehen: Wenn beispeilsweise eine eher beiläufig gemachte Bemerkung in einer Teamsitzung mit großem Interesse aufgenommen wird und dem Mitglied von dem die Bemerkung stammt hohe Aufmerksamkeit und Anerkennung einbringt, dann lernt das betroffene Mitglied seinerseits, daß *diese Art von Mitteilung in diesem Zusammenhang bedeutungsvoll* ist.

In der Folge kann man erwarten, daß die betroffene Person zukünftig in ähnlichen Situationen *mit erhöhter Wahrscheinlichkeit* wieder ähnliche Bemerkungen machen wird. Dieses Lernen, bei dem der Erfolg (die Belohnung) einer Verhaltensweise dazu führt, daß diese Verhaltensweise zukünftig öfter an den Tag gelegt wird, heißt *Verstärkungslernen.* Der wahrgenommene Erfolg einer Verhaltensweise ist also wesentlich für die Wahrscheinlichkeit, mit der wir das entsprechende Verhalten zukünftig erwarten können (Law of Thorndike, Thorndike 1905); das gilt für zufällig entstandene Verhaltensweisen ebenso wie für Lösungen, die durch Einsicht in das Problem oder durch Lernen am Vorbild entstanden sind.

Der dargestellte Zusammenhang ist ebenso einsichtig wie allgemein gültig; allerdings beinhaltet der Ausdruck "wahrgenommener Erfolg" zwei Aspekte,

die es dem Beobachter im konkreten Einzelfall erheblich erschweren festzustellen, ob bzw. welche Art von Lernen genau stattgefunden hat.

Zum Ersten ist hier die *Interpretationsbedürftigkeit* eines Ereignisses zu nennen: ob die Konsequenzen einer Verhaltensweise als Erfolg oder Mißerfolg
wahrgenommen werden und somit zu künftig häufigerer bzw. seltenerer Wiederholung der entsprechneden Verhaltenssequenz führen, liegt vielfach im Ein-
flußbereich des betroffenen Individuums selbst. Um obiges Beispiel zu modifi-
zieren; wenn die Teammitglieder eine Bemerkung amüsiert aufnehmen, machen
sie sich dann über die betreffende Person lustig oder zollen sie einer originellen
Sichtweise Beifall? Die Grenze zwischen Erfolg und Mißerfolg ist häufig eine
sehr schmale und bedarf der Interpretation durch die betroffene Person. Dabei
kommen, wie oben dargestellt (siehe Kapitel 3.1.1.1 bis Kapitel 3.1.1.4), die
subjektiven Ziele, Bedürfnisse und Erwartungen ebenso zum Tragen wie Wahr-
nehmungs- und Denkgewohnheiten.

Zum Zweiten beinhaltet der "wahrgenommene Erfolg" die Möglichkeit, Erfolg
nicht nur am eigenen Leib zu erleben, sondern auch *am Beispiel Anderer*
wahrzunehmen. Wie Albert Bandura (1971) im Rahmen der *Sozialen Lern-
theorie* ausführt, erhöht sich durch die Beobachtung von Modellen die Zahl der
Lernchancen eminent, während gleichzeitig das Risiko sich nachteilig auswir-
kende Fehler zu begehen sinkt. Damit wird der unmittelbar erlebte Erfolg
primär zum Regulativ für die Häufigkeit, mit der bereits erlernte Verhaltensweisen angewandt werden; dagegen spielt das Lernen am sozialen Modell und
anhand symbolischer und elektronischer Medien (vor allem Bücher und Filme)
eine zentrale Rolle beim Erwerb neuer Verhaltensweisen.

Derart in den Zusammenhang sozialer Interaktion eingebunden, führt Lernen
auch zu einer erweiterten Konzeption der Lewinschen Verhaltensformel V=
f(P,U). Lewin (1935) argumentierte mit seiner *Feld Theorie*, daß die beiden bis
dahin konkurrierenden Sichtweisen, nämlich daß das Verhalten entweder durch
den "Charakter" der Person festgelegt sei, oder daß es durch die belohnenden
bzw. bestrafenden Konsequenzen aus der Umwelt gesteuert werde, einander
nicht notwendig ausschließen, sondern daß sie als integrierbare Bestandteile
einer modernen Theorie menschlichen Verhaltens gesehen werden können
(siehe Abschnitt 2.1.3). Bandura (1971) erweitert diese Sichtweise in dem er
nicht nur Verhalten als Folge von Persönlichkeitsmerkmalen und Umwel-
treaktionen konzipiert sondern auch den Umkehrschluß, nämlich daß Verhalten
die Umwelt gestaltet und den Charakter prägt, berücksichtigt. Jede relevante
Veränderung in einer der drei Komponeneten Umwelt, Persönlichkeitsmerk-
male und Verhalten hat wechselseitige Einflüsse auf die anderen Komponenten
zur Folge. So verstanden ist Lernen ein lebenslanger Prozeß, in dem "Alles
Tun Lernen und alles Lernen Tun ist". (Maturana/Varela 1987)

Dabei verläuft menschliches Lernen nicht kontinuierlich kumulativ - wie man etwa ein Buch nach dem anderen in eine Bibliothek einreihen kann - sondern notwendigerweise auch sprunghaft: das liegt unter anderem daran, daß *Lernen auf unterschiedlichen logischen Ebenen* (Bateson 1985) abläuft: Wenn eine Ratte lernt sich durch ein Labyrinth zu bewegen, dann lernt sie nicht nur den konkreten Weg in diesem konkreten Labyrinth, sondern sie lernt zugleich auch etwas darüber, was ein Labyrinth ist. Das heißt, wer ein Problem löst, lernt etwas über dieses eine Problem und zugleich etwas über die *Art oder Klasse von Problemen,* deren Element das konkrete Problem ist; mit der Auswirkung, daß die Ratte beim Versuch ein anderes Labyrinth zu durchqueren bereits erfolgreicher (schneller) ist als beim ersten Labyrinth - mit anderen Worten: sie lernt lernen.

In Fortführung des Gedankens, daß man lernt und lernt zu lernen stellt sich die Frage, inwiefern diese Reihe fortgesetzt werden kann: lernt man lernen zu lernen oder gar lernt man zu lernen wie man lernt zu lernen? In Analogie zur Infinitesimalrechnung wo es eine erste Ableitung gibt, deren Ableitung die zweite Ableitung ergibt usw., nennt Bateson (1985) diese logischen Ebenen des Lernens Lernen I, Lernen II, Lernen III, Lernen IV (vgl. auch Kapitel 2.2.3).

- *Lernen I* ist dabei, was üblicherweise als Lernen bezeichnet wird. Lernen I heißt Fortschritte machen im Umgang mit dem jeweils gegebenen Problemtyp.

- *Lernen II* (auch als Deuterolernen bezeichnet) heißt dagegen, etwas über den Problemtyp selbst zu lernen. Lernen II findet statt, wenn sich aus einzelnen Erfahrungen *Sichtweisen herausbilden bzw. Sichtweisen geändert* werden. Beispielsweise kann jemand, der erstmals mit Umsatzrückgang konfrontiert ist, versuchen, mit vermehrter Werbung zu reagieren. Ebenso könnte mit veränderter Preispolitik oder verstärkt im Bemühen um Kundenkontakt bzw. Stärkung der Verkaufsorganisation reagiert werden. Wer über einen längeren Zeitraum hinweg mit diesen Maßnahmen erfolgreich Umsatzrückgänge bekämpft, wird lernen (Lernen II), daß Umsatzrückgänge als Absatzproblem zu betrachten sind.

Ebenso könnte es in einer veränderten Situation sinnvoll sein - und auch dazu wäre Lernen II notwendig - Umsatzrückgang nicht als Absatzproblem, sondern als Ausdruck einer grundlegend veränderten Nachfragesituation zu betrachten und mit einer Anpassung der Organisation, etwa durch Straffung und Verkleinerung zu reagieren. Aus diesem Beispielen sollte deutlich werden, daß Lernen II als "Nebenprodukt" des Lernens I entsteht und wie schwer es ist, durch Lernen II erworbene Sichtweisen zu ändern: im obigen Beispiel ist etwa zu erwarten, daß der - bis dahin erfolgsgewohnte - Leiter der Absatzabteilung nur sehr allmählich und vermutlich erst nach einigen Mißerfolgen mit alten Aktionsprogrammen in der Lage und bereit sein wird, die neue Problemsicht zu entwickeln. Dazu kommt noch, daß viele Sichtweisen als sich selbst erfüllende Prophezeiungen wirken (siehe Kapitel 3.1.1.2, Musterbilden und Denken, insbesondere Ärzte-Beispiel) und so den Blick auf mögliche andere Sichtweisen verstellen.

• *Lernen III* bedeutet - in Fortführung dieser Gedanken - nun nicht nur Sichtweisen zu ändern, was an sich schon schwer genug ist, sondern darüber hinaus auch noch zu lernen, wie man Sichtweisen ändert. Da genau diese Sichtweisen, die Art wie jemand an ein Problem herangeht, das Charakteristische einer Person ausmachen, rückt Lernen II auch in die Nähe dessen, was als *Persönlichkeitsentwicklung* bezeichnet wird. Somit ist leicht nachvollziehbar, daß Lernen III, also das Erreichen einer Position aus der man über die Art sich selbst zu entwickeln lernt, von Menschen nur selten erreicht wird.

• *Lernen IV* schließlich tritt bei keinem Lebewesen mehr auf; lediglich der Evolutionsprozeß selbst, der ja Wesen hervorgebracht hat, die zu Lernen III fähig sind, könnte als eine zu Lernen IV fähige Einheit betrachtet werden.

Diese Analyse von Lernebenen impliziert, daß Lernen keine gleichförmig fortschreitende Aktivität sein kann, sondern daß Lernen auf höheren Ebenen (II, III) immer *sprunghafte Veränderungen* auf den unteren Ebenen nach sich zieht: eine neue Sichtweise entwickeln heißt nicht, den bekannten Lösungen eine weitere hinzuzufügen, sondern es bedeutet, die Menge der möglichen Lösungen neu zu definieren. Neben dem kontinuierlichen Ansammeln beinhaltet Lernen somit immer auch radikale Neuformulierung, Krisen und plötzliche Einsichten.

Das Beispiel eines Delphins (Steno bredanensis) verdeutlicht den Stellenwert dieser diskreten Lernsprünge im Zusammenhang kontinuierlichen Lernens (Bateson 1985). Der Delphin ist daran gewöhnt, den Ton der Pfeife des Dresseurs zu hören, dem in der Regel Futter folgt. Wiederholt der Delphin was er tat, als die Pfeife ertönte, wird er das Pfeifen wieder hören und wieder Futter bekommen.

Im Sinne traditioneller Lernexperiment belohnt nun der Dresseur irgendeine Verhaltensweise des Delphins - beispielsweise hebt er den Kopf über die Wasseroberfläche - durch Pfeife und Futter. Schon drei solcher Abfolgen genügen für den Delphin, um den Zusammenhang zwischen dem Heben des Kopfes und der Belohnung herzustellen. Daraufhin wird er in das Ruhebecken geschickt um auf die nächste Lernsequenz zu warten.

Da in dieser Sequenz wieder Lernen erreicht werden soll, kann jetzt natürlich nicht die selbe Verhaltensweise (etwas bereits Gelerntes) belohnt werden. Zugleich wird aber damit der Delphin bezüglich des Gelernten ins Unrecht gesetzt; wenn er ins Becken kommt hebt er natürlich wieder den Kopf, um (wie gelernt) belohnt zu werden. Erst nach mehrmaligen vergeblichen Versuchen ändert der Delphin die erworbene Gewohnheit und lernt, daß eine andere Verhaltensweise - etwa ein Schwanzschlag, der ein üblicher Ausdruck von Verstimmung ist - belohnt wird.

Der Schwanzschlag wird natürlich in der dritten Lernsequenz nicht mehr belohnt u. s. w. Diese Lern- bzw. Versuchsanordnung ist geeignet den Delphin schließlich zu veranlassen, jedesmal eine andere auffällige Verhaltensweise anzubieten.

Dieser Darstellung sind zwei wesentliche Anmerkungen hinzuzufügen: Erstens gab es in allen Lernsequenzen vergebliche Versuche, das Verhalten, das in der unmittelbar vorangegangenen Sequenz beloht worden war wieder belohnt zu bekommen. Dazu war die Erfahrung bezüglich des Gelernten Unrecht zu haben für den Delphin so schlimm, daß es - um die Beziehung zwischen Dresseur und Delphin überhaupt aufrechterhalten zu können - mehrere Male notwendig war die Regeln des Experiments zu brechen und ihm Belohnungen zu geben, auf die er kein Anrecht hatte.[11]

Zweitens war der Delphin zwischen der vierzehnten und fünfzehnten Sequenz im Ruhebecken sehr aufgeregt, und als er wieder ins Dressurbecken geholt wurde begann er die fünfzehnte Sequenz mit einer hochentwickelten Darbietung, die zumindest acht auffällige Verhaltensweisen enthielt, von denen vier bei dieser Tierart noch nie beobachtet worden waren.

Dieses Lernergebnis ist nur verständlich, wenn man sich klar macht, daß der Delphin innerhalb der Lernsequenzen jeweils eine Verhaltensweise als wichtig erlernt, darüberhinaus aber auch etwas **über** die Klasse jener Verhaltesweisen erfährt, die als wichtig erachtet werden. Das Kriterium "neue Verhaltensweise" kann in keiner einzelnen Sequenz erlernt werden; es basiert auf einer Aussage über die einzelnen Lernsequenzen und kann somit nur durch Lernen II (Lernen über Lernen) erworben werden.

3.1.2 Gruppe und Kultur

3.1.2.1 Die Gruppe-als-Ganzes

Im Anschluß an die Skizze der Grundlagen individuellen Verhaltens beschäftigt sich dieser Abschnitt mit den Charakteristika größerer sozialer Einheiten. Es entspricht ganz selbstverständlich unseren Sprach- und Denkgewohnheiten mehrere Menschen zu einer (sozialen) *Ein*heit zusammenzufassen und vom Verhalten dieser Menschen als vom Verhalten dieser Einheit zu sprechen; der Gedanke an ein Forscherteam, eine Fußballmannschaft oder eine Motorradgang mag dies verdeutlichen. In den meisten konkreten Lebens- (und Arbeits-) zusammenhängen wird eine treffende Beschreibung der Ereignisse sich nicht nur auf die Beschreibung einer entsprechenden Anzahl individueller Verhaltensweisen beschränken, sondern immer auch die Gruppe-als-Ganzes einschließen. Wenn wir etwa eine Mannschaft als temperamentvoll, eine Gruppe

---

11 Vermutlich wird starker Schmerz (und in der Regel auch Fehlanpassung) induziert, wenn ein Säugetier bezüglich seiner Regeln, ins Unrecht gesetzt wird, die Sinn in seiner Beziehung zu einem anderen Säugetier stiften. (Weiterführend dazu die Arbeiten zur Schizophrenietheorie in Bateson 1985)

von Vertretern als engagiert und kompromißlos oder den Vorstand einer AG als zu altmodisch bezeichnen, dann weisen wir einer Gruppe-als-Ganzes Eigenschaften zu, ohne daß diese im selben Maß für die einzelnen Mitglieder zutreffend zu sein hätten.

Es lohnt daher - anhand einer sozialpsychologischen Definition für "Gruppe" - einen Blick auf einige jener Aspekte zu werfen, die eine größere soziale Einheit von einer (hypothetisch) bloßen Ansammlung von Menschen unterscheidet:

Unter Gruppe wird eine Mehrzahl von Personen verstanden, die in direkter Interaktion stehen, durch Rollendifferenzierung und gemeinsame Normen gekennzeichnet sind und die ein Wir-Gefühl verbindet. (von Rosenstiel 1978)

Voraussetzung für die Entstehung einer Gruppe ist die Möglichkeit zu direkter Interaktion. In vielen Fällen ist diese notwendige Bedingung auch schon hinreichend. Gestützt auf sozialpsychologische Laborexperimente (von Rosenstiel 1978) erkannte Homans 1950, daß die Sympathie zwischen Menschen proportional zur Häufigkeit der Kontakte entsteht.

In unmittelbarem Zusammenhang damit ist der Einfluß der wahrgenommenen Ähnlichkeit zu sehen: in einem Experiment (Schachter 1959, dazu: von Rosenstiel 1978) entschieden sich alle Studentinnen im Glauben auf einen (zu Experimentierzwecken zu gebenden) schmerzhaften Elektroschock zu warten, dafür, alleine zu warten, wenn ihnen als Alternative ein Warteraum angeboten wurde, in dem andere Studentinnen auf die Sprechstunde des Dozenten warteten; dagegen entschieden sich die Mehrzahl der Studentinnen für gemeinsames Warten, wenn sie glaubten, die anderen Anwesenden würden ebenfalls auf das schmerzhafte Experiment warten.

Schließlich ist neben der Anzahl der Kontakte und der wahrgenommenen Ähnlichkeit noch der Belohnungscharakter (materieller und immaterieller Art) zu nennen, der aus der Interaktion resultiert. Für das Verständnis von Organisationen heißt das, daß wir, wo immer Menschen, die aneinander ein Mindestmaß an Ähnlichkeit wahrnehmen, häufig zusammentreffen - und schon durch die Zugehörigkeit zur gleichen Abteilung kann beides gegeben sein - mit der Bildung von Gruppen rechnen können, sofern sich diese Kontakte für die Einzelnen zumindest nicht nachteilig auswirken.

Da direkte Interaktion (= wechselseitige Verhaltenskoordination, siehe Abschnitt 3.1.1) die Grundlage von Gruppenbildung ist, ergibt sich notwendig auch die Gruppe als durch die Grundlagen menschlicher Kommunikation geprägt. Am Beispiel der *Rollendifferenzierung* wird dies deutlich: Wie angedeutet stimmen Menschen ihre Verhaltensweisen in vielfältiger Weise (siehe

Kapitel 3.1.1.6, Axiome menschlicher Kommunikation) aufeinander ab. Hat sich nun eine konkrete Interaktionsfolge bewährt (siehe Verstärkungslernen), können wir damit rechnen, sie auch in Zukunft wiederholt zu sehen. Die Folge ist, daß sich eine *längerfristig stabile Handlungskoordination* ergibt, wobei jedes beteiligte Individuum *auf einen Teil seiner Handlungsmöglichkeiten, zugunsten der (vorhersehbaren) Wiederholung des Bewährten, verzichtet* (siehe triviale vs. nicht-triviale Maschine). So entsteht ein *soziales Gefüge,* in dem man erwarten darf, daß jeder Beteiligte seinen spezifischen, wechselseitig auf die anderen abgestimmten Beitrag leistet. Dieser Prozeß der Übernahme spezieller Handlungsmuster, die innerhalb der Gruppe wechselseitig aufeinander abgestimmt sind, wird als *Rollendifferenzierung* bezeichnet.

Die daraus resultierende "Arbeitsteilung" kann *alle Ebenen* des zwischenmenschlichen Diskurses betreffen: beispielsweise wird in vielen Gruppen ein Mitglied als besonders tüchtig, ein anderes als besonders beliebt erlebt, was der Gruppe durch diese Personalisierung (durch Rollenzuteilung) einen entsprechenden Umgang mit den Ebenen Arbeit und Liebe ermöglicht; ebenfalls häufig anzutreffendes Beispiel sind Rollenverteilungen, bei denen ein Mitglied zur Risikobereitschaft drängt, während ein anderes zur Vorsicht mahnt; schließlich handelt es sich natürlich auch bei der Stellenbeschreibung (siehe Abschnitt 3.2) um einen Beitrag zur Rollendifferenzierung: wenn Herr X als Buchhalter aufgenommen wird, ist damit ebenfalls ein längerfristig stabiler, auf die anderen abgestimmter Beitrag zum Ganzen bezeichnet.

Individuelles Verhalten innerhalb größerer sozialer Einheiten ist damit *immer auch Rollenverhalten.* Die oben dargestellte Wechselseitigkeit der Verhaltensmuster bedingt, daß eine Rolle niemals für sich alleine genommen, sondern immer nur in bezug auf die Gruppe-als-Ganzes verstanden werden kann; womit beispielhaft deutlich wird, was bereits grundsätzlich über das Verständnis sozialer Phänomene gesagt wurde, nämlich daß eine beliebige soziale Einheit nur im Kontext der nächstgrößeren, deren Teil sie ist, sinnvoll analysiert werden kann (siehe Abschnitt 3.1.1, insbesondere Abbildung 3-1).

Wenn Individuen häufig miteinander in Kontakt treten und ihr Verhalten zunehmend aufeinander abstimmen, folgt aus der Intensität, mit der sie sich aufeinander beziehen, nicht nur eine Differenzierung zwischen den Betroffenen, sondern auch eine Unterscheidung in jene, die daran teilhaben und jene, die davon nicht betroffen sind. Das Ergebnis ist ein sogenanntes Wir-Gefühl, verbunden mit der Unterscheidung "wir und die anderen". Das bedeutet, daß die sich innerhalb der Gruppe entwickelnde Unterschiedlichkeit (= Differenzierung) durch eine Einheitlichkeit nach außen ergänzt wird: Die Gruppe entwickelt Spielregeln (Normen), die für die Interaktionen innerhalb der Gruppe gelten und die die Gruppe nach außen (von anderen Zusammenhängen) ab-

heben, also eine Unterscheidung in "wir und die anderen" ermöglichen. Gruppennormen können sich auf alle Verhaltensweisen beziehen (Ausmaß an Nähe/-
Distanz zwischen den Mitgliedern, Sprachregelungen, Bekleidungsnormen,
Leistungsansprüche, etc.). Sie entwickeln und verändern sich aus der Interaktion der Mitglieder heraus und bleiben größtenteils unausgesprochen. Trotzdem wird ihre Einhaltung von den Mitgliedern kontrolliert und Verstöße
werden geahndet; bei ausdrücklichen Regeln durch die entsprechenden Sanktionen, bei unausgesprochenen Normen durch sozialen Druck bis hin zum
Ausschluß. Aber auch ungeachtet möglicher Sanktionen tendieren Menschen
dazu, sich sozialkonform zu verhalten: die Experimente von Sherif (1936, dazu
Irle 1975, 65) zeigten, daß Personen, die unter Einzelbedingungen Situationen
recht unterschiedlich beschrieben hatten, sich in ihren Beschreibungen schnell
einander annäherten, sobald sie dieselben Situationen in Anwesenheit der
anderen Versuchspersonen zu beschreiben hatten (dennoch gaben sie an, die
anderen hätten keinen Einfluß auf ihr Urteil gehabt). In einem klassischen
Experiment von Ash (1936, siehe auch Irle 1975, 68) gaben die Versuchspersonen in einem Drittel der Fälle an, zwei unterschiedlich lange Strecken
(nebeneinander aufgezeichnete, parallele gerade Striche von 2,5 bis 23 cm
Länge mit Längenunterschieden von 4 bis 18 (!) cm) als gleich lang wahrzunehmen, wenn die anderen Anwesenden (vermeintliche Versuchspersonen) das
ebenfalls getan hatten.

Die organisationspsychologische Gruppenforschung interessiert sich in erster
Linie für die *Leistungsfähigkeit* und die *Leistungsbereitschaft* von Gruppen.
Im Zusammenhang mit letzterer stand lange Zeit die *Leistungsnorm* (also das
Ausmaß an Leistung, das die Gruppe von ihren Mitgliedern erwartet) im
Zentrum der Betrachtung. Dabei wurde vor allem versucht, Zusammenhänge
zwischen der Attraktivität, welche die Mitgliedschaft in der Gruppe für die
einzelnen Mitglieder hat (= Gruppenkohäsion) und der Leistungsnorm der
Gruppe zu finden. Aber weder ein direkter Zusammenhang (je attraktiver die
Gruppenmitgliedschaft, desto höher die Leistungsnorm) noch ein umgekehrt U-
förmiger Zusammenhang (hohe Leistungsnorm bei mittlerer Attraktiviät der
Gruppe; niedrige Leistungsnorm jeweils bei zu geringer und zu großer Attraktivität der Gruppe) konnte in den Studien (French 1949, Seashore 1954) bestätigt werden. Dagegen konnte gezeigt werden, daß in hochkohäsiven Gruppen
Normen strikter eingehalten werden als in Gruppen, die ihren Mitgliedern wenig attraktiv erscheinen.

Bezüglich der Leistungsfähigkeit der Gruppen konzentrierte sich die organisationspsychologische Diskussion auf den Vergleich von Einzel- und Gruppenleistung. Obwohl die Leistungen von Gruppen (in den untersuchten Fällen von
Entscheidung bzw. Problemlösung) sowohl unter, als auch über der besten
Einzelleistung liegen können (Kelly/Thibaut 1969, Davis 1969), geht der

Grundtenor der Diskussion dahin, der Gruppe ein prinzipiell größeres Leistungspotential zuzubilligen (mehr verfügbare Information, verschiedene Sichtweisen und Problemzugänge, gegenseitige Anregung und Fehlerkorrektur, ...) (Stirn 1970, Hofstätter 1971, Vroom/Jago 1990). Dem steht gegenüber, daß wir nur sehr wenig darüber wissen, unter welchen Bedingungen die Mitglieder einer Gruppe fähig und willens sind, diese Kapazitäten in einer konstruktiven, einander gegenseitig fördernden Weise zu nutzen und wann sie diese Kapazitäten ungenutzt bleiben lassen, oder auch in einander gegenseitig behindernder Art einsetzen (Wood 1988, Janis 1972, Bavelas 1950 und Leavitt 1961, Maier 1967) Schließlich ist zu berücksichtigen, daß individuelle Spitzenleistungen (z.B. Erfindungen) oft eine höchste Ungestörtheit voraussetzende, konzentrierte Versenkung in das Problem und persönlichen Arbeitsrhytmus erfordern, was Gruppenarbeit allerdings kaum zuläßt.

Für das Bemühen um optimale Arbeitsformen in Organisationen erscheint somit die Frage, nach Einzel- oder aber Gruppenarbeit wenig zielführend; keine der beiden genannten Arbeitsformen konnte als generell überlegen bestätigt werden. Die Bemühungen sowohl der Organisationsgestalter als auch der Sozial- und Organisationspsychologie müssen also dahingehen, Bedingungen zu identifizieren und zu schaffen unter denen Gruppen bzw. einzelne erfolgreich arbeiten können. (Wood 1988) Soweit Gestaltungsspielräume überhaupt bestehen - in arbeitsteiligen Organisationen bestehen ja bereits längerfristig fixierte Arbeitsplatzgegebenheiten - scheint es möglich, durch Kombination von Einzel- und Gruppenarbeit mögliche Vorteile beider Formen zu nutzen. (Cohn 1975, Langmaack 1971)

3.1.2.2 Der Konsolidierungsprozeß der Gruppe

Die erörterten Aspekte der Gruppe-als-Ganzes sind Ergebnis eines kommunikativen Prozesses, in dem sich Einzelindividuen als Gruppe formieren. Der Blick auf die Genese der Gruppe illustriert und ergänzt die Analyse ihrer Charakteristika.

Die hier gewählte Betrachtungsweise stützt sich primär auf die Erfahrungen mit gruppendynamischen Trainingsgruppen. Dabei kommen meist einander bis dahin unbekannte Personen für einen beschränkten Zeitraum (von etwa einer Woche) zu einer Klausurtagung zusammen, um an Hand der eigenen Erfahrung und unter Leitung eines erfahrenen Trainers jene oben erwähnten Prozesse der Rollendifferenzierung, der Herausbildung von Normen und Wir-Gefühl etc. zu studieren.

Obwohl jede solche Gruppe ihren eigenen Verlauf nimmt, glauben erfahrene Trainer gewisse Grundmuster immer wieder vorzufinden (Shaffer/Galinski

1977, Bion 1971). Das meist beschriebene Muster ist ein Vierphasenprozeß in
dem sich die Individuen zu einer konsolidierten Gruppe zusammenfinden
(Langmaack 1971):

• *Phase 1: Orientierung - Auftauen:* Ausgangspunkt von Gruppenbildung sind
einander noch fremde Individuen. In dieser Phase sind für alle Beteiligten
viele, aber ähnliche Fragen offen: Wer sind die anderen? Was wird in der
Gruppe möglich sein? Was darf man hier? etc. Die Individuen verhalten sich
abwartend und *ambivalent.* Man will etwas, weiß aber meist nicht genau was
und noch weniger wie. Da nicht klar sein kann, welche Gemeinsamkeiten
bestehen, sind unpassende Äußerungen unvermeidlich. Die wenigen
Vorgaben wie Arbeitstitel des Zusammentreffens, Rahmenbedingungen und
Trainer bleiben unhinterfragte Anhaltspunkte. Erst langsam gelingt es
Individuen die ersten Unsicherheiten und Zweifel zu klären und
Selbstvertrauen zu gewinnen.

• *Phase 2: Konfrontation - Klärung:* Die nunmehr präsenten Individuen beginnen ihre Vorstellungen von Gruppengeschehen zu äußern. Der Mangel an er-
probten Entscheidungsregeln führt zu starken *Selbstbehauptungs-* und *Rivali-
tätstendenzen* da jeder auf sich gestellt ist. Kritik und Aggression auch dem
Leiter gegenüber werden geäußert, wenngleich meistens in Sachargumente
verpackt. Die Individuen messen sich aneinander und am Trainer; Freiräume
werden ausgelotet, Grenzen abgesteckt, Rollen- und Statuszuweisungen finden
statt. Als Kehrseite des "Machtkampfes", "rauft man sich zusammen"; die
Individuen lernen einander kennen, es entstehen persönliche *Nähe* und *Bin-
dungen* zwischen den Individuen. Gleichzeitig wächst die Einsicht in die Notwendigkeit von *Regeln* und *Entscheidungsmodalitäten* und es entsteht die
Bereitschaft, die sich eben entwickelnden zu akzeptieren und weiterzuentwickeln.

• *Phase 3: Arbeitslust - Differenzierung:* Nachdem in Phase 2 via individueller
Ansprüche Gemeinsamkeit entstanden ist, entwickeln sich in Phase 3 auf der
Basis der Gemeinsamkeit die Unterschiede zwischen den Mitgliedern. Da die
Grenzen zwischen den Einzelnen vorerst abgesteckt und gegenseitig
anerkannt sind, kann der so entstandene (Frei-) Raum nun inhaltlich gefüllt
werden: Ansichten, Gefühle, und Vorschläge haben jetzt um ihrer selbst
willen Geltung; sie sind nicht mehr vorrangig Teil eines "Machtkampfs". Vor
dem Hintergrund der errungenen Spielregeln beginnen *Arbeitsfähigkeit* und
Arbeitslust Platz zu greifen; die *Unterschiedlichkeit* der Mitglieder kann, da
die Gruppe-als-Ganzes etabliert ist, akzeptiert und als Bereicherung erlebt
werden.

Trotzdem muß die Gruppe im Rahmen der fortschreitenden Arbeit, die entwickelten Beziehungen, Rollen und Spielregeln ständig neu bestätigen oder geänderten Bedingungen anpassen. In kleinen Schritten werden kontinuierliche Veränderungen vorgenommen. Dabei durchläuft die Gruppe gleichsam in Mini-Zyklen wieder die vorangegangenen Phasen der Neuorientierung und Neuverteilung von Rolle und Status.

• *Phase 4: Abschluß - Abschied:* Grundsätzlich kann eine Gruppe solange in Phase 3 bleiben, wie sie Themen und "Energie" zur Verfügung hat. Oft aber ist durch zeitliche Limits oder Erreichung des definierten Zieles ein Ende vorprogrammiert. Damit tritt eine *zunehmende Distanzierung* zwischen den Mitgliedern auf, die, so die Mitglieder der Gruppe einander als Individuen wichtig waren, von *offener oder verdrängter Trauer* über den Abschied begleitet wird. Die Bedeutung der Gruppe-als-Ganzes tritt in den Hintergrund. Die Individuen agieren, wie in der Anfangsphase, wieder sehr unterschiedlich; manche stürzen sich erst recht oder erst jetzt in die noch verbleibende Arbeit, andere absentieren sich zunehmend. In dieser Phase gilt es die Ergebnisse der gemeinsamen Aktivität zu sichern und ihre weitere Verwendung vorzubereiten.

Die beschriebenen Phasen können umso deutlicher beobachtet werden, je weniger sich die Mitglieder bereits vor ihrem Zusammentreffen in der betrachteten Situation kennen und je weniger Normen bereits vor dem Zusammentreffen von den Individuen geteilt werden. Wenn ein neuer Mitarbeiter in eine bestehende Abteilung eintritt, können wir erwarten, die oben beschriebenen Phasen nur schemenhaft, eher symbolisch für die Integration des Neuen anzutreffen. Projektgruppen hingegen, die neu zusammengestellt werden, durchlaufen recht deutlich die beschriebenen Phasen; unabhängig davon, ob die oben umrissenen Aktivitäten als solche angesprochen werden oder im sachlichen Diskurs mitverpackt sind.

3.1.2.3 Macht und Autorität

Mit der Frage wechselseitiger Handlungskoordination, also sozialer Interaktion, stellt sich die Frage nach sozialer Beeinflussung. In diesem Zusammenhang wird aus organisationssoziologischer Perspektive häufig von *Grundlagen der Macht* (Raven/Cruglansky 1970) gesprochen. Damit sind Situationen angesprochen, von denen angenommen wird, daß sie die Möglichkeit zu *weitgehend einseitiger (asymmetrischer) Beeinflussung* bieten. Solche sind gegeben durch

• die Möglichkeit Belohnung zu vergeben und/oder Strafen zu verhängen (Sanktionsmacht),

- entsprechenden Informationsvorsprung und/oder Expertenwissen (Informationsmacht),
- die so starke Identifikation einer Person mit einer anderen, daß die freie und kritische Reflektion der Beziehung zurücktritt (Identifikationsmacht),
- den Glauben an eine legitime Ordnung von Herrschaft und Gehorsam (Positionsmacht).

Mit jeder dieser Situationen sind Grundvoraussetzungen und Nebenwirkungen verbunden, die zu kennen und zu berücksichtigen in organisationalen Zusammenhängen von großer Bedeutung ist: So impliziert etwa Beeinflussung auf der Basis persönlicher Identifikation, daß die Ansichten und Vorschläge des Vorbilds ungeprüft akzeptiert werden; damit gehen mögliche Vorteile gemeinsamer Problemlösung verloren (siehe Kapitel 3.1.2.1, Gruppe-als-Ganzes). Dagegen setzt Beeinflussung durch Belohnung - um ein weiteres Beispiel zu nennen - entsprechende Mengen verfügbarer Mittel, also Reichtum voraus, mit dessen Schwinden (z.B.: in Krisenzeiten) entsprechend auch die Einflußchancen sinken. Die Tatsache, daß in den weitaus meisten Fällen konkreter sozialer Beeinflussung, mehre Machtgrundlagen zum Tragen kommen, liegt zweifellos in der generellen Vielfalt alltäglich menschlicher Aktivitäten begründet; darüberhinaus machen Nutzenüberlegungen, wie die eben angestellten, deutlich, daß das gemeinsame Auftreten, der oben skizzierten Grundsituationen auch im Sinne der längerfristigen Wirksamkeit von Beeinflussung zu interpretieren ist (siehe auch Kapitel 2.2.5).

Stellvertretend für eine genauere Betrachtung jeder der vier Machtgrundlagen werden im Folgenden die Bedingungen unter denen Positionsmacht zum Tragen kommt, etwas differenzierter betrachtet. Positionsmacht oder *formale Autorität* heißt, daß jemand deshalb Gehorsam leistet, weil er die Anweisung gebende Person als eben dazu legitimiert betrachtet.

In einem der aufsehenerregendsten Experimente der Sozialpsychologie versuchte Stanly Milgram Anfang der 60er Jahre die Grenzen dieser Gehorsamsbereitschaft auszuloten (Milgram 1963). Über Zeitungsinserate warb Milgram Versuchspersonen für ein angebliches Lernexperiment. Dabei hatten die Versuchspersonen die Gedächnisleistung einer (vermeintlichen) anderen Versuchsperson zu testen und sie - die vermeintliche Versuchsperson war zuvor vom Versuchsleiter unter Mithilfe der tatsächlichen Versuchsperson im Nebenraum mit einer Elektrode am Handgelenk an einen Stuhl geschnallt worden - bei jedem Fehler mittels eines Schockgenerators mit einem zunehmend stärkerem Elektroschock zu bestrafen. Die Versuchspersonen hörten die (fingierten) Schmerzensschreie der "Versuchspersonen" aus dem Nebenraum und konnten, sowohl durch Voltangaben als auch verbal ("leichter Schock", "mäßiger Schock", "mittlerer Schock", "schwerer Schock", "sehr schwerer Schock", "Gefahr: bedrohlicher Schock", "xxxxx", "xxxxxxx.") am Schockgenerator ablesen, wie stark der bestrafende Elektroschock gerade war; überdies hatten die Versuchspersonen zuvor selbst einen Testschock (45 Volt) erhalten. Wenn Versuchspersonen zögerten, wie verlangt mit dem jeweils nächst stärkeren Elektroschock zu bestrafen, dann wurden sie vom Versuchsleiter ermahnt weiterzumachen.

Unter diesen Bedingungen interessierte sich Milgram für den Zeitpunkt, zu dem die Versuchspersonen den Gehorsam verweigern und keine weiteren Elektroschocks mehr geben würden; mit dem Ergebnis, daß, obwohl viele Versuchspersonen Symptome extremer psychischer Anstrengung wie Schwitzen, Zittern und Stottern zeigten, doch 62,5 % der Versuchspersonen bereit waren, bis zum technisch größtmöglichen Schock von 450 Volt zu bestrafen (durchschnittlicher Maximalschock 367,5 Volt).

Überraschend (und schockierend) an diesem Ergebnis ist, wie weit Menschen durch die Anweisung eines formal legitimierten (Versuchs)Leiters jene Grenzen zu überschreiten bereit sind, die sie ansonsten in Situationen, in denen sie sich eigenverantwortlich erleben, ihr eigen nennen.

Milgram betonte bei der Interpretation dieser Experimente den zentralen Einfluß der *Situationsbedingungen* (ein körperlich anwesender, formal legitimierter Leiter; eine Versuchsperson) auf menschliches Handeln. Er konnte zeigen, daß die Gehorsamsraten drastisch fallen, wenn die Situation selbst bereits Zweifel an der Autorität des Leiters beinhaltet: bei zwei uneinigen Versuchsleitern auf 25 %; bei mehreren Versuchspersonen, sobald die erste verweigert, auf 10 %.

Darüber hinaus sind für das Verständnis menschlicher Verhaltensweisen, neben den situativen Einflüssen, aber auch *individuelle* Aspekte mitzuberücksichtigen (für Gehorsame ergaben sich signifikant höhere Werte in einem Test für autoritäre Persönlichkeitsstrukturen, sie wiesen längere Heeresdienstzeiten und niedrigeres Bildungsniveau auf; Unterschiede zwischen Männern und Frauen konnten nicht festgestellt werden) und *kulturelle* (signifikant unterschiedliche Gehorsamsraten bei internationalen Vergleichen; 85 % Gehorsamsrate bei Versuchsreplikationen in der BRD, zwischen 16 % und 40 % in Australien).

Für das Verständnis des Verhaltens in Organisationen rücken die Milgramexperimente den formalen Vorgesetzten in den Mittelpunkt der Aufmerksamkeit. Offensichtlich hat der als legitimiert anerkannte Leiter, eine besondere Position innerhalb der Gruppe; seinen Handlungen (und Äußerungen) kommt spezifische Bedeutung und zusätzliches Gewicht zu. Wir können daher einen, im Vergleich zu anderen Mitgliedern wesentlich stärkeren, wenn auch keinen direkten 1:1-Zusammenhang zwischen dem Verhalten des Leiters und dem der Gruppe-als-Ganzes erwarten.

3.1.2.4 Führung

Schon die knappen Hinweise zum Thema Macht und Autorität haben deutlich gemacht, daß der formale Leiter von herausragender Bedeutung für die Gruppe-als-Ganzes ist. Die organisationspsychologische Forschung, die sich wie erwähnt in erster Linie dem Leistungsverhalten von Gruppen widmet, versucht daher die Zusammenhänge zwischen dem Vorgesetzten (= Führer) und der Gruppenleistung transparent und wenn möglich handhabbar zu machen. Dabei kristallisierten sich drei wesentliche Einflußfaktoren des Führungsgeschehens heraus:

• *Die Person des Führers:* Die Möglichkeiten des Vorgesetzten, die Gruppenleistung zu beeinflussen, werden von seinen persönlichen Eigenschaften beeinflußt. Solche Zusammenhänge (zwischen Gruppenleistung und persönlichen Eigenschaften des Vorgesetzten wie Intelligenz, Kooperationsfähigkeit, Leistungsorientierung oder physische Erscheinung) sind allerdings nur sehr lose, das heißt obwohl Einflüsse gegeben sind, gibt es zahlreiche Gegenbeispiele. (Jago 1987)

• *Die Gruppenmitglieder (Geführte):* Eigenschaften der Mitarbeiter wirken sich ebenfalls auf die Einflußchancen des Vorgesetzten aus. Hier wurden vor allem Ausbildungsgrad und die Beziehung zum bzw. die Erwartungen an den Vorgesetzten thematisiert (Fiedler 1987, House/Dessler 1974). Dennoch ist hier anzumerken, daß in den Arbeiten der Führungstheorie über dem Interesse am exponiertesten Mitglied der Gruppe die Bedeutung der anderen Mitglieder und vor allem der *Wechselseitigkeit* sozialer Interaktion - und dazu zählt eben auch Führungsverhalten - allzu oft übersehen wurde.

• *Die situativen Rahmenbedingungen:* Es gibt *keinen allgemein gültigen Zusammenhang zwischen Gruppenleistung und Führer*, sondern es bestehen in unterschiedlichen Situationen (Art der Aufgabe, Zeitdruck, etc.) auch unterschiedliche Zusammenhänge! So kann etwa eine Verhaltensweise eines Vorarbeiters, die geeignet ist, die Leistung seiner Gruppe zu steigern, vom Leiter eines Forschungslabors seinen Mitarbeitern gegenüber angewandt, ein völliger Fehlschlag sein und umgekehrt.

Was hier so selbstverständlich klingt, nämlich, daß man beim Versuch die Zusammenhänge zwischen dem exponiertesten Mitglied und der Gruppe-als-Ganzes zu klären, zumindest dieses Mitglied, die anderen Mitglieder und die Rahmenbedingungen berücksichtigen sollte, stellt an eine Theorie der Führung allerdings schon kaum zu erfüllende Ansprüche: eine Theorie, die nur 10 Typen Vorgesetzte, ebensoviele Konstellationen von Mitarbeiter und schließlich nur 10 Klassen von Rahmenbedingungen ausführt, hätte immerhin bereits eine Erklärung für 1000 hypothetische Führungssituationen zu liefern. Es bedarf kaum des Hinweises, daß eine solche Theorie für Forscher und Anwender kaum praktikabel wäre, und daß soziale Interaktion überdies noch erheblich vielfältiger ist, als das im Beispiel angenommen wurde. Eine Theorie menschlichen Verhaltens, die so präzise und zugleich so allgemeingültig ist, daß sie alle Eventualitäten nennen und berücksichtigen kann, ist faktisch wie praktisch unmöglich. (Neuberger 1983, Polany 1966)

Dennoch gibt es einige Modelle der Führung, die - in begrenzten Bereichen zwar - sowohl das Verständnis vertiefen, als auch, im praktischen Umgang mit Führung, Verbesserungen ermöglichen.

Das in der Folge hier beispielhaft skizzierte Modell konzentriert sich auf den Aspekt der *Beteiligung der Mitarbeiter an der Entscheidungsfindung des Vorgesetzten*. Um diesen *Ausschnitt des Führungsverhaltens* genau beschreiben und zu Leistungsaspekten in Beziehung setzen zu können, werden im Modell von Vroom und Yetton (1973) fünf Handlungsmuster beschrieben, die sich jeweils durch den *Partizipationsgrad* (= Ausmaß der Beteiligung der Mitarbeiter an der Entscheidung des Vorgesetzten) unterscheiden. (Jago 1987)

Die Verwendung dieser unterschiedlichen Entscheidungsstrategien ist vor folgendem Hintergrund zu betrachten: Die Qualität einer Entscheidung ist von zwei Komponenten abhängig: erstens von ihrer *fachlichen* (sachlichen) Richtigkeit und zweitens von der *Akzeptanz*, die sie von jenen erhält, die für die Umsetzung verantwortlich sind. (Maier 1955) Eine technisch brillante Lösung ist in organisationalem Kontext wertlos, wenn sie von den (Durchführungs-) Verantwortlichen nicht akzeptiert wird.

Partizipation wirkt auf jede dieser beiden Komponenten: durch die Beteiligung der Mitarbeiter an der Entscheidungsfindung fließen deren Informationen und Fachwissen in die Problemlösung mit ein; was die Wahrscheinlichkeit fachlich korrekter Lösungen erhöht. Zugleich verstehen die betroffenen Mitarbeiter die erarbeitete Lösung genauer, sind also besser in der Lage sie ihrer Intention gemäß umzusetzen. Schließlich kann davon ausgegangen werden, daß sich jemand mit einer getroffenen Entscheidung um so eher identifiziert und sie um so eher für die Realisierung akzeptiert, als er an ihrem Zustandekommen selbst beteiligt war.

Autokratische Entscheidung	**A I**	Sie lösen das Problem selbst und treffen dabei die Entscheidung allein; Grundlage für Ihre Entscheidung bilden dabei die im Moment verfügaren Informationen.
	A II	Sie verschaffen sich die für die Entscheidung Ihrer Ansicht nach notwendigen Informationen von Ihren Mitarbeitern; dann entscheiden Sie selbst, wie das Problem zu lösen ist. Die Rolle, die Ihre Mitarbeiter bei der Entscheidungsfindung spielen, besteht eindeutig nur in derBeschaffung der speziellen Informationen, die Sie für Ihre Entscheidung brauchen; Ihre Mitarbeiter haben weniger die Aufgabe, Lösungen abzuschätzen oder gar anzuregen
Beratende Entscheidung	**B I**	Sie besprechen das Problem mit einzelnen Mitarbeitern, ohne sie als Gruppen zusammenzubringen. Sie holen deren Ideen und Vorschläge ein und treffen dann selbst die Entscheidung. Diese Entscheidung kann die Vorschläge oder Ideen Ihrer Mitarbeiter berücksichtigen, muß aber nicht.
	B II	Sie diskutieren das Problem mit Ihren Mitarbeitern in einer Gruppenbesprechung. In dieser Gruppenbesprechung holen Sie deren Ideen und Vorschläge ein, entscheiden aber selbst über die Lösung des Problems. Diese Entscheidung kann die Vorschläge oder Ideen Ihrer Mitarbeiter berücksichtigen, muß aber nicht.
Gruppen-entscheidung	**G II**	Sie diskutieren das Problem zusammen mit Ihren Mitarbeitern als Gruppe. Alle zusammen entwickeln Alternativen, wägen sie ab und versuchen, Übereinstimmung (Konsens) für eine Lösung zu finden. - Ihre Rolle entspricht mehr der eines Vorsitzenden, der die Diskussion koordiniert, auf das Problem zurückführt und sicherstellt, daß die kritischen Punkte tatsächlich diskutiert werden. Sie können und sollen Ihre Informationen und Ideen in die Gruppe einbringen, versuchen jedoch nicht, der Gruppe Ihre Lösung "aufzuzwingen". Sie sind bereit, jede Entscheidung zu übernehmen und zu verantworten, die von der gesamten Mitarbeitergruppe gewünscht und unterstützt wird.

zunehmende Partizipation

Abb. 3-9: Entscheidungsstrategien nach Vroom/Yetton

Vor diesem Hintergrund wird nun im Vroom/Yetton-Modell die *Problemsituation* (Entscheidungssituation des Vorgesetzten) anhand folgender Fragen analysiert:

A   Gibt es ein Qualitätserfordernis: Ist vermutlich eine Lösung sachlich besser als eine andere?

B   Habe ich genügend Informationen, um eine qualitativ hochwertige Entscheidung selbst treffen zu können?

C   Ist das Problem strukturiert?

D   Ist die Akzeptanz der Entscheidung durch die Mitarbeiter für die effektive Ausführung wichtig?

E   Wenn ich die Entscheidung selbst treffe, würde sie dann von den Mitarbeitern akzeptiert werden?

F   Teilen die Mitarbeiter die Organisationsziele (Betriebsziele), die durch eine Lösung dieses   Problems erreicht werden sollen?

G   Wird es zwischen den Mitarbeitern vermutlich zu Konflikten kommen, welche Lösung zu bevorzugen ist?

Tab. 3-10: Diagnostische Fragen zur Situationsanalyse nach Vroom/Yetton

Gemäß den Qualitäts- und Akzeptanzerfordernissen des Problems werden nun den möglichen Situationstypen jene Entscheidungsstrategien (siehe oben) zugeordnet, die sich im Sinne der Erreichung der Organisationsziele (=Leistungserfordernis) als adäquat ergeben[12] (siehe Abbildung 3-11).

Das Modell von Vroom und Yetton illustriert, was oben zu den drei wesentlichen Einflußfaktoren gesagt wurde: es präzisiert den Zusammenhang von Führer und (Gruppen-)Leistung in Abhängigkeit von situativen Einflüssen. Über den Aspekt vertieften Verständnisses von Verhalten in Organisationen hinausgehend, ist es dazu in der Lage in Verbindung mit entsprechenden Trainingsprogrammen (Vroom 1976, Böhnisch 1987) einen konkreten Beitrag zur Gestaltung organisationalen Alltags zu leisten.

3.1.2.5 Großgruppe und Kultur

Eine Kleingruppe ist unter anderem dadurch charakterisiert, daß zwischen allen Mitgliedern direkte Beziehungen bestehen. Das ermöglicht es dem einzelnen, sich selbst in Relation zur Gruppe-als-Ganzes vollständig wahrzunehmen; anders ausgedrückt, was in einer Kleingruppe passiert, ist für den einzelnen prinzipiell wahrnehmbar und verstehbar. Nun sind aber die meisten Organisationen wesentlich größer, als daß die Kriterien für Kleingruppen erfüllt wären. Die Mitglieder der meisten Organisationen sind räumlich voneinander getrennt (Abteilungen, Filialen, Tochtergesellschaften, etc.) und selbst, wenn alle Mitglieder in einem Raum zu einer Großgruppensitzung versammelt wären, würde die Vielzahl der gleichzeitigen und gegenseitigen Einflüsse die Aufmerksamkeit eines Menschen weit überfordern. Die Großgruppe ist für den einzelnen nur beschränkt wahrnehmbar und verstehbar. Wenn er aber die Organisation als Ganze nicht überblickt, kann er auch nur beschränkt feststellen, was seine eige-

---

12 Zu den Entscheidungsregeln, auf denen diese Zuordnung im einzelnen basiert siehe Jago (1978).

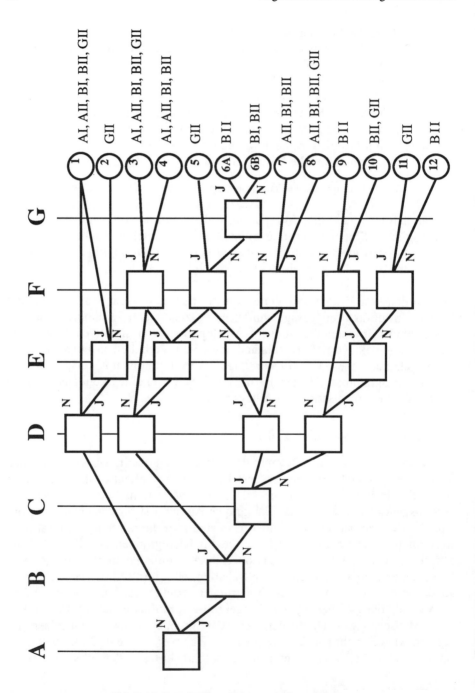

Abb. 3-11: Entscheidungsbaum nach Vroom/Yetton

ne Position innerhalb der Organisation ist, was er mit seinen Handlungen aus-
löst und woher die Einflüsse letztlich stammen, die auf ihn selbst wirken.

Daraus ergibt sich eine grundlegend veränderte Situation in bezug auf die Versuche der Mitglieder von Großgruppen ihre Handlungen wechselseitig aufeinander abzustimmen: zumal die Möglichkeiten direkter Interaktion hier nur partiell wirksam sind, werden spezielle Maßnahmen ergriffen, um die angestrebte
Koordinationsleistung auf der Ebene der Gesamtorganisation zu erbringen.
Diese Koordinationsmechanismen wie standardisierte Verfahrensrichtlinien und
Termine, Koordinationsgremien, hierarchische Über- und Unterstellung u.a.m.
sind Gegenstand der Strukturorganisation (siehe Abschnitt 3.2). Darüberhinaus
ergeben sich aber auch aus den spezifischen Bedingungen sozialer Interaktion in
Großgruppen Phänomene, die unter dem Aspekt der Handlungskoordination
von Bedeutung sind:

Es ist schließlich - trotz der erwähnten Schwierigkeit in Großgruppen Ursachen
und Wirkungen vollständig in Zusammenhang zu bringen - grundsätzlich nicht
möglich, daß Individuen sich mangels eigener Wahrnehmung, schlichtweg *kein*
Bild der Gesamtorganisation machen könnten. Jede eintreffende Information
wird bestmöglich, in das bestehende Muster integriert. (siehe Musterbilden und
Denken, Abschnitt 3.1.1.2) Die notwendige Folge ist, daß die "Wahrnehmungs-
lücke" durch Vermutungen, Mythen, tradiertes Wissen, etc. geschlossen wird
(Hedberg 1985). Natürlich können Mythen auch in Kleingruppen entstehen,
aber ihr Stellenwert ist durch die Möglichkeit des direkten Kontakts ein viel geringerer.

Dagegen ist die *Gesamtorganisation als Großgruppe* genau durch diese *Mythen, Riten und Traditionen* charakterisiert. Sie sind es, von denen sich *die
Individuen bei ihren Handlungen leiten lassen (müssen)*, sobald sie nicht mehr
in der Lage sind, die Auswirkungen ihres Handelns vollständig wahrzunehmen.

Dadurch können Handlungen auch ohne direkte Interaktion koordiniert werden;
gemeinsame Einstellungen, Gewohnheiten, Mythen, usw. sind in der Lage
gleichzeitig stattfindende Handlungen zu koordinieren. In einer Organisation, in
der hohes Umweltbewußtsein herrscht, kann beispielsweise der zentrale
Einkauf für Büromaterial auf Recyclingpapier umsteigen, der Hausmeister
kann von sich aus Altpapiercontainer aufstellen und die Mitarbeiter in den
Abteilungen werden Altpapier vom übrigen Müll trennen, etc. Viele solcher
Handlungen können (gleichzeitig und aufeinanderfolgend) ohne entsprechende
Koordinationssitzungen (= direkte Interaktion) durchgeführt werden, und sie
werden dennoch koordiniert wirken.

Die Bezeichnung "Organisationskultur" unter der die erwähnten Mythen, Riten, Einstellungen, Werte, etc. oft zusammengefaßt werden, macht überdies deutlich, daß die Gesamtorganisation als soziale Einheit selbst wieder in einem größeren Zusammenhang zu sehen ist. Die Mitglieder einer Organisation entwickeln - auf der Basis sozialer Interaktion - zwar ihre spezifische, für sie typische Kultur; diese ist aber im Zusammenhang mit den Dingen (Produkte und Technologien), mit denen sie umgehen und der Umwelt (Märkte, Branchen, etc.), mit der sie in Beziehung stehen, zu sehen. (siehe Kapitel 3.1.1, insbesondere Abbildung 3-1, und Kapitel 2.2.4)

Obwohl die spezifischen Phänomene von Großgruppen weder durch die traditionelle Kleingruppenforschung noch durch die Massenpsychologie adäquat erklärt werden können, gibt es bislang kaum systematische Versuche sie zu erforschen (Wood 1988). Soll allerdings die sozialwissenschaftliche Perspektive nicht nur auf die Teile der Organisation (hier Individuum und Kleingruppe) beschränkt bleiben, sondern auch direkte Beiträge zur Organisation-als-Ganzes liefern, dann muß Verhalten in Organisationen auch unter dem Aspekt des Verhaltens von und in Großgruppen verstanden werden.

3.2 Organisationsstrukturen

Organisationsstrukturen werden i. d. R. in sogenannten **Organigrammen** dargestellt. Diese bestehen aus "Kästchen" und sie verbindenden "Linien". Diese Zweiteilung spiegelt die beiden Grundelemente des Organisierens - Arbeitsteilung und Koordination - wieder: Die Kästchen geben Raum für Angaben über die Art der Arbeitsteilung, die Linien zeigen die Koordinationsformen. Die Gestaltung der Organisationsstruktur (bzw. gleich bedeutend: der Aufbauorganisation) besteht aus zwei komplenentären Festlegungen (Regelungen): Einerseits ist zu bestimmen, nach welchen Gesichtspunkten die Arbeit geteilt (spezialisiert) werden soll, andererseits ist zu entscheiden, welche Formen die Teile in Verbindung halten sollen.

3.2.1 Spezialisierung

Bereits in unserem eingangs nach Adam Smith wiedergegebenen Beispiel der Stecknadelherstellung (siehe Kapitel 2.1.1) wurde deutlich, daß Arbeitsteilung nicht im Belassen des "Ganzen" besteht - hiernach würden in der Herstellung Arbeitskräfte z. B. nebeneinandergesetzt und mit dem Erzeugen jeweils ganzer Nadeln beauftragt (vgl. das "Schreinereibeispiel" bei Kieser/Kubicek 1983, 81) - sondern in der Untergliederung einer Ober- oder Hauptaufgabe (Nordsieck 1955, Kosiol 1962) in Unteraufgaben. Der Begriff Arbeitsteilung ist damit gleichbedeutend mit "Spezialisierung".

Bei der Festlegung, nach welchen Gesichtspunkten die Teilung/Spezialisierung vorzunehmen ist, hat sich in Theorie und Praxis traditionell die (Grund-) Fragestellung herausentwickelt, ob eine "funktionale" oder eine "objektbezogene" Organisation eingerichtet werden soll. Unter einer "funktionalen Organisation" versteht man eine Spezialisierung nach Tätigkeits- oder Verrichtungsarten wie z. B.: einkaufen, produzieren, verwalten, verkaufen bzw. sägen, hobeln, leimen usw. Objekte der Spezialisierung sind insbesondere Produkte(-gruppen), Märkte/Kundengruppen, Regionen. Bezogen auf ein Sportartikelhersteller wird das begriffliche Gerüst der Spezialisierung in Abbildung 3-12 darstellen.

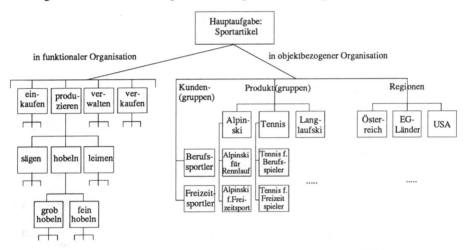

Abb. 3-12: Arbeitsteilung/Spezialisierung nach Funktionen und Objekten

Die begriffliche Differenzierung der beiden Hauptspezialisierungsarten zeigt eine zunehmende Arbeitsteilung. Diese Analyse führt direkt zu der Tradition, die Taylor mit seiner "wissenschaftlichen Betriebsführung" zum Ende des vergangenen Jahrhunderts eingeleitet hatte. "Arbeits- und Bewegungsstudien" haben immer differenzierter und genauer menschliche und maschinelle Arbeitselemente und ihre Interaktion transparent gemacht. In der praktischen Anwendung dieser detaillierten Kenntnisse bei der Gestaltung von Arbeitsplätzen sind "Untergrenzen der Arbeitsteilung" (Reber 1974, Friedmann 1959, Lang/Hellpack 1922, Berlyne 1960, Davis/Cherns 1975, Hackman/Oldham 1980) sichtbar geworden: Die Leistungsfähigkeit des Menschen nimmt mit zunehmender Arbeitsteilung zu; bei immer differenzierterer Fortsetzung des Einsatzes dieses Prinzips beginnt aber bei Überschreitung eines bestimmten Grades der Arbeitsteilung eine Umkehrung dieser Konsequenz: Die Leistungsfähigkeit der betroffenen Menschen nimmt ab; sowohl kognitive (Unterforderung, Konzentrationsprobleme usw.) als auch motivationale (Langeweile, Ermüdung, Streß wegen Unterforderung usw.) Eigenschaften verursachen diesen Leistungsabfall.

Bei der Verteilung von Arbeitsaufgaben auf Mitarbeiter ist eine "Entsprechung" zu finden. Voraussetzung hierfür ist, daß einerseits die Arbeitsaufgaben transparent und manipulierbar gemacht werden. Dies ist der Bereich der "Arbeitsstudien" mit ihrer - in Zusammenwirkung mit der Gestaltung von Werkzeugen und Maschinen - entstandenen natur-/ingenieurwissenschaftlichen Tradition. Andererseits bedarf es möglichst genauer Kenntnisse über das Verhaltensrepertoire des arbeitenden Menschen. Hier liegt der Bereich der (Arbeits-)Psychologie. Bei der Zuordnung beider Aspekte einer erfolgreichen Spezialisierung kann die Entsprechung eher dadurch gefunden werden, daß die Aufgaben immer detaillierter und einfacher erreicht werden, oder dadurch, daß Personen immer "höher" qualifiziert werden, um umfassendere Arbeitsaufgaben bewältigbar zu machen. Den Arbeitsstudieningenieuren ist es wesentlich besser gelungen, manuelle Tätigkeiten transparent und analysierbar machen zu können als geistig/kognitive Prozesse der Kreativität, des analytischen Denkens, Entscheidens usw. (vgl. die Beiträge von Brandstätter, Frieling, Neuberger, v. Rosenstiel, in: Reber 1979). Deshalb ist sehr häufig gerade in der Produktion die Strategie der Vereinfachung zum Einsatz gekommen. Prototyp ist hier das "Fließband", bei dem sowohl die Arbeitsinhalte, ihre Koordination als auch die Zeitdimension in sog. "Arbeitstakten" von (großen) Maschinen bestimmt weren. Hier werden häufig Situationen geschaffen, in denen die Untergrenze der Arbeitsteilung - Monotonie, Unterforderungsstreß - erreicht wurde. Aber auch bei Bürotätigkeiten - vom Schreibmaschinenschreiben bis zur Bildschirmarbeit - oder auch bei Zuordnung von Miniobjekten (z. B. Betreuung immer des gleichen Produktes in einer Region) wird diese Untergrenze leicht überschritten.

In der heutigen Zeit wachsen aber Tendenzen in Büro und Werkstatt zur Vergabe von qualifizierter Aufgabestellung. Dies gilt insbesondere dann, wenn nicht mehr in großen Massen produziert werden kann, weil der Kunde eine größere Varianz und hohe Qualität wünscht bzw. gewöhnt ist. Denkt man wieder an das Fließband und die Automobilproduktion, so erfolgt sein Ersatz durch "werkstattähnliche" Arbeitsstationen - pionierhaft hier Volvo (Gyllenhammar 1977) - oder die völlige Automatisierung durch den Einsatz von Robotern. Die verbleibende menschliche Arbeit - Erledigung von komplizierteren und variantenreicheren Arbeiten, welche die Maschine noch nicht kann, Steuerungsvorgänge und Wartungsarbeiten - führt zu höheren Qualifikationsanforderungen und eher zur Über- als Unterbelastung der Arbeitskräfte.

Diese Erfahrung im Bereich der Spezialisierung ist typisch für alle Aspekte der Strukturierung: Der Einsatz von Strukturierungselementen ist immer mit Vor- und Nachteilen verbunden. Mit zunehmendem Intensitätsgrad wird i. d. R. ein "Optimum" überschritten, Wirkungen werden "dysfunktional" (Merton 1967) bzw. sie sind "kurvenlinear" und zwar meist "umgekehrt U-förmig", d. h. eine zuerst zunehmende Effizienz fällt mit einer ähnlich "steilen" Kurve wieder ab bis zu einem "Nullpunkt" etwa bis zum Zusammenbruch von Systemmitgliedern bzw. des Gesamtsystems. Im folgenden wenden wir uns den beiden Hauptgesichtspunkten der Spezialisierung unter dem Aspekt ihrer positiven und negativen Wirkungen zu.

3.2.1.1 Funktionale Spezialisierung

Für die Aufgliederung der ganzheitlichen Organisationsleistung in Funktionen (Verrichtungen) wird häufig die Heuristik einer Orientierung am Fluß der Leistungserstellung und -verwertung - vom Eingang der Rohstoffe bis zum Absatz der Produkte bzw. von der Auftragsentgegennahme im Absatz über die Auftragsabwicklung in der Produktion bis zur Bereitstellung der Ressourcen durch die Beschaffung - herangezogen. Dies ergibt die Grundgliederung in Beschaffung (B), Produktion (P), Marketing (M), ergänzt um "Forschung und Entwicklung" (F&E) - innovative Vorbereitung der Leistungen - und "Verwaltung" (V) - informationelle Durchdringung des Leistungsprozesses - sowie folgendes Grundmodell der Spezialisierung (siehe Abbildung 3-13) einer funktionalen Organisation (Bleicher 1981, 84):

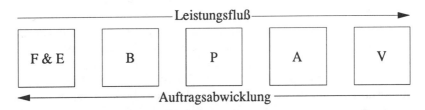

Abb. 3-13: Grundmodell einer funktionalen Organisation

Eine solch funktionale Aufgabenreihung erlaubt einen relativ direkten Einsatz von Fähigkeiten, die Personen bereits vor Eintritt in die Organisation durch das gesamtgesellschaftliche Ausbildungssystem erworben haben. Angefangen von den generellsten Kulturtechniken wie dem Schreiben, Lesen, Rechnen bis zu Universitätsausbildung erfolgt im Schulsystem eine "funktionale" Orientierung. Das "funktionale" Wissen hat eine große Verwertbarkeit, da es generell auf alle "Objekte" - zumindest "im Prinzip" - anwendbar ist: Schreiben wie Kostenrechnen ist auf Artikel der modischen Bekleidung ebenso wie auf Ski, Kanonen, Konzerte und Inhaftierte in Konzentrationslagern anwendbar. Mit dem Eingehen auf "generelle" Vorinvestitionen in der Ausbildung ermöglicht die funktionale Gliederung eine relativ schnelle nützliche Verwendung neuer Organisationsmitglieder. Die funktionale Ausbildung hat auch Fachsprachen geschaffen, welche die Kommunikation in der Zusammenarbeit erleichtert, verkürzt und präzisiert. Lücken in der Fachausbildung des einzelnen haben eine gute Chance, durch eine Rücksprache mit Kollegen ausgefüllt zu werden. Ebenso kann durch fachliche Ergänzung ein sehr hohes Leistungspotential in Arbeitsgruppen erreicht werden. Da häufig der Vorgesetzte aus dem gleichen Fachbereich stammt, wird Führung und Kontrolle durch Fachkompetenz - wenn diese auch nicht Detailwissen in allen Neuentwicklungen einschließen mag - erleichtert. All diese Faktoren - fachbezogene Grundausbildung, Fachsprache, Ergänzungs- und Fachkompetenz der Führung - bilden eine gute Basis für hohe Synergieeffekte (Frese 1988) innerhalb funktionalzusammengesetzter Arbeitsgruppen.

Das Grundproblem der funktionalen Gliederung liegt im "Verlust der Ganzheit". Die entstehenden Nachteile können mit einer Kritik am gesellschaftlichen Ausbildungssystem beginnen. Die von der Grundschule bis zur Universität zunehmende funktionale Spezialisierung zehrt "ganzheitliches", "vernetztes" Denken aus; "Objekte" werden nicht in ihrer Ganzheit gesehen, die Ausbildung unterstützt die vereinfachende selektive Wahrnehmung und fördert die Gleichgültigkeit gegenüber den Zusammenhängen und den spezifischen Unterschieden zwischen den Systemgliedern: Damit wird weder Wissen über den Zusammenhang zwischen Mensch und Natur aufgebaut noch Sorgfalt gelehrt, zwischen "Menschen" genauer unterscheiden zu wollen und zu können.

Speziell bezogen auf organisationale Probleme ist mit der funktionalen Aufteilung die Notwendigkeit hoher Koordinations- bzw. Transaktionskosten (siehe die Diskussion der Kostenkonsequenzen von funktionalen Organisationen bei Williamson 1970) verbunden (Frese 1988). Innerhalb der "Kästchen" ist nichts, was organisatorisch ihre Verankerung im Ganzen der Organisationsleistung bewirken kann. Die Struktur ist unvollständig, zusätzliche Koordinationsmechanismen - übergeordnete Stellen, Koordinationsgremien, Projektgruppen usw. (Bleicher 1981, Frese 1988) - müssen eingesetzt werden (Mintzberg 1979). Die Ursachen von Mängeln in der Gesamtleistung sind schwierig festzustellen; die Tätigkeitsbereiche sind primär an der Maximierung ihres Leistungsbeitrages interessiert:

"Wenn die Verkäufe zurückgehen, wer ist daran schuld? Das Marketing für zu nachlässige Verkaufsversuche, die Produktion für Qualitätsmängel? Ein Bereich wird den anderen beschuldigen, keiner übernimmt die Verantwortung für das Gesamtergebnis. Irgend ein Höhergestellter - so wird angenommen - wird sich darum kümmern." (Mintzberg 1979, 125)

"In einer funktional organisierten, elektronische Produkte herstellenden Firma gab es sehr fähige Entwicklungsingenieure, die aber mehr an der Vollkommenheit ihrer Entwürfe interessiert waren als an der profitablen Vermarktung ihrer Produkte. Die Produktionsabteilung war an Modellen interessiert, die sich leicht in großen Mengen fertigen ließen. Die Ingenieure gaben die Produktionsunterlagen oft um Monate verspätet an die Produktion weiter, um noch Zeit zu haben, die

Pläne so lange zu überarbeiten, bis sie an Vollkommenheit und Eleganz nicht mehr zu überbieten waren. Der Produktionsleiter beschwerte sich bei seinem Vorgesetzten darüber, daß die Ingenieure herumtrödelten, während die Firma Nachteile durch verlorene Aufträge und kostspielige, unter großem Zeitdruck stehende Veränderungen der Werkzeugmaschinen hinnehmen mußte. Der Vorgesetzte beider Abteilungen wird nicht umhin können, Maßnahmen zur Lösung des Konfliktes zu unternehmen." (Khandwalla 1977, 490)

Diese systeminduzierte Konfliktanfälligkeit zieht vorgesetzte Stellen häufig "in das laufende Geschäft" (Frese 1988, 501); es entsteht ein "Kamineffekt" (Bleicher 1981, 88); die Hitze der Konflikte schürt das Aufsteigen der Auseinandersetzungen in "höhere" Ebenen. Dabei sind Vorgesetzte vor das schwierige Problem gestellt, mit den Eigenheiten der spezialisierten Einheiten fertig werden zu müssen, die sie selbst stärken, aber Kooperation über sie hinaus beeinträchtigen. Wie wir gesehen haben, liegen diese Eigenheiten in der hohen Spezialkompetenz, dem Einsatz von Fachsprachen und in der geringen Wahrnehmung und Einsicht in die Sichtweise und Erfahrung anderer, auf Teilfunktionen spezialisierter Einheiten. Die Vorgesetzten werden dabei leicht von der Vielfalt der Fachargumente überfordert, was weitere Investitionen in Koordinationsinstrumente - z. B. Einsatz von Stäben und Gremien - erfordert und wertvolle Arbeitszeit in Beschlag nimmt.

Die hohe Inanspruchnahme für Konfliktlösungen, die über den angesprochenen "Kamin" nach oben getragen werden und vielerlei Rätsel aufgeben, beschränkt die Möglichkeiten zur Dezentralisierung und begünstigt die Vernachlässigung strategischen Denkens an der Unternehmensspitze (Bleicher 1981, 89). Das "Wesentliche" wird zu häufig vom "Dringlichen" überrollt. Hinzu kommt, daß funktionale Spezialisierung zwar klare Karrierewege ermöglicht, die aber eher zu einer Vertiefung von Fachwissen führen als den Aufbau von Generalisten als Nachwuchs zur Koordination von Spezialisten zu fördern und strategisches, innovatives Denken zu ermöglichen.

"Die in die oberste Leitung aufsteigenden Führungskräfte haben über einen langen Weg ihrer Karriere als **Fachspezialisten** in einem Bereich gearbeiten und verfügen nur über beschränkte Kenntisse anderer Bereiche und der Gesamtzusammenhänge. Als überbrückende Lösung dienen kollegiale Leitungsorgane, in denen sich die Mitglieder aber weiterhin mehr oder weniger als Fachspezialisten und kaum als Generalisten verhalten, die den Kurs der **Gesamtunternehmung** zu verantworten haben. Dieses **Problem der Ressortbindung** der Argumentation und des Versuchs, suboptimale Bereichsinteressen auch im Vorstand einer Aktiengesellschaft durchsetzen zu wollen, ist zwar allen Organisationsmodellen eigen, wird jedoch beim Verrichtungsmodell aufgrund der besonderen Personalproblematik gewichtiger." (Bleicher 1981, 88)

Die Konzentration auf Teilaspekte sowie der Aufbau von analytischer Fachkompetenz schaffen günstige Vorausssetzungen für Formalisierungs- und Routineprogramme. Diese Perspektive wird besonders dann realisiert, wenn Organisationen eine entsprechende Größe erreichen. Eine solche "Programmierungsneigung" wird besonders durch den Einsatz der funktionalen Gliederung in öffentlichen Bürokratien deutlich. Ihre Größe und Macht verstärkt wiederum die im Blick auf das Ausbildungsssystem angesprochene Funktionalisierung der Gesamtgesellschaft.

Der Gedanke an die Bürokratie legt die Frage nach der Wirkung funktionaler Organisationen auf die Innovationsfähigkeit nahe. Einige (wenige) empirische Befunde (Walker/Lorch 1970, Zusammenfassungen bei Bleicher 1981, Frese 1988) führen zu einer eher skeptische Beurteilung nahe. Die Berührungsflächen mit der Außenwelt sind lediglich auf eine Funktion - den Verkauf - beschränkt. Die Verkaufsleitung hat mit Kommunikationsproblemen zu den anderen funktionalen Spezialabteilungen zu kämpfen hat, die wiedercrum ihre eigenen Profilierungs- und Sichtweisen haben. Umgekehrt fehlen den marktoffenen Spezialisten Forschungs- und Entwicklungskompetenz und entsprechende Ressourcen. Bei diesen Bedingungen ist die Innovationsfähigkeit von funktionalen Organisationen dann am wenigsten beeinträchtigt, wenn große Unternehmen ein homogenes Produktprogramm haben (Frese 1988, 497ff) oder in Klein- und Mittelbetrieben der Routinisierungsgrad relativ gering ist und hinreichende Transparenz durch geeignete Koordinationsinstrumente gewährleistet wird. Beide Merkmale - homogene Leistungsprogramme, Klein- und Mittelbetriebe - sind in der Praxis häufig mit dem Einsatz der funktionalen Spezialisierung verbunden. Mit zunehmenden Diversifikationsbemühungen treten - wie Bühner (1985) darlegt - die Grenzen der funktionalen Organisation immer deutlicher hervor.

3.2.1.2 Objektbezogene Spezialisierung

Arbeitsteilung nach dem Objekt führt zu weitgehend ganzheitlichen Einheiten. Sie nehmen alle Funktionen für Produkte/Dienstleistungen, Kunden(-gruppen) und Regionen wahr, ermöglichen den Mitarbeitern eine direkte Identifikation mit diesen Objekten und erleichtern ihnen eine Zurechnung der erzielten Ergebnisse. Objektbezogene Spezialisierung führt bei der Vervollständigung durch entsprechende Koordinierungsformen zu - die Bezeichnungen werden im wesentlichen als identisch angesehen - Sparten, Divisionen oder Geschäftsbereiche. Diese Organisationsform erregte in den USA bereits in den Zwanziger-Jahren nach den Neugliederungen von Du Pont und General Motors (Chandler 1962) große Aufmerksamkeit; heute ist die überwiegende Mehrheit (430) der 500 größten nordamerikanischen Unternehmen in Divisionen organisiert (Mintzberg 1979, 400). Im deutsprachigen Bereich setzte eine Divisionalisierungswelle mit den Sechziger-Jahren ein (Bühner/Walter 1977, Eisenführ 1980, Köhler/Uebele/Tebbe 1983).

Beispiel für den Übergang von einer funktionalen zu einer Spartenorganisaton: Ein Sportartikelhersteller faßte den strategischen Entschluß zur Diversifikation von einer reinen "Winterausrichtung" zu einer "Winter/Sommer-Orientierung". Tennisschläger sollen die Produktpalette von Alpin- und Langlaufski ergänzen. Im Bereich des Entwicklungs- und Produktions-Know-How´s war für alle drei Produktgruppen ein Synergieeffekt zu erwarten; in allen drei Produktarten geht es um den Verbund unterschiedlicher Materialien (Holz, Metall, Kunststoffe, Oberflächenbehandlung). Entsprechend dieser Strategie wurde der Entwicklungsabteilung der Auftrag gegeben, den Rahmen eines Tennisschlägers als Prototyp zu entwerfen und herzustellen. Grundsätzlich wurde eine solche Aufgabe begrüßt; mit Recht konnte auf die hohe Qualifikation der Abteilung im Umgang mit diesen Verbundstoffen zur Erringung "jeder gewünschten" Materialeigenschaft hingewiesen werden. Allerdings ging es mit der Verwirklichung des Auftrags zeitlich nicht so recht voran: An den Skimodellen mußte für die nächste Kollektion immer noch eine Verbesserung angebracht werden und die Notwendigkeit, für jede Messe eine Neuheit parat haben zu müssen, setzte die Entwicklungsabteilung ständig unter Zeitdruck. Die Verwirklichung des Tennisprojektes zog sich von einem Versprechen zum anderen immer mit guten Ausreden - meist mit dem Hinweis auf die Perfektionierung von Skimodellen - in die Länge. Erst mit der Gründung einer eigenen Tennissparte wurde der stellvertretende Leiter der Entwicklungsabteilung zum Leiter der "Tennisentwicklung" bestellt; mit der Ski-Entwicklung hatte er nichts mehr zu tun; Tennisschläger wurden "seine Babies", hier sah er seine Leistung, an ihr wurde er gemessen. In relativ kurzer Zeit standen die ersten Prototypen zum Testen bereit.

Dieses Beispiel zeigt grundlegend eine Voraussetzung und eine (erhoffte) motivationale Wirkung des Spartenkonzeptes: Die Voraussetzung ist eine **Differenzierung im Bereich der Objekte** - im Beispiel sind es Produkte, es können aber auch Regionen (z. B. Inland/Ausland) oder Kundengruppen sein (z. B. niedergelassene Ärzte werden in einem Pharmaunternehmen von einer anderen Sparte betreut als Krankenhausapotheken). Die motivationale Komponente liegt in jenem Aspekt, den z. B. Peter Drucker (1963) etwas euphorisch eine Analogie zum **"freien Unternehmer"** herstellen läßt: Insbesondere der Spartenleiter erhält hohe Freiheits- und Verantwortungsgrade für ein ganzheitliches Objekt; aber auch die anderen Mitarbeiter sind auf das ganzheitliche Ergebnis ihrer Arbeit orientiert. Im Falle des Entwickungschefs Tennis stammt diese neue Produktlinie allein von seinen Ideen ab. Bei der Entwicklung verliert er seine "fachlichen" Gesprächspartner, sie verbleiben in der Ski-Entwicklungsabteilung. Die neuen Gesprächspartner im Tennisbereich sind keine Entwicklungsingenieure, sondern Verkäufer, Kostenrechner usw. Damit wird zwar die Kommunikaton u. U. schwerer: Die gleiche Fachsprache wird nicht mehr gesprochen. Keiner der Partner ist an technischen Details interessiert bzw. kann die Brillanz und Novität eines technischen Einfalls schätzen und bewundern. Fachgespräche in bezug auf technische Details fallen aus, der Ingenieur wird "einsamer", er hat es mit technischen "Banausen" zu tun. Aber er muß sie akzeptieren - sie haben ja alle ein gemeinsames Produkt. Die vom Produkt erzwungene Diskussion mag zwar - zumindest anfänglich -

frustrierend sein, sie führt aber zur Diskussion unterschiedlicher Erfahrungen und Argumente, die aus Kundenkontakten, Einkaufs- und Produktionsproblemen usw. stammen und der Gesamtwirtschaftlichkeit zugute kommen und damit erst einen Entwurf bzw. Prototyp zum Erfolg im Markt führen können. Alle Betroffenen in der neuen Sparte werden dadurch in stärkerem Maße zum "generalistischen Denken" erzogen als dies im funktionalen Konzept der Fall ist. Dies gilt insbesondere für den Spartenleiter, der beste Gelegenheiten zu einer Generalistenausbildung an der Nahtstelle zur Unternehmensleitung - dort also, wo strategische und taktisch-operative Planung und Kontrolle zu integrieren sind - erhält.

Der Ganzheitscharakter der objektbezogenen Spezialisierung bietet die Möglichkeit der Steuerung von Sparten am ökonomischen Erfolg (Welge 1975). Frese macht darauf aufmerksam, daß es "... sicher kein Zufall (ist), daß gerade mit dem Aufkommen des Spartenkonzepts eine Reihe differenzierter Rentabilitäts- und Gewinngrößen, insbesondere das Return on Investment, entwickelt wurden. Die Spartenorganisation ist in der Tat die organisatorische Strukturkonzeption, die in hohem Maße eine Anwendung des klassischen Instrumentariums zur Erfolgsermittlung auf Teilbereiche einer Unternehmung erlaubt. Dagegen läßt sich der *Erfolg* eines Funktionsbereiches - etwa des Produktionsbereichs - nicht durch Bilanzkennziffern, etwa durch den Return on Investment, abbilden." (Frese 1988, 551).

Die Verselbständigung von Objektbereichen erleichtert die Individualiserung von Unternehmensbereichen. Jeder Bereich kann nach anderen Gesichtspunkten untergliedert werden. Dies erhöht auch die Anpassungsfähigkeit an wechselnd Umweltbedingungen bis zur Schließung ganzer "Divisions" bzw. "Filialen", ohne daß hierdurch andere Unternehmenseinheiten direkt betroffen sind. Beides wird durch den geringen Integrationsgrad bzw. hohen Autonomiegrad zwischen den Bereichen ermöglicht. Bei einer funktionalen Spezialisierung liegt die Gesamtleistung dieser Organisation lahm, wenn eine Einheit ausfällt.

Diese positiven Aspekte einer objektbezogenen Spezialisierung sind nicht so glatt zu realisieren, wie dies auf den ersten Blick erscheinen mag. Der Spartenorganisation sind insbesondere drei Problemkreise inhärent: Bewältigung von Interdependenzen zwischen den Objekten, optimale Nutzung der Ressourcen, Führung und Kontrolle der einzelnen Sparten durch die Unternehmensleitung.

Objektbezogene Interdependenzprobleme: Diese Problemstellung beginnt mit der Frage, welche Objektmerkmale zur Bildung von Sparten herangezogen werden. Einfach ist die Fragestellung, wenn das Absatzprogramm, die Kunden bzw. Regionen sehr unterschiedlich sind. So kann z. B. ein gemeinsamer Name bei einer Erweiterung eines Tabakkonzerns um Lebensmittel eher schädlich als nützlich erscheinen (Miles 1982). Aber auch bei solch hohen Heterogenitätsgraden - Unternehmen mit großer Heterogenität ihrer Sparten werden Konglomerate genannt (in ihnen sieht z. B. Mintzberg die extremste Ausformung der "Divisionalized Form", Mintzberg 1979, 380ff) - ist die Interdependenzproblematik nicht völlig aufgehoben, da auch ein "geordneter" Rückzug aus unprofitablen Märkten Finanz- und Managementressourcen bindet und jene Sparten, die Expansionschancen sehen, hindert, diese voll zu nutzen. Dieses Phänomen der latenten Marktinterdependenzen liegt auch vor, wenn Erbschaften und Ansteckungskrankheiten im Bereich der Unternehmenskultur vorliegen, die virulent werden, wenn die Diversifikation aus Beschäftigungsmangel im angestammmten Bereich mit dem gleichen Personal für ganz neue Marktbedingungen durchgeführt werden soll.

Handfeste Interdependenzprobleme sind beispielsweise gegeben, wenn "... die Interessen der verschiedenen Unternehmensbereiche bzw. Firmen nicht immer deckungsgleich (sind). Z. B. können Werbemaßnahmen der Buchgemeinschaften negative Reaktionen der Buchhändler mit Rückwirkung auf die Ergebnisse des Bereichs Verlage hervorrufen und Billigdrucke des Bereichs Technik für Billigausgaben bestimmter Anbieter können die Ergebnisse der Bereiche Verlage und Buchgemeinschaften negativ beeinflussen" (zitiert nach Bleicher 1981, Die Organisation der Bertelsmann AG, 596). Gegenläufige Interessen gibt es auch, wenn Kunden potentielle Käufer verschiedener Sparten sind, Kunden in unterschiedlichen regionalen Sparten tätig sind bzw. unterschiedliche Sparten durch Produktkomplementaritäten zumindest teilweise voneinander abhängig sind (z. B. die Langlaufschuhproduktion der einen Sparte auf das spezielle Bindungssystem einer anderen Sparte abgestimmt ist). Unabhängig davon, wie stark die Interdependenzen sind, bringen sie die Notwendigkeit einer Koordination mit sich, die den betroffenen Sparten vorgesetzt ist und damit deren Autonomiegrad mehr oder weniger einschränkt. Grundsätzlich hat diese Koordination eine Spannweite, die von einer detaillierten Aufteilung der Aktivitäten im Bereich der Produkte, Kunden, Regionen bis zum Zulassen und Fördern eines intensiven Wettbewerbs zwischen den Sparten reichen kann (Allen 1970, Wrigley 1970, Hirshleifer 1957, Frese 1985).

Optimale Nutzung der Ressourcen: In unserem Beispiel der Verselbständigung der Tennissparte kann die Frage auftreten, ob der abgezogene stellvertretende Leiter der Skientwicklungsabteilung mit der neuen Aufgabe voll ausgelastet ist, ob die notwendig gewordenen neuen Räume und maschinellen Ausstattungen und das zusätzliche Personal optimal im Einsatz ist und - insbesondere bezogen auf die Spezialisierung - die qualitative Seite in der neuen Abteilung gesichert und genutzt wird. Dieses Spannungsverhältnis zwischen Leerkosten und Spezialisierungsgrad verdeutlicht Galbraith mit folgendem Beispiel:

"Wenn die Organisation allerdings zwei Projekte laufen hat, von denen jedes einen Elektronik-ingenieur und einen elektromechanischen Ingenieur im halben Beschäftigungsausmaß benötigt, dann müssen in der reinen Projekt(Objekt)-Organisation entweder zwei Elektoringenieure einge-stellt werden - und damit der Grad der Spezialisierung reduziert werden - oder es müssen vier Ingenieure (zwei Elektroniker und zwei Elektromechaniker) eingestellt werden und damit er-höhen sich die Kosten beträchtlich. Dazu kommt, daß sich niemand für die langfristige techni-sche Entwicklung der Spezialgebiete verantwortlich fühlt." (Galbraith 1988, 66)

Dieses Problem von Leerkapazitäten hochleistungsfähiger Ressourcen auf der Grundlage mangelnder Ressourcenteilbarkeit reduziert sich, wenn Sparten an Größe gewinnen. In unserem Tennisfall ist dies z. B. dann gegeben, wenn eine umfangreiche Produktpalette in flexiblen Reaktionen auf Technologie- und Marktveränderungen immer wieder neu zu entwickeln ist. Eine andere Dimen-sion der Inanspruchnahme von Größendegression liegt vor, wenn aus einer un-ternehmensweiten Bündelung von u. U. für alle Sparten notwendigen Qualitäten und Quantitäten ein ökonomischer Vorteil erwächst. Dies kann häufig für einen gemeinsamen Einkauf sprechen, aber auch für den Einsatz einer einzigen Produktionsanlage - etwa für Grundstoffe, die von allen Sparten weiterverarbeitet werden, den Aufbau gemeinsam zu setzender Rechner-kapazitäten usw.. Vorteile der Gemeinsamkeit treten aber auch für Aspekte der Zukunftsvorsorge - Grundlagenforschung, Marktforschung, Ausbildungssys-teme, strategische Planung - sowie im Bereich von Werbe- und PR-Aktivitäten usw. auf. Die Vorteile solcher Bündelungen sind in der Regel so stark, daß neben den Sparten funktionale "Zentral- oder Servicebereiche" geschaffen werden. Für die Inanspruchnahme der Leistungen dieser Zentralbereiche sind Verrechnungspreise zu bilden, welche die selbständige Abschluß- und Ergebnisrechnung der Sparten ermöglicht (Schmalenbach 1948, Drumm 1972, Coenenberg 1973, Albach 1974, Frese/Glaser 1980). Zur Erleichterung des gegenseitigen Abrechnungssystems sowie zur Gesamtsteuerung bedarf es eines standardisierten Rechnungswesens bzw. Controllings. Auch damit werden spartenübergeordnete Aktivitäten notwendig, welche die Individualität der einzelnen Objektbereiche sowohl transparent machen als auch begrenzen.

Führung und Kontrolle von Sparten: Sowohl die Notwendigkeit überge-ordneter Entscheidungen zur Lösung der Probleme von Objektinterdependen-zen als auch die optimale Nutzung von Ressourcen führen darauf hinaus, daß spartenübergeordnete Führungs- und Kontrollbedarfe entstehen. Damit scheint eine Ähnlichkeit zur funktionalen Sepzialisierung aufzutauchen; auch dort sind systemnotwendig den funktionalen Einheiten übergeordnete Führungsinstanzen einzurichten. Trotz dieser gleichen Konsequenzen liegt ein grundsätzlicher Unterschied vor: Die funktionale Organisation baut auf **"Teilinhalten einer Ganzheit"** auf, die objektbezogene Organisation führt zu **"unvollendeten Ganzheiten"**. Mit dieser Unterscheidung (siehe auch Abbildung 3-14) soll verdeutlicht werden, daß die Koordination der Teilbereiche bei funktionaler

Organisation eine grundlegende Systemnotwendigkeit ist. Die objektbezogene Spezialisierung hebt diese Notwendigkeit mit ihrer Orientierung an möglichst vollständigen Ganzheiten auf, führt aber nicht zur "Vollendung" (in Abbildung 3-14 ist keiner der Ovale ganz geschlossen, da ihre Anwendung durch Interdependenzen zwischen den Objekten und Problemen mit der Teilbarkeit der Ressourcen und der Nutzung der Größendegression eine mehr oder weniger stark übergeordnete Koordination als notwendig erscheinen läßt.

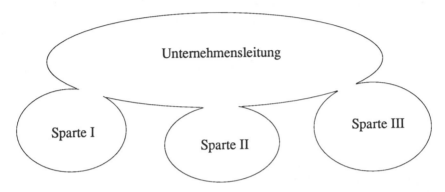

Abb. 3-14: Symbolisierung unvollendeter Ganzheiten

Wir sahen, daß eine funktionale Spezialisierung reine Inneneinheiten schafft; die Außenbeziehungen werden als Gestaltung des Inputs und des Outputs Spezialeinheiten übergeben (Einkauf, Verkauf). Objektbezogene Spezialisierung eröffnet - zumindest idealtypisch gesehen - für jeden Objektbereich "Außenkontakte" und damit die grundsätzliche Chance eines selbständigen Lebens im Austauschprozeß von externen und internen Leistungen und Gegenleistungen. Hieraus werden motivationale Kräfte aktiviert (Drucker: "Freies Unternehmertum"), die aber - wie wir gesehen haben - wieder von spartenübergreifenden Steuerungseingriffen beschränkt werden. Hieraus entsteht das "Dilemma" spartenorientierter Unternehmungen (Frese 1988, 550): Die Unternehmensspitze "... hat bei der Gestaltung ihrer Beziehungen zu den Sparten einmal von dem systembedingten Zwang zur Einräumung von Autonomie auszugehen, sucht auf der anderen Seite jedoch ein zu großes ´Eigenleben´ der Sparten zu verhindern." (Frese 1988, 550). Dieses Dilemma kann man auch in Anlehnung an den sog. Zeigarnik-Effekt - er hat die Konsequenzen "unvollendeter Handlungen" zum Gegenstand (Lewin 1935) - als "unvollendete Ganzheiten" bezeichnen mit dem Drang aller Betroffenen, ihre jeweilige Ganzheit zur Vollendung zu bringen. Damit ist ein permanentes Konfliktpotential gegeben, das sicherlich produktiv wirken kann, in jedem Fall aber besonderer Aufmerksamkeit bei der Gestaltung des Zusammenwirkens von Unternehmens- und Spartenleitung bedarf.

Aus einer sehr kritischen Haltung von Mintzberg (1979, 380ff) gegenüber der Leistungsfähigkeit der "Divisionalized Form" lassen sich für dieses Problemfeld der Spartenführung einige der neuralgischen Aspekte erkennen:

(1) Grundsätzlich geht Mintzberg davon aus, daß die Unternehmensleitung den Sparten artfemd "übergestülpt" ist. Mit "artfremd" wird angesprochen, daß die unterstellten Sparten die unterschiedlichsten Formen haben müssen, da sie jeweils unterschiedliche Umwelten haben. Damit entsteht keine "komplette", von der Spitze bis zu den untersten Linien durchgängige Aufbaustruktur.

(2) Zwischen Unternehmensspitze und Spartenleitung muß es eine sinnvolle Arbeitsteilung geben. In ihrer Ausformung bearbeitet die Unternehmensleitung externe Bezugsgruppen sowie interne Ordnungsaufgaben. Zu ersteren gehören z.B.:

* die Gestaltung der Beziehungen mit den Eigen- und Fremdkapitalgebern,
* die Beobachtun, Selektion und Kontaktaufnahme mit potentiellen Zusammenarbeitspartnern,
* Aktivitäten zum Risikoausgleich durch die Präsenz in unterschiedlichen Märkten,
* Kontakte mit politischen und öffentlichen Institutionen.

Zu den internen Aktivitäten der Unternehmensleitung gehören nach einer Befragung von Top Managern großer divisionalisierter nordamerikanischer Unternehmen durch Holden et al. (1968):

* die Allokation der finanziellen Ressourcen,
* die Festlegung des Leistungskontrollsystems,
* Ernennung und Ablöse von Spartenleitern,
* die Beurteilung der Arbeitsweise der Divisionen auf der Grundlage persönlicher Eindrücke,
* die Sicherstellung von Dienstleistungen gemeinsam für alle Divisionen.

Die Spartenleitung kümmert sich um die Entwicklung, den Verkauf und die Herstellung von Produkten bzw. die Bereitstellung von Dienstleistungen in ihren Bereichen.

(3) Diese unterschiedlichen, im wesentlichen funktional spezialisierten Aktivitäten führen zu unterschiedlichen kognitiven Orientierungen. Beide Führungsebenen "denken" anders.

(4) Das Kontrollsystem muß so angelegt werden, daß es der Unternehmensleitung Informationen für die Wahrnehmung ihrer Funktionen zur Verfügung

stellt, den Divisionsleitern aber genügende Autonomie zur Führung ihrer Einheiten gibt. Ein solches System läßt Divisionsleiter zuerst relativ frei entscheiden, zwingt sie aber darnach, die Ergebnisse dieser Entscheidungen offenzulegen. Die Überprüfung geschieht ex post in spezifischen quantitativen Begriffen wie Gewinnmaße, Umsatz, Kostenentwicklung, Return on Investment. Im Mittelpunkt des Kontrollsystems stehen quantitative Leistungsstandards und Leistungsergebnisse.

(5) Die unterschiedliche Orientierung und Denkweise (3) zwischen Unternehmens- und Spartenleitung verbunden mit dem Machtgefälle zwischen beiden läßt - besonders in ökonomisch angespannten Situationen - eine dysfunktionale schiefe Ebene entstehen:

- Mitglieder der Unternehmensleitung usurpieren divisionale Zuständigkeiten, indem sie wichtige Produkt-Markt-Entscheidungen an sich ziehen und damit gegen die Grundidee der Divisionalisierung verstoßen.

"Mitglieder der Unternehmensleitung mögen der Meinung sein, daß sie alles besser wissen, sie können sich genötigt sehen, Duplizierungen zu vermeiden, sie können einfach Freude daran haben, die Macht, die sie besitzen, einzusetzen, oder sie mögen von neuen Kontrollverfahren verführt worden sein. Stabmitarbeiter oder Berater mögen ihnen hochentwickelte Managementinformationssysteme eingeredet haben oder ein System verkauft haben, nachdem Produkt-Markt-Entscheidungen auf der Grundlage von Daten über Martkanteile und Produktlebenszyklen getroffen werden können." (Mintzberg 1979, 419)

- Mitglieder der Unternehmensspitze können aus vorliegenden Berichten und Daten zu einem illusionären Wissen kommen und die Grenzen quantitativer Daten übersehen.

"Ein Großteil der für die Bildung von Strategien notwendigen Daten sind weich und spekulativ - Impressionen, Gerüchte und ähnliche Dinge werden niemals dokumentiert und quantifiziert. Was Management Informationssysteme in die Hauptquartiere tragen, sind abstrakte, aggregierte Generalisierungen. Aber kein Geschäft kann allein aus Berichten über Marktanteile, Produktlebenszyklen usw. verstanden werden. Ein solches Verständnis bedarf weicher Informationen, die unvermeidlich in den Divisionen verbleiben, deren Führungskräfte in direktem Kontakt mit der spezifischen Situation stehen. Selbst wenn das Managementinformationssystem die richtigen Informationen liefert - oder die Unternehmensleitung sie sich telefonisch direkt zu verschaffen versuchte - fehlt die Zeit, um sie zu absorbieren. Und Zeitmangel, die einzelnen Geschäfte richtig zu verstehen, war häufig ein wichtiger Grund für die Divisionalisierung ..." (Mintzberg 1979, 419)

Fallen solche Grenzen bei Fehlentscheidungen plötzlich auf, so kann dies leicht dazu führen, daß die Schrauben des Kontrollsystems enger gezogen werden, daß es bis zu einer Obsession der Unternehmensspitze zur Entwicklung qualitativ eindeutiger Zielvorgaben und Abweichungsanalysen kommt. Solche Tendenzen haben nach Mintzberg (1979, 420ff) insbesondere zwei negative Folgen: Die Divisionen werden zunehmend bürokratisiert und nach außen hin verliert das Unternehmen an Leistungsfähigkeit, da alles, was nicht in Gewinn, Umsatzwachstum und Return on Investment ausgedrückt werden kann - wie Produktqualität, Stolz in die unternehmerische Leistung, gut bediente Kunden, Umweltschutz - vernachlässigt wird.

Ein dritter negativer Effekt führt zu Zweifel an der Erziehung der Spartenleiter zum innovativen, "freien Unternehmer" (siehe oben: Drucker). So sehr die Aufgabe des Spartenleiters auf den ersten Blick den Idealen eines "Job Enrichments" (Hackman/Oldham 1980), einer "intrinsischen Motivation" (Deci 1975) sowie eine "Selbstaktualisierung" (Maslow 1954) entsprechen mag, so wenig paßt eine Kontrolle, die gerade dann noch zunimmt, wenn es Schwierigkeiten bei der Leistungserfüllung der Sparte gibt, zur Realisierung dieses Ideals. Genauere Untersuchungen der Wirkung solcher Kontrollen (Tannenbaum 1968, DeCharms 1968, Dalton/Lawrence 1971, Lawler/Rhode 1976) bestätigen die Vermutung motivationaler Dysfunktionalitäten.

Diese können für Spartenleiter zwei entgegengesetzte Verhaltenstendenzen annehmen. In der einen dominiert die nachträgliche Kontrolle als Bedrohung des persönlichen Erfolgs. Zur Minimierung dieser Bedrohung wurden eher analytisch-quantitative Maßstäbe eingehalten als risikoreiche, innovative Entscheidungen getroffen. Die zweite Verhaltenslinie geht im Gegensatz zur ersten relativ große Risiken ein, da der Spartenleiter Absicherungen im Rahmen der Möglichkeiten der Unternehmensleitung sieht; er fühlt sich nicht alleinverantwortlich und sieht das Gesamtunternehmen als Rückhalt an, der ihn davor bewahren wird, eigene Fehler voll ausbaden zu müssen. Welche der beiden Verhaltensweisen dominiert, hängt insbesondere von den vorgelebten Verhaltensmustern der Mitglieder der Unternehmensleitung ab (siehe "soziales Lernen"). Beide Fälle - sowohl die Vorsichts- als auch die Leichtsinnvariante - erfüllen nicht das angesprochene Ideal "unternehmerischen Handelns", das wohl weitgehend selbständiges, unbeaufsichtiges Handeln voraussetzt.

Mit dieser Skepsis steht möglicherweise das Befragungsergebnis einer Studie zum idealen "Euro-Manager" im Zusammenhang, nach dem eine zu lange Tätigkeit in multinationalen, meist divisionalisierten Formen als schädlich für die optimale Erfüllung von internationalen Managementaufgaben angesehen wird (Saxton Bampfylde International 1989).

Man braucht nicht wie Mintzberg mit der Spartenorganisation so hart in das Gericht gehen. Seine Kritik weist insbesondere auf die neuralgische Bedeutung des Kontrollsystems (siehe auch Frese 1988, 548ff) hin. Die Vielfalt seiner Gestaltungsmöglichkeiten sowie die große Bandbreite, mit der Zentralbereiche und Sparten in unterschiedlicher Machtausprägung strukturiert werden, macht Spartenorganisationen zu sehr heterogenen Gebilden. Damit wird es schwer, die Erfahrungen - Aussagen, Berichte, Forschungsergebnisse -, die mit einer spezifischen Ausprägung gewonnnen werden, zu einer allgemeinen positiven oder negativen Beurteilung zu generalisieren.

Betrachtet man die Entwicklungen in der Praxis, so scheint die klassische Spartenorganisation, in der die Sparten rechtlich nicht selbständig sind, etwas aus der Mode zu kommen. Die Unternehmens- und Spartenleitungen scheinen in der modernen Entwicklung in größere Distanz gebracht zu werden. Dies geschieht insbesondere dadurch, daß sie rechtlich verselbständigt werden; die Unternehmensleitung wird zur **"konzernleitenden Obergesellschaft"**, die "Divisionen" zu rechtlich selbständigen Gesellschaften. (Bis zum Jahre 1990 haben von den 50 größten deutschen Unternehmen bereits etwas mehr als ein Drittel die Organisationsform einer Holding angenommen. Kaum weniger Anwendung findet die Management-Holding im Mittelstand. Einen empirischen Erfolgsbericht gibt Bühner (1991). Von der Obergesellschaft wird eine strategisch-koordinierende Einflußnahme ausgeübt, aber keine operativen (Produktions-)Tätigkeiten übernommen. Dieses Merkmal der strategischen Einflußnahmen führt dazu, daß häufig von "Management-Holdings" in bezug auf den Gesamtkonzern gesprochen wird und damit von einer reinen "Finanz-Holding" abgegrenzt wird. Dies kann als Bestätigung der Kritik Mintzbergs gesehen werden. Damit kann z. B. die Verselbständigung der Divisionen gefördert und die "Usurpationslust" von Unternehmensleitungen eingedämmt werden.

Eine andere, etwas abstraktere Erklärung liegt darin, daß die Grundidee der Spartenorganisation in der Praxis zu vielen "Modifikationen" (Frese 1988, Bleicher 1988) geführt hat, daß eine eindeutige "Grundgestalt" sich nach intensivem Gebrauch des Grundprinzips nicht herausgestellt hat. Eine Holding mit Töchtern könnte eher diese prägnante Gestalt aufweisen (vgl. die Überlegungen zum Zusammenhang kognitiver Denk- und Organisationsstrukturen, Kapitel 2.1.4 und Kapitel 3.1.1.2).

3.2.2 Koordination

Die Trennung zwischen "Spezialisierung" und "Koordination" ist nur eine künstlich begriffsanalytische; in der Praxis ist das eine schwer von dem anderen getrennt zu vollziehen. Bereits in der Gruppierung von Aktivitäten nach den beiden angesprochenen Spezialisierungstypen (siehe Abbildung 3-1) sind Koordinationsaspekte enthalten. Mit der Bündelung der Aktivitäten sinkt bereits der Koordinationsaufwand. Eine Abstimmung muß nicht mehr individuell zwischen allen betroffenen Stellen erfolgen, sondern kann größere, nach ihrer Spezialisierung geordnete Verantwortungsbereiche ansprechen

(Kieser/Kubicek 1983, 105). Umgekehrt kreiert die Notwendigkeit der Koordination einen eigenständigen Spezialisierungsinhalt, der zu den "ausführenden" Tätigkeiten - einkaufen, produzieren, verkaufen - usw. hinzutritt.

"Analytische" Trennung bedeutet auch, daß mit der Differenzierung von Aufgaben - einschließlich der Koordinationstätigkeit - noch nicht die Entscheidung verbunden ist, welches spezifische Bündel von unterschiedlichen Teilaufgaben zu einer "Stelle" oder "Rolle" - wir wollen beide Bezeichnungen synonym verwenden - zusammengesetzt werden. So zielt die Idee des "Job Enrichments" gerade darauf ab, unterschiedliche Spezialisierungsinhalte zu einer "ganzheitlichen", "integrierten" Aufgabenstellung zusammenzustellen, um eine positive, von dieser Arbeitsaufgabe selbst ausgehende "intrinsische" Arbeitsmotivation bei dem Stelleninhaber auszulösen. Diese Verflechtung mehrerer Aufgaben gilt auch für die Stelle eines Vorgesetzten. Sie ist mit besonderen Entscheidungs- und Weisungsbefugnissen zur Realisierung der Koordinationsfunktion ausgestattet; zu ihrer besonderen Kennzeichnung wird sie häufig als "Instanz" bezeichnet (Kieser/Kubicek 1983, 105). Diese speziellen Befugnisse sind aber nur ein Teil der Aufgaben eines Vorgesetzten (zu einer empirischen Differenzierung und Beschreibung der Aufgabenvielfalt von "Arbeitsrollen der Führungskräfte": Mintzberg 1973, 1975, Strehl 1987).

In der Zusammenstellung stellenspezifischer Aufgabenbündel liegt die Basis der Koordinationsarbeit. Die Verbindung dieser Aufgabenbündel - formal dargestellt als Linien im Organigramm - ergibt nach unterschiedlichen Prinzipien die Gesamtkoordinationsgestalt.

Die "Gestalt" der Koordination ist im Kern eine Hierarchie, die allerdings unterschiedliche Ausprägungsssformen annehmen kann (Fuchs 1975). Die Gründe für die hierarchische Struktur ergeben sich einerseits aus der Notwendigkeit, die in der Arbeitsteilung auseinandergenommenen Aufgabenteile zur "obersten" Organisatonsaufgabe zurückzuverbinden und andererseits aus der Wahrnehmung der Vorteile der Arbeitsteilung auch in bezug auf die Koordinationsaufgabe.

Die Arbeitsteilung sorgt dafür, daß an irgend einer Stelle der Organisation ein Getriebe zusammengebaut wird, an einer anderen Verkaufsvorbereitungen für Gespräche mit einem bestimmten Kunden getroffen werden, in einer spezifischen Region wird eine Marktanalyse durchgeführt. All diese Teilaktivitäten müssen so zusammengeführt werden, daß die jeweiligen Unteraktivitäten mit mehr oder weniger Zwischenschritten zu den betrieblichen Endprodukten/-Dienstleistungen zusammengetragen werden.

Erst mit der Rückverbindung werden die Selektionsschritte der Arbeitsteilung wieder "geheilt". Die Struktur der Spezialisierungsschritte bestimmt die Koordinations bzw. "Rückverbindungsstruktur". Zu Beginn des Kapitels zur Spezialisierung haben wir festgehalten, daß jede Stelle nicht mit dem Erzeugen jeweils ganzer Stecknadeln betraut wird, sondern eine Unterordnung spezifischer (Teil-)Tätigkeiten geschaffen wird. Damit entsteht ein Unter-Über-Ordnungsgefüge, dem die Stellenverknüpfung zur Sicherung des Zusammenhanges jeder untergeordneten mit der übergeordneten Aktivität folgen muß. Dieses Gefüge wird dadurch realisiert, daß die an einzelne Stellen vergebenen Arbeiten in Gruppen zusammengefaßt werden, diese Gruppen in Abteilungen, letztere in Oberabteilungen usw.. Jedesmal werden dabei Instanzen geschaffen, welche an der Spitze der Hierarchieteile stehen und sowohl für deren innere Koordination als durch ihre Verbindung mit den anderen verantwortlich sind.

Die Vorteile der Hierarchiebildung zur Nutzung der Chancen der Arbeitsteilung wird deutlich, wenn wir an den Zeitbedarf von Gruppen oder den Einbezug von noch größeren sozialen Einheiten zur Durchführung von Abstimmungsprozessen (Dahl/Tulfe 1973) denken. Neben den Zeitbedarf treten quantitative und qualitative Probleme (Mulder 1977). Damit z. B. Gruppenmitglieder optimal mitentscheiden können, sind diese uneingeschränkt zu informieren. Dies berührt ein quantitatives Problem und führt sehr schnell zu der qualitativen Frage der "richtigen" Aufnahme der Informationen und der u. U. höchst fachkundigen Verarbeitung dieser Informationen. Auch hier hat der Einsatz der Arbeitsteilung Grenzen aufgebaut: Zur möglichst optimalen Nutzung der beschränkten Informationsverarbeitungskapazität sind die Arbeitskräfte von der Schulausbildung an und dann erst recht in der Berufsvorbereitung und in der Entwicklung ihrer Berufserfahrung zu "Teilproblemlösern" geworden, die bei Koordinationsaufgaben sehr schnell an Grenzen stoßen. Außerdem kostet die Ausweitung dieser Grenzen wiederum viel Zeit und verhindert einen Einsatz dort, wo das Spezialwissen hohe Verwendung finden kann. In diesen Überlegungen zeigt sich wiederum ein "Preis" für die Produktivität der Arbeitsteilung: Hohe gegenseitige Abhängigkeit der Spezialisten voneinander vor allem auch in bezug auf die Leistungsfähigkeit und moralische Qualität von "Koordinationsspezialisten".

Selbst wenn man den Preis der Nachteile ungenügender Fachkompetenz zu zahlen bereit ist bzw. Fragen behandelt, für die sie keine Rolle spielt bzw. sie generell nicht zur Verfügung steht, erübrigt sich der Einsatz von besonderen Koordinationsrollen nicht. Keine Demokratie kommt ohne die Schaffung eines "repräsentativen" Systems aus. Die Repräsentanten haben einen höheren Informationsstand und mehr Entscheidungsbefugnisse als die Repräsentierten. Auch hier schafft der Einsatz eines Systems zur Funktionsverbesserung Ungleichheiten, die wiederum das System diskreditieren können. Letzeres hängt davon ab, zu welchem Zweck die Bevorrechteten ihren Vorrang nutzen bzw. im System geeignete Kontrollen eingebaut sind, Mißbrauch erkennbar zu machen und Gegenkräfte zum Entzug mißbrauchter Vorrechte bereit zu halten. Daß die "Verlockung" der Macht groß ist, zeigt für politische Organisationen besonders demonstrativ Michels (1908, S. 1970, Grunwald 1980) in seinem "ehernen Gesetz der Oligarchie". Diesem "Gesetz" liegt die Erfahrung zugrunde, daß vor dem ersten Weltkrieg in der Arbeiterbewegung (Gewerkschaften und Sozialdemokratische Parteien) in Europa - falls die Mitgliederzahl 1.000 bis 10.000 erreicht - trotz großer Anstrengungen zur demokratischen Kontrolle, gewählte Delegierte häufig eine Absicherung ihrer Positionen auf Dauer durchsetzen konnten. Möglicherweise werden Fehlleistungen beim Machteinsatz in Unternehmen durch Leistungsverluste - etwa durch Mangel an Zusammenarbeit, aggressive Reaktionen, fehlende Motivation - bis zur Selektion durch externe Bedingungen, letztlich den Mißerfolg im Markt geahndet bzw. rechtzeitig korrigiert. Dessen ungeachtet bleibt hier auch die Versuchung zur Machtausweitung und Stabilisierung wirksam. Bestätigt wird auch in diesem Zusammenhang unsere These, daß jedes Organisationsinstrument - so eben auch die Hierarchie - neben seinen positiven Wirkungen die Möglichkeit der Dysfunktionalität für das Gesamtsystem in sich trägt.

Dieser Hinweis auf die mögliche Gegenläufigkeit von organisatorischen Wirkungen gilt auch für die angesprochenen Koordinationsgrenzen einer Mehrzahl von Organisationsmitgliedern. Die Gliederung in Gruppen, Abteilungen usw. erleichtert sogar das Finden und Abgrenzen von geeigneten Gremien: Gemeinsame Gruppenprobleme müssen nicht zur Zusammenkunft der gesamten Abteilung führen, Abteilungsprobleme nicht in eine Betriebsversammlung eingebracht werden. Auch die Grenzen von Organisationseinheiten überschreitenden Gremien werden durch klare Grundordnungen eher erleichtert als erschwert. Selbstverständlich können partizipative Entscheidungsprozesse die optimale Koordinationsstrategie sein. Allerdings bleibt immer die Notwendigkeit aufrecht, eine hierarchische Grundstruktur funktionsfähig zu erhalten, in deren Rahmen organisationale Untereinheiten - seien es Stellen, Instanzen, Gremien - ihre Einordnung in den Ganzheitsbezug finden können (Tannenbaum et al. 1974).

Hierarchische Systeme können vielerlei Formen annehmen (zu einer Systematik: Fuchs 1974). Wir wollen uns im folgenden auf vier Prototypen - Einliniensystem, Mehrliniensystem, Stab-Liniensystem, Matrix-Organisation - beschränken. Anschließend werden weitere Koordinationsinstrumente als "Hierarchiesubstitute" sowie Fragen der Dezentralisation/Delegation/Partizipation angesprochen.

3.2.2.1 Einliniensystem

Das Einliniensystem ist wohl der bekannteste, das Vorstellungsbild einer "Pyramide" nutzende Prototyp für einen hierarchischen Organisationsaufbau. Diese Form entsteht bei Anwendung des von Henri Fayol (1929) formulierten Prinzips der "Einheit der Auftragserteilung". Nach diesem Prinzip darf jeder Stelle bzw. Instanz **nur eine weisungsberechtigte Instanz** übergeordnet sein (vgl. Abbildung 3-15).

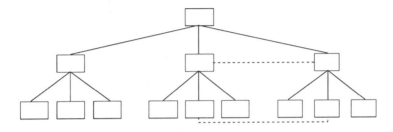

Abb. 3-15: Einliniensystem

Das Einliniensystem sorgt für eine eindeutige Zuordnung der Verantwortlichkeiten: Für alle Mitglieder der Organisation ist geklärt, an wen sie sich bei offenen Fragen wenden sollen und wer die Kompetenz hat, diese zu beantworten. Über den Tisch des Vorgesetzten gehen auch all jene Entscheidungen, die höhere Stellen über seine Mitarbeiter treffen, da sie wiederum über seinen Tisch zurückfließen. Damit sieht er den noch offenen Koordinationsbedarf und ist immer über die Gesamtauftragslage an seine Untergebenen informiert. Aus der Sicht des Untergebenen ist der Vorgesetzte für alle Fragen zuständig, auch wenn diese neu und unerwartet auftauchen. Zuständigkeit für eine Problemstellung und die Kompetenz zu ihrer Lösung fallen nicht zusammen. Letzlich gibt es aber durch die "Zuspitzung" der Hierarchie einen geschlossenen Entscheidungsweg: An die Spitze der Organisation ist eine "Letztinstanz" gesetzt, die eine "Gesamtverantwortung" trägt, sodaß organisatorisch keine Frage ohne Antwort und Verantwortungsträger bleiben kann. Die Organisation ist durch den Einsatz des Einliniensystems uneingeschränkt entscheidungsbereit.

Das Einliniensystem ist auf die eindeutige Klärung der Verantwortungsfrage von jedem Organisationsteil bis zur Ganzheitlichkeit der Organisation fixiert. Die Verletzlichkeit dieses Systems liegt in Grenzen der Verantwortungsfähigkeit der Instanzeninhaber. Organisationen werden aufgebaut, um die Kapazitätsgrenzen von Einzelpersonen übersteigen zu können; zumindest mit dem Einsetzen eines "Letztentscheiders" werden diese individuellen Kapazitätsgrenzen übergangen. Ungeachtet dessen wird diesem "Letztentscheider" (oberste Instanz) aus formalen Gründen - "irgend jemand muß doch letztlich für das Ganze gerade stehen" - eine Gesamtverantwortung auferlegt.

Die Engpässe dieses Systems liegen damit in der zeitlichen, quantitativen und qualitativen Beanspruchung von Instanzen mit der Tendenz ihrer Überlastung. Auch wenn der Vorgesetzte keine Kompetenz hat, führen die Informationswege - jeweils zweimal - bei der Weiter- und Rückgabe - über ihn. Die Informationswege können sehr lang sein, da immer der nächste gemeinsame Vorgesetzte gefunden werden muß. Selbst Fayol schlägt hier Abkürzungen in Form einer sog. "Fayol`schen Brücke" vor, bei deren Einrichtung ein direkter Kontakt zwischen Stellen aus verschiedenen Bereichen ermöglicht wird. (Siehe die "gestrichelte" Linie in Abbildung 3-15). Aber auch hier ist zur Wahrung der vollständigen Informiertheit der vorgesetzten Instanzen eine nachträgliche Unterrichtung notwendig. Damit wird zwar Zeit gespart, aber das quantitative und qualitative Problem nicht gelöst.

In diesem Bereich der quantitativen und qualitativen Überforderung liegt das Kernproblem des Einliniensystems. Je höher die Instanz, desto höher muß die Qualifikation sein; selbst wenn diese adäquat vorhanden ist, dürfen nicht zuviele Probleme auf den Vorgesetzten zukommen, sonst ist die Gefahr groß, daß sie oberflächlich oder nur mit großer Zeitverzögerung bis überhaupt nicht - falls die Warteschlange schneller wächst als sie abgebaut werden kann - angegangen werden.

Die organisationalen Folgen der Überlastung von Instanzen sind der Einzug einer weiteren Ebene. Diese wiederum wird in den doppelten Weiterreichungsprozeß von Berichten (Akten) und deren Studium zur eigenen Information einbezogen. Damit ist sie von der Etablierung an bereits mit Arbeitsaufgaben belastet, die keine Ausdehnung der Entscheidungs- und Koordinationskapazität zur Wahrnehmung der Entlastungsaufgabe bringen.

Die Gefahren des Einliniensystems werden kaum virulent, wenn zwei Bedingungen gegeben sind: Entweder sind die Untergebenen hoch qualifiziert und erhalten die Kompetenz, Fachfragen selbst erledigen zu können, oder die organisatorischen Aufgabenstellungen sind nicht kompliziert und vor allem routinisierbar, sodaß der "Kamineffekt" des Einschaltens vorgesetzter Stellen nicht häufig auftritt. Mit letzterem zeichnet sich auch jener Bereich ab, in dem das Einliniensystem seine Vorteile am besten ausspielen kann: Stabile Umweltbedingungen, in deren Rahmen Verbraucher bereit sind bzw. sein müssen, eine eindeutig definierte Leistung möglichst großzahlig abzunehmen, wobei u. U. hohe technische Brillanz notwendig sein kann. Ein gutes Beispiel ist ein Paßamt, das allen Staatsbürgern den Erwerb eines Passes auferlegen kann und vor allem dafür zu sorgen hat, daß die Struktur des Passes völlig einheitlich ist -

z.B. Bild und Familienname immer an der gleichen Stelle zu finden sind und das Dokument dabei möglichst technisch fälschungssicher ausgestattet sein muß.

3.2.2.2 Mehrliniensystem

Das Mehrliniensystem setzt direkt am Qualifikationssystem des Vorgesetzten an und stellt zwischen Untergebenen und der auf höherer Ebene geschaffenen Fachqualifikation den kürzesten Weg her. Urheber dieser Hierarchieform ist F. W. Taylor, der das Prinzip der Arbeitsteilung auch auf die Vorgesetztenfunktion ausdehnt. Für Taylor (1947) gehört die "Einheit der Auftragserteilung" der Welt des Handwerksmeisters an, für die im Zeitalter der industriellen Produktion mit dem Übergang in das 20. Jahrhundert kein Platz mehr ist. Der technische Fortschritt ist dabei so groß, daß ein Industrie-, Meister/ Vorarbeiter ("single gang boss") die Konstruktionsprinzipien der neuen Werkzeuge und Maschinen und deren Fortentwicklung nicht mehr beherrschen kann, besonders, wenn er noch weitere Aufgaben - wie z. B. Akkordsysteme, Einschulung neuer Mitarbeiter, Kostenkalkulationen - erledigen soll. Die Reaktion ist deshalb die Abkehr von der Forderung, daß alle Fragen von einem Vorgesetzten zu beantworten sind, andererseits aber für jedes Problem eines meist neu angelernten Untergebenen auf direktem und schnellsten Weg vom Vorgesetzten eine kompetente Lösung gegeben werden kann. Idealerweise fallen Zuständigkeit und sofortige Lösungskompetenz zusammen. Die Realisierung dieser Überlegungen führt zur "Mehrfachunterstellung" (siehe Abbildung 3-16).

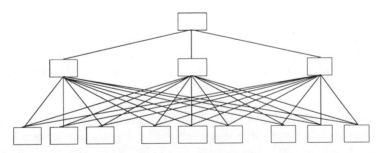

Abb. 3-16: Mehrfachunterstellung

Das Mehrliniensystem nutzt alle Vorteile einer sehr differenzierten Arbeitsteilung: Die Einarbeitungszeit und -qualifikation in eine enge Vorgesetztenfunktion ist relativ zur Ausbildungszeit eines umfassend ausgebildeten (Industrie-)Meisters gering (Taylor selbst spricht von einer mehrjährigen Ausbildungszeit für den traditionellen und einer 6 bis 8-monatigen Ausbildungszeit für einen "functional forman"). Eine Vertiefung in einem engen Spezialbereich kann Schritt halten mit der technischen Entwicklung. Die Vorteile dieser "Vertiefung" in Spezialbereichen kann durch weitere Teilung und durch den Einsatz weiterer komplementärer Spezialisten aufrecht erhalten werden. Dies war auch die Hauptwirkung der Taylorschen Vorschläge: Er hatte bereits einen Teil der neuen Spezialvorgesetzten ("functional foremanship" bzw. Funktionsmeister- system) bei seinen Organisationsvorschlägen zum Ende des 19. Jahrhunderts aus der Werkstatt ("Shop") in ein Büro abgezogen. Diese Tradtion lebt heute fast in allen Industriebetrieben unter Abteilungsbezeichungen wie "Arbeitsvor- bereitung", "Fertigungsplanung bzw. -steuerung" weiter. Die Koordination der Arbeitsausführung wird in den Planungen dieses Büros vorweg bestimmt, Management wird "scientific", "Hand- und Kopfarbeit" werden getrennt, Moti- vation und "Selbstantrieb" werden durch das System "vorbestimmter Zeiten" und der nach diesen Zeiten bestimmten Maschinengeschwindigkeit reglemen- tiert. Allerdings gehen mit der bereits von Taylor vorgeschlagenen Ver- größerung der Planungsabteilungen die "direkten und kurzen" Verbindungs- wege verloren.

Es ist offensichtlich, daß bei den Teilungsvorgängen leicht Überschneidungen vorkommen können, daß dies zu Komopetenzschwierigkeiten auch dann führt, wenn keine Machtkämpfe zwischen den Funktionsmeistern ausgetragen werden bzw. Untergebene diese gegeneinander auszuspielen versuchen. Fest steht auch, daß man nur das teilen kann, was man schon kennt; d. h. bei neuartigen Pro- blemen wird ein Untergebener kaum einen zuständigen und kompetenten Vor- gesetzten finden, es sei denn, die Organisation zieht einen "Vorgesetzten für alles Übrige" im Sinne der Komplettierung einer Tagesordung durch den Punkt "Allfälliges" vor.

Der Kern der Problematik des Mehrliniensystem geht aber über diese inneren, u. U. durch konsequentere Verwirklichung lösbaren Gebrechen hinaus und liegt in der Fixierung auf dieVorteile der Arbeitsteilung. Dadurch geht die "Rückverbindung" zum Ganzen verloren, es fehlt der Träger der Gesamtver- antwortung. Grundsätzlich treten die gleichen Problembereiche auf, die bei der Diskussion der funktionalen Organisation angesprochen werden. Den dort dif- ferenzierten ausführenden Arbeitsinhalten wird lediglich eine weitere Funktion - eben die Koordination - hinzugefügt. Die Funktionsmeister sind wie Hühner auf der Stange nebeneinander aufgefädelt, über ihnen ist die weite, große Frei- heit. Das Mehrliniensystem findet nach oben keinen systemkonsistenten Ab- schluß. Es bleibt keine andere Wahl , als diesen Ab- bzw. ganzheitsbezogenen Zusammenschluß durch den Einsatz eines Einlinien- bzw. Stab-Liniensystems zu vollziehen.

Ein Beispiel für den mangelnden ganzheitlichen Abschluß erlebt jeder Patient, wenn er Spezia- listen über die Behandlungen seiner Schmerzen konsultiert. Erwischt er einen Chirurgen, so wird der Rat nicht selten ohne den Vorschlag einer Operation ausgehen (Hat der Chirurg dabei dem Anästhesisten inkompetent vorgegriffen?). Wird der Internist befragt, wird es leicht zu einem anderen Vorschlag kommen, der wiederum wenig Anerkennung bei einem homöopathisch behandelnden Arzt finden wird. So bleibt wohl mit zunehmendem Spezialisierungsgrad der funktionsmeisterlichen Ärzte die Entscheidung bei jenem, der am wenigsten versteht, dafür aber seine Schmerzen hat und die applizierten ärztlichen Funktionen nur aushalten und ausbaden muß.

Mit der Vermischung von Systemen treten zwei Typen von Unterstellungsverhältnissen bzw. "Weisungsbefugnissen" auf. Schon Taylor hat in der Reihe seiner Funktionsmeister den "Shop Disciplinarien" aufgeführt. Diese Bezeichnung ist wiederzufinden in der "disziplinarischen" Weisungsfugnis, die der fachlichen bzw. "funktionalen" gegenübergestellt wird. Hiermit werden "multidimensionale" Koordinationsstrukturen angesprochen, auf die wir im Zusammenhang mit der Matrixorganisation zurückkommen werden. Grundsätzlich gilt, daß in dieser Zweiteilung durch die "funktionale" Weisung von u. U. mehreren Instanzen ein direkter Weg zu spezialisierten Fachkompetenzen offen gehalten weren soll. Andererseits erfolgt eine eindeutige Verankerung in einem pyramidenförmigen Verantwortungssystem, über dessen Verbindungslinien personalpolitische Fragen, aber auch alle ansonsten ungeklärten - weil u. U. nicht exakt planbar - Probleme kanalisiert werden können. Dieses Nebeneinander von zwei Arten von Weisungsbefugnis zweier Instanzenzüge führt zu dem Problem des Gleich- bzw. Vorrangs, wenn es zwischen beidem zum Konflikt kommt. Mit welcher Intensität kann der "disziplinarische" Vorgesetzte seinen Vorstellungen Nachdruck verleihen? Die Antwort auf diese Frage ist nicht nach den Prinzipien des Mehrliniensystems zu finden; multidimensionale Koordinationsformen bedürfen damit besonderer Koordinationsregelungen, die den einzelnen Dimensionen übergeordnet sind.

Mit Recht kann man das Einlinien- und das Mehrliniensystem als die beiden Grundmodelle hierarchischer Koordination ansehen; das Stab-Liniesystem sowie multidimensionale Formen bauen jeweils auf ihnen auf und versuchen, ihre jeweiligen Nachteile auszugleichen. Allerdings entstehen hierbei in jedem dieser Ergänzungssysteme arteigene neue Problemlagen, die ihre besondere Beachtung erfordern.

3.2.2.3 Stab-Liniensystem

Das Stab-Liniensystem setzt an dem zentralen Engpaß des Einliniensystems, der qualitativen und quantitativen Überlastung der Linieninstanzen an. Der Vorteil der Einheit der Auftragserteilung soll voll aufrecht erhalten bleiben; alle Anweisungsbefugnisse bleiben den Linienstellen (Instanzen) vorbehalten. Zur Unterstützung der Instanzen wird der Typ der Stabsstelle geschaffen. Stabsstellen beraten die ihnen vorgesetzte Instanz in Spezialfragen - sog. "Stabsspezialisten" - und überwinden damit fachlich-qualitative Grenzen oder sie sind für alle anfallenden Fragen zuständig - "Stabsgeneralisten" - und erhöhen damit insbesondere die quantitative Kapazität ihres Vorgesetzten. Falls der Beratungsbedarf sehr groß ist, können auch ganze Stabsabteilungen eingerichtet werden; in ihnen gibt es dann einen Vorgesetzten, der über diese Stabsabteilung hinaus aber keine andere Funktion als die Beratung der zuständigen Instanz hat.

In Organigrammen wird die Ausstattung eines Einliniensystems mit Stäben durch das Hinzufügen von Kreisen zu den Rechtecken der Instanzen dargestellt; die Ansiedlung auf der gleichen Höhe - obwohl ein Unterstellungsverhältnis besteht - soll die Enge der Beziehungen und das Nichteingreifen des Stabes in die Über- und Unterordnungsverhältnisse im Instanzenzug des Einliniensystems zum Ausdruck bringen (Abbildung 3-17).

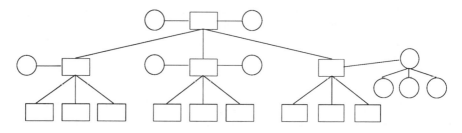

Abb. 3-17: Stab-Liniensystem

Die Kritik hat ihren Kern in der Frage, inwieweit die Abgrenzung zwischen Entscheidungs- und Anweisungsbefugnis einerseits und Beratungsfunktion andererseits inklusive der Annahme, daß sich der Stab auf die pure Beratung beschränkt, fiktiv bzw. nicht realistisch ist. Irle (1971) untersucht mit dieser Fragestellung Entscheidungsprozesse, an denen Linien- und Stabsstellen mitwirken und zeigt, daß in einem solchen Prozeß die Linie wohl den diesen Prozeß abschließenden "Entschluß" fassen mag, dieser aber auf Informationsbeiträgen aufbaut, die vom Stab gestaltet werden. Stäbe sind da, um Wissen - etwa durch ihre Spezialausbildung und die Konzentration auf ein bestimmtes Gebiet oder auch nur durch mehr Zeit zum Anhören von Informanten - aufzubauen und in den Entscheidungsprozeß der Linie einzubringen. Für Weick (1979) sind die Wissensträger für das Verhaltensrepertoir der Organisation wichtiger als die Entschlußträger, da letztere informationell von dem Wissenspotential abhängig sind. Auf jeden Fall entsteht ein gegenseitiges Abhängigkeitsverhältnis zwischen Stab und Linien: Der Linienvorgesetzte ist informationell abhängig - wüßte er alles, bräuchte er keinen Stab - jeder Mitarbeiter in Stabsfunktion ist hierarchisch unterstellt und lediglich zur Beratung befugt. In dieser gegenseitigen Abhängigkeitssituation ist äußerlich und subjektiv die Linie bevorzugt, da der (Letzt-)Entschluß äußerlich sichtbar wird und durch die hierarchisch herausgestellte Person verstärkt wird, während die informationelle Abhängigkeit im Gegensatz zu ihrer Wesentlichkeit im Verborgenen bleibt. In diesem Verborgenen ist Tür und Tor für Entscheidungsmanipulationen geöffnet, für die gerade der Vorgesetzte kein Auge hat, da er sich selbst als Letztentscheider erlebt, sich den "entscheidenden" Einfluß zuschreibt (Kelley 1968) und damit in "subjektiver ohne objektive Freiheit" (Irle 1971, 71) handelt.

Hierzu ein Beispiel: Assistenten an einem Institut waren daran interessiert, die Besetzung von freigewordenen Assistentenstellen möglichst erfolgreich zu beeinflussen. Sie hatten gelernt, daß ihr Vorgesetzter, der Institutsvorstand, ein mißtrauischer Mann war und nicht manipuliert werden wollte. Wann immer er auf einen Vorschlag traf, der eine eindeutige Lösung enthielt - z.B. der Bewerber wurde von den Assistenten als perfekt beschrieben - fand er einen Grund, diesen Vorschlag abzulehnen. Die Assistenten gewöhnten sich an, mindestens zwei Kandidaten vorzuschlagen: Einen "perfekten" und einen "noch perfekteren, wenn er nicht einen Nachteil hätte". Der Chef hat den perfekten abgelehnt, den Assistenten wurde gezeigt, wer - in diesen alten Zeiten der Universitätsorganisation - das Sagen hatte und die Assistenten hatten ihren Kandidaten durchgebracht, zeigten sich aber enttäuscht darüber, daß sie mit dem "Nachteil" des ausgewählten Kandidaten leben mußten.

Im Stil dieses Beispiels gibt es im Stab-Liniensystem vielerlei Spielarten, etwa die zur Vorbereitung der Vorstandssitzung: Da jeder Assistent nicht den Vorwurf riskieren will, daß er sein Vorstandsmitglied unvorbereitet für einen bestimmten Tagesordnungspunkt zur Sitzung kommen läßt, besprechen alle Assistenten vor, was ihre Chefs im Vorstandsordner mithaben, wenn die Sitzung beginnt. Alle können sich über diese Vorstandsbesprechung nur freuen, da es wenige unangenehme Überraschungen gibt.

Man kann diese sozialpsychologischen Hinweise, daß im Stab-Liniensystem die definitorische Abgrenzung von Entscheidung und Beratung nicht realisiert wird, als relativ unwichtig ansehen, da es nicht auf die Einhaltung von künstlichen Definitionen ankommt, sondern allein die praktischen Ergebnisse zählen. Solange die spezifische Struktur des Systems zu einem guten, Wissen und Anweisungsmacht eng verbindenden Ergebnis führt, gibt es wenig Grund, dieses aus der Praxis zu verbannen.

Betrachtet man die Systemwirkungen, so fällt auf, daß die eher verdeckten Einflüsse des Stabes sowie die offizielle Freistellung von Entscheidungsverantwortung, einen sogenannten "Risikoschub" zur Folge haben kann. Denkbar ist, daß der Stab verführt sein könnte, riskante Empfehlungen zu geben, bzw. die Risiken nicht voll aufzudecken, da die Linie nach außen hin die volle Verantwortung trägt. Empirische Ergebnisse zur Stützung dieser These, speziell im Stab-Liniensystem, liegen nicht vor (Irle 1971, 186).

Unabhängig von der Höhe des übernommenen Risikos ist die Frage wichtig, wie Stab/Linie reagieren, wenn sich eine Entscheidung als falsch herausgestellt hat. Es ist anzunehmen, daß dies eine Verunsicherung der Linie und interne Vorwürfe gegenüber dem Stab zur Folge hat. Wie wir sahen, ist der Stab unmittelbar von der Linie abhängig; beim Linienvorgesetzten liegt die Beurteilung des Stabes, er bestimmt das Wohlbefinden seiner Stabsmitglieder an ihrem Arbeitsplatz und ihre zukünftige Karriere im Unternehmen. Da diese Faktoren bei Fehlentscheidungen der Linie gefährdet sind, wird der Stab alles tun, neue Argumente mit dem Ziel heranzuschaffen, daß die Linienentscheidung doch "richtig" war, daß andere Einflüsse - etwa mangelhafte Ausführung - die Mißerfolge verursacht haben. Solche "Beweise" sind sowohl der Linie willkommen, da sie exkulpiert wird, als auch befriedigend für das zwischenzeitlich ramponierte Verhältnis zwischen Linie und Stab. Solche intensiven Ex-Post-Rechtfertigungsvorgänge können als Quelle dafür angesehen werden, daß organisatorische Anpassungsprozesse in dem Ausmaß behindert werden, in dem Potentiale zur Verteidigung eingenommener Standpunkte aufgebaut werden (Staw 1981). Stäbe stellen solche Potentiale bereit; generell haben sie in ihrer strukturellen Unterordnung und direkten Abhängigkeit eine Verstärkerfunktion. Letztlich ist damit tatsächlich die Linie dafür verantwortlich, ob etwas verteidigt oder verändert wird.

Überlastungen der Linie führen häufig zur Übertragung von Entscheidungsverantwortung an die ihnen jeweils nahestehenden Stäbe. Dies bedeutet faktisch eine mehr oder weniger offengelegte Zuerkennung funktionaler Anweisungsbefugnisse, wie sie oben im Zusammenhang mit dem Mehrliniensystem angesprochen wurden. Dies führt dazu, daß das Einliniensystem eine Fülle von Nebenlinien erhält und damit zumindest "informal" mehrdimensionale Organisationsstrukturen installiert werden.

3.2.2.4 Matrix-Organisation

Die Weiterführung beider Grundformen der hierarchischen Koordination - die Ergänzung des Einliniensystems durch Stabsstellen einerseits und die disziplinarischen Verbindung der einzelnen Vorgesetztenfunktionen im Mehrliniensystem - andererseits führt mehr oder weniger deutlich erkennbar zu mehrdimensionalen Organisationsformen. Dabei werden Kommunikations-, Weisungs- und Koordinationswege verkürzt und spezialisierte Fachkompetenz möglichst unmittelbar zum Einsatz gebracht sowie gleichzeitig eine Gesamtordnung aufrechterhalten: So ist ein nicht auf seine Beratungsfunktion beschränkter Stab einer bestimmten Instanz eindeutig disziplinarisch unterstellt. Die Befugnis, mit einer untergeordneten Instanz direkt kommunizieren und bindende Abmachungen treffen zu können, ermöglicht den Einsatz des speziellen Fachwissens von Stabmitgliedern zur Lösung von Problemen der untergeordneten Instanz. In Begriffen des Mehrliniensystems bedeutet dies, daß der Stab als "Funktionsmeister" im Rahmen einer zugebilligten funktionalen Anweisungsbefugnis tätig ist. So kann z.B. in einer Bank fesetgesetzt sein, daß ein Abteilungsleiter im

Kreditbereich in Fragen des Insolvenzrechts die Entscheidung eines Juristen im Stab des Generaldirektors einzuholen und zu befolgen hat.

Die Anzahl der eingesetzten Dimensionen kann weit über zwei hinausgehen. Taylor hatte allein für die Meisterebene im Maschinenbau idealtypisch an acht Funktionsmeister gedacht und bei der Midvale Steel Company of Philadelphia 1882 fünf davon in Einsatz gebracht (Taylor 1947, 107). Neben einer rein funktionalen Gliederung ist es zur Kombination der Vorteile funktionaler und objektbezogener Organisation reizvoll, Dimensionen aus dem Objektbereich - Produkte, Projekte, Kundengruppen, Regionen - in direkte Verbindung mit funktionalen Dimensionen zu bringen. Bei einer solchen Verbindung unterschiedlicher Dimensionsarten wird die Bezeichnung Matrix häufig erst explizit angewandt (Wagner 1978). Wir wollen dieser Praxis folgen und das Wort Matrix für unterschiedliche Dimensionsarten - vornehmlich funktionale einerseits und objektbezogene (enger noch: Produkt/Projekt) andererseits - verwenden und gleichzeitig die Diskussion auf das Zusammentreffen von zwei Dimensionen beschränken. Dies führt zu dem sogenannten "Matrix-Diamanten" (Davis/-Lawrence 1977, 1988), an dem sich die vier prototypischen Schlüsselrollen (Lawrence/Kolodny/Davis 1988, Reber 1983) veranschaulichen und beschreiben lassen (siehe Abbildung 3-18).

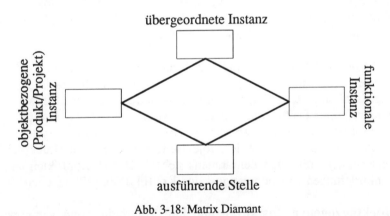

Abb. 3-18: Matrix Diamant

Die **übergeordnete Instanz** hat insbesondere drei Aufgaben zu erfüllen:

• Es gilt die Macht innerhalb des Diamanten so zu verteilen und aufrechtzuerhalten, daß sie der Rangordnung der Organisationsziele entspricht. So wird ein Betrieb, dessen Markterfolg hauptsächlich von der Qualität und Zuverlässigkeit seiner Produkte (z.B. im Automobilbereich) abhängt, den funktionalen Entscheidungsträgern in allen Konstruktions-, Produktions- und Qualitätsprüfungsfragen den Vorrang bei Konflikten mit den Verantwortlichen aus dem Kundenbereich einräumen, wenn die Mitarbeiter der markt- bzw. kundenbezogenen Matrixseite auf einen taktischen Modellwechsel drängen ohne daß das neue Modell gründlich getestet wurde. Sollen beide Aspekte gleichermaßen realisiert werden, so ist ein Machtgleichgewicht herzustellen. Außerdem ist innerhalb des Machtgefüges ein möglichst hohes Maß an Delegation vorzusehen.

• Die Versorgung der Matrixeinheiten mit Informationen und Ressourcen ist zu gewährleisten.

• Die Zielsetzungs-, Kontroll- und Anpassungsprozesse - etwa nach dem Muster des Management by Objectives (MbO) - sind zu organisieren. Vor allen aber ist besonderes Augenmerk auf die Auswahl der Mitarbeiter und deren Aus- und Weiterbildung sowohl in fachlicher Hinsicht als auch in bezug auf die interpersonale Kompetenz zu legen. Letztere soll insbesondere die personellen Voraussetzungen schaffen, mit den konfliktträchtigen Kompliziertheiten einer Doppelunterstellung und verschiedenen Arbeitsschwerpunkten erfolgreich umgehen zu können.

Insgesamt gesehen hat die übergeordnete Instanz die Verantwortung für die Installation des Systems und seine Wartung. Sie bildet den "Oberbau", den das Mehrliniensystem übersehen hat , und delegiert das Tagesgeschäft auf die unterstellten funktionalen und objektbezogenen Instanzen.

Die **funktionalen Instanzen** und ihre Mitarbeiter vereinen die Vorteile der funktionalen Abteilungsbildung - gemeinsame Fachsprache, fachliche Unterstützung, fachkompetente Vorgesetzte usw. -, sind aber für den Einsatz und die Anerkennung ihrer Fachkompetenz auf die Nachfrage der Objektseite der Matrixorganisation angewiesen. Der Umgang mit weniger "fachkompetenten" Organisationsmitglieder, die von der Objektseite her unter dem Druck der Kundenwünsche, des Preis- und Zeitrahmens stehen, führt zu Konflikten und stellt hohe Anforderungen an Kooperations- und Konfliktlösungsfähigkeiten.

Die **objektbezogenen Instanzen** und ihre Mitarbeiter sind verantwortlich für die erfolgreiche Verwirklichung eines "Subganzen" - eben eines Produktes, eines Projektes im Rahmen des gesamten Leistungsangebotes ihrer Organisation. Sie betreiben als "Mini-Geschäftsführer" ein komplettes Leistungsangebot unter Einsatz funktionaler Spezialisten ihrer Organisation. Für diese Leistung benötigen sie neben den Informationen über die hinter den Produkten/-Projekten stehenden Kundenbedürfnissen ein hohes Maß an Integrations- und Überzeugungsfähigkeit. Das dient der Förderung der Kooperation zwischen den funktionalen Spezialisten zur möglichst optimalen Bewältigung der Objektaufgabe.

Die **ausführende Stelle** - es kann auch eine ausführende Instanz, d.h. ein Vorgesetzter mit einer oder mehreren Ausführungsabteilungen sein - kann man als "Diener zweier Herren", als die eigentlichen Leidtragenden und überforderten Opfer eines Matrix-Systems ansehen. Die Praxis zeigt, daß dies nicht so ist, wenn die anderen Rollen der Matrix-Diamanten den Anforderungen gemäß gespielt werden. Bei ihnen laufen zwar die Gegensätze zwischen Objekt- und Funktionsorientierung zusammen und sie haben die Aufgabe, die auftretenden, vom System bewußt induzierten Konflikte in erster Linie zu bewältigen. Da sie aber weder der einen noch der anderen Seite zur Gänze unterstellt sind und die übergeordnete Instanz keiner dieser Seiten eine alleinige Dominanz ermöglicht, haben sie auch einen Operationsrahmen, der ihnen Spielraum zum Aufbau von Selbstbewußtsein und relativ freiem Leistungseinsatz gibt.

Ein konkretes Beispiel für das Zusammenwirken der Schlüsselrollen der Matrixorganisation läßt sich einem Bankbetrieb entnehmen. Die "funktionale" Instanz bilden Abteilungen wie Leasing, Wertpapiere, Wechsel, Versicherungen, Auslandsgeschäfte usw.. Die Leiter dieser Abteilungen achten auf einen hohen Leistungsstand ihrer Mitarbeiter und versuchen, die Spezialdienste ihrer Einheit zu einem Preis anzubieten, der ihre Kosten und Deckungsbeträge einbringt. Die "objektbezogene" Seite besteht aus zwei großen Gruppen: Dem Routinegeschäft - Schalterhalle/Filialen - und dem Individualkundengeschäft. Der Vorgesetzte des Individualgeschäftes achtet auf die Branchenverteilung der Kunden, setzt seine Mitarbeiter bei der Betreuung alter Kunden und zur Akquisition neuer Kunden ein. Seine Kosten sind aus Umsätzen und Preisen zu decken. Letztere müssen die internen Preise der funktionalen Dienstleistungen berücksichtigen.

Geht ein Kundenwunsch über das Routinegeschäft hinaus, so wird ein Mitarbeiter des Individualkundenbereiches (u.U. wird er "Key-Account-Manager" genannt) mit diesem Kunden in Kontakt treten und ihm ein geeignetes Angebot machen. Da der Kunden-Manager nicht alle Details des Gesamtleistungsangebotes seines Hauses kennt, wird er das Angebot unter Einsatz der relevanten funktionalen Abteilungen und unter Berücksichtigung der dortigen Leistungsentgelte entwickeln und beim Kunden duchzusetzen versuchen (u.U. zwingt ihn eine Regelung der übergeordneten Instanz dazu, Angebote aus dem Bereich der funktionalen Einheiten dem betreffenden funktionalen Vorgesetzten zur Genehmigung oder zumindest zur Information vorlegen zu müssen). Beim Entwickeln des Angebotes muß es zu der oben angesprochenen Zusammenarbeit trotz institutionell verursachter Konfliktlagen kommen: Der Kundenmanager wird seinen Umsatz machen wollen, der Funktionalist das Risiko begrenzen und Zinsen und Gebühren möglichst hoch halten wollen. Erst aus dem richtigen Abwägen beider Aspekte wird sich der optimale Ertrag für die Bank ergeben.

Deshalb hat die übergeordnete Instanz darauf zu achten, daß weder Umsatz-noch Zinsenmaximierung betrieben wird und sowohl die Kundenbetreuung als auch die funktionalen Spezialisten genügend Zeit und Ressourcen haben, um ein der Konkurrenz überlegenes Angebot erstellen zu können. Das Tagesgeschäft kann und muß im Zusammenspiel der beiden Matrixseiten ohne Einsatz der Unternehmensspitzen ablaufen. Der "Diener zweier Herren" ist der einzelne Key-Acount-Manager; er hat den Anweisungen seiner "Individualkunden-Instanz "zu folgen und das Veto der funktionalen Instanzen in bezug z.B. auf Risiko- und Zinsbedingungen zu beachten.

Wenn es z.B. "nur" um Spezialistengeschäfte - z.B. Wechsel -, Auslandsgeschäfte - geht, ist ein Mitarbeiter aus diesem Sepzialbereich direkter Gesprächspartner des Kunden, und "Diener zweier Herren", da er sich auch an die generelle Kundenpolitik - z.B. Forcierung des Eindringens in eine Branche unter besonders günstigen Kundenbedingungen - halten muß.

Über die Einsatzmöglichkeiten der Matrix-Struktur unter dem Aspekt der kontingenztheoretischen Optimierung von Umwelt und Organisation liegen eine Reihe von Untersuchungen vor (Zusammenfassungen: Strehl 1981, Reber/Strehl 1988). Wesentlich geringer sind die empirischen Untersuchungen über die tatsächliche Leistungsfähigkeit der Matrix-Organisation. Diese zeigen, daß es gelingen kann, die erhoffte Integration der Vorteile und die Eindämmung der Nachteile funktionaler und objektbezogener Spezialisierung zu erreichen. Inbesondere wurden Beispiele gezeigt, die eine erhöhte Anpassungsfähigkeit der Organisation an kurzfristige und schwer vorhersehbare Umweltveränderungen im Vergleich zu eindimensionalen Organisationsstrukturen demonstrieren. Dem entspricht eine hohe Leistungsfähigkeit dieser Organisationsstruktur in bezug auf die erfolgreiche Einführung von Innovationen (Zusammenfassungen: Kolodny 1980, 1983, Jermakowicz 1978).

Ebenso deutlich zeigen diese empirischen Befunde und Erfahrungsberichte aber auch, daß mit der Matrix-Organisation gravierende Mißerfolge eintreten, wenn die Einführung nicht mit besonderem Geschick geschieht und die betroffenen Mitarbeiter weder die Motivation noch die erforderliche interpersonale Kompetenz zur Bewältigung dieser Organisationsform entwicklen. Allerdings ist aber auch jede Panik vor dieser "Mehrdimensionalität" unangebracht.

Kein Unternehmen ist - zumindest "informal" - lediglich eindimensional organisiert. Außerdem haben alle Unternehmen in unseren, mitbestimmten Wirtschaftssystemen im Grunde eine zweidimensionale Matrixstruktur, wenn auch die Anwendung dieser Bezeichnung auf das Zusammenwirken von Arbeitgeber und -nehmer nicht üblich ist und die Mitbestimmungsdimension in offiziellen

Organigrammen nicht dargestellt wird. Die beiden Dimensionen der mitbestimmten Unternehmensverfassung (Chmielewicz et al. 1981, Steinmann/Gerum 1988) werden anstelle von Objekten und Funktionen von teilweise divergierenden Interessen in bezug auf Einkommensverteilungs- und Arbeitsgestaltungsfragen gebildet. Bei genauerem Hinsehen ist der Matrix-Diamant in der Grundordnung unserer Unternehmensverfassungen - etwa auf dem Hintergrund einer AG - leicht zu erkennnen (siehe Abbildung 3-19)

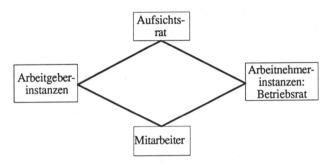

Abb. 3-19: Interessensmatrix mitbestimmter Unternehmensverfassungen

Die Anweisungsbefugnisse der Arbeitgeberinstanzen sind nach sozialen, personellen und wirtschaftlichen Inhalten (Funktionen) gestuft, eingeschränkt und werden, durch die Arbeitnehmerinstanzen hierarchisch/repräsentativ selbstverwaltet und in der übergeordneten Instanz (z.B. Aufsichtsrat; in Österreich auch überbetrieblich in der Paritätischen Kommission; Nowotny 1991) zum Ausgleich gebracht. Der Einsatz dieser Unternehmensvertretungsmatrix kann zur Begründung eines kulturell unterschiedlichen Vorgesetzenverhaltens - in Österreich z.B. wesentlich partizipativer als in Nordamerika (Böhnisch 1991, Reber/Jago/Böhnisch 1989) - herangezogen werden.

3.2.2.5 Hierarchiesubstitute

Hierarchien können durch Selbstabstimmung sowie Programme und Pläne ersetzt bzw. substituiert werden. Historisch gesehen verlief der Prozeß allerdings umgekehrt. So zeigt Taylor, daß beim Übergang vom Handwerks- zum Industriebetrieb, die hierarchische Strukturen Prozesse der Selbstabstimmung zurückgedrängt haben und gleichzeitig aber auch Programme/Pläne verstärkt zum Einsatz kamen:

"Die Fülle der Möglichkeiten des Funktionsmeistersystems werden erst dann realisiert sein, wenn beinahe alle Maschinen in der Werkstatt von Männern bedient werden, die von geringerem Format und geistigen Fähigkeiten und damit billiger sind als solche, die in alten Systemen notwendig waren. Der Einsatz von standardisierten Werkzeugen, Vorrichtungen und Methoden in allen Teilen der Werkstatt, die Pläne aus dem Planungsbüro und die detaillierten Instruktionen, die mit ihnen verbunden sind, zuzüglich zu den direkten Eingriffen und Hilfeleistungen der vier in der Werkstatt verbliebenen Meister erlauben die Verwendung relativ billiger Arbeitskräfte selbst für komplizierte Arbeit." (Taylor 1947, 105)

Die Substitution der Selbstabstimmung durch die Hierarchisierung der Koordination ist umkehrbar. Beschreitet man diesen Weg, so bedeutet dies nicht einen bloßen Rückzug der Hierarchie, sondern die Entwicklung anderer "Gestalten". Bei Taylors Substituierung der Selbstabstimmung wurde ebenso nicht nur die Hierarchie - vom Einlinien- wurde auf das Mehrliniensystem umgestellt - sondern auch andere Merkmale der Organisation angepaßt: Zerschlagung der Gruppenarbeit als Quelle "systematischer Faulheit" (systematic soldiering, Taylor 1947, 19), Einsatz von Plänen und Programmen, Beschäftigung angelernter "billiger" Arbeitskräfte usw. Das hatte ökonomische Konsequenzen. Genauso bedarf auch die Substitution der Hierarchie durch mehr Selbstabstimmung eines ganzheitlichen Umbaus der Organisation mit Konsequenzen für ihre ökonomischen Ergebnisse.

Im Falle der Selbstabstimmung übernehmen die Mitglieder einer organisationalen Einheit (Arbeitsgruppe in der Werkstatt, Abteilung, Vorstand) die Funktion ihrer "Instanz" zur Gänze oder auch nur teilweise, d.h. die Koordinationsentscheidungen werden als Gruppenentscheidungen gefällt.

"Selbstabstimmung" bedeutet damit nicht "Alleinabstimmung". Wir gehen bei der Anwendung dieses Begriffes von dem Oberbegriff Koordination aus und bearbeiten das Problem der Abstimmung von spezialisierten Tätigkeiten zum Gesamtergebnis. Dies kann durch einen Vorgesetzten geschehen oder eben durch die Betroffenen selbst (Kieser/Kubicek 1983, 115).

Damit Selbstabstimmung Hierarchie effizient substituieren kann, müssen (a) auf der Seite der Sich-Selbst-Abstimmenden Voraussetzungen ebenso erfüllt werden wie (b) auf Seiten der Organisationsstruktur.

Ad a). Taylor hat die wesentlichen Voraussetzung - allerdings in seiner umgekehrten Sicht - angesprochen: "Faulheit", d.h. Motivation; geringe "geistige Fähigkeiten" und Kenntnisse, d.h. fachliche Qualifikation und komplizierte Gruppenprozesse, d.h. soziale Kompetenz. Alle drei Aspekte werden z.B. unter dem Begriff der "Professionalisierung" abgesprochen:

Wenn ein Maurerpolier die Organisation wechselt, so kann er sich darauf verlassen, daß seine Aufgabe in der neuen Organisation nicht grundsätzlich anders ist. Er wird nur einige Besonderheiten, einige neue Rollenelemente lernen müssen. Das gleiche trifft auf einen Pfarrer, einen Lehrer, einen Chirurgen und auf die meisten anderen Berufsgruppen zu. Folgendes Beispiel ist sicherlich nicht unrealistisch: In einem neu eröffneten Krankenhaus werden ein Chirurg, ein Anästhesist und zwei Operationsschwestern, die bisher noch nie zusammen gearbeitet haben, zu einer Operation zugeteilt. Fast ohne ein Wort zu wechseln arbeiten sie reibungslos zusammen. Die Operation verläuft erfolgreich. Die Beteiligten haben vor ihrer ersten gemeinsamen Operation kein spezfisches Programm des neuen Krankenhauses gelesen und auch keinen "Operationsplan", der alle Handgriffe exakt vorschreibt. Ihre Koordination beruht vielmehr darauf, daß sie in ihrer Ausbildung und in ihrer bisherigen Berufspraxis Rollen gelernt haben, die von einer Organisation auf die andere übertragbar sind. Sie können sich wechselseitig darauf verlassen, daß sie bestimmte Rollen ausführen, ihre Aktivitäten greifen, ohne daß der Einsatz organisatorischer Koordinationsinstrumente erforderlich wird, (in unserem Beispiel zum Glück für den Patienten) meist reibungslos ineinander. Je mehr sich eine Organisation auf solche traditionellen Berufsrollen stützen kann, desto weniger Koordinationsinstrumente muß sie einsetzen.

Die Professionalisierungsforschung (Kornhauser 1963, Heydebrand 1973) macht allerdings auch deutlich, daß Probleme dadurch entstehen können, daß es zwischen den Zielen der Organisation und jenen eines Berufsstandes zu Konflikten kommen und die profesionelle Vervollkommnung eher zur Erhöhung der fachlichen als der sozialen Kompetenz führt. Keine Organisation, die zur Erhöhung ihrer Flexibilität, zur Entlastung der vertikalen Informationsströme, verbesserten Qualität und Reduktion der Fremdkontrollen usw. auf verstärkte Selbstabstimmung setzt, wird ohne die Pflege der individuellen Motivation sowie fachlicher und sozialer Kompetenz auskommen.

Ad b). Die Pflege der personalen Voraussetzungen der Selbstabstimmung hat ihr Ziel aber auch ihre Grenzen erreicht, wenn es gelingt, die Eigeninitiative zu aktivieren und die fachlichen Voraussetzungen zu ihrer effizienten Umsetzung zu schaffen. Letztere bedarf struktureller Unterstützung.

Kieser/Kubicek (1983, 116) halten hierzu als Grundbedingungen fest, daß eine Selbstabstimmung über Arbeitsgruppen oder Bereiche hinweg sich nur dann sinnvoll entwickeln kann, wenn die Einhaltung der hierarchischen Dienstwege nicht streng vorgeschrieben ist und eine umfassende Information jedes einzelnen über den Gesamtaufbau der Organisation und die Zuständigkeit aller Organisationsmitglieder vorliegt. Zur Intensivierung der Selbstabstimmung führen Regelungen, die für bestimmte Stellen festlegen, bei welchen Problemen sie sich untereinander abstimmen müssen. "Ob ein koordinationsbedürftiges Problem vorliegt oder nicht, hängt also nicht nur vom Ermessen des einzelnen, sondern von generellen Regeln ab. Durch diese Regeln wird die Selbstabstimmung zu einer Pflicht, und wenn die unterbleibt, kann der einzelne wegen der Verletzung dieser Pflicht zur Verantwortung gezogen werden. Auf diese Weise wird das Risiko reduziert, daß notwendige Abstimmungen unterbleiben, weil einzelne Organisationsmitglieder sie subjektiv nicht für notwendig halten. Allerdings trifft das nur für solche Koordinationsprobleme zu, die als abstimmungspflichtig deklariert wurden. Im übrigen gilt auch hier: Da die Abstimmung den Verhandlungen der Beteiligten überlassen ist, müssen

Verfahren zur Herbeiführung von Entscheidungen und zur Konfliktlösung eingerichtet werden." (Kieser/Kubicek 1983, 117).

Ein weiterer Schritt zur Intensivierung der Selbstabstimmung liegt in der Institutionalisierung der Interaktion. Dem dient die Einrichtung von Kollegien (Bleicher 1975), sowie lateraler Rollen (Wunderer 1978). In ihrem Rahmen ist insbesondere die angesprochene soziale Kompetenz als Basis effizienter Entscheidungs- und Konfliktlösungsprozesse gefragt. Die Führung lateraler Interaktionen, von Kollegien und "teilautonomen Gruppen" stellt besondere Anforderungen an Vorgesetzte, die diese mit dem hierarchischen Rückgrat zu verbinden haben (Vroom/Jago 1990, Allioth 1987, Manz/Sims 1987).

Programme sind generelle Verfahrensrichtlinien, welche in ihrem Geltungsbereich Weisungen von Vorgesetzten substituieren (Kerr/Mathews 1987, March/-Simon 1958, Mathews 1987, Blau/Schoenherr 1971, Van de Ven et al. 1976). Sie enthalten zwei Komponenten (Kieser/Kubicek 1983, 121). Zum einen definieren sie in einer Problemklassifikation ihren Anwendungsbereich, zum anderen beinhalten sie Verfahren zur Lösung der Problemklassen. Verfahren können relativ allgemein sein oder auch ganz präzis einzelne Verhaltensweisen festlegen. Sie haben eine standardisierende Tendenz (Pugh et al. 1968) insbesondere auch im Sinne einer "Gerechtigkeit gegen jedermann" nach dem Bürokratiemodell Max Webers. So bilden beispielsweise "Führungsgrundsätze" (Wunderer 1983) generelle Rahmenbedingungen, die alle Organisationsmitglieder betreffen, Unsicherheit reduzieren und damit den vertikalen Informationsstrom entlasten.

Diese Entlastung hat allerdings auch ihren Preis. Sie schwächen die Einflußmöglichkeiten der Vorgesetzten, ohne jene der Untergebenen zu erhöhen. "Jedes Organisationsmitglied wird jeder Initiative beraubt und totaler Kontrolle unterworfen, wenn ihm externe Programme auferlegt werden". (Crozier 1964, 189) "Extern" im Sinne Croziers bedeutet, daß generelle Programme der Organisation von der Unternehmensspitze zentralisiert auferlegt werden. Bei der Programmentwicklung selbst, werden in der Regel Spezialisten eingesetzt, die in erster Linie an der lückenlosen Programmierung/Standardisierung interessiert sind und selten in der Lage sind, alle Problemtatbestände zu durchschauen, für die ihre Programme angewandt werden. Etwaigen Zweifeln oder Änderungs-/Flexibilisierungswünschen der Unternehmensspitze kann von dem Experten mit dem Hinweis auf mangelnde Durchführbarkeit - z.B. auf Grund der Gesetzeslage, der Grenzen der Fertigungs- bzw. Informationstechnologie ("Der Computer kann das nicht.") - begegnet werden. Damit können Programme von ihrer Entstehung an einen Eigenwertcharakter annehmen und sich immer mehr gegenüber der eigentlichen Problemlage verselbständigen, wenn letztere sich verändert. Selbstabstimmung zu weit getrieben führt zum individualistischen

Chaos; Entlastung der Hierarchie durch Programme kann einer Fremdbestimmung der Hierarchie durch Programmspezialisten sowie zentralistische Steuerung (Mintzberg 1979) zur Folge haben.

Pläne nehmen ebenso wie Programme zukünftiges Handeln vorweg und enthalten in der Regel Koordinationsmaßnahmen, die in hierarchische Beziehungen regelnd eingreifen. Ein Musterbeispiel bietet der Einsatz von Management-by-Objectives (MbO) (Odiorne 1965, Humble 1972). Dieses stellt ein Programm dar, in dessen Rahmen periodische Ziel- und Mittelpläne im Zusammenwirken zwischen Vorgesetzten und Untergebenen aufgestellt werden. Das Ziel ist, durch eine systematische und regelmäßige gemeinsame Abweichungsanalyse die Lernfähigkeit der Organisation zu steigern.

Die Gefahr von Programmen und Plänen als Koordinationsinstrumente liegt in ihrer Verselbständigung von den Problemlagen für die sie geschaffen wurden, und der Veränderung der Aufgabenstellungen (March/Simon 1958, 36ff), deren Lösung sie erleichtern sollen. Sie bedürfen der Korrektur, ihre Substitutionsfähigkeit von Hierarchien ist damit wie jene der Selbstabstimmung einerseits höchst wirksam, bleibt aber andererseits von der Wirksamkeit der Hierarchie abhängig. Auch hier ist wieder die Übersteigerung der einen Koordinierungsform so dysfunktional wie die andere.

3.2.2.6 Zentralisation/Dezentralisation, Delgation, Partizipation

"Über die Wörter 'Zentralisierung' und 'Dezentralisierung' ist von dem Tage an heftig herumgestritten worden, an dem sich jemand die Mühe gemacht hat, über Organisation zu schreiben. Dennoch bleibt die Thematik wahrscheinlich die wohl konfuseste in der Organisationstheorie. Die Begriffe werden auf so unterschiedliche Weise benutzt, daß sie beinahe aufgehört haben, eine nützliche Bedeutung zu haben." (Mintzberg 1979, 181).

Konfus ist die Situation tatsächlich, wenn man bedenkt, daß bei strenger Betrachtung beide Begriffe in Organisationen keinen realen Platz haben: Treibt man den Zentralisationsbegriff auf die Spitze, so bedeutet er, daß die Entscheidungsmacht in den Händen eines Organisationsmitgliedes liegt; bei vollkommener Dezentralisation entscheidet jedes Organisationsmitglied ohne jeden Bezug zum Zentrum. In beiden Fällen wird ein grundlegendes Definitionsmerkmal der Organisation - Arbeitsteilung oder Koordination - verletzt. Beide Begriffe sind in ihrer Extremform damit organisatorisch irrelevant, praktisch geht es um ein Kontinuum zwischen den Extremen, um ein Mehr oder Weniger von Zentralisation/Dezentralisation.

Es genügt damit lediglich, einen Begriff zu benutzen: In dem Ausmaß, in dem auf dem ausgesprochenen Kontinuum sich das Ausmaß (Grad) an Zentralisation ändert, verschiebt sich auch das Ausmaß (der Grad) der Dezentralisation. Da sich eingebürgert hat, daß "Zentralisation" (z.B. im Zusammenhang mit "Zentraler Planwirtschaft") als eher negativ und "Dezentralisation" als eher positiv anzusehen, findet man auch in den Lehrbüchern eher die Bezeichnung "Dezentralisation" (vgl. z.b. Mintzberg 1979, 181ff, Jennergren 1981).

Die Dezentralisationsfrage zielt auf die Klärung der Inhalte der "Linien" in Organigrammen ab. Die Verbindungslinie in Organigrammen versinnbildlichen die Struktur der Weisungsbeziehungen, damit wird eine "Vogelperspektive" eingenommen, aus der heraus zwar grobe Unterschiede in der Verteilung des Einflusses in der Organisation zu erkennen sind, eine detaillierte Betrachtung mit Inhalt und Umfang der Entscheidungsbefugnisse auf den unteren Hierarchieebenen ist damit aber noch nicht gegeben. (Kieser/Kubicek 1983, 157).

Zur Klärung des komplizierten Begriffs wollen wir in einem ersten Schritt der Unterscheidung Mintzbergs (1979, 185ff) in eine "vertikale" und eine "horizontale" Dezentralisation folgen. In der vertikalen Betrachtung geht es um die Verteilung formaler Macht von der Unternehmensspitze auf die jeweils nächsten Hierarchiestufen. Für diesen Vorgang kann man auch die Bezeichnung "Delegation" reservieren. In der horizontalen Betrachtung bleibt der Blick auf eine bestimmte Hierarchieebene fixiert; untersucht wird, welche Einflüsse auf das Entscheiden eines Vorgesetzten dieser Ebene von nichtvorgesetzten Stellen/-Personen ausgeübt wird. Solche Stellen/Personen können die eigenen Untergebenen, der Stab, Experten, gleichgestellte Kollegen, laterale Rollenträger, Gremien usw. sein. Entscheidend für den Begriff "horizontal" ist, daß es sich nicht um "vertikal" vorgesetzte Machtträger handelt. Für diese Einflußebene kann man auch die Bezeichnung "Partizipation" reservieren.

Die Begriffsklärung kann durch den Einsatz der Merkmale Inhalt und Umfang bzw. Intensität fortgesetzt werden (Reber 1978). Der Aspekt des Umfangs kommt in Kompetenzbestimmungen, die eine Begrenzung auf einen bestimmten Geldbetrag - z.B. Vergabe von Krediten bis zu einem Betrag von X, bzw. Einkauf bis zu einer Obergrenze von Y - vorsehen oder der Zuerkennung alleiniger Zeichnungsberechtigung bzw. der Festlegung der Notwendigkeit einer "Gegenzeichnung" (Vier-Augen-Prinzip) zum Ausdruck.

Der Aspekt der inhaltlichen Differenzierung spielt beispielsweise in der Mitbestimmungsdiskussion eine wichtige Rolle. Dort unterscheidet man zwischen wirtschaftlichen, personellen und sozialen Angelegenheiten und gewährt per Gesetz unterschiedlich starke Mitbestimmungsrechte der Arbeitnehmer. Ähnliches gilt auch im österreichischen Universitätsorganisationsgesetz (UOG).

Hier ist die studentische Mitbestimmung z.B. in Berufungskommissionen schwächer als in Sitzungen des Fakultätskollegiums mit Drittelparitäten.

Unterschiedliche Inhalte verdeutlicht auch die Tradition, Entscheidungs- bzw. Problemlösungsprozesse in Phasenschemata dazustellen (z.B. Thomae 1974, Irle 1971, Janis/Mann 1977). Es entstehen Sequenzen wie: Problementdeckung, Entwicklung von Alternativen, Bewertung von Alternativen, Auswahl zwischen den Alternativen ("Entschluß"), Autorisierung der Realisierung der ausgewählten Alternative, Durchführung, Kontrolle. Eine Instanz kann alle Phasen delegiert erhalten; die Kompetenz kann aber auch nur auf einige beschränkt sein. Bei der Diskussion des Verhältnisses zwischen Stab und Linie haben wir angesprochen, daß die nur beratende Kompetenz des Stabes die Entscheidung der Linie durch eine spezielle "Entscheidungsvorbereitung" - z.B. Vorauswahl des Alternativen und deren Gewichtung - wesentlich beeinflussen kann. "Ein Entscheidungsprozeß ist dann am dezentralisiertesten, wenn der Entscheider nur den Entschluß kontrolliert (Das ist das letzte, was er behalten muß, um überhaupt noch Entscheidender genannt zu werden): In der organisatorischen Hierarchie verliert er Teile der Macht an die Informationssammler, andere Teile an die Berater an seiner Seite, an die Autorisierer über ihm und an die Ausführenden unter ihm. In anderen Worten: Die Kontrolle über die Entschlußphase - im Gegensatz zu einer Kontrolle über den gesamten Entscheidungsprozeß - erbringt nicht notwendigerweise eine enge Zentralisation." (Mintzberg 1979, 198).

Auf inhaltliche Differenzierungen sind wir auch im Bereich der Spartenorganisation gestoßen. (vgl. Kapitel 3.2.1.2). Hier ist man im Zusammenhang mit Dezentralisationsfragen vor allem der Frage nachgegangen, welche Aufgabeninhalte (Funktionen) bei der Unternehmensleitung - oft auch "Zentrale" genannt - als sogenannte "Zentralbereiche" bleiben und welche allein oder zumindest teilweise den Sparten anvertraut werden (zu einer Zusammenfassung empirischer Befunde in den USA vgl. Jennergren 1981). Je weniger vollständig Sparten ausgestattet werden, desto abhängiger bleiben sie bzw. desto zentralistischer ist das Unternehmen aufgebaut (Da es bei dieser Zuteilung von Inhalten, die für die Selbständigkeit von Sparten wichtig sind, große Unteschiede geben kann, ist es unzulässig, Spartenorganisationen als gleiche Typen in einen Topf zu werfen und generelle Aussagen über Spartenorganisationen zu machen). Abbildung 3-20 zeigt eine Spartenorganisation mit starken Zentralbereichen ("funktionelle Bereiche" und "Stabsstellen" genannnt) und entsprechend schwachen Sparten.

Aus den Vorlieben, bestimmte Inhalte eher in der Zentrale anzusiedeln als in Divisionen zu geben, wird deutlich, daß die Inhalte nicht gleich gewichtet werden, sondern eine Rangordnung nicht nur nach Intensität, sondern auch nach Bedeutung bzw. "Wesentlichkeit" besteht.

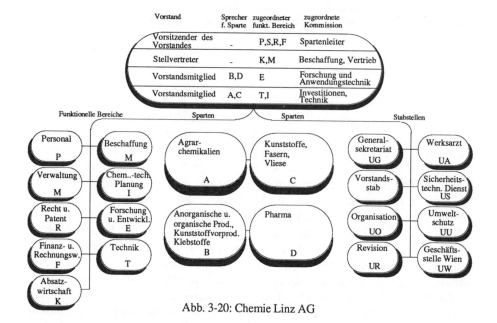

Abb. 3-20: Chemie Linz AG

Die beiden Merkmale "Inhalte" und "Umfang/Intensität" gelten ebenso für die vertikale wie auch die horizontale Dezentralisation. Inhaltlich gestaffelte formale Mitbestimmungsrechte sind ein Beispiel aus dem Bereich der vertikalen Dezentralisierung: Diese Rechte sind nicht an die Ränge des "Managements", sondern an jene der Belegschaftsvertretung delegiert. Im Bereich der horizontalen Dezentralisierung werden Vorgesetzte beispielsweise Stabsmitglieder oder ausführende Untergebene dort partizipieren lassen, wo diese mehr Informationen, höheres Fachwissen, mehr Erfahrung haben; in anderen Fragen kann der Vorgesetzte zu der Entscheidung kommen, alleine zu entscheiden. Außerdem kann die Intensität der Partizipation - der Vorgesetzte holt nur Informationen ein oder frägt um Rat oder unterwirft sich einer Konsensentscheidung - variieren. Diese Aspekte sind Gegenstand der Forschungen zum "partizipativen Führungsstil" im allgemeinen und des Vroom/Yetton- (1973) und Vroom/Jago-Modells (1990) im speziellen. Zusammenfassend gesehen kann die Dezentralisationskomponente mit der in Abbildung 3-21 gezeigten Matrix in eine Systematik gebracht werden.

Bedeutsam ist, daß diese Dezentralisierungsmatrix nur dann differenziert aussagekräftig ist, wenn sie jeweils auf eine bestimmte Hierarchieebene bezogen wird. So kann beispielsweise zwischen der Unternehmensspitze und den Sparten ein hoher Dezentralisationsgrad eingeführt sein, während innerhalb der Sparten durch den Einsatz enger Kontrollmechanismen ein hoher Zentralisationsgrad herrschen kann. In diesem Fall konzentriert sich eine hohe Dezentralisation auf eine kleine Gruppe von Spitzenmanagern in einem Unternehmen.

Dezentralisations-komponenten	vertikale Dezentralisation (Delegation)	horizontale Dezentralisation (Partizipation)
Kompetenz-(Verantwortungs-)Inhalte		
Kompetenz-(Verantwortungs-)Umfänge/Intensitäten		

Abb. 3-21: Dezentralisierungsmatrix

Historisch gesehen hat dies zu einem Streit in der Literatur über die Dezentralisation von General Motors geführt. Alfred P. Sloan hatte in den zwanziger Jahren General Motors unter dem Schlagwort der "Dezentralisierung der Produktionseinheiten und Verantwortungen" (Sloan 1963) divisionalisiert. Er tat dies mit soviel Publicity, daß Dezentralisierung und Divisionalisierung in der US-Praxis weitgehend als gleichbedeutend angesehen werden und auch Theoretiker dieses Unternehmens als Paradefall für die Verwirklichung hoher Dezentralisationsgrade angeben (z.B. Drucker 1946, 41-71, Chandler 1962). Dieser Beurteilung wurde von Perrow (1972, 172f) widersprochen; seiner Ansicht nach ist General Motors ein hoch zentralisiertes Unternehmen und seine Dezentralisation lediglich ein PR-Mythos.

Der Streit um die Dezentralisierung von General Motors berührt das schwierige Problem der Bestimmung (Messung) des Dezentralisationsgrades eines ganzen Unternehmens. Obgleich viele Versuche zu einer Messung dieses Gesamtwertes unternommen wurden (eingehende Übersicht bei Jennergren 1981), führte keine zu einer überzeugenden Lösung. Da keine solche Maßzahl vorliegt, ist es nicht verwunderlich, daß die empirischen Versuche, Zusammenhänge zwischen dem Dezentralisationsgrad eines Unternehmens und Leistungsgrößen - wie z.B. Unternehmenserfolg, Anpassungsfähigkeit - zu finden, zu den widersprüchlichsten Ergebnissen geführt haben. (Jennergren 1981). (Hier scheint auch der tiefere Grund für die eingangs erwähnte Unzufriedenheit mit dem Dezentralisationskonzept zu liegen.) Die Fortsetzung der Suche nach einem Gesamtwert - etwa als irgendwie gewichtete Durchschnittszahl (Pugh et al. 1968) oder in der Form von mehreren unkorrelierten Kennzahlen (Blau/Schoenherr

1971) - ist unter kontingenztheoretischen Aspekten relativ naiv und uninteressant, da es einen einzigen optimalen Dezentralisationsgrad weder für alle Unternehmen noch für alle Bereiche eines einzelnen Unternehmens geben kann, da die situativen Bedingungen - Art der Aufgabe, Qualifikation der Mitarbeiter, Größe des Unternehmens bzw. der Unternehmenseinheit, Unterschiede in der Technologie usw. - jeweils unterschiedlich sind. In diesem Sinne schließt Jennergren seine Untersuchung zum Stand der Dezentralisationsforschung mit folgenden Feststellungen ab:

"Der Mangel an eindeutig nachgewiesenen Zusammenhängen zwischen Dezentralisation und Leistung ist enttäuschend. Die Vieldeutigkeiten sind für die Organisationsgestaltung relevant. Gestaltungslösungen können nicht aufgrund der Frage nach mehr oder weniger Dezentralisation gefunden werden. In Übereinstimmung mit dem Kontingenzansatz ist es notwendig, die strukturelle Gesamtgestalt einer Organisation in Betracht zu ziehen. Es ist unzureichend, lediglich einen bestimmten Aspekt der Struktur - eben wie jenen der Dezentralisation - isoliert zu sehen." (Jennergren 1981, 54)

3.3 Organisatorischer Wandel

3.3.1 Grundproblematik des Wandels

Bei dem Versuch, Merkmale von Organisationen darzustellen (vgl. Kapitel 2.1.4), haben wir auf die Notwendigkeit der "Komplementarität" eines "Fits" von Organisationen und Umwelt hingewiesen. Mit Absicht wurde der Begriff "Komplementarität" sehr unbestimmt und offen gehalten. Trotz intensiver Bemühungen ist es auch dem "Kontingenzansatz" (z.B. Woodward 1965, Child 1970, Kieser/Kubicek 1983), der die Klärung dieser Entscheidungsproblematik zu seinem besonderen Forschungsanliegen gemacht hat, nicht gelungen, die optimalen Entsprechungsstrukturen zwischen Umwelt und Organisation genau zu bestimmen. Dennoch wurde die Aufmerksamkeit von Theoretikern und Praktikern darauf gerichtet, auf den angesprochenen Zusammenhang zu achten: Es gibt nicht die einzige, optimale Organisationsform - wie dies noch Max Weber (1964) von dem Idealtyp der Bürokratie behauptet hat - vielmehr gilt der Slogan Chandlers (1962), die "Struktur" hat der "Strategie", welche die Abbildung der Umweltbedingungen zur Grundlage hat, zu folgen, wenn die Organisation am Leben bleiben soll.

Den Slogan "Structure Follows Strategy" kann man mit großer Berechtigung auch umdrehen: Es ist eine bestimmte Struktur notwendig, damit strategisches Denken und Handeln möglich bzw. gefördert wird: Bei der Diskussion der funktionalen Organisation haben wir beispielsweise gesehen, daß diese Art der Arbeitsteilung

- die Vorgesetzten der funktionsorientierten Einheiten eher zur Intensivierung ihrer Spezialinteressen drängt als zu einer generellen Orientierung am organisationalen Ganzen,
- die Unternehmensleitung in das "Tagesgeschäft" hineingezogen wird, da sonst niemand die Spezialinteressen ausgleicht,
- kaum Impulse vorhanden sind, Nachwuchskräfte zu strategisch kompetenten Generalisten zur optimalen Besetzung von Spitzenpositionen zu entwickeln.

Auch der Einsatz der Spartenorganisation, kann zu Ressortegoismus und kostbare Zeit verschlingenden Konflikten und Machtkämpfen zwischen Unternehmens- und Spartenleitung führen. Dies wird besonders dann gelten, wenn die Mitglieder der Unternehmens- und Spartenleitung in funktionalen Organisationsformen aufgewachsen sind und diese Kultur in neu geschaffene Spartenorganisationen übertragen. Dies kann zu der Konsequenz führen, daß weder die objektive Veränderung der Umwelt noch die Neugestaltung der Struktur einer Organisation die optimale Entsprechung herbeiführen. Die "alten" Strukturen haben das Bewußtsein ihrer Mitglieder geprägt, aus dem heraus das "konstruktive" Überwinden dieser Strukturen schwer wird.

Ex post, d.h. wenn feststeht, daß ein Veränderungsprozeß mißlungen ist bzw. zu langsam erfolgte, ist es relativ leicht, festzustellen, welche Versäumnisse zu diesem Ergebnis geführt haben. Es scheint auch relativ leicht zu sein, Schuldige zu finden; wir haben ja schon davon gesprochen, daß die Urteilstendenz besteht, Strukturbedingungen zu übersehen und Wirkungen bevorzugt Personen zuzuschreiben. (vgl. Kapitel 2.1.3). Umso wichtiger ist es, jenen Aspekten genauer nachzugehen, welche Strategieentwicklungen und Strukturveränderungen behindern. Grundquelle dieser Behinderung ist die Wirksamkeit organisationaler "Schwerkraft" bzw. Beharrungstendenzen, einen einmal eingeschlagenen Weg beizubehalten. Diese Beharrungstendenzen bzw. Veränderungswiderstände haben verschiedene Ursachen und Stärken. Je nach den vorliegenden Ursachen, ihrer Stärke und vor allem auch nach der verbleibenden Zeit für den Veränderungsprozeß lassen sich Aussagen über die Notwendigkeit und Eignung von Veränderungsstrategien zwischen "Planung und Evolution" (Vyslozil 1989) machen.

3.3.2 Veränderungeswiderstände

Analytisch kann man diese Widerstände in die Betrachtungsebenen "Person, Gruppe, Organisation" gliedern. Wir wollen dieser Tradition folgen, dabei aber den Schwerpunkt auf Strukturbedingungen legen und vor allem die Zusammenhänge zwischen diesen Ebenen ansprechen.

Personale Veränderungswiderstände (Böhnisch 1979). Das Phänomen der "Schwerkraft" im Verhalten von Personen wurde grundlegend von Lewin (1959) im Rahmen seiner Feldtheorie angesprochen; Atkinson/Birch (1970) haben sich dieses Aspekts im individualen Verhalten besonders angenommen: Personen tun ja eigentlich niemals nichts; selbst wenn sie schlafen, läuft eine Verhaltenssequenz ab, deren Intensität eine Kraft mindestens gleicher Stärke entgegengesetzt werden muß, bevor eine Verhaltensänderung eintritt. Wie hartnäckig diese Schwerkraft eines gerade in Gang befindlichen Verhaltens ist, kann man u. U. jeden Morgen beim Aufstehen erleben.

"Routiniertes Verhalten" ist im Betriebsleben äußerst wesentlich; es beschleunigt die Abwicklung von Aufgaben ungemein und macht frei zur Verarbeitung von Ausnahmen und zur Entwicklung innovativer Lösungen. Die Auflösung von Routinen erfordert zuerst einmal deren Verlernen, bevor ein (Neu-)Lernen neuer Verhaltensweisen einsetzen kann (Hedberg 1981). Basis für beide Lernprozesse bildet die Bereitschaft bzw. "Motivation" zur Veränderung.

Aus Motivationstheorien (vgl. Kapitel 3.1.1.4) wissen wir, daß motivationale Grunddispositionen von Menschen ein hohes Maß an Stabilität ausweisen. Eine dominant macht- oder leistungsorientierte Person wird immer wieder versuchen, diese Verhaltenstendenz in der Organisation befriedigt sehen zu wollen. Je länger die Person in der Organisation arbeitet, desto eher ist anzunehmen, daß ihre Charakteristika in der Organisation Anerkennung und Verstärkung gefunden haben, daß die Organisation nach diesen Eigenschaften selektiert hat. Ein organisationaler Wandel stellt u. U. diese Selektionskriterien auf den Kopf: Statt Härte und Konkurrenz wird vielleicht Nachgiebigkeit und Kooperation gefordert. Eine solche Veränderung widerspricht der sozialisierten "Natur" des betroffenen Menschen und diskreditiert die Glaubhaftigkeit der Organisation. Alles was bisher gegolten hat, soll auf einmal nicht mehr wahr sein dürfen! Diese mangelhafte Glaubwürdigkeit wird besonders dann eklatant, wenn in einem stürmischen Anpassungsprozeß immer wieder modische "Parolen" über den "neuen Stil" ausgegeben werden. Verbunden mit der Stabilität der Motivstruktur - man kann sich ja gar nicht so schnell ändern wie das erwünscht ist - führt diese Vieldeutigkeit organisationaler Veränderungssignale zu einem Vertrauensschwund in die Richtigkeit und Zuverlässigkeit organisationaler Veränderungsmaßnahmen. Dieses wiederum hat im Sinne einer "selffulfilling prophecy" die halbherzige Umsetzung der Neuerungen zur Folge; auftretende Mißerfolge werden nur als Bestätigung für das Mißtrauen gegenüber Neuerungen angesehen.

Aus Ergebnissen der Lernforschung (vgl. Kapitel 3.1.1.7) - insbesondere den "sozialen Lerntheorien" (Bandura 1986) - wissen wir, daß Menschen sich komplexe Verhaltensweisen nicht so sehr durch einen mühseligen Versuchs- und

Irrtumsprozeß ("instrumentelles Lernen") aneignen, sondern mit Hilfe von Modellen ihren Weg zu erfolgreichem Handeln finden. Organisationen sind die Hauptlieferanten solcher Modelle. Ihre Veränderung bringt neben Verstößen gegen Motive, Werte, Überzeugungen auch instrumentelles Wissen - wie man sich z.B. in Konflikten erfolgreich behaupten kann - durcheinander. Die Übernahme neuer Modelle setzt vor allem voraus, daß sie auch tatsächlich sichtbar sind und vorgelebt werden. Da nützt es wenig, wenn die Unternehmensspitze - etwa durch eine personelle Veränderung - neue Modelle propagiert, der Rest der Hierarchie aber keine Chance hat, seine alten Modelle zu verlernen und sie weiterhin im tagtäglichen Umgang mit den Mitarbeitern praktiziert.

Motivausprägung und Verhaltensmodelle als Grundpfeiler personaler Schwerkraft sind damit keine autonomen personalen Eigenschaften, sondern sie sind durch organisationale Strukturen und Prozesse ausgeformt worden. Insbesondere mikrosoziale bzw. Gruppenphänomene vermitteln und verstärken bewahrende Tendenzen.

Mikrosoziale Veränderungswiderstände: Beispiele für die Ergänzung individualer und sozialer Stabilisierungsprozesse bieten eine Reihe von Untersuchungen von Staw (zusammengefaßt in: Staw 1981) der hieraus eine eigene Theorie der "Eskalation" (Staw/Ross 1987) entwickelt hat. Staws Überlegungen konzentrieren sich auf die Ursachen für Entwicklungen in Organisationen, in denen die Bemühungen, aufgetretene Fehler abzustellen, nicht zu deren Beseitigung sondern zu ihrer Eskalation - z.B. im Sinne von: das meiste Geld wird schlechten Lösungen nachgeworfen - führen. Im mikrosozialen Bereich fanden Staw/Ross (1987, 55ff) Gesichtswahrung und externale Rechtfertigung, die Bindung eines Handlungsergebnisses an die Eigenschaften der Person durch die Beobachter des Zusammenhangs, Wettbewerb und Normen als Ursachen für diese stabilisierende und dysfunktionale Entwicklung. Insbesondere die beiden erstgenannten Aspekte entsprechen der Alltagserfahrung:

"Entscheider setzen eine Verhaltenssequenz nicht nur deshalb fort, weil sie sich nicht selbst eingestehen wollen, daß sie einen Fehler gemacht haben, sondern auch weil sie zögern, Irrtümer anderen zu offenbaren. Da Organisationen so sehr auf rationales Verhalten Wert legen und Fehler als Ergebnis von nicht konsequent durchdachten Entscheidungen ansehen, kann man annehmen, daß verantwortliche Entscheider lange versuchen, aufgetretene Fehler nicht aufscheinen zu lassen." (Staw/Ross 1987, 55)

Auch die Versuche von Janis (1982), das Auftreten von Fehlleistungen in Gruppenprozessen - zusammengefaßt unter der Bezeichnung "Groupthink" - zu erklären, verdeutlicht im wesentlichen Widerstände gegen Veränderungsprozesse. Zu den von Janis ermittelten Ursachen gehören die Illusion der Unverwundbarkeit, abschirmende Rationalisierungen, Bezugnahme auf stabilisierende Modellbegriffe, Einsatz von Stereotypen, Gruppendruck, sich an die Mehrheit zu halten, Einsatz einer Selbstzensur, Streben nach Einmütigkeit sowie der Einsatz von "Bewußtseinswächtern" (mindguards).

Argyris arbeitet vor allem die Bedeutung von sozialen Normen und die Notwendigkeit eines "Double-Loop-Learnings" heraus. Die Bedeutung von Normen ist gerade in Veränderungssituationen besonders hoch. So haben z.B. Staw/Ross auf den Zusammenhang zwischen der Norm zu rationalem Verhalten und dem Verdecken von Fehlern hingewiesen; auch das Konzept des "Gruppendenkens" von Janis zeigt die mit Normen verbundene Rechtfertigung der Bestrafung von abweichendem Verhalten. Argyris (1962, wiedergegeben bei Reber 1973, 269ff) macht bei der Erörterung der Möglichkeiten der interpersonalen Kompetenz die Schlüsselrolle prosozialer Normen deutlich. In seiner Sicht schafft erst die Etablierung der Vertrauensnorm die Voraussetzung zu innovativem, "experimentierfreudigem" Verhalten. Daß diese Norm besonders gefährdet ist, wenn gravierende, in ihren Konsequenzen schwer abzusehende organisationale Veränderungen in das Haus stehen, liegt auf der Hand.

Die von Argyris (1982, 1985) beschriebene Notwendigkeit zu einem "Double-Loop-Learning" ergibt sich auch aus der Frage nach der Überwindung von Veränderungshindernissen. Wenn man z.B. davon ausgeht, daß Veränderungen Befürchtungen und Frustrationen erzeugen können und Frustrationen die Situation aggressiv aufheizt, bleibt die Frage wie in dieser Situation ein problemlösendes Gespräch geführt werden kann. Wie ist auf ein aggressives Verhalten, das auf die Sicherung des Bestehenden abzielt, zu reagieren? Eine Gegenreaktion gleicher Art eskaliert die Situation; ein Nachgeben führt zu keiner Veränderung. Es bedarf damit einer Reaktion nicht auf gleicher Art, auf gleicher "Schleife" (Loop); es muß auf einer übergeordneten Ebene ("zweite Interaktionsschleife") eine geänderte Voraussetzung für die Interaktion gefunden werden. Diese zu finden ist aber besonders schwer, da schon der Beginn des Prozesses daran scheitert, daß emotionale Reaktionen generell und mit zunehmender Intensität als Bedrohung des organisationalen Zusammenlebens erlebt werden und zu ihrer Abwehr komplexe Verteidigungsmechanismen erlernt und präventiv eingesetzt werden.

"Defensive Routinen werden benützt, um uns vor Schmerz zu bewahren. Das Paradoxe dabei ist, daß dann, wenn sie erfolgreich unmittelbaren Schmerz abwenden, sie auch verhindern lernen, wie jene Ursachen abgebaut werden können, die den Schmerz verursacht haben. Defensive Routinen können in kurzfristiger Betrachtung selbstschützend in langfristiger Sicht selbstzerstörend sein." (Argyris 1985, 35).

Makrosoziale Veränderungswiderstände: Strukturveränderungsabsichten werden am gravierendsten durch Strukturen behindert. (Zu einer Untersuchung der Lern- und Veränderungskapazität der gängisten Strukturformen: Duncan/Weiss 1979). Wenn beispielsweise die Interessensvertretung der Arbeitnehmer doppelt institutionell abgesichert ist, kann auch die Unternehmensleitung an der Spitze der einen Hierarchie keine Veränderungen ohne die Mitwirkung der Spitzen der anderen Hierarchie durchsetzen. Organigramme aus der Praxis zeigen lediglich die Hierarchie des "Managements". Wie im Zusammenhang mit der Diskussion der Matrix-Organisation erwähnt, kann die Personalvertretung als zweite Dimension neben der "Management-Hierarchie" gesehen werden. Falls die Personalagenden in einem Zentralbereich vereinigt sind, hat die "Personalvertretungsdimension" einen zentralen Ansprech- und Exekutionspartner in der "Managementdimension"; auch dies stärkt die Interessen der Arbeitnehmer. Wenn nun an der Spitze der Organisation kein Interessensausgleich realisiert wird, ist das Interessensgleichgewicht nicht mehr gegeben, Veränderungen gegen die so massiv strukturell unterstützten Interessen der Arbeitnehmer sind kaum durchzusetzen. In den Bestand der Strukturen "investiert" sind die Interessen der dominierenden "politischen" Koalition (Pettigrew 1973, 1985).

Wer kraftvoll aufblühende Sparten haben will, darf - um auf das Beispiel in Kapitel 3.2.2.6 zurückzukommen - nicht alle wesentlichen Funktionen in Zentralbereichen verankert lassen. Wer Innovationen fördern will, darf nicht wie im Universitätsorganisationsgesetz Österreichs, Drittelparitäten einführen. Sehr leicht kann ein gravierender Veränderungsvorschlag eines Koalitionspartners von den beiden anderen als bedrohend oder unbequem angesehen werden und zur Bildung einer stimmstärkeren Zweierkoalition führen (zur Problematik von Triaden: Titscher 1984), die den Vorschlag ablehnt oder langwierige Verhandlungen und Kompromisse notwendig macht. Auf diesem Weg entfallen Strukturen prägender Kraft für das Führungsverhalten der Organisationsmitglieder. So konnten Böhnisch (1979) und Reber et al. (1989) zeigen, daß österreichische Führungskräfte im Vergleich zu nordamerikanischen einen wesentlich höheren Partizipationsgrad realisieren und sich auch insgesamt kompetenter im Sinne des zu Grunde gelegten Vroom/Yetton-Modells (1973) verhalten. Die Ausnahme bildet lediglich der Verstoß gegen eine Regel, die vor Kompromissen zu ungunsten der Erfüllung der Unternehmensziele schützt. Österreichische Führungskräfte schließen damit signifikant häufiger als ihre nordamerikanischen Kollegen Kompromisse zugunsten ihrer Untergebenen auf Kosten der Unternehmensziele.

3.3.3 Veränderungsstrategien

Angesichts der Veränderungswiderstände nimmt es nicht Wunder, wenn grundsätzlich daran gezweifelt wird, ob Organisationen in der Lage sind, eigenständig Wandlungsprozesse durchführen zu können. Konkret werden solche Zweifel insbesondere von der Population-Ecology-Theorie genährt (insbesondere

Hanan/Freeman (1977) geben einen Überblick über die Ursachen "organisationaler Schwerkraft", "organzational inertia"). Im Sinne dieser Theorie muß
neben die "Adaptions- oder Entwicklungsstrategie" die Möglichkeit eines dar-
winistischen Selektionsprozesses angenommen und empirisch überprüft werden.
Im Falle der Entwicklungsstrategie behält die Unternehmensführung die Hand-
lungsfähigkeit, die Organisation ist selbst in der Lage die Widerstände zu überwinden und wenn nötig eine neue Entsprechung mit der externen Umwelt zu
finden. Im Falle des Evolutions- bzw. Selektionsansatzes liegt die Dominanz in
der externen Umwelt. Die Unternehmensführung ist relativ hilflos; falls ihr
Angebot der Umwelt z.B. den Marktbedingungen nicht entspricht, verliert sie
und das Unternehmen ihre Existenzgrundlage. Anpassungsversuche scheitern,
da die Unternehmensführung weder die Umweltveränderungen genau genug
diagnostizieren noch die interne Schwerkraft effizient genug überwinden kann.
Sollte dennoch eine neue Marktnische sich auftun, so würde sie eher blind als
durch strategische Planung gefunden. Kieser (1988) zeigt die Grenzen dieses
Ansatzes auf, ohne allerdings zu versäumen darauf hinzuweisen, daß man bei
der Erklärung des langfristigen Wandels von Organisationen an evolutionstheo-
retischen Konzepten kaum vorbeikommt. Die Frage ist nur, unter welchen externen und internen Bedingung eher der Anpassungs- und Entwicklungsansatz
einen höheren Erklärungswert hat (Singh et al. 1986) als der externale Selektionsansatz.

Wir wollen hier den externalen Selektionsansatz nicht weiter verfolgen, da er
nicht als "Strategie" in Frage kommt: Bei externaler Selektion ist die Organisation Marionette der Umweltbedingungen:

"Manager oder andere Menschen in Organisationen haben kaum Einfluß auf den
organisationalen Erfolg - im wesentlichen generieren sie Variationen, von denen einige positiv
selektiert werden; eine positiv selektierte organisationale Form ist eine Akkumulation positiv
selektierter Variationen. In diesem Sinne sind Manager wie Skifahrer, welche die Kontrolle über
ihre Bretter verloren haben. Sie haben ein hohes Risiko in einer unsicheren Umwelt zu
übernehmen, und es ist unmöglich zu wissen, welche ihrer Variationen letztlich zu einer
effizienten organisationalen Form führt." (McKelvey 1982, 448)

Eine solche Betrachtung gibt keine konstruktive Antwort auf die Frage nach
geeigneten Veränderungsstrategien. Bei aller Realität der Bedrohung durch externale Kräfte haben Organisationen Überlebensfähigkeiten in schwierigen
Umwelten und gegebene innerorganisationale Schwerkraft bewiesen. Die Strategien, die hierbei hilfreich sein können, wollen wie in drei Gruppen einteilen:
Präventive Maßnahmen zur Erhöhung der generellen Anpassungsfähigkeit,
Maßnahmen der Organisationsentwicklung und interne Selektion.

**Präventive Maßnahmen zur Erhöhung der generellen Anpassungs-
fähigkeit:** Unter dem Leitspruch "Baut keine Paläste, bleibt bei Zelten."

(Hedberg 1981) machen Hedberg et al. (1976) den Vorschlag, die Lernkapazität von Organisationen generell zu erhöhen, sodaß sie bestens gewappnet auch überraschende Umweltveränderungen verkraften können. Die Bedingungen für diese Lernkapazität werden etwas aphoristisch wie folgt beschrieben:

"Lernorientierte Organisationen sollten sich auf minimale Quanten von Konsens, Behaglichkeit, Überfluß, Überzeugtsein, Konsistenz und Rationalität stützen. Dies bedeutet, jeder dieser organisationalen Vermögenspotentiale sollte eine ausgleichende Gegenkraft gegenüberstehen. Unzufriedenheit ist notwendig, um Aktivitäten auszulösen, die langfristige Behaglichkeit ermöglichen. Knappheiten sind nützlich, um Organisationen vom Infarkt durch Reichtum zu bewahren. Mißtrauen in Vorhersagen macht Vorhersagen nützlich. Es sollte Gleichgewichts- und Ungleichgewichtsstadien, Prozesse und Gegenprozesse geben. Sich selbst Ordnung gebende Organisationen sollten minimale Quanten - dies bedeutet: gerade ein wenig mehr als nicht genug - jener Eigenschaften haben, die gute und ordentliche Organisationen charakterisieren. Dies sorgt für genügend häufige Anregungen, ausreichendes Verständnis für ein Verlernen, hinreichend geringes Vertrauen in zurückliegende Erfolge und genügend Ressourcen, um neue Strategien implementieren zu können." (Hedberg 1981, 22).

Betrachtet man dieses Konzept eines beweglichen Gleichgewichts genau, so wiederholt es lediglich die bereits erwähnte Einsicht Mertons (1967), nach der jede organisationale Eigenschaft bei anfänglicher Funktionalität ab einem Übermaß "dysfunktional" wird, d.h. nicht lediglich Effizienzzuwächse abnehmen, sondern Leistungsrückgänge eintreten: Zu wenig Ressourcen verhindern die Entwicklung und Einführung neuer Strategien, Reichtum macht Organisation unbeweglich (Reber 1985). Fraglich erscheint auch, ob eine Organisation, die "gerade genug Ordnung" hat, nicht vollauf damit beschäftigt ist, den Einzug weiterer Unordnung zu vermeiden. Vorzeichen eines drohenden inneren Chaos kann soviel Kräfte binden, daß Veränderungen in der Umwelt keine oder eine zu späte Aufmerksamkeit finden. Alles kommt allerdings darauf an, was unter dem Niveau eines "Gerade-Ein-Wenig-Mehr-Als-Nicht-Genug" verstanden wird. Dieser Hinweis ist bestenfalls ein interessantes Bild, von dem aber wohl jeder Praktiker ein deutlicheres Ausmalen fordern wird.

Eine solide Präzisierung muß sich auch der Frage stellen, ob überhaupt bzw. für welche Situationen eine generelle, alle Teile der Organisation umfassende präventive Verlern-/Lernfähigkeit anzustreben ist. Je weiter beispielsweise Organisationseinheiten von strategischen Aktivitäten entfernt sind bzw. je näher sie an der operativen Leistungserstellung beteiligt sind, desto enger können/müssen die Organisationsstrukturen sein. Dies kann Anlaß für "duale" Organisationen sein, in deren Teilen jeweils unterschiedliche Organisationsformen zum Einsatz kommen, wobei gleiche Personen in beiden Teilen tätig sein können. "Diese Personalunion soll dazu beitragen, die operative Umsetzung strategischer Pläne zu gewährleisten" (Szyperski/Winand 1979, Staudinger 1990). Auch aus Erfahrungen bei der Gestaltung von Innovationsprozessen wird deutlich, daß für jede Phase dieses Prozesses eine andere Strukturorganisation geeignet erscheint (Galbraith 1972, Reber/Strehl 1983, 1984, Goldberg 1986).

Ein anderer, organisatorischen Wandel präventiv begünstigender Weg kann durch die Einrichtung relativ kleiner - z.b. maximale Größe: 100 Mitarbeiter -, weitgehend selbständiger Organisationseinheiten eingeschlagen werden. Hierbei wird sowohl für die Gesamtorganisation als auch die Untereinheiten eine betont einfache und klare Grundphilosophie und Struktur entwickelt. Die Grundphilosophie wird in operationalen Leitsätzen - etwa zur Vermögens- und Ertragsverteilung - festgeschrieben; die Grundstruktur hat ihr dominierendes Rückgrat in "flachen" (etwa dreistufigen) Einliniensystemen. Aus der Verknüpfung der Untereinheiten ergeben sich "organische", ganzheitliche Gesamtstrukturen. (Ein Beispiel hierzu liefert z.B. die MAGNA Corporation; beschrieben in: Reber 1987). Die besondere Präventivwirkung gegen gravierende Anpassungsprobleme liegt in der Möglichkeit, die relativ selbständigen Untereinheiten ohne große Problematik auflösen zu können, ohne daß das Gesamtunternehmen von partiellen Fehlschlägen "von den vielen Beinen" (das Unternehmen hatte 1985 5800 Mitarbeiter; jede Einheit - dabei viele Paralleleinheiten - hatte maximal 100 Mitarbeiter bei einem Gesamtumsatz von 550 Millionen kanadischer Dollar) gerissen wird. Die Untereinheiten können mit ihren Produkten im Markt experimentieren; bei Mißerfolg finden die Mitarbeiter aus der institutionalisierten Dynamik der Bildung neuer Zellen neue Einsatzmöglichkeiten.

Organisationsentwicklungen (OE): Zwischen "präventiven" Strategien und Aktivitäten, die unter dem Namen "Organisationsentwicklung (OE)" zusammengefaßt werden, gibt es Gemeinsamkeiten und Unterschiede. Beide Richtungen sind ihrer Natur nach erst langfristig wirksam. Die Unterschiede liegen in den Betrachtungs- bzw. Interventionsebenen und den eingesetzten Methoden. Die präventiven Maßnahmen liegen im wesentlichen auf der Ebene der Strukturgestaltung; die Organisationsentwicklung hat ihren Schwerpunkt auf der personalen und mikrosozialen Ebene, weitet aber die Betrachtungsebene auch - soweit sie ganzheitlichen bzw. "systemischen" Ansätzen folgt - auf die Strukturebene aus. (Zu einem Überblick über unterschiedliche Ansätze: Kieser et al. 1979, Golembiewski 1979, Trebesch 1980, Burke 1962, Exner et al. 1987).

Klassischer Ausgangspunkt der Organisationsentwicklung ist Lewins (1958) Hinweis, daß Veränderungsprozesse drei Phasen umfassen: Zuerst gilt es ein "Unfreezing" zu schaffen, in dem eine mit Schwerkraft ausgestattete Verhaltenssequenz unterbrochen und Problembewußtsein erzeugt wird. Im nächsten Schritt erfolgt ein "Moving", d.h. eine neue Verhaltensweise wird gelernt; diese neue Verhaltensweise bedarf eines "Refreezing", d.h. sie ist zu verfertigen und kann erst dann die Stabilität des Zustandes vor der Veränderung erreichen und ihn ohne Rückfall überwinden. Alle drei Phasen bedürfen der Unterstützung durch einen Berater. Damit entstehen zwei Rollen: Berater einerseits und Klient andererseits. Klienten können Einzelpersonen, Gruppen oder die Gesamtorganisation bzw. alle drei Ebenen "vernetzt" sein. Bei der Verknüpfung beider Rollen entstehen Fragen nach den verfolgten Zielen sowie nach der Wirksamkeit von Techniken zum Erreichen des Unfreezing-Moving-Refreezing-Prozesses. In Abbildung 3-22 werden die genannten Merkmale als "Kernelemente von OE-Ansätzen" dargestellt.

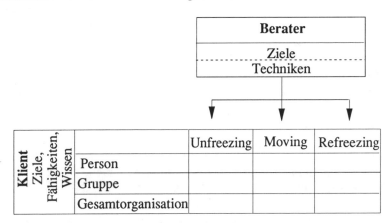

Abb. 3-22: Kernelemente von OE-Ansätzen

Die unterschiedlichen OE-Ansätze entstehen dadurch, daß die genannnten Kernelemente jeweils anders interpretiert werden.

(a) In bezug auf die Rolle der Berater unterscheiden z.B. Szyperski/Klaile (1983): Informationslieferant, Problemlöser, Katalysator, Trainer. Kirsch et al. (1978) bescheiben die Rollenausprägungen des Change Agents, des Change Catalysts, der Pace Makers, des Interventionisten, des Promotors, des Opponenten, des Garanten und des Projektmanagers; Wohlgemuth (1982) differenziert zwischen Feuerwehrmann, Arzt, neutralem Dritten, Prozeßberater, Interventionist und Promotor.

(b) Hinter den verschiedenen Bezeichungen von Beratern stecken sowohl Unterschiede in bezug auf die Zielvorstellungen seiner Arbeit als auch die eingesetzten Techniken.

Mit dem Organisationsentwicklungsverständnis verbunden sind häufig normative Vorstellungen im Sinne einer emanzipativen, humanistischen Entwicklung des Klienten (Kubicek et al. 1979). Diese bestehen z.B. in der Harmonisierung organisationaler und individueller Ziele; der Nichteinmischung in die Wertvorstellung der Klienten, Humanisierung des Arbeitslebens, Befähigung zur Übernahme der Beraterrolle und damit der uneingeschränkten Selbststeuerung bzw. "Hilfe zur Selbsthilfe" usw.. Diesen Zielen entspricht eine Konzentration der Beratungstechniken auf die Prozeßgestaltung des Veränderungsvorganges, während das notwendige Fachwissen von Klienten eingebracht wird, von dem angenommen wird, daß er über dieses in der notwendigen Qualität verfügt. Das Zusammenwirken zwischen Prozeß- und Fachkompetenz wird z.B. von Weick (1982, 405) mit folgendem Beispiel beschrieben: Der Berater "... richtet die Aufmerksamkeit aus, hält Signale bereit, stellt Fragen, sorgt für Sprachregelungen, erzählt Geschichten und nicht viel mehr. Diese Handlungsweise ist im wesentlichen eine eingehende Ausformung folgender Prototypen: Eine Person sagt, ich brauche einen Resonanzboden; eine andere Person sagt: Ich stelle ihn zur Verfügung. Die beiden Menschen treffen sich regelmäßig und der Resonanzboden gibt Feedback und ist damit hilfreich indem er Informationen bereitstellt, den Lernenden motiviert, sich zu verbessern sowie dem Lernenden bessere Reaktionsalternativen zugänglich macht."

Wenn wir auf die im Zusammenhang mit der Diskussion des Stab-Liniesystems wiedergegebenen Bemerkung von Weick zurückkommen, daß der "Wissensverwalter" wesentlicher ist als der "Entscheider", so sollte die Rolle des "Resonanzbodens" nicht zu sehr heruntergespielt werden. Die "Hilfe zur Selbsthilfe" durch den Berater ist idealerweise erst dann geleistet, wenn die Beratung sich selbst überflüssig gemacht hat.

(c) Die im einzelnen eingesetzten Methoden/Techniken des Organisationsentwicklungsberaters sind außerordentlich vielfältig. Sie reichen von sehr individuellen Techniken einzelner Organisationsentwicklungsgurus bis zu der Anwendung aller theoretischen Schulen - behavioristischen, kognitiven, feldtheoretischen, psychoanalytischen, Aktionsforschung usw. Zu den bekanntesten mit der Organisationsentwicklungstradition verbundenen Methoden gehören T-Gruppen, Team-Building, Survey Feedback, Konfrontationssitzungen, Transaktionsanalyse. (Schein 1969, French/Bell 1977, Beer 1976, Burke 1982, Huse/Cummings 1985). Die Techniken sind jeweils in den Phasen "Unfreezing, Moving und Refreezing" sowie Ebenen (Person, Gruppe, Gesamtorganisation) unterschiedlich wirkungsvoll.

(d) Die bevorzugten Ebenen des Technikeinsatzes sind jene der Person und der Gruppe bzw. jene Veränderungswiderstände, die oben auf diesen beiden Ebenen angesprochen werden ("Modell-Lernen", "Double-Loop-Learning"). In jüngerer Zeit scheint eine zunehmende Beschäftigung auch mit der strukturellen Ebene zu erfolgen (vgl. Exner et al. 1987, Titscher/Königswieser 1985). Es scheint offensichtlich zu sein, daß Veränderungen im individuellen Verhalten und in Gruppenprozessen kaum zu einem "Refreezing" kommen, wenn sie sich an ständig unveränderten Strukturbedingungen reiben. Offen ist allerdings die Frage, wo zuerst zu beginnen ist. Auf den personalen/mikrosozialen Ebenen zur Vorbereitung auf kommende Veränderungsprozesse, oder mit Strukturveränderungen zur Kennzeichnung des vorhandenen Problemdrucks?

Internale Selektion: Bei aller Vielfalt der Auffassungen und Techniken haben OE-Ansätze gemeinsam, daß die von ihnen ausgelösten Veränderungen einen großen Zeit- und Ressourcenbedarf haben. Insbesondere der Schwerpunkt der Konzentration auf Beratereinsätze, die Berücksichtigung individueller Lernprozesse, die Veränderung von Gruppennormen, das Umgestalten der gesamten Organisationsstruktur in partizipativen Schritten verursacht die relative Langsamkeit der Veränderungsschritte. Diese geringe Veränderungsgeschwindigkeit kann hinter dem Veränderungstempo der Umwelt zurückbleiben bzw. zu spät begonnen worden sein, um den verpaßten Anschluß noch aufzuholen. Ein entsprechendes Zurückbleiben hinter den Bedürfnissen der Umwelt führt zur organisationalen Stagnation und Schrumpfung (Reber 1985, Cameron et al. 1988). Solche Situationen bewirken eher hektische und konkurrierende Überlebenskämpfe als daß sie kooperative Anstrengungen sowie sparsamen und effizienten Mitteleinsatz auslösen. (Ersatz des "rationalen" durch das "politische Paradigma": Jick/Murray 1982). Vor allem sind die von Hedberg für OE-Prozesse als notwendig angesehenen materiellen Reserven aufgebraucht; die Zufuhr neuer finanzieller Mittel erweist sich in der Regel als schwierig. In solchen Situationen scheint es nur noch eine Frage der Zeit zu sein, bis eine externe Selektion im Sinne der Evolutionstheorie erfolgt. Bevor dies eintritt, bleibt unter Umständen als letztes Mittel die interne Selektion im Sinne einer geplanten "revolutionären" Veränderung ausgelöst und durchgeführt mit Hilfe gravierender Strukturveränderungen.

Miller/Friesen (1984) gehen sogar noch weiter: Ihrer Auffassung nach geschehen organisationale Anpassungsprozesse generell nicht in kleinen Schritten sondern in abrupten Neuanpassungen ("Quantensprüngen", deshalb ihr Ausdruck "Quantum Approach") von Umwelt, Strategie und Struktur. Sie vertreten diese These als alternatives "Paradigma" - in expliziter Anlehnung an Kuhns (1970) Theorie wissenschaftlicher Revolutionen - gegenüber Vertretern des OE-Ansatzes sowie "inkrementaler" Veränderungskonzeptionen (Lindblom 1959, Braybrooke/Lindblom 1963, Starbuck et al. 1978, Quinn 1980, Strehl 1989).

Der "Quantum-Ansatz" Miller/Friesens sowie Mintzbergs konzentriert sich vor allem auf Veränderungen, die eine "Umkehr", "Reversion", bzw. "Neukonfiguration" beinhalten. Sie gehen davon aus, daß solche "Reversionen" reltiv selten gemessen an der Gesamtzahl von Veränderungen vorkommen. Die Mehrzahl von Veränderungen bewegt sich in der Richtung ihrer Schwerkraft (sie nennen es Momentum). Bürokratische Ansätze perfektionieren sich in kontinuierlicher Entwicklung zu festgefügten, zentralistischen Bürokratien; dezentrale Organisationen setzen schrittweise weitere Dezentralisationsmaßnahmen. Hierbei steigt die Gefahr des Umschlagens in Dysfunktionalitäten. Diese Tendenz kann nur durch radikale und umfassende Reversionen zu neuen Konfigurationen unterbrochen und damit die Weiterexistenz der Organisation auf ökonomischtem Weg ermöglich werden. Miller/Mintzberg verweisen als Demonstrationsbeispiel auf die Veränderung der Volkswagen AG zwischen 1971 und 1973 nachdem Rudolf Leiding Kurt Lotz als Generaldirektor abgelöst hatte:

"Um das ungehemmte Wachstum unzusammenhängender Modellinien abzustellen und um sich den drastischen Rückgängen der Marktanteile und Gewinne entgegenzustemmen, setzte Leiding verschiedene einschneidene Maßnahmen. Zuerst entwickelte er eine neue Produktlinienstrategie, die zur Einführung verschiedener neuer komplementärer Modelle zum Ersatz des taumelnden "Käfers" und verschiedener anderer, nicht erfolgreicher Modellinien führte. Zweitens änderte er die Produktionsstrategie mit dem Blick auf Kostensenkungen durch die Fertigung in Billiglohnländern, wo dies möglich war. Außerdem reduzierte er die Unterschiedlichkeit der Produktlinien und entließ Mitarbeiter in wesentlichen Dimensionen. Leiding setzte viel Geld ein, um diese Strategien zu finanzieren und änderte dabei die Struktur der Verbindlichkeiten. Letztlich begann er einige umkämpfte und schrumpfende internationale Märkte weniger zu beachten. Diese Maßnahmen waren von umfassenden administrativen und strukturellen Änderungen zur Erleichterung der Realisierung der neuen Strategien begleitet. Neue Sparten und Produktgruppen wurden gebildet, Planungs-, Budgetierungs- und Überprüfungsmaßnahmen wurden eingeführt. Starke Beachtung wurde außerdem der Entwicklung einer leistungsfähigen Gruppe von Führungskräften auf der zweiten Hierarchieebene geschenkt und die Zusammenarbeit zwischen Abteilungen und Sparten gefördert und verbessert." (Miller/Mintzberg in Miller/Friesen 1984, 25).

Dieses Beispiel für eine "Quantum-Veränderung" weist eine Reihe von Merkmalen auf, die mit den theoretischen Überlegungen von Miller/ Friesen korrespondieren:

- Veränderungen bleiben wirkungslos, wenn sie nicht alle wesentlichen Teile der Organisation erfassen. Im VW-Fall wurde der Generaldirektor ausgetauscht, eine neue Modellpolitik wurde realisiert, die Aufbauorganisation wurde geändert, das Rechnungswesen wurde umgestellt, das Middle-Management umgruppiert und weiterentwickelt usw.

- Organisationen bestehen aus Konfigurationen bzw. Gestalten, die in ihren wesentlichen, ausprägenden Elementen und Verknüpfungen eher ein festes Gefüge aufweisen (Miller/Friesen 1984, 265) als nur "lose verkoppelt" (im Sinne von Weick 1876) zu sein. Dieses Gefüge entwickelt die angesprochene Schwerkraft ("Momentum"). Die Schwerkraft wiederum lenkt alle Veränderungsversuche "in kleinen Schritten" in die Bahnen der gegebenen Konfiguration. Echte, "reversale" Veränderungen können nur dann geschehen, wenn ein Sprung von einer Gestalt zu einer anderen gelingt; eine Konfiguration durch einen internen Kraftakt selektiert und durch eine andere mit all ihren anderen Eigenschaften ersetzt wird.

• Solche Quantum- bzw. Gestaltveränderungen sind wegen der Beharrungstendenz bestehender Konfigurationen schwer zu erreichen; sie sind selbstverständlich nur notwendig, wenn es zu großen Diskrepanzen zwischen Umwelt, Strategie und Organisationsstruktur gekommen ist. Entsprechend sieht der Lebenslauf erfolgreicher Unternehmen so aus, daß längere Perioden geringerer, inkrementaler Veränderungsprozesse durch kurze, eruptiv verlaufende, häufig "revolutionär" genannte, gestaltverändernde Transformationsschübe unterbrochen werden. Solche Schübe geschehen nach den Beobachtungen von Miller/Friesen "... allein unter dem Druck von zwei wesentlichen Bedingungen. Die erste ist eine Veränderung in der Machtstruktur, die das Entstehen einer neuen organisationalen Ideologie und Strategie ermöglicht; die zweite ist eine wesentliche Verschlechterung der ökonomischen Leistung, die Gegenmaßnahmen provoziert" (Miller/Friesen 1984, 260).

Die empirischen Daten von Miller/Friesen können ihren Quanten-Ansatz nicht schlüssig bestätigen. Zwei Grundannahmen werden allerdings signifikant unterstützt: Einerseits geschieht der weitaus überwiegende Teil der Veränderungen in Übereinstimmung mit der gegebenen Konfiguration, d.h. z.B. Dezentralisation wird kontinuierlich ausgebaut und nicht in die Zentralisierungsrichtung zurückgenommen. Andererseits rufen im Sinne des Gestaltansatzes Veränderungen in einem Teil der Organisation Veränderungen in anderen hervor. "Selbst wenn also die Absicht nicht darin besteht, eine neue Konfiguration einzuführen, sondern die alte zu restaurieren und ein paar Probleme dabei zu lösen, zeigt es sich, daß die Wurzeln dieser Probleme oft tiefer liegen und weite Verästelungen aufweisen, die bei ihrer Lösung Beachtung finden müssen". (Miller/Friesen 1984, 262).

Offen bleibt die Frage, ob selektive Quantensprünge für alle organisationalen Transformationen notwendig sind und nicht auch mit schrittweisen Veränderungen gleichfalls gravierende Effekte erzielt werden können. Es scheint auf der Hand zu liegen, daß letzteres mit der zur Verfügung stehenden Zeitspanne für die Veränderung, dem Ausmaß der Veränderung und mit der Höhe der zur Verfügung stehenden Ressourcen ("slack") zusammenhängt. Das wichtigste an dem Quantum-Ansatz ist der konsequente Hinweis auf die Beachtung des Gestaltmerkmals auch bei Veränderungsprozessen: Veränderungsabsichten, seien sie groß oder klein, erreichen erst dann Wirkung, wenn sie nicht punktuell erfolgen, sondern in ihrer "systemischen", ganzheitlichen Verflochtenheit angegangen und realisiert werden.

4. Aufgaben und Ziele der Ablauforganisation

Die in Kapitel 3 besprochene Struktur der Organisation wird durch Interaktionsprozesse, Kommunikationsflüsse und physische Material- und Güterflüsse innerhalb und zwischen Gruppen bzw. innerhalb der Organisation *konstituiert.* Soweit diese Flüsse geregelt sind, bilden sie die *Ablauforganisation* oder *Ablaufstruktur.* Andere Autoren sprechen auch von *Prozeßstruktur* (Kosiol 1962).

Jedes zur Struktur und zum Verhalten behandelte Thema kann durch besondere Arten von Beziehungen (*Relationen*) charakterisiert werden. Die Struktur der Organisation ergibt sich durch die Beziehungen der organisatorischen Einheiten. Mitgliederbeziehungen drücken sich in Interaktionen aus und organisatorischer Wandel kann als Beziehung zwischen einem Zustand A und einem Zustand B beschrieben werden.

Wenn wir hier Abläufe als Muster oder Folgen von Beziehungen verstehen und den instrumentellen Organisationsbegriff (Organisation als Mittel im Sinne der Maschinen- Metapher; siehe Abschnitt 2.2.1) verwenden, dann läßt sich auf einem abstrakten und sehr allgemeinen Niveau auch kurz sagen, was unter Ablauforganisation verstanden werden kann, nämlich die *Gestaltung wiederkehrender Muster und Folgen organisatorischer Beziehungen.*

Damit ist noch nichts darüber ausgesagt, wie diese Gestaltung zu geschehen hat. Dies ist auch nicht möglich ohne Festsetzung von Zielen, die wiederum in Beziehung zum Zielsystem der Organisation als Institution stehen müssen. Zur Erreichung dieser Ziele dienen Planungsmodelle, wie sie auch Gegenstand der Allgemeinen Betriebswirtschaftslehre sind.

Die grundsätzlichen Vorgangsweisen und Ansätze bei der Gestaltung und Problemlösung stellen für sich ein ablauforganisatorisches Thema dar und werden von uns genauer behandelt. Rein technische und programmierbare Lösungsansätze dagegen werden im weiteren Text an den entsprechenden Stellen nur erwähnt und es wird auf weiterführende Literatur verwiesen.

Die Organisation nimmt Materialien, Energie, Werkzeuge und Maschinen, Informationen, Kapital, Dienstleistungen und Menschen (Input) auf und transformiert bzw. kombiniert diese Faktoren zu Ergebnissen in Form von Produkten (Waren, Dienstleistungen, Gewinn, etc. - Output). Die Organisation ist in diesem Sinne ein *Transformationssystem.* Verfolgt man also die Stufen des Transformationsprozesses, den die einzelnen Inputs bis zum Verlassen in veränderter Form durchlaufen, so gelangt man zu einer Beschreibung der Organisation aus

Ablaufsicht. Diese Beschreibung passiert aber nicht losgelöst von strukturellen Merkmalen der Organisation - sie setzt sie vielmehr voraus oder produziert sie (siehe dazu auch Abschnitt 3.2.1.1).

Beispiel: Die Aufnahme von Materialen setzt Tätigkeiten voraus und löst solche aus: Lieferantenkontakt, Bestellung, Bezahlung, Eingangsprüfung, Lagerung, Bearbeitung, Transport, etc. Diese Tätigkeiten und dadurch notwendige Planungs-, Steuerungs- und Kontrollvorgänge können wieder in kleinere Bestandteile zerlegt werden. Weiters können diese Tätigkeiten nach bestimmten Kriterien zu Einheiten zusammengefaßt werden (die dann z.B. Materialdisposition oder Einkauf genannt werden). Diese Einheiten und die Beziehungen zwischen den Einheiten bilden die Struktur der Organisation.

Das Verhältnis zwischen Ablauf und Aufbau der Organisation kann mit jenem zwischen Fluß und Ufer verglichen werden. Fluß und Ufer existieren nicht unabhängig voneinander, sie bedingen sich gegenseitig und die Beschreibung des einen beinhaltet immer auch Aussagen über das andere. Das Ufer entspricht dem Aufbau der Organisation und stellt die eher statischen Gesichtspunkte dar, obwohl auch die einem - längerfristigen - Wandel unterliegen (siehe Abschnitt 3.3). Wie der Begriff schon beinhaltet, beschreiben Flüsse bzw. Abläufe dynamische Phänomene. Der Hauptteil dieses Textes wird Organisationen aus der Sicht von Abläufen - wenn man will nach den in Kapitel 2 behandelten, eine weitere Konstruktion von Organisationen - beschreiben.

Zur Beschreibung wird man zunächst Flüsse von Produktionsfaktoren durch den Betrieb unterscheiden, beginnend mit den *Elementarfaktoren*, wie sie von Gutenberg (1962) in seiner Allgemeinen Betriebswirtschaftslehre eingeführt wurden: Menschliche Arbeitsleistung, Betriebsmittel und Werkstoffe. In diesem Text beschäftigen wir uns mit dem was Gutenberg als *dispositiven Faktor* bezeichnet hat (Geschäfts- und Betriebsleitung, Planung, Organisation, nämlich mit der Gestaltung der Kombination der Elementarfaktoren). Sehr bald werden wir dabei aber auf Flüsse im Betrieb stoßen, die zwar mit den von Gutenberg eingeführten Faktoren untrennbar verbunden sind bzw. aus diesen erklärt werden, dessen gesonderte Betrachtung aber immer wichtiger wird: Der Faktor Information. Tatsächlich können alle physischen Prozesse im Betrieb durch parallele Informationsflüsse beschrieben werden.

Im folgenden gehen wir auf die allgemeinen Vorgangsweisen der Ablauforganisation ein. Zunächst ist das Verständnis der Begriffe *Ablauf* und *Ablauforganisation* genauer zu klären.

Ein Ablauf (oder Prozeß) ist eine Ordnung von Ereignissen, mit der Zeit als Ordnungskriterium.

Wir gebrauchen hier die Begriffe *Ablauf* und *Prozeß* synonym. Dem Charakter von Organisationen entsprechend, besteht der Ablauf aus Ereignissen, die zur Aufgabenerfüllung dienen. Diese Ereignisse können selbst wieder als Abläufe beschrieben werden. Das heißt, die zeitliche Ordnung von Ereignissen überlagert eine hierarchische Ordnung von Abläufen. Damit können wir die Definition von Kosiol (1973) übernehmen, dessen Ansatz wir in diesem Kapitel noch genauer behandeln werden.

Ablauforganisation ist die raum-zeitliche Strukturierung der zur Aufgabenerfüllung erforderlichen Arbeitsprozesse .

Ablauforganisation strukturiert also Aufgaben und stellt gleichzeitig selbst eine Aufgabe dar. Aufgaben beinhalten immer Ziele, zu deren Verwirklichung Planung, Steuerung und Kontrolle notwendig sind. Dieser Gliederung in Ziele folgt auch die Einteilung des folgenden Abschnittes.

4.1   Ziele der Ablauforganisation

Die Ziele der Ablauforganisation leiten sich aus den Zielen der Unternehmung ab. Typische Unternehmensziele sind (vgl. Heinen 1971): Gewinn, Umsatz, Wirtschaftlichkeit, Sicherung des Unternehmenspotentials, Liquidität, Unabhängigkeits- und Vereinigungsstreben, Prestige, Macht, ethische und soziale Ziele. Die Unternehmensziele sind für die Aufgaben der Ablauforganisation zu konkretisieren.

4.1.1   Zielarten

Diese generellen wie die spezifischen Ziele der Ablauforganisation können nach verschiedenen Gesichtspunkten (Unterscheidungsdimensionen) geordnet werden. Wir verwenden bei der folgenden Besprechung von Zielarten vier Kriterien, nämlich Wechselbeziehung, Ordnung, Wichtigkeit und Zielorientierung.

Wechselbeziehung. Nach der Art der gegenseitigen Beeinflussung lassen sich Ziele folgendendermaßen einteilen:

• *Komplementäre Ziele*: Zwei Ziele sind komplementär, wenn durch die Erfüllung eines Zieles A auch der Erfüllungsgrad eines Zieles B gesteigert wird. Dies muß nicht unbedingt bedeuten, daß erhöhter Erfüllungsgrad von B eine Erfüllung von A zur Folge hat. So kann zum Beispiel das Streben nach Macht, das sich in Erweiterungsinvestitionen äußert, zu erhöhter Rentabilität führen. Erhöhte Rentabilität muß aber nicht unbedingt zu mehr Macht führen.

- *Konkurrierende Ziele*: Erfüllung von Ziel A mindert den Erfüllungsgrad von Ziel B. Beispiel: Das Ziel einer möglichst hohen Liquidität konkurriert in dem meisten Fällen mit dem Ziel der Umsatzmaximierung.

- *Indifferente Ziele*: Erfüllung von Ziel A hat keinen Einfluß auf den Erfüllungsgrad von Ziel B. Beispiel: Das Ziel der Liquidität und soziale Ziele beeinflussen sich (zumindest direkt und kurzfristig) nicht gegenseitig.

Ordnung. Nach der Mittel-Zweck-Beziehung lassen sich *Ober- und Unterziele* (eventuell auch Zwischenziele) unterscheiden. Dadurch kann eine *Zielhierarchie* aufgebaut werden. Unterziele können auch als *Kriterien* für die Erreichung des Oberzieles gesehen werden, weil die Erreichung eines Unterzieles ein Näherkommen an das Oberziel bedeutet. Dies heißt jedoch nicht unbedingt, daß Ober- und Unterziel in einem Komplementaritätsverhältnis (im obigen Sinne) stehen müssen, denn die Annäherung an das Oberziel muß nicht notwendigerweise auch eine Annäherung an des Unterziel implizieren. Beispiel: Das Ziel Rentabilität ist Unterziel des Gewinnzieles, d.h. Rentabilität fördert den Gewinn. Gewinn kann aber auch auf andere Art (z. B. Spekulationen) bei gleichzeitiger Abnahme der Rentabilität erhöht werden.

Wichtigkeit. Heinen (1971) unterscheidet Ziele noch nach deren Wichtigkeit in *Haupt- und Nebenziele*. Diese Unterscheidung ist abhängig von der subjektiven Gewichtung der Entscheidungsträger. Diese Gewichtung ist durch die (übergeordneten) Zielen und Bedürfnissen dieser Personen erklärbar und setzt eine (bewußte oder unbewußte) Ordnung (Zielhierarchie) voraus. Beispiel: Die Gewichtung der Ziele Gewinn und Arbeitsplatzsicherheit kann nur in bezug auf übergeordnete Ziele des Entscheidungsträgers wie ein gesichertes Einkommen und die Gesundheit der Mitarbeiter vorgenommen werden.

Zielorientierung. Organisationen setzen sich Ziele und deren Mitglieder haben Ziele. Unter *ökonomischen Zielen* faßt man jene zusammen, die zu den explizit formulierten Organisationszielen gehören, auch wenn diese nicht in ökonomischen (monetären) Größen im engeren Sinne ausgedrückt werden. Beispiel: Ein Organisationsziel - und insofern ökonomisches Ziel - eines Krankenhauses ist die Gesundung der Patienten (Menschen als Kunden). Von den ökonomischen Zielen werden *mitgliederorientierte Ziele* unterschieden, die die unmittelbare Bedürfnisbefriedigung der Organisationsmitglieder zum Inhalt haben. Im Beispiel des Krankenhauses sind dies die Ziele der Ärzte, Krankenschwestern und sonstigen Bediensteten. Ökonomische wie mitgliederorientierte Ziele beziehen sich auf die Organisation. Organisationen als Systeme haben eine Umwelt. *Ziele der Umwelt* sind alle Interessen, die Gruppen in der Umwelt oder Teile dieser Umwelt haben.

Die Ziele der Ablauforganisation sind also Unterziele der Unternehmensziele und der Ziele der Mitglieder des Unternehmens und lassen sich aus diesen bzw. aus der Definition des Begriffes *Ablauforganisation* ableiten. Die folgende Gliederung ablauforganisatorischer Ziele in den Abschnitten 4.1.2 bis 4.1.4 folgt der Unterscheidungsdimension Zielorientierung.

4.1.2 Ökonomische Ziele der Ablauforganisation

Für die ökonomischen Ziele der Ablauforganisation formuliert Kosiol (1973) die Unterziele (Kriterien) Zweckmäßigkeit, Wirtschaftlichkeit, Gleichgewicht und Koordination.

Zweckmäßigkeit (Effektivität). Die Abläufe müssen so gestaltet werden, daß die Realisierung der Gesamtaufgabe (bzw. der Oberziele) gewährleistet ist.

Wirtschaftlichkeit (Effizienz). Die Mittel sollten möglichst ergiebig oder optimal eingesetzt werden. Das Wirtschaftlichkeitsprinzip ist umfassend zu sehen. Das heißt, daß nicht nach optimalen Lösungen zu suchen ist, wenn die Suche selbst unwirtschaftlich ist oder wenn die Durchsetzung nicht gewährleistet werden kann. Die Suche nach *optimalen Lösungen* beruht obendrein auf Annahmen, die unter Umständen nicht erfüllt sind. Diese Annahmen sind (March/Simon 1969, 354):

- Alle alternativen Lösungen können auf Grund bestimmter Kriterien verglichen werden und
- eine Alternative kann auf Grund dessen eindeutig als die beste identifiziert werden.

Nachdem diese Annahmen in vielen Fällen unrealistisch sind, ist nach March und Simon der Normalfall die Suche nach *zufriedenstellenden (satisfiszierenden) Lösungen*, die Minimalanforderung hinsichtlich gewisser Kriterien erfüllen oder übertreffen sollen.

Gleichgewicht. Die Abläufe sollten so gestaltet werden, daß sie Störung von außen (Umwelt) möglichst gut auffangen können (*Stabilität*). Durch ungeplante Ereignisse sollte die Funktionsfähigkeit der Organisation nicht ausgeschaltet werden. Andererseits sollten dauerhafte Änderungen in Teilbereichen möglich sein, ohne daß dadurch das Gesamtsystem geändert werden muß (*Elastizität*). In diesem Zusammenhang ist vor allem zu beachten, daß ablauforganisatorische Tätigkeit

- als *Neugestaltung* und Grundlage für die Aufbauorganisation und
- als *Reorganisation* bestehender Prozesse und Strukturen

geschehen kann. Die Probleme bei der Reorganisation werden umso leichter zu lösen sein, je mehr man auf bestehenden Teilprozesse und -strukturen aufbauen kann und je reibungsloser notwendige Änderungen in das bestehende Gefüge eingebaut werden können. In Hinblick darauf gewinnt Elastizität als Gleichgewichtsziel besondere Bedeutung. Operationalisiert (siehe Abschnitt 4.1.5) kann es etwa durch die Forderung nach der *Abgeschlossenheit von Teilabläufen* werden; Gaitanides (1983) nennt dies *Robustheit*. Ergebnis der Ablauforganisation sollen Teilabläufe sein, die möglichst weitgehend geändert werden können, ohne andere Teilabläufe ändern zu müssen. Das bedeutet etwa, daß bei einer Reorganisation nicht alle Abläufe neu zu analysieren sind. Je mehr die zu ändernden Teilabläufe eingeschränkt werden können, ohne daß durch deren Änderung die Funktionsfähigkeit anderer Teilabläufe beeinträchtigt wird, umso schneller und kostensparender ist die Reorganisation durchführbar.

Koordination. Organisatorische Abläufe sollten so gestaltet werden, daß durch sie selbst die Abstimmung zwischen betrieblichen Teilbereichen gewährleistet wird. Solcherart sollen ungeplante Eingriffe zur Koordination (etwa durch Führungskräfte) minimiert werden. Dies ist der eigentliche Zweck von Organisation als Tätigkeit (bzw. als derivativer Faktor im Sinne Gutenbergs 1973), nämlich jene Bereiche in denen dies im Sinne der anderen Ziele der Organisation bzw. derer Mitglieder möglich ist, ein gewisses Maß an Gleichartigkeit und Periodizität zu gestalten und dadurch den Ersatz von fallweisen Eingriffen durch generelle Regelungen zu ermöglichen. Dies wird von Gutenberg als das *Substitutionsgesetz der Organisation* bezeichnet (Gutenberg 1973, 239f).

Die Ziele Koordination und Gleichgewicht stehen in einem Unterordnungsverhältnis zur Wirtschaftlichkeit - zumindest unter einer längerfristigen Perspektive.

4.1.3 Mitgliederorientierte Ziele

Aus den Zielen, Interessen und Bedürfnissen der Organisationsmitglieder lassen sich weitere Ziele für die Ablauforganisation ableiten:

- Erreichung einer Anpassung der Abläufe an die Bedürfnisse des Mitarbeiters. Beispiel: Die Gestaltung der Abläufe unter Berücksichtigung von Kommunikationsbedürfnissen der Mitarbeiter.
- Minimierung der Körperbelastung und Unfallgefahr.
- Schaffung von Entwicklungsmöglichkeiten für die Mitarbeiter. Beispiel: Lernen am Arbeitsplatz durch die Schaffung von Möglichkeiten, den gesamten Ablauf (über den unmittelbaren Arbeitsbereich einzelner Mitarbeiter hinaus) zu überblicken.

Zum Teil sind die mitarbeiterorientierten Ziele komplementär mit den ökonomischen Zielen. Wie weit die Komplementarität geht, bzw. wo es zu Zielkonkurrenz kommt, kann nicht allgemeingültig, sondern nur für eine spezielle Situation festgestellt werden. Jedenfalls scheint eine notwendige Bedingung für die ernsthafte Berücksichtigung mitgliederorientierter Ziele bei der Gestaltung der betrieblichen Abläufe ein Unterordnungsverhältnis zu ökonomischen Zielen zu sein. Die Annahme dieser Komplementarität entspricht eher einer organischen als einer mechanistischen Konstruktion von Organisationen (siehe Kapitel 2).

4.1.4 Ziele der Umwelt

Ähnliches wie für mitgliederorientierte Ziele gilt für die Ziele der Umwelt, wobei wir den Begriff Umwelt weit fassen und alles darunter verstehen, was nicht zum System der Organisation gehört: Kunden, Lieferanten, Familie der Organisationsmitglieder, Gesellschaft, Natur - um nur die wichtigsten Begriffe zu nennen. Löst man die mechanistische Konstruktion von Organisationen ab, so wird man den Gesamtzusammenhang, in den die Organisation bzw. die sich darin abspielenden Abläufe eingebettet sind, berücksichtigen müssen. Es wird sich herausstellen, daß die ökonomischen Ziele längerfristig nur unter Berücksichtigung der Ziele der verschiedenen Teile der Umwelt erreicht werden können. Denn wenn es ein allgemeingültiges Oberziel für Organisationen gibt, dann ist es jenes nach "Überleben" der Organisation. Und dieses ist durch eine Anpassung zwischen Organisation und Umwelt zu sichern (siehe Kapitel 2), wofür das Überleben der Umwelt eine notwendige Bedingung darstellt.

Der Umstand, wie wenig wir über die Konsequenz dieser Tatsache für die Gestaltung der konkreten Strukturen und Prozesse in Organisationen wissen, zeigt, daß wir erst am Beginn der Relativierung der mechanistischen Konstruktion von Organisationen stehen.

4.1.5 Operationale Ziele

So wie wir bisher die Ziele formuliert haben, ist in konkreten Situationen schwer zu beurteilen, wann die Ziele erreicht sind. Eine wesentliche Aufgabe besteht darin, die Ziele zu operationalisieren.

Operationalisierung: Um den Grad der Zielerreichung beurteilen zu können, müssen meßbare Größen gefunden werden, die mit den Zielen in einem direkten Zusammenhang stehen.

Solche Größen können sein: Erfolgsgrößen in Geld-, Produktionseinheiten, Zeitgrößen, Maße für Qualitätsstandards, Maße für soziale und psychologische Merkmale.

Ökonomische Ziele			Mitarbeiter-orientierte Ziele
Zeitgrößen	Kostengrößen	Qualität	
Durchlaufzeiten Wartezeiten Lagerzeiten Zykluszeiten Transportzeiten Gesamtbelegungszeit Leerzeiten Rüstzeiten	Terminüberschreitungskosten Stückkosten Verzögerungskosten Rüstkosten Beschleunigungskosten Leerkosten	Qualitätsnormen Toleranzgrenzen Designrichtlinien	Arbeitszufriedenheit Motivation Partizipationsgelegenheit Entgelt

Abb. 4-1: Operationale Maße der Zielerreichung

Operationale Ziele der Ablauforganisation, wie in Abbildung 4-1 gelistet, werden aus den Zielen der Organisation abgeleitet und stellen insofern Unterziele dar. Sie sind aber gleichzeitig Oberziele, weil sie nur durch Verfolgung anderer, untergeordneter Ziele erreicht werden können. Beispiele für derartige Unterziele der Ablauforganisation sind:

• Optimale bzw. befriedigende Anordnung und Gestaltung der Arbeitsplätze;
• optimale Lagerbestandsgrößen und Lagergestaltung;
• optimaler Grad an Arbeitsteilung;
• Schaffung der Grundlagen für eine optimale Besetzung der Arbeitsplätze.

Um zu beurteilen, was als optimal oder befriedigend angesehen wird, müssen Richtlinien festgelegt werden. Die optimale Anordnung von Arbeitsplätzen kann beispielsweise auf Grund der Transportwege gefunden werden. Optimal ist dann jene Anordnung, für die die Summe der Transportwege oder -zeiten minimal ist.

Weitere Ziele, wie z.B. die optimale Auswahl von Personen zur Besetzung der Arbeitsplätze, die ebenfalls zur Erfüllung der genannten Oberziele beitragen, aber keine ablauforganisatorischen Probleme darstellen, behandeln wir hier nicht.

4.2 Aufgaben des Betriebes

"Wer das Gefüge und Leben eines Betriebes organisatorisch erfassen, gestalten oder prüfen will, muß von der Zwecksetzung des Betriebes ausgehen. Am

Anfang aller Organisation steht daher die Betriebsaufgabe." (Kosiol 1973, 404). Mit den Zielen der Organisation sind also deren Aufgaben unmittelbar verbunden. In der Organisation als System von Arbeitsteilung muß die Gesamt- aufgabe in Teilaufgaben gegliedert werden (Aufgabenanalyse), um diese wiede- rum zu sinnvollen Einheiten zusammenzufassen (Aufgabensynthese).

4.2.1 Die Beschreibung und Klassifikation von Aufgaben

Ziele der Organisation implizieren Aufgaben und umgekehrt hat jede Aufgabe ein Ziel. Ein Beispiel: Die Aufgabe "Büroreinigung" hat als Ziel einen reinen Büroraum. Um dieses Ziel zu erreichen, werden verschiedene Mittel eingesetzt. Dazu gehören Objekte (im Beispiel der Besen) genauso wie die Tätigkeit des Kehrens. Damit ergibt sich folgende Definitionsmöglichkeit:

Aufgaben können als Mengen beschrieben werden, deren Elemente Mittel, Ziele und Beziehungen zwischen Mitteln und Zielen sind (Weick 1965).

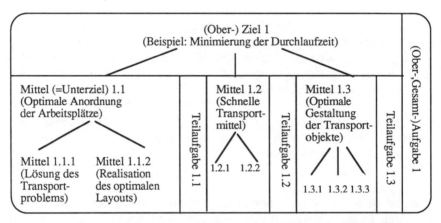

Abb. 4-2: Zusammenhang zwischen Zielen, Mitteln, Aufgaben und Teilaufgaben

Die Beschaffenheit dieser Menge wollen wir etwas genauer beschreiben. Das Ziel kann zunächst in *Teilziele* aufgegliedert werden. Zum gereinigten Büro- raum gehören die Teilziele gereinigter Boden, gereinigter Tisch, geleerter Pa- pierkorb (Teil-Ganzes Beziehung). Die Erreichung dieser Ziele ist entspre- chend mit *Teilaufgaben* verbunden. Wie bereits erwähnt kann die Menge auch hierarchisch geordnet werden. Das heißt die Mittel, die zu einem Ziel führen, können selbst wieder als *Unterziele* betrachtet werden (Mittel-Ziel Beziehung), denen wiederum *Unteraufgaben* zugeordnet werden können. Es ist ja nicht unbedingt selbstverständlich, daß ein Besen zur Verfügung steht. Der Besitz eines Besens ist somit Unterziel für das Ziel "reiner Büroraum" (vgl. auch die Unterscheidung zwischen Teil- und Unterproblem bei Witte 1979   und

Gaitanides 1983). Wie wir in den folgenden Beispielen sehen werden, sind Unteraufgaben zur Erreichung des Oberziels in allen wesentlichen Fällen gleichzeitig Teilaufgaben der Gesamtaufgabe. Wir sprechen daher im folgenden nur noch von Teilaufgaben.

Die in Abbildung 4-2 dargestellte hierarchische Aufgliederung kann fortgesetzt werden. So können wir das Mittel mit der Nummer 1.1.1 selbst wieder als Ziel sehen, für dessen Erreichung Mittel 1.1.1.1, 1.1.1.2 usw. zur Verfügung stehen. Der Begriff *Mittel* wird im folgendenen noch in einem anderen, engeren Sinne benutzt, wenn wir von Sach- und Arbeitsmitteln sprechen.

4.2.1.1 Originäre Aufgabenmerkmale

Zielen und Mitteln können Objekte (Büroraum, Besen) und Tätigkeiten (Reinigen, Kehren) zugeordnet werden. Berücksichtigt man zusätzlich die Raum-Zeit Dimension, so ergeben sich Merkmale von Aufgaben. Merkmale dienen einerseits zur Beschreibung und Unterscheidung von Aufgaben, andererseits sind sie Grundlage für die Bildung von Teilaufgaben in der Aufgabenanalyse. Kosiol (1973) unterscheidet folgende wesentlichen Merkmalskategorien, mit denen sich Aufgaben charakterisieren lassen:

Verrichtung. Jede Aufgabe ist mit bestimmten Tätigkeiten (als Teil der Mittel im weiteren Sinne) verbunden. Drei grobe Kategorien von Verrichtungen sind für die Ablauforganisation relevant:

• Physische Handlungen,
• Kommunikation und
• Informationsverarbeitungsprozesse (kognitiv oder maschinell).

Objekt. Damit ist alles gemeint, was durch die Aufgabenerfüllung umgewandelt (transformiert) wird. Aufgaben werden an *physischen Gegenständen* (Materialien, Produkte, etc.) vollzogen oder beziehen sich auf *Personen* (Kunden, Mitarbeiter, etc.). *Informationen* (und allgemeiner *Daten*) sind zwar in irgendeiner Form ebenfalls physisch repräsentiert (entweder durch Gegenstände oder durch Personen), trotzdem sollen sie wegen ihres eigenständigen ("logischen") Charakters gesondert ausgewiesen werden.

Es mag etwas sonderbar (und sehr mechanistisch) anmuten, von der Umwandlung oder Transformation von *Personen* zu sprechen. Ein Beispiel soll dies erläutern: Durch einen Verkauf wird ein "Kunde ohne Ware" in einen "Kunden mit Ware" umgewandelt. Ein anderes Beispiel: Durch eine Bildungsmaßnahme wird ein Mitarbeiter mit mehr Fähigkeiten ausgestattet und in diesem Sinne verändert.

Sach- und Arbeitsmittel (Mittel im engeren Sinne). Vom Objekt, an dem eine Aufgabe vollzogen wird, sind die Hilfsmittel zu unterscheiden, mit denen die Durchführung ermöglicht oder erleichtert wird (Betriebsmittel bei Gutenberg 1973). Dazu gehören ebenfalls physische Gegenstände, Personen und Informationen bzw. Daten.

Raum und Zeit. Aufgaben können durch die Angabe des Ortes und des Zeitpunktes (bzw. Zeitraumes), an dem sie durchgeführt werden, charakterisiert werden.

Beispiel Büroreinigung: Verrichtungen sind Kehren, Wischen, Füllen, Lehren, etc. Objekte sind Boden, Tische, Sessel, Fenster, etc. Sach- und Arbeitsmittel: Besen, Eimer, Tücher,etc. Raum und Zeit: Gebäude III, Zimmer 315B, 17.00 bis 19.00.

4.2.1.2 Abgeleitete und kontextabhängige Aufgabenmerkmale

Die bisher genannten Merkmale sind sehr allgemeiner Natur und sind Bestandteile jeder Aufgabenbeschreibung. Darüber hinaus verlangen verschiedene Zwecke, auf die später noch eingegangen wird (etwa die Besetzung mit Personen), weitere Merkmale zur Beschreibung von Aufgaben (vgl. z.B. Hill et al. 1989). Diese Merkmale sind keine originären Aufgabenmerkmale, da sie sich nur aus dem Zusammenhang (Kontext), in den sie gestellt sind, ergeben und nicht zur Klassifikationen von Aufgaben *an sich* dienen können. Es sind dies der Häufigkeitscharakter, die Art des produktiven Faktors, die Beherrschbarkeit, die Bedeutsamkeit und die Art der Aufgabenträger.

Häufigkeitscharakter. Damit werden (immer wieder anfallende) *Normalaufgaben* gegenüber (einmaligen) *Projektaufgaben* (siehe Kapitel 13) abgegrenzt. Ein Beispiel für die erwähnte Abhängigkeit dieser Merkmale vom Kontext ist der Hausbau: Hausbau ist für einen Fertigteilproduzenten eine Normalaufgabe, während es für eine Familie oder einen Industriebetrieb eine Projektaufgabe darstellt.

Die **Art des produktiven Faktors.** Gutenberg (1973) unterscheidet zwischen *dispositiven* (leitenden) und *elementaren* (ausführenden) Aufgaben. Zu dispositiven Aufgaben gehören die Gestaltung der Organisation, Planung, Steuerung und Kontrolle der unmittelbar ausführenden, elementaren Aufgaben. In der zeitlichen Abfolge ergeben sich dadurch *Phasen* des größeren Aufgabenzusammenhanges, da im wesentlichen

- Planung vor der
- Steuerung bzw. Ausführung und diese wiederum vor der
- Kontrolle kommt.

Andererseits machen Planung, Steuerung und Kontrolle Anweisungsbefugnisse notwendig, weshalb dadurch in der Regel auch eine hierarchische *Rangordnung* impliziert wird.

Beherrschbarkeit (Hoffmann 1980) ist das Ausmaß, in dem das Aufgaben- erfüllungsverhalten der Organisationsmitglieder organisatorisch determiniert bzw. vorausgesagt werden kann. Die Beherrschbarkeit nimmt mit zunehmender Wiederholung einer Aufgabe zu (Lerneffekte) und hängt soweit vom Mitar- beiter ab. Sie hängt außerdem von den Merkmalen der Komplexität und der Determiniertheit der Aufgabe ab:

Komplexität. Dafür lassen sich wiederum drei Komponenten unterscheiden (Wood 1986):

• *Komponenten-Komplexität*: Ausmaß notwendiger (verschiedener) Handlungen und Informationen. Hohe Komponenten-Komplexität verlangt verschiedenartige Fähigkeiten (*Varietät der Fähigkeiten;* Hackman und Oldham 1975) vom Aufgabenträger.

• *Koordinationskomplexität*: Art und Ausmaß von Interdependenzen zwischen den Handlungen und Informationen. Dies betrifft die Handlungen im Zu- sammenhang der Aufgabe selbst, aber auch die Interdependenzen zu anderen Aufgaben. Komponenten- und Koordinationskomplexität werden durch die sogenannte *Ganzheitlichkeit* (Hackman/Oldham,1975) einer Aufgabe beein- flußt. Mit diesem Merkmal wird das Ausmaß an Arbeitsteilung relativ zur Gesamtaufgabe ausgedrückt. Eine Aufgabe, die nur ausführende Anteile hat, zeichnet sich durch ein niedrigeres Maß an Ganzheitlichkeit aus gegenüber einer Aufgabe, die zusätzlich Planungs- und Kontrollanteile hat.

• *Dynamische Komplexität (Variabilität)*: Ausmaß und Häufigkeit der Änderun- gen von notwendigen Handlungen, Informationen und deren Interdependen- zen.

Determiniertheit. Das Ausmaß der Eindeutigkeit, mit der die Erfüllungsinhalte (Aufgabenziele) und die dafür notwendigen Mittel festgelegt sind. Ist dies nicht eindeutig festgelegt, so sind jeweils Entscheidungen zu treffen, deren Qualität die Effizienz der Aufgabenerfüllung beeinflußt.

Neben den organisatorischen Bedingungen ist ein weiteres Kontextmerkmal die Person, die eine Aufgabe durchführen soll und die eine Aufgabe in ganz be- stimmter Weise wahrnimmt. So kann etwa eine Aufgabe mit einem ganz be- stimmten Komplexitätsgrad von einem Arbeiter als schwierig empfunden wer- den, während sie ein Nobelpreisträger als einfach wahrnehmen würde. Zumindest ist es aber möglich, Aufgaben nach ihrem Komplexitätsgrad zu ordnen, wie dies beispielhaft in Abbildung 4-3 gezeigt wird.

Verrichtung / *Komple-xitätsgrad*	Arbeit mit Daten (Informations-verarbeitung)	Arbeit mit Menschen (Kommunikation)	Arbeit mit physischen Objekten (physische Handlungen)
hoch	Herstellen von Verbindungen und Zusammenhängen (Synthese)	Förderung, Verhandlung	Präzisionsarbeit
mittel	analysieren, berechnen, übersetzen	anweisen, beraten, betreuen, überzeugen	bearbeiten, Maschinenarbeit, Kontrolle
niedrig	kopieren, vergleichen	Informationen austauschen, Anweisungen entgegennehmen, helfen	Transport, Maschinen beschicken

Abb. 4-3: Beispiele für verschiedene Komplexitätsgrade von Aufgaben (nach Wiley/Fine 1969 zit. in Ghorpade 1988, 111)

Bedeutsamkeit. Es gibt Aufgaben, von deren Erfüllung sehr viele Menschen und andere Aufgaben in der Organisation oder auch außerhalb abhängen (Beispiel die Planung eines Kraftwerkes). Andere sind nur von sehr eingeschränkter Bedeutung für andere Bereiche (Die Büroreinigung beispielsweise betrifft nur das eine Büro und sonst niemanden). Das Merkmale Bedeutsamkeit ist besonders zur Beurteilung der motivationalen Aspekte einer Aufgabe geeignet.

Art der Aufgabenträger. Ebenfalls vom Kontext abhängig ist die wichtige Unterscheidung zwischen *Individual- und Gruppenaufgaben*. Es gibt Aufgaben, die sich nicht sinnvoll soweit in Teilaufgaben gliedern lassen, daß sie einzelnen Individuen zugeordnet werden können (ganzheitliche Aufgaben). Darüber hinaus gibt es Fälle, wo zwar grundsätzlich Aufteilung möglich ist (teilbare Aufgaben), aber aus anderen Gründen (z.B. motivationaler Art) nicht vorgenommen wird. Gruppenaufgaben können zwar mit den bereits eingeführten Aufgabenmerkmalen beschrieben werden, es wird sich jedoch herausstellen, daß damit bedeutende Aspekte der Aufgabe nicht erfaßt werden. Insbesondere ist mit der Gruppenarbeit neben der Arbeit am Aufgabenobjekt oder an den Daten immer auch Austausch mit anderen Menschen verbunden. Das Ausmaß der notwendigen Interaktion wird unter anderem dadurch bestimmt, ob es sich um *teilbare oder ganzheitliche Gruppenaufgaben* handelt (Steiner 1972; dort finden sich weitere Merkmale für Gruppenarbeiten).

Die konkrete Beschreibung der Aufgaben bezüglich eines oder mehrerer dieser Merkmale kann nach inhaltlichen, quantitativen und raum-zeitlichen Gesichtspunkten weiter systematisiert werden. Damit können den einzelnen Aspekten der Aufgabe analytische Fragen zugeordnet werden, die in Kurzform in Tabelle 4-4 angeführt sind. Dies kann als Grundlage für die gezielte und vollständige Erfassung von Aufgaben dienen (siehe folgender Abschnitt 4.2.2).

	Verrichtung	*Objekt*	*Sach-/Arbeitsmittel*	*Raum/Zeit*
inhaltlich	welche	welches	welche	welcher Raum
quantitativ	wie oft	wieviele	wieviele	wie lange, wie groß
raum/zeitlich	wann/wie lange	wo	wann, wie lange, wo	-

Tab. 4-4: Beschreibungsaspekte für Aufgaben

4.2.2 Aufgaben- und Arbeitsanalyse

Zur Erfüllung einer Aufgabe (Gesamtaufgabe, Oberaufgabe) im arbeitsteiligen System der Unternehmung muß die Aufgabe zunächst in Teilaufgaben zerlegt werden. Dies wird als Aufgabenanalyse bezeichnet (Kosiol 1962). Der Unterscheidung zwischen Aufbau- und Ablauforganisation entsprechend, unterscheidet Kosiol zwischen Aufgaben- und Arbeitsanalyse.

"Aufgabenanalyse ist die aus der konkreten Wirklichkeit der gegebenen Erfahrungswelt für eine bestimmte - bereits vorhandene oder zu errichtende - Unternehmung abgeleitete Feststellung der - tatsächlich vorhandenen oder vorzusehenden - Teilaufgaben." (Kosiol 1973, 521).

Damit wird also zunächst nicht konkretisiert, wie die Aufgabenerfüllung zu erfolgen hat.

Die zur Erfüllung dieser Teilaufgaben notwendige Prozeßstruktur wird durch die Arbeitsanalyse festgestellt, die eine vertiefte Aufgabenanalyse darstellt. Aufgaben- und Arbeitsanalyse folgen den selben Prinzipien.

Während jedoch das Ziel der Aufgabenanalyse die Bildung funktionsfähiger Teileinheiten innerhalb der organisatorischen Aufbaustruktur ist, soll die Arbeitsanalyse einen Überblick über die Gesamtheit aller anfallenden und auf die Aufgabenträger zu verteilenden Arbeitsteile (Abläufe) geben (Kosiol 1980). Darüber hinaus sind die Ziele und Prinzipien der Aufgaben- und Arbeitsanalyse aber gleich, weshalb wir im folgenden die Unterscheidung zwischen Aufgaben- und Arbeitsanalyse nicht mehr weiterverfolgen und zur Vereinfachung nur noch von Aufgabenanalyse sprechen.

Zur Bildung von Teilaufgaben bieten sich die allgemeinen Merkmale der Aufgabe (sachliche Gesichtspunkte: Verrichtung, Objekt, Sach- und Arbeitsmittel) an. Raum-zeitliche Gesichtspunkte werden zunächst ausgeklammert, diese werden erst bei der Synthese berücksichtigt. Nachdem wir die Merkmale von Aufgaben bereits im Abschnitt 4.2.1 beschrieben haben, beschränken wir uns hier auf Beispiele für die einzelnen Analysearten: Verrichtungsanalyse, Objektanalyse und Mittelanalyse.

• *Verrichtungsanalyse.* Eine Aufgabe besteht aus einer Reihe von Tätigkeiten, die Ergebnisse der Analyse sind. Beispiel: Die Aufgabe "Fertigung einer Vorrichtung" kann in folgende Teilaufgaben zerlegt werden: Schmieden, Messen, Schleifen, Bohren, Fräsen, Montieren.

• *Objektanalyse.* Ergebnis einer Aufgabe ist in der Regel ein physisches Objekt, das wiederum aus mehreren Teilobjekten besteht. Beispiel Micro-Computer: Gehäuse, Tastatur, Bildschirmröhre, Elektronische Bauteile, Platinen, Kabel.

• *Mittelanalyse.* Ergänzend zur Verrichtungs- und Objektanalyse kann analysiert werden, welche Mittel zur Aufgabenerfüllung notwendig sind. Beispiel Schmieden: Hammer, Amboß, Esse, Zange, Wasser.

Die Teile als Ergebnisse dieser Analysen können wir uns durch "Und" verbunden denken, weil alle zusammen für die Gesamtaufgabe notwendig sind. Dies wird auch als "Und-Analyse" bezeichnet. Daneben können wir feststellen und aufzählen welche Alternativen für die Erfüllung einer Aufgabe möglich sind, was von Schmidt (1989) im Gegensatz zur oben beschriebenen "Und"-Gliederung als "Oder"-Gliederung bezeichnet wird. Wir behandeln dies hier gesondert, weil sie trotz der Bezeichnung keine Gliederung (Analyse) im strengen Sinne darstellt. Vielmehr ist es eine Aufzählung (Enumeration) von verschiedenen Möglichkeiten, dieselbe Aufgabe auf verschiedenen Wegen zu erfüllen, bzw. eine Aufzählung der Elemente einer Menge. Man kann dies auch als Ersetzen des Allgemeinen durch das Konkrete sehen. Eine derartige Aufzählung kann auch im allgemeinen nicht wirklich vollständig sein (meistens wird man immer noch weitere Möglichkeiten finden können. Für eine echte Analyse wird aber Vollständigkeit gefordert (siehe weiter unten: Ziele der Aufgabenanalyse). Aufzählungen sind aber im gesamten Aufgabenanalyse-Prozeß immer wieder enthalten. Aufzählung äußert sich also in der Ersetzung eines Oberbegriffs durch Unterbegriffe, während die Analyse den Begriff in seine Bestandteile zerlegt.

Die Aufgabenanalyse erzeugt eine hierarchische Ordnung von Aufgaben und Teilaufgaben. Sie besteht aus rein analytischen Schritten und aus Aufzählungsschritten, die Grundlage für eine tiefere Analyse darstellen können.

Aufzählungen können sich wieder auf Verrichtungen, Objekte und Mittel beziehen.

Verrichtungsaufzählung. Aufzählung der verschiedenen möglichen Tätigkeitsarten (Alternativen) zur Erfüllung einer bestimmten Aufgabe. Zum Beispiel kann ein Rohling für einen Vorrichtungsteil auf folgende verschiedene Weise gefertigt werden: Schmieden, Gießen, Stanzen, Ziehen.

An diesem Beispiel kann auch gezeigt werden, warum derartige Aufzählungen selten wirklich vollständig sind: Eine weitere Möglichkeit zur Fertigung eines Rohlings wäre etwa "Schnitzen". Wird aus dem organisatorischen oder technischen Zusammenhang aber klar, daß die Alternative offensichtlich sinnlos ist, so wird man sich deren Erwähnung gewöhnlich sparen.

Objektaufzählung. In vielen Fällen gibt es nicht nur eine Möglichkeit, Teilobjekte zu einem Ganzen zusammenzufügen, sondern es gibt mehrere Alternativen für Teilobjekte. Objektaufzählung heißt Nennung sinnvoller Alternativen für Teilobjekte. Beispiel: Der Bildschirm eines Micro-Computers kann durch folgende Typen repräsentiert sein: Monochrom, Farbe, LCD.

Mittelaufzählung. Analog können verschiedene Mittel, die alternativ verwendet werden können, aufgezählt werden. Beispiel: Alternativen zum Schmieden sind etwa: Handhammer, Vorschlaghammer, Maschinenhammer.

Als *Spezialfälle der Verrichtungsanalyse* mit besonderer Bedeutung in Organisationen können die folgenden Analysearten gesehen werden (Kosiol 1973): Ranganalyse, Phasenanalyse und Zweckbeziehungsanalyse.

Ranganalyse. Prinzipiell muß bei jeder Aufgabe zunächst festgelegt werden, wie sie zu erfüllen ist (Entscheidung), und dann muß eben diese Festlegung umgesetzt werden (Ausführung). Aufgaben können also in *Entscheidungs- und Ausführungsteile* zerlegt werden. Beispiel: Beim Bildschirm des Micro-Computers kann unterschieden werden: Auswahl eines Bildschirmtyps, Einbau des Bildschirms.

Phasenanalyse. Jede organisatorische Aufgabe kann in drei typische Schritte (Phasen) zerlegt werden. Nachdem diese Zerlegung sich auch oft in aufbauorganisatorischen Einheiten wiederfindet, hat sie eine besondere Bedeutung. Diese drei Phasen sind: *Planung, Durchführung* und *Kontrolle*. Beispiel: Phasen im Verkaufsablauf einer Handelsfirma sind: Vertriebsplanung und Routenplanung für Verkäufer, Kundenbesuche (Durchführung), Abrechnung und Buchhaltung (Kontrolle).

Zweckbeziehungsanalyse. Auch diese Gliederungsform hat vor allem aufbauorganisatorische Konsequenzen. Sie unterscheidet Teilaufgaben danach, wie direkt der Zusammenhang zur eigentlichen Betriebsaufgabe ist.

- *Zweckaufgaben.* Dies sind jene Aufgaben, die direkt die eigentliche Betriebsaufgabe betreffen. Beispiel: Planung, Durchführung und Kontrolle der Produktion.
- *Verwaltungsaufgaben.* Diese Aufgaben leiten sich aus den Zweckaufgaben ab und haben einen indirekten Zusammenhang zur Betriebsaufgabe. Beispiele: Personalplanung, Personaltraining, Lohnverrechnung.
- *Unterstützungsaufgaben.* Diese Klasse von Aufgaben erscheint uns erwähnenswert (obwohl sie von Kosiol noch nicht aufgeführt wurde), da derartige Aufgaben immer mehr Bedeutung gewinnen und weder echte Zweckaufgaben noch echte Verwaltungsaufgaben darstellen. Es sind vielmehr eigenständige Aufgabenfelder, welche die Bewältigung anderer Aufgaben erleichtern sollen. Beispiele sind: Marktforschung (zur Unterstützung der Produktions- und Absatzplanung), Schreibdienste, Werksküche. Die Abgrenzung zwischen Verwaltungs- und Unterstützungsaufgaben ist unscharf.

Verrichtungsanalyse zur zeitlichen Strukturierung der Abläufe. Zur möglichst effizienten zeitlichen Aneinanderreihung der Teilaufgaben und zur gegenseitigen Abstimmung mehrerer Abläufe hat sich eine spezielle Analyse von Verrichtungsarten zur Strukturierung der Ablaufzeit als zweckmäßig erwiesen. Diese Strukturierung schlägt sich in sogenannten *Zeitarten* - einem unserer Meinung nach schlecht gewählten Begriff - nieder. Dabei werden explizit Zeiträume, in denen keine Verrichtungen an der Aufgabe vollzogen werden berücksichtigt:

- *Transformation.* Eigentliche Tätigkeit am Objekt.
- *Transport* des Objektes oder von Mitteln zur Aufgabenerfüllung.
- *Rüsten.* Die Mittel müssen in der Regel vor der Transformation für die jeweilige Aufgabe adaptiert werden. Bei mehrmaliger Wiederholung einer Transformations- bzw. Aufgabenart fällt diese Verrichtung nur einmal an. Die Dauer des Rüstens relativ zur Dauer der Transformation beeinflußt beispielsweise die Losgröße und fließt in gängige Formeln zur optimalen Wahl dieser Größe ein (vgl. z.B. Fogarty et al. 1989; Zäpfel 1982).
- *Keine oder nicht aufgabenbezogene Tätigkeiten.* Der Zeitablauf zur Aufgabenabwicklung ist immer wieder unterbrochen durch *warten oder ruhen.* Warten in bezug auf eine bestimmte Aufgabe muß nicht notwendigerweise Ruhen für den Aufgabenträger bedeuten, da er in dieser Zeit andere Verrichtungen erledigen kann. Äquivalente zum Warten für die Mittel bzw. Objekte sind *Stillstand und Liegen.*

Ziele der Aufgabenanalyse. Jeder Schritt der Aufgabenanalyse begründet eine Ebene der Hierarchie von Unteraufgaben. Diese Hierarchie dient zur Herstellung des

Zusammenhangs mit der Gesamtaufgabe (=Zweckmäßigkeit).

Die Erfüllung einer Aufgabe ist nur möglich, wenn alle notwendigen Teilaufgaben erfaßt werden. Ein wesentliches Ziel der Aufgabenanalyse ist also die

vollständige Erfassung

der Teilaufgaben. Die ermittelten Teil- und Unteraufgaben können auch leicht in eine

übersichtliche Darstellungsform

gebracht werden (siehe Kapitel 6), was wiederum eine wesentliche Grundlage für

Kommunikation

und Arbeitsteilung und somit für die notwendige

Koordination

in der Organisation ist. Aufzählung alternativer Verrichtungen und Objekte zur Aufgabenerfüllung ist die Grundlage für die Auswahl optimaler bzw. zufriedenstellender Lösungen (Wirtschaftlichkeit). Gleichzeitig ist es aber möglich, auf störende Umwelteinflüsse durch Übergang auf eine der anderen ermittelten Möglichkeiten schnell zu reagieren (Gleichgewicht). Wie bereits erwähnt, kann für die Aufzählung nicht das Prinzip der Vollständigkeit gelten, vielmehr sollen jene Alternativen gefunden werden, die im organisationalen und technischen Zusammenhang sinnvolle Möglichkeiten darstellen. In diesem Sinne kann man von einer (kontextabhängigen) Vollständigkeit im eingeschränkten Sinn sprechen.

Schritte der Aufgabenanalyse. Die genannten Analyse- und Aufzählungsarten schließen sich zwar innerhalb einer Stufe der Analyse aus, nicht jedoch innerhalb des gesamten Analyseprozesses. Sie ergänzen sich in der sequentiellen Anwendung vielmehr und sind ineinander verwoben. Ebenfalls kann keine generell gültige Reihenfolge angegeben werden. Während Verrichtungs- und Objektanalyse in den meisten Fällen Bestandteil der Aufgabenanalyse sein werden, sind Mittel-, Rang-, Phasen-, und Zweckbeziehungsanalysen seltener explizit notwendig. Die Vorgangsweise der Aufgabenanalyse soll eine Systematik begründen, womit die genannten Ziele der Ablauforganisation erreicht werden sollen. Diese Systematik besteht aus einer Sequenz der Analysearten und Aufzählungsarten, die durch entsprechende Frageformen repräsentiert sind:

• Objektanalyse: Aus welchen Teilobjekten besteht das Objekt ?
• Objektaufzählung: Welche alternativen, selbständigen Objekte gibt es ?
• Verrichtungsanalyse: Aus welchen Teilaufgaben besteht die Aufgabe ?
• Verrichtungsaufzählung: Welche Alternativen gibt es zur Erfüllung einer Aufgabe?
• Mittelanalyse: Welche Sach- und Arbeitsmittel werden benötigt ?
• Mittelaufzählung: Welche alternativen Sach- und Arbeitsmittel stehen zur Verfügung?

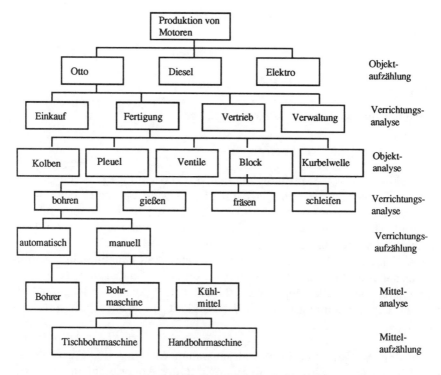

Abb. 4-5: Beispiel für eine hierarchische Aufgabenanalyse

Die schrittweise Kombination dieser sechs Analyse- bzw. Frageformen führt zu einer hierarchischen Aufgliederung einer Aufgabe, wie sie beispielhaft und ausschnittsweise in Abbildung 4-5 dargestellt ist. Die Reihenfolge dieser Fragen hängt im wesentlichen von der Art der zu analysierenden Aufgabe ab. So wird beispielsweise bei reinen Dienstleistungsaufgaben die Objektaufzählung am

Beginn im Unterschied zu Produktionsaufgaben (wie in Abbildung 4-5) nicht sinnvoll sein. Weiters hängt die Reihenfolge und Gewichtung einzelner Analyseschritte vom Zweck ab, der mit der Aufgabenanalyse verbunden ist. Bei der Neugestaltung wird etwa der Objekt-, Verrichtungs-, und Mittelaufzählung mehr Bedeutung zukommen als bei der Reorganisation.

Richtlinien zur Bildung von Analyseteilen. Bei der Durchführung einer Aufgabenanalyse wird sofort auffallen, daß noch nicht klar ist, *wie* die einzelnen Teilaufgaben und Teilobjekte zu bilden sind. Zunächst kann nur eine sehr vage Aussage gemacht werden: Es sollen möglichst "sinnvolle" Untereinheiten gebildet werden. Nicht sinnvoll ist es offensichtlich die Aufgabe "Produktion von Kraftfahrzeugen" gleich auf der ersten Analyseebene in ihre kleinsten Teilobjekte wie Schrauben, Muttern, Federn usw. zu zerlegen. Wir können den unscharfen Begriff "sinnvoll" durch einige Regeln konkretisieren:

Zahl der Analyseebenen (*vertikale* gegenüber *horizontaler Auflösung*). Die direkte Analyse der Aufgabe "Motorenproduktion" in Schrauben, Muttern, etc. stellt einen Übergang von der obersten Ebene direkt auf die unterste Analyseebene dar (sehr geringe vertikale Auflösung und hohe horizontale Auflösung, Milling 1981). Dadurch können zwar alle Teilobjekte und Teilverrichtungen erfaßt werden (Vollständigkeit), wir können damit aber organisatorische Tatbestände nicht befriedigend beschreiben und die Kommunikation wird damit nicht erleichtert. Um Kommunikation zu ermöglichen,

sind solche Analyseebenen zu bilden, deren Teileinheiten (d.h. die Ergebnisse der Aufgabenanalyse) eine Entsprechung in der organisatorischen Realität haben, und es sollen soviele Analyseebenen gebildet werden, daß alle Teileinheiten, die in der organisatorischen Realität vorkommen, auch als Ergebnis der Aufgabenanalyse aufscheinen.

Im obigen Beispiel dürfte man zum Beispiel die Ebene mit den alternativen Objekten PWK, LKW und Busse also nicht einfach überspringen. Allerdings stellt sich hier ein Problem, wenn man beansprucht, daß die Aufgabenanalyse als vororganisatorische Tätigkeit unabhängig von bestehenden organisatorischen Einheiten möglich sein soll. In der Tat wird man den Anspruch, völlig losgelöst von bereits gegebenen Erfahrungen zu analysieren, nicht erfüllen können. Wird die Aufgabenanalyse zur Bildung neuer organisatorischer Einheiten verwendet, so können sinnvolle Einheiten dadurch gebildet werden, indem man sich die Frage stellt, welche Teileinheiten eine reale Entsprechung in der Organisation haben *können*. Auch eine zu hohe vertikale Auflösung (d.h. zu viele Analyseebenen) sollte vermieden werden, weil dadurch die Bedeutung und Funktionalität von Teilaufgaben auf untersten Ebenen schwer bzw. nur in Verbindung mit den Zwischenstufen erkennbar ist.

Gliederungstiefe. Unabhängig von der Zahl der Analyseebenen ist zu bestimmen, wie weit der Analyseprozeß vorangetrieben werden soll (Auflösung insgesamt). Dies kann wiederum nicht allgemein, sondern nur in Abhängigkeit von mehreren Kriterien bestimmt werden. Solche Kriterien sind die relative Bedeutung, der Zeitbedarf und die Vertrautheit mit einer Teilaufgabe. Weitere Kriterien ergeben sich aus dem organisatorischen Umfeld:

* *Relative Bedeutung* einer Teilaufgabe (vgl. Gaitanides 1983). Die Bedeutung läßt sich durch Kostenabschätzung oder durch das Ausmaß, in dem die Erfüllung der Gesamtaufgabe von einer optimalen Erfüllung der Teilaufgabe abhängt (Zweckbezug), bestimmen.

Für die weiteren Kriterien der Gliederungstiefe müssen wir von unserer ursprünglichen Beschränkung auf sachliche Aufgabenmerkmale abgehen und raum-zeitliche bzw. persönliche Merkmale einbeziehen.

* *Zeitbedarf.* Einzelne Teilaufgaben sollten so weit gegliedert werden, daß auf der untersten Analyseebene für alle Teilaufgaben ein ähnlicher Zeitbedarf veranschlagt werden kann.

* *Vertrautheit einzusetzender oder möglicher Personen als Aufgabenträger.* Zwar wird mit der Aufgabenanalyse noch nicht der Grad an Arbeitsteilung, Standardisierung oder Programmierung festgelegt, hinsichtlich des Kommunikationsaspekts der Aufgabenanalyse jedoch hat es keinen Sinn, Teilaufgaben in so kleine Elemente zu zerlegen, die für den Aufgabenträger keinen Informationsgehalt mehr haben, weil sie trivial, allen bekannt oder selbstverständlich sind oder den notwendigen Handlungsspielraum nur unnötig einschränken würden.

* *Organisatorisches Umfeld* (Kontext). Ein weiteres Kriterium verlangt wiederum einen Vorgriff auf die Synthese der Aufgabenelemente. Diese müssen wir nämlich zumindest für die angrenzenden Teilbereiche einer Organisation voraussetzen, wenn wir den organisatorischen Kontext zur Bestimmung der Gliederungstiefe berücksichtigen wollen. Gerade wenn nur einzelne Aufgaben einer Organisation isoliert analysiert werden, ist die Beachtung der Schnittstellen zum Umfeld nicht nur besonders wichtig, sondern auch möglich. Die Bedeutung einzelner Teilaufgaben ist beispielsweise oft nur durch ihre Rolle als Koordinationsinstrumente zu anderen Aufgaben und Bereichen erklärbar (z.B. Berichte erstellen).

Die zweite Leitfigur der "wissenschaftlichen Betriebsführung" neben Taylor war Gilbreth. Er versuchte Anfang dieses Jahrhunderts, nicht mehr weiter zerlegbare "Basiselemente" der Arbeit zu identifizieren. Mittlerweile wissen wir, daß nicht einmal Atome unteilbar sind und es ist fraglich, ob es sinnvoll ist, dies für Aufgaben anzunehmen. Derartige Basiselemente, die Gilbreth in Umkehrung seines Namens "Therbligs" nannte, finden bei Bewegungsstudien des Arbeitsstudiums nach wie vor Anwendung. Beispielhaft seien solche Basiselemente für die Arbeit im Büro angeführt (Nordsieck 1972): Suchen, Finden, Auswählen, Ergreifen, beladener Transport, in Lage bringen, Zusammensetzen, Ausführen, Trennen, Prüfen, Vorbereiten, Loslassen, Leer-Transport, Ruhe, Aufenthalt, Nachdenken.

Pragmatisch kann man der untersten Ebene, die als Ergebnis der Entscheidung über die Gliederungstiefe entsteht, einen Namen geben. MacKenzie (1986) nennt diese Teile *Aktivitäten.*

Wiederverwendbarkeit von Untereinheiten. Nicht bei jeder Aufgabe, die zum Beispiel die Verrichtung "Bohren" enthält, muß diese Tätigkeit immer wieder im Detail analysiert werden. Es ist also darauf zu achten, daß einzelne Analyseteile verfügbar und bei anderen Analyseteilen verwendbar gehalten werden. Insbesondere ist eine Darstellungstechnik zu wählen, die dies ermöglicht bzw. erleichtert (vgl. auch Kapitel 7 und 11.4).

Beschreibung der Teilaufgaben. Die Ergebnisse auf allen Ebenen der Aufgabenanalyse bedürfen einer genauen Beschreibung nach inhaltlichen, quantitativen und qualitativen und eventuell raum-zeitlichen Gesichtspunkten. Oft ist vor allem die mengenmäßige Beschreibung auch für die Gestaltung der Abläufe und damit ihre Berücksichtigung im Rahmen der Aufgabenanalyse wichtig. In Abbildung 4-6 wird dies für die Verrichtung "bohren" aus dem Beispiel in Abbildung 4-5 gezeigt.

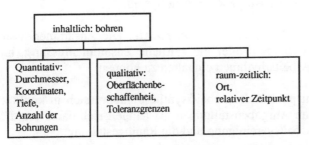

Abb. 4-6: Beschreibungsmerkmale für Verrichtung "bohren"

4.2.3 Aufgaben- und Arbeitssynthese

Die reine Arbeitsanalyse im Kosiol´schen Sinn ist frei von synthetischen Elementen. Das heißt sie nimmt vorerst keine Rücksicht auf die Fragen wie, wann

und von wem Teilaufgaben bewältigt werden. Dies ist Sache der Arbeits-
synthese. Bereits bei der Aufgabenanalyse haben wir gesehen, daß dieser
Grundsatz nicht vollständig einzuhalten ist. Weiter aufgeweicht wird dieses
Prinzip bei der sogenannten Arbeitsganganalyse, deren Ziel die Zuordnung von
Teilaufgaben zu bereits synthetisch gebildeten Arbeitsgängen ist. Deshalb ord-
net Kosiol (1980) sie auch der Arbeitssynthese zu.

Die *Arbeits*synthese schließt sich an die Gliederung in Teilaufgaben an und befaßt sich mit der Zusammenfassung zu *Arbeitsgängen*, durch deren Verknüpfung der organisatorische Ablauf entsteht. Demgegenüber steht die *Aufgaben*-
synthese, deren Ziel die Vereinigung der analytisch gewonnenen Teilaufgaben
zu aufgaben- und arbeitsteiligen Einheiten (*Stellen*) ist. Durch deren Verknüpfung entsteht die organisatorische *Aufbau*struktur. (Kosiol 1980, Gaitanides
1983, 27ff). Die hier verwendeten Begriffe sind stark auf den Produktionsbereich bezogen. Die damit gemachten Aussagen können aber mit fallweisen
Einschränkungen auch auf andere Bereiche übertragen werden.

Grundsätzlich gibt es viele verschiedene Möglichkeiten, wie die Teilaufgaben
zu größeren Einheiten zusammengesetzt werden können. Offensichtlich sind
aber nicht alle Alternativen gleich sinnvoll. Kosiol (1973) nennt drei
Gesichtspunkte, unter denen die Aufgabensynthese vorgenommen werden kann:

• *Persönliche Gesichtspunkte*: Sachkenntnis, Eignung, Motivation der zur Verfügung stehenden Mitarbeiter.

• *Sachliche Gesichtspunkte*: Die Synthese erfolgt nach den Objekten, an denen
  Aufgaben vollzogen werden oder nach den Verrichtungsarten, die zur
  Bewältigung einer Aufgabe notwendig sind.

• *Räumliche und zeitliche Gesichtspunkte*. Die Zusammenfassung zu abgeschlossenen Räumen oder die zeitliche Zusammenfassung, um bestimmte
  Takte und Arbeitsrhythmen einhalten zu können.

Diese Gesichtspunkte der Arbeitssynthese äußern sich in konkreten ablauffor-
ganisatorischen Aufgabenstellungen. Es handelt sich dabei um die Arbeitsverteilung, die Arbeitsvereinigung und die Raumgestaltung.

Arbeitsverteilung (Personale Synthese). Die analytisch gewonnenen Arbeitsteile werden zu Arbeitsgängen zusammengefaßt. Grundlage für diesen Syntheseschritt ist der geplante Grad an Arbeitsteilung. Es werden also jene Arbeitsteile zu Arbeitsgängen zusammengefaßt, die auf jeden Fall von einer Person
bewältigt werden sollen.

Zwar ist diese Zusammenfassung zunächst unabhängig von konkreten Personen als Aufgabenträger möglich, jedoch sind für eine effiziente Bildung von Arbeitsgängen die Besetzungsmöglichkeiten zu berücksichtigen. Es können ja nur solche Arbeitsteile zusammengefaßt werden, von denen auch angenommen werden kann, daß sie eine Person bewältigen kann. Dies gilt allerdings nur, wenn man Individualaufgaben bilden will. Es kann durchaus sinnvoll sein - und dies gewinnt zunehmend an Bedeutung - explizit Gruppenaufgaben zu bilden. Dann sind allerdings die Charakteristika möglicher konkreter Gruppen zu berücksichtigen.

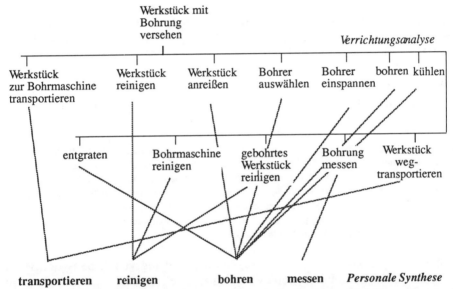

Die dünnen Striche repräsentieren die Analyse. Die punktierten Striche repräsentieren die Syntheseschritte. Die synthetisierten Aufgaben werden oft mit den gleichen Wörtern wie Teilaufgaben bezeichnet. Mit "bohren" als Ergebnis der Synthese ist beispielsweise der größere Zusammenhang gemeint, den etwa ein Facharbeiter machen muß. Die Inhalt des Begriffs "bohren" kann also nur aus dem Zusammenhang erklärt werden.

Abb. 4-7: Beispiel für eine Personale Synthese

Arbeitsvereinigung (Technische und Temporale Synthese). Grundsätzlich stehen die Teilaufgaben als Ergebnis der Aufgabenanalyse isoliert nebeneinander. Damit die Teile zu einem sinnvollen Ganzen beitragen können, bedürfen sie einer Verknüpfung, die vor allem auf technischen und zeitlichen Gesichtspunkten beruht. Unter technischen Gesichtspunkten meinen wir hier alles was man umgangssprachlich auch als "logisch" bezeichnet. So ist es beispielsweise "logisch", daß die Funktion "Auftrag bearbeiten" erst nach der Funktion "Auftrag entgegennehmen" kommen kann. Mit der Arbeitsvereinigung werden also

die technischen Gegebenheiten berücksichtigt und es soll damit die Grundlage
für die zeitliche Koordination verschiedener Aufgabenträger geschaffen werden. Weiters strebt die Arbeitsvereinigung solche Abläufe an, die die genannten
Zielkriterien der Ablauforganisation (Durchlaufzeiten, Lagerbestände, Los-
größen, Rüstzeiten) am ehesten erfüllen. Dies geschieht durch:

- Reihung von Arbeitsgängen;
- Bildung von Gangfolgen für den Wechsel von einem Objekt zu einem anderen
  (Taktabstimmung);
- Abstimmung von Gangfolgen mehrerer Stellen (Rhythmenabstimmung).

Mit konkreten Methoden im Produktionsbereich beschäftigen sich spezielle
Teilgebiete der Betriebswirtschaftslehre (Fertigungswirtschaft; vgl. z.B. Zäpfel
1982).

Innerhalb einer Stelle beeinflußt die Reihung von Arbeitsgängen und die
Bildung von Gangfolgen nur die Effizienz dieser Stelle und hat keinerlei Auswirkungen auf andere Stellen.

Beispiel: Für eine andere Stelle ist es egal, ob ein Sachbearbeiter zuerst alle Aufträge prüft und
dann alle gemeinsam weiterverarbeitet oder ob er jeden Auftrag einzeln prüft, weiterverarbeitet
und dann erst den nächsten Auftrag nimmt. Wenn die beiden Teilaufgaben prüfen und weiterverarbeiten aber auf mehrere Stellen aufgeteilt sind, dann müssen die Arbeitsrhythmen der beiden Stelle aufeinander abgestimmt werden. Wenn etwa die Teilaufgabe "Prüfen" doppelt so
lange dauert wie die Teilaufgabe "Weiterverarbeiten", so muß die erste Stelle mit doppelter
Kapazität arbeiten, um Wartezeiten zu vermeiden.

Während angenommen werden kann, daß die Reihung von Arbeitsgängen bei
gleichbleibender Produktart relativ stabil ist, treten neuerdings Ansätze in den
Vordergrund, die einen raschen Wechsel der Gangfolgen in Abhängigkeit vom
Bedarf voraussetzen (siehe z.B. das Just-In-Time Konzept, Abschnitt 5.4.2.3).

Raumgestaltung (Lokale Synthese). Zur räumlichen Zusammenfassung von
Arbeitsteilen stehen im Produktionsbereich in erster Linie die zwei Kriterien
Objekt und Verrichtung zu Verfügung:

- *Objektorientierung*. Die Arbeitsschritte folgen dem Material- bzw. Produktfluß um die Transportwege zu minimieren (*Fließfertigung oder Flußferti-
  gung*). Dies ist vor allem im Produktionsbereich bedeutsam, wenn auf Lager
  und in großen Mengen produziert wird. Einer Objektorientierung im
  räumlichen Sinn folgt auch die sogenannte *Baustellenfertigung* an nicht oder
  nur schwer transportablen Produkten.

• *Verrichtungsorientierung.* Hier folgt der Material- bzw. Produktfluß den Arbeitsschritten. Funktionen werden räumlich zusammengefaßt. Im Produktionsbereich schlägt sich dies in einer sogenannten *Werkstättenfertigung* nieder, die vor allem bei kundenorientierter Produktion (Auftragsfertigung, siehe auch Kapitel 5) angewandt wird. Im Verwaltungsbereich äußert sich dies in der Bildung von Büros (z.B. Schreibbüros, Konstruktionsbüros, etc.).

Die Objektorientierung tritt im Verwaltungsbereich eher in den Hintergrund, während ähnliche Verrichtungen oft räumlich zusammengefaßt werden (z.B. Schreibbüros). Daneben wird im administrativen Bereich bei der Raumgestaltung aber eher auf die entsprechende Zuordnung notwendiger Sach- und Arbeitsmittel bzw. auf die Verfügbarkeit von Informationen zu achten sein (z.B. DV-Abteilung). Wesentlich ist innerhalb des administrativen Bereiches aber auch die räumliche Trennung nach dem Rangprinzip (bereits sprichwörtlich sind die "oberen Etagen" der entscheidenden Stellen), aber auch nach dem Phasenprinzip (Planung, Durchführung bzw. operativer Bereich und Kontrolle sind bis zu einem gewissen Grad immer räumlich getrennt). Ob Arbeitsplätze im administrativen Bereich in einzelnen Büros verteilt oder zu Mehrpersonen- bzw. Großraumbüros zusammengefaßt werden, wird praktisch ausschließlich unter Kostengesichtspunkten und unter Berücksichtigung der Arbeitsplatzqualität entschieden. Ablauforganisatorische Aspekte spielen nur in bezug auf die räumliche Distanz eine Rolle. Ob die einzelnen Arbeitsplätze durch Wände getrennt sind, ist in diesem Sinne kaum von Bedeutung. Wir gehen deshalb darauf nicht näher ein. Die Gestaltung der Räume hat natürlich auch einen wesentlichen Einfluß auf die Leistungsfähigkeit und Zufriedenheit (eigentlich Nicht-Unzufriedenheit wenn man dem in Kapitel 3 zitierten Herzberg´schen Konzept folgt) der Mitarbeiter und kann deshalb auch unter motivationalen Gesichtspunkten behandelt werden. Konkrete Gestaltungsformen im Fertigungsbereich behandeln wir aus Ablaufsicht in Abschnitt 5.3.3.4 (Fertigungslayout).

Aggregation aus Ablaufsicht. Eine Aggregationsmöglichkeit von Abläufen auf mehreren Ebenen, welche die Reihenfolgebildung voraussetzt, schlägt MacKenzie (1986, 51ff) vor. Er geht von *Aktivitäten* als unterster Einheit aus und faßt diese schrittweise zusammen. Der Vorteil ist, daß er dazu nur ein Kriterium benötigt: Es werden jene Einheiten zusammengefaßt, die eine gemeinsame Vorgängereinheit haben. Dabei bleibt aber jeweils noch zu klären, was als Vorgängereinheit zu sehen ist.

• Ein *Modul* ist eine Menge von Aktivitäten, die eine gemeinsame Vorgängeraktivität haben. Auf dieser Ebene ist die Vorgängerebene als *Auslöser* interpretierbar.

• Ein *Bündel* ist eine Menge von Modulen, die ein gemeinsames Vorgänger-modul haben. Vorgängermodule sind solche, die (für nachfolgende Module) anleitende, kontrollierende, koordinierende oder planende Aktivitäten enthalten.

Die folgenden Aggregationsebenen sind analog definiert und die Vorgänger sind analog zum Vorgängermodul definiert.

• *Gruppe:* Menge von Bündeln mit einem gemeinsamen Vorgängerbündel.
• *Feld:* Menge von Gruppen mit einer gemeinsamen Vorgängergruppe.

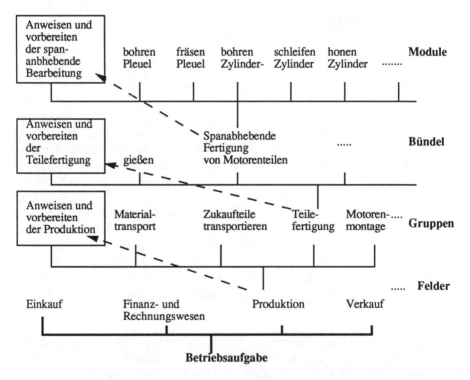

Abb. 4-8: Beispiel für verschiedene Aggregationsebenen von Abläufen

Ein Beispiel dafür, wie eine solche Aggregation aussehen kann, findet sich in Abbildung 4-8. Beispiele für Aktivitäten, aus denen die Module gebildet werden, finden sich in Abbildung 4-7; Vorgängerelemente sind jeweils durch Kästchen gekennzeichnet. Auf der obersten Ebene wird die Organisation als Menge von Feldern beschrieben. Da die Anzahl der Aggregationsebenen aber prinzipiell beliebig ist und von der Komplexität der Abläufe, der Gliederungs-tiefe bzw. der Größe der Organisation abhängig ist, kann es sein, daß insbesondere die festgelegten Bezeichnungen Gruppe und Feld nicht sinnvoll anwendbar sind oder daß unter Umständen mehrere Aggregationsebenen entstehen. In solchen Fällen müssen neue Bezeichnungen oder einfach Numerierungen für die Ebenen eingeführt werden.

4.3 Planung von Abläufen

Wir kennen nun die grundsätzlichen Ziele und Aufgaben der Ablauforganisation und der Betriebe. Wie bei jeder Aufgabe, so ist auch die erste Phase jeder ablauforganisatorischen Tätigkeit die Planung, der wir uns jetzt - zunächst grundsätzlich und im folgenden konkret angewandt auf ablauforganisatorische Fragen - zuwenden.

4.3.1 Allgemeines zur Planung

Wie für fast alle viel verwendeten Begriffe gibt es auch für Planung verschiedenste Definitionen. In einigen Ansätzen wird der Begriff der Planung auch ersetzt und es wird nur mehr von betrieblichen Entscheidungsprozessen gesprochen (Simon 1976). Zwar impliziert jede Aktivität auch Entscheidungen, wir wollen aber die Entscheidung über eine Planalternative hier hervorheben und vom übrigen Planungsprozeß trennen.

Durch Pläne wird festgelegt, was in einer bestimmten Situation zu tun ist. Es wird also eine Reihe von Operationen beschrieben. Diese Operationen können auch als Entscheidungen darüber gesehen werden, welche Handlungen in einer Situation auszuwählen sind. Diese Entscheidungen werden vor der eigentlichen Handlung getroffen. Eine weiteres Merkmal von Plänen ist ihre hierarchische Struktur. Das heißt, jeder Plan besteht aus Operationen, die ihrerseits wieder als Unterpläne betrachtet werden können, deren Operationen einen höheren Detaillierungsgrad aufweisen. Zusammenfassend kann Planung folgendermaßen charakterisiert werden:

Planung (bzw. ein Plan) ist die Festlegung einer Reihe von Handlungen im voraus.

Diese Festlegung muß nicht unbedingt bewußt erfolgen. Dehnt man den Planungsbegriff auf nicht bewußte Prozesse aus, so gibt es eigentlich kein ungeplantes Verhalten (siehe dazu Abschnitt 3.1.1). Für unseren Zweck ist es sinnvoll den Begriff auf bewußte Planungsentscheidungen einzuschränken, sodaß wir zwischen geplantem und ungeplantem Vorgehen unterscheiden können. Bevor wir uns der Planung genauer zuwenden, soll noch kurz umrissen werden, wodurch sich ungeplantes Vorgehen auszeichnet.

Ungeplantes Vorgehen. Das wesentliche Merkmal zur Abgrenzung von geplantem zu ungeplantem Vorgehen ist der Zeitpunkt der Festlegung bzw. der Handlung. Wenn ein Plan eine Reihe (Sequenz) von Handlungen (Operationen) beschreibt, so muß die gesamte Sequenz im voraus festgelegt werden. Bei ungeplantem Vorgehen wird jeder einzelne Schritt unmittelbar vor einer Handlung und nach den vorangegangenen Schritten festgelegt.

Die hierarchische Natur der Planung wiederum bedingt, daß sich Planung und Nicht-Planung auf verschiedenen Ebenen nicht ausschließen. Ein Plan kann durch Operationen beschrieben werden, die ab einer bestimmten Detaillierungsstufe nicht mehr genauer geplant werden. Anpassungsverhalten, das sich durch völlige Abwesenheit von Planung auszeichnet, wird je nach Idiom mit "muddling through" (Lindblom 1964) oder "Durchwursteln" bezeichnet. Trotz der negativen Belegung dieser Begriffe ist in vielen Situation echte Planung nicht möglich oder sinnvoll, sodaß die Fähigkeit zum "Improvisieren" oft eine wertvolle Alternative zur Planung darstellt.

Die Frage, wann und wieviel oder wie genau geplant werden soll, kann nicht generell beantwortet werden. Sofern sich dazu in einzelnen Planungsbereichen der Ablauforganisation Regeln angeben lassen, werden wir an den entsprechenden Stellen noch genauere Hinweise geben.

4.3.2 Arten der Planung

Pläne unterscheiden sich wesentlich durch den Zeithorizont, auf den sie sich beziehen und den Detaillierungsgrad, mit dem einzelne Schritte des Plans festgelegt werden.

Zeithorizont. Nach dem Zeitraum, der in die Planung einbezogen wird, unterscheidet man drei wesentliche Klassen von Plänen: *Kurzfristige, mittelfristige und langfristige Pläne.* Was jeweils als lang- , bzw. mittel-, oder kurzfristig eingestuft wird, liegt nicht eindeutig fest, sondern ist vom Kontext abhängig. Die grundsätzliche Gestaltung betrieblicher Abläufe ist meist mit großen Investitionen verbunden, weshalb sich langfristige Pläne oft auf einen Zeitraum von mehr als fünf Jahren beziehen. Gilt es, Pläne zur Lösung spezifischer Probleme im Arbeitsablauf zu machen, so sind diese meist kurzfristiger Natur und schließen Zeiträume zwischen wenigen Tagen und einem Jahr ein. Entsprechend umfassen mittelfristige Pläne typischerweise Zeiträume zwischen einem und fünf Jahren.

Detaillierungsgrad. Langfristige Pläne unterscheiden sich von kurzfristigen Plänen durch den Spielraum, der bei der Planung zur Verfügung steht und der als Ergebnis der Planung noch verbleibt. Man spricht von *operationalen,* *taktischen und strategischen Plänen.* Man sagt auch, daß sich strategische Pläne durch einen höheren *Abstraktionsgrad* von taktischen und operationalen Plänen unterscheiden, und meint damit, daß in abstrakteren Plänen von einzelnen Aspekten und Merkmalen, die zunächst nicht so wichtig erscheinen, abgesehen wird, um die allgemeine und grundsätzliche Vorgangsweise herauszufinden. Von diesem grundsätzlichen, strategischen Plan ausgehend, soll es möglich sein, durch Berücksichtigung von mehr Merkmalen, je nach Bedarf, auf eine niedrigere Abstraktionsebene und damit zu taktischen und operationalen Plänen überzugehen.

Hierarchie und Interdependenz von Plänen (Emery 1969). Strategische Pläne sind nicht nur eher langfristig, taktische und operationale eher mittel-, bzw. kurzfristig. Diese Planarten verteilen sich auch auf den organisationalen Ebenen unterschiedlich: Die Unternehmungsleitung beschäftigt sich eher mit strategischen Plänen, während auf unteren Ebenen, ausgehend von der Strategie, taktische und operationale Pläne ausgearbeitet werden.

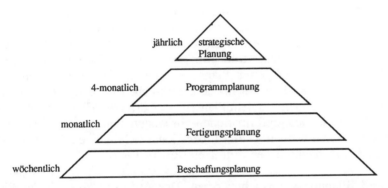

Abb. 4-9: Beispiel für Planungsintervalle auf verschiedenen Hierarchieebenen

Planung auf höheren Ebenen (strategisch, langfristig) beschreibt Aktivitäten der gesamten Organisation, während sich Pläne auf unteren Ebenen auf einzelne Teile der Organisation beschränken. Ein Investitionsplan für die nächsten zehn Jahre wirkt sich auf alle betrieblichen Teilbereiche aus, während die Planung eines Fertigungsablaufs nur die entsprechende Produktionsabteilung berührt. Durch Planung auf höheren Ebenen werden die Rahmenbedingungen für die Planung auf niedrigeren Ebenen gesetzt: Es werden Ziele, Ressourcen und Nebenbedingungen vorgegeben, welche Startpunkte für die immer feiner werdende Planung darstellen.

Die Aufstellung in Tabelle 4-10 ist weder vollständig, noch ist die Zuordnung zu den drei Kategorien eindeutig. So kann etwa die Planung der Ablauforganisation in gewissen Fällen auch strategische Bedeutung haben.

Strategische Planung	Taktische Planung	Operative Planung
Ziele	Unterziele	Operationale Ziele
Organisationsstruktur	Ablauforganisation	Arbeitsvorbereitung
Personalpolitik	Stellenplanung	Stellenbeschreibung
Finanzpolitik	Kostenplanung	Kalkulation
Marktpolitik	Vertriebsplanung	Routenplanung
Forschungspolitik	Planung v. Forschungsprojekten	Netzpläne
Produktlinien	Produktverbesserungen	
Eintritt in neue Geschäftszweige	Routineinvestitionen	
Außergewöhnliche Investitionen		

Tab. 4-10: Überblick über Planungsaufgaben (in Anlehnung an Kast/Rosenzweig 1974, 459)

Pläne sind nicht nur hierarchisch, sondern auch sequentiell miteinander verbunden. Planung ist meist abhängig von anderen (vorgelagerten) Plänen und setzt Prämissen für nachgelagerte Pläne.

Iterative Modifikation von Plänen. Während des Planungsprozesses stellt sich oft heraus, daß durch hierarchisch oder sequentiell vorgelagerte Pläne Prämissen gesetzt wurden, deren Einhaltung unmöglich oder nicht zweckmäßig erscheint. Es gilt, möglichst frühzeitig solche Fehler zu erkennen, und eine Modifikation der vorgelagerten Pläne auszulösen. Umgekehrt kann der Planungsprozeß auf einer höheren Ebene unterbrochen werden, wenn es sinnvoll erscheint, Informationen aus dem Plan einer niedrigeren Hierarchieebene abzuwarten. Wenn die Detailinformationen vorhanden sind, kann auf der höheren Ebene fortgefahren werden. Dieser Prozeß kann sich in einem iterativen Dialog zwischen den Planungsebenen fortsetzen (Emery 1969).

Aufwand. Planung verursacht Kosten. Der Aufwand, der mit der Planung verbunden ist, muß in einem Verhältnis zur Bedeutung der zu planenden Abläufe stehen. Untersuchungen über den Anteil einzelner Teilbereiche an der Gesamtdurchlaufzeit können dafür als grobe Orientierung herangezogen werden.

In einem Unternehmen der Einzelfertigung fand man (Brankamp 1975; zit. nach Wiendahl 1983): Rund 50% der Aufträge beanspruchen 50 bis 60 % der Gesamtdurchlaufzeit in der Konstruktion, Arbeitsvorbereitung und Beschaffung. Fertigung und Montage beanspruchte jeweils 10 bis 30 % der Durchlaufzeit. Zur Entscheidung über den Einsatz bestimmter Planungsmethoden bedarf es also einer Voranalyse über die Bedeutung einzelner Abläufe.

4.3.3 Planungsinhalte

Planungsinhalte oder Objekte der Planung können zunächst allgemein unterschieden werden:

- Qualitäten: Planung zu erbringender Leistung in qualitativer Hinsicht;
- Quantitäten: Mengen, Ausmaß an Leistungen;
- Raum-zeitliche Gesichtspunkte: Planung von Terminen und Orten der Leistungserbringung;
- Zuordnungen: Planung der Zuordnung von Aufgaben zu organisatorischen Einheiten.

Was es im Bereich der Ablauforganisation konkret zu planen gilt, geht zunächst direkt aus den Zielen und Aufgaben der Ablauforganisation hervor. Wegen der hierarchischen Struktur der Planung werden die Planungsinhalte wesentlich durch übergeordnete Planungsebenen festgelegt. Dies geschieht vor allem durch die Vorgabe von Zielgrößen.

Um den Bereich, auf den sich die Planung von Abläufen bezieht, abgrenzen zu können, müssen zunächst Abläufe isoliert werden; einfach ausgedrückt, es wird festgelegt, wo ein bestimmter Ablauf anfängt und wo er endet. Geht man von einer bestehenden Organisation aus, so kann sich diese Abgrenzung an betrieblichen Funktionen orientieren. Dies muß aber nicht notwendigerweise so sein. "Die Definition dessen, was als Prozeß abzubilden ist, entspringt also der subjektiven Problemsicht, setzt kreative und konstruktive Akte voraus und ist mithin nicht immer aus Beobachtungen realer Vorgänge ableitbar." (Gaitanides 1983, 65).

Wir werden im folgenden einige grundsätzliche Planungsprobleme erwähnen. Die konkrete Gestaltung von Abläufen als Ergebnisse der Planung wird in Kapitel 5 behandelt. Die vielen möglichen Planungsinhalte der Ablauforganisation, von denen wir hier einige beispielhaft herausgreifen, sind jeweils auch Gegenstand eigener Teilgebiete der Betriebswirtschaftslehre, wie der Logistik, des Operations Research oder der Fertigungswirtschaft.

4.3.3.1 Programm-, Termin- und Angebotsplanung

Programm- und Terminplanung richten sich einerseits nach den strategischen Vorgaben, andererseits hat die Planung einzelner Abläufe immer auch die Planung vorgelagerter und nachgelagerter Prozesse zu berücksichtigen (siehe Abbildung 4-11).

Am Beispiel der Massen- und Serienfertigung zeigt Abbildung 4-11: Der Vertriebsbereich benötigt zur Absatzplanung Marktdaten, die das Ergebnis mehr oder weniger regelmäßiger und intensiver Informationssammlung über die Marktentwicklung sind. Die Absatzplanung hat auch die Vorgaben durch die übergeordnete strategische Planung zu berücksichtigen. Die Absatzplanung bestimmt, was zu produzieren ist, andererseits muß berücksichtigt werden, wie die derzeitigen Produktionsprogramme aussehen und welche Änderungen möglich sind. Der Kapazitätsbedarf, der durch das Verkaufsprogramm entsteht, kann durch sogenannte Belastungsprofile ermittelt werden, in denen über die Zeit hinweg angegeben wird, welche Belastungen für einzelne Produktionsbereiche zu erwarten sind (vgl. Wiendahl 1983). Wenn die zu erwartende Belastung die vorhandenen Kapazitäten übersteigt, müssen entweder zusätzliche Kapazitäten beschafft werden, oder das Verkaufsprogramm muß neu geplant werden.

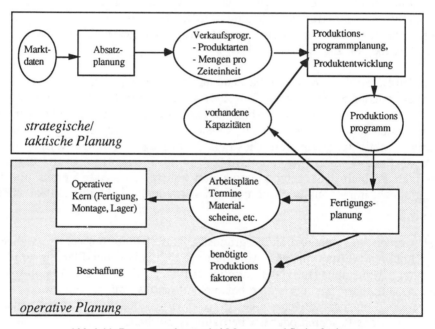

Abb 4-11: Programmplanung bei Massen- und Serienfertigung

Ergebnisse der Planung sind hier neben dem Verkaufs-, Produktions-, dem Beschaffungsprogramm, sowie dem Personalplan vor allem auch:

• Erwartete Durchlaufzeiten,
• durchschnittliche Lagerbestände,
• Kapitalbindung,
• Kapazitätsauslastung und -bedarf (Maschinen und Werkzeuge),
• Personalbedarf,
• Materialbedarf.

Daneben muß geplant werden, wie die Durchführung der Aktionen gesteuert und kontrolliert wird. Dies führt zu Arbeitsplänen, Materialscheinen und ähnlichem (siehe Abschnitt 4.3).

Die Ergebnisse der Programm- und Terminplanung sind Grundlage für die Angebotserstellung, insbesondere bei Einzel- und Auftragsfertigung. Programmplanung wie bei der Serienfertigung existiert jedoch bei der Auftragsfertigung nicht, da sich das Verkaufsprogramm auf die Summe der akquirierten Aufträge reduziert und in unserem Sinne nicht eigentlich geplant wird. Bestenfalls kann abgeschätzt werden, wie sich der Auftragsbestand in der Zukunft entwickeln wird. Auf Grundlage derartiger Prognosen kann die benötigte Kapazität geplant werden (siehe Abbildung 4-12).

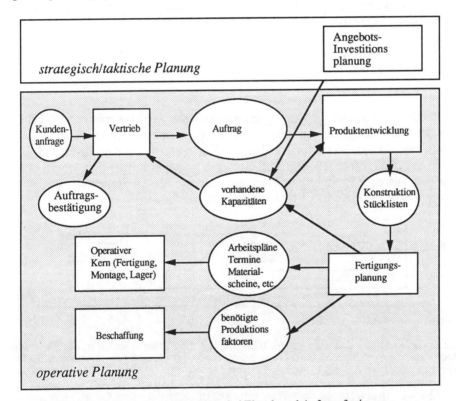

Abb. 4-12: Auftragsabwicklung bei Einzel- und Auftragsfertigung

Der Vergleich der Planung für Massen- und Serienfertigung (Abbildung 4-11) und für Einzelfertigung (Abbildung 4-12) zeigt, daß die operative und kurzfristige Planung bei der Einzel- und Auftragsfertigung eine wesentlich wichtigere Rolle spielt als bei der Massenfertigung. Die Massen- und Serienfertigung beruht wesentlich auf strategischen und taktischen Plänen, deren Grundlage wiederum hoch aggregierte Marktdaten sind. Operative Planung beschränkt sich im wesentlichen auf die "Übersetzung" der taktischen Pläne in ausführbare Pläne für die Produktion.

4.3.3.2 Reihenfolge- und Zuordnungsplanung

Ausgehend von einem bestimmten Angebots- und Produktions- bzw. Dienstleistungsprogramm müssen die Produktionsabläufe festgelegt werden. Gehen wir von einer vorgenommenen Aufgaben- bzw. Arbeitsanalyse und -synthese aus, so bleibt die Reihenfolge festzulegen, in der die einzelnen Arbeitsgänge angeordnet werden sollen (siehe Abschnitt 4.1.2.3). Das Wirtschaftlichkeitsziel der Ablauforganisation äußert sich bei der Reihenfolgeplanung in der Minimierung der Durchlaufzeit und in der Maximierung der Kapazitätsauslastung. Diese beiden Unterziele sind insbesondere bei Unterbeschäftigung (das heißt bei nicht vollständiger Auslastung der Kapazitäten) ein typisches Beispiel für konkurrierende Ziele, was Gutenberg (1973) als das *Dilemma der Ablauforganisation* bezeichnet.

Während die Reihenfolgeplanung unterschiedliche Arbeitsgänge ordnet, geht es bei der Zuordnungsplanung um die Aufteilung gleicher oder ähnlicher Arbeitsgänge auf die zur Verfügung stehenden Kapazitäten. Im häufigsten Fall geht man von einer vorgegebenen Stellenstruktur aus und ordnet die Arbeitsgänge, die sich aus dem Produktionsprogramm ergeben, diesen Stellen so zu, daß die oben genannten Ziele möglichst gut erreicht werden.

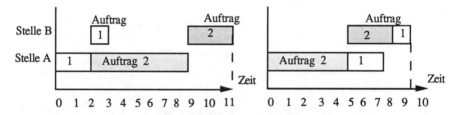

Unter der Annahme, daß die zwei Aufträge 1 und 2 die Stellen A und B mit vorgegebenen Durchlaufzeiten pro Stelle zu durchlaufen haben, ergibt sich die minimale Gesamtdurchlaufzeit mit der Reihenfolge Auftrag 2 - Auftrag 1 (rechte Darstellung).

Abb. 4-13: Beispiel für die Darstellung eines Reihenfolgeproblems mit Gantt-Diagrammen

Methoden der Reihenfolge- und Zuordnungsplanung. Zur Darstellung des zeitlichen Ablaufs und der Reihenfolge verschiedener Prozesse werden oft sogenannte *Gantt-Diagramme* benutzt (Abbildung 4-13). Damit können hinsichtlich eines Kriteriums wie der Gesamtdurchlaufzeit bei einfachen Problemen optimale Lösungen ermittelt werden. Komplexere Probleme (mehrere

Aufträge und Stellen) müssen mathematisch verarbeitbar formuliert werden. Während im Produktionsbereich meist relativ genau und mit mathematisch-statistischen Verfahren geplant werden kann, ist man vor allem in Bereichen wie Administration, Forschung und Entwicklung oft auf Schätz- und Erfahrungswerte und heuristische Verfahren angewiesen. Mit mathematisch-statistischen Verfahren beschäftigt sich das sogenannte *Operations Research*, das wir hier nicht näher behandeln (vgl. z. B. Müller-Merbach 1973). Besondere Bedeutung haben verschiedene Formen der *Linearen Programmierung* in bestimmten Anwendungsbereichen (z.B. Programmplanung, Transportoptimierung) erlangt.

Modelle der Linearen Programmierung folgen einer bestimmten Grundstruktur. Es wird eine lineare Funktion als Zielfunktion angesetzt, deren Ergebniswert möglichst hoch oder niedrig werden soll. Diese Funktion enthält alle relevanten Entscheidungsvariablen. Es werden zum Beispiel die Kosten als Zielfunktion folgendermaßen ausgedrückt:

$$\text{Kosten} = 0.3 * \text{Durchlaufzeit} + 0.7 * \text{Leerzeiten}.$$

Diese Funktion wird unter Einhaltung gewisser Einschränkungen (Restriktionen) minimiert. Die Restriktionen werden als Ungleichungen formuliert. Ein Beispiel für eine derartige Restriktion wäre etwa, daß die Durchlaufzeit eine bestimmte Dauer (wegen Lieferterminen etc.) nicht überschreiten darf:

$$\text{Durchlaufzeit} <= 10.$$

Die Lösung eines einmal derart dargestellten Optimierungsproblems ist eine rein technische Frage und braucht uns hier nicht zu beschäftigen. Ein viel größeres Problem ist die Aufstellung des Modells und die Ermittlung der darin enthaltenen Koeffizienten. Diese können oft nur geschätzt werden, was die Lösungen eingeschränkt zuverlässig sein läßt.

Einige Planungsmodelle werden wir an anderer Stelle genauer behandeln (siehe Kapitel 6). In vielen Fällen übersteigen die Kosten des Einsatzes exakter Optimierungsmethoden den dadurch erzielbaren zusätzlichen Nutzen. Man wendet in solchen Fällen *Heuristiken* an, die zwar keine optimalen Lösungen garantieren, diesen aber in ausreichendem Maße nahekommen. Solche Heuristiken schlagen sich in Regeln oder einfachen Algorithmen nieder.

Beispiel: Zur Zuordnungsplanung bei vorgegebener Stellenbildung gibt es die "Regel des längsten Kandidaten" (Fogarty 1989, 314ff). Das heißt, es wird der Arbeitsgang mit der längsten Dauer der ersten Stelle zugeordnet, solange bis die Kapazitätsgrenze der ersten Stelle erreicht ist. Dann wird der gleiche Prozeß bei der zweiten und bei allen folgenden Stellen angewandt, bis alle Arbeitsgänge zugeordnet wurden.

Annahmen. Die einzelnen Methoden zur Reihenfolgeplanung gehen von zum Teil sehr restriktiven Annahmen aus, die nie völlig, aber oft in ausreichendem Maße erfüllt sind. So wird beispielsweise bei der Formulierung von Reihenfolgeproblemen des Typs von Abbildung 4-13 von den Annahmen ausgegangen, daß jeder Auftrag in einer für alle Aufträge gleichen und vorbestimmten Reihenfolge alle Stellen durchlaufen muß und daß das Überholen eines Auftrages durch einen anderen nicht erlaubt ist (vgl. Gaitanides 1983, 39). Vor allem die letzte Annahme muß nicht unbedingt sinnvoll sein. Jedenfalls ist im Einzelfall zu prüfen, wie weit jede Annahme tatsächlich erfüllt ist. Die unreflektierte Anwendung von Methoden kann zu völlig ineffizienten Ergebnissen führen. Weiters sind viele mathematische Methoden nur bei Verfügbarkeit von ausreichend genauen Daten sinnvoll anwendbar. Schätzfehler können sich im Zuge der Verarbeitung in einem umfangreichen Verfahren multiplizieren oder gar potenzieren, was die Aussagekraft der Ergebnisse verschwinden läßt.

4.3.3.3 Planung von Rahmenbedingungen

Eine Reihe von Bedingungen im Betrieb fallen nicht unmittelbar in das Feld der Ablauforganisation, haben aber bedeutenden Einfluß auf die Abläufe. Dazu zählen Aspekte der Umwelt, die nicht direkt beeinflußbar sind. Es gibt damit Planungsfelder außerhalb der Ablauforganisation, die in der Planung der Abläufe zu berücksichtigen sind oder in denen Einfluß genommen werden kann.

Beschaffenheit der Objekte. Die physische Realisation der Abläufe im Produktionsbereich ist in erster Linie von Größe, Gewicht und Form der Werkstoffe, Zwischengüter und Endprodukte abhängig. Die Produktionsplanung steht also nicht nur in Beziehung zur Programm- und Terminplanung (Abschnitt 4.3.3.1) sondern schlägt sich auch auf die Gestaltung der Transportmittel, Transportwege und Läger nieder.

Normung dient in erster Linie der Rationalisierung. Industrienormen (z.B. DIN, ÖNORM) werden von außen an die Organisation herangetragen und müssen nicht unbedingt angenommen werden. Die Einhaltung von Normen ist aber in der Außenbeziehung oft unumgänglich. Industrienormen werden aber oft durch organisationsspezifische Normen ergänzt, die dann den Charakter genereller organsatorischer Regeln (auch Standardisierungen) annehmen.

Schulung der Aufgabenträger. Personal als Aufgabenträger wird in der Regel auf Grund von Stellenanforderungen eingestellt bzw. eingeschult. Dabei werden Anforderungen, die sich durch Interdependenzen im Ablauf ergeben, oft vernachlässigt. Eine Schulung aus Ablaufsicht könnte vermehrt folgende Punkte berücksichtigen:

• Verständnis der innerbetrieblichen Zusammenhänge, die sich durch die Abläufe ergeben;

• Kennenlernen verschiedener *Jargons*. Kommunikation mit anderen Stellen erfordert eine gemeinsame Sprache. In vielen Fällen ist diese nur eingeschränkt vorhanden. So können beispielsweise Angehörige des Vertriebs ihre Anliegen Technikern manchmal nur schwer mitteilen (siehe auch Kapitel 2 und 3);

• Wissen um die Art und Dauer der Aktivitäten in benachbarten Stellen kann Konflikte reduzieren.

Ablaufplanung hat also die inner- und außerbetriebliche Umwelt zu berücksichtigen. Anderseits stellt die Planung und Gestaltung der Abläufe bis zu einem gewissen Ausmaß selbst Rahmenbedingung für andere betriebliche Planungsfelder dar. Dies ist insbesondere dann der Fall, wenn eine Neugestaltung der Abläufe zu aufwendig und kostspielig sein würde. Damit dieser Umstand berücksichtigt werden kann, ist eine wesentliche Aufgabe der Ablaufplanung die Weiterleitung der relevanten Planungsergebnisse an die anderen Planungsfelder der Organisation.

4.4 Steuerung

In der Gliederung von Aufgaben nach dem Phasenschema schließen sich an die Planung Durchführungs- und Kontrollschritte an. Es bleibt sicherzustellen, daß die Abläufe auch tatsächlich in der geplanten Form realisiert werden. Die in Abschnitt 4.2.3 beschriebenen Planungsinhalte bilden die Ausgangsdaten für Steuerung und Kontrolle der organisatorischen Abläufe. Dazu ist anzumerken, daß die Art der Steuerung und der Kontrolle selbst irgendwann Gegenstand der Planung sein muß. Dabei muß nach inhaltlichen, quantitativen, raum-zeitlichen und Zuordnungsgesichtspunkten grundsätzlich festgelegt werden, wie die Steuerung und Kontrolle geplanter Abläufe zu erfolgen hat.

Die Begriffe Planung und Steuerung, bzw. Steuerung und Kontrolle sind nicht immer genau abgrenzbar. Beispielsweise dienen Arbeitspläne zur Festlegung von Arbeitsschritten im voraus. Insofern stellen sie Pläne dar. Sie dienen aber auch zur Steuerung der Aktivitäten ausführender Stellen und später bei der Durchführung zur Steuerung des Arbeitsablaufes von einem Schritt zum nächsten. Dies deshalb weil Arbeitspläne auch als unmittelbare Handlungsanleitungen für durchführende Stellen dienen. Somit ergeben sich zwei Arten der Steuerung.

Steuerung als Verbindung zwischen Planungsebenen (Steuerung durch Zuweisung von Aufgaben und Setzen von Zielen). Durch Vorgabe von Planungsaufgaben, Zielgrößen, vorgeschriebenen Vorgangsweisen (Programme) und Entscheidungsregeln von einer übergeordneten Planungsebene wird der Planungs- und Handlungsspielraum der unteren Ebene eingeschränkt. Um die

Einhaltung der Vorgaben kontrollieren zu können, muß auch Art und Ausmaß erforderlicher Rückmeldungen (Berichte, etc.) festgelegt werden.

Steuerung als Verbindung zwischen Durchführungsschritten: Durch Festlegung des Ablaufes wird der Handlungsspielraum durchführender Stellen eingeschränkt (Steuerung innerhalb von Stellen - Programm) und die Koordination zwischen Stellen sichergestellt (Steuerung zwischen Stellen). Steuerung dieser Art ist hauptsächlich auf der operativen Ebene von Bedeutung, ist aber auch in anderen Bereichen oft sinnvoll. So müssen etwa auch Planungsschritte bis zu einem gewissen Grad gesteuert werden.

Steuerung ist die Verbindung zwischen Planungs- und Durchführungsebenen, wobei eine steuernde Stelle den Handlungsspielraum anderer Stellen einschränkt. Steuerung beinhaltet alle Maßnahmen, die zum Ziel haben, Planung und Durchführung in Übereinstimmung zu bringen.

In der Umgangssprache, aber auch in der Fachliteratur, werden die Begriffe Steuerung und Kontrolle oft synonym verwendet (Auch der englisch-amerikanische Begriff "control" beinhaltet beide Bedeutungen). Die hier getroffene Unterscheidung wird in Abbildung 4-14 deutlich gemacht. Sie wird am besten mit kybernetischen Prinzipien erklärt. Aus Plänen werden die Zielgrößen für eine untergeordnete Planungs- oder Durchführungsebene abgeleitet. Derartige Ebenen können im Sinne der *Kybernetik* als Regelkreise und die Planung selbst als *Regelung* interpretiert werden (z.B. Ulrich 1968). Die Durchführung auf der nächsttieferen Ebene wird dann zur *Regelstrecke*. Von dort kommen als Berichte über die Ergebniserfüllung *Rückkopplungen* an die Kontrollinstanz, die einen Soll-Ist Vergleich vornimmt. Bei Abweichungen werden vom Regler korrektive Maßnahmen in Gang gesetzt.

Es bleibt zu erklären, wie es zu Abweichungen kommen kann, wenn der durch den Plan vorgeschriebene Ablauf eingehalten wird. Dafür sind *Störgrößen* verantwortlich, deren Auftreten nicht explizit im Plan berücksichtigt werden kann. Jedoch können in vielen Fällen Störungen erkannt oder vorhergesagt werden, bevor dadurch noch die Realisation beeinträchtigt wird. Damit die negative Wirkung verhindert wird, ist aber die rechtzeitige Reaktion des Reglers oder, wenn dies nur durch Änderung der Zielgrößen möglich ist, der übergeordneten Planungsinstanz notwendig. Das wird durch sogenannte *Vorkopplung* ermöglicht. Damit ist die frühzeitige Information der Entscheidungsstellen über mögliche störende Einflüsse aus der Umwelt gemeint. Die Gesamtheitwird auch als *Anpassungssystem* bezeichnet (Flechtner 1966). Sie besteht aus dem Regelsystem und dem Zielsetzungssystem besteht und soll zur Aufrechterhaltung eines Gleichgewichtszustandes die Störungen aus der Umwelt ausgleichen.

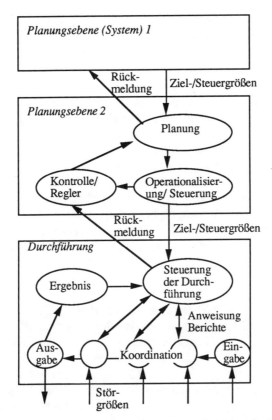

Abb. 4-14: Zusammenhang zwischen Planung und Steuerung im Regelkreis

Diese allgemeinen Prinzipien sollen nun unter zunehmender Konkretisierung und an Beispielen erläutert werden.

Anweisungen. Steuerung drückt sich im Betrieb zunächst in Anweisungen aus. Wie in Abbildung 4-14 gezeigt wird, haben diese Anweisungen je nach Planungsebene verschiedene Bedeutung. Bis zur operativen Ebene drückt sich dieser Unterschied vor allem durch einen zunehmenden Detaillierungs- und Operationalitätsgrad und einen abnehmenden Aggregationsgrad der Zielgrößen aus.

Beispiel: Der strategische Plan sieht die Erhöhung des Marktanteils (Zielgröße) in einem Produktfeld für die nächsten fünf Jahre vor. Die taktische Planung liefert als Zielgrößen Investitionsbudgets, Kostengrenzen und Soll-Umsätze, benötigte Mitarbeiter etc. Für jedes der fünf Jahre. In der operativen Planung müssen daraus Anweisungen für konkrete Realisations- schritte generiert werden.

Während also Steuerung bis zur operativen Ebene lediglich in der Operationalisierung von Planungsergebnissen liegt, ist die Steuerung der Durchführung meist ein komplizierteres Problem, das selbst der Planung bedarf. Deshalb konzentrieren wir uns hier auf Steuerungsprinzipien der Durchführung.

Zunächst müssen die Vorgaben der (operativen) Planung in konkrete Anweisungen für die durchführenden Stellen "übersetzt" werden. Drei Arten sind unterscheidbar:

Zuweisung von Aufgaben. Die Zuordnung von Aufgaben zu organisatorischen Einheiten (Stellen, Personen) wird bei der Planung nur in dem Ausmaß festgelegt, als dies für die Gesamtplanung entscheidend ist. Das heißt, es muß bloß entschieden werden können, ob bestimmte Teilaufgaben in der geforderten Zeit erledigt werden können. Der Steuerung (oder Disposition) fällt die Aufgabe zu, die verplanten Kapazitäten (Personen, Maschinen, Hilfsmittel) zu reservieren und konkrete Zuordnungen zu Mitarbeitern und Maschinen vorzunehmen (Beispiele: Arbeitspläne, Dispositionssysteme, etc.).

Anweisungen über Berichtslegung. Neben den Vorgaben aus der Planung sind zur Steuerung Rückmeldungen von den durchführenden Stellen notwendig. Was dabei festgelegt werden muß behandeln wir im folgenden Kapitel 4.5 über Kontrolle.

Koordination. Im Kapitel 4.1 wurden die verschiedenen Möglichkeiten, Aufgaben zu analysieren und zu Arbeitsschritten bzw. Stellen zusammenzufassen (Synthese), behandelt. Daraus ergibt sich eine Folge und ein Nebeneinander von Aktivitäten, die in irgendeiner Form miteinander verbunden werden müssen, um ein sinnvolles Ganzes zu ergeben. Dazu ist Koordination nötig, womit die Steuerung eben dieser Aufeinanderfolge und des Nebeneinander verschiedener Aktivitäten gemeint ist. Die Koordination von Stellen muß bis zu einem gewissen Grad von übergeordneten Stellen geregelt werden. Dies kann generell über die Angabe von Informationspflichten und die Standardisierung von Abläufen oder fallweise mittels direkter Anweisungen erfolgen. Koordination beschränkt sich aber nicht nur auf Aktivitäten, die zur Erfüllung eines Planes dienen, sondern vor allem auch mit der möglichst effizienten Realisation mehrerer Pläne. Gestaltungsprinzipien für Koordinationsmechanismen werden in Kapitel 5 behandelt. Die Auswahl eines Gestaltungsprinzips ist im Normalfall nicht den durchführenden Stellen überlassen, sondern Gegenstand der Ablaufplanung und wird wieder durch Anweisungen übermittelt.

Zwei allgemeine Grundsätze zur Gestaltung der Steuerung können hier noch angegeben werden: Widerspruchsfreiheit und Durchsetzung.

Widerspruchsfreiheit. Dieses Prinzip scheint theoretisch selbstverständlich, ist aber praktisch schwer einzuhalten. Speziell der Fall, daß Steuerungsmaßnahmen früheren Anweisungen widersprechen tritt häufig ein und ist oft durchaus beabsichtigt. In solchen Fällen ist anzuraten, diese früheren Regelungen explizit außer Kraft zu setzen, was wiederum eine vollständige Ist-Analyse der Regelungen voraussetzt.

Durchsetzung. Steuerungsmaßnahmen haben nur Sinn, wenn Sie befolgt werden. Auf derartige Führungsfragen sind wir in Kapitel 3 eingegangen. Als Konsequenz bleibt hier anzumerken, daß es in vielen Fällen nicht genügt, reine Steuerungsinformationen weiterzugeben, sondern daß auch Rahmeninformationen (über Ziele und Zwecke von Anweisungen etc.) notwendig sind, damit die Anweisungen akzeptiert werden. Unter gewissen Umständen (siehe Abschnitt 3.1.1.4) ist die Beteiligung der Betroffenen notwendig.

4.5 Kontrolle

Kontrolle ist der Vergleich von realisierten bzw. erwarteten Ergebnissen mit den geplanten und vorgegebenen Ziel- oder Steuergrößen.

Um die Zielerreichung kontrollieren zu können, sind Informationen aus den untergeordneten Stellen notwendig. Damit kann es nicht dem Belieben dieser Stellen überlassen bleiben, welche Informationen gegeben werden. Wirkungsvolle Steuerung schließt Anweisungen über erforderliche Rückmeldungen ein. Diese Rückmeldungen nehmen auf Planungsebenen die Form von Berichten an, auf der operativen Ebene sind meist auf den Formularen zur Steuerung des Ablaufes auch Felder zur Eintragung der Erfüllung vorgesehen.

Beispiel Arbeitsplan: Neben den bereits genannten zwei Funktionen als Plan und als Steuerungsinstrument, bekommt der Arbeitsplan oft noch eine dritte, nämlich eine Kontrollfunktion. Nach Beendigung eines Arbeitsschrittes werden (oft auf der Rückseite) wichtige Daten, wie Zeitpunkt, Ausschußmenge, etc. eingetragen. Der Arbeitsplan geht nach dem letzten Schritt an die Kontrollinstanz.

Kontrollinhalte. Inhalte, an denen der plangemäße Ablauf kontrolliert werden kann, sind im wesentlichen Kosten, Programme, Lagerstände und Qualitäten. Zur Erleichterung der Kommunikation und Standardisierung der Rückmeldungen werden in vielen Bereichen spezielle Kennzahlen benutzt. Von der Finanzplanung (strategisch und taktisch) werden beispielsweise Cash-Flows, Investitionsbudgets, Umsätze, Gewinne und ähnliches für einen bestimmten Zeitraum vorgegeben. Diese Daten werden mit den rückgemeldeten Werten auf einfache Weise verglichen. Derartige Kontrollmethoden (die eigentlich Teil umfassenderer Planungsmethoden sind) sind Gegenstand spezieller Betriebswirtschaftslehren und werden hier nicht näher behandelt. Weitere Hinweise auf

Kontrollinhalte und zugehörige Kontrollmethoden im operativen Bereich finden sich im nächsten Kapitel. Grundsätzlich können als wesentliche Inhalte der Kontrolle folgende Punkte angeführt werden:

- Aufgabenfortschrittsmeldungen zur Überprüfung der Einhaltung der Vorgaben, z.b. Eintragungen auf Arbeitsplan, Fertigstellungsmeldung, Ausschußquoten, Verzögerungsmeldungen, Berichte über Warteschlangen, etc.

- Meldungen über Ereignisse oder wahrscheinlich zu erwartende Ereignisse, welche die Einhaltung der Vorgaben gefährden könnten, z.b. Krankheit, Maschinenausfall etc.

Nicht nur isolierte Größen als Ergebnisse des Ablaufes sind zu kontrollieren, sondern auch die Funktion bzw. die Effizienz der Ablauforganisation insgesamt. Teilabläufe können (von außen oder innen) gestört sein oder auch überflüssig werden, was sich unter Umständen auf das Gesamtsystem auswirkt. Wie jedes System bedarf also auch die Ablauforganisation einer *Wartung* als Konsequenz der Kontrolle.

Kontrollinstanz. Grundsätzlich übernimmt die steuernde Stelle auch die Kontrolle. Es kann aber festgelegt werden, daß die Kontrolle durch eine eigene Stelle zumindest teilweise vorgenommen wird. Dann werden in der Regel nur signifikante Abweichungen an die Steuerungsinstanz weitergeleitet. Typische Beispiele für eigene Kontrollstellen sind die Qualitätskontrolle und das Controlling (siehe Kapitel 5).

Kontrollzeitpunkte. Von entscheidender Bedeutung ist die Festlegung, wann die Rückmeldungen zu erfolgen haben. Dies ist wesentlich von den Kontrollinhalten abhängig und ergibt sich manchmal aus diesen. In der Regel müssen aber dafür eigene Richtlinien geschaffen werden, wofür es zwei grundsätzliche Möglichkeiten gibt.

- Sofort nach Verfügbarkeit einer Kontrollinformation (z. B. Aufgabenfortschrittsmeldung, Arbeitsplan);
- Periodisch (z. B. Berichtlegung beim Vorstand in periodischen Sitzungen).

Formale Aspekte. Auch die Form, in welche die Rückmeldungen zu bringen sind, ist stark von den Inhalten abhängig. Die verschiedenen Möglichkeiten sind durch ein Prinzip geleitet: *Der Vergleich zwischen Soll und Ist muß möglichst schnell möglich sein.* Das heißt, daß grundsätzlich die Form der Steueranweisungen die Form der Rückmeldungen vorgibt. Daneben spielen aufbauorganisatorische Gegebenheiten (z.B. die Leitungsspanne; siehe den Abschnitt 3.2) und räumliche Entfernungen (zwischen den Ebenen) eine Rolle.

Weitere Zwecke der Kontrolle. Bei der oben eingeführten Definition von Kontrolle geht es nur darum festzustellen, *ob* das Ziel erreicht wurde oder nicht. Bei einer engen Auslegung dieser Definition könnten im Falle eines Mißerfolges möglicherweise von der Kontrollinstanz nichts darüber ausgesagt werden, *warum* das Ziel verfehlt wurde. Für kurzfristige Maßnahmen mag dies auch nicht wesentlich sein, für zukünftige Planungs- und Steuerungsschritte ist aber wesentlich, die Gründe für frühere Mißerfolge möglichst genau zu kennen, bzw. zu wissen, was effektive und effiziente Abläufe von anderen unterscheidet (siehe auch den Abschnitt 3.1.1.7). Deshalb sollte das Verständnis von Kontrolle in der Organisation weiter gefaßt sein als die reine Begriffsdefinition suggeriert. Dieser Gedanke schlägt sich auch im sogenannten *Controlling* nieder (siehe Kapitel 5).

5. Struktur- und Ablaufgestaltung

In diesem Kapitel wollen wir uns der Frage zuwenden, in welcher Weise und mit welchen Mitteln die Abläufe in einer Organisation gestaltet werden können. Als Ergebnis der Anwendung der in Kapitel 4 geschilderten Analyse- und Syntheseprinzipien können Grundfunktionen unterschieden werden, die in allen Organisationen mehr oder weniger stark ausgeprägt zu finden sind; die relative Stärke hängt von Faktoren ab, wie sie in Kapitel 3 behandelt wurden und auf die hier nicht weiter eingegangen wird. Nach einer kurzen Beschreibung dieser Grundfunktionen bzw. der entsprechenden Teile der Organisation werden Möglichkeiten der Gestaltung von Abläufen zwischen und in diesen Teilen behandelt.

5.1 Grundteile der Organisation

Im Kapitel 4 wurde erläutert, wie die Aufgabenteile zu organisatorischen Einheiten wie Stellen, Abteilungen zusammengefaßt werden können (Aufgabensynthese). In einem weiteren Syntheseschritt können Abteilungen zusammengefaßt werden, denen ganz bestimmte Aufgabentypen zugeordnet werden können. Eine Möglichkeit, solche Teile zu bilden und zu benennen, wurde von Mintzberg (1979) vorgeschlagen. Mintzberg faßt Aufgabentypen vor allem nach den Kriterien Rang und Zweckbeziehung zusammen. Die Grundteile sind die strategische Leitung, das mittlere Management, der operative Kern, technische Abteilungen und der Unterstützungsstab.

Strategische Leitung. Das ist der Bereich, in dem die Ziele der Organisation und die grundsätzlichen Vorgangsweisen zur Zielerreichung festgelegt werden. Bei Gutenberg (1973) ist dies der dispositive Produktionsfaktor *Geschäfts- und Betriebsleitung*.

Mittleres Management. Die Vorgaben der strategischen Leitung können in der Regel nicht direkt in konkrete Arbeitsschritte umgesetzt werden. Es ist die Aufgabe des mittleren Management, aus den abstrakten (strategischen) Vorgaben konkrete (taktische und operative) Anweisungen zu formulieren, nach denen gearbeitet werden kann.

Operativer Kern. Hier werden die eigentlichen Transformationsprozesse durchgeführt, die die Vorgaben und Anweisungen erfüllen sollen. In Produktionsbetrieben ist dies beispielsweise jener Teil des Unternehmens, wo die Rohstoffe beschafft (Input), in die Produkte (Output) des Unternehmens umgewandelt (Transformation, Throughput) und an die Abnehmer verkauft und geliefert werden.

Die Abgrenzung zwischen strategischem Management, mittlerem Management und operativem Kern ist hierarchischer Art (Kriterium Rang). Alle drei Bereiche zeichnen sich aber durch sehr hohen Zweckbezug aus. Von diesen Bereichen werden nach dem Zweckbezug weitere zwei Bereiche abgegrenzt:

Technische Abteilungen. Auf allen Ebenen der Organisation sind Mitarbeiter angesiedelt, welche die Arbeit anderer unterstützen, aber keine Entscheidungen selbständig treffen. Deshalb können sie nicht direkt den bisher genannten Bereichen zugeordnet werden. Diese sind etwa Konstruktionsbüros, die Arbeitsvorbereitung oder die Qualitätskontrolle.

Unterstützungsstab. Während die technischen Abteilungen den Arbeitsfluß direkt unterstützen, gibt es Organisationsmitglieder, die mit abgeleiteten Tätigkeiten, die in keiner direkten Beziehung zum Organisationsziel stehen, betraut sind. Dazu gehören etwa Abteilungen für Öffentlichkeitsarbeit oder Schreibkräfte in Produktionsbetrieben. Der Bezug zum Organisationsziel ist bei Forschungsabteilungen nur mit starker zeitlicher Verzögerung gegeben, weshalb sie ebenfalls zum Unterstützungsstab gezählt werden.

		Strategische Leitung	Mittleres Management	Operativer Kern	Technische Abteilungen	Unterstützungsstab
Phase	Planung	Anregung, langfristig	kurz-/mittel fristig			
	Durchführung					
	Kontrolle	hoch aggreg. Kennzahlen	gering aggreg. Kennzahlen			
Rang	Entscheidung					
	Ausführung					
Zweck-bezug	Zweckaufgaben					
	Verwaltungs-aufgaben					

Abb. 5-1: Grundteile der Organisation (nach Mintzberg 1979) und Zuordnung von Aufgabentypen.

Während die technischen Abteilungen hauptsächlich mit zweckbezogenen Planungsaktivitäten befaßt sind, zeichnen sich die Aufgaben im Unterstützungsstab durch geringen Zweckbezug in allen Phasen (Planung, Durchführung und Kontrolle) aus. Abbildung 5-1 zeigt dies in einer zusammenfassenden Gegenüberstellung, wobei graue Flächen Aufgabenschwerpunkte kennzeichnen; Leerfelder markieren Aufgaben, die im jeweiligen "Grundteil" (Spalte) keine oder nur eine geringe Bedeutung haben.

Zu welchem Bereich eine Abteilung gehört, hängt natürlich vom Organisationsziel ab. In einer Universität etwa, zählen die Forscher nicht zum Unterstützungsstab, sondern zum operativen Kern. Ebenso ist die relative Stärke der einzelnen Bereiche von der Unternehmensart abhängig. Dienstleistungsbetriebe werden zum Beispiel einen wesentlich kleineren technischen Bereich haben als Produktionsbetriebe.

Mit der Beschreibung dieser Bereiche wurden bereits einige Abläufe angesprochen, die innerhalb dieser Teile vorherrschen. Dies ist ein wesentlicher Ausgangspunkt für die Bildung dieser Teile. Um ein Ganzes zu bilden, können sie aber nicht völlig unabhängig voneinander existieren. Abläufe verbinden diese Teile. Die Abläufe können durch Flüsse durch das Unternehmen repräsentiert werden. Die dominierenden verbindenden Flüsse sind in Abbildung 5-2 dargestellt. Darauf gehen wir in diesem Kapitel genauer ein.

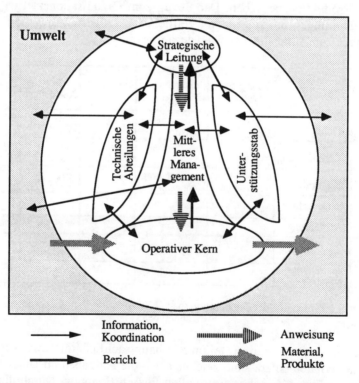

Abb. 5-2: Grundteile der Organisation (nach Mintzberg 1979) und die wichtigsten Arten von Flüssen zwischen diesen Grundteilen und der Umwelt

5.2 Informationsflüsse zwischen Teilen der Organisation

5.2.1 Allgemeines zu Informationsflüssen

Als wesentliches Verbindungsglied zwischen den Grundteilen der Organisation nach Mintzberg (1979) dienen Informationsflüsse verschiedener Art. Die in Abbildung 5-2 eingezeichneten Materialflüsse verbinden lediglich den operativen Kern mit der Umwelt und die Stellen innherhalb dieses Bereiches. Informationsflüsse haben einen Zweck (pragmatischer Aspekt der Information) und können im ablauforganisatorischen Zusammenhang nach Art des Zwecks eingeteilt werden:

• Koordination,
• Anweisung,
• Rückmeldung.

Neben diesen drei relativ klar abgrenzbaren und in den folgenden Abschnitten näher zu behandelnden Klassen gibt es viele, nicht eindeutig zuordenbare Informationsflüsse in Organisationen, die ablauforganisatorische Flüsse auslösen, unterstützen oder auch hemmen. Dies sind unter anderem Informationen aus der Umwelt und informale Informationsflüsse.

• *Informationen aus der Umwelt und an die Umwelt.* Organisationen können nur durch Interaktion mit der Umwelt bestehen. Solche Interaktionen sind Anfragen, Aufträge, Marktbeobachtungen, Liefermeldungen, Rechnungen und ähnliches.

• *Informale Informationsflüsse.* Eine sehr bedeutende Rolle spielen in Organisationen Beziehungen verschiedenster Art (Gespräche, schriftliche Kommunikation, Freizeitkontakte), die nicht geplant (informal) sind, aber in vielen Fällen beträchtlichen Einfluß auf die Abläufe in Organisationen aufweisen. Die Tatsache, daß sie nicht geplant sind, impliziert, daß darüber auch nicht viel im Sinne von Gestaltungsempfehlungen ausgesagt werden kann. Ausnahmen, auf die wir hier nicht näher eingehen, sind folgender Art: In vielen Situationen kann es sinnvoll sein, großen Spielraum für derartige informale Flüsse zu belassen, da zu viel an Planung der mangelnden Vorhersagbarkeit von Ereignissen nicht gerecht werden kann.

Zur Gestaltung der Ablauforganisation relevante (formale) Informationsflüsse zeichnen sich durch gewisse Merkmale aus (syntaktische und semantische Aspekte der Information), die einer Festlegung bedürfen. Relevante Aspekte sind die Stationen, die Kanäle, die Zeitpunkte, logische und physische Realisationen sowie mögliche Inhalte von Informationsflüssen.

Stationen (Sender, Empfänger, Speicherung). Daten bekommen Informationscharakter, wenn sie jemand bekommt, für den sie einen gewissen Neuigkeitscharakter besitzen. Im Sinne der Informationstheorie müßte man allgemeiner von Datenflüssen und nur in bestimmten Fällen von Informationsflüssen sprechen. Da für die vorliegenden Zwecke die mangelnde Unterscheidung keine Schwierigkeiten bereitet, behalten wir die gebräuchliche Bezeichnung bei. Ein potentieller Informationssender muß also wissen, an wen er die Information weiter zu geben hat (Empfänger). In den meisten Fällen wird der Empfänger nach Bearbeitung der Daten selbst zum Sender (siehe Abbildung 5-3). Teil jeder Information ist also eine Kette von Sender-Empfänger-Sequenzen, die sich allerdings meist implizit aus dem Inhalt der Information und den Aufgaben einer Stelle ergeben (oft ist dies Teil der Stellenbeschreibung).

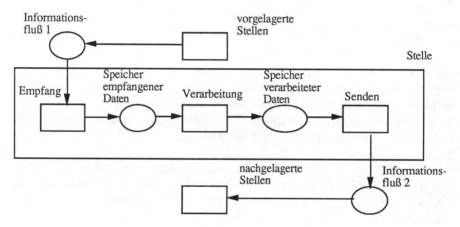

Abb. 5-3: Informationsfluß durch eine Stelle

Kanal. Die Gestaltung der Übermittlung von Informationen stellt eine zentrale ablauforganisatorische Aufgabe dar. Die technischen Aspekte der Kanalgestaltung lassen wir hier außer acht. Vielmehr interessiert in diesem Zusammenhang die Kapazität der Kanäle, insbesondere wenn Personen den Informationskanal repräsentieren. Außerdem sind Informationskanäle oft überlastet, wodurch die Weitergabe der Information an die relevanten Stellen gefährdet sein kann.

Zeit. Der häufigste Zeitpunkt für das Auslösen eines Informationsflusses ist das Ende der Bearbeitung darin enthaltener Daten durch den Sender. Der Zeitpunkt kann aber auch anders festgelegt werden. Möglichkeiten sind das Eintreffen bestimmter Ereignisse, taxativ aufgezählte Zeitpunkte und feste Zeitintervalle.

Inhalt. Wie gesagt ist jeder Sender auch selbst Empfänger. Aus dem Inhalt empfangener Information und der Art der Bearbeitung (Transformation) ergibt sich der Inhalt der gesendeten Information. Die Art der Bearbeitung der Daten in einer Stelle ergibt sich aus den Aufgaben der sendenden Stelle einerseits und der empfangenden Stelle andererseits. Hier ist insbesondere der pragmatische Charakter der Information zu berücksichtigen, d.h. der Inhalt richtet sich in erster Linie danach, welche Aktivitäten dadurch beim Empfänger ausgelöst werden sollen.

Logische Realisation. Die Art mit der Informationen dargestellt werden, hängt in hohem Maße von allen übrigen Merkmalen des Informationsflusses ab. Wir gehen auf Gestaltungsmöglichkeiten in eigenen Abschnitten (insbesondere Kapitel 6.4.3 und Kapitel 12) ein.

Physische Realisation (Träger). Auch die Art des Informationsträgers wird stark von den anderen Merkmalen bestimmt. Probleme treten wie beim Kanal auf. Allerdings bieten sich durch die technische Entwicklung im elektronischen Bereich immer wieder neue Möglichkeiten an. Die Einführung neuer Technologien wirkt wieder zurück auf die anderen Merkmale der Information (vor allem z.B. auf den Zeitaspekt) und auf die Ablauforganisation insgesamt.

5.2.2 Vertikale Informationsflüsse

Analog zu der in Kapitel 4 beschriebenen Gliederung von Aufgaben folgen der damit erzeugten Hierarchie Informationsflüsse vertikaler Art. Diese Flüsse werden durch Leitungsprozesse ausgelöst und führen im wesentlichen zu *Anweisungen* an untergeordnete Stellen und *Berichte* dieser Stellen über die Ausführung dieser Anweisungen.

Leitungsprozesse. Unter Leitungsprozessen verstehen wir das Treffen von Entscheidungen und die Formulierung von Anweisungen.

Eine Entscheidung ist die Wahl einer Handlungsmöglichkeit aus mehreren, nicht gleichzeitig zu verwirklichenden Alternativen (Witte 1980, 633).

Die eigentliche Entscheidung wird vorbereitet durch Entscheidungs- und Problemlösungsprozesse (siehe auch Abschnitt 5.3). Leitungsprozesse gehen von der strategischen Leitung und vom mittleren Management aus. Während sie direkt die Bereiche technische Abteilungen, Unterstützungsstab, operativer Kern betreffen können, gelten Entscheidungen und Anweisungen, die in den zuletzt genannten Abteilungen formuliert werden, in der Regel nur innerhalb des jeweiligen Bereichs. Die dort getroffenen Entscheidungen schaffen aber wesentliche Grundlagen für Entscheidungen in der strategischen Leitung und im mittleren Management.

Gemäß den Aufgaben der Bereiche haben die Leitungsprozesse unterschiedliche Inhalte. Die in der strategischen Leitung zu treffenden Entscheidungen und damit verbundenen Anweisungen nennt Gutenberg (1973) "echte Führungsentscheidungen" und unterscheidet fünf Arten:

• Festlegung der Unternehmenspolitik (Strategie) auf weite Sicht;
• Koordination der großen betrieblichen Teilbereiche;
• Beseitigung außergewöhnlicher Störungen;
• Geschäftliche Maßnahmen von außergewöhnlicher Bedeutung;
• Besetzung wichtiger Führungsstellen.

Diese Tätigkeiten beinhalten jeweils eine ganze Reihe von Entscheidungen und Anweisungen. Zur Strategieformulierung muß etwa bestimmt werden, wieviel und welche Art an Information aus der Umwelt beschafft werden muß und welche Art von Berichten aus untergeordneten Stellen zur Verfügung gestellt werden müssen.

Die strategischen Vorgaben schränken den Handlungsspielraum der untergeordneten Stellen im mittleren Management nur bis zu einem gewissen Grad ein. Innerhalb dieses Spielraums sind Entscheidungen zu treffen, die in zunehmend detaillierender Weise die Strategie in operative Anweisungen umsetzen. Dieser Detaillierungsprozeß betrifft auch die in Abschnitt 4.1.1 genannte schrittweise Auflösung der Oberziele in Unterziele bzw. die Formulierung von operationalen Zielen und entsprechenden Aufgaben und Teilaufgaben. Dies geschieht in Zusammenarbeit mit technischen Abteilungen, die die Grundlage für diese Entscheidungen durch Problemlösungen (siehe Abschnitt 5.3.1) liefern sollen. Dadurch kann in hohem Maße die Entscheidung beeinflußt, ja sogar vorweggenommen werden (vgl. Irle 1971).

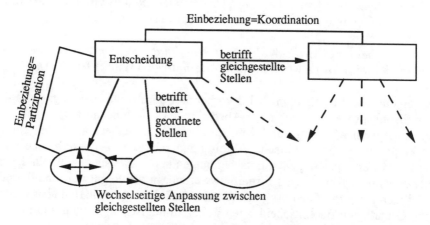

Abb. 5-4: Koordination als Abstimmung von Entscheidungen

Die Anweisungen des mittleren Managements lassen nur noch soviel Handlungs-spielraum offen, daß die Auswirkungen der Entscheidungen im operativen Kern nur den jeweils eigenen Bereich des Entscheidenden (oder der entschei-denden Gruppe) betreffen sollten. Das heißt, daß durch die Vorgesetzten im mittleren Management natürlich nicht völlig festgelegt wird, wie die Arbeit im einzelnen zu geschehen hat. Eine Stelle im operativen Bereich kann aber keine Entscheidungen treffen, die andere Stellen einschränken. Tatsächlich sind aber immer wieder andere Stellen von Entscheidungen im operativen Bereich be-troffen. Deswegen ist wechselseitige Abstimmung notwendig (siehe Abbildung 5-4 sowie den nächsten Abschnitt zu Koordination).

Die Einbeziehung der betroffenen Stellen bzw. Personen in die Entscheidungs-findung haben wir unter dem Titel *Partizipation* in Abschnitt 3.1.2.4 behandelt.

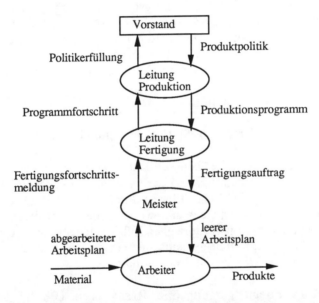

Abb. 5-5: Ein Anweisungs- und Berichtsfluß (Ausschnitt)

Berichtslegung zur Rückmeldung. In Abschnitt 4.3 haben wir bereits da-rauf hingewiesen, daß auch die Art, wie die Erfüllung der Anweisungen rück-gemeldet werden soll, Gegenstand von Anweisungen sein muß. Unter Berichts-legung wird oft jeder Informationsaustausch in der Organisation verstanden. Wir behandeln hier nur solche Berichte, die zur Rückmeldung über die Erfül-lung von Anweisungen dienen (vgl. Abbildung 5-5). Als Konsequenz der Aus-sagen in Abschnitt 4.5 über Kontrolle und in Abschnitt 5.2.1 über Infor-mationsflüsse ergeben sich nun besondere Merkmale von Rückmeldungen. Die

Ausprägung dieser Merkmale muß von den anweisenden Stellen festgelegt werden.

• *Zeitpunkte*. Entscheidend ist, wann ein Bericht gestellt wird. Auslösende Ereignisse sind hier vor allem: Beendigung der Ausführung einer Anweisung, Ereignisse, welche die Ausführung gefährden und Informationen, die alternative Ausührungswege angebracht erscheinen lassen.

• *Adressatenkreis*. In der Regel sind dies die unmittelbar übergeordneten Stellen, also jene Stellen, von denen auch die Anweisungen kommen. Es kann jedoch vorgesehen werden, daß die Informationen auch an technische Bereiche oder Unterstützungsstäbe weitergeleitet werden sollen.

• *Inhalte*, insbesondere der Detaillierungsgrad bzw. Aggregationsgrad berichteter Daten. Schon aus dem Adressatenkreis läßt sich in hohem Maß ableiten, welche Details wichtig sind. In der Regel werden nur Ergebnisinformationen verlangt (Grad der Zielerreichung, eingesetzte Ressourcen, besondere Probleme). In Ausnahmefällen wird der Detaillierungsgrad explizit angegeben.

5.2.3 Horizontale Informationsprozesse

5.2.3.1 Abhängigkeiten von Stellen auf gleicher Ebene

Während sich die Abhängigkeiten vertikaler Art direkt aus der Hierarchie der Aufgabenanalyse ableiten lassen, erklären sich Abhängigkeiten horizontaler Art (also auf gleicher hierarchischer Ebene) durch die organisatorischen Abläufe. Thompson (1967) unterscheidet drei wesentliche Arten dieser Verknüpfung oder Interdependenz organisatorischer Teilbereiche (siehe Abbildung 5-6), nämlich Verknüpfung durch gemeinsame Ressourcen und Ziele, sequentielle Verknüpfung und wechselseitige Verknüpfung.

Verknüpfung durch gemeinsame Ressourcen (Pools) und gemeinsame Ziele. Es gibt Abteilungen in Organisationen, die tauschen nie direkt Informationen oder materielle Dinge aus, existieren also scheinbar völlig unabhängig voneinander. Und doch können Ereignisse oder Entscheidungen in einem dieser Teile ganz entscheidend die Vorgänge in einem anderen Teil beeinflussen. Wenn etwa irgendeine regionale Division einer größeren Unternehmung in Schwierigkeiten gerät und sie große finanzielle Hilfe der Gesamtorganisation benötigt, dann kann dies die anderen Divisionen ebenfalls vor ernste Probleme stellen. Die Divisionen sind in diesem Fall durch einen gemeinsamen Geldgeber miteinander verbunden. Abteilungen in Betrieben können gemeinsame Lager haben. Zu großer Bedarf einer Abteilung kann dadurch Knappheit in einer anderen auslösen.

Sequentielle Verknüpfung liegt vor, wenn der Output eines Teiles der Organisation den Input für einen anderen Teil darstellt. Output und Input können materielle Dinge, wie Zwischenprodukte, Werkzeuge oder auch Informationen sein. Beispiele für Informationen sind Auslieferungsmeldungen der Produktion an das Rechnungswesen. Dort wird daraufhin eine Rechnung gestellt. Bei dieser Art der Verknüpfung liegt die Reihenfolge, in der die einzelnen Beteiligten handeln können, fest (eine Stelle B muß auf den Output der vorgelagerten Stelle A warten).

Wechselseitige (reziproke) Verknüpfung. Der Fall wird komplizierter, wenn der Ouput der genannten Stelle B wiederum Input für A wird. Thompson (1967) erläutert dies am Beispiel einer Fluglinie, die sich grob in die beiden Teile Dienstleistung (Flugbetrieb) und Wartung der Maschinen gliedern läßt. Der Output der Wartungseinheit in Form von funktionstüchtigen Flugzeugen ist Input für den Dienstleistungsbereich, der diese Maschinen zum Fliegen benutzen kann. Durch das Fliegen werden die Maschinen kaputt (wartungsbedürftiger Output), wodurch wiederum ein Input für den Wartungsbereich gegeben ist.

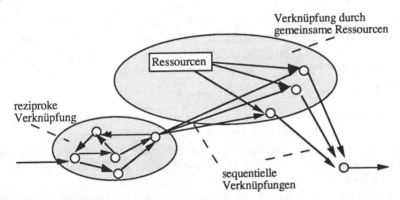

Abb. 5-6: Abhängigkeiten von Organisationseinheiten (graue Flächen) und Möglichkeiten zur Synthese

Verknüpfung der Abläufe bedingt eine Verknüpfung auf der vorgelagerten Planungs- und Entscheidungsebene. Durch Entscheidungen in einem Bereich wird der Entscheidungsspielraum von anderen (verknüpften) Bereichen eingeschränkt. Frese (1980) sieht darin die zwei wesentlichen Ursachen für Interdependenzen: *Verknüpfung von Durchführungsprozessen* und *Überschneidung von Entscheidungsbereichen*.

Die Reihenfolge der Darstellung spiegelt einen Übergang von einfachen zu immer komplizierteren Formen der Verknüpfung zwischen organisatorischen Teilen wider. Die Art der Abhängigkeit ist ein Aspekt der Komplexität (Koordinationskomplexität; siehe Abschnitt 4.2.1.2). Angewandt auf organisatorische Abläufe können wir diesen Aspekt hier weiter konkretisieren:

Verknüpfungen (Abläufe, Systeme) sind umso komplexer, je mehr verschiedene Abhängigkeiten zwischen den Teilen (Elemente eines Systems) bestehen.

Die Betonung liegt auf *verschieden*. Erst durch die Verschiedenartigkeit der Abhängigkeiten kommt Komplexität zustande. Abläufe (Systeme), wo zwar jeder Teil mit jedem verknüpft, aber die Verknüpfungen völlig identisch sind, sind nicht komplex. Beispielsweise sind wechselseitige Verknüpfungen nur dann komplexer als sequentielle Verknüpfungen, wenn die gegenseitigen Abhängigkeiten (in den einzelnen Richtungen) verschieden sind. Dies ist jedoch in der Regel der Fall. Komplexität kann reduziert werden, in dem die Abläufe standardisiert werden. Standardisierung bedeutet ja gerade Reduktion von Verschiedenartigkeit. Systeme mit vielen standardisierten Abläufen sind also in der Regel weniger komplex als Systeme, die auf vielen informalen und ungeplanten Abläufen beruhen.

Wichtig ist auch, daß komplexere Verknüpfungen immer einfachere Abhängigkeitsformen einschließen. Das heißt, daß sequentiell verknüpfte Einheiten immer auch durch gemeinsame Ressourcen und Ziele (Pools) miteinander verbunden sind. Dies gilt aber nicht unbedingt umgekehrt. Analog sind wechselseitig verknüpfte Teile immer auch sequentiell und durch Pools miteinander verbunden.

Kriterium für die Synthese. Die Analyse dieser Verknüpfungen hat Konsequenzen für die Synthese (Abschnitt 4.2.3) von Aufgaben. Bei der Vereinigung von Aufgabenteilen zu organisatorischen Einheiten wie Stellen, Aufgabengruppen und Abteilung bieten sich jene Einheiten zur Zusammenfassung an, die am kompliziertesten miteinander verknüpft sind. Als Konsequenz sollten Einheiten so gestaltet werden, daß die Komplexität der Verknüpfungen zwischen den Einheiten minimiert und innerhalb der Einheiten maximiert wird.

Reduktion von Abhängigkeiten zwischen Stellen. Sieht man von zeitlichen Aspekten ab, so können Abhängigkeiten zwischen Stellen durch bloße Umordnungen im Ablauf reduziert werden. Ziel ist dabei die Minimierung von Verbindungen zwischen organisatorischen Einheiten (siehe Abbildung 5-7, vgl. auch MacKenzie 1986).

Dieser Ansatz nimmt keine Rücksicht auf zeitliche Gesichtspunkte. Im Beispiel von Abbildung 5-7 können sich unter Umständen durch das Vorziehen der Stelle 3 zeitliche Verzögerungen ergeben, wenn die Abläufe vor allem von links nach rechts gehen. Außerdem repräsentieren die Verbindungen Kanäle, für die ausreichende Kapazitäten unterstellt werden müssen. Der Kanal zwischen 1 und 3 in Abbildung 5-7 wird durch die Umordnung u.U. stärker belastet oder sogar überlastet.

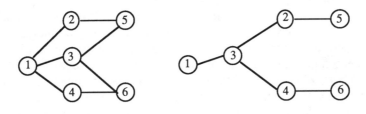

(a) 7 Verbindungen   (b) 5 Verbindungen

Alle Verknüpfungen im Netz (a) sind auch im Netz (b) enthalten. Der Unterschied ist, daß die Verbindung zwischen den Knoten 1 und 2 bzw. 1 und 4 in Netz (b) indirekt über den Knoten 3 läuft und jene zu Knoten 5 bzw. 6 über Knoten 2 bzw. 4.

Abb. 5-7: Reduktion von Abhängigkeiten durch Umordnung

5.2.3.2 Koordinationsmechanismen

Zunehmende Komplexität der Abhängigkeiten macht auch ausgefeiltere Koordinationsmechanismen notwendig. Koordination durch die Gestaltung der Organisationsstruktur wurde bereits in Abschnitt 3.2.2 besprochen. Von Koordinationsmechanismen für abhängige Abläufe unterscheidet Thompson (1967) drei wesentliche Arten: Standardisierung, Planung und wechselseitige Anpassung (vgl. auch March/Simon 1958). Mintzberg (1979) unterscheidet etwas feiner und kommt auf fünf Arten um Arbeiten in einer Organisation zu koordinieren: Wechselseitige Anpassung, direkte Anweisung, Standardisierung der Arbeitsprozesse, der Arbeitsergebnisse und der Fähigkeiten.

Alle diese Koordinationsmechanismen kommen prinzipiell in jeder Organisation vor. Sie haben aber von Organisationstyp zu Organisatiostyp eine unterschiedliche Bedeutung.

Wechselseitige Anpassung. Bei Prozessen, die nicht durch generelle Regelungen oder durch Anweisungen aufeinander abgestimmt werden, ist informelle Kommunikation notwendig. Dies geschieht zwischen Stellen oder Abteilungen, die in keinem organisatorischen Über- bzw. Unterordnungsverhältnis stehen (siehe dazu auch Kapitel 3 über Fayol´sche Brücken). Empirische Untersuchungen haben gezeigt, daß die wechselseitige Anpassung in sehr kleinen Organisationen mit einfachen Aufgaben (z.B. Handwerksbetriebe), aber interessanterweise auch in solchen mit extrem komplexen Aufgaben (wie z.B. in der Computerbranche) als Koordinationsmechanismus von Bedeutung ist. Ein hohes

Ausmaß an wechselseitiger Anpassung wird als Anzeichen für eine hohe Organizität der Organisation (siehe Abschnitt 2.2) gewertet.

Direkte Anweisung. Darüber haben wir bereits im letzten Punkt gesprochen. Eine Stelle, die direkte Anweisungen an eine andere Stelle erteilt, muß dazu in irgendeiner Form befugt sein (siehe Aufbau, Stellenbeschreibungen) und letztendlich auch die Verantwortung für die durch die Anweisung bewirkten Ergebnisse übernehmen. Direkte Anweisungen sind in der Regel Ausfluß von Planungen übergeordneter Stellen, die zur Koordination untergeordneter Stellen und Abteilungen dienen. Deshalb ist die direkte Anweisung Ausdruck einer *Koordination durch Planung* (March/Simon 1958) und einer *Koordination durch* (organisatorische) *Hierarchie.*

Standardisierung. Die bereits erläuterten Koordinationsformen verlangen in jedem Fall Kommunikation, kosten also Zeit und damit Geld. Deshalb ist man bestrebt, Prozesse, die immer wieder auftreten, so zu gestalten, daß sich immer wiederkehrende Eingriffe erübrigen.

Mit *Standardisierung des Arbeitsprozesses* sind Vorschriften gemeint, durch die angegeben wird, in welcher Weise eine Aufgabe erfüllt werden muß. Das Ausmaß, in dem derartige Regeln schriftlich festgehalten sind, bezeichnet man auch als *Formalisierungsgrad* (Pugh/Hickson 1971). Der Grad der Vorstrukturierung von Aktivitätsfolgen wird auch als *Programmierung* bezeichnet. Die meisten Prozesse im operativen Kern, speziell in Produktionsbetrieben, sind stark standardisiert. Formen der Programmierung sind in Hill et al. (1989, Band I, 266ff) beschrieben.

Anstatt zu spezifizieren, wie eine Aufgabe zu bewältigen ist, kann man sich darauf beschränken genau anzugeben, was das Ergebnis der Arbeit sein soll. Mit dieser *Standardisierung der Arbeitsergebnisse* koordinieren beispielsweise oft Programmierer in Softwareentwicklungsprojekten: Jedem Programmierer ist völlig frei gestellt, wie er seine Unterprogramme schreibt, er muß sich lediglich an die Spezifikationen der Schnittstellen (Input und Output) halten, damit seine Arbeit in das Gesamtprojekt integriert werden kann. Als besondere Form der Standardisierung von Arbeitsergebnissen ist die *Koordination durch Verrechnungspreise* interpretierbar. Koordinierend wirken dabei einerseits die in Preisen ausgedrückten Ergebnisse (Output) der Stellen bzw. Teilbereiche, andererseits die Ziele der übergeordneten Einheit (Gesamtorganisation oder Teilbereich) (vgl. Coenenberg 1976).

Es gibt Fälle, wo es nicht möglich oder nicht sinnvoll ist, diese Standardisierungsformen anzuwenden. Dies trifft unter anderem auf viele Ausbildungstätigkeiten in Betrieben, Schulen und Universitäten zu. Trotzdem muß nicht dauernd eingegriffen werden, um zu verhindern, daß die Ausbildungsgänge völlig voneinander abweichen. Dafür sorgt die *Standardisierung der Fähigkeiten* der Ausbildner und Lehrer. Wesentlich stärker als im Ausbildungsbereich ist diese Standardisierung im Produktionsbereich. Man braucht einem Maurer nicht zu sagen, wie er eine Mauer aufzustellen hat, oder wie sie auszusehen hat. Die Gleichartigkeit der Ausbildung garantiert, daß die Mauern aller Maurer mehr oder weniger gleich aussehen.

5.2.3.3 Zusammenhang zwischen Verknüpfungsart und Koordinationsmechanismus

Wie bereits angedeutet verlangen verschiedene Arten organisationaler Interdependenz andere Koordinationsmechanismen. Thompson (1967) postuliert fundamentale Zusammenhänge zwischen den genannten Verknüpfungsarten und den Möglichkeiten zur Koordination (vgl. auch Kapitel 5.2.3.1):

• Bei Verknüpfung durch gemeinsame Ressourcen und Ziele reicht die Koordination durch eine der Standardisierungsformen aus, wie das Beispiel der Universität zeigt.

• Die Abstimmung der einzelnen Glieder einer organisatorischen Ablaufkette, die durch sequentielle Abhängigkeiten verbunden ist, erfordert dagegen in der Regel ausgefeilte Planungen und Richtlinien in Form direkter Anweisungen an die einzelnen Teile. Ein anschauliches Beispiel ist die Koordination verschiedener, an einem Projekt beteiligter Stellen durch einen Netzplan.

• Wechselseitige Abhängigkeiten entstehen meist durch Prozesse, die einer völligen Vorausplanung nicht zugänglich sind. Im genannten Beispiel der Fluglinie ist nicht genau vorhersehbar, wann eine Maschine defekt sein wird und wie lange die Reparatur dauern wird. Die Abstimmung zwischen Flugbetrieb und Wartung erfolgt meist direkt, ohne Zwischenschaltung übergeordneter Stellen. Vom Flugbetrieb werden bei Bedarf Reparaturen angemeldet und die Wartung gibt eine Rückmeldung, wie lange die Reparatur dauern wird. Wechselseitige Abhängigkeiten erfordern also oft wechselseitige Anpassung.

Verknüpfungsart	Koordinationsmechanismus
Ressourcen, Ziele	Standardisierung
Sequentiell	Direkte Anweisung
Wechselseitig, reziprok	Wechselseitige Anpassung

Tab. 5-8: Komplexere Verknüpfungen erfordern zusätzliche Koordinationsmechanismen

5.3 Dispositive Abläufe

Ausgehend von einer Sicht der Organisation als Instrument zur Zielerreichung (Grochla,1982) stellt sich die Frage, wie man zu den adäquaten Mitteln für die Verwirklichung der Ziele gelangt. Die Gestaltung des organisatorischen Systems und der darin zu vollziehenden Abläufe ist ein wesentliches Mittel dazu. Nachdem es viele Möglichkeiten für diese Gestaltung gibt, diese Möglichkeiten jedoch in Hinblick auf das Zielsystem nicht alle geeignet sind, stehen wir vor dem Problem der Suche nach verschiedenen Mitteln und der Auswahl der besten oder zumindest einer zufriedenstellenden Alternative.

Aus Kapitel 4 haben wir einen allgemeinen Planungsbegriff. Teil des Planungsprozesses, der im folgenden genauer behandelt wird, sind Problemlösungs- und Entscheidungsprozesse. Die Begriffe *Problem* und *Entscheidung* bleiben noch zu klären.

Unter Entscheidung wird die Wahl einer Handlungsmöglichkeit aus mehreren, nicht gleichzeitig zu verwirklichenden Alternativen verstanden. Entscheidungsprozeß ist der geistige Arbeitsablauf, der zur Wahl einer Alternative führt (Witte 1980, 634).

Entscheidungen können nach ihren *Inhalten* in zwei grobe Kategorien eingeteilt werden:

- *Zielentscheidungen*. Es muß entschieden werden welche Ziele (siehe Kapitel 4) angestrebt werden.
- *Mittelentscheidungen*. Von den Alternativen, mit denen die Ziele erreicht werden können, müssen welche ausgewählt werden.

Nach der *Art* der Entscheidungen kann weiter unterteilt werden in:

- *Auswahlentscheidungen*. Eine Alternative wird gewählt, die anderen verworfen. Mittelentscheidungen sind meist Auswahlentscheidungen.

- *Gewichtungen*. Mehrere Alternativen werden gewählt und anhand eines oder mehrerer Kriterien (Nutzen, Wichtigkeit, Geeignetheit, etc.) bewertet. Zielentscheidungen sind meist mit Gewichtungen verbunden, da man es oft mit konkurrierenden Zielen zu tun hat und man keines der Ziele völlig vernachlässigen will. Im operativen Bereich schlagen sich derartige Gewichtungen in Zielfunktionen nieder (siehe Abschnitt 4.3).

- *Prioritätsentscheidungen*. Mehrere Alternativen werden gewählt und anhand eines oder mehrerer Kriterien zeitlich gereiht. Dies sind vor allem Reihungen von Aufträgen und Aufgaben (Ziel- und Mittelentscheidungen). Sie spielen für die Steuerung der Abläufe eine besondere Rolle. Prioritätsentscheidungen schlagen sich oft in Entscheidungsregeln nieder.

In vielen Fällen ist nicht unmittelbar klar, wie ein gewünschtes Ziel erreicht werden kann, also welche Mittel zur Verfügung stehen. Entscheidungsprozessen sind also oft Problemlösungsprozesse vorgelagert.

Probleme sind Diskrepanzen zwischen einem Soll- (Ziel-, End-) Zustand und einem Ist- (Anfangs-) Zustand, wo die Mittel zur Überwindung der Diskrepanz nicht unmittelbar bekannt sind.

Mit der Betonung der Unvollkommenheit des Wissens über die Mittel sind Probleme von Aufgaben abgegrenzt, die sich durch vollständige Bekanntheit der Mittel auszeichnen (Newell/Shaw/Simon 1965). Es existieren jedoch Abstufungen im Bekanntheitsgrad der Mittel. Der Grad der Bekanntheit hängt in aller Regel stark vom Wissen und den Vorerfahrungen der Person ab, die das Problem lösen soll. Während für einen Betriebswirt die Mittel zur Bestimmung der optimalen Losgröße recht gut bekannt sein werden, trifft dies auf einen Mitarbeiter der Rechtsabteilung meist nicht zu. Nach dem Bekanntheitsgrad der Mittel lassen sich Probleme klassifizieren (Dörner 1979):

• *Interpolationsprobleme.* Hoher Bekanntheitsgrad der Mittel: Darunter versteht man Probleme, bei denen die notwendigen Operationen zwar grundsätzlich bekannt sind, es jedoch nicht von vornherein klar ist, in welcher Weise diese Operationen kombiniert werden sollen. Ein Beispiel ist etwa die Auswahl optimaler Transportwege: Es ist bekannt, welche Punkte in einem vorgegebenen Gebiet erreicht werden sollen, nicht jedoch, in welcher Reihenfolge dies zu tun ist, um den Transportweg zu minimieren.

• *Syntheseprobleme.* Niedriger Bekanntheitsgrad der Mittel: Hier sind die Operationen selbst ebenfalls nicht bekannt. Beispiel: Die Entwicklung eines neuen Produktes, das ganz bestimmte Eigenschaften aufweisen soll. Mit der Angabe der geforderten Eigenschaften ist der Zielzustand sehr genau umrissen.

• *Dialektische Probleme,* wo es zuerst darum geht, den Zielzustand zu definieren.

Der Prozeßcharakter von Entscheidung und Problemlösung wird durch Phasen ausgedrückt. Dahinter steht die Annahme, daß sich dieser Prozeß in aufeinanderfolgende Schritte aufgliedern läßt. Diese Schritte decken sich weitgehend mit den Phasen eines Planungsprozesses. Zu den entsprechenden Schritten kommen nur einige Besonderheiten von Problemlösungen.

Planungsphasen. In der Regel ist der übergeordnete Ablauf ein Planungsprozeß, in dem Problemlösungs- und Entscheidungsprozesse in allen Schritten eingebettet sind. Andererseits kann der Planungsprozeß selbst als ein Problemlösungsprozeß betrachtet werden, falls der Planungsinhalt ein Problem im obigen Sinne darstellt. Die relative Bedeutung einzelner Schritte wird zwar je nach Planungsinhalt unterschiedlich sein, keiner soll aber völlig übergangen werden. Im Laufe des Planungsprozesses kann sich immer wieder herausstellen, daß vorangegangene Schritte nicht adäquat oder genau genug erledigt wurden, was nur durch eine weitere Iteration des Prozesses, beginnend bei dem entsprechenden Schritt behoben werden kann. Abbildung 5-9 zeigt die Planungsphasen im Überblick, wobei die grau hervorgehobenen Felder den Schritten eines Problemlösungsprozesses entsprechen.

Abb. 5-9: Übersicht über Planungsphasen

Planungsanregung. Planungsprozesse können intern oder durch externe Einflüsse ausgelöst werden:

• *Intern:* Es sind fixe Intervalle für die Planung vorgegeben, und zu bestimmten Zeitpunkten wird ein Planungsprozeß ausgelöst. Planung wird auch ausgelöst durch die Identifikation von Problemen im eigenen Bereich, wie zeitlichen Verzögerungen in den Abläufen, zu hohen Kosten oder ähnliches.

• *Extern:* Neue Zielvorgaben von höheren Ebenen (Hierarchie der Planung), Änderungen von Rahmenbedingungen in der Umwelt. Diese Änderungen können bereits eingetreten sein, oder können auf Grund von Analysen für die Zukunft erwartet werden.

Identifikation und Beurteilung des Problems. Zunächst ist es notwendig, zu identifizieren, von welcher Art ein Problem bzw. eine Entscheidung ist. Damit können Entscheidungen darüber gefällt werden, in welcher Weise Probleme zu lösen sind und in welcher Reihenfolge mehrere Probleme in Angriff zu nehmen sind. Organisationen können meist nicht alle Probleme gleichzeitig lösen, sie müssen hintereinander in Angriff genommen werden. Auch Konflikte, die durch widersprechende Ziele entstehen, werden oft durch sequentielle Zielerfüllung aufgelöst (Cyert/March,1963). Syntheseprobleme machen andere Lösungsprozesse notwendig als Interpolationsprobleme. Oft wird deshalb die Lösungsdauer von Syntheseproblemen länger oder ungewiß sein.

Neben den oben skizzierten Problemarten, können Probleme nach ihrem Komplexitätsgrad (siehe Abschnitt 4.1.2.1) unterschieden werden. Einfache Probleme (etwa die Losgrößenbestimmung) sind überschaubar und können in der Regel nicht sinnvoll aufgeteilt werden. Komplexere Probleme können nicht als Ganzes effizient gelöst werden und werden zerlegt. Der Komplexitätsgrad kann möglicherweise nicht genau genug beurteilt werden, bevor das Problem analysiert ist. Dann sind unter Umständen mehrere Iterationen zwischen Komplexitätsbestimmung und Problemanalyse notwendig.

Zielformulierung. Es ist festzulegen, was das Ergebnis der Planung sein soll (Soll-Zustand). Dazu ist es auch immer notwendig, die derzeitige Situation zu charakterisieren (Ist-Zustand). Die Differenz zwischen gegenwärtigem und erwünschtem Zustand soll durch die Planung abgebaut werden. In vielen Fällen können ohne eingehende Analysen keine konkreten Aussagen über mögliche Zielzustände (und auch nicht über den Ist-Zustand) gemacht werden, weshalb nach weiteren Planungsschritten unter Umständen an diesem Punkt mehrmals neu begonnen werden muß (Iteration).

Der Zielzustand wird in inhaltlicher, qualitativer und zeitlicher Hinsicht formuliert sein. Teil der Zielformulierung kann auch die Vorgabe und Beschränkung von Mitteln zur Planung sein (Finanzierung, technische Hilfsmittel etc.).

Was wir allgemein im Abschnitt 4.1 über Ziele ausgesagt haben, gilt auch hier. Insbesondere ist ein wesentliches Merkmal adäquat formulierter Ziele hier die *Überprüfbarkeit (Operationalisierung):* Kann festgestellt werden, wann das (Planungs-)Ziel erreicht ist oder in welchem Ausmaß die Planung erfolgreich war? Allerdings wird es immer auch Ziele geben müssen, die dieses Kriterium nicht erfüllen (etwa bei innovativen Planungsprozessen). Dieser Schritt wird oft mit einem offiziellen *Planungsauftrag*, in dem die genannten Punkte festgehalten werden, abgeschlossen.

Planung der Planung. Die Planung organisationaler Abläufe stellt selbst einen zu organisierenden und zu planenden Prozeß dar. Es ist festzulegen, mit welchen *Mitteln*, in welchem *Zeitraum* und von wem (*Mitarbeiter*) die aus den Planungszielen ableitbaren Aufgaben erledigt werden sollen. Je nach Planungsinhalt können Methoden angegeben werden (siehe Kapitel 6), mit denen der Planungsablauf mehr oder weniger genau vorherbestimmt werden kann, sodaß Aussagen über den Zeitbedarf, notwendige Mitarbeiter und voraussichtliche Kosten der Planung getroffen werden können.

Die an der Planung beteiligten Mitarbeiter werden zu *Gruppen* verschiedener Art zusammengefaßt (Bendixen/ Kemmler 1971): Planungsgruppen, Beratungsausschüsse, Entscheidungsgremien, Informationsgruppen. Gruppenarbeit verlangt spezielle Fertigkeiten (siehe Kapitel 3), die in dieser Phase unter Umständen trainiert werden müssen.

Ergebnisse dieses Schrittes sollten weiters sein: Schätzungen über den *Zeitbedarf* der Planung und eine grobe Struktur der *Vorgangsweise* bei der Planung.

Problemstrukturierung. Um den Anfangszustand in den gewünschten Zielzustand zu transformieren, sind Zwischenzustände zu durchlaufen. Diese Zwischenzustände stellen einerseits Mittel zur Erreichung des Endzwecks dar, andererseits können sie selbst als (Zwischen-) Ziele betrachtet werden. Die Erreichung dieser Ziele wird als *Unterproblem* bezeichnet. Ziele sind durch mehrere Teilaspekte gekennzeichnet. Die Erfüllung eines dieser Teilaspekte wird als *Teilproblem* bezeichet (siehe auch die analoge Unterscheidung von Unteraufgaben und Teilaufgaben in Kapitel 4). Durch diese Zerlegung sollen aus dem komplexen Gesamtproblem einfachere, überschaubare Einheiten gewonnen werden, die einer Lösung direkt zugänglich sind. In vielen Fällen ist mit der Problemstrukturierung das Problem auch schon gelöst.

Die Lösungssuche für die Teilprobleme wird oft auf mehrere Personen aufgeteilt. Obwohl es Ziel der Zerlegung ist, möglichst unabhängige Teilprobleme zu bilden, benötigen die einzelnen Problemlöser immer wieder Informationen über andere Teilprobleme. Je besser die Abstimmung zwischen den Teilproblemlösern ist, umso einfacher wird auch die Synthese der Teillösungen zu einer Gesamtlösung sein. Zur Unterstützung der wechselseitigen Abstimmung bei der Lösung von Teilproblemen (verteiltes Problemlösen) wurden auch Expertensysteme entwickelt (vgl. die bei Mertens/ Hildebrand/ Kotschenreuther 1989 angegebenen Entwicklungen).

Informationssuche - Suche nach Planungsprämissen. Die Qualität und das Ausmaß an relevanten Informationen ist entscheidend für den Erfolg des Planungs- und des Problemlösungsprozesses bzw. für die Qualität des späteren Ergebnisses. Andererseits ist die Suche nach Informationen oft sehr aufwendig und mit hohen Kosten verbunden. Um diese Kosten niedrig zu halten, beschränkt sich die Informations- und Alternativensuche oft auf Bereiche, die in der Nachbarschaft des Problemsymptoms bzw. in der Nachbarschaft bereits verwendeter oder bekannter Alternativen liegen (Cyert/March 1963). Ein Beispiel wäre etwa die alleinige Zuschreibung der Verantwortung für eine erhöhte Ausschußquote an die unmittelbar beteiligten Arbeiter, statt die Ursache auch im gesamten Produktionssystem unter Einbeziehung der Lieferanten zu suchen. Um dieses Dilemma zu entschärfen, richtet sich vermehrt das Interesse auf die Schaffung von organisatorischen Bedingungen, die Informationen dort leichter zugänglich machen, wo sie für Problemlösungs- und Entscheidungsprozesse benötigt werden. Wir können die Schritte zur Informationssammlung noch weiter durch die Situations- und Mittelanalyse spezifizieren.

- *Situationsanalyse.* Ausgehend von der groben Problembeschreibungen, sind im Detail alle relevanten Informationen über das System zu erheben (siehe Abschnitt 6.3). Relevant sind dabei jene Aspekte der Situation, die entweder in die Zielbeschreibung direkt eingehen oder einen Einfluß auf Elemente der Zielbeschreibung haben. Bereits hier kann sich zeigen, daß das Ziel nicht adäquat formuliert worden ist, was einen Neubeginn bei der Zielformulierung notwendig machen kann. Relevante Aspekte für die Situationsanalyse sind die *Bedingungen in der Organisation*: (inhaltliche, quantitative, raumzeitliche Zustandsbeschreibungen, Restriktionen, Kapazitäten und Ressourcen) und die *Bedingungen in der Umwelt* (z.B. Absatz- und Beschaffungsmarktes, gesellschaftliche, politische Bedingungen, die Dynamik der Umwelt und mögliche zukünftige Entwicklungen).

- *Mittelanalyse.* Wenn Ist- und Sollzustand (Ziel) hinreichend klar formuliert sind, muß analysiert werden, ob mit den vorhandenen Mitteln und aufgrund bestehender Restriktionen das Ziel vom gegenwärtigen Zustand aus erreicht werden kann, bzw. wie groß die Hindernisse zwischen Ist- und Sollzustand sind (d.h. ob es sich um ein Problem handelt und von welcher Art dieses Problem ist). Ergibt ein Vergleich zwischen den vorhandenen Möglichkeiten

und einer Einschätzung von notwendigen Maßnahmen ein negatives Ergebnis,
so ist wiederum eine neue Zielformulierung oder eine Neuverhandlung über
Mittel und Ressourcen notwendig.

Suche nach Planalternativen. Bei der Generierung von Planalternativen
finden je nach Planungsinhalt verschiedene Problemlösungsmethoden und Heuristiken Anwendung (siehe Kapitel 6). In vielen Fällen existiert nur ein realistisch möglicher Plan, sodaß sich die nächsten Schritte erübrigen. Beispielsweise
kann bei Planungen, die sich auf Optimierungsprobleme zurückführen lassen,
mit vorgegebenen Algorithmen eine beste Lösung sofort identifiziert werden.

Bewertung der Pläne. Jede der ermittelten Alternativen wird bewertet hinsichtlich des Ausmasses der Zielerreichung und des Ausmaßes in dem andere
Ziele der Organisation und ihrer Mitglieder erreicht werden. In dieser Phase ist
es wesentlich, möglichst viele Kriterien zur Bewertung heranzuziehen, ohne sie
zunächst zu gewichten oder einige im voraus auszuscheiden.

Auswahl einer Alternative. Die Gewichtung einzelner Kriterien gehört eigentlich bereits zur Auswahl, da sie einen wesentlichen Teil der Entscheidung
über die Auswahl bereits vorwegnimmt. Trotzdem sind Gewichtung und endgültige Auswahl oft personell getrennt.

Mit der Ausführung der gewählten Alternative wird ein neuer Ist-Zustand geschaffen, der wiederum Ausgangspunkt für einen neuerlichen Planungs- und
Problemlösungsprozeß sein kann. Stimmt der neue Ist-Zustand in befriedigen-
dem Maße mit dem Soll-Zustand überein, so kann man sich dem nächsten Problem zuwenden. Die in Abbildung 5-10 gezeigte Zuordnung von Problemlö-
sungsschritten (bzw. von entsprechenden Planungsschritten) zu Teilen der
Organisation ist zwar häufig, jedoch keineswegs allgemeingültig. Grundsätzlich
treten solche Problemlösungsprozesse in ihrer Gesamtheit in allen Teilen der
Organisation auf. Folgende Formen der personellen Zuordnung können unterschieden werden:

• Der gesamte Prozeß wird von einem Individuum oder einer Gruppe bewältigt. Dies ist eher selten der Fall (am ehesten in technischen Abteilungen).

• Die Schritte werden zwischen Individuen oder Gruppen aufgeteilt, entweder
  innerhalb eines organisatorischen Bereichs oder - wie in Abbildung 5-10 gezeigt - zwischen organisatorischen Bereichen.

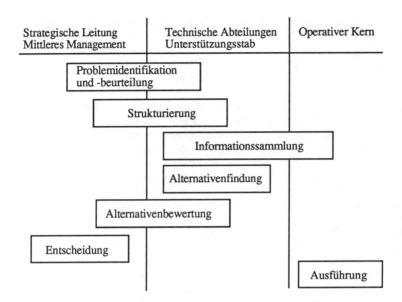

Abb. 5-10: Phasen des Problemlösungs- und Entscheidungsprozesses und typische Zuordnung zu Teilen der Organisation.

Beispiel: Planung eines Produktionsprozesses.

Anregung. Die Verkaufsabteilung stellt fest, daß die Absatzzahlen einer Produktlinie ständig abnehmen. Diese hat daher die Entwicklung einer neuen Produktlinie in der Entwicklungsabteilung angeregt. Nachdem ein derartiger Entwurf vorliegt, wird die Anpassung des Produktionsprozesses an die neuen Produkte notwendig. Es wird ein weiterer Planungsprozeß im Produktionsbereich ausgelöst.

Ziele. Gemeinsam mit Vertretern aus den Bereichen Verkauf und Entwicklung legt der Produktionsleiter die Ziele fest. Durch die Informationen aus Verkauf und Entwicklung wird das Ziel in qualitativer (Art des neuen Produktes), quantitativer (Mengen pro Zeiteinheit) und auch zeitlicher Hinsicht (ab wann soll die Produktion umgestellt werden) relativ genau festgelegt. Um festzustellen, welche Mitteln zur Durchführung einer geplanten Umstellung vorhanden sind, wird der Leiter des Finanzwesens hinzugezogen.

Planung der Planung und Problemstrukturierung. Der Produktionsleiter entwirft gemeinsam mit seinem Assistenten einen Plan (sie nennen es "Tätigkeitsliste"), was getan werden muß, um die tatsächliche Umstellung vorzubereiten. Nachdem ihnen die wichtigsten Schritte genau genug definiert erscheinen, suchen sie Mitarbeiter ihres Bereiches, die in einem Planungsteam diese Aufgaben bewältigen können.

Planungsprämissen. Das eingesetzte Planungsteam kann bei der Analyse der Ist-Situation auf sehr genaue Aufzeichnungen über die Art der vorhandenen Produktionsmittel, Mitarbeiter und Räume zurückgreifen. Schwieriger gestaltet sich die Mittelanalyse. Zunächst wird geprüft, was von den vorhanden Kapazitäten für die neue Produktion geeignet ist. Darauf aufbauend wird abgeschätzt, was an Investitionen notwendig ist, um das angepeilte Ziel zu erreichen. Nachdem das neue Produkt einige Werkstoffe enthält, die mit den alten Maschinen nicht bearbeitet werden können, bewegen sich die Investitionen in Höhen, die mit den vorhandenen Mitteln nie abgedeckt werden können. Die Planungsgruppe entscheidet, daß sie unter diesen Restriktionen ihre Aufgabe nicht erfüllen kann und berichtet dies dem Produktionsleiter.

Zurück zur Zielformulierung. Der Produktionsleiter ersucht Vertreter aus Verkauf, Entwicklung und Finanzierung um eine neuerliche Sitzung. Als wesentliches Ergebnis einigt man sich darauf, daß in der Entwicklungsabteilung die Notwendigkeit einiger der neuen Werkstoffe nochmals überprüft wird. Nachdem dies positiv erledigt wird, verhandelt der Produktionsleiter mit dem Leiter der Entwicklung über die zeitweilige Abstellung eines Mitarbeiters aus der Entwicklung in seine Planungsgruppe, um eventuell notwendige kleinere Änderungen am Produkt ohne Umwege über die Leitung zu ermöglichen. Darüber kann man sich nicht einigen, die Entwicklungsabteilung steht aber für fallweise Konsultationen zur Verfügung.

Alternativensuche. Der Leiter der Planungsgruppe schlägt folgende Vorgangsweise vor:
• Aufteilung der Vorbereitungsarbeit: Informationssuche über Investitionsalternativen, möglicher Einsatz vorhandener Mitarbeiter und Bedarf an neuem Personal (Qualifikationserfordernisse), Möglichkeiten der Raumgestaltung. Diese Aufgaben werden in Einzelarbeit erledigt.
• Zusammenfassen der Ergebnisse in der Gruppe. Für jede Investitionsalternative wird gemeinsam der notwendige Mitarbeitereinsatz und die Raumgestaltung diskutiert. Im nächsten Schritt werden die Kosten jeder Alternative beurteilt und zusammengefaßt. Weiters werden Vorteile und Nachteile anderer Art gegenübergestellt: Qaltität des Produktes, Belastungen der Arbeitnehmer, Flexibiltät und Störanfälligkeit des Produktionsprozesses.

Zusammenfassende *Bewertung.* Die einzelnen Bewertungsmerkmale werden nun gewichtet und zu einer einzelnen Zahl zusammengefaßt, die als Grundlage für eine Rangreihung der Alternativen dient.

Auswahlentscheidung. Das Ergebnis dieses Planungsprozesses wird zu einem Bericht zusammengefaßt und für eine endgültige Entscheidung an den Produktionsleiter weitergegeben.

5.4 Operative Abläufe

Der im vorangegangenen Abschnitt dargestellte Problemlösungs- und Entscheidungsprozeß ist Teil der Planung, an die sich Durchführungsschritte schließen. Grundsätze der Verbindung zwischen Planungs- und Durchführungsebene mittels Steuerung und Kontrolle wurden in Abschnitt 4.3 bereits behandelt. Daran anknüpfend soll nun dargestellt werden, welche konkreten Abläufe im operativen Bereich dadurch ausgelöst und gesteuert werden. Auslöser sind die in Abschnitt 5.2 behandelten Informationsflüsse.

5.4.1 Auftragsabwicklung

Die Gestaltung der Ablauforganisation legt die Stationen des "Durchlaufs" eines Auftrages fest. Wir verstehen hier Auftrag als Oberbegriff für externe Aufträge aus der Umwelt (Kundenaufträge) und von innen (interne Aufträge: An-

weisungen einer übergeordneten Planungsinstanz, z.B. Produktionsprogramm).
Allgemein sind dies die Stationen: Auftragsannahme, Zuordnung des Auftrages,
Aufgabenverteilung, Auftragsreihung, Durchführungsvorbereitung und Durchführungssteuerung in Verbindung mit der Betriebsdatenerfassung. Der Ablauf
ist in Abbildung 5-11 dargestellt.

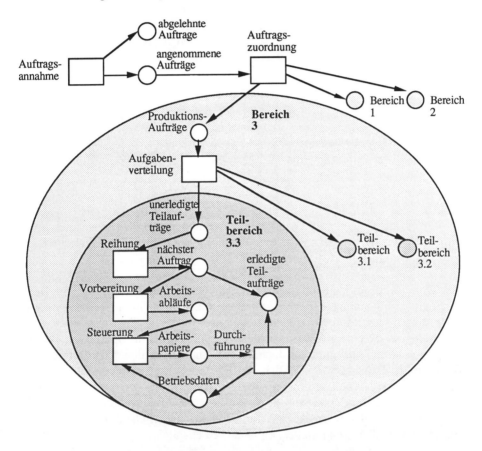

Abb. 5-11: Auftragsabwicklung im Produktionsbereich

Auftragsannahme. Dieser zunächst trivial erscheinende Punkt hat wesentliche
Bedeutung für die Effizienz der weiteren Auftragsabwicklung. Die Auftragsannahme ist effizient, wenn sie alle zur Abwicklung des Auftrages notwendigen
Informationen über die Ziele des Auftraggebers erhält. Man kann in der Regel
nicht davon ausgehen, daß der Auftraggeber von sich aus alle Informationen
liefert, da er nicht unbedingt weiß, welche Informationen zur Abwicklung notwendig sind. Neben einer entsprechenden Schulung der annehmenden Person
(z.B. Verkäufer) stellen *Auftragsformulare* typische organisatorische Hilfsmit-

tel dar. In Auftragsformularen sind neben Informationen über den Auftraggeber Felder zur Erfassung der Auftragsspezifikationen vorgesehen. (Beispiele
und wichtige Datenfelder finden sich im Kapitel 12).

Zuordnung des Auftrages zu einem Aufgabenbereich. Als Ergebnis der Auf-
gaben- und Objektaufzählung an der Spitze der Aufgabenanalyse werden unter
Umständen mehrere organisatorische Bereiche gebildet, denen unterschiedliche
Aufträge zugeordnet werden müssen, sofern der Auftrag nicht direkt an einen
Bereich gerichtet ist. Bei Kundenaufträgen, die an einen zentralen Vertrieb
gehen, ist dies der Fall.

Beispiel: Ein Betrieb ist in die Bereiche Anlagenbau und Maschinenbau gegliedert. Für beide
Bereiche ist ein zentraler Verkauf zuständig. Ein in beiden Bereichen geschulter Verkäufer nimmt
Aufträge entgegen und entscheidet, welchem Bereich ein Auftrag zuzuordnen ist.

Aufgabenverteilung. Über die grundsätzliche Aufgabenverteilung als Ergebnis der Arbeitsanalyse und der Arbeitsynthese hinaus müssen einzelne Auftrags-
teile auf Aufgabenträger verteilt werden. Diese Verteilung ist insbesondere
dann nicht unmittelbar eindeutig, wenn für eine Aufgabenart mehrere Stellen
zur Verfügung stehen. Als Grundlage müssen der verteilenden Stelle Informationen über die Belastung der einzelnen Kapazitäten in den möglichen ausführenden Stellen zur Verfügung stehen.

Aufgabenverteilung ist in allen organisatorischen Teilen nötig. In der Regel
geschieht im Management-Bereich die Verteilung über direkte Interaktion zwischen Vorgesetzten und Mitarbeiter, da es hier relativ große Aufgabenbereiche
zwischen jeweils wenig Mitarbeitern zu verteilen gilt. Im operativen Bereich
dagegen, wie auch mitunter im technischen und unterstützenden Bereich sind
Hilfsmittel in Form von standardisierten Rückmeldungen notwendig. Je größer
der Grad an Arbeitsteilung umso standardisierter und formalisierter sind die
Rückmeldungen und die Arbeitsverteilungsabläufe. Am ausgeprägtesten ist dies
in der Regel im operativen Bereich von Produktionsbetrieben, weshalb wir dies
unter dem Titel *Fertigungssteuerung* genauer behandeln.

Auftragsreihung. Die Kapazitäten sind in der Regel nicht so groß, um sofort
alle Aufträge gleichzeitig bedienen zu können; es müssen Prioritäten gesetzt
werden. Dies kann von Fall zu Fall gemacht werden oder es kann eine generelle
Regelung getroffen werden, nach der die Prioritäten abgeleitet werden. Die
natürlichste Regel ist, daß jener Auftrag als erstes behandelt wird, der zuerst
eingelangt ist. Dies entspricht einer gewissen "Fairness" und wird deshalb in
Dienstleistungsbereichen auch häufig angewandt. In Produktionsbereichen
können verschiedene Gründe aber auch für andere Regeln sprechen (siehe Tab.
5-12).

Entscheidungsregel (Jener Auftrag ist zuerst zu erfüllen, der die jeweilige Regel erfüllt)	Wichtigste **Gründe für die Regel**
First In First Out (FIFO)	Fairness
Kürzeste Bearbeitungszeit	Geringe Kapitalbindung durch Rohmaterial und Zukaufteile
Geringste Anzahl von Bearbeitungsschritten	wie oben; geringe Zwischenlager
Frühester Fertigstellungstermin	Einfache Regel, die gut funktioniert, wenn die Bearbeitungszeiten der Aufträge gleich lang sind
Geringste Schlupfzeit	Die Schlupfzeit ist die Zeit bis zum Fertigstellungstermin minus Bearbeitungszeit. Diese Regel garantiert am ehesten die Einhaltung der Endtermine.

Tab. 5-12: Prioritätsregeln (vgl. Fogarty/Hoffmann/Stonebraker 1989, 483)

Durchführungsvorbereitung. Die Vorbereitung der Durchführung legt die Arbeitsabläufe im voraus fest und ist insofern Planung. Es entfallen nur einige wesentliche Planungsphasen, sodaß wir hier von Vorbereitung statt von Planung sprechen. So wird die Planung der Planung bei der Gestaltung der vorbereitenden Stelle vorweggenommen, sodaß dies nicht bei jedem Fall neuerlich notwendig ist. Weiters stehen in der Regel relativ eindeutige Vorschriften zur Verfügung, die zu genau einer Lösung führen, wodurch die Bewertung von Planalternativen und die Auswahl einer Alternative entfallen. Zweck der Durchführungsvorbereitung ist die Formalisierung von Anweisungen, wodurch die Notwendigkeit von unmittelbarem Kontakt zwischen anweisender und ausführender Stelle einerseits und die Notwendigkeit von wechselseitiger Anpassung andererseits reduziert werden soll. Dies ist in vielen Situationen (siehe Abschnitt 2.2.1) wesentliche Grundlage für die effiziente Steuerung der Durchführung.

Durchführungssteuerung. Die Prinzipien und Möglichkeiten zur Steuerung und zur Koordination durchführender Stellen wurden bereits behandelt. Welche dieser Möglichkeiten verwendet wird, hängt in erster Linie von der Art der Aufgabe ab. Im operativen Bereich sind die Aufgabenteile oft tief analysiert und auf einzelne Stellen verteilt. Es lohnt sich dann, relativ aufwendig gestaltete Formalisierungsinstrumente einzusetzen. Dies geschieht durch die *Betriebsdatenerfassung,* entweder mit Formularen oder auch vermehrt über elektronische Hilfsmittel. Die konkrete Ausgestaltung differiert von Betrieb zu Betrieb und zwischen den betrieblichen Teilbereichen.

Betriebsdatenerfassung. Es werden Formulare so gestaltet, daß sie die Abläufe in vorbestimmter Weise begleiten und die Stellen im Ablauf anweisen. Gleichzeitig sind Felder in den Formularen zur Rückmeldung vorgesehen. Das heißt, die durchführenden Stellen tragen nach Abschluß ihrer Tätigkeit die vorgesehenen Berichtsdaten ein. Grundsätzlich werden dabei *auftrags-, maschinen- und personalbezogene Daten* unterschieden. Für eine effiziente Betriebsdatenerfassung sollten die Daten in einer maschinell möglichst leicht verarbeitbaren Form zur Verfügung stehen. Die bisher noch sehr gebräuchlichen Formulare werden immer mehr von direkten Verbindungen über Bildschirmterminals (eventuell mit Bar-Code-Lesern oder ähnlichem) abgelöst. Insbesondere wird eine computerunterstützte Prozeßsteuerung meist auch von einer vollautomatischen Prozeßdatenerfassung begleitet. Typische Formulare im Produktionsbereich, die für jeden Auftrag von der Arbeitsvorbereitung entweder durch spezielle mechanische Umdruckverfahren oder mit dem Computer erstellt werden, sind: *Arbeitsplan, Materialschein, Lohnschein* und je nach spezifischer Gestaltung der Abläufe weitere Arbeitspapiere (siehe auch Kapitel 12). Hier zeigt sich auch die Schnittstelle zur Fertigungssteuerung.

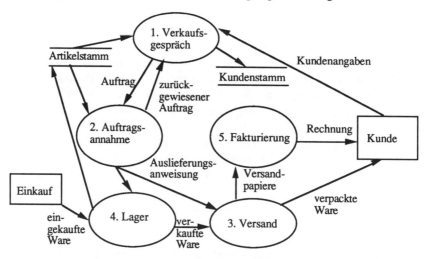

Abb. 5-13: Beispiel für Auftragsabwicklung im Handelsbereich

Viele der genannten Schritte (beispielsweise Durchführungsvorbereitung, -steuerung und Betriebsdatenerfassung) entfallen in Handelsbetrieben oder reduzieren sich auf unterstützende Aktivitäten. Abbildung 5-13 ist stark vereinfacht und stellt die wichtigsten Flüsse und Funktionen, wie sie sich in den ersten Stufe einer Aufgaben- und Arbeitsanalyse ergeben können, dar. Zusätzlich sind hier die engsten Verbindungen zu angrenzenden Bereichen dargestellt.

5.4.2 Planung und Steuerung der Produktionsabläufe

In Abbildung 4-12 haben wir einen Ablauf zur Auftragsabwicklung dargestellt. Diesen Ablauf können wir für den Produktionsbereich weiter konkretisieren.

Planungsfelder, die wir in diesem Zusammenhang behandeln, sind die Konstruktion von Produktionsteilen, die Fertigung selbst, die Steuerung und Gestaltung der Rahmenbedingungen für die Fertigung sowie deren Kontrolle.

5.4.2.1 Konstruktionsablauf

Die Konstruktion als Teil der operativen Planung liefert wesentliche Grundlagen zur Steuerung des Fertigungsablaufes. Der prinzipielle Ablauf ist in Abbildung 5-14 dargestellt. Ausgelöst durch ein neu geplantes Produktionsprogramm (nächst höhere Planungsstufe) oder durch einen neuen Kundenauftrag, ergeht an die Produktion ein Konstruktionsauftrag.

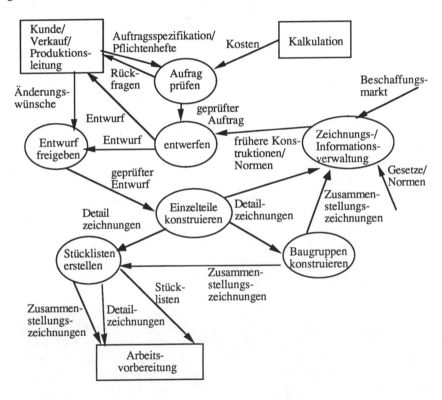

Abb. 5-14: Konstruktionsablauf

Hier können drei Arten unterschieden werden: *Neukonstruktion, Anpassungskonstruktionen* (Veränderung bereits früher konstruierter Teile) und *Variantenkonstruktionen* (Zusammenstellung bereits konstruierter Einzelteile nach dem Baukastensystem). Diese Auftragsarten sind mit unterschiedlicher Gewichtung der folgender Teilaufgaben der Konstruktionsarbeit verbunden: Konzeption, Berechungen, Entwurf, Detaillierung. Auf Grundlage des Auftrages und von früheren Konstruktionen wird ein Entwurf gemacht, der erst freigegeben wird, wenn sichergestellt ist, daß er den Vorstellungen der nächsthöheren Planungsebene bzw. des Kunden entspricht. Soweit der Rückgriff auf früher konstruierte Teile nicht möglich ist, werden Einzelteile unter Beachtung relevanter Normen neu konstruiert bzw. geändert, die dann zu Baugruppen zusammengestellt werden. Ergebnis und Vorgabe für die Arbeitsvorbereitung stellen neben Einzel- und Zusammenstellungszeichnungen die Stücklisten dar (siehe dazu auch Kapitel 12).

Der Knoten "Informationsverwaltung" in Abbildung 5-14 repräsentiert die Schnittstelle zu anderen Bereichen, insbesondere zu dem der Beschaffung. Für die Entscheidung, ob Teile selbst gefertigt oder zugekauft werden sollen (*make or buy*) sind Informationen über den Beschaffungsmarkt (Verfügbarkeit, Kosten, relative Qualität, Lieferzeiten, Lieferantenbeziehung) notwendig. Weiters sind für diese Entscheidungen Informationen über verfügbare Kapazitäten in der Produktion einzubeziehen. Werden Einzelteile zugekauft, so muß bei der Konstruktion der übrigen Teile auf die Spezifika der Zukaufteile Rücksicht genommen werden.

Bei der allgemeinen Behandlung der Auftragsabwicklung in Abschnitt 5.4.1, ist die Konstruktion nicht zu finden. Bei der Darstellung des Teilbereichs 3.3 in Abbildung 5-11 wurde davon ausgegangen, daß keine Konstruktion notwendig sei (etwa weil es sich um genormte Waren, oder beispielsweise um die Aufbereitung von Lebensmitteln handelt). Es würde aber keine Schwierigkeit bedeuten, den Konstruktionsablauf an der entsprechenden Stelle (Durchführungs- bzw. Arbeitsvorbereitung) vorzusehen.

5.4.2.2 Planung der Fertigung (Arbeitsplanung)

Aus den Vorgaben der Konstruktion und der Produktionsleitung (Fertigstellungstermine), sowie unter Berücksichtigung vorhandener und freier Kapazitäten werden in der Arbeitsvorbereitung Arbeitspläne erstellt. Dafür sind eine Reihe von Planungsmaßnahmen notwendig, die *auftragsunabhängig,* also nicht speziell für bestimmte Aufträge, vorzunehmen sind: Planung des Fertigungsprogrammes, der Arbeitsabläufe, der notwendigen Produktionsfaktoren und der Termine.

Fertigungsprogramm. Aus den strategisch-taktischen Vorgaben des Managements bezüglich des Produktionsprogramms sind die einzelnen Schritte zur Erfüllung der Vorgaben im Detail zu planen. Dazu dienen wesentlich die Methoden der Arbeitsanalyse und -synthese (siehe Kapitel 4). Andererseits hat die Fertigungsplanung für übergeordnete Planungsinstanzen und für die Konstruktion Informationen über verfügbare Kapazitäten bereitzustellen.

Planung der **Arbeitsabläufe**. Zur effizienten Gestaltung der Arbeitsabläufe sind in vielen Fällen hohe Investitionen erforderlich, weshalb dies einer genauen Planung bedarf. Sie bildet auch die Grundlage für die Steuerung der Abläufe (siehe Abschnitt 5.4.2.3). Ausgangspunkt ist das Fertigungsprogramm und die darin enthaltenen Fertigungsteile. Die Verrichtungsanalyse führt zu einer Liste notwendiger *Arbeitsvorgänge*, für die die geeigneten Bearbeitungsmethoden zu ermitteln sind.

Produktionsfaktoren. Auf Grundlage der Fertigungsplanung müssen termingerecht die nötigen Produktionsfaktoren beschafft werden. Macht das Produktionsprogramm eine Ausweitung der Kapazitäten notwendig, so müssen Investitionen und neue Stellen geplant werden. Dazu gehört auch die Planung des Fertigungslayouts (Abschnitt 5.4.2.4) und die Arbeitsplatzgestaltung (Abschnitt 5.4.3).

Innerhalb der Grenzen, die durch die auftagsunabhängige Planung festgelegt wurden, sind die Grundlagen für die Abwicklung spezifischer Aufträge zu schaffen. Es sind also *auftragsspezifische Planungsmaßnahmen* notwendig:

Einerseits müssen die Aufträge auf die vorhandenen Kapazitäten aufgeteilt werden, andererseits müssen Art und Ausmaß zu beschaffender und bereitzustellender Materialien, von Zukaufteilen, Werkzeugen und Vorrichtungen geplant werden. Der ermittelte Bedarf an Produktionsfaktoren dient auch als Basis für die Kalkulation der zu erwartenden variablen Kosten.

Terminplanung. Die Arbeitsplanung ermittelt für jeden Arbeitsvorgang eine *Vorgabezeit* oder*Planzeit* (Sollzeit). Vorgabezeiten werden im Rahmen sogenannter Arbeitsstudien oder Zeitstudien für häufig verwendete Arbeitsvorgänge ermittelt. Dafür wurden eine Reihe rigider Methoden entwickelt, die im wesentlichen auf einer detaillierten Arbeitsanalyse und der Ermittlung von Zeiten aus Tabellen oder durch direkte Erfassung der Zeiten am Arbeitsplatz beruhen (vgl. z.B. REFA, 1973). Planzeiten stützen sich auf gröbere Erfahrungswerte bzw. Schätzungen und werden im allgemeinen für weniger oft durchzuführende und weniger detailliert planbare Vorgänge angesetzt. Die Ergebnisse dieser Planung dienen als Informationsgrundlagen der nächsthöheren Planungsebene, wo Terminpläne für das gesamte Produktionsprogramm gemacht werden.

In Abbildung 5-15 sind die wichtigsten Funktionen und die verbindenden Datenflüsse in der Arbeitsplanung dargestellt. Als ausgehende Datenflüsse sind

Arbeitspapiere eingetragen, die eine Grundlage für die folgende Fertigungssteuerung sind. Dies ist jedoch nicht die einzige Möglichkeit. Arbeitspapiere in
dieser Form sind zwar nach wie vor sehr gebräuchlich, im Zuge der Verbreitung neuer Informationstechnologien verlieren sie jedoch immer mehr an
Bedeutung. Wie im folgenden gezeigt wird, existieren auch Steuerungsformen,
die völlig ohne derartige Formulare auskommen.

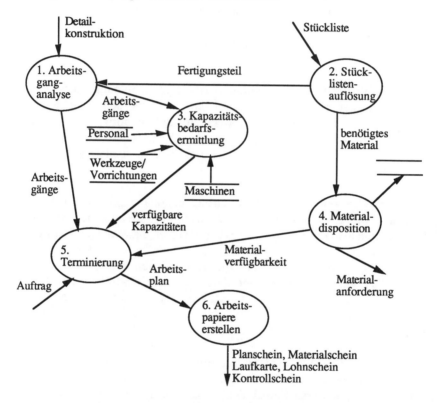

Abb. 5-15: Wesentliche Abläufe in der Arbeitsplanung

5.4.2.3 Steuerung der Fertigung und des Materialflusses

Verschiedene Möglichkeiten, die in Kapitel 4 dargestellten Steuerungsprinzipien
anzuwenden, finden sich im Fertigungsbereich. Wir stellen hier zwei bedeutende und grundlegend verschiedene Realisationsformen gegenüber.

Leitstandkonzept. Aus der Arbeitsplanung kommen in Form von Arbeitsplänen die Grundlagen zur Steuerung des Fertigungsablaufes. Eine konkrete
Realisation von Steuerungsmechanismen,aus dem das Prinzip dieser Fertigungssteuerung hervorgeht, ist in Abbildung 5-16 dargestellt. Um das Bild nicht zu

überfrachten, wurde dabei nur der logische Ablauf berücksichtigt. Wie sich
dies physisch bzw. räumlich niederschlagen kann, beschreiben wir im Text.

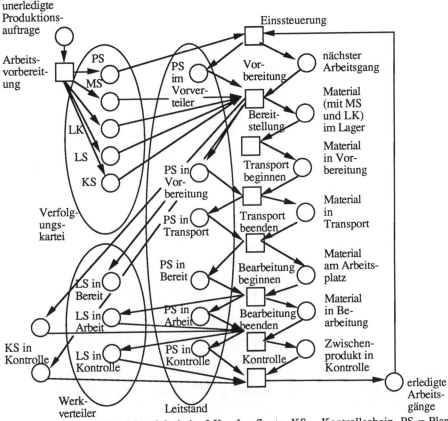

LS = Lohnschein, MS = Materialschein, LK = Laufkarte, KS = Kontrollschein, PS = Planschein. "Bereit", "Arbeit" etc. kennzeichnen Fächer im Werkverteiler bzw. Leitstand.

Abb. 5-16: Leitstandkonzept zur Steuerung des Fertigungsablaufes

Zunächst werden auf Grundlage des Arbeitsplanes Steuerungspapiere (entweder
DV-technisch oder im Umdruckverfahren) generiert. Diese werden in einer
Kartei abgelegt. Gemäß der vorgegebenen Termine werden Aufträge bzw. daran geknüpfte Arbeitsgänge eingesteuert. Dies äußert sich darin, daß Planscheine im Vorverteiler des Leitstandes entsprechend gereiht werden. Der *Leitstand* kann als konventionelle Plantafel oder elektronisch (Computerarbeits-
platz) realisiert werden und dient zur Steuerung und Koordination eines Pro-
duktionsbereiches (Werkstätte). Jeder Arbeitsplatz ist durch eine Zeile (Schiene,
in die die Planscheine gesteckt werden) am Leitstand repräsentiert. Arbeits-
platzgruppen sind am *Werkverteiler* zusammengefaßt (Ausschnitt aus dem

Leiststand) in den die Lohnscheine gesteckt werden. Die Zeilen sind in einzelne Fächer gegliedert. Damit kann am Leitstand bzw. am Werkverteiler der Fertigungsablauf verfolgt werden (siehe Abbildung 5-16). Leitstand, Werkverteiler und Arbeitsplatz sind entweder durch die elektronische Datenverarbeitungsanlage verbunden oder die Meldungen werden telefonisch übermittelt.

In Abbildung 5-16 ist auch erkennbar, wie dem physischen Ablauf aus der Sicht des Materials ein paralleler Ablauf im Leitstand bzw. am Werkverteiler zur Seite gestellt wird. Dies hat den Vorteil, daß man zu jedem Zeitpunkt überblicken kann, in welcher Phase sich ein Arbeitsgang befindet. Man erkennt daran recht gut die Realisierung geschachtelter und sequentiell verbundener Regelkreise. Das gesamte Fertigungssteuerungssystem stellt bei dieser Betrachtungsweise den äußersten Regelkreis dar, der selbst durch Vorgabe von Führungsgrößen aus der Arbeitsplanung gesteuert wird. Eine Ebene tiefer werden die Regelstrecken durch die Kästchen im Bild repräsentiert, die durch Folgen von Regel- und Rückkopplungsvorgängen miteinander verbunden sind.

KANBAN-Konzept. Eine andere Möglichkeit, den Materialfluß zu steuern, ist das sogenannte *KANBAN-System*, das zuerst von einem großen japanischen Autohersteller eingeführt wurde, um die Zwischenlager abzubauen. KANBAN bedeutet Karte; sie ist ein wesentliches Steuerungsinstrument dieses Systems. Meist werden zwei Arten von Kanbans unterschieden, nämlich *Transportkarten und Produktionskarten.*

Ein Kanban-Ablauf sieht folgendermaßen aus (vgl. Esparaggio 1988 und Abbildung 5-17): In einer Fertigungsstelle B wird festgestellt, daß der Container für Rohmaterial für die benötigten Zwischenprodukte leer ist. Eine Transportkarte wird in den leeren Container gegeben, den daraufhin ein Mitarbeiter des innerbetrieblichen Transportwesens zur (Material-, Zwischenprodukt-) Ausgabe, der vorgelagerten Fertigungsstelle A bringt. Dort gibt er die Transportkarte vom leeren in einen vollen Container. Eine der dort in dafür vorgesehenen Fächern aufbewahrten Produktionskarten gibt er in den leeren Container. Den vollen Container bringt er zur Fertigungsstelle B. Sobald dieser Container geleert ist, beginnt der Prozeß von neuem. In der Fertigungsstelle A löst die Produktionskarte im leeren Container einen Produktionsprozeß aus, wodurch der Container wieder gefüllt wird. Sobald dies erledigt ist, wird der Container in die Ausgabe gestellt und die Produktionskarte wieder in das entsprechende Fach gesteckt.

Der wesentliche Unterschied des KANBAN-Konzepts gegenüber dem davor geschilderten Leitstand-Konzept liegt in der dezentralen Steuerung des Fertigungs- bzw. Materialflusses. Es werden hier selbststeuernde Regelkreise realisiert, wobei die Steuerungsparameter von außen vorgegeben und bei Bedarf über die Zahl der KANBANs (hier Transportkarten und Produktionskarten) verändert werden können. Während beim Leitstandkonzept ein permanenter Informationsfluß zwischen ausführender und steuernder Stelle notwendig ist, wird im KANBAN-Ablauf im Normalfall keine steuernde Stelle benötigt. Das Material bzw. die Produkte werden durch die Fertigung *gezogen (Zugprinzip)* statt *gedrückt (Druckprinzip)*, da das Material solange in einer Fertigungstelle bleibt, bis es in der nächsten Stelle benötigt wird.

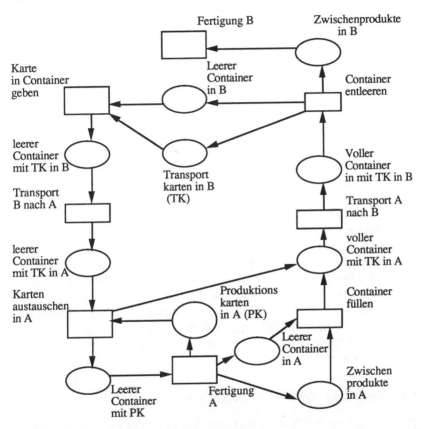

TK...Transportkarte; PK....Produktionskarte

Abb. 5-17: KANBAN-Ablauf

Just-in-Time. Das KANBAN-Konzept findet vor allem in sogenannten Just-in-Time Produktionssystemen Anwendung, obwohl Just-in-Time auch ohne KANBANs realisert werden kann. Im Zentrum steht bei diesem Konzept das Ziel der Minimierung von Zwischenlagern. Das Material (Rohmaterial, Zwischenprodukte) soll zum letztmöglichen Zeitpunkt und in exakt der benötigten

Menge an der Produktionsstelle eintreffen. Dies minimiert zunächst Eingangslager. Um Ausgangslager an einer Produktionsstelle zu minimieren, muß der
Zeitpunkt für den Start der Fertigung ebenfalls so spät wie möglich angesetzt
werden, das heißt so, daß der Fertigstellungstermin mit dem Zeitpunkt des
Abtransports zusammenfällt. Um dies zu gewährleisten, werden Fertigungs-
bzw. Transporttermine retrograd bestimmt:

$$\text{Endtermin - Durchlaufzeit = Starttermin}$$
$$\text{bzw.}$$
$$\text{Liefertermin - Transportzeit = Abtransportzeitpunkt.}$$

Hier ist wieder ein *Zugprinzip* im Gegensatz zu einem *Druckprinzip* realisiert.
Die Umsetzung eines derartigen Konzeptes stellt erhöhte Anforderungen an die
Zuverlässigkeit der Fertigung bzw. des Transportsystems gegenüber herkömmlichen Verfahren, wo etwaige Ausfälle durch Sicherheitsbestände ausgeglichen
werden können. Zur Abstimmung sind oft zusätzliche Koordinationsmechanismen bzw. Informationssysteme notwendig. Die dadurch entstehenden zusätzlichen Kosten bzw. eventuelle Ausfallskosten können die Einsparungen durch
die minimierten Zwischenlager unter Umständen übersteigen.

Lagerarten. Nicht immer kann die Abstimmung der Materialflüsse perfekt
garantiert oder nur zu unvertretbar hohen Kosten garantiert werden. In diesen
Fällen werden Lager als Puffer zur Abstimmung der Flüsse zwischengeschaltet.
Eingangslager (Rohmaterial, Zukaufteile) fassen Lieferungen und geben diese
zum erforderlichen Zeitpunkt weiter. Die Aufteilung des Fertigungsablaufes in
einzelne Stufen macht fallweise Pufferung durch *Zwischenlager* notwendig
(siehe Abschnitt 5.4.2.4). Fertige Produkte werden bis zur Auslieferung in
Ausgangslager gesammelt. Die Frage welche Teile zuerst das Lager verlassen
sollen kann nach ähnlichen Prioritätsregeln entschieden werden, wie wir sie für
Aufträge angegeben haben (siehe Tabelle 5-12).

5.4.2.4 Gestaltung des Fertigungslayouts

Die physische Anordnung der Betriebsmittel bzw. der Fertigungsstellen kann
nach verschiedenen Gesichtspunkten erfolgen. Grundsätzlich wurde bereits Ob-
jekt- und Verrichtungsorientierung unterschieden (siehe Abschnitt 4.2.3).
Nachdem die Entscheidung für ein bestimmtes Gestaltungsprinzip im Fertigungsbereich mit meist hohen Investitionen verbunden ist, kommt dem Problem
der räumlichen Anordnung hier besondere Bedeutung zu. Weiters muß oft
gleichzeitig das Problem der zeitlichen Abstimmung (temporale Synthese)
gelöst werden.

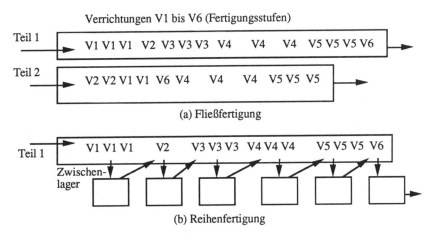

Abb. 5-18 : Fließ- und Reihenfertigung

Sind die Gangfolgen der einzelnen Fertigungsstufen völlig aufeinander abge-
stimmt und werden keine Zwischenlager gebildet, so spricht man von *Fließfertigung*. Ist dies nicht der Fall so spricht man von *Reihenfertigung*, wo zwar
Fertigungsstraßen wie beim Flußprinzip angeordnet sind, jedoch die einzelnen
Fertigungsstufen nicht zeitlich aufeinander abgestimmt und Zwischenlager zur
Pufferung notwendig sind. Die Größe und Ausgestaltung der Zwischenlager
variiert, sodaß man von einem kontinuierlichen Spektrum zwischen Fließ- und
Reihenfertigung sprechen kann. In beiden Fällen werden die Verrichtungen
nach den Gegebenheiten der Fertigungsteile angeordnet. Es handelt sich hier
also um eine Objektorientierung (siehe Abbildung 5-18).

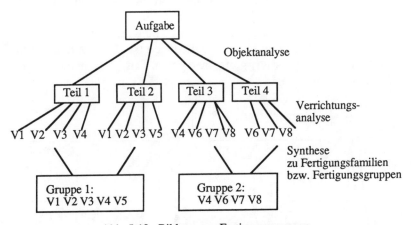

Abb. 5-19: Bildung von Fertigungsgruppen

Eine Verbindung zwischen Verrichtungs- und Objektorientierung stellt die sogenannte *Gruppenfertigung* dar. Dabei werden jene Fertigungsstellen zu Gruppen (oder Fertigungszellen) räumlich zusammengefaßt, die zur vollständigen
Bearbeitung einer Fertigungsfamilie notwendig sind.

Eine Fertigungsfamilie wiederum besteht aus Teilen, die möglichst ähnliche
Fertigungsschritte benötigen. Grundlage dafür ist die Objekt- und Verrichtungsanalyse, wobei bei der anschließenden Aufgabensynthese zu Fertigungs-
familien jene Objekte zusammengefaßt werden, bei denen die Schnittmenge aus
Verrichtungen möglichst groß ist (siehe Abbildung 5-19).

Die Bildung von Fertigungsgruppen ist sinnvoll, wenn: Fertigungsteile zu
Familien zusammengefaßt werden, die

- möglichst viele Verrichtungen gemeinsam haben (Ziel: möglichst homogene
  Verrichtungen innerhalb einer Fertigungsfamilie) und
- sich stark unterscheiden (Ziel: möglichst heterogene Fertigungsgruppen).

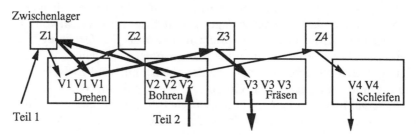

Abb. 5-20: Fluß von Teilen bei Werkstättenfertigung

Im Beispiel von Abbildung 5-19 ist nur die Verrichtung V4 in beiden Gruppen
enthalten. Bei einer reinen Werkstattfertigung müßten die Teile unter Umständen weite Transportwege, unterstützt durch Steuerungsmaßnahmen, zurück-
legen, um durch alle Fertigungsstufen zu gelangen (siehe Abbildung 5-20). Dies
reduziert sich bei Gruppenfertigung in diesem Fall ganz entscheidend (Abbildung 5-21).

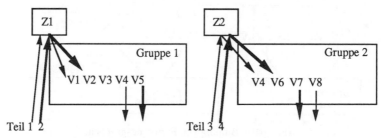

Abb. 5-21: Fluß von Teilen bei Gruppenfertigung

Vereinfachend kann ein Zusammenhang zwischen der Gestaltung des Fertigungslayouts und der Produktionsmenge einerseits und der Anzahl verschiedener Produkte bzw. Verrichtungen andererseits formuliert werden (Abbildung 5-22).

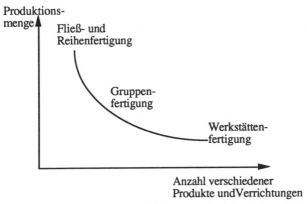

Abb. 5-22: Zusammenhang zwischen Produktionsmenge, -diversität und Fertigungslayout

5.4.2.5 Kontrolle im Produktionsbereich

Programmeinhaltung. Die Wechselwirkung zwischen Steuerung und Kontrolle kann als Regelkreis dargestellt werden (siehe Abschnitt 4.3) und tritt in der Produktion besonders deutlich zutage. In Abbildung 5-16 ist erkennbar, wie die Arbeitspapiere zur Kontrolle verwendet werden, nachdem sie ihre Steuerungsfunktion erfüllt haben (Planschein). Diese Kontrolle findet noch auf der Durchführungsebene statt. Erst das zusammengefaßte Ergebnis über die Einhaltung der Produktionsaufträge bzw. des Produktionsprogramms werden an die nächst höhere Ebene rückgemeldet.

Kosten. Es genügt nicht, nur festzustellen ob die Aufträge erfüllt werden, sondern es muß auch kontrolliert werden, ob dies mit einem vertretbaren Einsatz an Ressourcen geschehen ist. Dies wird in erster Linie am Material- und Arbeitsstundenbedarf, wie er beispielsweise durch Material- und Lohnscheine dokumentiert ist (siehe Abbildung 5-16), durchgeführt. Nicht direkt zurechenbare Materialien, wie Schmiermittel, Büromaterial und ähnliches und nicht direkt zurechenbare Tätigkeiten (z.B. Wartungsarbeiten) werden periodenweise abgerechnet und kontrolliert. Nur signifikante Abweichungen von den geplanten Werten werden sofort an die Planungsebene rückgemeldet.

Ein Teil der Kostenkontrolle ist auch die *Überwachung der Lagerbestände*, da gelagertes Material Kapital bindet und damit Kosten verursacht. Meist wird einerseits ein Mindestbestand geplant, um den reibungslosen Produktionsfluß zu sichern, andererseits werden Höchstbestände festgesetzt, um die Lagerkosten zu begrenzen. Beides muß man kontrollieren, um gegebenenfalls korrektive Maßnahmen einzuleiten.

Qualität. Ein wesentlicher Teil der Produktion ist die *Qualitätskontrolle* (oder *Qualitätssicherung*). Unter dem Begriff Qualität (Beschaffenheit, Güte, Wert) versteht man gewöhnlich im Gegensatz zu Quantität etwas nicht direkt Meßbares und damit auch nicht eindeutig und für jeden Kontrollierbares. Im Produktionsbereich werden allerdings Qualitätsmaßstäbe in eindeutig meßbaren Eigenschaften ausgedrückt. Dies sind beispielsweise*Toleranzbereiche,* innerhalb derer sich die von der Konstruktion vorgegebenen Maße eines Werkstückes zu bewegen haben. Diese Toleranzbereiche werden entweder von der Konstruktion in der Detailzeichnung angegeben oder aus Normtabellen übernommen. Teile, die nicht diesen Qualitätsmaßstäben genügen, werden als *Ausschuß* bezeichnet.

Im Beispiel von Abbildung 5-16 wird der Produktionsablauf von sogenannten *Kontrollkarten* (oder *Kontrollscheinen*) begleitet. Dies bedeutet, daß die Qualität der Produkte laufend überwacht wird. In die Kontrollkarte wird die Ausschußmenge bzw. der Ausschußanteil eingetragen.

Qualitätskontrolle ist in der Regel nur von qualifiziertem Personal durchführbar und zeitaufwendig, verursacht also nicht zu unterschätzende Kosten. Deshalb werden meist nicht alle Teile geprüft sondern nur *Stichproben.* In der Qualitätskontrolle finden deshalb statistische Methoden Anwendung (vgl. z.B. Fogarty et al. 1989). Im Verlauf der Planung der Kontrolle werden beispielsweise Stichprobenpläne entwickelt und Grenzwerte für Ausschußanteile innerhalb einer Sichtprobe festgelegt. Bewegen sich die Ausschußanteile innerhalb dieser Grenzen, so wird die Produktion fortgesetzt. Bei Überschreiten der Grenzwerte müssen Maßnahmen zur Qualitätsverbesserung gesetzt werden (z.B. Produktionsstop und Einsatz neuer Werkzeuge). Dies wird in der *Prüfanweisung* (siehe Abbildung 5-23) geregelt.

Prüfanweisungen enthalten eine Beschreibung des zu prüfenden Produktes bzw. der Teile mit den dazu gehörigen Qualitätsanforderungen, außerdem Angaben über die notwendigen Qualifikationen des Prüfers, den Prüfumfang, die notwendigen Prüfgeräte und Hilfsmittel, sowie eventuelle Stichprobenpläne und Annahmestandards.

Sehr oft haben hinsichtlich der übergeordneten Ziele der Organisationen Qualitätsaspekte einen großen Vorrang. Dann wird unabhängig von den Kosten der Kontrolle ein Null-Fehler-Anteil in der Produktion angestrebt. Derartige Bestreben laufen unter Schlagworten wie *Total Quality Management* und machen den Einbau von Kontrollmechanismen in sehr frühen Stadien (etwa bei der

Auswahl von Lieferanten) notwendig. Sie führen also zu wesentlichen Veränderungen der Abläufe in allen Teilen des operativen Bereichs. In jedem Fall aber muß die Qualitätssicherung bereits bei der Auftragsannahme eingeschaltet werden, wenn nicht klar ist, ob außergewöhnliche Qualitätswünsche des Kundens erfüllbar sind. Gegebenenfalls müssen Aufträge frühzeitig abgelehnt werden.

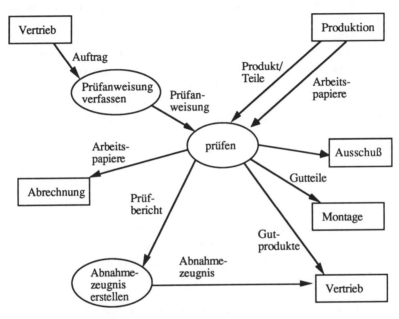

Abb. 5-23: Ablauf der Qualitätsprüfung

5.4.3 Arbeitsgestaltung

Die Arbeitsgestaltung beschäftigt sich mit der Frage, wie die phsysischen Rahmenbedingungen den Möglichkeiten und Bedürfnissen der arbeitenden Menschen angepaßt werden können. Dieser Fragenkomplex wird häufig mit *Ergonomie* bezeichnet. Spezielle Teilgebiete beschäftigen ganze Forschungsdisziplinen und können hier nur andeutungsweise wiedergegeben werden. Überblicke über wichtige Ergebnisse der Ergonomie geben beispielsweise Kirchner/ Rohmert (1974), Lanc (1975) und REFA (1973). Hier werden die wesentlichen Gestaltungsbereiche skizziert.

Mensch-Umgebung. Zur Erhaltung der Leistungsfähigkeit eines Menschen müssen die Umgebungseinflüsse in bestimmten Toleranzbereichen gehalten werden. Wichtige Merkmale sind:

• Temparatur und Luftfeuchtigkeit,
• Helligkeit und Farbgestaltung,
• Lärm und Vibration,
• Luftqualität.

Mensch-Mensch. Je nach Interaktionsbedarf zwischen den Personen als Aufgabenträger sind unterschiedliche Anordnungen der einzelnen Arbeitsplätze zu
einander zweckmäßig. Handelt es sich um reine Individualaufgaben, die nur in
relativ seltenen Fällen Austausch mit anderen erfordern, so steht das Ziel,
Störungen durch andere zu minimieren, im Zentrum der Gestaltungsbe-
mühungen. Arbeitsplätze werden in solchen Fällen möglichst voneinander getrennt. Im Gegensatz dazu erfordern Gruppenaufgaben in der Regel permanente Interaktion, die am einfachsten durch räumliche Nähe der Personen
ermöglicht wird. Zwar unterstützt grundsätzlich die Informationstechnologie
Interaktion auch über beliebige Distanzen hinweg, aus verschiedenen Gründen -
auf die wir hier nicht näher eingehen können - ist damit aber immer nur
cingeschränkte Kommunikation möglich. Für effiziente Gruppenarbeit sind
ganz bestimmte Rahmenbedingungen notwendig. Darunter fallen:

• die Gestaltung von Räumen,
• die Anordnung der Sitzgelegenheiten, die auf die notwendigen Interaktionsformen (siehe Kapitel 3.1.2) abgestimmt ist und
• Visualisierungsmöglichkeiten wie Flip-Charts, Overhead-Projektoren, Video-
  geräte und ähnliches.

Bedingungen von Präsentationsarbeit in Gruppen sind beispielsweise bei Wohlleben (1984) zu finden.

Mensch-Maschine. Die Interaktion zwischen Mensch und Maschine ist die
eigentliche Domäne der Ergonomie. Um eine optimale Anpassung der Maschi-
nencharakteristika an den Menschen zu ermöglichen, wird auf Forschungen
über die Belastbarkeit, Ermüdung, Merkmale der menschlichen Wahrnehmung
und ähnliche physiologische bzw. psychologische Fragen aufgebaut. Erste ergo-
nomische Arbeiten befaßten sich beispielsweise mit der Gestaltung von Flug-
zeugcockpits, um den Piloten den Überblick und die Handhabung der vielen
Instrumente zu erleichtern. Eine ähnlich große Bedeutung kommt der optimalen Gestaltung von Arbeitsplätzen, an denen Menschen lange Zeit arbeiten,
zu. Die Ergonomie beschäftigt sich vor allem mit der Formgebung von:

• Arbeitsplätzen in Hinblick auf Sitzqualität und Anordnung der Steuerelemente
. und Informationsgeber;

• Steuerelementen, wie Drucktasten, Rädern, Hebeln u.ä.;

• Informationsgebern wie Signallampen, Anzeigeinstrumenten, Datensichtgeräten; eine immer größere Bedeutung kommt dabei auch der ergonomischen Gestaltung von Bildschirmmasken und der Benutzerdialoge im Rahmen der Softwareentwicklung zu.

5.4.4 Abläufe zur Beschaffung

Alle Teile der Organisation benötigen zur Aufgabenerfüllung entsprechende Produktionsfaktoren. Im Management und in den Unterstützungsstäben, bzw. technischen Abteilungen sind dies vor allem Büroausstattungen und -materialien. Der Produktion vorgelagert ist die Beschaffung der Produktionsfaktoren: Anlagen, Werkzeuge und Werkstoffe in Produktionsunternehmen. Ein typischer Beschaffungsablauf ist in Abbildung 5-24 dargestellt.

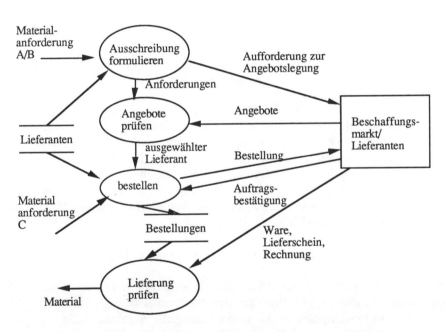

Abb. 5-24: Beschaffungsablauf bei bedarfsbezogener Bestellauslösung

Materialanforderungen kommen entweder unmittelbar von der verbrauchenden Stelle (*bedarfsbezogene* Bestellauslösung) oder aus dem Lager, wenn im Lager ein bestimmter Bestand (*Bestellbestand*) erreicht ist (*bestandsbezogene* Bestellauslösung). In vielen Fällen, wenn nämlich alle gewünschten Informationen über den Beschaffungsmarkt bzw. über mögliche Lieferanten in Form von Katalogen oder ähnlichem bereits vorhanden sind, entfällt der in Abbildung 5-24 eingezeichnete Knoten "Ausschreibung". Allenfalls bleiben noch Rabatte

bzw. Nachlässe auszuhandeln. Ein solcher - in der Abbildung nicht einge-
zeichneter - Aushandlungsprozeß wird vor allem bei bedeutenden Bestellungen
vorkommen. Welche Bestellungen als bedeutend anzusehen sind, kann durch
eine sogenannte ABC-Analyse festgestellt werden, bei der die Waren hinsichtlich ihres relativen Anteils an der gesamten Beschaffungssumme in drei Kategorien A, B und C eingeteilt werden. Näheres zur ABC-Analyse ist bei Melzer-
Ridinger (1989) abgehandelt. Als Konsequenz beschränken sich aufwendigere
und kostenintensivere Beschaffungsmechanismen wie Ausschreibungen und
Vergleich mehrerer Anbieter auf A- und eventuell B-Güter. C-Güter werden
hingegen aufgrund von Standardprozeduren und den vorhandenen Informationen über die Lieferanten aus der Lieferantendatei bestellt (siehe Abbildung
5-24).

Neben der in Abbildung 5-24 eingetragenen Lieferantendatei sind genaue Informationen über die
zu bestellenden Güter (Datenfluß Materialanforderung) notwendig. Die Lieferantendatei enthält
neben Adresse und Lieferprogramm Angaben über Lieferkonditionen und bisher getätigte und
offene Bestellungen. Informationen über die zu bestellenden Güter ergeben sich im wesentlichen
aus der Produktstruktur (insbesondere Stücklisten). Zur Verfolgung der Bestellungen wird eine
Bestelldatei geführt, die es erlaubt, die Erfüllung der Anforderungen (Qualität und Menge) und
Vereinbarungen (insbesondere Liefertermine) zu überprüfen.

Die Beschaffung steht in starker Wechselbeziehung zu anderen Bereichen. In
einem Rückkopplungsprozeß muß bereits bei der Konstruktion und Anfor-
derungsformulierung auf die Verfügbarkeit am Beschaffungsmarkt geachtet
werden (siehe Abschnitt 5.4.2.1, insbesondere Knoten "Informationsverwaltung" in Abbildung 5-14). Weiters muß bei der Entscheidung über die Beschaf-
fungsmengen neben Kostenkalkulationen auf verfügbare Lagerkapazitäten
Rücksicht genommen werden. Modelle zur Beschaffungsplanung finden sich
beispielsweise in Melzer-Ridinger (1989).

5.5 Abläufe in technischen und unterstützenden Bereichen

Die Art der Aufgaben im operativen Bereich beeinflußt in hohem Maße die Art
der Abläufe in den technischen und unterstützenden Bereichen. Welche Aufgaben dort zu bewältigen sind, kann hier keinesfalls allgemeingültig angegeben
werden und hängt von vielen organisatorischen Variablen ab (siehe dazu
Kapitel 2). Einige Prinzipien sollen an ausgewählten und keineswegs repräsentativen Abläufen demonstriert werden.

In Abbildung 5-2 wurden als Verbindung zwischen den technischen und unterstützenden Bereichen vor allem Informations- und Koordinationsflüsse eingezeichnet. Es bleibt zu klären, welche Informationen ausgetauscht werden und zu
welchem Zweck dies passiert. Vereinfacht ausgedrückt, unterscheiden sie sich
folgendermaßen: Technische Bereiche *geben* Informationen zur *Klärung von*

Zielen und Mitteln der Aufgaben des Managements und des operativen Bereiches. Diese Informationen sind also unmittelbar aufgabenbezogen (Abbildung 5-25).

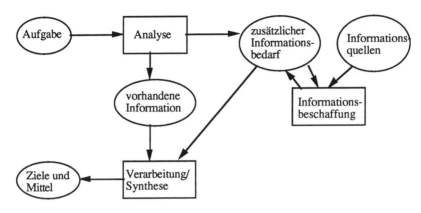

Abb. 5-25: Informationsverarbeitung in technischen Bereichen

Unterstützende Stellen *verarbeiten* Informationen und bewältigen Aufgaben als *Voraussetzung oder Erleichterung* der Aufgabenerfüllung im Management und im operativen Bereich. Die Aufgaben der unterstützenden Bereiche ergeben sich also nicht direkt aus jenen des Management- bzw. operativen Bereiches. Sie können, wie im Fall der Betriebsküche, völlig unabhängig davon sein. Dies kann eher als eigenständiger Dienstleistungsbereich gesehen werden, der auch von einer externen Firma erledigt werden könnte.

Beiden Bereichen sind informationsverarbeitende Abläufe und Tätigkeiten gemeinsam. Gestaltungsinhalte betreffen hier vor allem die Büroorganisation und die Datenorganisation. Letztere behandeln wir in Kapitel 12.

5.5.1 Büroorganisation

Büros sind im wesentlichen Informationsverarbeitungszentren, wobei die Informationen schriftlich, mündlich oder elektronisch repräsentiert sind und die Verarbeitung von Menschen mit technischen Hilfsmitteln (z.B. Computer, Telekommunikation) vorgenommen wird (siehe dazu Abschnitt 6.5.6).

Entsprechend der vielfältigen Art von Büros und den darin verarbeiteten Informationen formulieren wir grobe Prinzipien und Beispiele für Abläufe in Büros. Aus dem in Abbildung 5-3 dargestellten allgemeinen Informationsverarbeitungsprozeß läßt sich auch der prinzipielle Ablauf in Büros ableiten. Beispiel eines Sachbearbeiters: Der Sachbearbeiter bekommt Informationen von vorgelagerten Stellen (oder auch von Kunden, Lieferanten etc.) in sein Büro

(Post, Hauspost, Gesprächsnotizen, etc.). Diese legt er zunächst im "Eingangs-korb" ab. Er entnimmt und bearbeitet diese Informationen gemäß seinen Auf-gaben. Danach kommen sie in den "Ausgangskorb", von wo sie wiederum an die entsprechenden nachgelagerten Stellen versendet werden (vorgelagerte Stellen können gleichzeitig auch nachgelagerte Stellen sein).

Ein nicht zu unterschätzendes Problem der Ablauforganisation im Büro ist die physische Realisierung von Informationskanälen und Datenspeichern. Hier spielen Effizienzüberlegungen (wie Zugriffs- und Verarbeitungszeiten) nicht die einzige Rolle. Fragen der Ergonomie und der Akzeptanz durch die betrof-fenen Mitarbeiter sind genauso wesentlich. Detaillösungen sind vom organisa-torischen Umfeld und vom technischen Entwicklungsstand abhängig, weshalb wir darauf nicht näher eingehen.

Ein primäres Gestaltungsproblem ist die räumliche Zusammenfassung und die Anordnung von Arbeitsplätzen. Büros bzw. Arbeitsplätze in Büros können wiederum nach dem Objekt- und nach dem Verrichtungsprinzip zusammenge-faßt werden (vgl. zu verschiedenen Büroarten Quiske 1971). Von größter Be-deutung ist hier aber die Berücksichtigung der *Kommunikationsbeziehungen*. In unterstützenden und administrativen Bereichen ist in der Regel wesentlich mehr an Kommunikation zwischen einzelnen Stellen notwendig als in operativen Be-reichen. Dies ist hier auch der wesentliche Bestimmungsfaktor. Im Produk-tionsbereich nannten wir die Minimierung von Transportkosten als wesentliches Ziel. Das trifft auf den administrativen Bereich ebenfalls zu, wenn man Kom-munikation als Transport von Information sieht. Die Raumgestaltung und Arbeitsplatzanordnung setzt also eine Analyse der Kommunikationsbeziehungen (siehe Kapitel 6) voraus. Viele Beziehungen lassen sich auch aus dem formalen Arbeitsablauf ableiten.

Anders als im Produktionsbereich wird im administrativen Bereich oft zwi-schen Einzel- und Gruppenarbeit gewechselt. Dies bedeutet, daß neben den Einzelarbeitsplätzen in Büros Raum für Gruppen bzw. Besprechungen vorge-sehen werden muß.

5.5.2 Die Verfolgung der Betriebsabläufe: Rechnungswesen und Controlling

Die Managementprozesse und operativen Abläufe werden anhand der Pläne und der dabei erwarteten und erzielten Ergebnisse, im wesentlichen durch Zahlen abgebildet und verfolgt. Die Verbindung zwischen der operativen Planung im Managementbereich und der zahlenmäßigen Abbildung im Rechnungswesen wird vermehrt durch eine eigene Funktion oder Institution innerhalb der Organisation, das*Controlling*, wahrgenommen (zu verschiedenen Sichtweisen des Begriffs Controlling vgl. Pfohl/Zettelmeyer 1987). Wird Controlling durch eine eigene Stelle realisiert, so werden dort Planungs- und Kontrollaufgaben oft zusammengefaßt.

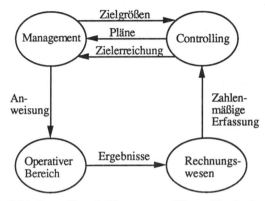

Abb. 5-26: Controlling als Planungs- und Kontrollinstitution

Der Ablauf (Abbildung 5-26) kann folgendermaßen charakterisiert werden. Das Management gibt Zielgrößen vor. Die Formulierung von operativen Plänen wird vom Controlling übernommen und an das Management zurückgegeben, das für die Durchsetzung der Pläne sorgt. Dies kann auch für strategische und taktische Pläne zutreffen. Die Ergebnisse der Durchführung werden im Rechnungswesen zahlenmäßig erfaßt und vom Controlling mittels Abweichungsanalysen und Kontrollrechnungen zu Indikatoren der Zielerreichung verdichtet. Dies dient wiederum als Grundlage für Korrekturmaßnahmen im Managementbereich.

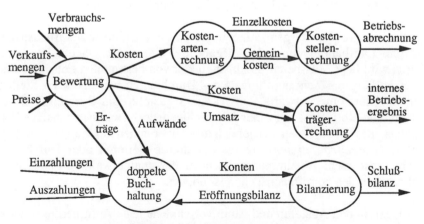

Abb. 5-27: Parallele Abläufe im Rechnungswesen

Im Rechnungswesen werden nicht nur wie in Abbildung 5-26 eingetragen, die Grundlagen für das interne Controlling (Betriebsbuchhaltung oder Betriebsabrechnung) erstellt. Daneben läuft ein paralleler Prozeß mit der extern orientierten Finanzbuchhaltung. Der wesentliche Unterschied gegenüber der Betriebsbuchhaltung ergibt sich aus dem Empfängerkreis: Finanzbehörden, Kreditgeber, Kunden, Lieferanten. Die beiden Abläufe sind in Abbildung 5-27 zusammengefaßt.

5.5.3 Personalwesen: Personalverwaltung und -entwicklung

Personalverwaltung und -entwicklung bzw. Personalmanagement stellen einen in vielen Bereichen abgeschlossenen Teil, den wir hier inhaltlich nicht beschreiben (zu diesem Bereich exisitieren viele Lehrbücher z.B. Oechsler 1988). Hier gehen wir lediglich auf die direkten Verbindungen zu den bereits beschriebenen Abläufen ein.

Aufgrund der Aufgabenanalyse und -synthese ergibt sich ein Stellenplan mit impliziten oder expliziten Stellenbeschreibungen. Diese dienen als Grundlage zur Formulierung von Anforderungsprofilen für Mitarbeiter. In der Regel sind sie aber nicht die einzige Grundlage. Neben allgemeinen Fähigkeiten, von denen angenommen wird, daß sie hohe Leistungen bei bestimmten Tätigkeiten ermöglichen, kann die Erfahrung mit früheren Stelleninhabern ganz bestimmte Fähigkeiten und Persönlichkeitsdispositionen als geeignet erscheinen lassen. Um diese Erfahrungen bei einer möglichen Neubesetzung nutzbar zu machen, ist es notwendig, daß Rückmeldungen an den Personalbereich über die Leistung von bereits ausgewählten Mitarbeitern erfolgen. Diese Leistungsdaten müssen aufbereitet und gesammelt werden, was auch durch die Informationsverarbeitung unterstützt werden kann. Nicht zuletzt führen Stellenbeschreibungen und Leistungsdaten zur Gehalts-, Prämien- oder Akkordfestsetzung.

Vor allem in größeren Organisationen kann es auf Grund der Aufbaustruktur auch eine Laufbahnplanung als Aufgabe des Personalmanagements geben. Dadurch wird dem Mitarbeiter in Abhängigkeit von bestimmten Leistungen und über einen längeren Zeitraum hinweg das Durchlaufen verschiedener Stellen - meist die Hierarchie aufwärts - in Aussicht gestellt. Ein Spezialfall ist das relativ rasche Rotieren - auf einer Hierarchieebene - zwischen verschiedenen Stellen in möglichst vielen betrieblichen Teilbereichen im Zuge eines sogenannten*Traineeprogrammes*. Je rascher dieses Rotieren oder Durchlaufen passiert, umso mehr Abstimmung zwischen Personalverwaltung und der Ablaufplanung in den betroffenen Teilen ist notwendig.

Änderungen in den Abläufen und damit verbundene neue Anforderungen an die Mitarbeiter machen Personalentwicklungsmaßnahmen notwendig. Die verschiedenen möglichen Formen der Entwicklung und Weiterbildung haben gemeinsam, daß ihre Planung und Durchführung relativ lange Zeiträume in Anspruch nimmt. Deshalb ist bei wichtigen Änderungsvorhaben in der Organisation möglichst frühzeitig der für die Personalentwicklung zuständige Personenkreis einzubeziehen. Bei der personalen Synthese von Stellen wird implizit angenommen, daß die Synthese so möglich ist, daß entsprechende Mitarbeiter gefunden werden können. Diese Annahme ist insbesondere bei den durch den technischen Fortschritt immer spezifischer werdenden Anforderungen nicht immer gerechtfertigt. Deshalb soll zu jedem weitreichenden Ablaufplanungsprozeß ein Personalentwicklungsplanungsprozeß parallel laufen. Dabei bezieht sich Entwicklung nicht nur auf Fertigkeiten und Wissen. Für neuartige Tätigkeiten bedarf es oft auch neuer Motivation, um den Umstieg zu ermöglichen. Dies ist zwar eine Aufgabe der Führung in den betroffenen Bereichen, kann aber auch im Wege von speziellen Seminaren geschehen (siehe dazu auch Kapitel 3).

6. Methoden und Techniken der organisatorischen Gestaltung

Wurden in Kapitel 5 die Prinzipien der Struktur- und Ablaufgestaltung dargestellt, so erfolgt hier eine Beschreibung von Methoden und Techniken der organisatorischen Gestaltung. Es wird dabei auf eine vollständige Aufzählung aller einsetzbaren Methoden und Techniken verzichtet zugunsten der Auswahl einiger weniger, die dafür genauer und vor allem unter dem Gesichtspunkt der Anwendbarkeit beschrieben werden. Zum einen bietet die Unterscheidung "was ist Methode und was ist Technik" einige Schwierigkeiten, zum anderen sind sich manche Methoden bzw. Techniken sehr ähnlich. Im folgenden wollen wir zu den Bereichen Alternativengenerierung, Zielformulierung und Alternativenbewertung, Datenerhebung und zur Darstellung von Aufbau- und Ablaufstruktur auf ausgewählte Methoden und Techniken näher eingehen.

6.1 Techniken zur Alternativengenerierung (Kreativitätstechniken)

Ein entscheidender Faktor für die Vorgehensweise bei Planungprozessen (siehe Kapitel 5.3) oder allgemeiner Problemlösungsprozessen ist die Art des Problems. Durch die beiden Merkmale "Komplexität" und "Neuartigkeit" können, wie Abbildung 6-1 zeigt, vier verschiedene Problemtypen unterschieden werden:

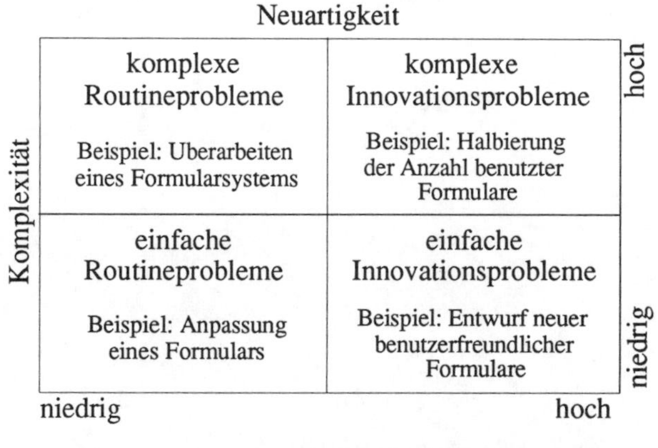

Abb. 6-1: Problemtypen (Quelle: Krüger 1983, 104)

Lösungsansätze für Routineprobleme (wohlstrukturierte Probleme) ergeben sich sehr konventionell aus Erfahrung, vergleichbaren Fragestellungen, logischer Einsicht usw. Die Alternativensuche bei einfachen Routineproblemen beschränkt sich meist auf die Feststellung des Problems, die Lösung läßt sich daraus unmittelbar erkennen. Die Teillösungen für komplexe Routineprobleme sind auch weitgehend bekannt, sie bedürfen jedoch der gegenseitigen Abstimmung und der Eingliederung in ein bestehendes System. Dieses Vorgehen ergibt sich zwangsläufig durch Anpassung und Mängelbeseitigung bei bestehenden Systemen. Innovationsprobleme (schlecht strukturierte Probleme) erfordern die Fähigkeit, etwas neues zu erschaffen bzw. Kreativität zu entwickeln.

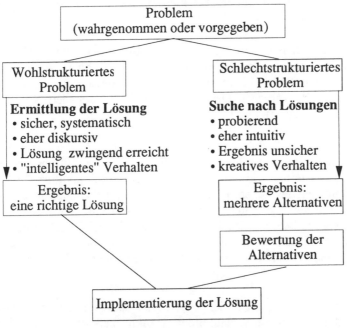

Abb. 6-2: Zwei Wege der Problemlösung

Kreativität ist sehr eng mit "Denken" verbunden. In diesem Zusammenhang lassen sich zwei Arten des Denkens unterscheiden:

- *Konvergentes Denken:* Rational logisches Denken, bei dem aus einem Problem die Lösung ableitbar ist. Eine Erziehung zu ausschließlich dieser Art des Denkens läßt neue, von der Norm abweichende Gedanken schwer zu.

- *Divergentes Denken:* Man widersetzt sich bewußt bewährten, meist von der Autorität getragenen Denkansätzen. Widersprüche und Vielfalt werden gefördert, kreative Ideen entstehen oft, wenn vorhandenes Wissen und Erfahrungen in bisher unbekannter Weise kombiniert und geordnet werden.

Bei Kreativität kann man unterscheiden zwischen

• operationaler Kreativität: Jeder Mensch hat ein kreatives Potential, welches mit Hilfe spezifischer Methoden freigesetzt werden kann, und

• expressiver Kreativität: Sie ist "Talent" und wird durch Spontanität und Freiheit charakterisiert.

Eine Faustregel besagt, daß ein Großteil neuer Ideen auf dem Wege operationaler Kreativität und nur ein relativ kleiner Teil auf Grund von expressiver Kreativität zustandekommen.

Kreativität und Phantasie werden in einer rational orientierten Organisationswelt im allgemeinen kaum gefördert, ihre Ausbreitung ist deshalb stark eingeschränkt. Die unreflektierte Adaption von etwas Bewährtem in einer ähnlichen Situation durch konvergentes Denken führt zu Denkblockaden. Kreativitätstechniken versuchen bewußt, diese Blockaden auszuschalten.

Die meisten dieser Techniken versuchen, die Vorteile der Gruppenarbeit zu nutzen, die vor allem im schnelleren Aufbrechen von traditionellen Denk- und Vorstellungsmustern sowie in den Prinzipien der Kräfteaddition (Synergie) und des Fehlerausgleiches liegen. Eine strikte Trennung zwischen Ideensuche und -bewertung soll den Ideenfluß vor frühzeitiger Einschränkung schützen. In der Bewertungsphase ist eine Idee so gut, wie sie erfolgreich realisierbar ist. In der Phase der Ideengenerierung ist eine Idee ausschließlich unter dem Aspekt zu betrachten, wie weit sie zu neuen, weiteren oder gegensätzlichen Gesichtspunkten führt.

Intuitive Ideenfindungsmethoden verfolgen das Ziel, durch Verhaltensvorschriften den unbewußt verlaufenden Denkprozeß positiv zu beeinflussen (Brainstorming, Synektik), während analytische den bewußt laufenden logischen Denkprozeß unterstützen (Morphologie). Im folgenden werden einige, aus der Vielzahl angebotener Techniken näher beschrieben.

6.1.1 Brainstorming

Brainstorming wurde von Osborne (1953) entwickelt und ist die wohl bekannteste und am häufigsten angewandte Kreativitätstechnik (Krüger 1983, Siemens 1985, REFA 1985, DeBono 1986, Schmidt 1988, Steinbuch 1988). Es handelt sich um eine Form gemeinsamen Nachdenkens, gemeinsamer Ideenfindung über ein vorgegebenes Problem unter Leitung eines Diskussionsmoderators. Der Kreativität der Gruppenmitglieder soll im "Sturm" auf der Suche nach Ideen für eine Problemlösung keine Grenzen gesetzt werden. Die erfolgreiche Anwendung dieser Technik setzt voraus, daß alle Gruppenmitglieder frei und ungehemmt ihre Gedanken äußern können, ohne das Gefühl zu haben, sich zu blamieren. Brainstorming ist für festumrissene, abgegrenzte und eindeutig definierte Themen auf allen Gebieten anwendbar (z.B. im Privatleben, zur Produktauswahl, Lösung technischer Probleme, Entwicklung neuartiger Arbeitsflüsse etc.).

Vorbereitung: Der Moderator sollte bei der Zusammensetzung der Gruppe darauf achten, daß diese zwischen 5 und höchstens 12 Personen umfaßt und die Teilnehmer möglichst unterschiedliche Kenntnisse und Erfahrungen mitbringen. Stammen die Teilnehmer aus verschiedenen Hierarchiestufen eines Unternehmens, kann sich dies negativ auf den Ideenfluß auswirken. Die Teilnehmer sollten rechtzeitig über Ort, Zeit und Themenkreis informiert werden. Es sollte in der Einladung aber kein genaues Thema angegeben werden, damit sich der einzelne ein freies Gedankenspiel nicht durch Vorüberlegungen blockiert. Der Raum sollte eine behagliche Atmosphäre vermitteln, in der man sich ungestört und unbelastet von geschäftlichen Problemen auf das Thema konzentrieren kann. Grundsätzlich kann ein Brainstorming jedoch auch spontan aus einer Gruppensituation heraus durchgeführt werden.

Durchführung: Vor Beginn der Sitzung sollten die Regeln bekanntgegeben und das Thema für alle Teilnehmer deutlich sichtbar gemacht werden. Ist das Thema zu weit gefaßt, muß versucht werden, eine von allen Teilnehmern akzeptierte Arbeitsdefinition zu finden. Alle während einer Sitzung produzierten Ideen sind festzuhalten; hierzu eignen sich besonders Flip-Charts und Kärtchen. Folgende Regeln sind dabei einzuhalten:

- Kritik und Beurteilung von Beiträgen der einzelnen Gruppenmitglieder sind streng verboten.
- Entwicklung möglichst vieler Ideen: Quantität vor Qualität; Je größer die Zahl der Ideen, desto größer ist die Wahrscheinlichkeit, daß verwertbare darunter sind.
- Erzeugung möglichst außergewöhnlicher Ideen: "sich etwas einfallen lassen - spinnen"; unbegrenzte Spontanität; die Idee kann nicht abwegig und ausgefallen genug sein.
- Fortführen und Weiterentwickeln bereits vorgebrachter Ideen - es gibt kein Urheberrecht.

Es ist Aufgabe des Moderators, die Einhaltung der Regeln zu überwachen und alle Teilnehmer zu aktivieren. Dabei darf er nie eine inhaltliche Führungsrolle anstreben, sondern muß lediglich den Prozeß des Gedankenaustausches fördern. Vom Geschick des Moderators hängt wesentlich der Ablauf der Brainstorming-Sitzung ab; er muß es verstehen, auftretende Pausen richtig zu deuten (Nachdenken oder Ermüdungserscheinung), um entsprechend den Ideenfluß wieder anzuregen bzw. die Sitzung abzubrechen.

Auswertung: Die produzierten Ideen werden entsprechend der Problemstellung vom Moderator systematisiert und von der Gruppe einzeln bewertet. Die Bewertung kann nach den verschiedensten Gesichtspunkten erfolgen: z.B. ist der Vorschlag mit den Gegebenheiten und Bedürfnissen vereinbar, realisierbar oder nicht realisierbar, ohne vorherige Untersuchung realisierbar, schon in ähnlicher Form vorhanden, etc.

Erst hier werden die hervorgebrachten Ideen kritisch überprüft! Das daraus resultierende Zwischenergebnis dient als Arbeits- und Entscheidungsunterlage für weitere Schritte, z.B. Bildung von Kleingruppen. Es zeigt Alternativen zur Überwindung des gestellten Problems auf. Um die Teilnehmer für andere Brainstorming-Sitzungen positiv zu motivieren, sind ihnen alle Auswirkungen der gut bewerteten Ideen mitzuteilen.

Erfahrungen: Es sollen nicht nur "Experten", sondern auch vom Problem unberührte Mitarbeiter teilnehmen und das Vorgesetzten-Mitarbeiter-Verhältnis sollte während der Sitzung aufgehoben sein. Dauert eine Sitzung länger als 30 Minuten, läßt die Kreativität der Teilnehmer gewöhnlich nach. Brainstorming ermöglicht und fördert die Preisgabe guter Ideen, die sonst aus Prestigegründen, Rivalität, finanziellen Gründen etc. zurückgehalten werden, da "spinnen" ausdrücklich zugelassen wird. Die Kommunikations- und Informationsbeziehungen im Unternehmen können durch die gemeinsame Problemlösung und die gelockerte Atmosphäre ("Wir-Gefühl") verstärkt werden. Das Selbstbewußtsein eines Teilnehmers kann gesteigert werden, wenn er erkennt, wie viele Ideen er hat. Es zeigte sich, daß Teilnehmer an Brainstorming-Sitzungen später auch zu anderen Problemlösungen ein weit kreativeres Verhalten entwickeln.

6.1.2 Methode 635

Die Methode 635 kann als eine Weiterentwicklung des Brainstormings gesehen werden (Krüger 1983, Siemens 1985, REFA 1985, Schmidt 1988, Steinbuch 1988). Ideen werden nicht mündlich vorgebracht, sondern vom einzelnen Teilnehmer schriftlich festgehalten. Bei der Auswertung des Brainstormings ist oft zu erkennen, daß die Weiterentwicklung bereits produzierter Ideen über mehrere Stufen zu den fruchtbarsten Ergebnissen führt. Die Methode 635 verwendet diese Erkenntnis; die Grundideen werden systematisch vertieft. Dadurch wird die Ideenauswahl zwar eingeschränkt, aber die verfolgten Ideen sind wesentlich konkreter als beim Brainstorming. Die Vorbereitung und die Auswertung erfolgen analog zum Brainstorming.

Durchführung: Jedes Mitglied der aus 6 Teilnehmern bestehenden Gruppe schreibt 3 Ideen auf ein Blatt Papier, das in einer vorgegebenen Reihenfolge 5 mal weitergereicht wird (siehe Abbildung 6-3). Aufbauend auf den vorliegenden Gedanken sollen dabei die Teilnehmer jedes Blatt um 3 weitere Ideen zur Problemlösung ergänzen. Die Antworten der Teilnehmer sollen sich möglichst an die aufgezeichneten Ideen anlehnen und diese weiterentwickeln; ein logischer Aufbau ist aber nicht unbedingt erforderlich. Es genügt, wenn nach genauer Durchsicht der bereits produzierten Ideen drei neue Gedanken zum gegebenen Problem entwickelt werden.

Erfahrungen: Der nachfolgende Teilnehmer benötigt mehr Zeit als der vorhergehende (ca. 1 Minute). Bei einer Ausgangsbasis von 5 Minuten für die erste Runde ergibt sich eine Zeitfolge von 5-6-7-8-9-10 Minuten. Die Teilnehmer sind zwangsweise aktiviert. Bei einem größeren Teilnehmerkreis können mehrere Gruppen gebildet werden, es sollte jedoch immer die Zahl von 6 Teilnehmern je Gruppe eingehalten werden. Da die Gedanken schriftlich festgehalten werden, sind die Ideen abgerundeter und fundierter, aber meist weniger originell als beim Brainstorming. Auch die wechselseitige Weiterentwicklung neuer Ideen ist eingeschränkt, da nicht die ganze Gruppe sofort mit ihnen konfrontiert wird. Ideen einer Brainstorming Sitzung können jedoch durch diese Technik weitergeführt und vertieft werden.

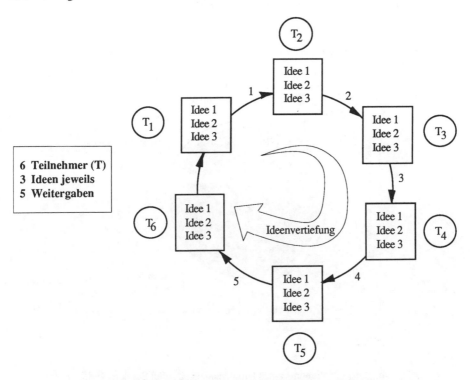

Abb. 6-3: Durchführung Methode 6-3-5 (Quelle: Siemens 1985)

6.1.3 Utopienspiel

Das Utopienspiel soll den einzelnen Teilnehmern ermöglichen, ihre Rolle als Funktionsträger zu verlassen und in der Gruppe ihre "geheimen Wünsche" zu artikulieren. Dadurch kann im Verlauf des Spiels über Utopienvorstellungen kollektives Unbehagen aufgezeigt werden. Spontan geäußerte Aussagen und Verhaltensweisen sollen vorhandene Angstschwellen überwinden. Vorübergehend werden geltende Normen außer Kraft gesetzt und vorher akzeptierte Determinanten (an denen meist die Planungsprozesse zum Stillstand kommen) ignoriert (Siemens 1985). Das Thema des Spiels darf jedoch nicht bereits ausdiskutiert oder durch Vorentscheidungen beeinflußt sein, da in solchen Fällen kaum Phantasie entwickelt wird. Es muß problembezogen sein und eine "plastische" Zukunft haben. Das Ergebnis eines Utopienspiels sind Utopien, d.h. gewünschte Zukunftsvorstellungen oder Dystopie-Modelle, d.h. unerwünschte Zukunftsvorstellungen und die Verbalisierung bzw. Visualisierung von Sachzwängen, die einer Utopie im Wege stehen (Siemens 1985).

Beispiele für Themenstellungen: Wie funktioniert unser Betrieb ohne Verwaltung? Wie sieht unser optimales Informationssystem ohne Computer aus?

Utopienmodell zum Thema " Wunschvorstellungen über die Arbeitsbedingungen einer Abteilung"

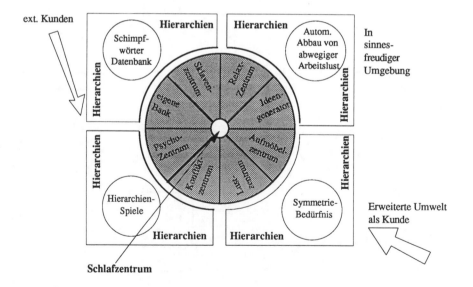

Abb. 6-4: Beispiel: Ergebnis eines Utopienspiels (Quelle: Siemens 1985, 287)

Durchführung: Das Plenum teilt sich in Gruppen von ca. 4 Personen auf und erhält einen Moderator. Die Kleingruppen entwickeln rund 20 Minuten ihre Ideen und visualisieren diese. Die Ergebnisse werden dem Plenum vorgetragen und von diesem mit Selbstklebepunkten bewertet. Dabei soll die Gruppe Ideen herausfinden, die weiterentwickelt werden könnten. Die Hauptwünsche der Gruppe können z.B. mit Hilfe einer Präferenzmatrix für das Szenario ausgewählt werden.

6.1.4 Synektik

Die Methode der Synektik (=Zusammenfügen) versucht, die unterbewußt ablaufenden Denkprozesse zu simulieren (Siemens 1985). Der entscheidende Aspekt dabei ist die Verfremdung des Problems mittels Bildung von Analogien. Durch Konfrontation unabhängiger Strukturen mit dem Problem soll eine Verknüpfung gefunden werden, die eine mögliche Lösung des Problems darstellen kann. De Bono (1986, 109f) beschreibt vier wichtige Punkte, die bei der Wahl von Analogien beachtet werden müssen:

"Das Wichtigste bei der Wahl einer Analogie ist, daß sie lebendig sein und ein eindeutiges Eigenleben haben sollte. Das Zweitwichtigste bei der Wahl einer Analogie ist, daß sie eine Fülle von konkreten Bildern und Geschehnissen aufweisen sollte. Eine konkrete Analogie ist gewöhnlich viel ergiebiger als eine abstrakte. Das Drittwichtigste bei einer Analogie ist, daß etwas geschehen muß. Es muß ein Veränderungsprozeß vor sich gehen. Die bloße Beschreibung einer Szene nützt nicht viel. Eine Analogie sollte eher ein gut bekannter Prozeß als die Beschreibung eines bestimmten Ereignisses sein."

Die einzelnen Schritte einer Synektiksitzung (siehe Abbildung 6-5) werden nachfolgend näher beschrieben :

Problemdefinition und Analyse: Der Moderator erläutert das vorgegebene Problem, die Gruppe analysiert es, grenzt es ab bzw. formuliert es um, bis die Problematik von allen Teilnehmern verstanden worden ist.

Beispiel (aus Siemens 1985, 298ff): Es soll eine Verbindung für zwei Glasrohre gefunden werden. Die Rohre sollen an den Verbindungsstellen in gewissem Rahmen flexibel bleiben, sodaß die Leitung auch über unebene Flächen verlegt werden kann. Die Montage soll einfach und mit wenig Werkzeug durchzuführen sein. Ab und zu muß die Leitung wegen Reinigungsarbeiten geöffnet werden.

Spontane Lösungsvorschläge: Spontane Einfälle der Teilnehmer müssen schon nach der Analyse abgefragt und schriftlich festgehalten werden, da vorhandene, nicht artikulierte Ideen den weiteren Sitzungsverlauf stören würden

Pneumatischer Verschluß; Kunststoffmanschette; Kunstoff oder Glasgelenke; Klappmanschetten ähnlich denen bei alten Bierflaschen; Gewindeverschluß.

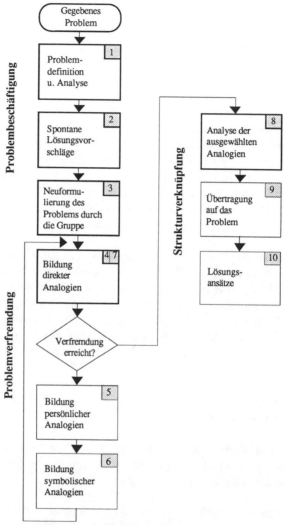

Abb. 6-5: Ablauf einer Synektiksitzung (Quelle: Siemens 1985, 297)

Neuformulierung des Problems: Basierend auf den Erkenntnissen der ersten Schritte werden zum Zwecke der Konzentration auf einen gemeinsamen Problemsachverhalt neue Problemdefinitionen abgeleitet. Die Gruppe sollte sich darüber einigen, ob die ursprüngliche Problemstellung beibehalten werden soll oder ob es sinnvoll ist, das Gesamtproblem allgemeiner zu fassen, einzuengen oder in Teilprobleme aufzuspalten. Alle Teilprobleme sind entsprechend den einzelnen Synektikphasen durchzusprechen; die Reihenfolge wird von der Gruppe festgelegt.

Es wird eine druckfeste, flexible, säurebeständige Verbindung für 2 Rohre gesucht.

Bildung direkter Analogien: Die Synektikgruppe überträgt das Problem zum Zweck der Verfremdung in andere Bereiche z.B. Natur, Technik, Politik, Soziologie. Es hat sich als zweckmäßig erwiesen, bei technischen Problemen auf Beispiele aus der Natur zurückzugreifen. Die Auswahl einer Analogie aus den gefundenen Analogien kann nach verschiedenen Kriterien erfolgen, wie z.B. daß sie der Gruppe interessant scheint, mit dem Problem nichts oder wenig zu tun hat, die Teilnehmer zumindest über die Analogie Kenntnisse haben, etc.

Saugender Wahlfisch; Blutegel; Krähen; Rüssel eines saugenden Insekts; Holzblöcke; Ausgewählt wird: Blutegel

Bildung persönlicher Analogien: Durch die Bildung persönlicher Analogien (Eindrücke und Gefühle der Gruppenmitglieder zur gewählten Analogie) soll sich die Gruppe mit der gefundenen Analogie identifizieren. Die Äußerungen sollen in der Ich-Form erfolgen und nach Möglichkeit Erlebnis- oder Situationsdarstellungen sein.

Wie fühle ich mich als Blutegel? Ich fühle mich wohl; Ich fühle mich sehr geborgen; Anstrengend; Ausgewählt wird: geborgen.

Bildung symbolischer Analogien: Im nächsten Schritt werden symbolische Analogien in Form von Gegensatzpaaren gebildet. Die symbolische Analogie besteht meist aus einem Substantiv und einem Adjektiv. Das Substantiv beinhaltet das Wesen der persönlichen Analogie. Mit der Auswahl eines möglichst paradoxen Adjektives sollte eine Konfliktsituation hervorgerufen werden (z.B. stabile Zerbrechlichkeit, rettendes Feuer, anheimelnde Kälte).

kühle Freundschaft; frostige Wärme; unerwünsche Hilfe; gewählt wird: unerwünschte Hilfe.

Zu der von der Gruppe ausgewählten symbolischen Analogie werden erneut direkte Analogien gebildet, z.B. wäre die erste direkte Analogie aus der Technik und die zweite direkte Analogie aus der Natur (siehe Abbildung 6-5, Schritt 4 und 7).

Melkmaschine; Motor; Telefon; Bombe; Ausgewählt wird: Melkmaschine.

Analyse der ausgewählten Analogien: Die gefundene Analogie wird von der Gruppe analysiert und beschrieben. Die Analyse erfolgt durch die Beschreibung des gefundenen Objektes nach seinen Eigenschaften, Funktionen, Vorkommen usw.

Es gehört eine Warze dazu; Saugsystem: Vakuum - Druck - Massage; Der Saugstutzen muß die Warze fest umschließen.

Übertragung auf Problem: Die gefundenen Teilstrukturen des Objektes werden mit dem von der Gruppe definierten Problem in Verbindung gebracht. Diese Phase ist der eigentliche Kern der Synektiksitzung.

• Die Glasrohre werden mit Vakuum zusammengehalten (Manschette);
• In die Glasrohre werden Verbindungsstücke gesteckt und dann mit Überdruck festgepreßt;
• Abkühlen eines Rohres und Einschieben des zweiten Rohres. Bei Wiedererwärmung wird sich ein Rohr ausdehnen.

Lösungsansätze: Aus diesen Verbindungen ergeben sich Lösungsansätze. Spricht die Gruppe alle Problemdefinitionen durch, so kommt sie zu einem Katalog von Aussagen und Aspekten, die zusammen helfen können, das Problem zu lösen.

Ergebnis: Technische Ausarbeitung einer Alternative.

Klassische Synektiksitzungen laufen in den dargestellten Phasen ab. Eine Verkürzung der Sitzung tritt ein, wenn die Gruppe feststellt, daß der angestrebte Verfremdungseffekt schon nach der Phase 4 erreicht ist und somit sofort in die Phase 8 übergegangen werden kann. Folgende Voraussetzungen sollten bei einer Synektiksitzung unbedingt beachtet werden:

Personenkreis: Eine Synektikgruppe sollte aus etwa 5 bis 7 kreativen und fachlich heterogenen Teilnehmern bestehen. Wichtig ist, daß die Gruppe in der Technik Synektik geschult ist. Die Gruppe sollte während einer Synektiksitzung in ihrer Zusammensetzung nicht wechseln.

Moderator: Die für Synektiksitzungen notwendige Moderatorfunktion sollte wegen sonst auftretender Status- und Gruppenzusammenhaltsprobleme von den Gruppenmitgliedern abwechselnd übernommen werden. Der Moderator sollte die Vorgehensweise auf Flip-Chart festhalten, auf die Einhaltung des Ablaufes laut Ablaufplan achten und Vorschläge über die weitere Vorgehensweise, den Einsatz von Techniken usw. machen.

Zeitdauer, Raum: Exakte Angaben über die optimale Zeitdauer von Synektiksitzungen lassen sich nicht machen. Es hat sich aber gezeigt, daß das Minimum einer Synektiksitzung bei ca. 90 Minuten liegt. Wichtig ist bei längeren Sitzungen, daß genügend Pausen eingelegt werden (aber: z.B. die Verfremdungsphase geschlossen durchgeführt wird). Eine Synektiksitzung sollte in einem Raum stattfinden, der die kreative Leistung der Teilnehmer durch seine Größe und Ausstattung unterstützt.

Auswertung: Über den Wert der von der Synektikgruppe gefundenen Lösungen entscheiden außenstehende Fachleute. Wichtig im Rahmen dieser Auswertung ist die Prüfung der Lösungen auf Durchführbarkeit.

Erfahrungen: Der wesentliche Vorteil dieser Technik liegt im Zwang zu neuen Ideen durch die Verfremdung des Problems. Die Analogiebildungen schaffen die Möglichkeit, unkonventionellen Ideen freien Lauf zu lassen, ohne daß störende Kritik den Ideenfluß einschränkt. Nach den bisherigen Erfahrungen sollte der Verfremdungsprozeß nicht länger als 30 bis 45 Minuten dauern, um die Gruppen nicht schon vor Beginn des eigentlichen Problemlösungsprozesses zu ermüden. Für eine Synektiksitzung eignen sich auch Laien, da bei ihnen keine Hemmungen der Spontanität wegen zu großen Wissenshintergrundes bzw. Abwägens von Für und Wider auftreten.

6.1.5 Morphologische Analyse

Die morphologische Analyse (Krüger 1983, Siemens 1985, REFA 1985, Schmidt 1988, Steinbuch 1988) ist im Gegensatz zu den vorher beschriebenen Techniken analytischer Natur und versucht, den bewußt ablaufenden Denkprozeß zu unterstützen, um die Unzulänglichkeiten, zu denen wir im Laufe der Lösung von komplexen Problemen stoßen, zu vermeiden. Dies wären z.B. (Siemens 1985):

- Problemvereinfachungen und Teillösungen (Der Mensch denkt wegen seines begrenzten Kurzzeitgedächtnisses sequentiell, d.h. er bildet Assoziationsketten. Es fällt ihm schwer, Gesamtlösungen komplexer Probleme als Ganzes zu begreifen.);
- Irrtümer (weil wesentliche Aspekte eines gegebenen Problems unberücksichtigt bleiben);
- vorgefaßte Meinungen (die uns daran hindern, alle relevanten Lösungen überhaupt in Betracht zu ziehen);
- Unterdrückung von unwahrscheinlichen Lösungen (wir ziehen es vor, uns im Bereich der naheliegenden, realisierbaren Lösungen aufzuhalten).

Ziel der morphologischen Analyse ist die vollständige Erfassung eines komplexen Problembereichs sowie die Ableitung aller möglichen Lösungen vorgegebener Probleme. Die einzelnen Phasen dieser Technik sind in Abbildung 6-6 ersichtlich.

Zusammen mit der Analyse des Problems ist häufig eine Verallgemeinerung der ursprünglichen Fragestellung zweckmäßig. Durch diese Verfremdung erreicht man eine Ausweitung des Problemfeldes mit dem Ziel origineller Lösungen.

Kernstück der morphologischen Analyse ist die Aufstellung der Matrix. Dabei werden voneinander möglichst unabhängige Einflußgrößen des Problems bestimmt und in der Vorspalte der Matrix aufgelistet. Für jede Einflußgröße werden alle nur denkbaren Ausprägungen in der Matrix aufgeführt. In einer morphologischen Matrix ist jede Kombination von Ausprägungen aller Einflußgrößen eine theoretisch mögliche Lösung. Der Bearbeitende betrachtet die morphologische Matrix und verfolgt gedanklich einen Linienzug, der ihm ganzheitlich als alternative Lösung bewußt wird. Dabei wird er diese Lösung bezüglich ihrer Qualität spontan bewerten und festhalten. Wegen des begrenzten menschlichen Kurzzeitgedächtnisses sind hierbei mehr als fünf bis zehn Einflußgrößen kaum sinnvoll. Im Anschluß an die Auswahl der besten Lösungen sollten von der gleichen Gruppe, von der die morphologische Matrix erstellt wurde, Realisierungsstrategien erarbeitet werden.

Determinanten: Das Problem muß gut strukturierbar sein, die jeweiligen Einflußgrößen müssen bekannt und sollten möglichst unabhängig voneinander sein, damit jede Kombination von Ausprägungen eine zulässige Lösung darstellt; gegebenenfalls müssen stark miteinander verflochtene Einflußgrößen zu einem Oberbegriff zusammengefaßt werden. Die Ausprägungen einer Einflußgröße müssen möglichst klar gegeneinander abgrenzbar sein bzw. sich gegenseitig ausschließen. Man sollte nur 5 bis 10 Einflußgrößen und Ausprägungen zulassen, da der Auswertungsaufwand sonst zu groß wird. Eine morphologische Matrix der Dimension 5 x 5 ergibt bereits 5^5 (=3125) Lösungsmöglichkeiten. Eine Möglichkeit zur Begrenzung der Lösungszahl wäre die Verminderung der Anzahl der Einflußgrößen durch Erhöhung ihres Komplexitätsgrades - z.B. durch Zusammenfassung verwandter Einflußgrößen zu übergeordneten Begriffen.
Folgende Voraussetzungen sollten beim Einsatz eines morphologischen Kastens beachtet werden:

Personenkreis: Bei komplexen Problemen bis zur Auswertungsphase ist ein heterogener Teilnehmerkreis vorteilhaft (z.B. Spezialisten verschiedener Fachgebiete). Für die Bewertung nach einzelnen Kriterien sind homogene Fachteams häufig zweckmäßiger (z.B. zur Beurteilung der technologischen Realisierbarkeit eines neuen Produktes ein Team aus Verfahrenstechnikern und Fertigungsplanern). In den ersten Phasen ist ein Moderator von Vorteil. Abhängig von der Komplexität des Problems sollte der Teilnehmerkreis drei bis sieben

Personen umfassen. Die Dauer für die Erstellung der Matrix beträgt, abhängig von der Komplexität des Problems, ca. eine halbe bis zwei Stunden.

Erfahrungen: Zur Bewältigung der ersten drei Phasen einer morphologischen Analyse ist bei komplexen Problemen eine Gruppe zweckmäßig, um Einflußgrößen und Ausprägungen von verschiedenen Seiten zusammenzutragen. Bei der Suche nach Ausprägungen zu den erarbeiteten Einflußgrößen kann oft der Einsatz von Gruppen vorteilhaft sein, denen die ursprüngliche Aufgabenstellung nicht bekannt ist - u.U verhindert dies problembezogene Denkbarrieren! Es können dabei originellere Lösungen produziert werden. Die weitaus kritischste Phase bei der morphologischen Analyse ist die Erarbeitung der wesentlichen Einflußgrößen. Große Schwierigkeiten bereitet dabei ihre Abgrenzung und die Bestimmung ihrer Ausprägungen. Zudem ist die Bewertung einer meist sehr großen Anzahl von Lösungen erforderlich.

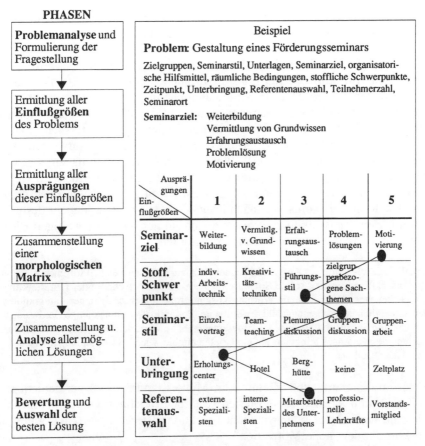

Abb. 6-6: Morphologischer Kasten (Quelle: Siemens 1985, 303)

6.2 Techniken der Zielformulierung und Alternativenbewertung

Zwischen den Techniken der Zielformulierung und der Alternativenbewertung besteht ein enger Zusammenhang: Eine sorgfältig erstellte Zielstruktur bildet die Basis zur späteren Auswahl einer Lösungsalternative. Eine Alternativenbewertung kann nur noch schlechter als die vorherige Zielformulierung sein. Bei beiden Bereichen stößt man generell auf das Problem der Operationalisierbarkeit und der Objektivität. Die angebotenen Techniken versuchen dieses Problem wenigstens teilweise zu entschärfen.

6.2.1 Zielformulierung

Einer der ersten Schritte im Rahmen des Planungsprozesses (siehe Kapitel 5.3), die Zielformulierung, umfaßt folgende Schritte (Schmidt 1989, Krüger 1983):

(Ziel-)Ideenfindung (z.B. durch Kreativitätstechniken wie Brainstorming, etc. - siehe Kapitel 6.1) und Erstellung eines Zielkatalogs.

Aufbau der Zielstruktur: Die Liste von gesammelten Zielideen wird in eine hierarchische Struktur überführt, um Mehrfachnennungen und Überschneidungen von Zielen aufzudecken. Inhaltlich ähnliche und voneinander unabhängige Ziele werden zu Gruppen zusammengefaßt und der Zielkatalog auf mögliche Unter- bzw. Überordnungen (Zweck-Mittel-Beziehungen) untersucht. Die genannten Ziele können entweder Muß- oder Kann-Charakter aufweisen. Muß-Ziele sind Restriktionen, die die Wirkung von K.O.-Kriterien haben, d.h. wenn eine spätere Lösungsvariante eines der Muß-Ziele nicht erfüllt, wird sie von vornherein ausgeschieden. Ziele können gleichzeitig Muß-Ziele (z.B. mindestens 10% Kostenersparnis) wie auch Kann-Ziele (ansonsten: je mehr desto besser) sein. Eine Zielstrukturanalyse kann sich immer nur am jeweiligen Einzelfall und an der betrieblichen Situation orientieren.

Beispiel: Ein Zielkatalog zur Anschaffung eines Personal Computer enthält folgende Ziele: Niedrige Anschaffungskosten, solide Software, neueste Prozessortechnologie, Hilfefunktionen, großer Arbeitsspeicher, minimale Wartungskosten, großer externer Speicher, Integration von Daten, einheitliches Erscheinungsbild der Software, Portabilität, leistungsfähige Hardware, Verfügbarkeit von Software, Leistungen des Lieferanten, hohe Wirtschaftlichkeit, usw. Eine Durchmusterung des Kataloges bringt uns auf eine Zielhierarchie, wie sie in Abbildung 6-7 (schon gewichtet) dargestellt ist.

Operationalisierung von Zielen: Um Mißverständnisse zu vermeiden, werden Ziele durch Angabe von Kriterien zu ihrer Erreichung verdeutlicht. Einige Ziele sind nur schwer oder gar nicht operationalisierbar, wie z.B. "gutes Betriebsklima" oder "hohe Motivation".

Beispiele für Operationalisierung von Zielen:

Schnelligkeit des Service:	Zeitaufwand vom Eintritt eines Störfalls bis zur Behebung des Schadens durch den Kundendienst;
Portabilität:	kompakte Bauweise, Stromversorgung aller Elemente durch nur ein Kabel, keine anderen externen Kabel, ...;
Niedrige Anschaffungskosten:	Nettopreis in Geldeinheiten, einschließlich aller geforderten Zubehörteile minus Rabatte und Skonti.

Zielgewichtung: Die unterschiedliche Bedeutung von Kann-Zielen bringt man durch ihre Gewichtung zum Ausdruck. Muß-Ziele werden nicht mehr gewichtet. Eine Möglichkeit der Gewichtung ist die stufenweise Weiterverteilung eines begrenzten Punktevorrats (Krüger 1988; Schmidt 1988), ausgehend von der obersten Zielebene auf die Unterziele (Top-Down-Gewichtung, siehe Abbildung 6-7), eine zweite durch den Einsatz einer Präferenzmatrix (Krüger 1988; Schmidt 1988) (Bottom-Up-Gewichtung, siehe Abbildung 6-8). Dabei werden alle Ziele der untersten Ebenen miteinander verglichen und das jeweils präferierte in den Kreuzungspunkt der beiden Ziele eingetragen. Je größer die Zahl der Präferenzen, desto wichtiger ist ein Ziel. Die Häufigkeit der Präferenzen ergibt eine Rangreihe, auf deren Basis die Gewichte vergeben werden, entweder prozentuell gemäß der Präferenzhäufigkeit oder freihändig nach der Rangreihe.

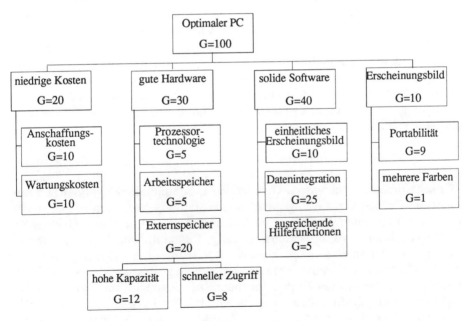

Abb. 6-7: gewichtete Zielstruktur (Top-Down-Gewichtung)

Gewicht	Rang	Häufigkeit	Ziele	
11	4	6	a	Anschaffungskosten
5	8,5	3	b	Wartungskosten
4	10	2	c	Prozessortechnologie
9	6	5	d	Kapazität Arbeitsspeicher
16	2	9	e	Kapazität Externspeicher
13	3	7	f	Zugriffszeit Externspeicher
11	5	6	g	Erscheinungsbild Software
18	1	10	h	Datenintegration
5	8,5	3	i	Hilfefunktionen
7	7	4	k	Portabilität
1	11	0	l	Farbauswahl
100		55		

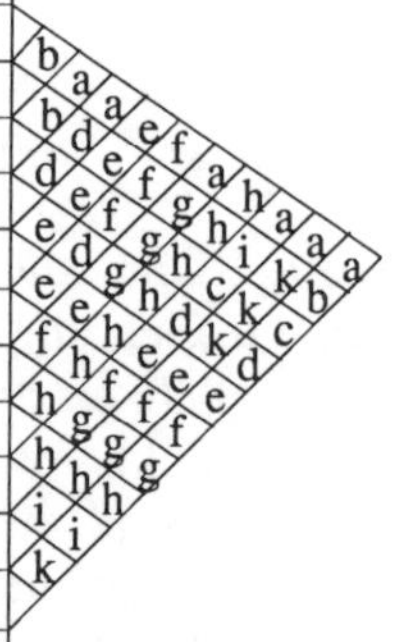

Abb. 6-8: Präferenzmatrix (Bottom-Up-Gewichtung)

6.2.2 Alternativenbewertung

Die in einem Problemlösungsprozeß hervorgebrachten Alternativen werden auf ihre Eignung zur Zielerreichung überprüft. Organisatorische Lösungen können in den seltensten Fällen rein quantitativ bewertet werden. Aufwendungen finanzieller und materieller Art lassen sich weitgehend in Geldeinheiten ausdrücken, die Ertragseite ist jedoch nur beschränkt in Geld- oder Mengeneinheiten zu erfassen. Daher werden meistens Hilfsrechnungen verwendet, in denen subjektive Nutzenschätzungen in objektivierte Werte überführt werden; die Subjektivität bleibt jedoch erhalten. Objektivität in diesem Sinne kann nicht als ein allgemeingültiges Urteil gesehen werden. Sie besteht darin, daß andere Personen das Zustandekommen der Bewertung nachvollziehen können.

6.2.3 Wirtschaftlichkeitsrechnung

Wirtschaftlichkeitsrechnungen (Krüger 1983, Schmidt 1988) vergleichen rein monetäre Größen von Lösungsalternativen. Statische Verfahren beziehen sich auf die Kosten einer Periode (z.B. Kostenvergleichs-Rechnung, Gewinnvergleichs-Rechnung, Amortisationsrechnung, Rentabilitätsrechnung), während dynamische Verfahren den Zeitablauf des Kostenanfalls berücksichtigen und die Aufwendungen der einzelnen Perioden auf den Gegenwartszeitpunkt diskontieren bzw. den Barwert der Kosten errechnen (z.B. Kapitalwertmethode, Methode des internen Zinsfußes, Annuitätenmethode). Ein Beispiel für ein einfaches statisches Verfahren findet sich in Abbildung 6-9. Die unterschiedliche Betrachtungsweise statischer und dynamischer Rechnungen wird in Abbildung 6-10 gezeigt.

Einmalige Kosten	Variante A	Variante B	Variante E
Anschaffungswert	250.000	210.000	190.000
Umbaukosten	4.000		
Schulung	22.000	51.000	50.000
Σ	276.000	261.000	240.000
(Σ einmalige Kosten)/Nutzungsd.	92.000	87.000	80.000
Zinsen = (1/2 * Σ * i/100)	13.800	13.050	12.000
Nutzungsdauer: 3 Jahre			
Zinssatz: 10%			
Laufende Kosten p.a.			
Abschreibungen	92.000	87.000	80.000
Zinsen	13.800	13.050	12.000
Strom	500	630	550
Wartung	8.000	5.000	5.000
	114.300	105.680	97.550

Abb. 6-9: Kostenvergleichsrechnung

statische Betrachtung Ausgaben-schätzungen	Jahre / Proj.	1	2	3	4	Σ
	Proj. I	10.000	40.000	15.000	5.000	70.000
	Proj II	5.000	15.000	40.000	10.000	70.000

Abzins.faktoren $\frac{1}{(1+r)^n}$ r=1o%	0,9091	0,8264	0,7513	0,6830

dynamische Betrachtung Ausgaben-barwerte	Jahre / Proj.	1	2	3	4	Σ
	Proj. I	9.091	33.056	11.269	3.415	56.831
	Proj II	4.545	12.396	30.052	6.830	53.823

Abb. 6-10: Statischer und dynamischer Kostenvergleich (Krüger 1983, 131)

Im Rahmen der Investitionstheorie sind verschiedene Rechenverfahren entwickelt worden, die auch zur Beurteilung von organisatorischen Lösungen
herangezogen werden können. Das recht aufwendige rechnerische Instrumentarium lohnt sich aber in der Regel kaum, da bei organisatorischen Lösungen die
Rechengrößen meistens mit noch größeren Unsicherheiten verbunden sind, als
es etwa bei Anlageinvestitionen im Produktionsbereich der Fall ist (Schmidt
1988, 251).

6.2.4 Nutzwertanalyse

In der Nutzwertanalyse werden alle Auswirkungen einer Alternative einheitlich
mit Hilfe sogenannter "Nutzwerte" ausgedrückt (Zangenmeister 1976, Krüger
1983, Schmidt 1988, Steinbuch 1988). Durch die Errechnung eines Nutzwertes
für eine Lösungsalternative werden sowohl monetäre als auch nichtmonetäre
Einflußgrößen zu einem Punktewert verschmolzen.

Varianten / Muß-Ziele		A		B		C	D	E		
Anschaffungskosten max. 250.000,--		250.000		210.000		310.000	160.000	190.000		
spätester Liefertermin: 30.12.90		ok		ok		ok	3/91	ok		
Kann-Ziele	G	P	P*G	P	P*G				P	P*G
Anschaffungskosten	11	1	11	3	33				8	88
Wartungskosten	5	2	10	3	15				3	15
Prozessortechnologie	4	9	36	9	36				7	28
Kapazität Arbeitsspeicher	9	7	62	6	54				7	63
Kapazität Externspeicher	16	6	96	7	112				9	144
Zugriffszeit Externspeicher	13	6	78	5	65				6	78
Erscheinungsbild Software	11	10	110	7	77				7	77
Datenintegration	18	10	180	4	72				10	180
Hilfefunktionen	5	8	40	5	25				5	25
leichte Portabilität	7	3	21	7	49				7	49
Farbauswahl	1	0	0	10	10				0	0
Σ			644		548					747

Abb. 6-11: Nutzwertanalyse

Dabei wird jede Alternative hinsichtlich der Erreichung jedes einzelnen gewichteten Teilzieles bewertet, d.h. jeder Alternative-/Teilzielkombination wird
ein Punktewert zugeordnet, der aussagt, wie gut eine Alternative ein spezielles
Ziel erreicht. Ein Problem bei der Bewertung ergibt sich durch die Über-
führung von unterschiedlichen unscharfen Mengen in einheitliche Punkteskalen.

Beispiel: Datenintegration   Hilfefunktionen
                 nicht vorhanden   - 0 Punkte   ungenügend   - 0 Punkte
                 durch Hilfsprogramme   - 5 Punkte   mangelhaft   - 2 Punkte
                 integrierte Datenbasis   - 10 Punkte   ausreichend   - 4 Punkte
                                                           befriedigend - 6 Punkte
                                                           gut   - 8 Punkte
                                                           sehr gut   - 10 Punkte

Der vergebene Punktewert wird mit dem Gewicht des jeweiligen Teilziels multipliziert, die Summe der gewichteten Punktewerte einer Alternative ergibt deren Nutzwert (siehe Abbildung 6-11).

6.2.5 Kosten-/Wirksamkeitsanalyse

Monetäre und nicht-monetäre Größen werden im Gegensatz zur Nutzwertanalyse getrennt behandelt (Krüger 1983, Schmidt 1988, Steinbuch 1988). Je Lösungsvariante werden zwei Werte errechnet: Kosten je Periode und Nutzen (gemäß Nutzwertanalyse ohne monetäre Ziele). Der Quotient von Kosten zu
Nutzen ergibt den finanziellen Aufwand für einen Qualitätspunkt, demnach wäre die Variante mit dem geringsten Quotient die beste. Diese Vorgehensweise
ist problematisch, wenn starke Niveauunterschiede im Kosten und Wirksam-
keitsbereich vorliegen, mitunter kann ein gleicher Quotient für Alternativen erreicht werden, die auf gänzlich anderen Zielerreichungsniveaus liegen. Die
Wahl der "besten" Variante hängt von der subjektiven Bevorzugung der Ko-
stenziele einerseits und der Qualitätsziele andererseits ab.

	Variante A	Variante B	Variante C
Kosten p.a.	114.300	105.680	97.550
Wirksamkeitsindex (Nutzwerte ohne Punkte für monetäre Ziele)	623	500	644
Wirksamkeitsquotient (Kosten je Punkt)	183	211	151

Abb. 6-12: Kosten-/Wirksamkeitsanalyse

6.3 Methoden der Datenerhebung

Im Rahmen der Datenerhebung in Organisationen finden die Methoden der empirischen Sozialforschung Verwendung. Diese können quantitative oder qualitative Aspekte in den Vordergrund stellen. Über Unterschiede bzw. Vor- und
Nachteile von quantitativen und qualitativen Methoden wird in der Literatur
ausführlich diskutiert. Die wichtigsten seien hier kurz angeführt: (Lueger/-
Schmitz 1984, McCracken 1988, 16ff, Jones 1988, 33ff).

6.3.1 Qualitative und quantitative Methoden

Ein wesentlicher Unterschied liegt in der Art der Kategorienfestlegung: Ziel von quantitativen Methoden ist es, *vor Beginn* der Untersuchung Kategorien so präzise wie möglich zu definieren, um danach, wieder mit größter Präzision, Abhängigkeiten zwischen diesen herzustellen. Qualitative Methoden definieren und isolieren Kategorien *während* des Erhebungsprozesses; Kategorien können sich während des Projektes ändern oder erst hervortreten.

Quantitative Forschung versucht, Beziehungen innerhalb einer Organisation oder eines Systems zu finden und zu isolieren, sie mit statistischer Korrelation zu verifizieren und dabei die Komplexität auf eine geringe Anzahl von Kräften (Variable) zu reduzieren. Mit qualitativen Methoden versucht man, gegenseitige Beziehungsmuster zwischen vielen Kategorien herzustellen, im Gegensatz zu einer genau gezeichneten Beziehung zwischen einigen wenigen, wie sie von quantitativen Versuchen angestrebt wird; im ersten Fall handelt es sich um das Aufzeigen von Komplexität, im zweiten um präzise Darstellung "einfacher" Beziehungen. Der quantitative "Forscher" benützt ein Teleobjektiv, das einen engen Streifen des Blickfeldes scharf in den Brennpunkt schiebt, während der qualitative "Forscher" ein Weitwinkelobjektiv verwendet, das eine weniger präzise Sicht eines viel breiteren Streifens erlaubt.

Eine weitere Differenz bezieht sich auf das Antwortverhalten: Auf manche Fragen kann der Befragte schnell und spontan antworten, er weiß genau, welche Auskunft von ihm gefordert wird, er kann die Antwort leicht finden und formulieren und sie eindeutig wiedergeben. Andere Fragen wiederum fordern seine kognitiven Fähigkeiten im größeren Ausmaß, er hat Schwierigkeiten festzustellen, was von ihm gewollt wird, und muß sich viel mehr anstrengen, um eine Antwort zu formulieren. Kann der Befragte auf die Fragen schnell und eindeutig antworten, so sind geschlossene Fragen und quantitative Methoden angebracht, verursachen die Fragen Unklarheiten und Schwierigkeiten beim Verstehen und Antworten, so ist es sinnvoller, das weitere und flexiblere Netzwerk, welches durch qualitative Techniken geliefert wird, einzusetzen.

Quantitative Forscher nennt man Instrumentalisten. Bei ihnen wird der Hauptaufwand auf die Perfektionierung des Instruments Fragebogen gelegt, wobei die Güte des Fragebogens, eine sorgfältige Auswahl von Befragten und eine differenzierte Auswertung wesentlich über die Gültigkeit entscheiden. Qualitative Forscher nennt man Interaktionisten. Sie sehen den Sinn von Gesprächen und von Reaktionen auf Fragen nur im Kontext einer ganz bestimmten sozialen Situation (Atteslander 1984, 104).

Generell kann gesagt werden, je geringer der Grad der Strukturiertheit der einzelnen Methode, desto eher werden durch sie qualitative Merkmale erfaßt (z.B. wenig strukturiertes Interview). Umgekehrt führen stark strukturierte Methoden eher zu quantitativen Ergebnissen (z.B. Fragebogen).

Obwohl zwischen den beiden Arten gewichtige Unterschiede existieren, sind sie untereinander kompatibel, ja gegenseitig ergänzend. Das Ergebnis qualitativer Interviews oder einer Dokumentenanalyse kann z.B. als Basis zur Aufstellung von Hypothesen dienen, die dann durch Fragebögen getestet werden können. Diese Vorgehensweise wird häufig zur "Messung" von Organisationskultur angewendet. Umgekehrt kann durch z.B. Tiefeninterviews und Beobachtung ein besseres Verständnis der Ursachen eines bestimmten quantitativen Meßergebnisses erreicht werden.

Beispiel (verändert aus: Jones 1988, 34f, nach W. F. Whyte, 1961, Men at Work: 32): "Als Teil eines Personalprogrammes wurde in einem Unternehmen eine Bibliothek mit vorwiegend 'leichter' Lektüre eingerichtet, die auch einige wenige Exemplare technischer Fachbücher enthielt. Als nach einigen Monaten die Auslastung der Bibliothek bewertet (gemessen, quantifiziert) wurde, war das Management verwundert: Es wurde fast keine 'leichte' Lektüre entlehnt, sondern nur Fachliteratur. Eine nähere Inspektion zeigte auch, daß die permanent entlehnten technischen Bücher in einem ausgezeichneten Zustand waren, d.h. offensichtlich nicht benutzt wurden. Warum? Ein Berater fand - nachdem er das Vertrauen der Arbeiter gewonnen hatte - durch (qualitative) Interviews die Gründe für dieses Phänomen. Die Arbeiter mißtrauten dem Management. Sie sahen in jeder offensichtlich wohlwollenden Aktion des Managements hintergründig eine andere Intention. Im Falle der Bibliothek glaubten sie, daß mit Hilfe der Überwachung der Ausleihungen aufgedeckt werden sollte, welche Arbeiter ihren Job ernst nehmen und für eine Beförderung vorgeschlagen werden sollen. Wenn jemand 'leichte' Lektüre liest, wird er wohl kaum befördert werden, deshalb ist es besser, einfach technische Bücher zu entlehnen - man muß sie ja nicht lesen."

Oft wird angenommen, quantitative Forschung sei billiger, da es weniger Zeit braucht, Fragebögen zu verteilen, einzusammeln und auszuwerten als z.B. Vertrauen zu entwickeln, Tiefeninterviews durchzuführen und die Umgebung zu beobachten. Dabei wird jedoch die Zeit, die für das Erstellen der Variablen und Fragen, den Pretest, die Codierung der Daten und die Gewährleistung von Validität und statistischer Signifikanz aufgewendet wird, meist nicht hinzugerechnet. Quantitative Forschung kann natürlich billiger sein, wenn man existierende Instrumente einsetzt. Die Kosten können jedoch für denjenigen sehr teuer werden, der Ergebnisse erhält, die nicht die wirklichen Probleme wiederspiegeln. Was nützt es, wenn man Antworten auf Fragen hat, die nicht die wichtigen Angelegenheiten in der Organisation betreffen (Jones 1988, 41).

Qualitative Forschung ist notwendig, da sich Menschen nicht nur direkt, sondern in vielen subtilen Formen ausdrücken, sowohl logisch als auch analog denken, in verschiedenen Situationen unterschiedlich reagieren und symbolische

Verhaltensweisen annehmen, um nur einige Gründe anzuführen. Paradoxerweise werden sehr oft zur "Messung" von Akzeptanz Meinungsumfragen durchgeführt (quantitativ), wobei es jedoch gerade dabei auf Qualität, Werte und Wahrnehmung ankommt. In der nachfolgenden Tabelle sind die wichtigsten Unterschiede zwischen qualitativen und quantitativen Methoden zusammengefaßt.

Dimension	Quantitative Methoden	Qualitative Methoden
Ziel	feststellen genereller Trends, Korrelation zwischen unabhängigen und abhängigen Variablen	aufdecken der Bedeutung verschiedener Situationen
Stellung des "Forschers"	Der "Forscher" bleibt neutral	Zwischen "Forscher" und Befragtem besteht gegenseitige Beeinflußung.
Kategorien:	a priori festgelegt	aus der Situation hervorgehend
Techniken	Tests, Messungen	Interview, Beobachtung, Partization, Selbsterfahrung
Instrumente	Fragebögen, Meinungsumfragen	der "Forscher" selbst (multisensitiv)
Problemverständnis	durch präzise Darstellung des Problems, Aufstellen von Hypothesen, systematisches Testen	präzisiert sich im Laufe der Ereignisse
postulierte Beziehungen	auf Variable abgebildete (anonyme) Kräfte innerhalb von System und Strukturen	denkende, fühlende Individuen als aktive Kräfte in einer bestimmten Situation
Vorzüge der Methoden	Validität, Wiederholbarkeit, Vergleichbarkeit der Daten	Einzigartigkeit, Kontextbezogenheit
Grenzen	Anwendung nur, wenn Hypothesen leicht aufgestellt und durch Instrumente getestet werden können	nicht wiederholbar, verschiedene Situationen sind schwer vergleibar
Kritik	atomistisch, reduzierend, "kalt", reserviert, offensichtliche oder allgemein bekannte Schlußfolgerungen	verschwommen, unwissenschaftlich

Tab. 6-13: Unterschiede qualitative/quantitative Methoden (in Anlehnung an Jones 1988, 16)

6.3.2 Befragung als soziale Situation

Selbst wenn jemand für sich allein einen schriftlichen Fragebogen beantwortet, stellt dies eine soziale Situation dar. Niemand ist in der Lage, diese Situation vollständig zu kontrollieren. Daher ist es notwendig zu wissen, was unbedingt so gut wie möglich kontrolliert werden müßte. Atteslander (1984, 88ff) erkennt dazu in der Fachliteratur zwei Grundhaltungen:

Die eine Annahme wäre die eines S -> R-Paradigmas: ein Stimulus (S) bewirkt eine bestimmte Reaktion (R), d.h. es besteht ein zwingender Zusammenhang zwischen einer Frage (S) und der Antwort (R). Die Vertreter dieser Richtung sind daher der Meinung, daß die größtmögliche Kontrolle auf den Stimulus Frage zu legen sei, um die Verläßlichkeit der Reaktion, d.h. der Antwort zu gewährleisten. Die soziale Situation, die Umwelt wird als Störfaktor gesehen, den man möglichst konstant halten muß.

Dieser Sicht steht das S -> O -> R-Paradigma gegenüber, wobei (O) für Organismus (=Person) steht. Der Stimulus Frage wirkt immer in einer spezifischen Umgebung unter zeitlich/räumlichen Bedingungen, auf welche die Person bewußt oder unbewußt als Ganzes reagiert. Das Modell sieht die Befragungssituation als Reaktionssystem. Trifft der Stimulus auf das Individuum (O), löst er eine ganze Reihe von Mechanismen aus. Der Befragte deutet den Reiz, bewertet ihn und überlegt eine Antwort oder reagiert emotional. Dieser Vorgang ist von Vorstellungen, Erwartungen und von sozialen Normen beeinflußt. So kann z.B. etwa das Aussehen des Interviewers den Befragten beeinflussen, ein bestimmtes Wort Erinnerungen oder Angst hervorrufen oder Eile die Bereitschaft zum Antworten verringern. Wichtig ist, daß die möglichen Umwelteinflüsse nicht als Störfaktoren sondern als Bedingungen der Reaktionsermittlung angesehen werden.

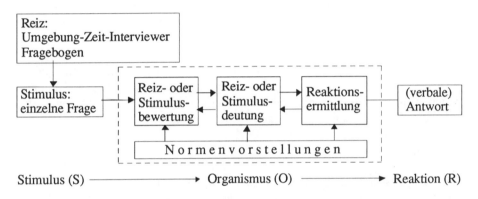

Abb. 6-14: Befragung als Reaktionssystem (Quelle: Atteslander 1984, 90)

6.3.3 Formen der Befragung

In der Literatur wird am häufigsten die Klassifizierung in "wenig strukturierte", "teilstrukturierte" und "stark strukturierte" Befragung vorgenommen. Durch die ersten beiden Formen werden eher qualitative, durch die "stark strukturierte" quantitative Aspekte erfaßt.

Beim "wenig strukturierten" Interview arbeitet der "Forscher" ohne Fragebogen, es ist einem Gespräch sehr ähnlich. Der Interviewer kann die Fragen der Situation anpassen. Im Grunde ergibt sich die jeweils nächste Frage aus den Aussagen des Befragten.

Ein "stark strukturiertes" Interview erfordert die sorgfältige Erstellung eines Fragebogens vor der Befragung. Die Fragen werden allen Befragten im gleichen Wortlaut und in der gleichen Reihenfolge gestellt. Die Fragen können dabei "offen" oder "geschlossen" sein, d.h. die Auswahl der Antworten frei lassen oder begrenzen. "Offene" Fragen erlauben den Befragten die Antwort frei zu formulieren, sie wird später bei der Auswertung bestimmten Kategorien zugeordnet. "Geschlossene" Fragen geben alle relevanten Antworten nach Kategorien geordnet vor. Die Aufgabe des Befragten besteht lediglich darin, "seine" Antwort auszuwählen.

Bei der "teilstrukturierten" Form der Befragung handelt es sich um Gespräche, denen ein Leitfaden zugrundeliegt. Die Fragen sind zwar vorformuliert, der Interviewer besitzt aber eine große Flexibilität durch Umformulierung, Abänderung der Reihenfolge und Hinzunahme von neuen Themen, die sich aus der Gesprächssituation ergeben.

Betrachtet man die Kommunikationsart zwischen Interviewer und Befragtem, so gibt es eine mündliche und eine schriftliche Befragung. Für eine schriftliche Befragung (Fragebogenaktion) kommt nur die "stark strukturierte" Form der Befragung in Betracht. Der Vorteil einer Fragebogenaktion liegt in der Eliminierung des Interviewereinflusses und der geringeren Kosten, der Nachteil in der Unkontrollierbarkeit der Beantwortungssituation und geringen Rücklaufquoten. Will man gravierende Fehler vermeiden, ist zur Gestaltung von Fragebögen die Kenntnis der einschlägigen Spezialliteratur unerläßlich.

6.3.4 Interview

Die mündliche Befragung, also das Interview, ist ein Interaktionsprozeß mit einer Rollenaufteilung zwischen Interviewer und Interviewtem. Beide Rollen werden in der Regel durch eine Person besetzt, können aber auch durch mehrere Personen repräsentiert werden. In sogenannten *Gruppeninterviews* treten die Interviewten in der Gruppe auf. Beim Interview besteht in der Regel direkter Kontakt zwischen Interviewer und Interviewten ("Face-to-Face-Beziehung"). Beim *Telefoninterview* ist der Kommunikationsprozeß auf den auditiven Kanal beschränkt. Wegen dieser Beschränkung und wegen der zeitlichen Beschränkung, die sich aus der besonderen Situation am Telefon ergeben, wird das Telefoninterview praktisch nur stark strukturiert oder zumindest halb strukturiert geführt.

Die Form des **nicht und halb strukturierten (qualitativen) Interviews** ist recht gut mit der Interviewarbeit eines Journalisten vergleichbar. Ein Journalist hat Interesse zu einem Themenbereich, informiert sich darüber in der Literatur (Geschichte, alte Zeitungsausgaben, etc.) und wählt eine Person aus, von der er meint, daß sie ihm dazu Näheres erzählen kann. Bevor er zu der Person geht, überlegt er sich Fragen, die er ihr stellen will. Ein guter Journalist zeichnet sich bei dieser Arbeit durch zweierlei aus: Er stellt Fragen, die interessante

Antworten versprechen und er ist in der Lage, auf die Antworten zu reagieren, d.h. die weiteren Fragen richten sich auch nach den vorangegangen Antworten. Ein dritter Aspekt sollte nicht unerwähnt bleiben: Der Journalist nimmt nicht nur das gesprochene Wort wahr, er registriert auch non-verbale Signale ("Körpersprache") des Interviewten.

In diesem einleitenden Vergleich sind die wesentlichen Aspekte des qualitativen Interviews, die wir im folgenden genauer behandeln wollen, angesprochen. Der Ablauf und wesentliche Bestandteile sind in Abbildung 6-15 zusammengestellt.

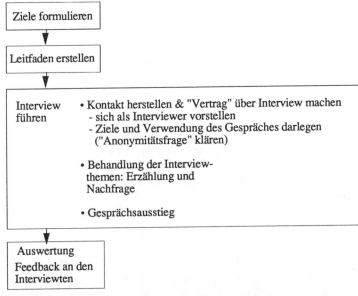

Abb. 6-15: Übersicht zum qualitativen Interview

Vorbereitung: Ziele und Leitfaden. Abgeleitet aus den übergeordneten Zielen der Untersuchungen sollen so konkret wie möglich zunächst Ziele für das zu führende Interview formuliert werden. Daraus ergeben sich unmittelbar einige *Zielinhalte*, die im Interview angesprochen werden sollen. Sehr oft steht aber das qualitative Interview am Beginn einer Erhebung wo nichts Näheres über die Person, das Tätigkeitsfeld, die Kompetenz und das Wissen des Interviewten bekannt ist. Man kann also nicht unbedingt erwarten, daß eine simple Formulierung der Zielinhalte in Frageform zu den gewünschten Resultaten führt. Im Interviewleitfaden sollten daher solche Fragen formuliert werden, die *unabhängig von spezifischem Wissen über den Interviewten* (das der Interviewer vorher nicht hat), Antworten und Erzählungen in Richtung der Zielinhalte auslösen. Das setzt auch eine *klare und verständliche* Formulierung der Fragen voraus. Darüber hinaus sollten *Vermutungen* über die Arbeit der zu befragenden Person so weit wie möglich explizit formuliert werden. Diese Vermutungen können einerseits zur konkreteren Frageformulierung benutzt und später an den Ergebnissen des Interviews überprüft werden.

Beispiel: Ein Zielinhalt sei die Ablauforganisation einer Abteilung. Es hat wenig Sinn, eine Frage von der Art "Wie sieht ihre Ablauforganisation aus?" zu stellen. Man kann erstens nicht unbedingt davon ausgehen, daß jemand überhaupt eine Vorstellung vom Begriff "Ablauforganisation" hat und wenn, dann versteht der oder die Interviewte möglicherweise etwas ganz anderes darunter als der Fragesteller. Eine mögliche Frage wäre etwa: "Wenn Sie an Ihre tägliche Arbeit hier in der Abteilung denken; was fällt hier alles an und wie wird dafür gesorgt, daß das möglichst reibungslos funktioniert?"

Im Leitfaden sind für alle Zielinhalte derartige Fragen formuliert und in eine Reihenfolge gebracht, die einen natürlichen Ablauf des Gesprächs ermöglichen. Je eingeschränkter die Zielinhalte und je konkreter die im Leitfaden enthaltenen Fragen sind, umso mehr nähert man sich einem halb strukturierten Interview an. Werden zusätzlich noch Antwortalternativen durch den Interviewer angeboten, dann wird aus dem Gespräch ein strukturiertes Interview. Der Übergang zwischen diesen Formen ist fließend. Der Übergang ist auch von einem wachsenden Ausmaß an Rigidität, mit der sich der Interviewer an den Leitfaden zu halten hat, begleitet. Beim qualitativen Interview hat der Leitfaden nur den Charakter eines Anhaltspunktes, keinesfalls soll sich der Interviewer sklavisch daran halten. Das kompetente Ausfüllen dieses Spielraumes stellt aber hohe Anforderungen an den Interviewer, was seine Fähigkeiten und sein inhaltliches Wissen betrifft. Insbesondere muß der Interviewer über die Ziele der Erhebung genau Bescheid wissen.

Intervieweinstieg: Kontakt und Vertrag. In der Regel steht vor der direkten Kontaktaufnahme ein Briefverkehr oder ein Telefongespräch. Nachdem die grundsätzliche Bereitschaft zu einem Gespräch sichergestellt ist und sich der Interviewer vorgestellt bzw. Informationen zu seiner Person gegeben hat, muß mit dem Gesprächspartner über den Zweck des Interviews gesprochen werden. Zum Zweck gehören Auswertungs- und Verwertungs-"rechte" und Anonymitätszusicherungen. Außerdem sollte die (maximale) Dauer des Gespräches vereinbart werden. Hinweis: *Zwei kürzere Interviews sind meist ergiebiger als ein langes.*

Von den vielen Regeln zur Herstellung und Aufrechterhaltung eines guten Kontaktes als Gesprächsbasis sollen hier nur solche genannt werden, die intuitiv aus Alltagsbeziehungen bekannt sind, da sie hier nicht näher begründet werden können:

• Zu große Diskrepanzen in der Sprachwahl, Körperhaltung, Kleidung etc. lösen bei den Interviewpartnern mehr oder weniger bewußte Abwehrreaktionen hervor. Verwendet man beispielsweise einen stark wissenschaftlichen Jargon in einem Interview mit einem Techniker, so wird dieser keine besondere Lust zeigen, auf die Fragen zu antworten und dies teilweise auch nicht können. Der Interviewer sollte also zur Formulierung seiner Aussagen *die Sprache des Interviewten verwenden.*

- Eingeschränkter Kontakt ist mit technischen Hilfsmitteln auch über große Distanzen möglich. Für intensiven Kontakt auf allen Sinneskanälen ist aber eine ganz bestimmte (also auch nicht zu geringe) Distanz zwischen den Gesprächspartnern notwendig, die jeder Mensch implizit kennt (spürt), die aber auf Grund der Umgebungsverhältnisse trotzdem oft nicht eingehalten wird. Zunächst ist also ein direktes Gespräch einem Telefoninterview vorzuziehen. Beim direkten Gespräch ist es darüber hinaus nicht sinnvoll am Arbeitsplatz des Befragten zu bleiben, wenn dort die Umgebungseinflüsse zu störend sind oder wenn andere Gegebenheiten (keine geeigneten Sitzgelegenheiten etc.) ein angenehmes Gespräch unmöglich machen.

Gesprächsführung im offenen Interview. Wie gesagt soll der Leitfaden nicht als verbindliche Anweisung gesehen werden. Die Fragen müssen an den Interviewten und die jeweils vorangegangenen Antworten und Themen so weit wie möglich angepaßt werden. Darüber hinaus können einige Richtlinien zur Gesprächsführung formuliert werden (vgl. auch Lueger/Schmitz 1984).

- *Meinungen akzeptieren.* Ziel ist die Erfassung der Meinung des Interviewten. Auch wenn der Interviewte völlig anderer Meinung sein sollte, wäre es völlig gegen dieses Ziel, würde der Interviewer irgendwelchen Aussagen widersprechen, belehrende Aussagen machen oder in irgendeinerweise manipulativ auf den Interviewten (etwa durch Suggestivfragen) einwirken. Überhaupt sollte der Interviewer so weit wie möglich in der Rolle des Zuhörers bleiben und den Gang des Gesprächs nicht über das ursprünglich geplante Maß hinaus beeinflussen.

Der Interviewer kann etwa versucht sein, wenn ihm bei der Istzustandserfassung besonders gravierende Schwächen auffallen, bereits Vorschläge zur Verbesserung einzubringen. Diese würden nur den Befragten verwirren, vielleicht eine Debatte anregen und vom eigentlichen Ziel des Interviews abbringen. Wenn der Befragte von sich aus Verbesserungsvorschläge macht, so sind diese bloß zu registrieren und er kann gelegentlich an den eigentlichen Zweck des Gespräches erinnert werden.

- *Nachfragen:* Äußerungen, die für den Interviewer nicht völlig verständlich sind, sollen hinterfragt werden. Dies gilt auch dann, wenn der Interviewte den Eindruck vermittelt, daß etwas sehr wohl selbstverständlich sei.

• *Alles ist wichtig:* Oft gewinnt der Interviewer während des Gesprächs den Eindruck, daß sich der Gesprächspartner zu weit vom Thema entfernt. Bevor er zurückgeholt wird, sollte der Interviewer sicherstellen, daß die Erzählungen wirklich nichts mit dem Thema zu tun haben. Sehr oft wird der Bezug erst später erkennbar.

Behandlung der Interviewthemen. Die beschriebenen Prinzipien der Gesprächsführung schlagen sich in einem typischen Ablauf von offenen Interviews nieder, den man in zwei Phasen, nämlich die *Erzähl-* und die *Nachfragephase*, grob zerlegen kann.

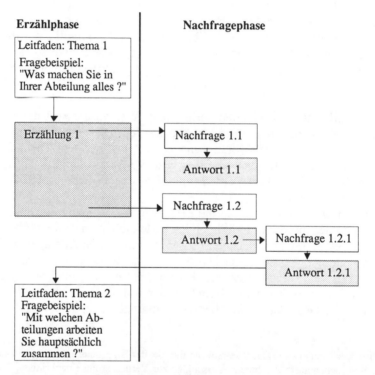

Abb. 6-16: Themenbehandlung im Interview als hierarchischer Prozeß

Diese Aufteilung läßt erkennen, daß diese Teile zeitlich strikt getrennt sind, was oft sinnvoll ist, wenn der Interviewer die freie Erzählung in der ersten Phase möglichst wenig beeinflussen will. Er spricht dabei die Themen aus dem Leitfaden durch sehr weite und offene Fragen oder Äußerungen nur an, wodurch Erzählungen ausgelöst werden sollen. Erst wenn diese Phase abgeschlossen ist, beginnt der Interviewer mit gezieltem Nachfragen. Diese zeitliche Aufteilung ist aber nicht unbedingt notwendig, die Phasen können auch zeitlich verzahnt sein (wie die Pfeile in Abbildung 6-16 andeuten). Die Themenbehandlung kann als hierarchischer Prozeß verstanden werden, in dem sukzessive ein Thema durch Nachfragen immer tiefer behandelt werden, bis für den Interviewer die Antworten klar genug sind. Danach wird beim nächsten Thema (beziehungsweise bei der nächsten Antwort - jeweils eine hierarchische Ebene darüber; siehe Abbildung 6-16) entsprechend fortgesetzt.

Ein typisches Beispiel wäre eine Befragung zur Datensammlung für eine Aufgabenanalyse (siehe Kapitel 4.2.2). Zunächst werden die Gesamtaufgaben erhoben, dann sukzessive für jede einzelne Aufgabe die Teilaufgaben erfragt.

In jedem Fall ist dazu notwendig, daß der Interviewer die Äußerungen des Interviewten ständig schriftlich zumindest stichwortartig aufzeichnet, auch wenn das Interview auf Tonband mitgeschnitten wird. Nur so ist er in der Lage zu überblicken, welche Themen angesprochen wurden, welche bereits erledigt sind und wo er noch nachfragen sollte.

Gesprächsausstieg. Neben den eher selbstverständlichen Höflichkeitsgesten nach Abschluß der Themenbehandlung sollte der Interviewer dem Befragten Gelegenheit geben, noch Themen anzusprechen, die ihm wichtig sind, die aber bisher nicht behandelt wurden.

Auswertung. Als Grundlage für die Auswertung dienen auf jeden Fall die handschriftlichen Aufzeichnungen des Interviewers und oft ein Tonbandmitschnitt, der transskribiert (in Schriftform gebracht) werden muß. Jedenfalls dient aber das handschriftliche Protokoll (neben der Verfolgung und Steuerung des Interviewprozesses; siehe oben) zur Aufzeichnung von sonstigen Informationen, die durch ein Tonband nicht erfaßt werden können. Dies sind in erster Linie Datum, Ort des Interviews und eventuell sonst noch anwesende Personen. Darüber hinaus müssen sonstige Beobachtungen sofort notiert werden, denn aus der Erinnerung können sie, wenn überhaupt, nur verzerrt rekonstruiert werden.

6.3.5 Dokumentationsanalyse

Eine Analyse des vorhandenen Dokumentenmaterials - wie Statistiken, Protokolle von Sitzungen, Arbeits- und Rechenschaftsberichte, Briefe, Projekt-Dokumentationen, Software-Dokumentationen, Formulare, interne Berichte, Arbeitsaufzeichnungen etc. - ist besonders am Anfang einer Untersuchung zur Einarbeitung in die Materie bzw. zur Sammlung allgemeiner Informationen geeignet. Wie weit man sich beim Studium auf den subjektiven Eindruck verläßt, oder exaktere und objektivere Techniken der Analyse anwendet (z.B. Inhaltsanalysen), richtet sich nach der Art des Problems, nach der Erfahrung des Diagnostikers und nach Kosten-Nutzen-Überlegungen. So aufschlußreich Dokumente als Belege früherer Überlegungen, Entscheidungen und Handlungen sein können, so schwierig ist es mitunter, ihre Objektivität und Aussagekraft einzuschätzen. Es besteht auch die Gefahr, daß nicht der Istzustand, sondern ein früherer Sollzustand erhoben wird.

In dem über einen größeren Zeitraum an der Universität Mannheim durchgeführten Projekt "Columbus" zur Erforschung der Struktur von innovativen Entscheidungsprozessen wurde als primäres Erhebungsinstrument die Dokumentenanalyse eingesetzt (Witte 1988). Untersucht wurden in diesem Projekt Entscheidungsprozesse zur Erstbeschaffung einer DV-Anlage von Unternehmen in der Bundesrepublik Deutschland.

Die erste Schwierigkeit bei diesem Projekt ergab sich bei der Wahl des Untersuchungsobjekts. Man wollte nicht, wie es die logisch-rationale Entscheidungstheorie durch das Angebot von Methoden zur Optimierung des letzten Aktes einer Entscheidung, den Entschluß, sondern die Organisation des Gesamtablaufes einer Entscheidung - vom ersten Impuls bis zum Entschluß - erforschen. Die Projektgruppe konnte jedoch nicht alle möglichen, in einer Organisation vorkommenden Entscheidungen untersuchen. Sie stellte daher Kriterien auf, welche die Operationalisierbarkeit der Forschungsprozedur und die Zugriffsmöglichkeit zum empirischen Material gewährleisteten. Die Entscheidungen sollten folgende Anforderungen erfüllen (Witte 1988, 22):

• Mit hoher Unsicherheit behaftet sein (innovative Entscheidung);
• In einer Vielzahl mikroökonomischer Einheiten abgewickelt werden, wobei die Anzahl der abgelaufenen Prozesse exakt feststellbar sein mußte (Grundgesamtheit);
• Sich durch inhaltliche Homogenität auszeichnen;
• Aus dem Gesamtsystem von unternehmerischen Entscheidungen isolierbar sein;
• Entweder in Personen oder anderen Informationsspeichern für die Untersuchung präsent sein;
• Die Zustimmung der Unternehmensleitungen zur Erhebung erwarten lassen;
• Mit den zur Verfügung stehenden Mitteln realisierbar sein.

Diese Kriterien konnten am besten durch die "Entscheidung zur Erstbeschaffung einer DV-Anlage erfüllt werden. Außerdem erstreckte sich diese Gattung von Entscheidungen auf alle Branchen und Betriebsgrößen und umfaßte auch Behörden und Verwaltungen. Die Grundgesamtheit stützte sich auf die geführten Bestandslisten der vier, zu dieser Zeit größten Hersteller (Marktanteil 90%). Dies waren 2922 Fälle, die auf 2426 bereinigt wurden. Da man auch nachweisen wollte, daß die Erstbeschaffung einer DV-Anlage kein branchenspezifisches Entscheidungsproblem darstelle, wurden die verbleibenden Fälle nach Branchen gegliedert, um eine repräsentative Stichprobe festzulegen. Die 413 Stichprobenelemente wurden schriftlich um ihre Zusage gebeten, wobei eine Zusagequote von 84% erreicht werden konnte. Von den 345 Primärprozessen wurden 275 voll und 70 "eingeschränkt" erhoben.

Es wäre praktisch unmöglich gewesen, bei allen Unternehmungen, die in der Stichprobe enthalten waren, eine lückenlose Analyse aller relevanten Dokumente durchzuführen. Deshalb wurde das Verfahren der "**Spiegelbilderhebung**" entwickelt. Im genannten Projekt bedeutete dies, "... nicht in der Unternehmung die Dokumente einzusehen, in welcher der Entscheidungsprozeß abgelaufen ist, sondern die korrespondierenden Akten des Herstellers der beschafften DV-Anlage auszuwerten" (Witte 1988, 28). Man analysierte die Dokumente des Herstellers und "spiegelte" den Entscheidungsprozeß beim Verwender. Dies war möglich, "da der Entscheidungsprozeß zur Erstbeschaffung einer DV-Anlage unter starker Einschaltung des Herstellers ablief und sich dadurch umfangreiche Unterlagen beim Hersteller ansammelten. Außerdem waren nur vier Hersteller anzusprechen und die Dokumente waren bei diesen so homogen archiviert, daß sie leicht auffindbar waren" (Witte 1989, 28f). "Der Entschluß zur Spiegelbilderhebung beim Hersteller bedeutete nicht, daß auf Erhebungen beim Verwender vollständig und endgültig verzichtet wurde, nur ist dieser Weg nicht mit den Ansprüchen auf statistische Repräsentanz verknüpft." (Witte 1988, 29)

Die Untersuchungskonzeption umfaßte vier Stufen (Witte 1988, 30ff): Es wurden zuerst **Hearings zur Problemanalyse** durchgeführt. Dabei wurden in ein- bis zweitägigen Sitzungen mit "Experten" (von Herstellern und Anwendern sowie mit Beratern) "ideale" Entscheidungsprozesse erörtert und als Ergebnis die eigenen Hypothesen ergänzt, systematisiert und in einer eigenen Hypothesenkartei niedergelegt.

Als nächster Schritt erfolgten wiederholte **Pilotstudien**, mit dem Ziel, die zugänglichen Informationsspeicher der gesuchten empirischen Tatbestände zu finden und die Erhebungsverfahren zu erproben. Es wurden Dokumente in sechs Verwender-Unternehmungen und Dokumente der Kundenkontakte eines Herstellers analysiert. Weiters wurden Fragebogeninterviews mit Aufsichtsräten des Verwenders, Interviews mit Verwender-Geschäftsleitungen geführt und Unternehmenshandbücher und Wirtschaftsarchive gesichtet. Das Ergebnis der Pilotstudien half, "Personen, Tätigkeiten, Objekte und Zeiten getrennt in Codeform auszudrücken und einander im grammatikalischen Sinne syntaktisch zuzuordnen. Die Dokumente waren identifizierbar, verknüpfbar, kodierbar und damit in maschinenlesbarer Form auswertbar" (Witte 1988, 31f).

Der folgende **Pretest** hatte die Aufgabe, das Erhebungsinstrumentarium an einer größeren Anzahl von Fällen (88) zu erproben. Es zeigte sich, daß die Codierungsmöglichkeiten der Operationen drastisch (von 2880 auf 389) eingeschränkt werden mußten, und daß der Ausbildungsstand der Erheber noch nicht ausreichte, die Tatsachen vollständig und richtig zu erfassen, sowie homogen zu interpretieren. Die **Haupterhebung** wurde acht Monate lang von 15 Erhebern durchgeführt, die alle über ein abgeschlossenes Hochschulstudium verfügten und in der Erhebungstechnik dieses speziellen Projekts geschult waren. In der ersten Phase wurde zur Sicherung der verlangten Homogenität der Codierung jedes Dokument von zwei Erhebern gemeinsam ausgewertet. Eine weitere Sicherungsmaßnahme bestand darin, daß jede Codierung durch einen "Kollationierer" unmittelbar am Dokumentenmaterial geprüft wurde (Witte 1988, 35).

Allerdings kam auch dieses Projekt nicht ohne Interviews aus; zum einen, da für bestimmte Untersuchungsschritte schriftliche Unterlagen fehlten, zum anderen, wenn es galt, persönliche Meinungen zu erfahren. Ein wichtiges Kriterium für die Wahl der Dokumentenanalyse als zentrales Erhebungsinstrument war die "Zugriffssicherheit zum Informationsspeicher" (Witte 1988, 26). Im Gegensatz zu Interviews erlaubt "die Erhebung aus den Akten ... die Rekonstruktion des Prozesses *ohne Rückgriff auf die Prozeßbeteiligten*" (Witte 1988, 26). Die zwei weiteren Kriterien für die Wahl der Erhebungsmethode waren die "Verläßlichkeit des erhobenen Materials", die sich in der Reproduzierbarkeit der Erhebungsresultate wiederspiegelt und die "Gültigkeit des erhobenen Materials" (Witte 1988, 26). Beide Kriterien hängen einerseits vom Informationsspeicher selbst, andererseits auch von der Art der Informationsaufnahme durch den Erheber ab (zum letzteren Aspekt siehe auch das S-O-R-Paradigma, Kapitel 6.3.2). Eine Dokumentenanalyse schaltet Störfaktoren, die bei einer Befragung auftreten können, wie z.B. "... Vergeßlichkeit und

Deutungswandel des historischen Geschehens, Assoziation mit späteren Ereignissen und Einstellungsänderungen im Zeitablauf aus, indem sie sich auf Daten stützt, die zum Zeitpunkt des Ereigniseintritts fixiert worden sind" (Witte 1988, 27) und gewährleistet somit die Reproduzierbarkeit der Erhebungsergebnisse. Antworten die dem Frageziel ausweichen (Peinlichkeiten, Fehlereingeständnisse), Verständnisschwierigkeiten (Fach- und Betriebsterminologie) und unwahre Antworten (Vergeßlichkeit, Prestige, Mißtrauen, ex-post-Rationalisierung) sind mögliche, die Gültigkeit des erhobenen Materials beeinträchtigende Störfaktoren (Witte 1988, 27), die auf eine Befragungssituation einwirken können. "Da sich die Dokumentenanalyse auf ein Urmaterial stützt, das nicht zu Zwecken der Erhebung entstanden ist, werden diese Störfaktoren, die erst durch das Interview induziert werden, vermieden. Allerdings kann nicht ausgeschlossen werden, daß das Urmaterial Verzerrungen enthält, die sich aus der Absicht des Schriftwechsels ergeben" (Witte 1988, 27).

Die genannten Vorteile der Dokumentenanalyse, die hauptsächlich durch die Nicht-Involvierung der am untersuchten Prozeß beteiligten Personen mit ihren sozialen Kontext in die Erhebung charakterisiert sind, bedeuten nicht, daß die erhobenen Daten "... richtig sind, sondern nur, daß sie durch den Erhebungsakt nicht verfälscht werden" (Witte 1988, 28). Der größte Nachteil der Dokumentenanalyse besteht darin, daß sich Dokumente "... dem Erheber nicht in einer Form, die auf die Fragestellung zugeschnitten ist, präsentieren. Es bedarf also erheblicher Anstrengungen, um die Fülle der vorhandenen Dokumente, darunter auch belanglose und für das Projekt ungeeignete Schriftstücke, durchzuarbeiten" (Witte 1988, 28).

6.3.6 Beobachtung

Je nachdem, ob sich ein Beobachter als solcher zu erkennen gibt oder nicht, unterscheidet man zwischen einer offenen und verdeckten Beobachtung. Eine verdeckte Beobachtung hat in Organisationen praktisch keine Bedeutung. Bei einer offenen Beobachtung besteht jedoch die Gefahr, daß dem Beobachter etwas vorgespielt wird, um einen bestimmten Eindruck zu erwecken.

Führt der Beobachter Aufzeichnungen nach einem System von vorher festgelegten Kategorien, spricht man von einer strukturierten Beobachtung. Dabei sind sowohl Zeitintervalle und Beobachtungseinheiten als auch die Dokumentationsform festgelegt. Für eine unstrukturierte Beobachtung werden nur Hauptkategorien festgelegt. Dies entspricht in etwa dem Gesprächsleitfaden in wenig strukturierten Interviews, der Beobachter hat einen Spielraum innerhalb dieses Rahmens.

Nach dem Grad der Teilnahme am sozialen Geschehen unterscheidet man zwischen einer aktiv-teilnehmenden und einer passiven Beobachtung. Beispiele für die aktiv-teilnehmende Beobachtung sind Testkäufe zur Beobachtung des Verkäuferverhaltens, die systematische Beobachtung eines Sitzungsverlaufes durch ein Mitglied eines Entscheidungsgremiums oder die Registrierung von Verstößen gegen Sicherheitsbestimmungen am Arbeitsplatz durch ein Mitglied in der Arbeitsgruppe. Die aktiv-teilnehmende Beobachtung stellt hohe Anforderungen an die soziale Urteilsfähigkeit des Beobachters. Die passiv-teilnehmende Beobachtung erlaubt einen höheren Grad der Standardisierung des Verfahrens und damit auch mehr Objektivität.

Ein hervorragendes Beispiel für eine Beobachtungsstudie zur Erforschung organisationssoziologischer Phänomene ist der vierte Teil der "**Hawthorne Experimente**" im "**Bank Wiring Observation Room**" der zur Erklärung von "informaler Organisation" führte. (Röthlisberger/Dickson 1939, 379-550; zur historischen Aufarbeitung des Gesamtexperiments siehe auch Walter-Busch 1989). In der vorangehenden Phase der Experimente, in der versucht wurde, durch intensive Interviewtätigkeit Phänomene der sozialen Organisation von Mitarbeitern zu erforschen, stieß man an die Grenze der Erfaßbarkeit sozialer Phänomene durch "reine" Interviews:

"Die Forscher hatten während der Interviews kaum die Möglichkeit die Gruppen bei ihrer Arbeit zu beobachten, sie wußten wenig über ihren Arbeitsausstoß, außer was aus den Abteilungsaufzeichnungen - die eher für praktische als für Forschungszwecke geführt werden - zu erkennen war, und sie wußten fast gar nichts über das offenkundige Verhalten der Arbeiter zueinander und zu ihren Vorgesetzten. Mit offenkundigen Verhalten ist die Art und Weise mit der die Mitarbeiter miteinander umgehen, gemeint. In der Interviewsituation efuhren die Forscher nur insofern etwas über das Verhalten der Arbeiter, als dies aus deren Aussagen hervorging. Die Interviewer hatten keine Mittel um diese Aussagen mit dem was wirklich geschehen war, in Zusammenhang zu bringen. Diese Unterscheidung zwischen Aktion und Worten, oder zwischen offenkundigem und verbalen Verhalten führte dazu, die Interviewmethode mit direkter Beobachtung zu ergänzen." (Röthlisberger/Dickson 1939, 384f)

Die Planung der Beobachtungsstudien brachte einige Probleme mit sich (Röthlisberger/Dickson 1939, 385f): Je größer eine Abteilung, desto schwieriger ist es, Toleranz von seiten der Mitarbeiter dieser Abteilungen gegenüber diesen Studien zu erhalten. Sehr eng verbunden mit der Frage der **Größe** ist jene der **Komplexität**. Technische, administrative, führungsbedingte und persönliche Probleme sind in einem interagierenden Ganzen vermischt. Es ist praktisch unmöglich, alle Faktoren im Detail zu studieren. So waren in der genannten Studie die Forscher zwar an einigen technischen Aspekten der Arbeit - es genügte zu wissen, daß die Arbeiter gewisse Materialien verwendeten und gewisse Operationen ausführen sollten - jedoch nicht an technischen Problemen an sich interessiert. Administrations- und Führungsprobleme waren von großem Interesse, da sie etwas mit Motivation und der Organisation von Arbeitsgruppen zu tun hatten. Ein drittes Problem sind **permanente Veränderungen** in den Abteilungen, z.B. bezüglich Personalstand, technischen Veränderungen, Stellenbesetzungen usw.

Ein anderes Problem, das in Beobachtungsstudien sehr oft ignoriert wird, liegt in der "**soziologischen Natur von Arbeitsgruppen**" (Röthlisberger/Dickson 1939, 386), die sich im Aufbau eines gewissen Schutzmantels durch absichtliche Verhaltensänderung gegenüber "verdächtigen" Fremden manifestiert. Es genügt jedoch nicht, diese defensiven oder schützenden Einstellungen "nur" zu überwinden, sondern es ist notwendig dies ohne fundamentale Veränderungen der Situation zustandezubringen. *Die Kunst dabei liegt im Beobachten einer bestimmten Situation ohne diese gleichzeitig dadurch zu verändern* (Röthlisberger/Dickson 1939, 387).

Das Experiment erforderte eine äußerst sorgfältige Vorbereitung (Röthlisberger/Dickson 1939, 387-408): Aufgrund der Größe und Komplexität der regulären Produktionsabteilungen bei Western Electric entschied man sich, eine kleinere Gruppe der Großabteilung "Bank Wiring Room" auszuwählen und diese in einem extra Raum zu separieren, ohne daß sich die Situation gravierend veränderte. D.h. es wurde eine Gruppe ausgewählt, deren Arbeitsprozeß komplikationslos aus der Großabteilung herausgelöst und in einen extra Raum verlegt werden konnte, so als ob dies lediglich eine kleine Reorganisationsmaßnahme wäre. Bevor jemand der Betroffenen irgendetwas von der Studie wußte, wurden einige, der eigentlichen Studie vorangehende Nachforschungen in der "alten" Großabteilung durchgeführt, um herauszufinden, inwieweit die spätere Separation doch zu einer Veränderung des Verhaltens und der Leistung führen würde. Es wurden die Leistungsaufzeichnungen der letzten achtzehn Wochen vor Beginn der Studie der ausgewählten Gruppe kontrolliert und Interviews mit 32 Arbeitern aus der "regulären" "Bank Wiring"-Abteilung durchgeführt, um deren Einstellungen gegenüber ihrer Arbeit, ihren Vorgesetzten und den Arbeitsbedingungen zu erfahren. Außerdem wurde ein Beobachter 10 Tage lang, bevor die Betroffenen von der Studie informiert wurden, in der "alten" Abteilung an einer Werkbank in der Nähe des Tisches des Vorarbeiters stationiert, um einen generellen Eindruck der Gruppe zu erhalten.

In der eigentlichen Studie teilten sich ein Interviewer und ein Beobachter die Arbeit. Die Aufgabe des Beobachters war es, notwendige Aufzeichnungen über die Arbeitsproduktivität als auch über Ereignisse und Konversationen, die er als wichtig erachtete, zu führen. Der Beobachter spielte die schwierige Rolle eines "uninteressierten Zuschauer". Dazu mußte er vorerst das Vertrauen der Gruppe gewinnen sowie freundschaftliche Beziehungen mit jedem einzelnen Gruppenmitglied aufbauen. Er mußte einige Regeln beachten, die verhindern sollten, daß seine eigenen Gefühle und Einstellungen das Aufzeichnungsmaterial, und seine Persönlichkeit die Situation beeinflussen würden (Röthlisberger/Dickson 1939, 388):

"Der Beobachter soll keine Anweisungen oder Antworten auf Fragen geben, die Autorität vermuten lassen. Er sollte auf keine Streitfragen freiwillig eingehen. Wird er dazu gezwungen, so sollte er dies so unverbindlich wie möglich tun. Er sollte weder sich selbst in ein Gespräch verwickeln, noch den Anschein erregen, daß er Angst davor hat, Vorkommnisse zu überhören, noch ein überhöhtes Interesse am Gruppenverhalten zeigen. Er sollte nie Vertrauen mißbrauchen oder Informationen an die Vorgesetzten der Betroffenen - egal welchen Ranges - weitergeben. Er sollte sich durch seine Art zu sprechen und durch sein Verhalten nicht von der Gruppe trennen." (Röthlisberger/Dickson 1939, 388f)

"Im zweiten Teil der Hawthorne-Experimente, im 'Relay-Assembly-Testing-Room', in dem die Auswirkungen unterschiedlicher Arbeitsbedingungen getestet wurden, gewährte man den betroffenen Arbeiterinnen besondere Privilegien, wie z.B. die Aufmerksamkeit von sehr hohen Vorgesetzten, überdurchschnittliche Bezahlung, günstigere Pausenregelungen, usw., um deren Kooperation zu erhalten. Diese Art der Kooperationssicherung konnte bei der Studie im "Bank-Wiring-Observation-Room" nicht angewendet werden, da die Arbeiter gewillt sein sollten, ihr übliches Verhalten in der Anwesenheit des Beobachters beizubehalten. Es wurden ihnen daher keine Vergünstigungen eingeräumt. Das schwierigste Problem war es demnach, die 'richtigen' Beziehungen zwischen der Gruppe und dem Beobachter aufzubauen. In den ersten Tagen im Beobachtungsraum verhielten sich die Arbeiter völlig anders als gewöhnlich: Sie unterhielten sich weniger untereinander und betrachteten den Beobachter mit Mißtrauen. Wenn er den Raum verließ, erhöhte sich der Lärmpegel, wenn er wieder eintrat, verstummten die Gespräche. Die Arbeiter beschwerten sich dauernd über Beleuchtung und Ventilation im Raum. Der Beobachter hörte nur zu und fragte sie nach Verbesserungsvorschlägen. Der Vorarbeiter überschwemmte ihn mit Fragen. Der Beobachter besprach die Dinge mit ihm, machte aber keine Vorschläge oder sprach keine Empfehlungen aus. So bekam der Vorarbeiter das Gefühl, daß er frei in seiner Entscheidung war und den Beobachter nicht konsultieren mußte. Am Ende der ersten Woche war die Angst der Arbeiter schon etwas gelegt, am Ende der zweiten Woche fühlten sie sich durch seine Anwesenheit kaum mehr gestört und am Ende der dritten Woche hatte er mit allen Arbeitern ein gutes Verhältnis und wurde in ihre Alltagsgespräche miteinbezogen. Dies wurde als ein Zeichen gewertet, daß er das Vertrauen der Gruppe gewonnen hat. Der Interviewer fand später noch heraus, daß die Gruppe dachte, sie würde einem Leistungstest unterzogen und sich deshalb über die Beleuchtung beschwerte. Obwohl die Beleuchtung wirklich schlecht gewesen sein möge, glaubte der Beobachter, daß dies nur eine kleines Problem darstelle. Diese Vermutung bestätigte sich, als - nachdem die Vertrauensbasis zwischen der Gruppe und ihm hergestellt war - keine Beschwerden über die Beleuchtung vorgetragen wurden." (Röthlisberger/Dickson 1939, 397-401)

Neben dem Aufbau der Beziehung zur Gruppe war auch die Frage zu klären, was denn ein "wichtiges" Ereignis sei. Dies ist nur durch das Aufstellen von Arbeitshypothesen möglich: "Eine Beobachtung muß, falls sie in irgendeiner Art wissenschaftlich durchgeführt wird, immer von einer *Arbeitshypothese* geleitet sein, die es dem Beobachter ermöglicht, aus dem komplexen Wechselspiel verschiedener Faktoren, die relevanten auszusieben. Ohne eine solche Führung ist es sehr wahrscheinlich, daß er signifikante Ereignisse übersieht und sich im Durcheinander von irrelevanten verliert." (Röthlisberger/Dickson 1939, 389).

Im genannten Experiment mußte der Beobachter wissen, was die Situation von den Arbeitern und ihren Vorgesetzten verlangte. "Mit anderen Worten, er mußte alles über die formale und technische Organisation der Abteilung Bescheid wissen. Diese beiden Faktoren bildeten ein Referenzobjekt, zu dem Beobachtungen der Leistung und des Verhaltens in Beziehung gesetzt werden konnten. Jeder Punkt, der eine Übereinstimmung oder Differenz der aktuellen Situation zur 'Idealsituation' anzeige, mußte notiert werden. Zweitens mußte er auf jegliche Evidenz einer informalen Organisation achten, die durch die gegenseitigen Beziehungen der Mitarbeiter geformt wurde. Zu diesem Zweck mußte er folgende Aufzeichnungen führen: (a) wiederkehrende verbale Äußerungen oder offenkundige Aktionen, die bezeichnend für die Beziehung von zwei oder mehreren Personen waren; (b) die Art und Weise, mit der eine bestimmte Person an der unmittelbaren Gruppensituation teilnahm; (c) Anzeichen zur Existenz einer gewissen Gruppensolidarität; (d) falls eine solche Gruppensolidarität vorhanden war, zu welchen Berufsgruppen sie sich ausbreitete und wie sie ausgedrückt wurde. Drittens, sollte der Beobachter das Vorhandensein einer informalen Organisation entdecken, so sollte er versuchen, die Funktion, die sie für die Mitarbeiter erfüllte, und die Beziehung zur formalen Struktur zu verstehen. Es wurde angenommen, daß jede Gruppenorganisation Funktionen sowohl für die teilnehmenden Personen, als auch für die größere (übergeordnete) Struktur, in welche die Gruppe als Teil eingebettet ist, erfüllt." (Röthlisberger/Dickson 1939, 389f)

Ein Beobachter darf niemals wertende Beurteilungen abgeben, seine Funktion ist zu beobachten und zu beschreiben. Seine Einstellung dazu sollte die gleiche wie die eines Interviewers sein.

"Anstatt zu fragen 'Ist das Verhalten jenes Mitarbeiters ungebührlich?' sollte er lieber die Fragen 'Warum verhält er sich so? Welcher Schluß auf seine Position in der Gruppe kann durch diese Aktionen gezogen werden? In welcher Weise beeinflußen seine Aktionen die interpersonalen Beziehungen anderer in der Gruppe?' stellen." (Röthlisberger/Dickson 1939, 390)

6.4 Darstellungstechniken

Eine Vielzahl von Techniken in verbaler, tabellarischer, graphischer und mathematischer Form wird zur Darstellung der Gebilde- als auch Prozeßstrukturen angeboten, um organisationale Sachverhalte zu verdeutlichen und dadurch die Verständlichkeit und die Kommunikation zu verbessern. Während graphische Hilfsmittel organisatorische Erscheinungen und Zusammenhänge in vereinfachender, übersichtlicher Form darstellen, beschreiben verbale Techniken einzelne Strukturmerkmale und Regelungen. Mathematisch orientierte Verfahren verfolgen eine über den reinen Zweck der Darstellung hinausgehende Zielsetzung (z.B. Optimierung). Im folgenden werden aus der Vielzahl an Techniken einige ausgewählt und näher beschrieben.

6.4.1 Darstellung der Aufbauorganisation

6.4.1.1 Stellenbeschreibung

In einer Stellenbeschreibung werden Ziele, Aufgaben, Kompetenzen und Verantwortung einer Stelle sowie deren Eingliederung in die organisatorische Struktur der Unternehmung in schriftlicher Form festgehalten. Oft wird sie durch ein Anforderungsprofil und durch Beurteilungskriterien erweitert; diese Möglichkeit ist eher für personalpolitische Entscheidungen bedeutungsvoll. Sowohl eine formlose Beschreibung als auch die Verwendung eines Formblattes kommen als Dokumentationsform in Betracht.

Der Zweck der Stellenbeschreibung ist in erster Linie die Schaffung und Bekanntgabe einer klaren, lückenlosen und überschneidungsfreien Zuständigkeitsordnung der Mitarbeiter und die Beschreibung der konkreten Aufgaben und Anforderungen.

Unabhängig von der Form der Darstellung sollte eine Stellenbeschreibung folgende Informationen beinhalten (Höhn 1979, Kreikebaum 1980, Knebel 1985, Wittlage 1988, Weidner 1982, Schmidt 1989):

- Bezeichnung der Stelle mit Angaben, zu welchem Bereich, welcher Abteilung, welcher Gruppe die Stelle gehört;
- Rang des Stelleninhabers;
- Über- und Unterstellungsverhältnisse;
- Stellvertretung;

- Ziele der Stelle: Das Stellenziel muß konkret formuliert sein und vom Stelleninhaber auch erreicht werden können, d.h. es dürfen keine unrealistischen und ungenauen Ziele vorgegeben werden;
- Fachaufgaben;
- spezifische Aufgaben (z.B. Einstellung, Ausbildung von Mitarbeitern, Organisationsaufgaben etc.);
- besondere Befugnisse und Begrenzungen: (z.B. Urlaubsgewährung an Mitarbeiter, Kassenvollmacht, Gegenzeichnung, Rechnungen bis S 10.000);
- Zusammenarbeit mit anderen Stellen;
- schriftliche Information der Stelle (eingehend u. ausgehend);
- Mitarbeit in Gremien (interne, externe);
- Einzelaufträge (Recht des Vorgesetzten zur Zuordnung von Aufgaben, die nicht zu den eigentlichen Aufgaben der Stelle gehören);
- Anforderungen an den Stelleninhaber (Fachkenntnisse, berufliche Bildung, Erfahrung, persönliche Eigenschaften).

Um eine aussagekräftige Stellenbeschreibung zu erhalten, ist die vorherige Aufgabengliederung des Untersuchungsbereichs notwendig. Es können nur vorhersehbare Aufgaben exakt spezifiziert werden. Je höher die Stelle in der betrieblichen Hierarchie, desto weniger wird ihr Anteil an solchen Aufgaben, lediglich zu verfolgende Ziele können angegeben werden. Stellenbeschreibungen müssen in periodischen Abständen bzw. bei gravierenden Änderungen schon vorher auf Aktualität überprüft werden ("Änderungsdienst").

Vorteile der Stellenbeschreibung für den Mitarbeiter sind:

- Er weiß genau, was von ihm erwartet wird (Aufgaben, Verantwortung, Kompetenzen);
- Er kennt seinen Handlungsspielraum und weiß, welche Tätigkeiten er gegebenenfalls ablehnen kann;
- Er weiß, welche Anweisungen er von wem entgegennehmen muß;
- Die Arbeitnehmervertretung (der Betriebsrat) hat eine bessere Übersicht bei der Stellenbewertung, Einstellungs- und Eignungsprüfungen sowie Beförderungs- und Lohnfragen;
- Einschätzung der Angemessenheit des Gehalts im Vergleich mit Kolleginnen und Kollegen wird erleichtert;
- Klarheit über Entwicklungs- und Aufstiegsmöglichkeiten des Stelleninhabers.

Vorteile der Stellenbeschreibung für den Vorgesetzten sind:

- bessere Übersicht über die Einzelaufgaben;
- bessere Koordination der Aufgaben;
- neue Mitarbeiter können rascher und leichter eingearbeitet werden;
- die Leistungen der Mitarbeiter können eindeutig beurteilt werden;
- unbesetzte Stellen können leichter ausgeschrieben werden;
- die Mitarbeiter können gezielt ausgebildet und beruflich gefördert werden;
- es müssen weniger improvisierte Einzelentscheidungen getroffen werden.

Nachteile der Stellenbeschreibung in der Praxis sind:

* Die Erstellung und die laufend notwendige Weiterentwicklung und Veränderung der Stellen-beschreibung sind kostspielig;
* allzu exakte Stellenbeschreibungen führen zur Überorganisation, d.h. die Regelungen sind zu genau und zu umfangreich und schränken die Mitarbeiter oft unnötig ein;
* Stellenbeschreibungen bestehen oft nur auf dem Papier und werden von den Mitarbeitern und Vorgesetzten nicht berücksichtigt;
* Stellenbeschreibungen können die persönliche Eigeninitiative hemmen: ein Mitarbeiter sieht zwar, daß eine bestimmte Aufgabe erledigt werden müßte, aber er ist nicht zuständig und unternimmt daher nichts;
* Änderungsdienst kann bei Wechsel zu aufwendig sein.

6.4.1.2 Organigramm

Mit Hilfe von Organigrammen (siehe Kapitel 3.2) werden personelle Hierar-chiestrukturen bzw. das betriebliche Stellengefüge in graphisch übersichtlicher Form dargestellt. Die Verteilung der betrieblichen Aufgaben, horizontale und vertikale Verknüpfung der Stellen bzw. Abteilungen, Struktur der Anord-nungswege (Rangordnung der Instanzen) sowie die Struktur funktionaler Wei-sungsbeziehungen können darin ihren Ausdruck finden. Nicht erfaßbar sind das Ausmaß der Entscheidungsdelegation, die Formalisierung des Informations-flusses und der Leistungserfassung sowie der konkrete Einsatz von Koordinationsinstrumenten. Funktionsbereiche werden meist als Rechtecke, Stäbe als Kreise gezeichnet. Organigramme können in Pyramiden- Spalten-, Kreis- und Sternform dargestellt werden (Acker 1966, Joschke 1980, Wittlage 1986, Schmidt 1988, Spitschka 1988). Abbildung 6-17 zeigt ein Organigramm in Pyramiden- und eines in Spaltenform. Zweiteres eignet sich besonders als Teil eines Funktionendiagramms (siehe Kapitel 6.4.1.4).

Organigramme zeigen einen Teil der inneren Struktur einer Organisation, je-doch nicht die Beziehungen der Organisation zu ihrer Umwelt. Morgan (1989, 38) bemerkt dazu: "Organigramme haben symbolischen Charakter. Es ist be-merkenswert daß Organisationen die längste Zeit nie ihre Kunden in ihre Orga-nigramme, durch welche sie sich selbst reflektieren, eingebunden haben." und gibt als Beispiel einige Möglichkeiten, Kunden einzubeziehen: "... oder stellen wir das Organigramm auf den Kopf, plazieren die Kunden an die Spitze und machen die gesamte Organisation diesem Mittelpunkt untergeordnet; oder zeichnen wir die Organisation als einen Baum mit Wurzeln, Zweigen, Blättern und einer weiteren Umwelt. Zeichnen wir die Kunden als Vögel - einige fliegen herum und inspizieren die Zweige, andere fliegen weg, andere beginnen zu ni-sten und zu brüten. Viele Organisationen wollen, daß ihre Kunden nisten und brüten; ...".

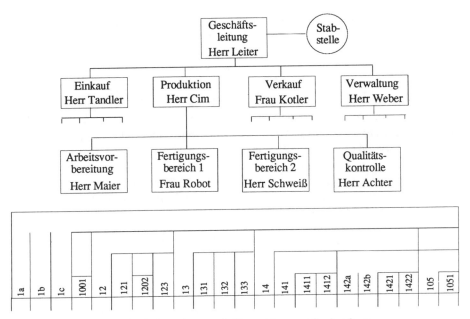

Abb. 6-17: Organigramm in Pyramiden- und Spaltenform

6.4.1.3 Aufgabenstrukturbild

Das Ergebnis einer Aufgabenanalyse (siehe Kapitel. 4.2.2) wird in einem Aufgabenstrukturbild (Acker 1966, Wittlage 1986, Schmidt 1988, Spitschka 1988)
festgehalten, das einem Organigramm ähnlich ist, mit dem Unterschied, daß
diesmal das Aufgabengefüge den Inhalt bildet.

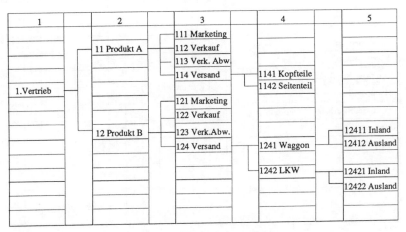

Abb. 6-18: Aufgabenstrukturbild

6.4.1.4 Funktionendiagramm

Ein Funktionendiagramm (im organisatorischen Sinne) ist die Darstellung der Zuordnung von Aufgaben und Entscheidungsbefugnissen auf organisationale Einheiten bzw. Stellen (Acker 1966, Joschke 1980, Wittlage 1986, Schmidt 1988, Spitschka 1988) und ist die Verknüpfung von Aufgabenanalyse und Aufgabensynthese. Unter Funktion wird in diesem Zusammenhang der "Anteil an der Erfüllung einer Aufgabe" verstanden. Die Funktion kann wie jede Aufgabe im Rahmen der Aufgabenanalyse in Teilfunktionen aufgeteilt werden. Anders als bei der logischen Aufgabengliederung nach den Kriterien Objekt, Verrichtung, Rang, Phase und Zweckbeziehung ist die Aufteilung in Teilfunktionen abhängig vom Grad und von der Art der Arbeitsteilung und der Gestaltung des Leitungs- und Führungssystems des Unternehmens. Aus diesem Grund ist eine allen konkreten Situationen gerecht werdende allgemeine Funktionsgliederung nicht möglich (Wittlage 1986, 125).

Aufgaben \ Stellen	Geschäftsleitung	Vertriebsleitung	Inland	Verkaufsgebiet West	Verkaufsgebiet Mitte	Verkaufsgebiet Ost	Ausland	Europa	Nordamerika	Fernost	Techn. u. Verk.förderung	Kundendienst	Versand	LKW	Spedition
Verkaufspolitik	E_g	E_m	B			B					B	B			
Verkaufsförderung	E_w	E_n	E_m	A	A	A	E_m	A	A	A					
Werbung	E_g														
Kundenbetreuung															
Reklamationen															
Korrespondenz															
Verkaufsstatistik															
Preispolitik															
Auftragsabwicklung															
Versand															
Fakturierung															

Abb. 6-19: Funktionendiagramm

Für die Teilfunktionen werden oft an der Stelle von Buchstaben von verschiedenen Autoren verschiedene piktographische Zeichen verwendet, jedoch ist dabei darauf zu achten, daß bei einer zu differenzierten Unterteilung die Übersichtlichkeit bzw. Leserlichkeit leidet.

Häufig werden folgende Teilfunktionen unterschieden, wobei die Funktion der Entscheidung auf Grund ihres komplexen Tatbestandes differenzierter betrachtet wird:

• Entscheidung in Grundsatzfragen	(Eg)	• Planung	(P)
• Entscheidung im Normalfall	(En)	• Beratung	(B)
• Entscheidungsvorbehalt f. wichtige Fälle	(Ew)	• Mitsprache	(M)
• Mitentscheidungsrecht	(Em)	• Ausführung	(A)
		• Kontrolle	(K)

Der Aufbau eines Funktionendiagramms gleicht einer Matrix, in deren Kopfteil die Stellen und in deren Zeilenteil die Aufgaben eingetragen sind. Die Matrixelemente beinhalten die Funktion, die die Stelle X zur Erfüllung der Aufgabe Y leistet (siehe Abbildung 6-19).

6.4.2 Darstellung von Prozessen und Abläufen

Jede Ablaufstruktur kann auf folgende Grundformen zurückgeführt werden (Schmidt 1989, 301f):

• Kette: unverzweigte (lineare) Folge von Teilaufgaben.
• UND-Verzweigung: Aufgaben werden parallel durchgeführt.
• UND-Verknüpfung: parallel verlaufende Äste können getrennt abgeschlossen oder wieder vereinigt und gemeinsam fortgesetzt werden.
• ODER-Verzweigung: zwei oder mehrere Alternativen schließen sich gegenseitig aus, nur ein Ast wird im Ablauf weiterverfolgt.
• ODER-Verknüpfung: alternative Äste können getrennt abgeschlossen oder wieder vereinigt und gemeinsam fortgesetzt werden.
• ODER-Rückkopplung: eine Bedingung prüft, ob im Ablauf weitergemacht oder zu einer früheren Aufgabe zurückgesprungen wird.

Eine rein verbale Beschreibung von Arbeitsabläufen ist nicht geeignet, einen Prozeß in übersichtlicher, geordneter und leicht auswertbarer Form darzustellen, da gleichzeitig personale, zeitliche und räumliche Aspekte zu berücksichtigen sind. Weiters ist zu beachten, daß verbale Beschreibungen dazu neigen, Unklarheiten und Ungenauigkeiten durch nichtssagende Formulierungen zu überdecken. Außerdem bereiten sie dem Leser Schwierigkeiten, alles vollständig und richtig zu erfassen (Wittlage 1986, 150).

6.4.2.1 Verbale Rasterdarstellung

Die einzelnen Aufgaben bzw. Arbeitsschritte werden in ihrer zeitlichen Abfolge - Zeile für Zeile - stichwortartig in die entsprechenden Felder einer Matrix eingetragen, deren Spalten die an der Erfüllung der Aufgabe beteiligten Aufgabenträger symbolisieren (siehe Abbildung 6-20). Diese Technik ist auch für Nicht-Fachleute leicht verständlich, jedoch sind Verzweigungen, Verknüpfungen und Rückkopplungen nur schwer abzubilden (Wittlage 1986, Schmidt 1989).

	Post stelle	Schreib- kraft	Sach- bearbeiter	Faktu- ristin	Rechngs.- prüfer	Versand	Buch- haltung
1	Annahme Auftrag						
2			Liefer- fähigkeit prüfen				
3			Nicht lieferfähig: Absage				
4		Absage schreiben					
5			Unter- schrift				
6	Versand Absage		Lieferfähig Angaben prüfen				
⋮			⋮				

Abb. 6-20: Verbale Rasterdarstellung

6.4.2.2 Ablaufkarten

Die einzelnen Arbeitsgänge werden in tabellarischer Form untereinander geschrieben. In den Spalten werden den Arbeitsgängen verschiedene Verrichtungsarten zugeordnet:

O = Operation,   S = Stillstand,   I = Inspektion,   T = Transport.

In zusätzlichen Spalten erfolgt die Zuordnung des Arbeitsablaufes an die berührten Stellen. Mit Arbeitsablaufkarten (siehe Abbildung 6-21) können Verzweigungen nur sequentiell dargestellt werden (Wittlage 1986, Schmidt 1989)

Nr	Tätigkeit			Beteiligte Stellen							
				Poststelle	Verkaufsleiter	Sachbearbeiter A	Sachbearbeiter B	Sachbearbeiter C	Schreibbüro	Finanzbuchhaltung	Verkaufsdisponent
1	Verkaufsleiter erhält Posteinlauf	O I X S		1							
2	Sichtet und zeichnet ab	X I T S			2						
3	Bestimmt die Sachbearbeiter	X I T S			3						
4	Bote	O I X S				4	4	4			
5	Prüfung Posteinlauf	O X T S				5	5	5			
6	Anfragen	X I T S				6	6	6			
7	Bonität und Liefertermine	O X T S								7	7
8	Beantwortung Anfragen	X I T S				8	8	8			
9	Schreibt Briefe	X I T S							9		
10	Sachbearbeiter	O X T S				10	10	10			
11	Prüft und unterschreibt	O X T S		11							
12	Bote	O I X S		12							

Abb. 6-21: Arbeitsablaufkarte

6.4.2.3 Folgepläne und Folgestrukturen

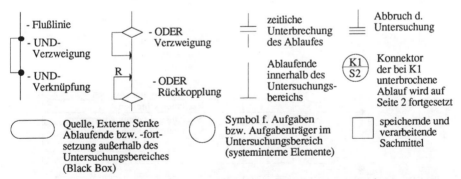

Abb. 6-22: Grundelemente von Folgestrukturen und Folgeplänen (Quelle: Schmidt 1989)

Abbildung 6-22 zeigt die Grundelemente von Folgeplänen und -strukturen. Dies sind einerseits Symbole für die Grundformen von Ablaufstrukturen und andererseits solche für Aufgaben, Aufgabenträger etc. Durch sie kann die zeitliche und logische Folge von Arbeitsschritten (Aufgabenfolgeplan) oder der betroffenen Aufgabenträger (Aufgabenträger-Folgeplan) dargestellt werden; auch

eine Kombination beider ist möglich (siehe Beispiel in Abbildung 6-23). Folgestrukturen unterscheiden sich von Folgeplänen in ihrer Verdichtung, die durch
kleinere Symbole und die Trennung von Graphik und Text erreicht wird (siehe
Abbildung 6-24). Außerdem verwenden Folgepläne ein Rechteck und Folgestrukturen einen Kreis (wegen der graphischen Verdichtung) als Symbol für
Aufgaben bzw. Aufgabenträger.

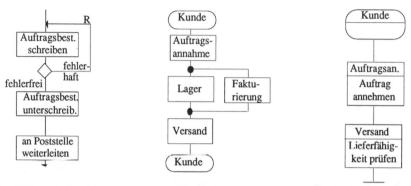

Abb. 6-23: Aufgabenfolgeplan (links), Aufgabenträger-Folgeplan (mitte), Aufgabenfolgeplan
mit Aufgabenträgern (rechts) (Quelle: Schmidt 1989)

Folgestruktur für Auftragsabwicklung	Trä-ger	Bed.	Auf-gabe	Erläuterungen
			1	Auftrag annehmen
			2	Lieferfähigkeit prüfen
		A1		Buch nur teilweise lieferbar
		A2		Buch lieferbar
		A3		Buch nicht mehr lieferbar
			3	Anfrage ob Vormerkung
			4	Auftragsbestätigung
			5	Kunden benachrichtigen
			6	Internen Auftrag erstellen
			7	Bestätigung versenden
			8	Sendung zusammenstellen
			9	Rechnung schreiben
			10	Sendung u. Rechnung verpacken
			11	Rechnungskopie an Buchhaltung

Abb. 6-24: Aufgaben-Folgestruktur (Quelle: Schmidt 1989)

6.4.2.4 Blockdiagramm

Blockdiagramme (Joschke 1980, REFA 1985, Wittlage 1986, Schmidt 1989) sind DV-orientierte Techniken der Darstellung von Abläufen. Blockdiagramme können einerseits Datenflußpläne, andererseits Programmablaufpläne sein. Datenflußpläne zeigen den Fluß der Daten durch ein informationsverarbeitendes System (gleichgültig ob DV-unterstützt oder manuell), die Verarbeitung wird nur angedeutet (Black Box). Im Programmablaufplan wird diese Black Box geöffnet und die Art und die zeitliche Folge von Bearbeitungsschritten sowie die Bedingungen unter denen bestimmte Schritte zu tun sind, dargestellt. Programmablaufpläne können einen unterschiedlichen Detaillierungsgrad aufweisen, Grobabläufe können stufenweise verfeinert werden. Die Grundsymbole von Blockdiagrammen sind aus Abbildung 6-26 ersichtlich, je ein Beispiel für ein Datenflußdiagramm und einen Programmablaufplan findet sich in Abbildung 6-25.

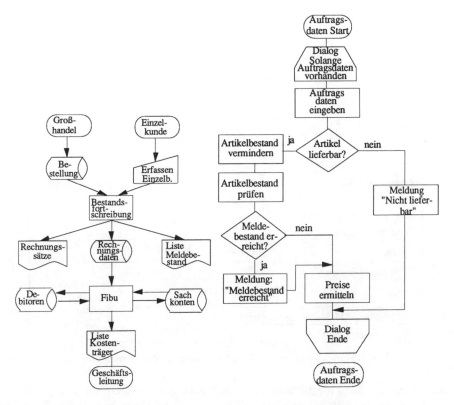

Abb. 6-25: Datenflußdiagramm (links), Programmablaufplan (rechts)

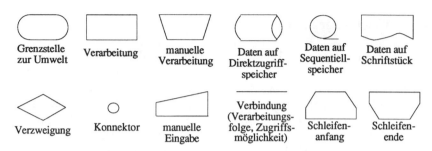

Abb. 6-26: Symbole aus DIN 66001 für Blockschaltbilder

6.4.2.5 Struktogramm

Struktogramme (Nassi-Schneidermann Diagramme) wurden gezielt für die strukturierte Programmierung entwickelt (Nassi/Schneidermann 1973).

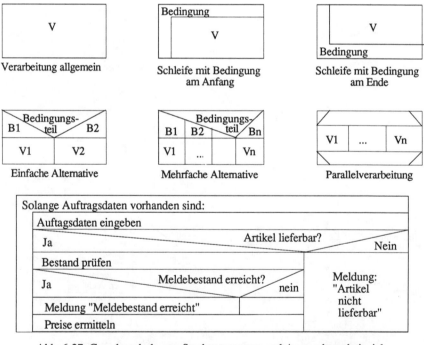

Abb. 6-27: Grundsymbole von Struktogrammen und Anwendungsbeispiel

Man kann mit Struktogrammen aber auch sehr gut übersichtlich und kompakt organisatorische Abläufe abbilden (Wittlage 1986, Spitschka 1988, Schmidt 1989). Sie können ebenso wie Programmablaufpläne schrittweise verfeinert werden. Abbildung 6-27 zeigt die in Struktogrammen verwendbaren Grund-symbole. Die Grundsymbole dürfen beliebig aneinandergefügt und ineinander geschachtelt werden. In der selben Abbildung (6-27) wird dies am Beispiel des Programmablaufplans aus Abbildung 6-25, der hier als Struktogramm darge-stellt wird, gezeigt.

6.4.2.6 Entscheidungstabellen

Entscheidungstabellen sind besonders geeignet, komplexe Entscheidungssitua-tionen in der Ablauforganisation darzustellen (Steinbuch 1988, Liebelt/Sulzber-ger 1989, Schmidt 1989). Solche Situationen können zwar auch verbal oder in Ablaufplänen dargestellt werden, jedoch mit dem Nachteil, daß die Bedingun-gen, welche die Entscheidung beeinflussen, nur nacheinander beschrieben wer-den und ihnen somit eine zeitliche Reihenfolge unterstellt wird. Häufig sind aber alle Bedingungen gleichzeitig wirksam und führen zu bestimmten Aktio-nen. Aktionen können Aufgaben, Arbeitsschritte, Maßnahmen oder Folgen sein (z.B. Rabatt in Abhängigkeit von bestimmten Kundeneigenschaften) (Liebelt/-Sulzberger 1989, 147). Der Grundaufbau von Entscheidungstabellen ist aus Abbildung 6-28 ersichtlich:

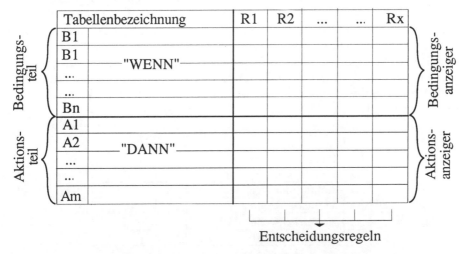

Abb. 6-28: Grundaufbau einer Entscheidungstabelle

Im Bedingungsteil werden alle Bedingungen (Fragen) angeführt, von denen die Entscheidungen abhängig sein können. Im Bedingungsanzeigerteil werden die Bedingungen durch Angabe ihrer Ausprägungen miteinander verknüpft (d.h. die Kombinationen von Bedingungen festgehalten). Im Aktionsteil werden alle Aktionen, Maßnahmen, Tätigkeiten und Folgen, die aus den Entscheidungen re-

sultieren können, genannt und im Quadranten des Aktionsanzeigers erfolgt der
Ausweis der für jede Bedingungskombination relevanten Aktionen.

Begrenzte Entscheidungstabelle: Bei dieser sind die Bedingungen so vollständig formuliert, daß ihre Ausprägung im Bedingungsanzeigerteil nur mehr
mit "Ja" oder "Nein" gekennzeichnet wird. Ebenso sind die Aktionen beschrieben, im Aktionsanzeigerteil wird nur ein Symbol verwendet: "X" bedeutet, daß
die Aktion ausgelöst wird.

Auftragsannahme		R1	R2	R3	R4
B1	Buch ist lieferbar	j	j	n	n
B2	Bonität ist in Ordnung	j	n	j	n
A1	Auftrag annehmen	x	x		
A2	Vermerk "Rechnung"	x			
A3	Vermerk "Nachnahme"		x		
A4	Auftrag ablehnen			x	x

Abb. 6-29: Begrenzte einfache Entscheidungstabelle (Quelle: Liebelt/Sulzberger 1989, 149)

Aus Abbildung 6-29 ist ersichtlich, daß für Ablehnung eines Auftrages nur die
Bedingung, daß das Buch nicht lieferbar ist, eine Rolle spielt. Die Bonität eines
Kunden ist in diesem Zusammenhang bedeutungslos . Die Bedingung 2 ist also
irrelevant für diese Entscheidung. Die Regeln 3 und 4 können daher zu einer
Regel zusammengefaßt werden. "j" und "n" der Bedingung 2 werden dabei
durch einen den Wert "irrelevant" ersetzt. Die neue Regel 3 enthält tatsächlich
zwei Regeln und wird als komplexe Regel und die Tabelle als komplexe Entscheidungstabelle bezeichnet (siehe Abbildung 6-30).

Auftragsannahme		R1	R2	R3
B1	Buch ist lieferbar	j	j	n
B2	Bonität ist in Ordnung	j	n	—
A1	Auftrag annehmen	x	x	
A2	Vermerk "Rechnung"	x		
A3	Vermerk "Nachnahme"		x	
A4	Auftrag ablehnen			x

Abb. 6-30: Begrenzte komplexe Entscheidungstabelle (Quelle: Liebelt/Sulzberger 1989, 149)

Erweiterte Entscheidungstabelle: Alle Arten von Eintragungen bei den
Bedingungs- und Aktionsanzeigern sind erlaubt (z.B. quantitative, verbale oder
symbolische Ausprägungen). Die Bedingungen und Aktionen sind unvollständig
beschrieben, erst mit den dazugehörenden Ausprägungen in den entsprechenden
Anzeigerteilen sind sie vollständig definiert (siehe Abbildung 6-31).

Auftragsannahme	R1	R2	R3	R4
B1 Buch ist	lieferbar	lieferbar	nicht lieferbar	nicht lieferbar
B2 Bonität ist	in Ordnung	nicht in Ordnung	in Ordnung	nicht in Ordnung
A1 Auftrag	annehmen	annehmen	ablehnen	ablehnen
A2 Vermerk	"Rech-nung"	"Nach-nahme"		

Abb. 6-31: Erweiterte Entscheidungstabelle (Quelle: Liebelt/Sulzberger 1989, 150)

Durch eine erweiterte Entscheidungstabelle kann meist die Anzahl der Bedin-
gungs- und Aktionszeilen bei gleichem Aussagegehalt reduziert werden. Sie
empfiehlt sich insbesondere, wenn Bedingungen mehr als zwei Ausprägungen
annehmen können, die sich aber gegenseitig ausschließen (siehe Abbildung 6-
32).

Auftragsart	R1	R2	R3
B1 Auftrag Großhandel	j	n	n
B2 Auftrag Großabnehmer	n	j	n
B3 Auftrag Buchhandlung	n	n	j

→

Auftragsart	R1	R2	R3
B1 Auftrag	Groß-handel	Groß-abnehmer	Buch-handlung

Abb. 6-32: Bedingung mit mehreren Ausprägungen (Quelle: Liebelt/Sulzberger 1989, 150f)

Verknüpfte Entscheidungstabellen: Entscheidungstabellen mit vielen Bedingungen und Aktionen werden unübersichtlich. In diesem Fall kann mit mehreren Tabellen, die durch Aktionen miteinander verknüpft sind, gearbeitet werden (siehe Abbildung 6-33).

Scheckbehandlung 1	R1	R2	R3
B1 Kreditlimit	unter	über	über
B2 Zahlungsverhalten	/	schlecht	gut
A1 Scheck einlösen	x		x
A2 Goto Scheckb.2		x	

Scheckbehandlung 2	R1	R2	R3	R4
B1 Kunde	Alt	Alt	Neu	Neu
B2 Umsatz	Hoch	Klein	Hoch	Klein
A1 Scheck einl.	x	x	x	
A2 Goto Scheckb.3				x

Abb. 6-33: Verknüpfte Entscheidungstabelle (Quelle: Steinbuch 1988)

Entscheidungstabellen können auch durch Entscheidungsbäume dargestellt werden. Ein Beispiel für einen Entscheidungsbaum zu Führungsentscheidungen findet sich in Abbildung 3-11, Kapitel 3.1.2.4).

6.4.3 Structured Analysis (SA)

Structured Analysis (SA) ist eine Methode, die zur Unterstützung der Softwareentwicklung speziell für die Anforderungsanalyse und -definition entwickelt
wurde (DeMarco 1978). Neben dieser Orientierung an einem Sollzustand kann
sie auch für die Erfassung und Analyse des Istzustands von Abläufen verwendet
werden.

In traditionellen Verfahren zur Unterstützung der Softwareentwicklung werden
vor allem Funktionen oder Aufgaben beschrieben, die das zu entwickelnde System ausführen soll. Ein wesentlicher Nachteil dieser funktionalen Betrachtungsweise eines Systems ist die Vernachlässigung des Zusammenspiels der Funktionen, d.h. über welche Schnittstellen sie kommunizieren. Ein weiterer Nachteil
ist, daß man im Fall einer Erhebung der Funktionen vermutlich unvollständige
Informationen durch die Interviewpartner erhalten wird (vgl. auch Kapitel
6.3). Das Vorgehen bei der Ablaufanalyse und das Erstellen eines Systemmodells soll auf Grund dieser Überlegungen von den Zusammenhängen zwischen
den Aufgaben und nicht von den Aufgaben selbst geleitet werden. Geht man
nämlich von den Datenflüssen innerhalb einer Organisation aus, so ist die
Wahrscheinlichkeit relativ groß, daß man ein konsistentes und vollständiges
Modell erhält. Daten- und funktionsorientierte Verfahren sind allerdings eng
verbunden. Daten werden u.a. beschrieben, indem dargestellt wird, für welche
Aufgaben sie benötigt werden und wie sie entstehen. Funktionen werden beschrieben, indem die Transformation der Eingabedaten in die Ausgabedaten
dargestellt wird. Beide Sichtweisen ergänzen sich und benötigen einander; bei
den meisten Verfahren ist jedoch eine Sichtweise dominierend. Aus den bereits
genannten Gründen geht SA von einer datenflußorientierten Betrachtung der
Abläufe aus.

Das Erstellen von Systemmodellen wird von SA durch ein **Denkschema**, ein
Verfahrensschema und eine formale **Notation** unterstützt (vgl. Balzert
1985). Das Wesentliche am Denkschema ist die datenorientierte Betrachtungsweise. Durch das Denken in Datenflüssen erhält man eine relativ natürliche
Gliederung des Systems in seine Funktionen. Sie ergeben sich fast von selbst,
wenn die Datenflüsse einmal bekannt sind. Da alle ein- und ausgehenden Datenflüsse explizit angegeben werden, ist das Auffinden von Fehlern oder vergesse-
nen Funktionen mit geringem Aufwand möglich. Die Konzentration auf die
Schnittstellen (Datenflüsse) ist ein brauchbares und leicht verwendbares Kriterium zur Zerlegung des Systems in kleinere, überschaubare Teile. Bei einem
funktionsorientierten Denken fehlt ein solches Kriterium im allgemeinen. Das
Verfahrensschema legt die Vorgehensweise fest, nach welcher das Systemmodell schrittweise entwickelt wird. Mit der formalen Notation wird die Form
der Ergebnisdarstellung für das Systemmodell vereinheitlicht.

Systemmodelle, die mit Structured Analysis erstellt wurden, bestehen aus drei Komponenten. Im Mittelpunkt stehen die **Datenflußdiagramme**. Sie sind eine grafische Darstellung der Funktionen des Systems mit den Schnittstellen (in Form der Datenflüsse) zwischen diesen Funktionen. Zur näheren Erläuterung der einzelnen Elemente verwendet man das **Datenlexikon** und die **Mini-Spezifikationen**.

6.5.2.1 Datenflußdiagramm

Das Hauptanliegen von SA ist das Denken in Datenflüssen. Datenflüsse sind "Informationskanäle", durch die Nachrichten, Informationen, Belege usw. zwischen dem System und seiner Umwelt sowie zwischen den einzelnen Systemkomponenten (Funktionen, Prozesse usw.) ausgetauscht werden. Die Datenflüsse eines Systems werden mit Hilfe sogenannter Datenflußdiagramme (DFDs) dargestellt. Abbildung 6-34 zeigt ein Beispiel für ein solches Datenfluß-diagramm.

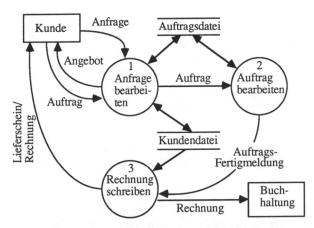

Abb. 6-34: Beispiel für ein Datenflußdiagramm

Zur Darstellung von DFDs werden die vier Elemente Datenfluß, Prozeß, Datenspeicher und Endknoten verwendet. In Abbildung 6-35 sind diese Elemente abgebildet und kurz erläutert. Den **Datenspeicher** kann man sich als Kartei, Datei, Datenbank oder jede andere Sammlung von Daten und Informationen vorstellen. Eine Angabe über die Art des Speichermediums (Platte, Diskette usw.) ist in SA allerdings nicht vorgesehen. **Datenflüsse** sind Daten in Bewegung. Die Pfeile zeigen die Richtungen der Datenflüsse an. Die **Endknoten** stellen Schnittstellen des Systems zur Umwelt dar, d.h. zu Komponenten, die nicht dem betrachteten System angehören, jedoch für das Verständnis des Gesamtzusammenhangs erforderlich sind. Man verwendet sie z.B. zur Darstellung von Personen, Organisationen und anderen Systemen außerhalb des betrachteten Kontextes. Endknoten sollten möglichst sparsam verwendet werden, da sie ja außerhalb des eigentlichen Interessensbereichs liegen. Wofür und wie die Daten in den Endknoten verwendet werden, ist für das System unerheblich. Sie sollten daher nur auf der obersten Darstellungsebene verwendet werden; in den Verfeinerungen muß der Kontext bereits klar sein. Die **Prozesse** beschreiben Bearbeitungsvorgänge für die Daten.

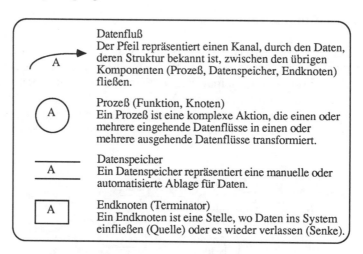

Abb. 6-35: Darstellungselemente in Datenflußdiagrammen

Alle Elemente von Datenflußdiagrammen sind mit einer eindeutigen Bezeichnung zu versehen. Die Dokumentation und Verwaltung dieser Bezeichnungen erfolgt im sogenannten Datenlexikon, das weiter unten erläutert wird.

6.4.3.2 Verfahren bei der Modellbildung mit SA

Das entstehende Systemmodell wird wesentlich bestimmt durch die Abstraktionen des Benutzers. Nach dem Prinzip "Teile und Herrsche" wird das System ausgehend von einer sehr groben und einfachen Übersicht schrittweise bis zum erforderlichen Detaillierungsgrad zerlegt. Dabei entstehen mehrstufige DFDs, die in einem hierarchischen Zusammenhang stehen.

Der erste Schritt bei der Entwicklung eines Systemmodells mit SA besteht darin, die Systemschnittstellen ausfindig zu machen. Die Systemgrenzen werden durch die Definition aller ein- und ausgehenden Datenflüsse festgelegt. Abbildung 6-36 zeigt die Systemschnittstellen am Beispiel einer Auftragsabwicklung.

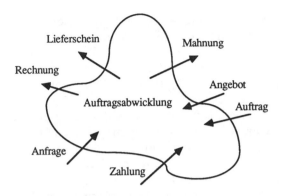

Abb. 6-36: Systemschnittstellen

Im zweiten Schritt werden die gefundenen Daten und Datenflüsse über Prozesse miteinander in Verbindung gesetzt, d.h. es werden die Datenflüsse innerhalb der Systemgrenzen bestimmt. Man zeichnet die ersten, groben Vorstellungen über die Systemfunktionen ein. Dabei kann man sowohl von den eingehenden als auch von den ausgehenden Datenflüssen ausgehen. Anschließend erfolgt die detaillierte Darstellung des Systems mit Hilfe von Datenflußdiagrammen in einem iterativen und schrittweisen Verfeinerungsprozeß (Top-Down-Vorgehensweise). Abbildung 6-37 zeigt die dabei entstehende Diagrammhierarchie an einem schematisierten Beispiel.

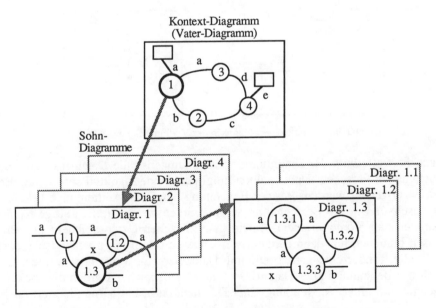

Abb. 6-37: Diagrammhierarchie

Das sogenannte **Kontext-Diagramm** stellt als Vater-Diagramm die oberste
Ebene des Systementwurfs dar. Das in Abbildung 6-34 gezeigte Datenflußdiagramm einer Auftragsabwicklung ist ein Beispiel für ein Kontext-Diagramm. Es enthält neben den Hauptfunktionen und den Datenflüssen zwischen
diesen Hauptfunktionen alle im Systemmodell vorkommenden Endknoten. Die
Darstellung von Datenspeichern ist im Kontextdiagramm nicht unbedingt
erforderlich. Das Kontextdiagramm wird in der Folge hierarchisch verfeinert,
indem man jeden Prozeß in ein Diagramm auf der nächsten Ebene zerlegt.
Diese Sohn-Diagramme dürfen keine Endknoten mehr enthalten. Die
verwendeten Datenspeicher werden in der Verfeinerung nur bei jenen Prozessen dargestellt, welche diese Daten unmittelbar verwenden, bzw. wenn die
Datenspeicher als Schnittstelle zwischen zwei Prozessen dienen. Der Vorgang
der Verfeinerung wird solange iterativ fortgesetzt, bis der gewünschte oder
erforderliche Detaillierungsgrad erreicht ist. Als Regel für die Zerlegung des
Systems in eine geordnete Menge von Untersystemen gilt, daß ein DFD den
Umfang von einer DIN A4 Seite nicht überschreiten sollte, d.h. aus maximal 7
bis 10 Prozessen bestehen sollte. Prozesse, die nicht weiter verfeinert werden,
heißen **Grundfunktionen** oder **Primitiv-Prozesse**. Die Dokumentation und
verbale Beschreibung dieser Grundfunktionen erfolgt in sogenannten Mini-
Spezifikationen, die im Kapitel 6.4.3.4 erläutert werden.

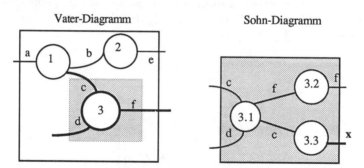

Abb. 6-38: Ungleichgewicht nach der Verfeinerung eines DFDs

Nach Fertigstellung der Diagramme werden zunächst alle Datenflüsse mit Bezeichnungen versehen. Dabei sollten möglichst eindeutige und sprechende Begriffe verwendet werden. Bei der Benennung der Daten sollten auch bekannte
Eigenschaften in die Bezeichnung aufgenommen werden (z.B. gültige Kontonummer statt Kontonummer). Datenflüsse zwischen Datenspeichern und Prozessen brauchen nur dann benannt werden, wenn vom entsprechenden Prozeß
nicht alle, sondern nur ganz bestimmte Datenelemente verwendet werden. Erst
nach der Benennung aller Datenflüsse und Datenspeicher werden die Prozesse
benannt und unter Verwendung einer Dezimalklassifikation nummeriert (siehe

Abbildung 6-37). Die Bezeichnung eines Prozesses leitet sich dann fast automatisch aus den Bezeichnungen der ein- und ausgehenden Daten ab. Alle Bezeichnungen werden ins Datenlexikon eingetragen.

Die zusammenhängenden DFDs müssen gewissen formalen Anforderungen genügen, damit die Untersysteme im Gesamtzusammenhang konsistent bleiben. Der wichtigste Grundsatz ist, daß die ein- und ausgehenden Datenflüsse eines Sohn-Diagramms mit denen des dazugehörigen Vater-Diagramms äquivalent sein müssen. Man bezeichnet diesen Zustand als **Gleichgewicht** oder **Balancing**. Die Diagrammhierarchie in Abbildung 6-37 zeigt ein DFD im Gleichgewicht, Abbildung 6-38 ein DFD im Ungleichgewicht.

Bei der Erstellung von DFDs ist insbesondere darauf zu achten, daß keine Datenflüsse dargestellt werden, welche die Steuerung des Systems betreffen (Kontrollstrukturen). Anders als bei herkömmlichen Flußdiagrammen, die den algorithmischen Ablauf eines Prozesses darstellen, ist die Darstellung von Kontrollstrukturen (z.B. Bedingungen, Verzweigungen, Alternativen, Wiederholungen) in DFDs nicht vorgesehen. DFDs beschreiben zwar die Abfolge von Prozessen, nicht aber die Bedingungen unter denen ein bestimmter Prozeß angestoßen wird. Dies kann damit begründet werden, daß die grafische Darstellung von Abläufen bei komplizierten Strukturen mit vielen Verzweigungen und Ausnahmeregelungen unübersichtlich wird. Auch die auslösenden Ereignisse und die Zeitdauer der Prozesse sind im DFD nicht ersichtlich.

6.4.3.3 Datenlexikon

Das Datenlexikon dient zur Definition, Dokumentation und Verwaltung aller Daten und Begriffe, die für das System von Bedeutung sind. Das Datenlexikon hat die Funktion eines zentralen Verzeichnisses, in dem alle Elemente des Systemmodells festgehalten sind (Datenflüsse, Prozesse, Datenspeicher, Endknoten). Es dient auch als Grundlage für die einheitliche Ausdrucksweise aller am Systementwurf beteiligten Personen. Neben den Bezeichnungen der Systemelemente wird im Datenlexikon vor allem der strukturelle Aufbau der Datenflüsse und Datenspeicher festgehalten. Die Komponenten in diesen Strukturen können selbst wieder Datenflüsse oder Datenelemente sein. Ein Datenelement ist ein einfacher Datenfluß, der nicht mehr weiter zerlegt werden kann. Zusätzlich zu diesen Eintragungen finden sich im Datenlexikon manchmal auch Informationen über Häufigkeit der Verwendung, Umfang der Daten, betroffene Benutzer, Sicherheitsaspekte usw.

Zur Beschreibung der Eintragungen im Datenlexikon gibt es einige Regeln (Syntax), welche die Einheitlichkeit der Definition und dadurch auch die leichte Verständlichkeit sichern (vgl. Balzert 1985). Diese Regeln beschreiben die

Form, die Funktion und den Zweck der Eintragungen. Viele Autoren verwenden dabei folgende Symbole:

=	besteht aus
+	zusammen mit (und)
{ }	Iteration der eingeschlossenen Daten (Wiederholung)
[ ]	optionaler Ausdruck (Ja/Nein)
(x|y)	Auswahl eines der eingeschlossenen Ausdrücke (entweder/oder)
* *	Kommentar
\ \	Beschreibung eines Primitiv-Prozesses (nicht weiter zerlegbarer Prozeß)

Die Abbildung 6-39 zeigt für ein Bibliothekssystem einen Ausschnitt der Eintragungen im Datenlexikon.

Anzbücher = Anzahl der ausgeliehenen Bücher *je Benutzer*
Ausweisdaten = Benutzernummer + Name *maschinell lesbarer Code*
Benutzerdaten = Benutzernummer + Name
\Benutzersperre\ = *Benutzersperre überprüfen bzw. eintragen*
Buchdaten = Signaturnummer + bibliographische Daten
Mahnungen = { Benutzernummer + { Signaturnummer + (1.Mahnung) |
      (2.Mahnung) | (3.Mahnung) + Rückgabedatum} +
      Schuldenstand} *bei Überschreitung der Leihfrist*
Meldung = [Benutzer [gesperrt | unbekannt] | Fehler bei Buchentnahme
      | Reservierungsfrist überschritten | Buch entliehen | keine
      Vormerkung | Limit | Buchlimit erreicht]
Schuldenstand = *Betrag der sich aus der verspäteten Rückgabe der
      Bücher ergibt*
\Zahlung\ = *eingegangene Zahlungen mit Schuldenstand vergleichen*

Abb. 6-39: Beispiel für eine Eintragung ins Datenlexikon

6.4.3.4 Mini-Spezifikation

Die Aufgaben, welche die einzelnen Prozesse auf der untersten Ebene (Grundfunktionen) erfüllen, werden in sogenannten Mini-Spezifikationen im Detail beschrieben. Andere Bezeichnungen für Mini-Spezifikation sind Kurzinfo, Minispec und Transformationsbeschreibung. Eine Mini-Spezifikation ist für jeden Prozeß, für den es keine weitere Verfeinerung in Form eines Sohn-Diagrammes mehr gibt, zu erstellen. Es handelt sich dabei um eine kurze, möglichst einfach abgefaßte Beschreibung, die angibt, wie die eingehenden Daten in die Ausgaben transformiert werden. Die Beschreibung kann in verschiedenen Formen wie Pseudocode, Entscheidungstabellen oder natürlichsprachlichem Text erfolgen (vgl. Balzert 1985).

Abbildung 6-40 zeigt eine Mini-Spezifikation für die Überprüfung der Benutzersperre, eine Grundfunktion in einem Bibliothekverwaltungssystem. Diese Minispezifikation ist im Beispiel mittels Pseudocode abgefaßt. Bezeichnungen, die mit "&" beginnen sind auch im zugehörigen Datenlexikon eingetragen (vgl. Abbildung 6-39). Begriffe, die in Blockbuchstaben geschrieben sind, haben als

Schlüsselwörter in der halbformalen Beschreibungssprache des Pseudocodes eine definierte Bedeutung; sie dienen z.B. zur Generierung von Programmen aus dieser Beschreibung oder können zur automatischen Erstellung einer grafischen Dokumentation des Ablaufs herangezogen werden.

```
PROCESS: \Benutzersperre\
(Diagramm: 1.2.1 Sonstige Funktionen)

INPUT: &Schuldenstand, &Ausweisdaten
OUTPUT: &Sperrvermerke, &Meldung

PURPOSE: Die Ausweisdaten und der dazugehörige Schuldenstand werden
geprüft; Ist der Bibliotheksausweis gesperrt, wird die Meldung "Benutzer
gesperrt" ausgegeben, andernfalls die Meldung "keine Sperrvermerke".
END-PURPOSE.

1 READ &Ausweisdaten und &Schuldenstand;
2 IF &Schuldenstand > 0 und keine \Zahlung\ THEN
3     &Meldung "Benutzer gesperrt",
4     WRITE &Sperrvermerke (&Benutzernummer + "Sperre")
5 ELSE
6     &Meldung "keine Sperre"
7     WRITE &Sperrvermerke (&Benutzernummer + "keine Sperre")
8 ENDIF
```

Abb. 6-40: Beispiel für eine Mini-Spezifikation

6.4.3.5 SA im organisatorischen Aufgabenzusammenhang

Im Rahmen einer umfassenden Beschreibung organisatorischer Abläufe sind sowohl die Funktionen (funktionsorientierter Ansatz) als auch die dafür erforderlichen Daten (datenorientierter Ansatz) zu dokumentieren. Aus methodischen Gründen werden meistens beide Sichtweisen unabhängig voneinander entwickelt. Durch das Datenflußdiagramm kann eine Verbindung zwischen der funktionsorientierten Darstellung (Aufgabenstrukturbild, Vorgangsketten usw.) und der datenorientierten Darstellung (Datenmodell) hergestellt werden (vgl. auch Kapitel 12.1). Structured Analysis (SA) stellt damit einen Ansatz dar, der einerseits beide Sichtweisen vereint bzw. die Integration der Teilergebnisse unterstützt, andererseits der Bedeutung der Daten für die Aufgabenintegration Rechnung trägt. Abbildung 6-41 verdeutlicht diese Stellung von SA im organisatorischen Aufgabenzusammenhang.

Die verschiedenen Aufgaben im organisatorischen Gestaltungsprozeß bedingen durch ihre jeweils spezifische Problemsichtweise oft unterschiedliche Darstellungsformen für ein und denselben Gestaltungsbereich. Um Abstimmungsprobleme gering zu halten wurden zahlreiche Werkzeuge entwickelt, die häufig auf SA oder einer verwandten Methode aufbauen und eine integrierte Verwaltung der gesamten Dokumentation unterstützen (vgl. auch Kapitel 6.5). Weitere Gründe für den Einsatz solcher Werkzeuge sind die einfache Wartung von Dokumenten, die Wiederverwendung von Entwürfen, die Sicherstellung einheitlicher Bezeichnungen usw.

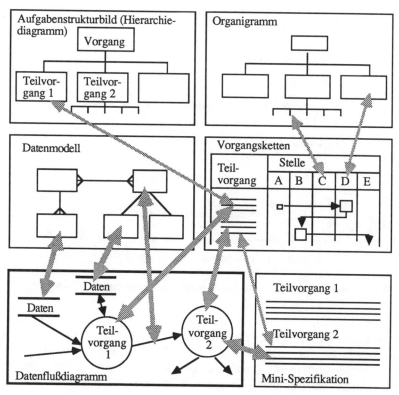

Abb. 6-41: Structured Analysis im organisatorischen Aufgabenzusammenhang

Besonders hervorzuheben ist schließlich noch die Möglichkeit der formalen Überprüfung von Abläufen, die mit SA dargestellt wurden: Die Datenflußdiagramme können auf der Grundlage des Datenlexikons auf unbenannte Datenflüsse, isolierte Prozesse und nicht verwendete Datenspeicher überprüft werden. Für die Verwendung von Datenelementen kann eine Referenzliste erstellt werden, die Eintragungen im Datenlexikon können auf Einhaltung von Namenskonventionen, undefinierte oder nicht verwendete Eintragungen usw. geprüft werden. Für das gesamte Systemmodell kann ferner untersucht werden, ob die Anzahl der Datenflüsse für Vater- und Sohn-Diagramme gleich ist (Balancing), ob jedes Datenflußdiagramm mindestens einen eingehenden und einen ausgehenden Datenfluß hat und ob es Überschneidungen zwischen Diagrammen gibt. Damit kann SA - vor allem in Verbindung mit einer Werkzeugunterstützung - einen wertvollen Beitrag zur korrekten Modellierung und konsistenten Darstellung von betrieblichen Abläufe liefern.

6.4.4 Petrinetze

Durch ein Petrinetz kann man nicht nur die statische Struktur eines Systems, d.h. aus welchen Komponenten ein System besteht und wie diese Komponenten miteinander verbunden sind, darstellen, sondern auch das dynamische Verhalten nachbilden. Petrinetze sind wegen ihrer Möglichkeit, Gleichzeitigkeit darzustellen, auch besonders geeignet, verteilte Systeme (z.B. organisatorische Abläufe) zu modellieren. Im Gegensatz zu vielen anderen Methoden (z.B. Structured Analysis) werden in Petrinetzen Daten- und Kontrollflüsse gemeinsam im gleichen Modell dargestellt (vgl. Gisiger/Kündig 1988).

Die statische Struktur wird durch einen Graphen, bestehend aus Knoten, die durch gerichtete Kanten (Pfeile) miteinander verbunden sind, dargestellt. Diese grafische Darstellung ist im Vergleich zu rein verbalen Darstellungen besonders anschaulich. Bestimmte Knoten können mit Datenelementen belegt ("markiert") werden. Die Simulation eines Ablaufs besteht in der Nachbildung des dynamischen Verhaltens und erfolgt durch das Verschieben und Verändern der Datenelemente ("Schalten"). Die Schaltregeln sind so festgelegt, daß sie neben formalen Untersuchungen des dynamischen Verhaltens auch den mathematischen Beweis wichtiger Eigenschaften erlauben.

Die wesentlichen Vorteile der Darstellung von Abläufen mit Petrinetzen sind:

- Die grafische Darstellung ist unmittelbar verständlich und leicht erlernbar.
- Das System bleibt durch die Darstellung auf verschiedenen Abstraktionsniveaus (Hierarchiestufen) anschaulich und übersichtlich.
- Querverbindungen zwischen verschiedenen Modellteilen sind leicht erkennbar und änderbar.
- Die visuelle Überprüfung der Beschreibung (z.B. auf Vollständigkeit) ist einfacher als bei einem Text.
- Die Darstellung ist leicht erweiterbar, die Einführung neuer Zustände oder Zustandsübergänge ist einfach.
- Es existiert eine fundierte theoretische Grundlage.
- Die vollständigen Modelle können durch Simulationsprogramme ausgeführt und getestet werden.

In der Praxis ergeben sich trotz dieser vielfältigen Vorteile auch Beschränkungen in der Anwendbarkeit. Wenn Systeme bzw. die Beschreibung von Systemen eine bestimmte Größe oder Komplexität überschreiten, werden sie für den Menschen schwer überschaubar und handhabbar. Kleine Änderungen können bereits mit einem großen Aufwand verbunden sein. Diese Nachteile können durch die Anwendung der allgemeinen Entwurfsprinzipien wie Hierarchisierung und Zerlegung in Teilsysteme sowie die Computerunterstützung weitgehend ausgeglichen werden. Für Petrinetze sind zu diesem Zweck eine Reihe von Werkzeugen entwickelt worden, die bereits kommerziell verfügbar sind.

6.4.4.1 Darstellungselemente in Petrinetzen

In Abbildung 6-42 wird der Ablauf eines einfachen Produktionsvorgangs als Petrinetz dargestellt (Quelle: Reisig 1985). Das System besteht aus drei Maschinen M1, M2 und M3 sowie zwei Bedienern B1 und B2. Jeder Auftrag muß zunächst auf der Maschine M1 bearbeitet werden. Die Fertigstellung des Auftrags kann auf Maschine M2 oder M3 erfolgen. B1 arbeitet an den Maschinen M1 und M2, B2 an den Maschinen M1 und M3. In diesem Beispiel fällt auf, daß die Komponenten des Systems rund oder eckig dargestellt werden. Das zugrundeliegende Prinzip bei der Darstellung mit Petrinetzen ist, daß **aktive Systemkomponenten** als Rechtecke bzw. eckig und **passive Systemkomponenten** als Kreise bzw. rund gezeichnet werden. Die Unterscheidung in aktive und passive Komponenten ergibt sich aus dem Sinn der einzelnen Komponenten. In Abbildung 6-43 werden diese Darstellungselemente der Petrinetztechnik im Überblick gezeigt.

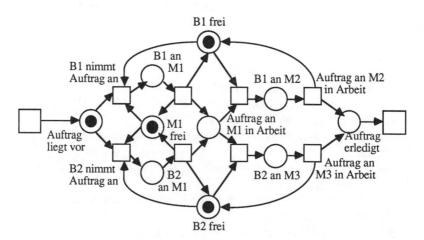

Abb. 6-42: Produktionsvorgang als Beispiel für ein Petrinetz (Quelle: Reisig 1985)

Die Kreise werden als **Kanäle** bzw. je nach Netzart auch als **Bedingungen**, **Stellen** oder **Prädikate** bezeichnet. Allgemein ausgedrückt können passive

Komponenten Dinge oder Objekte lagern, speichern, sichtbar machen. Sie können, anders betrachtet, auch als Beschreibung des Systemzustands verstanden werden.. Die Objekte selbst werden durch Markierungen (Marken, Token), die gleichzeitig auch den Zustand dieser Systemteile beschreiben, dargestellt. Die Anfangsmarkierung legt die Objekte bzw. den Zustand vor dem Systemstart fest (vgl. Reisig 1985, 1986).

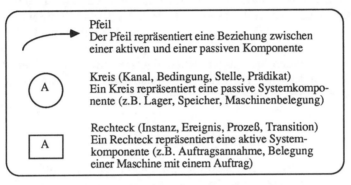

Abb. 6-43: Darstellungselemente in Petrinetzen

Die Rechtecke werden als **Instanzen** bezeichnet. Je nach Netzart werden sie auch **Ereignisse, Prozesse** oder **Transitionen** genannt. Aktive Komponenten können die Markierungen bzw. den Zustand der Objekte verändern. Sie können Dinge erzeugen, transportieren oder verändern. (vgl. Reisig 1985, 1986).

Die Rolle der **Pfeile** ist in Petrinetzen darauf festgelegt, Beziehungen zwischen den Komponenten darzustellen. Ein Pfeil führt immer von einem Kanal zu einer Instanz oder umgekehrt, niemals aber von einem Kanal zu einem Kanal oder von einer Instanz zu einer Instanz; d.h. gleichartige Komponenten dürfen nicht durch Pfeile verbunden werden. Die Beziehungen sind gedankliche, abstrakte Verbindungen und keine konkreten Systemkomponenten (die aktiv oder passiv sind und daher eckig oder rund dargestellt werden). Beispiele für solche Beziehungen sind logische Zusammenhänge, zeitliche Aufeinanderfolge, Zugriffsrechte, räumliches Nebeneinander oder unmittelbare Kopplung (vgl. Reisig 1986).

Bei der Abbildung der Realität mit Hilfe von Petrinetzen ist zu beachten, daß ein Element des realen Systems nicht notwendigerweise mit einer einzelnen Modellkomponente identisch sein muß. Um die gewünschten Systemeigenschaften darstellen zu können, muß gewöhnlich eine Abstraktion von der Wirklichkeit vorgenommen werden. Im Produktionsablauf, der als Beispiel in

Abbildung 6-42 gezeigt wurde, wird die Maschine M1 durch insgesamt vier passive Komponenten beschrieben: M1 frei, Auftrag an M1 in Arbeit, Bearbeiter B1 arbeitet an M1, Bearbeiter B2 arbeitet an M1.

Der mathematische Hintergrund der Petrinetze ist die inzwischen etablierte Netztheorie, die durch C. A. Petri 1962 begründet wurde. Seither wurden zahlreiche Netzmodelle entwickelt, die jeweils für spezielle Problemstellungen zweckmäßig sind. Als einfachstes Netzmodell gilt das Bedingungs-Ereignis-Netz. Es ist sehr einfach zu handhaben, seine Modellierungskraft ist jedoch kaum ausreichend, um größere Systeme zu beschreiben. Erweiterungen dieses Modells führen zu den Stellen-Transitions-Netzen, zu den gefärbten Petrinetzen und schließlich zu den Prädikat-Transitionsnetzen. Nachfolgend werden die bekanntesten Netzmodelle kurz vorgestellt.

6.4.4.2 Bedingungs-Ereignis-Netze

Bedingungen und Ereignisse sind die grundlegenden Elemente der einfachsten Klasse von Petrinetzen, der Bedingungs-Ereignis-Netze (B/E-Netze). Ein Prozeß oder System wird so dargestellt, daß jedem Ereignis ein Rechteck und jeder Bedingung ein Kreis zugeordnet wird. Die Pfeile verbinden Bedingungen mit Ereignissen und umgekehrt. Sie beschreiben kausale Zusammenhänge zwischen den erfüllten Bedingungen und den eintretenden Ereignissen. Die Marken (Token) in bestimmten Bedingungen legen den Anfangszustand eines Netzes fest, d.h. die Bedingungen, die zu Beginn im abgebildeten System erfüllt sind (Gisiger/Kündig 1988).

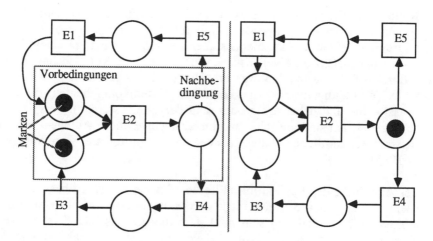

Abb. 6-44: B/E-Netz vor und nach dem Eintritt eines Ereignisses

Eine Bedingung in einem B/E-Netz ist in jeder Situation entweder erfüllt oder nicht erfüllt. Jede erfüllte Bedingung ist mit einer Marke gekennzeichnet. Alle erfüllten Bedingungen in einem Netz ergeben in einer bestimmten Situation einen Fall. Wenn alle Vorbedingungen eines Ereignisses erfüllt sind, und alle Nachbedingungen nicht erfüllt sind, nennt man das Ereignis aktiviert. Durch die Aktivierung eines Ereignisses werden seine Markierungen verändert. Die Vorbedingungen sind dann unerfüllt und die Nachbedingungen erfüllt. Für das Verständnis des dynamischen Verhaltens von Petrinetzen bedeutet dies, daß keine Marken durch das Netz fließen, sondern daß durch ein aktiviertes Ereignis Marken entfernt und wieder neu erzeugt werden. Die Gesamtanzahl der Marken kann sich bei diesem Vorgang verändern. Die Abbildung 6-44 zeigt an einem einfachen Beispiel ein B/E-Netz im Zustand vor und nach der Aktivierung des Ereignisses E2.

Eine wichtige Eigenschaft von B/E-Netzen, die auch allen weiteren in diesem Buch beschriebenen Netzmodellen zukommt, ist ihr nicht eindeutiges Verhalten im Falle eines Konflikts. Wenn zwei aktivierte Ereignisse mindestens eine gemeinsame Vorbedingung oder eine gemeinsame Nachbedingung besitzen, können sie miteinander im **Konflikt** stehen, d.h. sie konkurrieren miteinander (siehe Abbildung 6-45). Wenn das eine Ereignis eintritt, so ist das andere Ereignis nicht mehr aktiviert und umgekehrt. Das tatsächliche Eintreten konkurrierender Ereignisse ist zufällig, und das Verhalten des Netzes in diesem Fall nicht determiniert.

Ein anderer Sonderfall entsteht, wenn zwar alle Vorbedingungen eines Ereignisses erfüllt sind, aber auch mindestens eine seiner Nachbedingungen. In diesem Fall kann das Ereignis (noch) nicht eintreten, da der Kanal noch belegt ist. Man bezeichnet eine solche Situation als **Kontakt** (siehe Abbildung 6-45). Kontaktfrei sind Netze nur, wenn nie Kontakte entstehen können. Um dies zu erreichen, darf das Eintreten eines Ereignisses nur von seinen Vorbedingungen, jedoch von keiner seiner Nachbedingungen abhängen. Jedes Netz läßt sich durch Erweiterungen um sogenannte Komplemente an den Kontaktpunkten kontaktfrei machen. Ein Komplement ist eine Bedingung, die genau dann erfüllt ist, wenn die zugehörige Bedingung selbst nicht erfüllt ist.

6.4.4.3 Stellen-Transitions-Netze

Die Modellierungskraft von B/E-Netzen ist nicht ausreichend, um komplexe Systeme übersichtlich zu beschreiben. Stellen-Transitions-Netze (S/T-Netze) sind eine Erweiterung von B/E-Netzen; die "Kreise" können mehr als eine Marke tragen und die "Rechtecke" entsprechend der Gewichte an den Pfeilen mehrere Marken hinzufügen oder wegnehmen. Bedingungen werden dann als Stellen und Ereignisse als Transitionen (weil sie den Übergang von einem Zustand zum anderen beschreiben) bezeichnet. Die Kapazität definiert die maximale Anzahl von Marken, die auf einer Stelle liegen dürfen. B/E-Netze können durch S/T-Netze mit Kapazitäten und Pfeilgewichten gleich eins dargestellt werden (vgl. Gisiger/Kündig 1988).

Eine Transition kann durch die Marken auf ihren Vorgängerstellen aktiviert werden. Sie ist genau dann aktiviert, wenn die Vorgängerstellen mindestens so viele Marken tragen, wie durch die Pfeilgewichte festgelegt ist. Es ist auch möglich, daß zu einem bestimmten Zeitpunkt mehrere Transitionen gleichzeitig aktiviert sind. Wenn eine Transition aktiviert ist, d.h. wenn die Vorgänger- stellen mindestens so viele Marken tragen, wie durch die Pfeilanschriften vor- geschrieben ist, kann sie "schalten" oder "feuern". Eine zusätzliche Bedingung für das Schalten einer Transition ist, daß die Kapazität der Nachfolgerstellen nicht überschritten werden darf. Von jeder Vorgängerstelle wird die Anzahl der Marken, die sich aus den Pfeilgewichten ergibt, entfernt. Auf den Nach- folgerstellen werden wieder, entsprechend den Pfeilgewichten, Marken erzeugt. Die Gesamtanzahl der Marken im Netz kann sich bei diesem Vorgang ändern. Das Schalten einer Transition entspricht einem Ereignis in der abgebildeten Wirklichkeit.

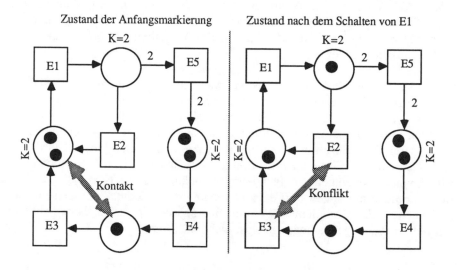

Abb. 6-45: S/T-Netz (nach Gisinger/Kündig 1988)

Die Anfangsmarkierung legt die Anzahl der Marken auf jeder Stelle zu System- beginn fest. Diese muß kleiner oder gleich der jeweiligen Kapazität sein. Abbil- dung 6-45 zeigt ein S/T-Netz im Zustand der Anfangsmarkierung und nach dem Schalten der Transition E1.

S/T-Netze sind geeignet, Ausschnitte aus der realen Welt zu modellieren, wenn das Verhalten aller Objekte unabhängig von individuellen Eigenschaften dieser Objekte modelliert werden kann; d.h. nicht die Unterscheidbarkeit, sondern nur die Anzahl der Marken ist in S/T-Netzen von Bedeutung (vgl. Gisiger/Kündig 1988).

6.4.4.4 Petrinetze mit individuellen Marken

Die Grenze der Benutzbarkeit der bisher beschriebenen Netzmodelle liegt in der Interpretation der Marken. Die Marken, die auf einer Stelle liegen, können nicht unterschieden werden. Wenn jedoch Aussagen über viele zu unterscheidende Objekte der Realität gemacht werden sollen, müssen auch die Marken als Repräsentanten dieser Objekte unterscheidbar sein. Als Marken werden anstatt der Punkte unterscheidbare Symbole (z.B. Buchstaben, Ziffern), mit denen die einzelnen Objekte der Realität abgebildet werden, verwendet. Die Pfeilbeschriftungen können entweder Konstante oder Variable bezeichnen. Bei konstanten Pfeilanschriften dürfen nur solche Objekttypen übertragen werden, die durch die Konstante beschrieben werden. Bei variablen Pfeilanschriften werden die Variablen durch das jeweilige Objekt ersetzt.

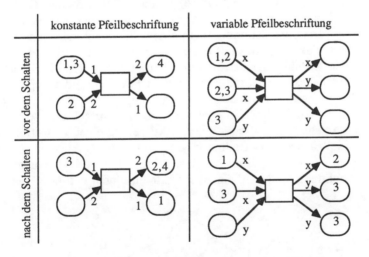

Abb. 6-46: konstante und variable Pfeilbeschriftung

In Abbildung 6-46 wird je ein Beispiel für eine konstante und eine variable Pfeilbeschriftung vor und nach dem Schalten gezeigt. Ähnlich wie bei S/T-Netzen können mehrere (auch unterschiedliche Objekte) mit einem Pfeil bzw. einer Stelle verbunden werden (Kapazitätsangaben). Die Abbildung 6-47 zeigt am Ablauf eines Autoverleihs ein Petrinetz mit individuellen Marken und variablen Pfeilbeschriftungen.

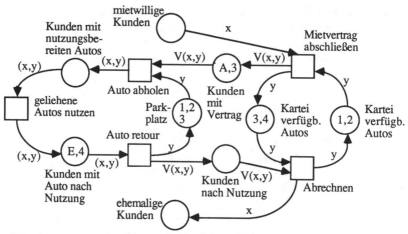

Abb. 6-47: Individuelle Marken und variable Pfeilbeschriftung (Quelle: Reisig 1986)

6.4.4.5 Prädikat-Transitions-Netze

Prädikat-Transitions-Netze (PrT-Netze) arbeiten mit formalen Objekten, die mit mathematischen Formalismen interpretiert und manipuliert werden können (z.B. logische Ausdrücke, Formeln). In einem PrT-Netz kann jede Marke ein individuelles Objekt sein, das mit einem oder mehreren Attributen charakterisiert wird. Die Anzahl der Attribute einer Marke wird durch die Stelle, auf der die Marke liegt, bestimmt. Stellen werden zu Prädikaten, d.h. logischen Ausdrücken, die angewandt auf eine bestimmte Marke entweder wahr oder falsch sein können. Treten Variable in einer Transition mehrfach auf, so werden sie stets durch dasselbe Symbol ersetzt. Zur Aktivierung einer Transition kann die Transition selbst weitere Bedingungen enthalten. Nur wenn auch diese Bedingungen erfüllt sind, kann die Transition schalten (vgl. Gisiger/Kündig 1988). In Abbildung 6-48 wird ein Ausschnitt aus einem PrT-Netz gezeigt.

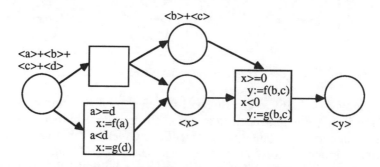

Abb. 6-48: Ausschnitt aus einem PrT-Netz

6.4.4.6 Prinzipien beim Systementwurf mit Petrinetzen

Die Methodik der Petrinetze ist nicht computer- sondern problemorientiert. Es wird zwar auch bei anderen Entwurfs- oder Darstellungstechniken eine Unterteilung in aktive und passive Elemente vorgenommen. In der Regel wird jedoch eines der beiden Elemente bevorzugt und das andere nur für die Bildung von Schnittstellen herangezogen. Spezifisch für Petrinetze ist jedoch, daß aktive und passive Komponenten völlig gleichberechtigt nebeneinander stehen. Die gleichrangige Behandlung ist eine wichtige Voraussetzung für den Übergang zu einer Beschreibung des dynamischen Verhaltens. Nachfolgend werden einige Entwurfsprinzipien erklärt, die speziell beim Systementwurf mit Petrinetzen Anwendung finden (vgl. Reisig 1986).

Die Modellbildung wird mit dem Entwurf einzelner Systemteile oder Teilansichten begonnen. Das schrittweise **Verfeinern** ist wohl das am weitesten verbreitete Prinzip, das beim Entwurf komplexer Systeme verwendet wird. In Form des hierarchischen Verfeinerns ist dieses Prinzip bei allen herkömmlichen Software-Entwurfsmethoden zu finden (vgl. z.B. das Vorgehen bei Structured Analysis). Man verfeinert ein Petrinetz, indem man eine Stelle oder eine Transition durch ein ganzes Netz ersetzt. Es hat sich allerdings als zweckmäßig erwiesen, bei der Verfeinerung von den aktiven Elementen (Transitionen, Ereignisse) auszugehen, da dies einer besseren zeitlichen Auflösung eines Vorgangs entspricht (vgl. Gisiger/Kündig 1988).

Bei der Verfeinerung eines Petrinetzes sind gewisse **Regeln zur Konsistenzerhaltung** des Modells zu beachten. Das Petrinetz sollte auf jeden Fall kontaktfrei sein. Pfeile, die von oder zu einem Unternetz führen, müssen bereits vor der Verfeinerung vorhanden sein. Auch die Richtung der Pfeile muß übereinstimmen. Weiters ist darauf zu achten, daß die Verfeinerung markentreu ist, d.h. die Verfeinerung soll genauso viele Marken abgeben, wie sie konsumiert (vgl. Gisiger/Kündig 1988, Reisig 1985).

Beim Modellentwurf mit Petrinetzen wird vorgeschlagen, das abzubildende System zunächst auf einer sehr abstrakten Ebene aus verschiedenen Sichten zu beschreiben (z.B. Auftragsabwicklung aus der Sicht der Kunden, der Lieferanten und des Unternehmens). Um verständliche und lesbare Entwürfe zu erhalten, muß die Wahl der Bezeichnungen sorgfältig vorgenommen werden. Die verschiedenen Systemsichten werden später zusammengepaßt, wobei fehlende Komponenten hinzugefügt werden. Man nennt diesen Vorgang, bei dem ein gegebenes Petrinetz um einen neuen Netzteil ergänzt wird, **Einbetten**.

Wenn die einzelnen Komponenten eines Systems und auch die Beziehungen zwischen diesen hinreichend genau festgelegt sind, so kann damit begonnen werden, das dynamische Verhalten des Systems zu beschreiben. Es gibt also einen **stetigen Übergang zum dynamischen Verhalten**. Bei der schrittweisen Entwicklung des Petrinetzes wird bei den oberen Netzebenen üblicherweise nur eine grobe und informelle Beschriftung der Komponenten vorgenommen. Man bezeichnet dies als Kanal-Instanzen-Netz. Erst im Zuge der weiteren Verfeinerung erfolgt die Formalisierung mit der Darstellung des dynamischen Verhaltens, abhängig von der gewählten Netzart. Im Gegensatz zu anderen Methoden (z.B. Structured Analysis) ist der Übergang zum dynamischen Verhalten bei Petrinetzen ohne Wechsel der Methode möglich. Es gibt aber keine Kriterien, nach denen der geeignete Zeitpunkt dafür bestimmt werden kann. Wann dieser Schritt vollzogen wird, wird zweckmäßigerweise im Gesamtentwurf entschieden.

Die Verwendung von Petrinetzen erzwingt keine genaue und vollständige Abbildung der Realität im Modell. Angaben, wann bestimmte Aktionen durchgeführt werden, können unterbleiben. Bei Bedarf können Alternativen offen gelassen oder Teile des Systems weggelassen werden. Dies wird durch das **Prinzip der Nicht-Determiniertheit** ermöglicht. Die Nicht-Determiniertheit kann zwar als Nachteil gesehen werden, da das Systemverhalten nicht immer eindeutig ist, sie entspricht damit jedoch einer wesentlichen Eigenschaft der abgebildeten Wirklichkeit.

6.4.4.7 Analyse von Petrinetzen

Bei der Analyse von Petrinetzen werden spezielle Eigenschaften wie Konflikte, Kontakte, Lebendigkeit, Fairness, Deadlock- und Trap-Situationen untersucht.

Konflikte und **Kontakte** wurden bereits bei den B/E-Netzen behandelt. Um festzustellen, ob Teile eines Netzes lebendig sind, kann eine Erreichbarkeitsanalyse durchgeführt werden. Ausgehend von einem Anfangszustand wird festgestellt, welche Zustände im Netz erreichbar sind. Bei der Untersuchung der **Lebendigkeit** ist also von Interesse, ob es Netzteile gibt, die nie markiert werden oder die ihre Markierung nie verlieren. Werden in einem System Zustände selten erreicht oder bestimmte Transitionen anderen unbeabsichtigt bevorzugt, so ist das Modell nicht fair. **Fairness** kann ebenfalls durch Erreichbarkeitsanalysen, aber auch durch die Auswertung von Simulationsläufen untersucht werden (vgl. Gisiger/Kündig 1988).

Eine Situation wird als **Deadlock** bezeichnet, wenn Stellen, sobald sie ohne Marken sind, nie mehr markiert werden können. Deadlocks sind besonders kritische Situationen im Netz. Wenn einmal ein Systemteil ohne Marken ist, sind auch alle Transitionen im Nachbereich nicht mehr aktivierbar, und es kommt zu einer Systemverklemmung. Mit **Trap** wird die zum Deadlock komplementäre Situation beschrieben. Man versteht darunter Stellen, die ihre Marken nie wieder verlieren, wenn sie einmal markiert sind. Ein Trap tritt dann auf, wenn jede Transition, die Marken aus einer Stellenmenge entnimmt, mindestens eine Marke wieder in dieser Stellenmenge ablegt. Abbildung 6-49 zeigt ein Petrinetz mit Deadlocks und Traps.

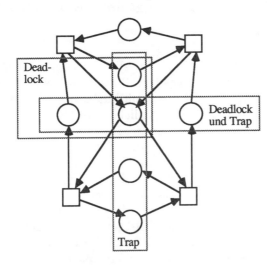

Abb. 6-49: Deadlocks und Traps in einem Petrinetz (Quelle: Gisiger/Kündig 1988)

Eine vollständige Analyse von Petrinetzen kann nur bei sehr einfachen Netzen (z.B. B/E-Netzen) durchgeführt werden. Ab einer gewissen Größe des Netzes ist jedoch eine vollständige Analyse unmöglich, da die Anzahl der möglichen Zustände (Markierungen) sehr schnell ansteigt und bei höheren Netzarten (z.B. S/T-Netze, PrT-Netze) sogar unendlich werden kann. Neben dem Einsatz von Simulationsmethoden behilft man sich daher mit der Untersuchung von sogenannten Invarianten, das sind Teilmengen von Netzen, bei denen die Gesamtzahl der Marken unverändert bleibt.

Da Petrinetze keiner zeitlichen, sondern einer kausalen Ordnung folgen, kann weder ein Zeitpunkt für ein Ereignis festgehalten, noch die zeitliche Abhängigkeit bestimmt werden. Dies entspricht insofern der Realität, als in einem verteilten System keine globale Zeit existiert. In Petrinetzen bedeutet die Gleichzeitigkeit von Ereignissen eigentlich Unabhängigkeit von Ereignissen. Zur Untersuchung der Leistungsfähigkeit oder zur Simulation eines modellierten Ablaufs muß jedoch oft auch die Dauer eines Prozesses oder Ereignisses spezifiziert werden. Ursprünglich erlaubten Petrinetze auch keine Modellierung der Zeit. Diese Lücke ist aber inzwischen durch die Erweiterungen zu zeitbehafteten Petrinetzen (Timed Petrinets) geschlossen worden. Um diese Eigenschaft in einem Petrinetz darzustellen, müssen die Marken eine bestimmte Zeitdauer auf einer Stelle verharren, bevor die Transition schaltet. Abhängig vom verwendeten Netzmodell werden diese Zeitangaben entweder in den Stellen oder in den Transitionen festgehalten.

6.5 Softwareunterstützung für organisatorische Aufgaben

6.5.1 PC-Software

Der große Durchbruch des PCs ist vor allem auf das umfangreiche Angebot leistungsfähiger Software zu günstigen Preisen zurückzuführen. Häufig wird der Begriff PC-Software gleichgesetzt mit Endbenutzerwerkzeugen und umfaßt damit alle Programme, die als persönliches Werkzeug am Arbeitsplatz eingesetzt werden können. Die Software ist z.T. sehr allgemein einsetzbar, so daß sie auch für andere Aufgabenbereiche (z.B. Marketing, Controlling) in gleicher Weise geeignet ist. Die Auswahl der hier vorgestellten Software ist keineswegs vollständig und kann es auch aufgrund der ständigen Neuentwicklungen gar nicht sein; sie soll jedoch die Produktvielfalt verdeutlichen und einen Überblick über die Einsatzmöglichkeiten geben. Die Auswahl von Demonstrationsbeispielen erfolgte vor allem unter didaktischen Gesichtspunkten (z.B. Anschaulichkeit) und erlaubt keinen Rückschluß auf eine eventuelle Überlegenheit der dargestellten Software gegenüber anderen Produkten.

Zur Unterstützung von organisatorischen Aufgaben bieten sich folgende Klassen von PC-Software an:

• Textverarbeitung,
• Tabellenkalkulation,
• Datenbank,
• Grafik,
• Projektmanagement und Terminverwaltung,
• Desktop-Publishing,
• Storyboard,
• Agenda-System,
• Ideenprozessor.

Je nach Aufgabenstellung ergeben sich unterschiedliche Nutzungsmöglichkeiten und Einsatzschwerpunkte dieser Software. Die Nutzungsformen der einzelnen Programme reichen von der individuellen Informationsverarbeitung für Führungskräfte, der Auswertung von Erhebungen, dem Einsatz für Planungsaufgaben, der Durchführung von Nutzwertanalysen, dem Verwalten von Adressen oder sonstigen strukturierten Daten, dem Erstellen von Berichten, Organisationshandbüchern und Dokumentationsunterlagen bis zur Erstellung von

Präsentations- oder Schulungsunterlagen. Da die meisten dieser Programme bereits allgemein bekannt sind, beschränken sich die nachfolgenden Erläuterungen lediglich auf neuere Entwicklungen. Tabellenkalkulationsprogramme, Projektmanagement-Software und Grafik-Software werden in separaten Kapiteln näher erläutert.

Desktop-Publishing erlaubt die Gestaltung und den Druck von Dokumenten direkt am Schreibtisch des Bearbeiters. Bisher waren solche Tätigkeiten nur mit sehr teuren Satzcomputern zu bewältigen. Es gibt heute aber bereits leistungsfähige PC-Softwareprodukte, die das Erstellen qualitativ hochwertiger und druckfertiger Unterlagen direkt am Arbeitsplatz ermöglichen. Beispiele dafür sind Pagemaker, Ventura Publisher, Typostar und Textline (vgl. Huckert 1989, Nomina 1987).

Unter **Storyboards** versteht man im wesentlichen Programme zur Erstellung von Overheadfolien oder folienartigen Bildschirmformaten. Durch die Möglichkeit des Einsatzes von Farben oder Bewegtbildern, der Definition von Bildfolgen usw. unterstützen sie die anschauliche Darstellung von Sachverhalten. Die "Folien" können bei Bedarf großflächig projeziert oder auf andere Terminals in einem lokalen Netz übertragen werden.

Ideenprozessoren dienen dazu, Texte zu erfassen, Beziehungen (insbesondere hierarchische) zwischen einzelnen Textelementen herzustellen und unter Berücksichtigung dieser Beziehungen Auswertungen zu erstellen (Dinkelbach 1989). Sie sollen vor allem die gedankliche Arbeit beim Erstellen von Texten unterstützen und vereinigen Funktionen von Textverarbeitungs- und Datenbanksystemen. Ideenprozessoren können in Index-Karten-Systeme (z.B. Executive Writer, Executive Filer, CREF) und Outline-Prozessoren (z.B. Think-Tank, MaxThink) unterschieden werden. Kombinierte Systeme wie FRAMEWORK und MIKROPOLIS verbinden die Funktionen beider Systeme (Dinkelbach 1989, Hershey 1985, vgl. auch Hofmann et al. 1989).

Agenda-Systeme erlauben das persönliche Management von Informationen, die beim Anwender ungeordnet eintreffen oder anfallen (Nastansky 1989). Eine Verwandtschaft besteht zu Ideenprozessoren und Hypermedia-Systemen. Die grundlegenden Konzepte von Agenda-Systemen umfassen Items (Kurztexte), Notes (Langtexte), Kategorien (Verknüpfung und Indizierung der Texte) und Views (Benutzerschnittstelle, Masken- und Reportfunktion). Implizite Zeitkategorien erlauben auch ein Zeitmanagement. Dabei können durch Verwendung von KI-Methoden u.a. Texte wie "in zwei Wochen" oder "jeden Montag" automatisch in Termine umgesetzt werden (vgl. Nastansky 1989).

Ein wesentliches Problem - besonders beim Einsatz von PC-Software - ist die Integration von verschiedenen Funktionen, Medien und Programmen (vgl. Nastansky 1989, Grollmann et al. 1989). Die am Markt verfügbare Software bietet dafür unterschiedliche Möglichkeiten. Die Datenübergabe kann entweder direkt oder über normierte Datenaustauschformate erfolgen. Nachteilig dabei ist, daß in der Regel sehr heterogene Benutzeroberflächen bestehen. Integrierte Programmsysteme haben diesen Nachteil nicht. Die verfügbaren Systemfunktionen sind über ein gemeinsames, systeminternes Datenformat integriert und die Benutzeroberfläche ist weitgehend homogen, dafür ist der Funktionsumfang begrenzt. Integrative grafische Benutzeroberflächen wie GEM, MS-Windows, X-Windows, SQL-Windows, Presentation Manager oder TopView bieten sowohl eine einheitliche Benutzeroberfläche als auch Erweiterungsmöglichkeiten im Funktions- und Programmumfang (vgl. Finke/Hartstock 1987, Hibbeler 1989, Gupta 1988, Mauri 1987, Müller 1989). Das Fenstersystem verwaltet dabei den Fensterrahmen; der Ein-/Ausgabebereich wird jedoch von den Programmen selbst verwaltet. Dies hat die Nachteile, daß ein Wechsel des Fenstersystems eine Neuimplementierung der Anwendungen nach sich zieht und eine Änderung im Dialogverhalten einer Anwendung nur schwer durchführbar ist. Diese Nachteile versuchen User-Interface-Management-Systeme durch eine zusätzliche Schicht zwischen Anwendung und Benutzungsoberfläche, die den Ein-/Ausgabebereich verwaltet, auszugleichen. Beispiele dafür sind THESEUS und Dialog Manager (vgl. Hibbeler 1989, Fischer/Gunzenhäuser 1986, Heimlich 1989, Muth/Neumann 1989).

6.5.2 Projektmanagement-Software

Der Einsatz von Software kann eine wertvolle Hilfe sein, um einerseits den Projekt-Verwaltungsaufwand zu reduzieren und andererseits die Informationen über den Stand des jeweiligen Projekts zu verbessern. Sowohl die Projektplanung als auch die Projektüberwachung können wirkungsvoll unterstützt werden. Spezielle Hilfsmittel der Projektadministration wie Projektbibliothek, Data-Dictionary und Zeit-Erfassungssystem können als Ergänzung dienen. Die Verbindung einzelner Instrumente in einem Gesamtsystem wird als Projektinformationssystem oder Projektmanagementsystem bezeichnet. Ein solches Projektmanagementsystem kann die Projektarbeit in folgenden Punkten unterstützen:

• Projektplanung (z.B. Projektstrukturplan, Termin- und Ablaufplan, Kapazitätsplan, Kostenplan, Netzplanerstellung);

• Projektsteuerung (z.B. Aufzeigen von Entscheidungsgrundlagen, Ermittlung von Alternativen durch Simulationsläufe, Trend- und Prognoserechnung, Optimierung des Finanzbedarfs);

- Projektkontrolle (z.B. Projektkostenerfassung, Projektfortschrittsberichte, Terminüberwachung, Rechnungsverfolgung, Lieferkontrolle);

- Projektdokumentation (z.B. Projektbibliothek, Vertragsdokumentation).

Das Angebot an Software zur Unterstützung des Projektmanagements ist sehr umfangreich. Ein Überblick findet sich z.B. bei Curth/Weiß (1987), Kuba (1987), Wulffen (1987) und Nomina (1987). Die Notwendigkeit integrierter Projekt-Informationssysteme ist zwar unbestritten, dennoch existieren bislang kaum Systeme, die diese Bezeichnung verdienen. Oft werden unter dieser Bezeichnung lediglich Programme zur Erstellung von Netzplänen in Verbindung mit mehr oder minder komfortablen Soll-Ist-Auswertungen angeboten. Am Beispiel von zwei Projektmanagement-Programmen für PCs, Mac Project und Micro Planner, wird der Funktionsumfang solcher Produkte näher beschrieben.

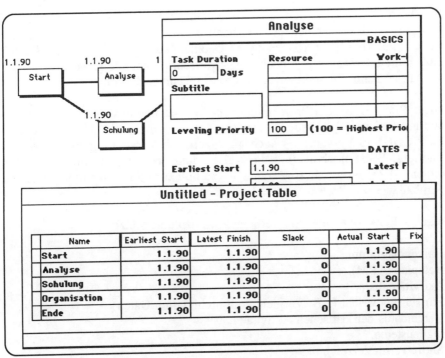

Abb. 6-50: Eingabe der Projektdaten mit MacProject

Mac Project ist auf Systemen von Apple MacIntosh verfügbar. Die Programmbedienung erfolgt menugesteuert mit Fenstertechnik und unter Verwendung einer Maus. Folgende Funktionen und Auswertungen werden unterstützt:

- Netzplan (MPM);
- Ressourcenplan (Zuordnung von Personen und Ressourcen zu Vorgängen);
- Balkenplan (Darstellung kritischer Vorgänge, Pufferzeiten, Meilensteine);
- Vorgangsplan (zeitlicher Ablauf der Vorgänge als Balkenplan);
- Vorgangskosten (feste Kosten und Einnahmen für jeden Vorgang);
- Ressourcenkosten (Kosten pro Zeiteinheit);
- Kostentabelle (Überblick über die zur Verfügung stehenden Finanzmittel);
- Projektübersichtstabelle.

Abbildung 6-50 zeigt einen Bildschirmausschnitt mit einem Netzplan, der mit MacProject erstellt wurde. Die Darstellung des Netzplans wird durch zwei Fenster, die gerade geöffnet sind, überlagert. In die Projekttabelle können die Plan-Daten zu den einzelnen Aktivitäten eingegeben werden. Für die Aktivität "Analyse" ist das entsprechende Fenster zur detaillierten Beschreibung dieser Aktivität geöffnet. Hier können neben Detailangaben wie Dauer der Aktivität und benötigte Ressourcen je nach Projektfortschritt auch die genauen Ist-Werte (z.B. tatsächlicher Ressourcenverbrauch) festgehalten werden.

Micro Planner ist ein Projektplanungs- und -steuerungssystem von Microplanning Software Limited. Dieses Programm wird sowohl für IBM-kompatible PCs (DOS-Version) als auch als MacIntosh-Version angeboten. Menusteuerung, Fenstertechnik und die Verwendung der Maus ermöglichen eine einfache Bedienung. Micro Planner ist komplexer und daher nicht so leicht erlernbar wie MacProject.

Folgende Funktionen und Auswertungen werden unterstützt:

- Balkendiagramm.
- Netzplan (CPM),
- Aktivitätenliste,
- Fortschrittsbericht (z.B. Vergleich mit archivierten Daten)
- Verzeichnis der kritischen Aktivitäten,
- Meilensteine,
- Short-Term-Verzeichnis,
- Histogramm (über die Ressourcenauslastung),
- Kostenbericht,
- Auflistung sämtlicher Projektdaten, Aktivitäten und Ereignisse;
- Möglichkeit des Datenaustauschs mit Multiplan, MacDraw und MacWrite.

Abbildung 6-51 zeigt einen Detailausschnitt eines Netzplans, der mit Micro-Planner erstellt wurde (Aktivität "Analyse und Programmvorgaben erstellen"). Gleichzeitig sind zwei Fenster geöffnet, wo für diese Aktivität die Ressourcenzuordnung vorgenommen werden kann. Die Tabelle der verfügbaren Ressourcen ist eingeblendet und kann durch Anklicken mit der Maus der gerade bearbeiteten Aktivität zugeordnet werden.

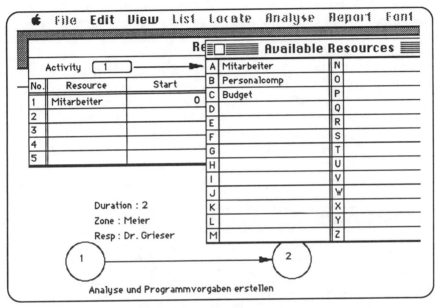

Abb. 6-51: Ressourcenzuordnung in Micro Planner

Das Erstellen und laufende Aktualisieren des Netzplans, das Berechnen der Termine, das Ausdrucken des Netzplans, das automatische Erstellen von Tätigkeitslisten, Balkenplänen usw. wird durch den Einsatz von Software erheblich erleichtert. Die Vorgangs-Knoten-Darstellung weist einige praktische Vorteile wie die Vermeidung von Scheinvorgängen auf, sodaß dieses Verfahren insbesondere in DV-gestützten Verfahren meist Anwendung findet. Die verschiedenen Netzplantypen haben sich im Laufe der Zeit im praktischen Einsatz so weiterentwickelt, daß kaum noch Unterschiede bestehen. Ungewißheiten über die Reihenfolge einzelner Vorgänge oder alternative Durchführungsvarianten können jedoch nur in wenigen Fällen abgebildet werden. Dies führte dazu, daß in neueren Ansätzen weitere Strukturelemente (z.B. Sub-Netzpläne, Entscheidungsblöcke, Auswahlblöcke) eingeführt wurden. Seit einiger Zeit wird auch der Einsatz von Expertensystemen für Aufgaben des Projektmanagements

untersucht. Für diese Systeme liegen aber derzeit noch kaum Anwendungs-
erfahrungen vor (vgl. Lehner 1990).

6.5.3 Organisations-Informationssysteme

Basis von Organisations-Informationssystemen sind Organisations-
Datenbanken. Diese enthalten alle im Zusammenhang mit der Aufbau- und
Ablauforganisation eines Unternehmens relevanten Daten. Das darauf
aufbauende Organisations-Informationssystem unterstützt die Datenbankverwaltung sowie Abfragen und Auswertungen der gespeicherten Daten
(Schöllmann 1986, Martial/Victor 1987, Heilmann 1988, Heilmann 1989, Heil-
mann/Simon 1989, Kurpicz 1990). Leistungsmerkmale von derartigen
Systemen sind u.a.: Grafische Darstellung des Organigramms, Stellenplan,
Stellvertreterplan, Hierarchieplan, Vollmachten, Stellenbeschreibungen, Auf-
gabengliederungsübersichten, Arbeitsanweisungen, Arbeitsabläufe, Kontroll-
pläne. Durch frei definierbare Schlüsselfelder, Listengenerator, Browsing-
Funktionen und Textverarbeitung ergeben meist sich noch zusätzliche Aus-
wertungsmöglichkeiten.

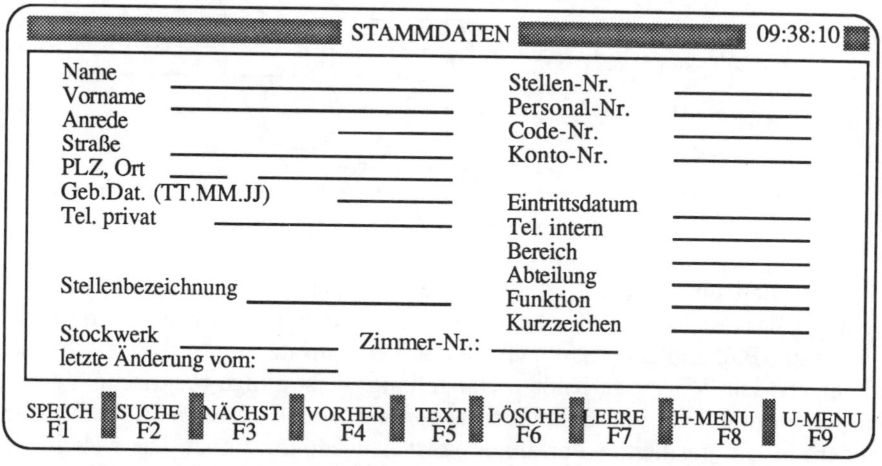

Abb. 6-52: Stammdatenerfassungsmaske eines Organisations-Informationssystems

Ausgehend von Organisations-Datenbanken können in weiteren Ausbaustufen
die gespeicherten Daten analysiert werden und beim Identifizieren organisatorischer Schwachstellen helfen. Auch periodische Soll-Ist-Vergleiche sowie die
Planung der Aufbau- und Ablauforganisation durch Simulationen oder What-
If-Analysen sind in neueren Projekten geplant. Ziele dabei sind u.a. die Verbesserung der Koordination im Unternehmen, die Unterstützung von Längs-
und Querschnittuntersuchungen organisatorischer Lösungen und die Bereit-

stellung eines Informationssystems zur Unterstützung der Organisationsarbeit. Die verfügbaren Werkzeuge beschränken sich allerdings häufig auf die Darstellung, auf die Präsentationsunterstützung und auf die Darstellung bestehender Organisationsstrukturen (Heilmann 1988, Heilmann 1989, Heilmann/Simon 1989, Kurpicz 1990). Abbildung 6-52 zeigt am Beispiel der Organisationssoftware ALF-ORGA den Aufbau der Eingabemaske zur Erfassung der Stammdaten.

6.5.4 Tabellenkalkulationsprogramme

Die Entwicklung der Tabellenkalkulation ist eng mit der Entwicklung und Verbreitung der PCs verbunden. Tabellenkalkulations-Programme werden auch als Spreadsheet- oder Kalkulations-Programme bezeichnet. Sie zählen zu den sogenannten Endbenutzerwerkzeugen. Neben einer einfachen Benutzeroberfläche, welche die Lösung von Routineaufgaben unterstützt, steht meist eine Programmiersprache zur Verfügung, die dem geübten Benutzer auch die Lösung komplexer Aufgaben ermöglicht.

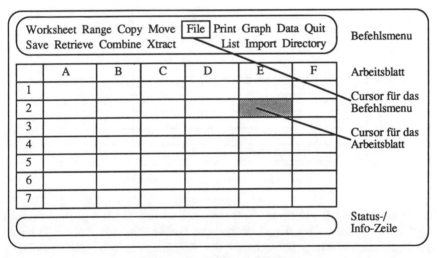

Abb. 6-53: Aufbau des Arbeitsblatts

Grundlage für jedes Tabellenkalkulations-Programm ist das Arbeitsblatt. Der strukturelle Aufbau des Arbeitsblatts wird in Abbildung 6-53 gezeigt. Die Daten werden in Form einer Tabelle bzw. Matrix strukturiert dargestellt. Mit dem Cursor kann jede Zelle der Tabelle erreicht werden. Der Cursor wird auf die Zelle positioniert, in der eine Dateneingabe gewünscht wird oder die durch einen Befehl bearbeitet werden soll. Die Zeilen der Tabelle werden mit einer fortlaufenden Nummer, die Spalten mit Nummern oder Buchstaben bezeichnet.

Damit hat jede Zelle eine eindeutige Adresse, die sich aus der Bezeichnung der
Spalte und der Zeile zusammensetzt (z.B. A1, A2, F7). Diese Adresse wird benötigt, wenn der Inhalt einer Zelle zu weiteren Berechnungen in einer Formel
oder in einer Funktion verwendet wird. Aufgrund der begrenzten physischen
Bildschirmgröße kann immer nur ein Ausschnitt des Arbeitsblatts sichtbar sein.
Mit Funktionstasten ist das Blättern im Arbeitsblatt möglich, sodaß jeder
beliebige Tabellenausschnitt sichtbar gemacht werden kann.

	A	B	C	D	E	F	
1			Projektaufwandstatistik				
2	Vertreter	Jan.	Feb.	März		Summe	
3							
4	Maier	124	0	111		235	Datendarstellung
5	Johnson	33	110	27		170	
6	Gruber	7	8	9		24	
7							
8	Summe	164	118	147		429	

	A	B	C	D	E	F	
1			Projektaufwandstatistik				
2	Vertreter	Jan.	Feb.	März		Summe	
3							
4	Maier	124	0	111		+SUM(B4.D4)	Formeldarstellung
5	Johnson	33	110	27		+SUM(B5.D5)	
6	Gruber	7	8	9		+SUM(B6.D6)	
7							
8	Summe	B4.B6	C4.C6	D4.D6		+SUM(F4.F6)	

Abb. 6-54: Beispiel eines Kalkulationsmodells

Die Größe der am Bildschirm sichtbaren Zelle kann durch den Benutzer festgelegt bzw. verändert werden. Durch diese Größe wird die Anzahl der sichtbaren Zeichen definiert. Die Anzahl der Zeichen, die pro Zelle gespeichert
werden können (Bandbreite zwischen 40 und 260 Zeichen), wird von dieser
Größe nicht beeinflußt. Vier Datenarten werden unterschieden: Texte, Zahlen,
Funktionen und Formeln. Bei der Dateneingabe wird vom Kalkulationspro-
gramm automatisch erkannt, welche Datenart vorliegt. In der Anzeige kann der
Benutzer zwischen der Darstellung der Formeln und der Darstellung der
Ergebnisse wechseln. Abbildung 6-54 zeigt ein Kalkulationsmodell in der
Datendarstellung und in der Formeldarstellung.

Die Anwendungsmöglichkeiten von Tabellenkalkulations-Programmen sind so vielfältig, daß die Aufzählung von Aufgaben nur Beispielcharakter haben kann. Typische Aufgaben im Rahmen der Projektplanung und -durchführung sind: Kalkulation, Kosten- und Terminplanung, Reisekostenaufstellung, Spesenabrechnung, Finanzpläne, Angebote. Diese Aufgaben haben folgende gemeinsame Merkmale:

• geringes bis mittleres Datenvolumen,
• überwiegend numerische Daten,
• gleichbleibendes Rechenschema und
• dezentrale Verfügbarkeit der Daten und der Ergebnisse.

Grenzen für die Einsetzbarkeit von Tabellenkalkulations-Programmen sind große Datenmengen und überwiegend nicht numerische Daten und Aufgaben, für deren Lösung komplexe Algorithmen erforderlich sind.

Datenspeicherung: Das Tabellenkalkulations-Programm dient zur strukturierten Speicherung und zum Abrufen von Daten. Damit erfüllt es im wesentlichen die Funktionen eines einfachen Datenbanksystems. Beispiele sind Terminpläne, Kostenaufstellungen, Meilensteinliste, Tätigkeitsliste und Ressourcenübersicht.

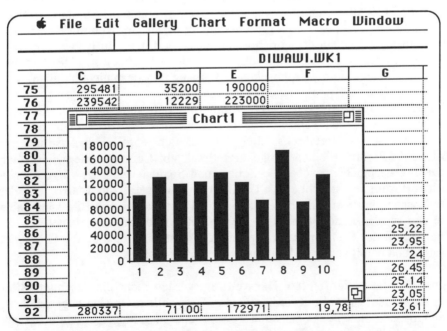

Abb. 6-55: Grafische Datenaufbereitung in Tabellenkalkulationsprogrammen

Modellberechnung: Numerische Daten werden nach einem vorgegebenen Rechenschema verknüpft. Beispiele sind die Kalkulation von Angeboten und das Erstellen von Finanzierungsplänen.

Was/Wenn-Analysen: Eine typische Fragestellung bei Planungsentscheidungen ist, was passiert, wenn bestimmte Bedingungen vorliegen. Durch die automatische Neuberechnung des Kalkulationsmodells bei der Eingabe neuer Daten können Entscheidungssituationen einfach durchgespielt werden. Ein Beispiel ist die Ermittlung der Auswirkung von Zinssatzänderungen auf den Finanzierungsplan.

Grafische Datenaufbereitung: Das numerische Datenmaterial wird in möglichst übersichtlicher Form als Grafik aufbereitet. Besonders häufig werden Kreis-, Linien- und Balkendiagramme verwendet. Abbildung 6-55 zeigt ein Beispiel für die grafische Aufbereitung im Tabellenkalkulationsprogramm EXCEL unter Verwendung der Fenstertechnik.

6.5.5 Grafik-Software

Grafik-Software stellt eine wertvolle Unterstützung bei allen Aufgaben, die eine anschauliche Repräsentation komplexer Strukturen oder Sachverhalte erfordern, dar. In der einfachsten Form, als grafische Beschreibungssprache, wird die Darstellung und Verwaltung der bisher manuell erstellten Grafiken automatisiert. Technisch kann die Darstellung dieser Grafiken mit dem pixel-, dem objekt- oder dem datenorientierten Ansatz erfolgen. In begrenztem Umfang ist es möglich, daten- und objektorientierte Grafiken in eine Pixeldarstellung umzuwandeln. Der umgekehrte Vorgang ist jedoch nicht möglich.

Bei der **pixelorientierten Darstellung** orientiert sich die Form der Bildgestaltung an den auf Papier oder Bildschirm zu setzenden Bildpunkten. Die Bezeichnung des Verfahrens leitet sich aus dem englischen Ausdruck für Bildpunkt Picture Element, abgekürzt Pixel, ab. Computerintern wird eine Matrix abgespeichert, wobei die Zeilen- und Spaltenanzahl der vorgesehenen Bildauflösung entspricht. Das Grafikprogramm setzt die Matrix bei der Bildausgabe in unterschiedliche Grau- oder Farbtöne um. Ein Bild kann dabei nie als Ganzes, sondern nur über seine einzelnen Bildpunkte bearbeitet werden. Die Anzahl der Bildpunkte pro Grundfläche bestimmt letztlich die Größe der Matrix und damit auch die Auflösung bzw. Druckqualität.

Bei der **objektorientierten Darstellung** werden nicht die gesamten Bildpunkte, sondern nur die Koordinaten der dargestellten Objekte abgespeichert. Die Objekte können dann einzeln angewählt oder zu Gruppen zusammengefaßt und bearbeitet werden. Grundfunktionen bei der Bearbeitung sind die Veränderung der Objektgröße, der Positionierung oder des verwendeten Musters. Zweidimensionale Programme verwenden dabei als Grundelemente zur Bilddarstellung Linien, Kreise, Ellipsen und verschiedene Formen von Vielecken.

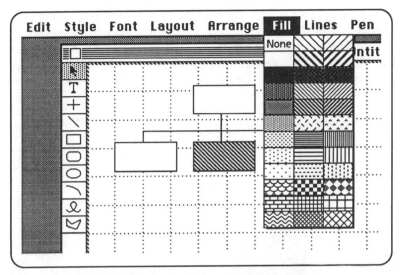

Abb. 6-56: Benutzeroberfläche eines Grafikprogramms

Eines der bekanntesten objektorientierten und zweidimensionalen Programme ist DRAW. Bei diesem Programm werden die verschiedenen Möglichkeiten zur Objekterzeugung am linken Bildschirmrand angeboten. Nach dem Anklicken des entsprechenden Symbols mit Hilfe des Cursors kann das gewünschte Objekt mit der Maus an einer beliebigen Bildschirmstelle generiert werden. Abbildung 6-56 zeigt die Benutzeroberfläche von DRAW, wo gerade mit Hilfe des Pull-Down-Menus ein Muster ausgewählt wird.

Die **datenorientierte Darstellung** gewinnt besonders bei betriebswirtschaftlichen Anwendungen in Form der grafischen Aufbereitung von Zahlen immer mehr an Bedeutung. Im wesentlichen haben sich folgende Standardgrafiken durchgesetzt:

• Liniendiagramme
• Tortendiagramme oder Pie-Charts;
• Balkendiagramme oder Histogramme;
• Streu- oder XY-Diagramme.

Häufig ist die datenorientierte Darstellung mit einem anderen Programm (z.B. Tabellenkalkulationsprogramm, Projektmanagementsoftware oder Datenbank-

system) kombiniert. Abbildung 6-57 zeigt dies am Beispiel der grafischen
Datenaufbereitung im Tabellenkalkulationsprogramm EXCEL (vgl. auch Abbildung 6-55). Die gewählte Form der Grafik kann automatisch in jede andere
der angeführten Standardgrafiken umgewandelt werden. In der Abbildung ist
ein Fenster eingeblendet, das die Auswahl unter verschiedenen Formen der
Liniengrafik erlaubt. Durch Anklicken eines der vorgeschlagenen Muster werden die Daten, die am Bildschirm noch als Balkendiagramm dargestellt sind, in
das gewählte Format umgesetzt. Das Ergebnis kann bei Bedarf auf einfache
Weise in ein Textverarbeitungsprogramm übernommen werden.

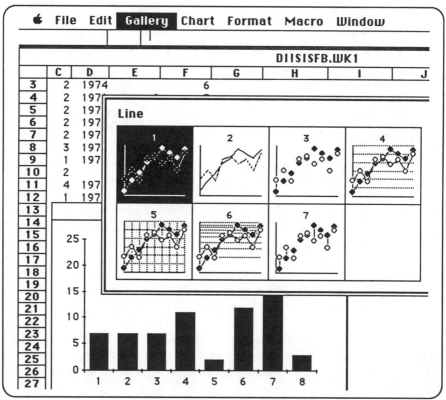

Abb. 6-57: Grafische Datenaufbereitung in einem Tabellenkalkulationsprogramm

6.5.6 Werkzeuge für die Ablauf- und Prozeßgestaltung

Während sich die Aufbauorganisation mit den heute verfügbaren Werkzeugen
gut repräsentieren läßt, ist die Darstellung von Abläufen und die Unterstützung
der Prozeßgestaltung schwierig, weil viele Vorgänge wegen sich ändernder
Umweltbedingungen nicht vollständig beschrieben werden können. Aus dem

heute bestehenden Verständnis der Problemstellung resultiert die Forderung, für die Ablauforganisation Vorgänge nicht vollständig, sondern nur als lose Kopplung einzelner Aktionen darzustellen (Victor/Sommer/Martial 1989). Von einer durchgängigen und verbreiteten Unterstützung der Ablauf- und Prozeßorganisation kann zwar noch immer nicht gesprochen werden, es sind jedoch bereits Teillösungen und Werkzeuge vorhanden, die wichtige Aufgabenbereiche unterstützen. Aus Werkzeugsicht kann u.a. zwischen grafischen Beschreibungssprachen, CASE-Tools, Petrinetz-Software und Werkzeugen der Büroautomatisierung unterschieden werden. Der Vorteil gegenüber herkömmlichen, manuellen Methoden und Techniken ergibt sich primär durch die Computerunterstützung. Diese ermöglicht die einfache Dokumentation, Aktualisierung und Verwaltung der betrieblichen Abläufe. Die unterstützten Aufgabenbereiche können den gesamten Planungs- und Gestaltungsprozeß umfassen und bieten u.a. Hilfestellung bei der problemgerechten Datenerfassung, der Analyse der bestehenden Abläufe, der Bewertung und Erarbeitung von Lösungsvorschlägen bzw. Teilen dieser Aufgaben. Auf Überschneidungen der genannten Werkzeugklassen (z.B. Werkzeuge zur Büroautomatisierung auf der Basis von Petrinetzen) wird hier nicht näher eingegangen.

Abbildung 6-58 zeigt einen Bildschirmaufbau, wie er für **grafische Beschreibungssprachen** typisch ist. Gezeigt wird die Darstellung eines Ablaufs im Entwurfsstadium. Mit Hilfe des eingeblendeten Pull-Down-Menus kann die Darstellungsform der in der Zeichnung aktivierten Linie verändert werden (z.B. Pfeildarstellung). Solche Beschreibungssprachen beschränken sich in ihrer Funktion auf die Automatisierung der Ablaufdarstellung, bieten darüberhinaus aber keine Möglichkeit zur Analyse oder Simulation von Abläufen. Neben der isolierten Verwendung als Dokumentationswerkzeug finden grafische Beschreibungssprachen in praktisch allen Werkzeugen zur softwareunterstützten Ablauf- und Prozeßgestaltung Verwendung.

CASE-Tools (CASE = Computer Aided Software Engineering) wurden primär für die Unterstützung des Softwareentwicklungsprozesses geschaffen. Sie betrachten die Abläufe vorwiegend aus der Sicht der Informationsflüsse. Da sie jedoch meist sehr flexibel einsetzbar sind, werden sie immer häufiger für organisatorische Aufgaben herangezogen bzw. um entsprechende Funktionen erweitert. Beispiele für Werkzeuge, die auf Structured Analysis (vgl. Kapitel 6.4.3) oder verwandten Methoden aufbauen, sind Promod, Maestro II, Innovator, Excellerator und Power Tools. In manchen Werkzeugen können verschiedene (Darstellungs-)Methoden wie Ablaufdiagramme, Organigramme, Datenmodelle, Flußdiagramme, Interaktionsdiagramme, Prototyping usw. parallel verwendet oder miteinander verknüpft werden. Die Verbindung zwischen den einzelnen Methoden wird gewöhnlich über ein zentrales Data-Dictionary hergestellt und soll die möglichst vollständige Unterstützung aller Phasen der Softwareentwicklung gewährleisten. Beispiele für solche integrativen Werkzeuge sind BLUES, IEW, MetaDesign und ProKit Workbench (vgl. Balzert 1985, Balzert 1989, GEI 1987, Lippe 1989).

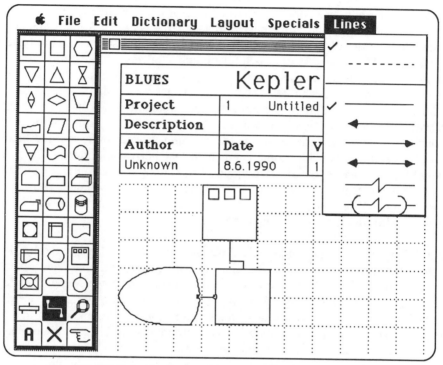

Abb. 6-58: Grafische Beschreibungssprache zur Darstellung von Abläufen

Petrinetz-Software ist ein Hilfsmittel zur automatisierten Darstellung von Petrinetzen (vgl. Kapitel 6.4.4). Die meisten heute verfügbaren Programme unterstützen neben der Darstellung von Petrinetzen auch die Simulation der dargestellten Abläufe (vgl. Haneke 1984, Reisig 1985, Reisig 1986, GI 1984, siehe auch Leszak/Eggert 1989, Nomina 1987). Eine spezialisierte Form der Petrinetze findet man in den sogenannten Jörg/Gscheidle-Diagrammen, die ebenfalls seit längerem zur Darstellung und Analyse von Abläufen eingesetzt werden. Sie sind jedoch nicht so stark formalisiert wie dies bei Petrinetzen üblich ist, d.h. Eigenschaften wie Erreichbarkeit, Lebendigkeit, Sicherheit usw., sind nicht formal definiert. Sie dienen damit der Darstellung dynamischer Vorgänge ohne Rücksicht auf eventuelle Berechenbarkeitseigenschaften. Ein besonderer Vorteil liegt in der Anpasssungsmöglichkeit an die Nomenklatur des Benutzers (vgl. Wurch 1983).

Werkzeuge zur Büroautomation dienen zur Unterstützung der Aufgaben, die bei der Analyse und Gestaltung von Bürosystemen anfallen. Unter diesen oder ähnlichen Bezeichnungen werden heute eine größere Anzahl von (teilweise) softwareunterstützten Methoden und Techniken angeboten. In manchen Methoden wird versucht, mit sogenannten Office Specification Languages eine formale Darstellung der Abläufe zu erreichen, die dann computergestützt weiter verarbeitet werden können. Die Notwendigkeit des Einsatzes von Methoden zur Analyse und Gestaltung der Büroarbeit ist heute unbestritten. Erfahrungen in der Vergangenheit machten deutlich, daß die Ausschöpfung des Potentials der verfügbaren Bürokommunikationstechniken nur durch eine systematische Methodenunterstützung gelingt. Zum Teil hängt dies damit zusammen, daß die Einführung von Bürosystemen nicht isoliert gesehen werden kann, sondern eng mit anderen betrieblichen Abläufen zusammenhängt. Eine Analyse kann sich daher gewöhnlich nicht auf das zu untersuchende oder umzugestaltende "Büro" beschränken (vgl. Baron et al 1990).

Von einer durchgängigen oder verbreiteten Computerunterstützung bei der Gestaltung von Büroabläufen kann allerdings noch nicht gesprochen werden. Meist konzentriert sich das Angebot der methodischen Unterstützung auf die Tätigkeits- und Kommunikationsanalyse sowie auf die anschauliche Darstellung der Abläufe. Ein Überblick über verschiedene Ansätze findet sich z.B. bei Haneke (1984), Schmidt (1989) und Walbrück (1986). In praktisch allen bekannten Ansätzen findet sich ein Reduktions-Mechanismus. Angestrebt wird dabei eine Optimierung von Kriterien wie Durchlaufzeit, Informationsflüsse, Datenmengen und Bearbeitungszeit. Nachfolgend werden exemplarisch einige dieser Werkzeuge kurz dargestellt (vgl. Niemeier/Ness/Reim 1987, Ness/Reim 1987, Niemeier 1987, Hoyer 1988, Kredel 1988, Schönecker/Nippa 1990).

Das Vorgangssystem **DOMINO** automatisiert Vorgänge in einer Organisation, die nach bestimmten Regeln immer gleich ablaufen. Das DOMINO-System stellt einen Skelettplan zur Lösung einer bestimmten Aufgabe zur Verfügung. Dieser muß noch zu einem Handlungsplan vervollständigt werden, indem sich der Benutzer für eine bestimmte Handlung entscheidet und diese ausführt. Diese Vorgehensweise entspricht dem von Friedland entwickeltem Planen auf der Basis von Skelettplänen. Mit der grafischen Modellierungssprache GRAPES werden das Unternehmensmodell und die Arbeitsabläufe abgebildet. Der Organisator bekommt Hilfestellung beim Entwurf neuer Ablaufvarianten in Form von Zeitauswertungen, Wirtschaftlichkeitsanalysen und der Möglichkeit von Simulationen (vgl. Kreifelts 1984, Friedland/Iwasaki 1985, Lüder/Schirmer 1989).

FAOR (Functional Analysis of Office Requirements) ist eine speziell für den Bürobereich angepaßte Methode, die eine bedarfsgerechte Gestaltung der technisch-organisatorisch unterstützten Büroarbeit ermöglicht. Das Ergebnis der Methodenanwendung ist eine Aufstellung der Anforderungen an ein Bürosystem in technischer, organisatorischer, personeller und wirtschaftlicher Hinsicht sowie die Einbettung dieses Systems in den Arbeitsablauf. Sowohl für die Durchführung der Analyse als auch für die Vorgehensweise bei Bewertungsfragen kann ein vorhandenes Referenzwissen verwendet werden. Für die Erhebung und Analyse der erforderlichen Daten steht ein umfangreiches computerunterstütztes Instrumentarium zur Verfügung (vgl. Hoyer 1988, Niemeier 1987).

KSS (Kommunikationssystem-Studie), in den USA auch als **ISS** (Information System Study) bezeichnet, ist ein von IBM entwickeltes Verfahren, welches erlaubt, die Qualität und den Fluß von Informationen innerhalb einer Organisation zu analysieren. Die rechnerische Ermittlung eines definierten Zufriedenheitsgrads gibt Hinweise auf Schwachstellen in der Informationsversorgung. Im Rahmen einer Simulation kann festgestellt werden, wie sich der Wirkungsgrad der Informationsversorgung ändern würde, wenn für bestimmte Bereiche ein optimaler Zufriedenheitsgrad unterstellt wird. Für Prozesse, die in hohem Maße Daten austauschen, wird eine Reorganisation in Form der Bildung von Subsystemen vorgeschlagen (datenorientierte Ablaufintegration). Mit Hilfe des errechneten Isolations- und Interaktionsfaktors wird die Zusammenfassung in Organisationseinheiten unterstützt. Analog zum Zufriedenheitsgrad sind auch für die Unterstützung der strukturellen Gestaltung Statistiken und Simulationen vorgesehen (vgl. Vetter 1988).

INFORA IMAGE deckt das gesamte Aufgabenspektrum von der Analyse bis zur Lösungsbewertung einschließlich der Simulation ab. Es handelt sich dabei um die Weiterentwicklung der Methode **VERIKS** (Verbesserung der innerbetrieblichen Kommunikationssysteme), die zur Unterstützung bei der Verbesserung interner Informations- und Kommunikationssysteme entwickelt wurde. Unterstützt wird vor allem die organisatorische Gestaltung des Büros von der Arbeitsplatzgestaltung bis zur unternehmensumfassenden Planung. Der Einsatz der Methode soll u.a. die Straffung des Berichtswesens und die Vereinheitlichung der Kommunikationsbeziehungen und -techniken und damit eine konzeptionelle Basis für den Technologieeinsatz ermöglichen. Je nach Anwendungsfall können die einzelnen Bausteine von INFORA IMAGE in Kombination eingesetzt werden und bilden damit ein umfassendes Analyse- und Gestaltungsinstrument (vgl. Ness/Reim 1987, Niemeier/Ness/Reim 1987, Schönecker/Nippa 1990).

MOSAIK (Modulares organisationsbezogenes System zur Analyse und Implementierung von Kommunikationstechnik) ist eine Methode zur Ermittlung und Analyse von Kommunikationsdaten im Büro. MOSAIK ist gleichzeitig Werkzeug von OECOS (Organisations-Engineering für Communikations- und Organisationssysteme) der Firma Siemens und verfolgt einen prozeßorientierten Ansatz zur Kommunikations-Netzwerk-Analyse in mehreren hierarchischen Ebenen der untersuchten Organisation. Für die Analyse stehen Checklisten und Vergleiche zur Verfügung. Der Schwerpunkt der Methode liegt auf der Erhebung und Auswertung der aufgabenbezogenen Daten. Sie unterstützt auch die Auswahl zwischen unterschiedlichen technischen Lösungsmöglichkeiten. Eine Simulation ist nicht vorgesehen (vgl. Ness/Reim 1987, Niemeier 1987, Hoyer 1988).

OAM (Office Analysis Methodology) wurde am MIT entwickelt. Diese Methode dient zur Beschreibung und Analyse von Büroabläufen, konzentriert sich in seiner derzeitigen Form jedoch vornehmlich auf strukturierte Vorgänge. Die Vorgänge werden anhand der Objekte beschrieben, die sie bearbeiten. Orientierungspunkte sind Formulare, wobei allerdings nur die Informationsinhalte betrachtet werden. Das Ergebnis von OAM ist eine gut strukturierte Beschreibung der Büroabläufe unter Hinzuziehung aller vorhandenen Informationssammlungen (vgl. Hoyer 1988).

OSSAD (Office Support Systems Analysis and Design) wurde im Rahmen des ESPRIT-Programms der Europäischen Gemeinschaft entwickelt. OSSAD unterstützt die Analyse von Büroumgebungen sowie die Neugestaltung eines definierten Untersuchungsbereichs unter Einbeziehung personeller, organisatorischer sowie informations- und kommunikationstechnischer Gestaltungsmittel. Für die jeweilige Einsatzphase der Vorgehensmethode stehen entsprechende Werkzeuge einschließlich OrgSolution, einer Software zur Datenauswertung und Dateninterpretation zur Verfügung. Die Vorgehensmethode gliedert sich in drei Phasen. Die Bürostrukturanalyse dient zur Erfassung der aktuellen Bürosituation und zur Analyse von Schwachstellen. Der Bürosystementwurf unterstützt die Erarbeitung von alternativen Sollkonzepten. Die Bürosystemrealisierung umfaßt die Umsetzung eines Entwurfsvorschlages und eine abschließende Erfolgsmessung (vgl. Baron/Beslmüller 1989, Baron et al. 1990).

Quinault wurde von Xerox PARC entwickelt und ist ein interaktives Programm, das sich aus Werkzeugen zum Erstellen, Analysieren und Simulieren von Information Control Nets zusammensetzt. Wegen der zugrundeliegenden formalen Beschreibungssprache der Information Control Nets muß der Gestaltungsbereich durch einen hohen Strukturierungsgrad gekennzeichnet sein (vgl. dazu auch Thost 1990). Über eine menugesteuerte und grafische Benutzeroberfläche kann der Planer ein Modell der Arbeitsabläufe erstellen. Als Arbeitsumgebung dient ein auf einem lokalen Netz verteiltes Bürosystem. Damit ist die wirklichkeitsnahe Modellierung und Analyse von verteilten Bürosystemen möglich. Mit speziellen Analyseprogrammen können z.B. Durchlaufzeiten und statistische Analysen bestimmter Tätigkeiten durchgeführt werden (vgl. Ness/-Reim 1987, Niemeier 1987, Hoyer 1988).

Methode Kriterium	DOMINO	FAOR	KSS	MOSAIK	OAM	Quinault
Anwendungs- bereich	Spezifikation/ Steuerung v. strukturierten Bürovorgäng.	Anforderungs- analyse und Bewertung	Entwurf einer unternehmens- weiten Kom- munikations- Architektur	Büroprozesse im gesamten Unternehmen	Darstellung von Büro- Abläufen	Planung von Büroabläufen
theoretische oder method.Grundlage	Petrinetze	Soft Systems Methodology	BSP	Prozeß- orientierung	Office Spec. Language	Information Control Nets
Anwendungs- voraussetzungen und Anpaßbarkeit	nur für struk- turierte Pro- zesse; UNIX	individuelle Anpassungen mögl.; Exper- tenanleitung	geringe An- paßbarkeit; hohe Rech- nerkapazität	Hersteller- bezogen; An- paßbarkeit gering	große Flexi- bilität; Begrif- fe zT. schwer verständlich	Eignung nur für kleine u. strukturierte Bereiche
Planungs- unterstützung	ja; Planungs- ziele müssen bereits exist.	ja; speziell durch Bewer- tungsmodul	als Zusam- menfassung v.Funktionen	lediglich Rah- menplan für das Vorgehen	keine; rein deskriptiver Ansatz	ja; bzgl. Ab- laufstruktur u. Simulation
Benutzer- beteiligung	ja; Benutzer arbeiten selbst mit DOMINO	abhängig von Projektteam und Phase	in Form der Qualitätsein- schätzung	Information der Arbeitneh- mervertretung	keine; rein deskriptiver Ansatz	nicht vorge- sehen
Vorteile durch Einsatz der Methode	durch DOMINO selbst keine Vorteile	sehr hoch durch Prob- lemfindungs- komponente	nicht nach- weisbar	Vorteile durch Aufgliederung auf der Ebene der Gesamt- organisation	gering wegen unstrukt. Vor- gehensweise u. Begriffs- probleme	keine, Ana- lyse d. unter- suchten Be- reichs wird vorausgesetzt

Abb. 6-59: Vergleich ausgewählter Methoden zur Bürosystemplanung (nach Hoyer 1988)

Der Einsatz der angeführten Methoden erfolgt üblicherweise in Projektform und unter Anleitung von Experten. Wegen der großen Unterschiede im Funktions- und Leistungsumfang ist ein direkter Vergleich der Methoden zur Planung von Bürosystemen nur schwer möglich bzw. wenig aussagefähig. Der Vergleich wird auch durch die relativ starken Unterschiede bei den Zielsetzungen und Vorgehensweisen der einzelnen Methoden erschwert. Abbildung 6-59 zeigt eine Gegenüberstellung ausgewählter Methoden anhand qualitativer Bewertungskriterien. Die Einschätzung stützt sich weitgehend auf die veröffentlichten Beschreibungen der jeweiligen Methode, da nur in wenigen Fällen dokumentierte Einsatzerfahrungen vorliegen. Eine abschließende Beurteilung ist jedoch nur möglich, wenn auch praktische Einsatzerfahrungen berücksichtigt werden (vgl. Hoyer 1988).

Auch wenn die Unterstützung der Planung und Implementierung von Bürosystemen immer weitere Fortschritte macht, stößt doch die Anwendung dieser Methoden in den Unternehmen auf große Probleme. Der mangelnde Erfolg liegt z.T. darin begründet, daß dieser Komplex bisher überwiegend unter technischen Gesichtspunkten behandelt worden ist. Sinnvoller Technikeinsatz erfordert jedoch organisatorische und planerische Vorarbeit. Der Einsatz einer bestimmten Methode hängt aber nicht nur vom Entwicklungsstand der Methode, sondern auch von den Zielsetzungen ab, die mit dem Einsatz von Bürosystemen im Unternehmen verfolgt werden. Für die Unterstützung bei der Auswahl einer Methode schlagen Nippa/Schönecker eine Checkliste vor (vgl. Schönecker/Nippa 1990). Sie enthält Fragen zu den Anforderungskriterien der organisatorischen Problemstellung (Planungsaufgabe, Planungsbedingungen, Planungsressourcen) und zu den Leistungsmerkmalen der Methode (Methodenkonzept, Lösungsansatz, Methodenflexibilität, formale Kriterien).

Die meisten der heute angebotenen Methoden und Werkzeuge können bestehende Probleme oder Schwachstellen der Büroorganisation gut sichtbar machen. Klar abgrenzbare Planungsaufgaben können ebenfalls zufriedenstellend unterstützt werden. Weniger gut abgedeckt wird die Entwicklung und Bewertung alternativer Lösungsvorschläge und die unternehmensumfassende Planung. Im elektronischen Organisationshandbuch der GMD wurde mit dem Einsatz der Expertensystemtechnologie ein neuer Weg beschritten. Das Vorgangssystem DOMINO wurde an eine Wissensbasis angeschlossen. Das Planungsunterstützungssystem VIPS greift interaktiv auf diese Wissensbasis zu und unterstützt die Planung neuer Vorgänge oder Abläufe. VIPS unterstützt den Planer oder Organisator, der sich zunächst nur einen Überblick über die in der Organisation vorhandenen Abläufe verschaffen möchte. Diese Informationen können in der Folge automatisch zur Modifikation der Abläufe verwendet werden. Im Rahmen einer Synthesephase spezifiziert der Benutzer sein Problem durch die Wahl eines Planungskontextes. Ausgehend von einem abstrakten Skelettplan entwickelt er eine Folge von detaillierteren Plänen, die mit Petrinetzen grafisch dargestellt werden. Wenn bereits Wissen über den geplanten Vorgang in der Wissensbasis verfügbar ist, schlägt das System dem Benutzer automatisch vor, welche Handlungen (gesetzlich vorgeschriebene Meldungen, Berechnung der Folgekosten, Platzbedarf überprüfen usw.) er bei einer bestimmten Vorgangsbearbeitung auszuführen hat. In einer anschließenden Simulationsphase kann der erstellte Plan analysiert und verifiziert werden (vgl. Martial/Victor 1987, Victor/Sommer/Martial 1989).

Dieser Weg der Verbindung der Expertensystemtechnologie mit einem bewährten, traditionellen Verfahren scheint zukunftsweisend für die weitere Entwicklung zu sein. Die Brauchbarkeit für das Erarbeiten von Verbesserungsvorschlägen wird wesentlich davon abhängen, inwieweit auch Werkzeuge zur Simulation und zur grafischen Veranschaulichung von Ergebnissen verfügbar sind. Ein ausgereiftes Expertensystem, das diese Anforderungen erfüllen könnte, steht noch nicht zur Verfügung; klar abgrenzbare Planungsaufgaben können aber bereits recht gut unterstützt werden (vgl. Lehner 1991).

SCHNITTSTELLEN ZUM INFORMATIONS-WESEN

Die Darstellung informationstechnischer Potentiale sagt nicht viel über tatsächliche Konsequenzen bei ihrer Anwendung aus. Die Ziele des betrieblichen Einsatzes von Informations- und Kommunikationssystemen leiten sich aus dem Streben nach einer wirksamen und wirtschaftlichen Gestaltung der Arbeitsabläufe ab. In bestimmten Fällen ist auch ein unmittelbarer Beitrag zum Markterfolg beabsichtigt. Um diese Ziele zu erreichen, gilt es die technologischen mit den organisatorischen und ökonomischen Gesichtspunkten zu verbinden. Mit den Schnittstellen zum Informationswesen soll diese Verbindung hergestellt werden.

Die Bedeutung der Informationsinfrastruktur in den Unternehmen ist generell im Zunehmen begriffen. Durch den z.T. bereits "flächendeckenden" Einsatz der Informations- und Kommunikationstechnik entsteht eine völlig neue Qualität der Anwendung solcher Systeme. Sie ist durch folgende globale Entwicklungstendenzen gekennzeichnet (Kubicek 1990, 356-361):

• *Trend zu immer komplexeren Techniksystemen.* Zu beobachten ist eine zunehmende Integration und Vernetzung von Geräten in dauerhaften Austauschbeziehungen (geschlossene Benutzergruppen) sowie von unbestimmt vielen Geräten an unbestimmt vielen Orten (technisch offene Netze). Auch die Kombination von unterschiedlichen Nachrichtenformen (Daten, Texte, Bilder, Sprache) in einem Netz bzw. Gerät nimmt zu; man spricht in diesem Zusammenhang von multifunktionalen und multimedialen Anwendungen.

• *Inhaltliche Unbestimmtheit* von Anwendungsbereichen und Anwendungsformen. Lange Zeit wurden Anwendungssysteme überwiegend für bestimmte, inhaltlich abgegrenzte Aufgabenbereiche entwickelt (z.B. Lagerhaltung, Auftragsbearbeitung). Die aktuelle Entwicklung zielt darauf ab, Systeme zu entwickeln, die für sehr unterschiedliche Aufgaben oder in unterschiedlichen Bereichen eingesetzt werden können (z.B. Datenbanksysteme, Standardsoftware, Kommunikationssoftware, Endbenutzerwerkzeuge).

• *Räumliche und zeitliche Entkopplung von Gestaltung und Einsatz.* Charakteristisch für vernetzte Systeme ist, daß Gestaltung und Nutzung an einer Stelle aufgrund der Kopplung Folgen an einem ganz anderen Ort auslösen können. Da mit solchen Systemen oft ganze Interaktionsketten neu organisiert werden, kommt es zunehmend auch zur Betroffenheit in Form des Ausschlusses aus solchen Interaktionsketten. Parallel dazu kommt es auch zu einer zeitlichen

Entkopplung, da die Netze meist schrittweise durch Hinzufügen neuer Geräte oder Funktionen ausgebaut werden; Folgeeffekte für andere Stellen ergeben sich dadurch oft erst zu einem späteren Zeitpunkt, obwohl an der betroffenen Stelle möglicherweise keine unmittelbaren Veränderungen vorgenommen werden.

• *Zunehmende Entfernung zwischen dem Ort der Technikgestaltung und dem Ort des Einsatzes.* Hier denkt man vermutlich zunächst an die Softwareentwicklung durch Spezialisten, ohne Kontakt zum späteren Einsatzort oder Benutzer. In zunehmenden Maße geht es hier aber auch um die Definition von Normen und Standards. Während technische Standards (z.B. für den elektronischen Daten- oder Dokumentenaustausch) den inhaltlichen Gestaltungsspielraum meist nur gering verändern, greifen branchenweite und branchenübergreifende Anwendungen (z.B. standardisierte Datensätze für Warenbestellungen zwischen Automobilhersteller und Zulieferer, Datenformat für den internationalen Zahlungsverkehr) z.T. sehr stark in die einzelnen betrieblichen Anwendungen ein.

Aus diesen Trends lassen sich zahlreiche Schnittstellen zwischen Organisation und Informationswesen bzw. organisatorischen Aufgaben, die spezifisch für das Informationswesen sind, ableiten. Im Mittelpunkt allen organisatorischen Gestaltens steht jedoch der Mensch, der auch als Ausgangspunkt für die nachfolgenden Ausführungen zu den Schnittstellen gewählt wurde. Quasi als Gegenthese zu der verbreiteten Auffassung einer kontingenten Verknüpfung von Arbeitsorganisation, Technik, Aufgaben usw. wird hier von einer weitgehenden Flexibilität in den möglichen Zuordnungen von Mensch und Maschinensystemen ausgegangen. Es gibt also keinen "One-best-way" für die Arbeitsgestaltung, den es nur herauszufinden gilt, sondern eine Vielzahl von Gestaltungsmöglichkeiten (vgl. Alemann/Schatz 1987, 142-143).

7. Mensch, Arbeitsbedingungen und Verhalten

Eine eigenständige Betrachtung von Mensch, Arbeitsbedingungen und Verhalten ist gerechtfertigt, weil nicht nur die technologische, sondern auch die soziale Komponente Auswirkungen auf die Leistung der Informationsverarbeitung hat. Beide Komponenten beeinflussen sich dabei in gewissem Maße gegenseitig. Um diese reziproke Beziehung auszudrücken, spricht man von Mensch-Maschine-Systemen. Dabei kann man davon ausgehen, daß im allgemeinen der Mensch ein bestimmender Faktor für die Leistungsfähigkeit von Informationssystemen ist. Die Ausklammerung der sozialen Komponente, also des Menschen, entspricht einer mechanistischen Sichtweise, welche der Bedeutung des Menschen beim Einsatz der Informationsverarbeitung nicht gerecht wird.

7.1 Gestaltung des Mensch-Maschine-Verhältnisses

7.1.1 Mensch-Maschine-Funktionsteilung

Im Prozeß der Arbeitsablaufgestaltung wird festgelegt, welche Funktionen vom Menschen und welche von der Maschine (z.B. Computer) auszuführen sind (vgl. auch Kapitel 5.4.3). Man spricht von Mensch-Maschine-Funktionsteilung oder verkürzend auch von funktionaler Arbeitsteilung. Der häufig synonym verwendete Begriff Aufgabenteilung (zwischen Mensch und Maschine) ist nicht ganz zutreffend, da vollständige Aufgaben nur von Menschen übernommen werden können. Maschinen führen dagegen Funktionen, d.h. Teile von Aufgaben aus. An Aufgaben ist auch Verantwortung gebunden, die ebenfalls nur von Menschen getragen werden kann (Beck 1989).

In der Literatur werden drei Ansätze der Funktionsteilung zwischen Mensch und Maschine unterschieden, der vergleichende, der komplementierende und der kontrastierende Ansatz. Die Unterschiede resultieren aus der unterschiedlichen Sichtweise des Verhältnisses zwischen Mensch und Maschine mit einer graduellen Abstufung der Einbeziehung der Betroffenen. (Beck 1989, vgl. auch Alemann/Schatz 1987, 534-546 und Biervert/Monse 1990, 222-227)

Im **vergleichenden Ansatz** werden die Funktionen nach rein wirtschaftlichen Prinzipien auf Mensch und Maschine aufgeteilt. Für die Zwecke dieser Aufteilung wird der Mensch mit der Maschine verglichen. In diesem Zusammenhang veröffentlichte Fitts zu Beginn der 50er Jahre eine Liste von Eigenschaften, welche die Vorteile des Menschen gegenüber der Maschine (und umgekehrt) charakterisieren sollte (Fitts 1951). Diesem Ansatz liegt die Annahme

der Vergleichbarkeit von Mensch und Maschine zugrunde. Die Verteilung der
Funktionen soll durch den Vergleich menschlicher Fähigkeiten und Fertigkeiten
mit der Leistungsfähigkeit von Maschinen bestimmt werden. Die zentrale Frage
dabei ist: Wer verrichtet eine Funktion besser? Diese Entscheidung verschiebt
sich heute immer mehr zugunsten der Maschine, da Hardware und Software
immer leistungsfähiger werden (vgl. dazu aber auch Kapitel 7.1.3). Ein konse-
quenter Vergleich nach rein technischen Merkmalen und eine danach voll-
zogene Funktionsteilung beläßt dem Menschen also nur Restfunktionen mit sehr
eingeschränkten Handlungsmöglichkeiten. Ein Beispiel für eine solche Rest-
funktion ist das passive Beobachten ("Überwachen") von Prozessen. Die
psychologischen Auswirkungen einer solchen Funktionsteilung werden im vergleichenden Ansatz allerdings vernachlässigt (vgl. Beck 1989).

Da zukünftige Ereignisse und Anforderungen nur schwer vorhersehbar sind, ist
eine feste Verteilung der Funktionen zwischen Mensch und Maschine relativ
unflexibel und wenig effizient. Änderungen von Arbeitsabläufen im nachhinein
können sich oft als schwer durchführbar erweisen. Die Fixierung von Informationsbeziehungen in hierarchischen Strukturen mit festgelegten personellen
Aktionsträgern und einer starren Aufgabenverteilung kann jedoch auch zu
einer Stärkung und Stabilisierung der Organisation führen. Die Vor- und
Nachteile sind im Einzelfall abzuwägen. Das vermutlich größte Problem dieses
Ansatzes ist aber die zu große Technologieorientierung. Durch die Unkenntnis
der von der Maschine ausgeführten Funktionen nimmt gewöhnlich das
Fehlerrisiko zu. Die feste Zuweisung von Funktionen weist damit ähnliche
Nachteile wie die tayloristische Arbeitsteilung auf (vgl. Kapitel 2.2.1). Aus
diesem Grund sind Verteilungsstrategien zu bevorzugen, bei denen der Mensch
das entsprechende Wissen über Daten, Funktionen und Abläufe hat und die
Entscheidung selbst beeinflussen kann.

Im **komplementierenden Ansatz** werden die menschlichen Bedürfnisse in
sozialer, psychologischer und politischer Hinsicht berücksichtigt (vgl. Beck
1989). Es geht hier nicht um eine Polarisierung der Funktionsteilung, sondern
es tritt die Frage nach ergänzenden und übergreifenden Zuständigkeiten von
Mensch und Maschine in den Vordergrund. Diese Art der Funktionsteilung
wird auch zuweilen als Mensch-Maschine-Partnerschaft bezeichnet (Hormann
1971). Eine besondere Form der Ergänzung von Mensch und Maschine ist der
dynamische Ansatz zur Funktionsteilung (vgl. z.B. Rouse 1977, Rouse 1981,
Lam/Greenstein 1985). Die Funktionsteilung wird dabei nicht von vornherein
festgelegt, sondern die Funktion wird je nach Situation entweder vom
Menschen oder von der Maschine übernommen. Kriterien für die Aufteilung
können z.B. die Verfügbarkeit der benötigten Ressourcen oder zeitliche
Aspekte sein.

Der **kontrastive Ansatz** versteht den Menschen weder als Ergänzung noch als gleichberechtigten Partner, sondern es werden die menschlichen Bedürfnisse und Stärken in den Vordergrund gestellt. Es wird dabei nicht versucht, den Menschen mit der Maschine zu vergleichen, sondern es sollen menschliche Bedürfnisse uneingeschränkt erfüllt bzw. Stärken gefördert werden. Wirtschaftliche Gesichtspunkte werden als zweitrangig angesehen. Der Mensch führt die von ihm bevorzugten Funktionen aus. Dieser Ansatz soll nach der Auffassung von Arbeitspsychologen insbesondere die Motivation und die Kompetenz der Betroffenen stärken (Volpert 1986). Die Aufteilung der Funktionen sowie die Ausgliederung von automatisierbaren Teilaufgaben wird mit Hilfe eines Verfahrens ermittelt, das als *kontrastive Analyse* bezeichnet wird (vgl. Volpert 1986, Dunckel 1989). Ein Hauptkriterium der Mensch-Maschine-Funktionsteilung ist dabei die Unvergleichbarkeit von menschlichem Denken und Handeln einerseits und maschinellen Prozessen andererseits (vgl. Beck 1989, siehe auch Kapitel 3.1.1.2 und Kapitel 3.1.1.5).

7.1.2 Der Mensch als Fehlerquelle beim Technikeinsatz

Die Bedeutung des Menschen läßt sich besonders anschaulich anhand von Untersuchungen über Fehler beim Einsatz von technischen Systemen belegen. Pessimistischen Einschätzungen zufolge lassen sich zwischen 40% und 70% aller Systemfehler auf den Menschen zurückführen. In anderen empirischen Untersuchungen sind keine so hohen Angaben zu finden. Jedoch wird auch dort der Anteil mit 10% bis 30% beziffert (vgl. Wübbenhorst 1984). Dabei spricht man von menschlichen Fehlern, wenn eine Handlung, die auch in einer Unterlassung bestehen kann, negative Folgen für die Leistungsfähigkeit eines Systems hat. Ein bekanntes und anschauliches Beispiel dafür ist die Software, die nach heutiger Auffassung praktisch nie ganz fehlerfrei ist (vgl. Lehner 1989).

Die Anzahl der menschlichen Fehler hängt von mehreren Einflußfaktoren ab. Einige davon sollen im folgenden kurz beschrieben werden. Häufig läßt sich die Zunahme menschlicher Fehler auf eine wachsende Systemgröße zurückführen (vgl. z.B. Belady/Lehman 1976, Lehman 1980). Im Zusammenhang mit der Informationsverarbeitung sind davon vorwiegend die DV-Spezialisten (z.B. Programmierer), kaum aber die Benutzer betroffen. Die Fehleranzahl wird aber auch vom Streß, dem die Mitarbeiter unterliegen, beeinflußt. Dies trifft sowohl für Benutzer als auch für DV-Spezialisten zu. Fehler treten dabei besonders häufig in Situationen geringer Anspannung (z.B. durch Nachlässigkeit) sowie in Situationen hoher Anspannung (z.B. durch Überforderung) auf. In Situationen mittlerer Anspannung kann tendenziell ein Absinken der Fehlerhäufigkeit beobachtet werden (vgl. Wübbenhorst 1984).

Eine Möglichkeit, den Einfluß menschlicher Fehler zu verringern, ist die Steigerung des Mechanisierungsgrads. Im Falle einer sogenannten Vollautomati-
sierung, dem höchsten Mechanisierungsgrad, werden die durch den Menschen
verursachten Fehler gering sein; man geht dabei von der Annahme aus, daß das
Verhalten der technologischen Komponente stabil ist, nimmt aber den Nachteil
einer geringeren Flexibilität sowie mögliche motivationale Probleme in Kauf
(vgl. Hill/Fehlbaum/Ulrich 1981). Eine andere Möglichkeit auf die Fehleranzahl Einfluß zu nehmen ist die Motivation der Mitarbeiter (vgl. auch Kapitel
3.1.1.3). Eine hohe Motivation hat eine geringere Fehlerhäufigkeit zur Folge
als eine niedrigere. Weitere Faktoren, die für das Ausmaß an Fehlern von
Bedeutung sein können, sind die Stimmung, die Gesundheit, die Intelligenz und
ungeplante Interaktionen (Wübbenhorst 1984).

7.1.3 Der Mensch als Korrektiv im Arbeitsprozeß

Für jede Tätigkeit müssen entsprechende Erfahrungen, Routine usw. ausgebildet werden. Arbeitsaufgaben sind außerdem unterschiedlich komplex und
erfordern je nach Komplexitätsgrad ein unterschiedliches Maß an kognitiven,
affirmativen und motorischen Leistungen. Die Tätigkeiten einer Stelle sind von
ihrem Anforderungscharakter meist auch nicht ausgewogen (vgl. Kolm et al.
1988, 118). Dies erfordert eine differenzierte Betrachtung der Mitarbeiterqualifikation nach subjektiven und objektiven Gesichtspunkten. Mit subjektiv
sind jene Voraussetzungen gemeint, die benötigt werden, um eine Arbeitsaufgabe und die Qualifikationsanforderungen, die sich aus dem Technikeinsatz
und dem Arbeitsinhalt ergeben, zu erfüllen. Die objektiven Anforderungen
werden in der Literatur auch als technische Sensibilität, Habitualisierung u.ä.
bezeichnet und gelten als prozeßunabhängige Qualifikationen (vgl. Kolm et al.
1988, 117).

Das Leitsystem gibt einem Arbeiter beispielsweise vor, daß er ein Werkzeug wechseln soll. Er
merkt jedoch, daß das Werkzeug noch gut ist; dies geschieht z.B. durch "Gespür" für das
bearbeitete Material, durch das Geräusch der Maschine beim Bearbeitungsvorgang, durch den
erforderlichen physischen Kraftaufwand bei der Maschinenbedienung u.ä. Dann entscheidet er
selbst, daß er den Werkzeugwechsel noch nicht durchführt. Er muß also für seine Tätigkeit
sowohl seine Fachqualifikation (d.h. subjektive Qualifikationsanforderungen wie z.B. Einschulung in der Maschinenbedienung) als auch sein Erfahrungswissen (d.h. Einsatz der
technischen Sensibilität) nutzen. (Beispiel abgeändert nach Kolm et al. 1988, 119)

Wie das Beispiel zeigt, setzt das Wahrnehmen einer Korrektiv-Funktion das Er-
kennen von Problemen, d.h. Abweichungen zwischen einem Ist- und einem
Sollzustand, sowie eine entsprechende Reaktion voraus. Der Mensch ist keine
Reiz-Reaktionsmaschine, die nach einem standardisierten Muster reagiert. Seine
spezifischen Fähigkeiten liegen gerade darin, entsprechende Differenzen im
Umweltbezug zu erkennen und auszugleichen (Kolm et al. 1988, 119, vgl. auch

Kapitel 3.1.1.5). Diese Fähigkeit setzt sowohl Umweltoffenheit als auch selektive Geschlossenheit gegenüber der Umwelt voraus. Maschinensysteme sind hingegen der Umwelt gegenüber relativ "autistisch". Der Umweltbezug wird durch algorithmische Abläufe strukturiert und ein Austausch erfolgt lediglich innerhalb dieses Regelsystems (Kolm et al. 1988, 120). Die Konsequenzen sind eine beschränkte Standardisierbarkeit von Tätigkeiten, eine Polarisierung von vernetztem Denken und Kostenstellendenken und ein erhöhter Zwang zur Flexibilität (vgl. Kolm et al. 1988, 120-128):

- Die *beschränkte Standardisierbarkeit* zeigt sich z.B. darin, daß sogar in der Produktion immer wieder Fälle auftreten, wo eine Rationalisierung oder Automatisierung kaum möglich ist. Die Materialbeschaffenheit spielt dabei oft eine wesentliche Rolle; so ist es z.b. beim Hersteller von Zahnpastatuben schwierig, den exakten Zug bei der Herstellung und den richtigen Druck bei der Abfüllung programmtechnisch zu lösen. Der Versuch, den Stellenwert des Erfahrungswissens und der damit verbundenen Rationalisierungsresistenz zu einem Übergangsphänomen zu machen (z.B. mittels Expertensystemen), ist zwar festzustellen, dürfte aber schon aus Kostengründen nur begrenzt erfolgreich sein.

- Die *Polarisierung von vernetztem Denken und Kostenstellendenken* ergibt sich vor allem aus den Zielen einer informationstechnischen Verknüpfung aller betrieblicher Funktionsbereiche. Mit der Auflösung von "Insellösungen" und dem Versuch, ganzheitliche und integrierte Systeme zu schaffen (z.B. Warenwirtschaftssysteme im Handel, CIM in der Industrie) wird u.a. eine bessere Steuerbarkeit des Unternehmensgeschehens angestrebt. Durch die Auswirkungen von Veränderungen der Arbeitsorganisation in einer Abteilung auf die folgenden führt eine solche Integration nicht zu einer verminderten sondern zu einer erhöhten Komplexität, sodaß auch hier - ähnlich wie bei der Standardisierbarkeit - Grenzen gesetzt sind. Zur Überbrückung der Schnittstellenprobleme sind daher weniger technische Lösungen ("Computer reden zuwenig miteinander") als vielmehr die Intensivierung der persönlichen Kommunikation geeignet.

- Der *Zwang zu erhöhter Flexibilität* entsteht vor allem durch die zunehmende Bedeutung der Dezentralisierung (vgl. Kapitel 3.2.2.6). Flexibilität, worunter ein rasches Reagieren auf sich ändernde Umweltbedingungen verstanden wird, ist im Rahmen zentraler DV-Lösungen besonders schwer zu bewältigen. Durch die starre Automatisierung von Prozessen und die zentrale Steuerung von Arbeitsabläufen durch den Computer wird die Problemlösungskompetenz beeinträchtigt. Damit Innovationsimpulse von unten nicht unterdrückt werden, ist es jedoch entscheidend, eine gewisse lokale Problemlösungskompetenz bei den Mitarbeitern zu belassen.

7.2 Informationstechnik und individuelles Verhalten

7.2.1 Sozialer Kontakt und Kooperation

Wieweit die Häufigkeit sozialer Kontakte durch die Informationstechnik beeinflußt wird, darüber gibt es widersprüchliche Aussagen. Einerseits wird die These vertreten, daß sich die Mitarbeiter durch die Befreiung von Routineaufgaben intensiver der Kommunikation zuwenden können (z.B. bessere Abstimmung und Koordination mit anderen Gruppen, intensivere Kundenbetreuung, mehr Zeit für Motivation von Mitarbeitern). Vertreter der These der Enthumanisierung gehen dagegen davon aus, daß der Computer die bisherige interpersonale Kommunikation teilweise ersetzt und damit die Möglichkeit zu sozialen Kontakten reduziert (vgl. Kieser/Kubicek 1983). Diese scheinbaren Widersprüche lassen sich aber anhand der heute vorliegenden empirischen Untersuchungen weitgehend erklären. Verantwortlich für die widersprüchlichen Einschätzungen ist u.a. die Tatsache, daß unsere Vorstellungen von computerunterstützter Aufgabenabwicklung häufig von den Merkmalen arbeitsteiliger Tätigkeiten in der Industrie geprägt sind. Die Erfordernis von Kooperation ist bei Routinearbeiten nur gering und die Möglichkeit von Arbeitskontakten bei taylorisierter Fließbandarbeit begrenzt. An den Ergebnissen einer Untersuchung von Brosius, die im Bürobereich durchgeführt wurde (Brosius 1989, 63-80), soll nun verdeutlicht werden, daß die Ambivalenz nicht im Einsatz der Technik an sich begründet ist sondern von der Form ihres Einsatzes abhängt (vgl. auch Alemann/Schatz 1987, 317-332).

Als wesentliches Ergebnis wurde in der genannten Untersuchung ein Zusammenhang zwischen Kooperation und Entscheidungsspielraum festgestellt. Fast alle Beschäftigten, deren Entscheidungsspielraum zugenommen hatte, gaben auch eine gestiegene Kooperation an. In die gleiche Richtung weist der Zusammenhang von kognitiven Anforderungen und Kooperation, d.h. Mitarbeiter, die infolge des DV-Einsatzes vermehrten geistigen Anforderungen gegenüberstehen, verhalten sich in stärkerem Maße kooperativ. Es ließ sich weiters nachweisen, daß die Kooperationszunahme tendenziell mit einer besseren Informiertheit über angrenzende Arbeitsbereiche einhergeht. Ferner zeigte sich auch, daß das Ausmaß der Kooperation und Interaktion bei der Arbeit etwas mit der Bereitschaft zur gemeinsamen Konfliktlösung im Unternehmen zu tun hat (vgl. Brosius 1989, 67-73).

Diese Untersuchungsergebnisse können als Indikator dafür gewertet werden, daß die Art und die Häufigkeit sozialer Kontakte nicht davon abhängen, **ob** die Arbeit durch Informationstechnik unterstützt wird sondern **wie** dies geschieht, d.h. von der Systemgestaltung.

7.2.2 Kontrolle und Autonomie

Die Notwendigkeit einer kontinuierlichen Verfolgung des Leistungsfortschritts und der Kostenentwicklung dürfte unbestritten sein (vgl. auch Kapitel 4.5 und

Kapitel 15.3). Zu ihrer Durchführung bedarf es der Institutionalisierung und der instrumentellen Unterstützung der Kontrolle. Vor allem der zweite Aspekt ist in Verbindung mit der betrieblichen Informationsverabeitung von Bedeutung. Informationssysteme allein sind zwar als technisches Arbeitsmittel noch kein Kontrollinstrument, sie können jedoch durch entsprechende Programmierung so gestaltet werden, daß ihr Einsatz mit einer Kontrolle verbunden ist. Vor diesem Hintergrund ist in vielen Ländern auf gesetzlicher Ebene ein entsprechendes Mitbestimmungsrecht der Arbeitnehmervertretung bei der Leistungs- und Verhaltenskontrolle verankert worden.

Von besonderem Interesse ist in diesem Zusammenhang auch die **Kontrolle der Kontrolle** (z.B. durch Arbeitnehmervertreter). Die tatsächlichen Schwierigkeiten einer solchen Kontrolle liegen in den spezifischen Eigenschaften der Informationstechnik selbst begründet. Einerseits erfordert der technische Betrieb eines Computersystems zwingend eine Reihe von Kontrollen, die direkt oder indirekt auch auf Personen bezogen werden können. Andererseits ist es aber praktisch unmöglich die Einhaltung vereinbarter Regelungen oder gesetzlicher Vorschriften zu überprüfen, z.B. ob bestimmte Auswertungen tatsächlich nicht vorgenommen werden oder die Daten nicht personenbezogen sondern nur aggregiert und anonymisiert ausgewertet werden (vgl. Kolm et al 1988, 83). Auf jeden Fall setzt eine Kontrolle der Kontrolle gute informationstechnische Grundkenntnisse voraus.

Die Kontrolle, entweder direkt im Computersystem implementiert oder durch den Einsatz computergestützter Informationssysteme ermöglicht, bedeutet ein ständiges Konfliktfeld. Die verschiedenen Bausteine der Betriebsdatenerfassung und Personalinformationssysteme stehen für beide Ebenen. Kontrolle in Verbindung mit einer computerunterstützten Telefonaufzeichnung und -auswertung, Produktivitätsüberwachung am Terminal usw. bedeutet einen Eingriff in bisher nicht zugängliche Bereiche des Arbeitsablaufs. Indem nicht nur das "Was" bzw. die Arbeitsgegenstände (Ergebniskontrolle) sondern auch das "Wie" (Verfahrenskontrolle) kontrolliert werden, kommt es zu einem Verlust an Autonomie und gleichzeitig zu einer Verschiebung der Machtstrukturen. Die Kontrolle der Arbeitsergebnisse wird eher dort angewendet, wo die Arbeitsabläufe noch nicht so hochgradig formalisiert sind (vgl. Kolm et al. 1988, 66-67 und 78-79, siehe auch Alemann/Schatz 1987, 233-234). Die Formen, in denen der in der Kontrolle angelegte Konflikt ausgetragen wird, sind unterschiedlich. Widerstand bzw. Konfliktaustragung hängen letztlich stark vom rechtlichen Instrumentarium ab, das der Interessensvertretung der Arbeitnehmer zur Verfügung steht. In erster Linie ist hier das Arbeitsverfassungsgesetz zu nennen, in dem die "zustimmungspflichtigen Maßnahmen" festgelegt sind (vgl. Kolm et al. 1988, 79, Alemann/Schatz 1987, 333-346).

Bei computerunterstützter Arbeitszeiterfassung zeigt die Erfahrung, daß der Widerstand gegen die neue Qualität der Kontrolle geringer ist, wenn es dem Unternehmen gelingt, die Betroffenen von einer "gebrauchswertorientierten Tätigkeitsunterstützung" zu überzeugen (Kolm et al. 1988, 84). Wenn z.B. die Einführung einer gleitenden Arbeitszeit für die Mitarbeiter mit der Notwendigkeit einer nachvollziehbaren Arbeitszeitaufzeichnung verbunden ist, so wird die durch das System angebotene Unterstützung eher als Erleichterung denn als Kontrolle empfunden. Die "Herrschaftslogik" bleibt oft hinter der "Gebrauchswertlogik" verborgen und wird als inhärenter Sachzwang erlebt (Kolm et al. 1988, 84). Die vom Betriebssystem zur Steuerung der Terminals benötigten Daten, die genausogut zur Kontrolle des Mitarbeiters verwendet werden können (z.B. Überwachung der Gesamtarbeitszeit am Terminal), sind dafür ein anschauliches Beispiel. Bei Systemen, die zentral gesteuert werden, kommt noch eine stärkere Kontrollierbarkeit des Gesamtarbeitsablaufs dazu, welche oft als Einschränkung der individuellen Bewegungsfreiheit erlebt wird. Ähnlich sieht die Sache in jenen Fällen aus, wo die Technik explizit als Kontrolltechnik eingesetzt wird (z.B. Überwachung der Produktivität bei der Datenerfassung). Zusätzlich wird es als "Warte-Streß" erlebt, wenn für den Benutzer die einzelnen Verarbeitungsschritte und die Verarbeitungsdauer der DV-technischen Unterstützung aufgrund der spezifischen Systemgestaltung (Black Box) nicht nachvollziehbar sind oder die eigene Arbeitsgeschwindigkeit vor allem vom System beeinflußt wird (z.B. lange Antwortzeiten bei Systemüberlastung) (vgl. Kolm et al. 1988, 63).

Als erwiesen kann auch angesehen werden, daß von den Mitgliedern einer Organisation zur Erreichung eigener Ziele oft bewußt Unklarheiten geschaffen werden. Nach Bosetzky/Heinrich dient dies als Mittel zur Herrschaftssicherung, zum Aufbau von Gegenmacht und Erringen von Freiräumen im Kampf um Aufstieg, Prestige und Macht, zum Abbau von Entfremdung und zur Erringung von Autonomie gegenüber kontrollierenden Systemen (vgl. Bosetzky/-Heinrich 1985). Inwieweit die ermittelten und zur Verfügung gestellten Kontrollinformationen genutzt werden, hängt stark von den befaßten Personen ab. Es ist durchaus denkbar, daß verfügbare Kontrollinstrumente nicht in Anspruch genommen werden oder daß die Ergebnisse sogar manipuliert werden (vgl. Wübbenhorst 1984, Döhle 1983, Kolm 1988). Erklärungsansätze für ein solches Verhalten liefert z.B. die Theorie der kognitiven Dissonanz (siehe Kapitel 3.1.1.3).

Zusammenfassend läßt sich feststellen, daß die Einstellung des Kontrollierten gegenüber der Kontrolle entweder sachorientiert oder interessenorientiert sein kann. Im ersten Fall strebt der Kontrollierte eher danach, das vorgegebene Ziel zu erreichen und Informationen über Abweichungen zu suchen. Im zweiten Fall geht es dem Kontrollierten vorwiegend darum, in der Kontrollsituation gut abzuschneiden und persönliche Nachteile zu vermeiden. Abweichungen von den vorgegebenen Zielen können in einem solchen Fall bis zu einem dysfunktionalen Verhalten führen, im Falle von negativ beurteilten Abweichungen z.B. zu Manipulationsversuchen (vgl. Wübbenhorst 1984). Es sind daher Maßnahmen zu setzen, welche die positive Einstellung zur Kontrolle fördern bzw. eine negative Einstellung vermindern. Mögliche Ansatzpunkte sind der Führungsstil, die Information der Mitarbeiter und die Anerkennung der erbrachten Leistungen.

7.2.3 Akzeptanz von Informations- und Kommunikationssystemen

Naturgemäß ist eine intensive vorbereitende Schulung der Anwender ebenso wesentlich für das Akzeptanzklima, wie eine vorsorgliche Unterrichtung der direkt oder indirekt betroffenen Mitarbeiter (vgl. auch partizipative Systementwicklung, Kapitel 11.4 sowie Kapitel 16.3.2). Motivierende Wirkungen, also die Schaffung qualifizierter Befürworter des Systemeinsatzes, ergeben sich nur dann, wenn die Ausbildung nicht nur auf das Üben von Bedienungshandgriffen abzielt, sondern den gesamten Aufgabenzusammenhang erfaßt und damit den Nutzen für jeden Mitarbeiter verdeutlicht (vgl. Müller 1986, Kieser/Kubicek 1983).

Spiegel berichtet, daß neue Technologien von den Mitarbeitern im Kreditgewerbe allgemein positiv aufgenommen werden. Er begründet dies mit den damit verbundenen Möglichkeiten zu größerer Selbständigkeit und Flexibilität am Arbeitsplatz sowie höherer Arbeitsqualität. Skepsis entsteht beim einzelnen Mitarbeiter allerdings dann, wenn es nicht gelingt, offensichtliche Fehlentwicklungen abzustellen. Es hat sich auch gezeigt, daß Informationsmangel zu Vertrauensverlust führt und die Mitarbeiter verunsichert. Darüberhinaus fällt es insbesondere älteren Mitarbeitern manchmal schwer, die neuen Technologien zu akzeptieren (vgl. Spiegel 1986).

Für komplexe oder neuartige Aufgaben (z.B. Implementierung eines Informationssystems) ist es sinnvoll, zwischen den Phasen der Anforderungsanalyse, der Entwicklung bzw. Beschaffung und der Einführung zu unterscheiden. Dazu ist eine Arbeitsgruppe gut geeignet, wobei die Kompetenz des Projektleiters eng begrenzt sein und sich nur auf Managementaufgaben erstrecken sollte. Bereits Witte stellte fest, daß dem Innovationsentschluß jedoch häufig Willens- oder Fähigkeitsbarrieren entgegenstehen (Witte 1973, nach Thom 1976, 415). In dem von Witte vorgeschlagenen Promotorenmodell wird empfohlen, Promotoren oder Change Agents einzusetzen, um die Neuerungen schließlich im Unternehmen einzuführen und bestehende Widerstände zu überwinden (vgl. auch Kapitel 3.3.3). Willensbarrieren können im wesentlichen mit den Beharrungskräften des Bekannten und Vertrauten erklärt werden. Ihre Überwindung ist oft schwierig und bedarf neben der Positionsmacht des Vorgesetzten meist auch motivationaler Maßnahmen. Fähigkeitsbarrieren sind dagegen durch Fachwissen zu überwinden. Das bedeutet, daß bei der Einführung von Informations-

und Kommunikationssystemen sowohl Positionsmacht als auch Fachwissen von
Bedeutung sind. Als organisatorische Lösung wird von vielen Autoren eine
personelle Trennung zwischen Macht- und Fachpromotor (siehe z.B. Müller
1986, Haneke 1984, vgl. auch Kapitel 3.3.3) z.B. in Form der Matrixorganisation (vgl. Kapitel 3.2.2.4 und Kapitel 14.1.3) befürwortet.

7.2.4 Kognitive Probleme bei technologischen Investitionen

Kognitive Probleme lassen sich allgemein auf die selektive Informationsaufnahme und -verarbeitung zurückführen (vgl. Kapitel 3.1.1.1). Dies bedeutet,
daß Informationen subjektiv und gestaltorientiert wahrgenommen und verarbeitet werden. Unter diesem Blickwinkel ist bei Entscheidungen über technologische Investitionen die Bevorzugung von "harten" gegenüber "weichen" Informationen besonders wichtig. "Harte" Informationen bezeichnen im Gegensatz
zu "weichen" Informationen alle konkreten, gut erfaßbaren und gut nach-
prüfbaren Informationen. Durch eine entsprechend ausgerichtete Informations-
wahrnehmung und -verarbeitung läßt sich dieses Problem zumindest teilweise
beseitigen.

Dies bedeutet allerdings nicht, daß "weiche" Informationen generell vernachlässigt werden oder ein Problem darstellen. Bei Entscheidungstypen wie strategischen Entscheidungen, Personalentscheidungen, Forschung und Entwicklung
usw. stehen sie sogar im Mittelpunkt des Interesses. Beispielsweise werden auf
der Ebene der strategischen Planung zunächst nur sehr allgemeine, globale Zusammenhänge erfaßt. Den Aufgaben der strategischen Planung und dem Detaillierungsgrad dieser Informationen entsprechend, können daraus wiederum nur
allgemeine Ziele, generelle Vorgehensrichtlinien u.ä. abgeleitet werden, die
dann auf der nächsten Planungsebene präzisiert und "erhärtet" werden (vgl.
dazu auch die Kapitel 4.3, 4.4 und 5.1).

Die kognitiven Probleme bei technologischen Investitionsentscheidungen werden nachfolgend an der Verharmlosung von Folgekosten, der empfundenen
Verantwortlichkeit, der Anpassungsfähigkeit des Herstellers und dem Gaming
noch etwas näher erläutert.

Ein besonderes Problem ist die **Negation oder Verharmlosung der Folgekosten** durch die Entscheider. Unterscheidet man zwischen Experten und
Führungskräften (Entscheider im engeren Sinne), so ignorieren die Experten
oft jenen Teil der Kosten, der schwer zu identifizieren oder zu bewerten ist.
Führungskräfte wiederum neigen dazu, die Anfangskosten im Rahmen von
Investitionsentscheidungen (z.B. Anschaffungs- oder Entwicklungskosten) über-
zubewerten. Die Dominanz der Anfangskosten hängt damit zusammen, daß oft
aufgrund kurzfristiger Entscheidungshorizonte geurteilt wird, da sie im Gegen-

satz zu den Folgekosten (z.B. Betriebs- und Wartungskosten) eine in absehbarer Zukunft auftretende Finanzbelastung verursachen. Die Beteiligten orientieren sich damit gewollt oder ungewollt an eher kurzfristigen Nutzenkalkülen und vernachlässigen die langfristigen Aspekte (vgl. Wübbenhorst 1984).

Ein wesentlicher Faktor ist aber auch das unterschiedliche Interesse der betroffenen oder beteiligten Personen an den Kosten in **Abhängigkeit vom Grad der Betroffenheit** oder der **empfundenen Verantwortlichkeit** gegenüber dem betrachteten System. Im übertragenen Sinn wird dabei auch von "Eigentum" gesprochen. Dies wirkt sich vor allem auf den Informationsgrad über die insgesamt entstehenden Kosten aus und hängt u.a. davon ab, ob bereits bei der Systemauswahl bzw. Systemgestaltung eine Mitwirkung möglich war oder nicht. Einen Einfluß üben aber auch die Art des Unternehmens (z.B. öffentliche Verwaltung oder Privatunternehmen), die Stellung des Mitarbeiters (z.B. seine Kompetenzen) sowie die Abteilungszugehörigkeit aus. Gerade an der Abteilungszugehörigkeit wird oft besonders deutlich: Das Ignorieren von Kosten und die mangelhafte Bereitschaft, das Budget einer anderen Abteilung zu entlasten, sind häufig auf Faktoren wie Prestige-, Macht- oder Autonomiestreben zurückzuführen (vgl. auch Kapitel 7.2.2). Durch eine Kosten-/Leistungsrechnung bzw. eine entsprechende Kostenumlage kann hier zumindest teilweise Abhilfe geschafft werden (vgl. Wübbenhorst 1984).

Die **Anpassungsfähigkeit des Herstellers** an die Nachfrage wird meist mit dem Phänomen der Wahrnehmungsrealistik erklärt. Sie kann daran beurteilt werden, inwieweit die vom Hersteller vermuteten Entscheidungskriterien mit den tatsächlichen Entscheidungskriterien des Käufers bzw. Anwenders übereinstimmen. Beispiele für solche Entscheidungskriterien sind neben den Kosten die Präsenz (Erreichbarkeit des Herstellers), die Kontinuität (Unterstützung auch nach der Anlaufzeit) u.ä. In empirischen Untersuchungen zeigen sich zwar deutliche Unterschiede in der Einschätzung der wahrscheinlichen Entscheidungskriterien des Käufers zwischen erfolgreichen und weniger erfolgreichen Unternehmen. Ein positiver Zusammenhang zwischen Wahrnehmungsrealistik und Unternehmenserfolg ließ sich aber nicht nachweisen (vgl. Neugebauer 1986).

Mit **Gaming** bezeichnete man ursprünglich Verhandlungsstrategien eines Herstellers, der bei der Vergabe von Aufträgen Vorteile gegenüber Konkurrenten auf Kosten der Ziele des Nutzers oder Käufers erlangen will. Dieses Begriffsverständnis ist aber zu eng gefaßt. Man muß nämlich davon ausgehen, daß nicht nur der Hersteller sondern auch der Käufer bzw. Anwender seinen Nutzen maximieren will. Gaming kann daher bei beiden Parteien vorkommen und beiden sowohl Vorteile als auch Nachteile bringen (vgl. Wübbenhorst 1984). Eine häufige Ursache für das Gaming auf Seiten des Herstellers ist die über-

ragende Bedeutung, die dem Preis bei der Auftragsvergabe zukommt. Je nach
Interessenslage wird er die Kosten zu hoch oder zu niedrig veranschlagen.
Während dieses Vorgehen für alle Beteiligten nachteilig sein kann (z.B. wenn
die Vertragserfüllung nur bei einer Kostenüberschreitung möglich ist oder die
Einhaltung des Kostenrahmens für den Nutzer mit einer geringeren Ergebnis-
qualität verbunden ist), kann eine andere Form des Gaming sogar beiden
Parteien Vorteile bringen. Eine solche Situation kann sich möglicherweise dann
ergeben, wenn ein Hersteller Preisabschläge macht und diese an den Käufer
weitergibt (z.B. für eine Pilotinstallation oder bei Referenzkunden). Gaming
wird beiden Verhandlungspartnern erleichtert, wenn es sich um komplexe
Systeme oder um die Lösung unstrukturierter Aufgaben handelt, bei denen
Preis- oder Leistungsvergleiche nur schwer durchzuführen sind.

7.3 Veränderung von Arbeitsbedingungen

Seit dem Beginn der kommerziellen Nutzung der Informationstechnologie
wurden teils sehr heftige Diskussionen über die Veränderungen in den Arbeitsbedingungen geführt. Im einzelnen stehen sich sehr konträre Aussagen gegenüber. Dabei geht es vor allem um die Fragen, wie (bzw. ob) sich der Aufgaben-
gehalt von Stellen und die Häufigkeit sozialer Kontakte verändern. In beiden
Fällen wird nach Veränderungen in Hinblick auf eine Auf- oder Abwertung
von Aufgaben bzw. Fähigkeiten gefragt (vgl. Kieser/Kubicek 1983). An der
Arbeitsgestaltung, der Gefährdung durch Rationalisierungspotentiale und den
Veränderungen der Arbeitsanforderungen wird auf diese Fragen noch genauer
eingegangen.

7.3.1 Arbeitsgestaltung

Die Zusammenhänge zwischen Technologieeinsatz und Arbeitsbedingungen sind
für die Arbeitsgestaltung wesentlich. Über diese Zusammenhänge wurden zahlreiche Vermutungen und spekulativ formulierte Thesen aufgestellt. Diese
Vermutungen bzw. Thesen (z.B. Verminderung sozialer Kontakte, Abnahme
von Entscheidungsspielräumen) konnten in verschiedenen empirischen Untersuchungen, die in der Zwischenzeit vorliegen, sowohl nachgewiesen als auch
widerlegt werden (vgl. Kieser/Kubicek 1983). Dieser zunächst widersprüchlich
erscheinende Sachverhalt läßt jedoch nur den Schluß zu, daß beim Einsatz von
Informations- und Kommunikationstechnologien ein großer organisatorischer
Gestaltungsspielraum besteht. Die Gestaltung einer Aufgabe oder eines Arbeitsplatzes unter dem Einsatz von Informations- und Kommunikationstechnik ist
dabei sehr komplex. Neben technologischen Bedingungen sind vor allem die
Unternehmensziele und die Bedürfnisse der Benutzer zu berücksichtigen (vgl.
auch Kapitel 5.4.3). Systemplaner und Organisatoren können innerhalb dieses

Rahmens jedoch sehr unterschiedliche Bedingungen für die Benutzer eines Systems schaffen.

Unbestritten ist, daß viele Personen die Abnahme von monotonen Routinearbeiten als erleichternd empfinden und daß sie sich mehr dem qualitativen Teil ihrer Arbeit zuwenden können. Es bleibt also mehr Zeit zur Lösung wenig strukturierter Probleme, zur Abstimmung mit anderen Mitarbeitern usw. Diesen Aufwertungsargumenten wird von ihren Gegnern entgegengehalten, daß der überwiegende Teil der Aufgaben und Entscheidungen strukturiert und daher programmierbar ist. Dies führt in der Folge z.B. zu einer Angleichung der Aufgaben zwischen Gruppenleitern und ihren Mitarbeitern (vgl. Kieser/-Kubicek 1983).

Häufig diskutiert wird auch die Frage, ob die Arbeitsteiligkeit mit dem zunehmenden Einsatz der Informationsverarbeitung zu- oder abnimmt. Einer Studie von Brosius zufolge läßt sich diese Frage weder endgültig noch eindeutig beantworten. Es scheint zwar, daß die Arbeitsteiligkeit in manchen Bereichen (z.B. Büro und Verwaltung) zurückgeht und der DV-Einsatz eher ganzheitliche als tayloristische Arbeitsabläufe zur Folge hat (vgl. Brosius 1989, 76), in anderen Bereichen ist dies jedoch wieder umgekehrt. Generell dürften allerdings die Formen einer punktuellen und einzelfunktionsbezogenen Rationalisierung im Rückzug sein. Im Vormarsch befindet sich hingegen eine Art von Rationalisierung, die auch als "systembezogen" bezeichnet wird (vgl. Oppolzer 1985). Diese vollzieht sich als mehrdimensionaler Prozeß, wobei einzelne Bereiche einer zunehmenden Rationalisierung und Arbeitsteilung unterworfen werden können, andere bisher arbeitsteilig getrennte Tätigkeiten aber zusammengefaßt werden, wobei z.T. völlig neue ganzheitliche Tätigkeiten entstehen (vgl. Hochschule für Wirtschaft 1989, 76).

Die Realisierung konkreter Formen der Arbeitsteilung ist letztlich von den Absichten und Werten des Systemgestalters sowie von den Unternehmenszielen abhängig. DV-Spezialisten besitzen allerdings aufgrund ihrer technischen Ausbildung und Orientierung oft nur geringe Kenntnisse über soziale und motivationale Belange. Sie bemerken daher häufig nicht, wie sie z.B. durch die Gestaltung von Systemen die Rollen der Benutzer verändern und es ist ihnen auch fremd, diese Veränderungen mit anderen organisatorischen Maßnahmen zu kompensieren. Dazu kommt noch, daß für die Entwicklung und Implementierung von Informationssystemen einerseits und für die organisatorische Gestaltung des Benutzerbereichs andererseits vielfach unterschiedliche Stellen verantwortlich sind (vgl. Kieser/Kubicek 1983).

7.3.2 Gefährdung durch Rationalisierungsmaßnahmen

Aus einschlägigen Studien ist bekannt, daß Rationalisierungsmaßnahmen und
Technikeinsatz für die überwiegende Anzahl der betroffenen Mitarbeiter verschiedene Risiken bergen, die zur Verschlechterung der Arbeitsbedingungen
und der Beschäftigungsverhältnisse beitragen (vgl. Hochschule für Wirtschaft
1989, 84f, vgl. auch Alemann/Schatz 1987, 219ff). Die Gefährdungspotentiale
sind erst zum Teil durch empirische Untersuchungen erforscht. Oppolzer/-
Zachert ermittelten für Arbeitnehmer im Großhandel die Häufigkeit und den
Ausprägungsgrad der einzelnen Gefährdungen mit Hilfe eines standardisierten
Fragebogens. Abbildung 7-1 zeigt das zusammengefaßte Ergebnis (Oppolzer/-
Zachert 1989, 87).

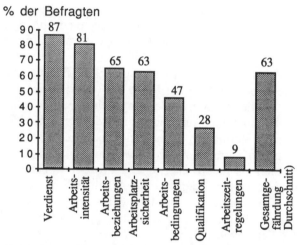

Abb. 7-1: Gefährdungen für Arbeitnehmer im Großhandel durch Automatisierung
(Quelle: Oppolzer/Zachert 1989, 87)

Abbildung 7-1 gibt Aufschluß darüber, wo die tatsächlichen Schwerpunkte
einer Gefährdung liegen. Es ergaben sich nach dieser Untersuchung für die
meisten Arbeitnehmer Nachteile im Hinblick auf die Verdienstsituation und
durch eine Zunahme der Arbeitsintensität. Zwei Drittel der Befragten gaben
an, durch den Technikeinsatz nachteilig in bezug auf Arbeitsbeziehungen und
Arbeitsplatzsicherheit betroffen zu sein. Die einzelnen Gefährdungsbereiche
werden nachfolgend nocheinmal in der Zusammenfassung von Oppolzer/-
Zachert wiedergegeben (Oppolzer/Zachert 1989, 86, vgl. auch Alemann/Schatz
1987, 227f):

• *Arbeitsplatzsicherheit:* Der Einsatz neuer Technologien kann dazu führen, daß die Betroffenen
an ihrem bisherigen Arbeitsplatz freigesetzt werden; können sie durch Umsetzung keinen

anderen Arbeitsplatz im selben oder in einem anderen Betrieb bekommen, drohen Entlassung und Arbeitslosigkeit.

• *Arbeitsintensität:* Durch Rationalisierungsmaßnahmen können sich Arbeitstempo, Leistungsanforderungen und Arbeitsdichte erhöhen, wobei sich der Handlungsspielraum bei der Arbeitsausführung verringert, was zu einer Verschärfung der Arbeitsbedingungen führen kann.

• *Qualifikation:* Im Zuge der Anwendung technischer Neuerungen kann es zu einer Polarisierung der Qualifikationen kommen, wobei an die Mehrheit der Beschäftigten niedrigere Anforderungen gestellt werden und eine Entwertung herkömmlicher beruflicher Qualifikationen droht.

• *Verdienst:* Als Konsequenz des drohenden Qualifikationsverlustes beim Einsatz neuer Technologien kann es auf längere Sicht zu einer Absenkung des Eingruppierungsniveaus und zu einer Verschlechterung beruflicher Aufstiegsmöglichkeiten kommen.

• *Arbeitsbedingungen:* Beim betrieblichen Einsatz neuer Technologien kann es zu einer Verschiebung im Belastungs-Beanspruchungs-Geschehen kommen, wobei körperlich schwere und unfallträchtige Arbeiten ab- und einseitige sowie psychische Anforderungen zunehmen können, was sich in einem entsprechenden Umfang und in der Struktur arbeitsbedingten Gesundheitsverschleißes niederschlägt.

• *Arbeitsbeziehungen:* Mit der Anwendung neuer Technologien kann sich die Kontrolle von Leistung und Verhalten der Arbeitnehmer verstärken, Streitigkeiten unter Kollegen und Konflikte mit Vorgesetzten können aufgrund der erhöhten Leistungsanforderungen zunehmen, die Gefahr der Isolation kann sich verstärken.

• *Arbeitszeitregelungen:* Im Zusammenhang mit der Anwendung neuer Technologien kann es zu einer Zunahme belastender Arbeitszeitregelungen, wie z.B. Schichtarbeit, Teilzeitarbeit und kapazitätsorientierter Arbeitszeitformen kommen; auch befristete Arbeitsverhältnisse können zunehmen.

Wegen ihrer unmittelbaren Bedeutung für die Arbeitsgestaltung werden im nächsten Kapitel jene Punkte, welche die Veränderungen der Arbeitsanforderungen betreffen, noch genauer behandelt.

7.3.3 Veränderungen der Arbeitsanforderungen

Der Mangel an empirischen Untersuchungen hat in den vergangenen Jahren dazu geführt, daß sich viele Veröffentlichungen nur spekulativ mit den Auswirkungen des zunehmenden DV-Einsatzes auf die Arbeitsanforderungen befaßt haben. Die nachfolgenden Ausführungen orientieren sich daher bewußt an einer empirischen Untersuchung. Diese Untersuchung wurde von Brosius zum DV-Einsatz im Büro durchgeführt (Brosius 1989, 83-80). Herausgegriffen und etwas näher erläutert werden die Untersuchungsergebnisse zu den Schwerpunkten Kompetenz, Arbeitsinhalt und Arbeitsintensität sowie Qualifikation (vgl. Brosius 1989, 64ff).

Kompetenz. Darunter wird "die Wahrnehmung von Lernmöglichkeiten und die damit gegebene Fähigkeit, die Grenzen des eigenen Arbeitsplatzes zu überschreiten" verstanden (Brosius 1989, 64-65). Die Wiedergabe der Untersuchungsergebnisse geschieht in einer zusammengefaßten Form. Generell zeigte sich, daß die Kompetenzzunahme durch DV-Arbeit sehr breit gestreut ist, und nahezu bei allen Beschäftigungsgruppen nachgewiesen werden kann.

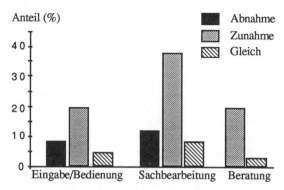

Abb. 7-2: Kompetenzveränderung und Tätigkeitsschwerpunkt (Quelle: Brosius 1989, 66)

Abbildung 7-2 zeigt, daß für die unterschiedenen Beschäftigungsgruppen die Zunahme der Kompetenz gegenüber der Abnahme bei weitem überwiegt. Man sollte dieses Ergebnis allerdings nicht verallgemeinern, da sich auch deutliche Unterschiede zwischen einzelnen Branchen und Wirtschaftszweigen nachweisen ließen. Beispielsweise haben Beschäftigte bei Versicherungen zwar ebenfalls eine Kompetenzzunahme zu verzeichnen, sie ist jedoch nur relativ gering. Ähnlich ist die Situation im Bankbereich. Es liegt die Vermutung nahe, daß dies mit dem Ausmaß an Rationalisierungseffekten zusammenhängt, die in Versicherungen und Banken bereits erreicht wurden (vgl. Brosius 1989, 67). Auch ein Vergleich zwischen Industrie, Handel und Dienstleistungsbetrieben dürfte ähnliche Unterschiede offenlegen.

Qualifikation. Die neuen Technologien können Angstgefühle und Streß auslösen. Angstgefühle entstehen z.B. wenn die Mitarbeiter befürchten, mit der neuen Technologie nicht zurechtzukommen oder das erforderliche Qualifikationsniveau nicht zu erreichen. Dies ist umso bedeutender, als in vielen Veröffentlichungen auf steigende Anforderungen an das Ausbildungsniveau und die Qualifikation hingewiesen wird (vgl. z.B. Spiegel 1986, Schwarze 1988, Gerke 1988, Alemann/Schatz 1987, 235f und 404ff). Einer daraus resultierenden Überforderung kann durch verschiedene Maßnahmen, wie frühzeitige Information der betroffenen Mitarbeiter über ge–plante Maßnahmen und deren voraussichtliche Auswirkungen, rechtzeitige und gründliche Einschulung, eine gute Arbeitsanleitung oder ein entsprechendes Angebot an Umschulungs- oder Fortbildungsmaßnahmen entgegengewirkt werden.

Die Bestimmung der tatsächlichen Qualifikationshöhe gestaltet sich aufgrund bestehender Interessensgegensätze schwierig. Arbeitnehmervertreter werden daran interessiert sein, die Qualifikation hoch anzusetzen und diese Höhe in die Lohnfestsetzung eingehen zu lassen. Umgekehrt dürften Unternehmer eher versuchen, mit einer geringeren Qualifikationserfordernis für computerunterstützte Arbeitsplätze zu argumentieren. Automationsarbeit wird auf diese Weise zu einer Arbeit für "Angelernte". Vor dem Hintergrund dieser Schwierigkeiten wurde in der Untersuchung von Brosius Qualifikation so definiert, daß mit einer höheren Qualifikationsstufe der Umfang an Fähigkeiten und Fertigkeiten in bezug auf den Produktionsprozeß zunimmt; als Kriterien werden u.a. Kooperation, fachliche Kompetenz, Lernfähigkeit und Überblick über die Gesamtaufgabe verwendet (Brosius 1989, 74). Im Bürobereich zeigte sich nun, daß bei der überwiegenden Mehrheit der Beschäftigten die DV-Unterstützung zu einer Qualifikationszunahme geführt hat. Das Ergebnis widerspricht damit eindeutig jenen Auffassungen, nach denen der DV-Einsatz im Büro zu einer allgemeinen Dequalifizierung führt, und auch der sogenannten Polarisierungsthese, nach der nur wenige Mitarbeiter höherqualifiziert, die Mehrheit dagegen dequalifiziert werden (vgl. Brosius 1989, 74, vgl. auch Alemann/Schatz 1987, 416f). Eine Verallgemeinerung dieses Ergebnisses vom Bürobereich auf andere Berufsgruppen oder über Branchen hinweg erscheint aber nicht zulässig sondern muß gesondert untersucht werden.

Arbeitsinhalte und Arbeitsintensität. Ganz im Gegensatz zur Qualifikation zeigte die Untersuchung von Brosius, daß sich der DV-Einsatz im Büro auf die Arbeitsinhalte kaum ausgewirkt hat (vgl. Brosius 1989, 78). Soweit Veränderungen genannt wurden, waren es aber eher Verschlechterungen. Die Veränderung ist allerdings vom Tätigkeitsschwerpunkt und vom Wirtschaftszweig abhängig (vgl. z.B. Alemann/Schatz 1987, 151ff und 206ff). Die relativ stärkste Verschlechterung wurde bei Beschäftigten mit überwiegender Eingabe- und Bedienungstätigkeit festgestellt. In Übereinstimmung mit Ergebnissen anderer vergleichbarer Untersuchungen sind dagegen beratende, leitende und organisierende Tätigkeiten am geringsten von einer Verschlechterung bei den Arbeitsinhalten betroffen. Ein extremer Unterschied zeigte sich weiters zwischen der öffentlichen Verwaltung und privatwirtschaftlichen Unternehmen: In der öffentlichen Verwaltung hat der DV-Einsatz praktisch nichts an den Arbeitsinhalten geändert. Zusammenfassend kann festgestellt werden, daß sich die Hoffnungen auf eine Bereicherung der Arbeitsinhalte vorerst nicht erfüllt haben. Die Arbeitserleichterung, die nachweislich durch den Einsatz der Informationstechnik eintritt, wird meist sofort wieder mit zusätzlichen Tätigkeiten gefüllt. Die Arbeitserleichterungen werden also in Kostensenkung und Rationalisierung transformiert und wirken sich dann häufig in Form einer Steigerung der Arbeitsintensität aus (vgl. Brosius 1989, 78).

8. Informationswesen und Technik

8.1 Computergruppen

Die Klassifizierung erfolgt primär nach der Leistung. Bedienungserfordernisse, Preis und Anzahl der Installationen sind weitere wichtige Kriterien.

Es wird von folgenden Rechnergruppen ausgegangen (vgl. Hansen 1987):

1. Mikrocomputer (*micro computer*)
2. Minicomputer (*mini computer*)
3. Großcomputer (*mainframe computer*)
4. Supercomputer (*super computer*)

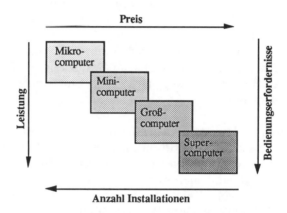

Abb. 8-1: Basisgliederung der Computergruppen

Technische Beurteilungskriterien für Computer (Stahlknecht spricht in diesem Zusammenhang auch von Rechnern, Stahlknecht 1989) ergeben sich zwangsläufig aus den technischen Merkmalen der einzelnen Komponenten. Die Größenklasse ergibt sich wiederum weitgehend aus dem Einsatztyp. Nach Stahlknecht werden Rechner eingesetzt

- als **Zentralrechner** in Rechenzentren zur gemeinsamen Nutzung für ein große Anzahl Benutzer mit völlig verschiedenen DV-Anwendungen,
- als **Abteilungsrechner** für die gemeinsame Nutzung weniger DV-Anwendungen innerhalb einer Niederlassung oder für alle DV-Anwendungen in einem mittelständischen Unternehmen und
- als **Arbeitsplatzrechner** für die ausschließlich Nutzung durch einen oder weniger Benutzer mit einer eng begrenzten Anzahl von DV-Anwendungen.

In die Kategorie der **Mikrocomputer** fallen Personal Computer und *Work Stations* (Arbeitsplatzrechner). Man spricht von "eigener Intelligenz am Arbeitsplatz". Genau diese Philosophie soll durch den Mikrocomputer realisiert werden. Neben den oft etwas verschwommenen Abgrenzungsmerkmalen der verschiedenen Computergruppen - Preis, Leistung, Bedienung - bildet diese Idee der eigenen Rechenleistung am Arbeitsplatz ein eindeutiges Abgrenzungsmerkmal eines Mikrocomputers. Der Benutzer hat neben einer eigenen Zentraleinheit auch periphere Geräte wie Festplatte, Drucker, Diskettenlaufwerk, etc. in seiner Arbeitsumgebung jederzeit zugriffsbereit stehen. Die Abhängigkeit von diversen Prioritäten bei zentraler Rechenzeitvergabe oder bei der gemeinsamen Nutzung von Peripheriegeräten fällt somit weg. Der Benutzer kann sich seine Computerarbeitsplatzumgebung selber "organisieren". Dieses *Single User* Konzept stellt natürlich nicht so hohe Bedienungserfordernisse wie ein Mini- oder Großcomputer. Relativ einfach zu bedienende Betriebssysteme, die die Basisfunktionen für Ein- und Ausgabe, für Dateitransfer, für die Programm- und Dateiverwaltung zur Verfügung stellen, und bereits gut entwickelte und benutzerfreundliche Anwendungspakete machen den Mikrocomputer zu einem nicht mehr wegdenkbaren Instrument sowohl im privaten als auch beruflichen Bereich.

Auch im Managementbereich gewinnen jene Systeme an Bedeutung, die den Anwender in seiner gewohnten Arbeitsweise unterstützen. Das heißt, je durchschaubarer ein Computer in seiner Bedienung und Leistungsfähigkeit ist und je flexibler er sich an das entsprechende Arbeitsumfeld anpassen läßt, desto größer ist die Produktivität, die mit dieser Informationstechnologie erreicht wird. Qualität des Produktes und Effizienz der Ergebnisse hängen also unmittelbar zusammen. Das produktive Zusammenspiel beider Faktoren gewinnt vor allem dort an Bedeutung, wo unternehmerische Entscheidungen geplant, analysiert und kontrolliert werden.

Sogenannte *Workstations* (=Arbeitsplatzrechner) bilden die obere Grenze von Mikrocomputern und werden hauptsächlich für rechenintensive Arbeitsplatzlösungen eingesetzt. Workstations sind heute eigenständige DV-Systeme, die stark graphisch orientiert sind und hohe Rechenleistung aufweisen. Von der Leistungsfähigkeit her gemessen, kommen sie den Minicomputern schon sehr nahe. Als Einsatzbereiche kommen zur Zeit vorwiegend technische Anwendungen wie CAD/CAM (*Computer Aided Design*, *Computer Aided Manufacturing*, siehe Kapitel 9.4.2) sowie *Desktop-Publishing* (DTP: Layout-Software einschließlich der spezifischen Hardware, die die grafische Gestaltung und den Ausdruck von beliebigen Publikationen unterstützt) in Frage. Die Entwicklungstrends bei den Workstations gehen vor allem in Richtung höhere graphische Auflösung und bessere und schnellere Bilddarstellung. Weiters wird ein

vermehrter Einsatz in lokalen Netzwerken als leistungsfähige Netz- und File-
server zu beobachten sein.

Die **Minicomputer** stehen im Rang zwischen Mikrocomputern und großen
EDV-Anlagen. Es sind Computer, die man meist im Dialogbetrieb mit einigen
Bildschirmen benützen kann. Sie haben sich im Anwendungsbereich aus den
Buchungsautomaten entwickelt, die kleineren und mittleren Unternehmen eine
beschränkte Automatisierung ihres Rechnungswesens erlaubten. Viele Mini-
computer-Lösungen in der Größenordnung von 2-3 Millionen Schillingen sind
zweckmässiger und moderner als Großanlagen, die noch häufig nur im Stapel-
betrieb oder einem "künstlichen Dialogbetrieb" eingesetzt werden. Minicomputer können theoretisch alles vollbringen, was man von einem Großcomputer
verlangt - jedoch mit wesentlich geringeren Leistungen und zu einem wesentlich geringeren Preis. Im Vergleich zum Mikrocomputer weisen sie mehr
Rechenleistung und mehr Speicherkapazität auf. Der Minicomputer erlaubt
weiterhin den Anschluß einer großen Vielzahl von Peripheriegeräten. Anders
als bei Mikrocomputern werden Minicomputer-Systeme meist auch mit mehreren Arbeitsplätzen im *Multiprogramming* (Es ist möglich, in einem Computer
mehrere Programme gleichzeitig laufen zu lassen. Mehrere Programme befinden sich also mit ihren Eingabe- und Ausgabebereichen im Speicher und
werden von der Steuereinheit überwacht) betrieben.

Großrechner verfügen fast immer über zentrale Pufferspeicher, Fließbandverarbeitung, Hilfsprozessoren, benötigen Klimaanlagen sowie spezielles Bedie-
nungspersonal und bieten die Möglichkeit, eine große Anzahl von Bildschirm-
arbeitsplätzen und sonstigen Peripheriegeräten zu betreiben. Mehrprogrammbetrieb ist bei dieser Kategorie die Regel. Traditionelle Aufgabenbereiche
werden weiterhin bestehen bleiben. Die Vernetzung von Mikro- und Minicomputern mit den Großrechenanlagen gewinnt jedoch immer mehr an Bedeutung
(verteilte Datenverarbeitung). Der Großcomputer als zentraler Verwalter von
Massendaten stellt Informationen für die Weiter- oder Einzelbarbeitung auf
Mikros und Minis zur Verfügung. Die neueren Entwicklungen am Groß-
rechnersektor gehen eindeutig in Richtung *Supercomputing*, dessen Anwendungen für Klein- und Mittelbetriebe allerdings kaum in Frage kommen. Der
Einsatz derartiger Anlagen ist eher bei komplizierten wissenschaftlich-techni-
schen und militärischen Anwendungen zu sehen.

Die Anzahl weltweit installierter **Superrechner** beschränkt sich auf wenige
100 (1990 gab es 414 Supercomputer Installationen). Die Zentraleinheiten sind
aufgrund der erforderlichen Verarbeitungsgeschwindigkeit sehr kompakt,
kleiner als so mancher Minirechner. Sie benötigen zur Aufbereitung von Daten
und Programmen einen Vorrechner der Leistungsklasse von Großcomputeran-
lagen, da sie weder Fehlerbehandlungen durchführen können, noch für nicht-

rechenzeitintensive Aufgaben wie Programmerstellung, Testen und Umwandlung der Quellprogramme geeignet sind (Hansen 1987).

Durch Einsatz aller Möglichkeiten der Mehrprozessortechnik und der Fließbandverarbeitung können diese Anlagen gigantische, früher wegen ihres Umfangs oft nicht lösbare Rechenprobleme bewältigen, etwa in der Astronomie, Meteorologie und Kernphysik. Weitere Anwendungen sind z.B. komplexe technische Simulationen in der Wirtschaft, der Raumfahrt und im militärischen Bereich.

8.2 Vernetzung

Unter einem Rechnernetz versteht man den durch Datenübertragungswege realisierten Verbund mehrerer getrennter, weitgehend selbständiger Rechner aller Größenklassen. Die Grundformen gebräuchlicher Netzstrukturen sind (Scheer 1990, Stahlknecht 1989):

- **Vermaschte Struktur** (Es kann eine Zentrale geben, die Verbindungswege müssen aber nicht ausschließlich über die Zentrale laufen, jeder Teilnehmer ist mit jedem verbunden.),
- **Sternstruktur** (Netzkontrolle geht von einem zentralen Knoten aus),
- **Ringstruktur** (alle Knoten sind gleichberechtigt und ringförmig miteinander verbunden.),
- **Busstruktur** (entspricht der Linienstruktur, wobei aber jetzt einzelne Knoten Vermittlungsfunktion übernehmen).

Die übliche Einteilung von Kommunikationsnetzwerken erfolgt nach Entfernungsklassen. *Wide Area Networks* (WAN) sind die klassische Form für getrennte Rechenanlagen, die entweder über Telefonleitungen oder Standleitungen miteinander verbunden sind (Spaniol/Kauffels 1990). Lokale Computernetzwerke (*Local Area Networks* - LAN) erlauben die Übertragung und zum Teil die gemeinsame Nutzung von Informations- und Kommunikationsinfrastruktur zwischen einer Anzahl unabhängiger Computersysteme, die der Zuständigkeit der jeweiligen Anwender unterliegen (Bodenwinkler 1987).

Nach Spaniol/Kauffels handelt es sich bei LAN um "Hochleistungsinformationstransfer, die es einer Anzahl gleichberechtigter Benutzer ermöglichen, auf einem räumlich begrenztem Gebiet unter Anwendung eines schnellen Übertragungsmediums partnerschaftlich orientierten Nachrichtenaustausch hoher güte durchzuführen" (Spaniol/Kauffels 1990, 896). Die Weitergabe der Daten im Netz erfolgt dabei nach einheitlichen Regeln und wird von einer eigenen Netzwerksoftware verwaltet. Ein einzelnes lokales Computernetzwerk ist räumlich auf ein Gebäude oder auf einen Gebäudekomplex beschränkt. Fernverbindungen zu anderen Netzen und Computersystemen sind jedoch (unter Nutzung offizieller Postdienste) möglich.

Ziel solcher Vernetzungen sind die generell für Rechnernetze geltenden Nutzungsmöglichkeiten

- **Geräteverbund** (gemeinsame Nutzung von Peripheriegeräten),
- **Funktionsverbund** (Erweiterung der für den Anwender nutzbaren Funktionen um die der angeschlossenen Spezialrechner),
- **Datenverbund** (gemeinsamer Zugriff auf räumlich getrennte Datenbestände),
- **Kommunikationsverbund** (Übermittlung von Nachrichten).

Lokale Netze bilden häufig die unterste Stufe eines hierarchischen Netzkonzeptes und werden entweder über *Bridges* und *Gateways* untereinander gekoppelt (Spaniol/Kauffels 1990). Die Bedeutung erstreckt sich vor allem auf den Bereich der Büroautomation, wo eine Integration der verschiedenen Datenarten (Text, Sprache, Bild und Daten) realisiert werden soll. Der weitgehend freien Benutzungsmöglichkeit der einzelnen Arbeitsplätze stehen jedoch "netzzentrale" Aufgaben gegenüber, die von einer Instanz (Netzwerkmanager) durchgeführt werden müssen. Lokale Computernetzwerke ermöglichen nach Bodenwinkler (1987):

- Realisierung dezentraler Organisationsformen,
- Gemeinsame Nutzung einzelner Computerressourcen (Drucker, Festplatte, Bandlaufwerke, etc.),
- Verbesserung der betriebsinternen Kommunikation (z.B.: durch *Electronic Mailing*),
- Entwicklung abgegrenzter Aufgabenbereiche,
- Kommunikation von Computersystemen mit unterschiedlicher Hard- und Software.

8.3 Verteilte Datenverarbeitung

Der Begriff "Verteilte Datenverarbeitung" (*Distributed Data Processing*) bezeichnet die EDV-technische Möglichkeit, in einem Rechnernetz eine logisch einheitliche Aufgabe in Teilaufgaben zu zergliedern und diese auf mehrere Computer zu verteilen (Scheer 1990, 91). Verarbeitungsaufgaben werden - oft nach hierarchischen Regeln - auf zentrale und dezentrale Rechner verteilt. Man unterscheidet zwischen

- **horizontaler** Verarbeitung, bei der auf jeder hierarchischen Ebene Aufgaben bearbeitet werden, die unabhängig von anderen Ebenen sind, und

- **vertikaler** Verarbeitung, bei der die Aufgaben von Daten abhängen, die auf einer anderen Ebene anfallen (Stahlknecht 1989, 149).

8.4 Planung zukünftiger Informationssysteme

Integrative Aspekte bei der Konzeptionierung von Informations- und Kommunikationsinfrastrukturen werden in Zukunft die bedeutendste Rolle spielen. Büroautomation, konventionelle Informationsverarbeitung und *voice communications* werden immer mehr vermischt. Standardisierte Schnittstellen mit einheitlichen Trägernetzen, die die verschiedenen Arten von Computern und Terminals verbinden, werden an Bedeutung gewinnen.

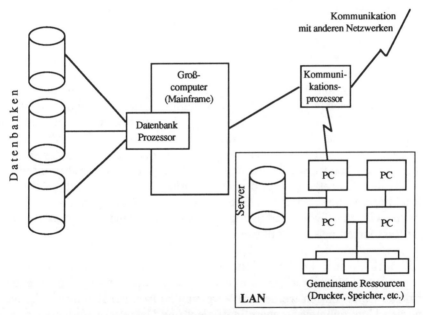

Abb. 8-2: Zukünftiger "Computerkomplex"

Die Hauptaufgabe der Großcomputer (die auch mehr und mehr miteinander vernetzt werden) ist die Durchführung von mengenintensiven Datenverarbeitungsprozessen und die Verwaltung zentraler Unternehmensdatenbanken. Über Kommunikationsprozessoren können die Großcomputer mit entfernten Arbeitsstationen, wie z.B. Terminals oder Mikrocomputer in einem Lokalen Netz, verbunden werden.

9. Informationswesen und betriebswirtschaftliche Funktionen

9.1 Planung des Informationswesens

9.1.1 Bedarf nach Informationsplanung

Der Einsatz der Informationstechnologie besitzt nach Scheer auf zweierlei Weise strategische Bedeutung (Scheer 1990, 187): "Die hohe Bindungsdauer von Entscheidungen über den Einsatz spezieller Technologien wie Datenbanksysteme oder Netzkonzeptionen legt eine Unternehmung auf lange Zeit fest und bestimmt die Möglichkeiten der Informationsverarbeitung. Andererseits kann durch geschickten Einsatz der Informationstechnologie die strategische Ausrichtung der Unternehmung beeinflußt werden". Wenn man die verbreitete Art von Kontrollmechanismen in den verschiedenen funktionalen Bereichen wie Marketing, Produktion, Forschung und Entwicklung, etc. generell betrachtet, so läßt sich folgendes feststellen: Diese Abteilungen geben ihre Budgetwünsche, Aktivitätspläne und Kosten der Unternehmungsleitung bekannt, deren Aufgabe es wiederum ist diese Pläne zu überprüfen, zu ändern, an das Gesamtunternehmensbudget anzupassen und zu genehmigen. Die in den Plänen geforderten Ressourcen werden bereitgestellt, um den Abteilungen die Durchführung zu ermöglichen. Die Umsetzung liegt bei den einzelnen Abteilungen, die Kontrolle der Durchführung liegt bei der Unternehmensleitung. Durch permanente Änderungen der wirtschaftlichen Bedingungen, müssen die Pläne laufend aktualisiert und die Ressourcen neu zugeteilt werden.

Kontrollmechanismen werden aufgrund der sich rasch ändernden Umweltbedingungen umso wichtiger und durch die Computertechnologie ermöglicht. Funktionale Datenzentren werden im Vergleich zu riesigen Datenverwaltungen in zentralen Unternehmensrechnern ineffizient und Netzwerke sind aus Kosten-Nutzen-Sicht wirtschaftlicher. Mikrocomputer breiten sich in den einzelnen Organisationseinheiten mehr und mehr aus. Peripheriegeräte und Applikationssoftware werden immer umfangreicher. Die durch Anwendungen an einem Host oder Minicomputer bereits erreichte Standardisierung wird dadurch untergraben. Den Benutzern in den Abteilungen wird durch den Mikrocomputer eigene Rechnerleistung an den Arbeitsplatz gestellt. Aufgrund der Vielfalt an Soft- und Hardware kann sich jeder Benutzer seine persönliche Arbeitsplatzumgebung selber konfigurieren. Mit der Zeit werden Wünsche nach Zugriff auf zentrale Unternehmensdaten artikuliert. Die Unternehmensspitze hat es nun mit hunderten von Fragmentsystemen zu tun, die nun alle koordiniert werden und auf eine Schiene gebracht werden müssen. Dieses dargestellte Szenario wird allerdings nur dann eintreten, wenn der Einsatz von Computerressourcen in der Unternehmung nicht "von oben herab" geplant wird.

9.1.2 Information als Produktions- und Wettbewerbsfaktor

Die klassische Betriebswirtschaftslehre im Sinne Gutenbergs (1958) kennt die 3 **Produktionsfaktoren** (=Elementarfaktoren) "Arbeit", "Betriebsmittel" und "Werkstoffe". Wenn man jedoch den betrieblichen Herstellungs- und Verwertungsprozess von Produkten genauer analysiert, so ist Information als zweckorientiertes Wissen (Wittmann 1959) zu einer zielführenden Kombination der klassischen Produktionsfaktoren unumgänglich. Gutenberg unterscheidet bereits zwei Ausprägungen des Faktors Arbeit, nämlich eine elementare und eine dispositive Variante. Der dispositiven Arbeit rechnet er alle Tätgikeiten der Geschäftsleitung wie zum Beispiel Planung, Organisation, usw. zu. Jeder einzelne Steuerungsakt aber ist seinerseits ein Prozeß der Umsetzung von Informationen in Entscheidungen. Planende, orientierende und koordinierende Information ist dem Geschehen im Absatzbereich und in der Produktion in aller Regel logisch und zeitlich vorgeordnet und stellt demnach eine eigene produktive Größe dar.

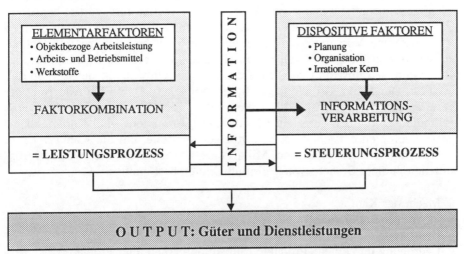

Abb. 9-1: Das System produktiver Faktoren (nach Gutenberg 1958)

Zusammenfassend kann nun Information aus zwei Perspektiven als Produktionsfaktor gesehen werden: Zum einen stellt Information den "Rohstoff" von Entscheidungen dar und zum anderen gibt es Substitutionseffekte zwischen dem Leistungs- und dem Steuerungsprozess (vgl. Schüler 1989, 182f). Letzteres sei an einem Beispiel der Lagerhaltung erläutert:

Durch aufwendigere Informationsverarbeitung kann offensichtlich die Kapitalbindung in den Lagern ohne Schmälerung der Lieferbereitschaft drastisch gesenkt werden. Im Extremfall vermag eine *Just-in-Time*-Produktion (="Produktion auf Abruf" auf allen Fertigungsstufen mit dem Ziel, den Materialbestand zu reduzieren und gleichzeitig eine hohe Termineinhaltung zu gewährleisten) die Lagerhaltung völlig zu ersetzen und somit Lagerhaltungskosten in hohem Ausmaß reduzieren. Der Wert der Information läßt sich hier problemlos in Geldeinheiten ausdrücken.

Folgende Maßnahmen werden aus dem System produktiver Faktoren für eine kompetente Informationsplanung abgeleitet:

- qualitative Personalentwicklung (elementarer Produktionsfaktor "Mensch")
- Bereitstellung der Informations- und Kommunikationsinfrastruktur (elementarer Produktionsfaktor "Betriebsmittel")
- Speicherung, Transport und Verarbeitung von Information (elementarer Produktionsfaktor "Werkstoff")
- Aufbau eines Führungs- und Leitungssystem, um die elementaren Produktionsfaktoren einsetzen und koordinieren zu können (der aus den elementaren Produktionsfaktoren abgeleitete dispositive Produktionsfaktor als 4. Element)

Information als Wettbewerbsfaktor. Information wird mehr und mehr als wichtige Geschäftsressource betrachtet und als Wettbewerbsvorteil begriffen. Diejenigen, die dieses Potential erkennen und dementsprechend nutzen, werden einen enormen Vorsprung über ihre Mitbewerber haben. Informationstechnologien werden die primäre Quelle für Information sein. Zum einen über das Unternehmen selbst und zum anderen über die Umwelt, in der der Betrieb existiert: Der Markt, der Wettbewerb, die Wirtschaft. Durch die Änderung der bestehenden Wirtschaftstruktur werden auch die Gesetze des Wettbewerbs verändert. Durch den gezielten Einsatz von Informations- und Kommunikationstechnologien entstehen neue Wettbewerbsvorteile, um die Konkurrenz zu übertreffen. Nach Porter und Millar (1985, 155) wird die Wettbewerbssituation in einer Branche von 5 Einflußfaktoren bestimmt:

- Macht der Käufer,
- Macht der Lieferanten,
- Bedrohung durch neue Konkurrenz,
- Bedrohung durch neue Produkte (Substituierbarkeit alter Produkte),
- Wettbewerbssituation zwischen den Anbietern.

Der gezielte Einsatz von Informationstechnolgien kann alle 5 Faktoren beeinflußen und somit die Wettbewerbssituation verändern. Nachfrager (Käufer) haben Zugang zu einer "breiteren" Information über bestehende Marktangebote. Die Barrieren des Markteintrittes neuer Konkurrenten werden aufgrund der großen Investitionen in den Informationsbereich höher. Durch den Einsatz von Computertechnologien im Fertigungsbereich wird die Substituierbarkeit von Produkten erleichtert. Innovationen werden gefördert. Der Wettbewerb wird durch den Einsatz von Informations- und Kommunikationstechnologien im allgemeinen härter.

Der Erfolgsfaktor Informationssystem. Nach Voigt (1991, 56) müssen 4 Hauptfaktoren langfristig und gleichzeitig verwirklicht sein, damit ein Unternehmen Erfolg hat:

- *Adaption*: aktive und passive Anpassung an gegenwärtige und zukünftige Entwicklungen und Notwendigkeiten in Wirtschaft, Gesellschaft und Politik;
- *Funktion*: die Fähigkeit zur wirtschaftlichen Leistungserstellung im Betrieb;
- *Kommunikation*: zeitgerechter, flexibler Austausch von relevanten Informationen zwischen Menschen, Systemen, Institutionen;
- *Motivation*: Beweggründe von Menschen für zielorientiertes Denken und Verhalten.

Bromann unterscheidet sechs Erfolgsfaktoren eines Unternehmens (Bromann 1987):

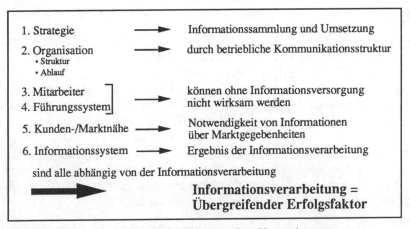

Abb. 9-2: Erfolgsfaktoren eines Unternehmens

Die Informationsverarbeitung wird als übergreifender betrieblicher Erfolgsfaktor dargestellt und hat somit beträchtliche Auswirkungen auf die Hauptziele einer Unternehmung. Diese sind Effizienz, Produktivität und Erträge. Sind die benötigten Informationen zum richtigen Zeitpunkt den zuständigen Führungskräften nicht gegenwärtig, so ist die Entscheidungsqualität stark eingeschränkt. Auch Dernbach stellt die Informationsinfrastruktur - neben den Produkten, den

Absatzwegen, der Führung, dem Personal und der Organisation - als wichtigen Einflußfaktor auf den Gesamtunternehmenserfolg dar (Dernbach 1985). Die Entwicklung integrierter Informationskonzepte soll im Mittelpunkt stehen. Die Herausforderung für jede Organisation wird es sein, Techniken zu entwickeln und organisatorische Maßnahmen zu treffen, um Information als gemeinsamen betrieblichen Elementar- und Wettbewerbsfaktor zu handhaben.

9.1.3 Informationsmanagement

Unternehmensführung bedeutet zugleich Informationsmanagement. Der Produktionsfaktor Information soll optimal eingesetzt werden. Die richtige Information zum gewünschten Zeitpunkt in verarbeitbarer Konzentration ist der wesentliche Erfolgssfaktor der Unternehmensführung. Informationsmanagement stellt eine Querschnittsfunktion dar, die untrennbar mit dem Führungsprozeß verbunden ist. Heinrich/Burgholzer verstehen unter dem "Konstrukt" Informationsmanagement "das Leitungshandeln (Management) in einer Organisation in Bezug auf Information und Kommunikation, also alle die Information und die Kommunikation betreffenden Führungsaufgaben" (Heinrich/Burgholzer 1987, 5). An gleicher Stelle wird auch von der Informationsfunktion als Querschnittsfunktion und als gleichberechtigte betriebswirtschaftliche Funktion neben den Grundfunktionen Beschaffung, Produktion und Vertrieb und den Querschnittsfunktionen Personal, Finanzierung und Logistik gesprochen.

Die **Hauptaufgabe** des Informationsmanagement wird darin gesehen, für das Unternehmen den "Produktionsfaktor" Information zu beschaffen und in einer geeigneten Informationsinfrastruktur bereitzustellen. Das Informationsmanagement verlangt eine ganzheitliche Sicht und bedingt die Notwendigkeit, diese als Managementfunktion zu begreifen. Zum Informationsmanagement gehören z.B. die strategische Planung der Informations- und Kommunikationsinfrastruktur, die Erstellung von Informationsbedarfsanalysen und Informationsportfolios, das Datenmanagement und die Gestaltung der Aufbau- und Ablauforganisation der Informationsverarbeitung. Die stattfindende Wandlung von der Daten- zur Informationsorientierung ist hauptverantwortlich für die Aktualisierung des Begriffs "Informationsmanagement".

Die organisatorischen und wirtschaftlichen Potentiale der neuen technischen Möglichkeiten lassen sich nur mit neuen Managementstrategien nutzen. Perspektiven und Instrumente des klassischen DV-Managements, das allein am zentralen Großrechner, am Rechenzentrum, an der Systementwicklung durch DV-Experten und an operativer DV-Planung orientiert ist, müssen zu einem ganzheitlichen Informationsmanagement weiterentwickelt werden. Informationsmanagement beinhaltet die auf einer Gesamtkonzeption basierende Planung, Organisation und Kontrolle von Information. Diese "Handhabung" von

Information ist auf drei von einander verschiedenen - jedoch zu integrierenden - Ebenen zu bewerkstelligen:

• Ebene des unmittelbaren Informationseinsatzes
• Ebene der computergestützten Informationsverarbeitungs- und Kommunikationsverfahren (Informationssysteme)
• Ebene der Infrastrukturen für Informationsverarbeitung und Kommunikation

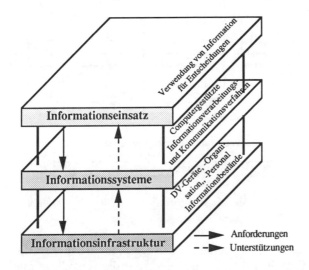

Abb. 9-3: Drei Ebenen des Informationsmanagements (nach Wollnik 1980)

Die **Aufgaben des Informationsmanagements** sind folgendermaßen zu strukturieren (Heinrich/Burgholzer 1987):

• *Strategische Aufgaben:* Führungsaufgaben, welche für die Organisation als Ganzes von grundsätzlicher Bedeutung sind, insbesondere die Planung der Informationsinfrastruktur;
• *Administrative Aufgaben:* Führungsaufgaben der Realisierung und der Aufrechterhaltung der Informationsinfrastruktur;
• *Operative Aufgaben:* Führungsaufgaben des Betriebes und der Nutzung einer vorhandenen Informationsinfrastruktur.

9.2 Betriebswirtschaftliche Funktionen

Die **Managementfunktionen** stehen zu den originären betrieblichen Funktionen wie Beschaffung, Produktion und Absatzwirtschaft (**Sachfunktionen**) in einem komplementären Verhältnis. Man kann sich das Management als eine komplexe Verknüpfungsaktivität vorstellen, die den Leistungserstellungsprozeß gleichsam netzartig überlagert und in alle Sachfunktionsbereiche steuernd eindringt (Steinmann/Schreyögg 1990, 7). Organisation ist eine dieser Managementquerschnittsfunktionen.

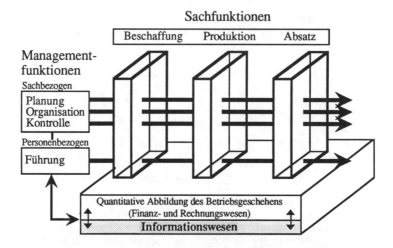

Abb. 9-4: Management als Querschnittsfunktion und Stellung des Informationswesens
(nach Steinmann/Schreyögg 1990, 7)

Da Information ein übergreifender Erfolgsfaktor ist, wird Informationswesen als eigenständiger Basisbereich definiert, der die Grundlage aller betriebswirtschaftlichen Funktionen bildet und ein enges Nahverhältnis zur quantitativen Abbildung des Betriebsgeschehens (=Finanz- und Rechnungswesen) hat.

Nach Gernet (1987) besteht das Informationswesen aus folgenden Bereichen:

- **Informationsverarbeitung** (Daten-, Text-, Bild- und Sprachverarbeitung) als technischer Teil des Informationswesens,
- **Kommunikation** nach innen und außen,
- **Ablauforganisation** als Verbindung von "Flüßen" zwischen den einzelnen Organisationseinheiten,
- **Projektorganisation** für Neugestaltungen bei Änderungen in den Kommunikationsabläufen,
- **Aufbauorganisation** gliedert sich um die Ablauforganisation. Sie soll die Frage klären, wie das Informationswesen zu strukturieren ist, wie es personell auszustatten ist und wo es in der Unternehmenshierarchie anzusiedeln ist.

Strukturen des Informationswesens können anhand der organisationalen Funktionen, welche Informationen brauchen, beschrieben werden. Es gibt keine Standardklassifikation für diesen Bereich. Eine mögliche Form einer grundsätzlichen Klassifikation ist die bereits am Anfang des Kapitels angeführte Unterscheidung in Sach-, Management- und Querschnittsfunktionen. In Industriebetrieben unterschiedlicher Branchen finden sich heute vergleichbare Aufbaustrukturen mit gleichen Aufgabenstellungen.

Bei **größeren Unternehmungen** kann die Ressortaufteilung das folgende Bild aufweisen (Busch 1987):

- Vorsitzender der Geschäftsleitung bzw. des Vorstandes, zusätzlich verantwortlich für Öffentlichkeitsarbeit, Revision und Unternehmensgesamtplanung,
- Ressort Marketing und Vertrieb,
- Ressort Produktentwicklung und Qualitätswesen,
- Ressort Produktion,
- Ressort Finanzen und Controlling,
- Ressort Personalwesen.

Kleinere Organisationen verfügen unter Umständen lediglich über zwei Hauptfunktionen, nämlich über

- den kaufmännischen Bereich mit den Unterfunktionen Marketing und Vertrieb, Finanzen und Controlling sowie Personalwesen, Öffentlichkeitsarbeit und Unternehmensplanung.
- den technischen Bereich mit den Funktionen Produktentwicklung und Qualitätswesen sowie Produktion.

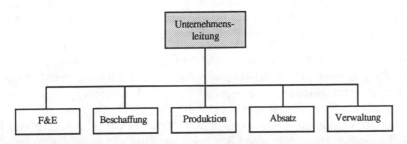

Abb. 9-5: Standardklassifikation betrieblicher Funktionen (vgl. auch Abb. 3-2: Leistungsfluß)

Der typische Funktionenumfang einer produzierenden Organisation beinhaltet nach Davis/Olson (1985) "Produktion", "Absatzwirtschaft", "Finanz- und Rechnungswesen", "Logistik", "Personalwirtschaft" und "Informationswesen". Auch das Topmanagement wird dort als eigene Funktion betrachtet. Bei Scheer (1990) findet man noch die Hauptfunktionen "Beschaffung" und "Technik". Wie bereits umfangreich angeführt sind Organisationen nicht immer funktional gegliedert (siehe Kapitel 3.2.1). Die Darstellung der Schnittstellen erfolgen jedoch - wie dies traditionell meist üblich ist - einer funktionalen Gliederung. Jede Funktion hat spezielle Informationsbedürfnisse und verlangt die Unterstützung eines Informationssystems, welches darauf zugeschnitten ist. Das in

Abbildung 9-5 dargestellte Organigramm bildet ein Beispiel für eine Standard-klassifikation nach funktionalen Bereichen. Funktionen wie "Finanz- und Rech-nungswesen", "Personalwirtschaft" sind dabei sachlich der Verwaltungsfunktion zuzuordnen. Managementfunktionen sind bereichsübergreifend und daher nicht explizit angeführt. Ebenso bleiben Querschnittsfunktionen wie "Logistik" der Vereinfachung halber unberücksichtigt.

Die Darstellung der Überlappungen des Basisbereichs Informationswesen (Querschnittsfunktion) erfordert zu aller erst eine exakte Schnittstellendefini-tion, um Informationsfluß, Abhängigkeiten, Zusammenhänge und einzelne funktionale Aufgaben genau darzustellen. Die einzelnen Funktionen mit ihrem Aufgabenumfang und Beispielen strategischer, administrativer und operativer Aktivitäten werden in den nächsten Kapiteln grob dargestellt.

9.3 Informationssysteme für das Management

9.3.1 Management-Informations-Systeme

Ansätze bei der Entwicklung von Management-Informations-Systemen (MIS) oder Entscheidungs-Unterstützungs-Systemen (*Decision Support Systems*, DSS) basieren auf der Unterscheidung von strategischen, administrativen und opera-tiven Entscheidungstatbeständen. Den Ausdruck DSS gibt es bereits seit 1970. Er meint ein interaktives System, welches dem Manager hilft, eine Entschei-dung zu treffen. Der Einsatz liegt vor allem bei sogenannten halbstrukturierten Entscheidungsproblemen (Awad 1988, 37).

Unter dem Aspekt der Determiniertheit eines Entscheidungsproblems wird grundsätzlich zwischen **wohl-strukturierten** und **schlecht-strukturierten** Problemen unterschieden. Parameter, die zur Determinierung beitragen sind Klarheit der Ziele, Anfangs- und Randbedingungen, Umfang des Alternativen-raumes und verfügbare Lösungsverfahren. Von der Strukturiertheit des Pro-blems ist die Strukturiertheit des Entscheidungsprozesses zu unterscheiden. Der Prozeß ist wohlstrukturiert, wenn das Problem eindeutig definiert ist und Handlungsprogramme (Denkmuster und Verfahrensweisen) zur Problemlösung verfügbar sind. Er ist schlecht-strukturiert, wenn das Problem unklar ist bzw. dieses eindeutig definiert ist aber keine Lösungsalgorithmen zur Verfügung stehen (Witte 1980). Gut strukturierte Entscheidungsprobleme lassen sich somit durch ein Modell abbilden und sind programmierbar. Bei absolut nicht struk-turierten Entscheidungsproblemen ist keine Programmierbarkeit gegeben. Das intuitive Entscheidungsvermögen von Führungskräften steht hier im Mittel-punkt. Halbstrukturierte Entscheidungen weisen jedoch einzelne Teile auf, die "programmierbar" sind und bieten sich somit als Einsatzgebiete der DSS an.

Man unterscheidet in bezug auf Führungstätigkeit (Managementaktivitäten) zwischen den 3 Kategorien

• strategische,
• administrative oder taktische und
• operative Planung.

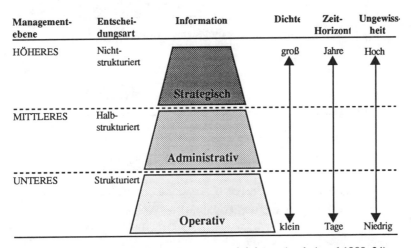

Abb. 9-6: Vergleich von Managementaktivitäten (nach Awad 1988, 34)

Bei der **strategischen Planung** wird - ausgehend von der Festlegung von Organisationszielen - eine Entscheidung über den zur Erreichung dieser Ziele notwendigen Ressourceneinsatz und über die zur Akquisition und Disposition dieser Ressourcen einzusetzenden Unternehmenspolitik getroffen.

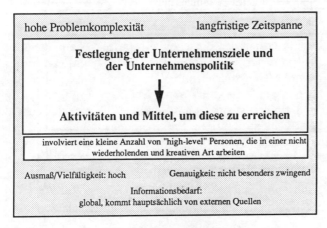

Abb. 9-7: Strategische Planung

Die 2. Kategorie ist die **administrative Planung** und wird als Prozeß definiert, bei dem Führungskräfte den Einsatz der Ressourcen sicherstellen und diesen Einsatz auf Effektivität und Effizienz bei der Erreichung der Unternehmensziele überprüfen.

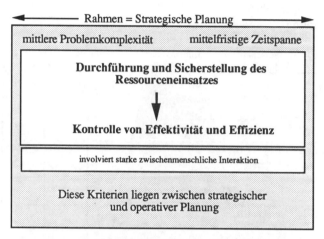

Abb. 9-8: Administrative Planung

Die 3. und letzte Kategorie ist die **operative Planung**. In diesem Zusammenhang spricht man von der Sicherstellung einer effektiven und effizienten Ausführung spezifischer Aufgaben. Der Unterschied zur administrativen Planung ist die Beschäftigung mit konkreten Aufgaben. Die administrative Planung hat meistens Führungsaktivitäten zum Inhalt.

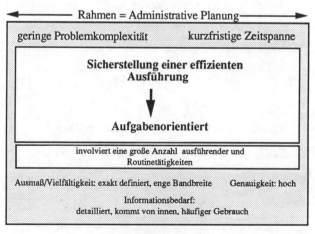

Abb. 9-9: Operative Planung

Die drei grundsätzlichen Planungs- und Kontrollbereiche haben einen voneinander unterschiedlichen Informationsbedarf. Da die meisten Informationssystempläne jedoch auf einem "totalen Systemansatz" basieren, erkennt man bereits Gründe für das häufige Mißlingen langfristiger Informationssystemkonzepte. Systeme in einem Unternehmen werden oft lose so miteinander verbunden, daß der Output des einen zum direkten Input des anderen wird. Es wird eine Gesamtstruktur über alle Daten aufgebaut, die zur Kontrolle der operativen Vorgänge herangezogen wird.

Die Forderung nach einer unternehmensweiten Informationsverarbeitung führt konsequenterweise zum Entwurf von Unternehmensdatenmodellen. Diese sollen gewährleisten, daß die Integrationsanforderungen der operativen Ebene ebenso erfüllt werden wie die wertbezogenen begleitenden Anforderungen der funktionalen Bereiche (administrative Ebene) und die Auswertungs- und Planungsanforderungen der Unternehmensleitung.

Durchzuführende **Transaktionen im Bereich der Unternehmensleitung** sind hauptsächlich Anfragen nach Informationen zur Entscheidungsunterstützung. Auf der operativen Ebene werden zum Beispiel Informationen über Besprechungstermine, Korrespondenz- und Kontaktaktivitäten gebraucht. Das Topmanagement als "Administrator" braucht Zusammenstellungen über die Erfolgstätigkeiten der einzelnen Funktionen. Dazu ist ein unmittelbarer Zugang zu den (strategischen) Plänen und Aktivitäten in den funktionalen Abteilungen notwendig. Das eigentliche Betätigungsfeld des Topmanagements, das strategische Management, beinhaltet Führungsaufgaben, welche für die Organisation als Ganzes von grundsätzlicher Bedeutung sind (Geschäftsfelder- und Ressourcenplanung, Festlegung der Unternehmenspolitik auf weite Sicht, Koordination der großen betrieblichen Teilbereiche, Besetzung wichtiger Führungsstellen). Es handelt sich hier um sehr unstrukturierte Entscheidungen, die den Informationsbedarf eher aus externen Quellen abzudecken haben (z.B.: Konkurrenzdaten, Wirtschaftsindikatoren, Konsumentenverhalten, etc.).

9.3.2 Strategische Unternehmensführung

Nach Meyer/Greif (1990) durchläuft ein Unternehmen zwei idealtypische Entwicklungsphasen, ehe es die dritte Phase der strategischen Planung und die vierte Phase des strategischen Managements (= Führung des Unternehmens nach strategischen Grundprinzipien) erreicht. Phase 1 wird als Finanzplanungsphase bezeichnet, in der eine starke funktionale Akzentuierung gesetzt wird. Die Zielsetzung ist die Sicherung der Liquidität für das Folgejahr. In der zweiten Phase, der Langfristplanung, erfolgt eine Erweiterung der Finanzplanung in zeitmäßiger Hinsicht. Inhalte sind Mehrjahresbudgets, Abweichungsanalysen und Mittelbedarfanalysen mit der Zielsetzung "Die Zukunft vorhersagen". Die Modelle in dieser Phase stützen sich noch hauptsächlich auf unternehmensinterne Informationsquellen. Die notwendige systematische Erweiterung der Perspektive auf unternehmensexterne Faktoren erfolgt erst in der dritten Phase, der strategischen Planung. Inhalte sind die

Bildung strategischer Geschäftseinheiten, auf Wertsteigerung ausgerichtete Unternehmensstrategien und interaktive Prozesse der Strategieentwicklung. Strategisches Denken steht im Mittelpunkt der Aktivitäten der Unternehmensführung. Erst in der vierten Phase des strategischen Managements wird die strategische Planung im Unternehmen dauerhaft institutionalisiert. Strategische Denkweisen werden zum Leitfaden unternehmenspolitischen Handelns. Inhalte sind Vision und Führung, klar definierter strategischer Rahmen, unterstützende Managementverfahren und förderliches Unternehmensklima.

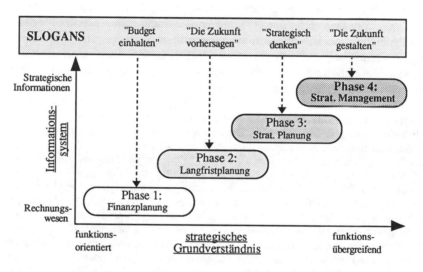

Abb. 9-10: Zusammenhang von strategischem Management und strategischem Informationsmanagement (nach Meyer/Greif 1990, 200)

Auch die Daten- und Informationsverarbeitung macht(e) eine ähnliche Entwicklung durch. In den Anfängen lagen die Haupteinsatzgebiete im Finanz- und Rechnungswesen und in den technisch orientierten Forschungs- und Entwicklungsabteilungen. Informationssysteme wurden zu dieser Zeit primär zentral und für operative Zwecke eingesetzt. DV-Lösungen in den einzelnen Funktionen waren noch isoliert voneinander. Der Schritt von Phase 1 in Phase 2 ging in der Datenverarbeitung einher mit einem verstärkten Einsatz von Informationssystemen für längerfristige Planungsmodelle im Finanz- und Rechnungswesen. Der Schritt in Phase 3 (Strategische Planung) wird aufgrund geänderter Rahmenbedingungen initiiert (verteilte Datenverarbeitung, Mikrocomputer, Vernetzung, Telekommunikation, benutzerfreundliche Software, kostengünstigere Hardware, Know-how Zuwächse beim Management, etc.). Strategische Denkphilosophien bei der Unternehmensführung wirken sich bereits auf die Informationsverarbeitung aus. Information wird in dieser Phase zunehmend zu einem wichtigen Wettbewerbsfaktor. Die ersten Ansätze zur Entwicklung umfassender und integrierter Management-Informations-Systeme (MIS) machen sich bemerkbar. Die Informationsfunktion wird ganzheitlich betrachtet. Erst wenn strategische Informationsplanung dauerhaft in einer Organisation institutionalisiert ist und strategische Denkweisen zum Leitfaden informationspolitischen Handelns werden, kann von **strategischem Informationsmanagement** gesprochen werden.

Nach Meyer/Greif (1990) liegen heute die zwei Hauptgründe für "nicht-strategische" Führung von Unternehmungen in einem nicht ausreichendem Grundverständnis im Management und einem nicht adäquatem Informationssystem. Das derzeitig nicht ausreichend ausgebildete strategische Grundverständnis resultiert in erster Linie aus der grundsätzlichen Funktionsorientierung der Denkweisen und damit auch der Handlungsweisen und Informationsflüsse. Die Ausrichtung des Informationswesens ist ebenso primär funktions- und innenorientiert. Strategisch relevante Informationen, die hauptsächlich aus externen Quellen (Marktverhältnisse, Wettbewerbspositionen, Technologieentwicklungen, Bedürfnisveränderungen der Kunden, etc.) kommen, werden zu wenig integriert (Meyer/Greif 1990, 200). Die Schnittstellen zwischen Unternehmensleitung und dem Informationswesen müssen gewährleisten, daß Informationen fließen, die Führungsentscheidungen erlauben und auch zukünftig eigene Erfolgspotentiale garantieren.

9.4 Schnittstellen zu den Sachfunktionen

9.4.1 Beschaffung und Materialwirtschaft

Unter Materialwirtschaft versteht man die Beschaffung und die dazugehörige Beschaffungslogistik (Materialdisposition, Lager und Transport). Logistische Aufgaben sind die Steuerung aller Material- und Warenflußbewegungen im Unternehmen von der Beschaffung bis zum Absatz. Der Produktion vorgelagert ist bei Fertigungsbetrieben die Beschaffung der Produktionsfaktoren "Betriebsmittel" und "Werkstoffe" (siehe auch Kapitel 5.4.3, wo auch ein detaillierter Ablauf zur Beschaffung dargestellt ist). In Handelsbetrieben steht die Administration der Handelsgüter im Vordergrund.

Im operativen Bereich werden Informationen über fällige Einkäufe, fällige Sendungen zu Kunden, im Lager fehlende Waren, Lagerumschlag, etc. gebraucht. Administrative Information besteht aus Gesamtaufstellungen über geplanten und tatsächlichen Lagerbestand, Kostenaufstellungen für verkaufte Waren und Lagerumschlagskennzahlen. Strategische Kontrolle basiert z.B. auf Analysen von neuen Beschaffungsstrategien oder auf neuen Vorgehensweisen in Richtung Einkäufermarkt (Kooperationen, etc.).

Die Computerunterstützung erfolgt durch Administrations- (z.B. Lagerbestandsführung) oder Dispositionssysteme (z.B. Bedarfsermittlung). Warenwirtschaftssysteme (= ein System, welches eine wert- und mengenmäßige Kontrolle
des Warenflußes ermöglicht) und Lieferantenverwaltung gehören heute zu den
strategischen Erfolgsfaktoren erfolgreicher Betriebe.

Computergestützte Warenwirtschaftssysteme. Grundvoraussetzung für
jedes Warenwirtschaftssystem ist die Stammdatenverwaltung der Artikel
(Hersteller oder Lieferant, Artikelbeschreibung, Gruppierung, Mindestbestell-
menge, Verpackungsart, Versandkonditionen, Einkaufspreis, Verkaufspreis,
etc.). Die einzelnen Module eines Warenwirtschaftssystems setzen sich folgendermaßen zusammen (Sternberg 1990, 106):

- *Bestellungs- und Auftragsrückstandsverwaltung:* Auftragserfassung nach Arti-
keln und Sorten;
- *Wareneingang:* (Dieser wird mit Hilfe der Auftragsdaten bearbeitet und auf
Übereinstimmung von Lieferung und Auftrag überprüft);
- *Rechnungskontrolle* als Schnittstelle zwischen der Warenwirtschaft und der
Buchhaltung;
- *Bestandsführung* von Lieferungen, Verkäufen, Rücksendungen, Umtausch,
etc.;
- Artikelweise *Erfassung der Verkäufe* anhand eines maschinellen Kassensys-
tems;
- *Bedarfsermittlung und Bestellvorschlag.*

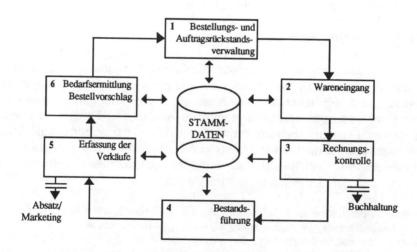

Abb. 9-11: Der Kreislauf eines geschlossenen Warenwirtschaftssystems
(nach Sternberg 1990, 104)

In der Material- und Warenwirtschaft hat sich die Warenauszeichnung immer als besonderer Engpaß und Fehlerquelle herausgestellt. Die **EAN-Codierung** (=Europäische Artikel Numerierung, siehe dazu: Sternberg 1990, 111) hat Forderungen nach einem einheitlichen Kennzeichnungssystem, das auf dem kleinstem gemeinsamen Nenner eine Nutzung für alle Stufen der Konsumgüterwirtschaft ermöglicht, berücksichtigt.

Die Beschaffungsfunktion wird auch für Industriebetriebe zunehmend wichtiger. Vor dem Hintergrund eines Trends zu geringerer Fertigungstiefe wächst der Anteil fremdbezogener Teile und Materialien. In Fertigungsbetrieben besteht die Materialwirtschaft aus Lagerbestandsführung, Materialbewertung, Inventur, Bedarfsermittlung, Bestelldisposition, Bestellüberwachung und Wareneingangsprüfung. Die charakteristischen Schnittstellen von Rechner-Unterstützung in diesem Bereich lassen sich folgendermaßen zusammenfassen:

- *Lagerbestandsführung:* Schnittstellen zu Produktionsplanungs- und steuerungssystemen (PPS, siehe Kapitel 9.4.2);
- *Materialbewertung:* Schnittstellen zum Rechnungswesen;
- *Inventur:* Schnittstellen zum Rechnungswesen;
- *Bedarfsermittlung:* Einsatz mathematisch-statistischer Programme;
- *Bestelldisposition:* Schnittstelle zur Lieferantenverwaltung, *Just-In-Time* Prinzip führt zu neuen Konzepten;
- *Bestellüberwachung;*
- *Wareneingangsprüfung.*

9.4.2 Produktion

Die Produktion dient dem Erstellen von Sachgütern und Dienstleistungen zur Befriedigung gesellschaftlicher Bedürfnisse. Durch den Einsatz von Produktionfaktoren (vgl. Kapitel 9.1.2) in einem Transformationsprozeß entsteht ein werterhöhter Output (Zäpfel 1982, 1). Die Produktionsfunktion beinhaltet Produktentwicklung, Produktionsstättenplanung, Zeitplanung, den Betrieb von Produktionsanlagen, Einsatz und Training von Personal und Qualitätskontrolle.

Der operative Bereich erfordert detaillierte Berichte über tatsächliche und geplante Maschinenbelegungen. Auftretende Engpässe sollen sofort aufgezeigt werden. In den administrativen Teil fallen Aktivitäten wie das Erstellen zusammenfassender Berichte über Ist- und Solldurchführung nach Kriterien wie Kosten pro Einheit und eingesetzter Arbeitskraft. Die Strategen setzen sich mit Fragen über etwaige alternative Produktions- und vor allem Automationsansätze auseinander.

CIM-Konzepte (*Computer Integrated Manufacturing*) verfolgen die Zielsetzung, die technischen und betriebswirtschaftlich-organisatorischen Daten bei Fertigungsplanung und -steuerung zu integrieren und letztendlich zu einer einzigen Datenbasis zusammenzufassen (Stahlknecht 1990). Rechnergestützte Integration in den Anwendungsfeldern "Beschaffung", "Produktion" und "Absatz" wird unter dem Schlagwort CIM zusammengefasst. Der grundlegende Gedanke dabei ist, daß Daten, die einmal im Leistungserstellungs- und verwertungsprozeß angelegt wurden, für zusammenhängende Aufgabenbereiche verfügbar gemacht werden können. Neben der Datenintegration ist das Denken in Vorgangsketten ein Wesensmerkmal von CIM. Unabhängig von gewachsenen aufbauorganisatorischen Strukturen werden Abläufe in ihrem Zusammenhang betrachtet und durch geschlossene Informationssysteme begleitet (vgl. Scheer 1988, 13). Neben der Integration der betriebswirtschaftlich orientierten Produktionsplanung- und steuerung (**PPS**) mit den technisch orientierten Funktionen (**CAD/CAM**, *Computer Aided Design, Computer Aided Manufacturing*) wird auch die stärkere Einbindung von kaufmännischen Funktionen (Büroautomation, Verwaltungssysteme, Finanz- und Rechnungswesen) diskutiert. Nach Scheer ist diese Erweiterung einerseits naheliegend, andererseits jedoch auch überflüssig, da in einem CIM-Konzept, das von seinen Funktionen her die wesentlichen Industrieaufgaben umschließt, automatisch Bürofunktionen enthalten sind. CIM mit **CAO** (*Computer Aided Office*) wird an dieser Stelle als **CAI** (*Computer Aided Industry*) bezeichnet.

Da die Bezeichnungen nicht einheitlich sind, werden wir im folgenden Text die in der Abbildung 9-12 dargestellten Begriffe verwenden.

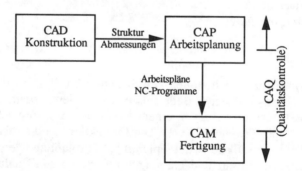

Abb. 9-12: Abgrenzung von CAD/CAM/CAP/CAQ

Unter **CAD** sind alle Aktivitäten zu verstehen, bei denen die Rechner-Unterstützung direkt oder indirekt im Rahmen von Entwicklungs- und Konstruktionstätigkeiten eingesetzt wird. Dabei werden die beim Konstruieren zu lösenden Aufgaben in einer Wechselwirkung von Mensch und Rechner bearbeitet. CAD im weiteren Sinn beinhaltet auch technische Berechnungen wie Nachrechnungsprogramme sowie Auslegungs- und Optimierungsprogramme. Im Hinblick auf eine integrative Sicht ist das Modul CAD insofern interessant, weil es am Anfang des Leistungserstellungsprozesses steht und dadurch ein Großteil der Folgekosten in Produktion, Vertrieb, Verwaltung, etc. bereits festgelegt werden. **CAP** (= *Computer Aided Planning*) steht für Rechner-Unterstützung bei der Arbeitsplanung. Nach der im Modul CAD festgelegten Struktur des Teil- oder Endproduktes erfolgt hier die Spezifizierung des Weges, wie man zu diesem Produkt gelangt. Unter **CAM** (=Computergestützte Fertigung) versteht man die Rechner-Unterstützung zur technischen Steuerung und Überwachung der Betriebsmittel bei der Herstellung der Objekte im Fertigungsprozeß. Dies bezieht sich beispielsweise auf Steuerung von NC-Maschinen (*Numeric Control:* Steuerung von Maschinen, zumeist von Werkzeugmaschinen, durch ein Programm), DNC-Systeme (*Direct Numeric Control*), Industrieroboter, Flexible Fertigungszellen und -systemen. **CAQ** (*Computer Aided Qualitiy Ensurance*, =Qualitätssicherung) wird als eine den gesamten Produktionsablauf begleitende Funktion betrachtet.

PPS-Systeme stehen für den Einsatz rechnerunterstützter Systeme zur organisatorischen Planung, Steuerung und Überwachung der Produktionsabläufe von der Angebotsbearbeitung bis zum Versand unter Mengen-, Termin- und Kapazitätsaspekten. Die Bedeutung von PPS als betriebswirtschaftlicher Teil eines CIM-Konzeptes soll durch folgendes Beispiel verdeutlicht werden:

Die im CAD-Bereich erstellten Definitionen für Stücklisten und im CAP-Bereich erstellten Arbeitspläne werden im PPS um Angaben über Durchlaufzeiten, Lieferanten, Lieferzeiten, Kosten, etc. erweitert und in die Grunddaten des PPS übernommen.

Eine wichtige Voraussetzung für die Verknüpfung der einzelnen Teilbereiche ist wiederum die Vereinheitlichung von Strukturen und Begriffen. In der betrieblichen Praxis setzt sich die Überzeugung durch, daß die Fabrik mit Zukunft neue rechnergestützte Fertigungstechnologien, integrierte firmenspezifische PPS-Systeme, *Just-In-Time*-Logistik sowie eine angepaßte Fertigungsorganisation aufweisen muß. Nach Wildemann (1991) ergeben sich bei der Planung eines CIM-Systems folgende Integrationsdimensionen:

- Verknüpfung unterschiedlicher Fertigungstechnolgien im Unternehmen;
- Integration des Materialflusses vom Lieferanten bis zum Kunden;
- Funktionen der Auftragsabwicklung;
- Integration der "indirekten" Bereiche (Qualitätssicherung, Instandhaltung, NC-Programmierung, etc.);
- Integration des Datenaustausches über die Unternehmensgrenzen hinaus mit Zulieferanten und Abnehmern.

Zusammengefasst spricht Wildemann von folgenden Integrationstypen:

Typ A: CAD, CAM, CAQ, CAP;
Typ B: Typ A + PPS/BDE (Betriebsdatenerfassung)
Typ C: Typ B + CAO, + Finanzbuchhaltung
Typ D: Typ C + Schnittstellen Geometriedaten (vom Lieferanten), +
           DFÜ (Datenfernübertragung) + Schnittstellen Auftragsdaten

Eine umfassende Zusammenstellung über Informationssysteme im Produktionsbereich gibt uns Scheer (1988) mit dem in Abb. 9-13 dargestellten "Y".

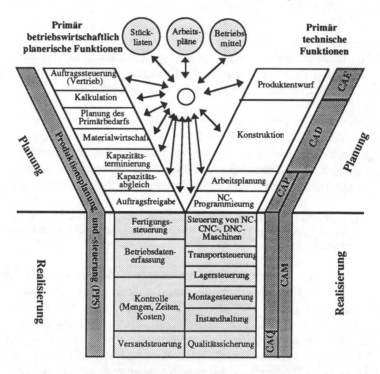

Abb. 9-13: Informationssysteme im Produktionsbereich (nach Scheer 1988)

9.4.3 Marketing

Nach Kotler (1978, 5) umfaßt Marketing "die Analyse, die Planung, die Durchführung und die Kontrolle von Programmen, deren Zweck es ist, freiwillige
Austauschvorgänge in spezifischen Märkten zu erzielen und somit das Erreichen der Organisationsziele zu ermöglichen. Dabei stützt sich das Marketing
in starkem Maße auf die Gestaltung des Organisationsangebotes mit Rücksicht
auf die Bedürfnisse und Wünsche der Zielgruppen sowie auf effektive Preis-
bildungs-, Kommunikations- und Distributionsmaßnahmen, durch deren Einsatz
die Zielgruppen auf wirksame Weise informiert, motiviert und versorgt wer-

den können". Alle Entscheidungen, welche die Gestaltung der Beziehungen der Unternehmung mit dem Absatzmarkt zum Gegenstand haben, fallen in den Bereich der Absatzpolitik. Im Mittelpunkt steht die zielgerichtete Marktbeeinflußung (Meffert 1982, 29). Meffert (1982, 33) definiert Marketing als "bewußt marktorientierte Führung des gesamten Unternehmens oder marktorientiertes Entscheidungsverhalten in der Unternehmung".

Im Bereich der operativen Marketingplanung und -kontrolle werden z.B. die Tagesplanung für Verkaufs- und Werbemaßnahmen, periodische Analysen von Verkaufsvolumen pro Gebiet, Produkt und Kunde, etc. durchgeführt. Die administrative Planung beschäftigt sich mit einem Vergleich zwischen Gesamtdurchführung und Marketingplan. Informationen über Kunden, Mitbewerber, Konkurrenzprodukte und Verkaufsteamerfordernisse werden gebraucht. Die Informationsbedürfnisse für den strategischen Bereich betreffen Kundenanalysen, Mitbewerberanalysen, Marktforschung, Einkommenstrends, demographische Vorhersagen und Technologieperspektiven.

Im Vergleich zu anderen betriebswirtschaftlichen Funktionen ist die EDV-Unterstützung im Marketing noch unterentwickelt (Scheer 1990). Die Aufgabenfelder zur Rechner-Unterstützung haben sich sukzessive zunächst durch den Aufbau isolierter vertriebsunterstützender Systeme und dann durch die im Sinne des Integrationsgedankens entstehende Mehrfachnutzung unternehmensbezogener Daten aus der Auftragsbearbeitung einerseits und dem Rechnungswesen andererseits entwickelt. Ein dritter Impuls kam durch das Angebot von Marktdaten aus den Umfragen und Beständen von Marktforschungsinstituten (Thome 1990).

Gerade im Marketing gibt es jedoch eine Fülle von EDV-Einsatzmöglichkeiten. Sowohl interne (Auftragseingänge, Preise, etc.) als auch externe Datenvolumen (Marktuntersuchungen udgl.) sind hier von Bedeutung. Neue Befragungstechnologien (**computergestütztes Interview**) und **statistische Auswertungssysteme** werden vor allem in der Marktforschung eingesetzt. Die Versorgung des Außendienstes mit aktuellen Kunden- und Produktinformationen ist hier genauso kritisch wie die Verdichtung marktpolitischer Informationen für das Marketing-Management. Durch **mobile Datenerfassungssysteme** (MDE, z.B. durch Ausrüstung des Außendienstes mit tragbaren Mikrocomputern) kann die Effizienz bei der Verarbeitung von marketingrelevanten Daten gesteigert werden. **Marketing-Informations-Systeme** (= MAIS, vgl. Heinzelbecker 1985, nicht zu verwechseln mit MIS = Management-Informations-Systeme) gewinnen immer mehr an Bedeutung. Warenwirtschaftssysteme (siehe auch Kapitel 9.4.1), die mit anderen betroffenen Funktionen integriert sind, sind im Handel heute nicht mehr wegzudenken. Auch der Einsatz von **Expertensystemen** (= wissensbasierte Programme, die in einem eng eingegrenztem Anwendungsbereich die Problemlösungsfähigkeiten menschlicher Experten erreichen oder sogar übertreffen) im Absatzbereich eröffnet vielfältige Anwendungsmöglichkeiten. Strategische Marketing-entscheidungen, Marktanteilsanalyse, Unterstützung des Verkaufspersonals, Media-Planung, Werbekonzeptionierung und Werbewirkungsanalyse sind einige Beispiele dafür.

Die Einsatzbereiche von Informationssystemen im Absatzbereich können folgendermaßen kategorisiert werden (vgl. Thome 1990, 91):

• Verkaufsstatistiken,
• Artikelgenaue Umsatzverfolgung,
• Außendienst und Vertriebssteuerung,
• Kundendienstinformationen,
• Auswertungssysteme,
• Anonyme Marktanalysen.

Mertens (1988, 122) erstellte folgende zusammenfassende Übersicht über einen Informations-katalog im Vertriebssektor:

• Planabsatz,
• Absatzergebnisse nach Merkmalen des Produktionsprogrammes,
• Absatzergebnisse nach Kunden und Regionen,
• Absatzergebnisse der Verantwortungsbereiche im Vertrieb,
• Absatzergebnisse in Abhängigkeit von Vertriebsaktionen (z.B. Werbefeldzug),
• Auftragspolster vor wichtigen Kapazitäten,
• Produkte bzw. Aufträge, die geeignet wären unausgelastete Kapazitäten zu füllen,
• Offene Angebote,
• Abgelehnte Angebote,
• Blockaufträge, bei denen Einteilung fällig ist,
• Lieferprogramm mit Terminen,
• Reklamationen, Gutschriften, Garantiefälle,
• Zahlungsverhalten,
• Verkäuferbesuche, zurückgelegte Wegstrecke,
• Aufteilung der Versandmengen auf Verkehrsträger,
• Serviceanforderungen,
• Kosten der Vertriebsabteilungen,

Vor allem in Betrieben mit Auftrags- oder Einzelfertigung besteht der Bereich des Marketing im wesentlichen aus der Auftragsverwaltung. Kosten (Verkaufs-kalkulation), Erlöse, Einzelheiten über die erbrachte Leistung sowie Informationen über die Kunden stehen im Mittelpunkt. Gemäß der logistischen Kette soll der Auftrag vom Angebotsstadium beginnend über die Auftragsannahme und -steuerung bis zur Fakturierung und Weiterleitung der Daten an die Finanzbuchhaltung von einem Informationssystem begleitet werden. Die Auftragssteuerung ist deshalb eng mit dem PPS-System verbunden.

Eine systematische Informationsversorgung ist wesentliches Merkmal der Marketingkonzeption. Der Idee der Marketing-Informations-Systeme (MAIS) liegen folgende Intentionen zugrunde (Heinzelbecker 1985, 15):

- Forderung nach Entscheidungsorientierung der Marktforschung,
- Übertragung des Systemansatzes auf das Marketing,
- Einsatz der EDV für Vertriebs-, Werbe- und Marktforschungsaufgaben.

Abbildung 9-14 zeigt die für die Konzeptionierung eines MAIS relevanten Informationsflüsse im Absatzbereich und deren Schnittstellen zu anderen betrieblichen Funktionen.

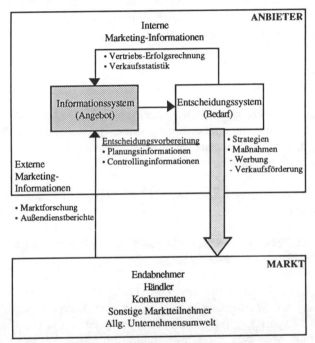

Abb. 9-14: Marketingsystem - Informationsperspektive des Anbieters
(nach Heinzelbecker 1988, 20)

Die ersten Anwendungsgebiete der EDV im Marketing legten es nahe, die bei der **Vertriebsabwicklung** (z.B.: Angebotserstellung, Auftragsabwicklung, Fakturierung) und **-disposition** (z.B.: Kundeninformation, Versanddisposition, Lagerbewirtschaftung, Verkaufspreiskalkulation) anfallenden Daten zu Management-Informationen zu verdichten (Heinzelbecker 1985, 29f). Als Einsatzbereiche von Informationssystemen im Marketingbereich werden Vertriebsabwicklungs- und Vertriebsdispositionssysteme unterschieden:

Vertriebsabwicklungssysteme:

- Für die *Angebotserstellung* muß der Vertrieb sowohl auf technische als auch auf kaufmännische Daten zurückgreifen (Schnittstellen zu CAD und Kosten–rechnung)

- Die *Auftragsabwicklung* gliedert sich in die Aufgabenbereiche Auftrags–er–fassung und -prüfung, Zuteilung, Lieferfreigabe und Versandabwicklung. Bei der Terminprüfung ergibt sich eine Schnittstelle zur Produktionsplanung und zur Lagerdisposition.

- Hauptaufgabe der *Fakturierung* ist die Erstellung der Kundenrechnung. Dieser zentrale Teil der Vertriebsabwicklung gibt an viele andere Bereiche Informationen weiter (Debitorenbuchhaltung, Lohnabrechnung, Lagerwirtschaft).

Vertriebsdispositionssysteme:

- Das Kernstück im *Direktmarketingbereich* bildet eine umfangreiche Adressendatenbank, um die marketingrelevante Umwelt des Unternehmens gezielt ansprechen zu können (Beispiele für Selektionsmerkmale: Branche, Umsatz, Beschäftigtenzahl, Abteilung, etc.).

- Für den Bereich *Lagerbewirtschaftung* wurden bereits in Kapitel 9.4.1 Aus–führungen gemacht.

- Schnittstellen der *Verkaufspreiskalkulation* sind vor allem zum Kostenrech–nungsbereich gegeben (Kapitel 9.5.1).

Im Bereich der **Expertensysteme im Marketing** gibt es vor allem Einsatz–möglichkeiten in der Werbegestaltung und in der Werbewirkungsanalyse (Neibecker 1990). Expertensysteme findet man heute jedoch in fast allen Berei–chen des Marketing. Man kann sie grundsätzlich folgenden Aufgabenbereichen zuordnen (Kroeber-Riel u.a. 1991):

- *Marketingstrategie*: Grundlage der Wissensbasis stellen Erkenntnisse der Portfolio-Analyse und der PIMS-Studien dar. Das Ziel besteht in der Ablei–tung geeigneter Marketingstrategien aus ökonomischen Zielvorgaben.
- *Instrumente der Absatzpolitik*: Als Beispiele seien Expertensysteme zur Neu–produktentwicklung und zur Auftragsabwicklung genannt.
- *Marktforschung*: Expertensysteme zur Marktdatenanalyse und zur Analyse von Marktreaktionen sind Beispiele für diesen Bereich.

- *Verbraucherinformation*: Es sind bereits Systeme zur verkaufsunterstützenden Konsumentenberatung realisiert.
- *Werbung*: Im allgemeinen werden hier die 4 Einsatzbereiche Werbeplanung, Werbedurchführung, Werbekontrolle und Werbekreation genannt.

In dem Ende 1987 erschienenen Buch "Marketing 2000" wurden unter anderem 25 Experten über die Entwicklung des zukünftigen Marketing-Managements und der Erfordernisse der Marketing-Systeme befragt. Demnach werden das strategische Management von Informationen und Innovationen, die zunehmende Internationalisierung der Marktaktivitäten und die Implementierung integrierter Marketing-Systeme die wichtigsten Erfolgsdeterminanten sein ("4 Is" des Marketing 2000, vgl. dazu Rode 1991, 147).

9.5 Schnittstellen zu den Querschnittsfunktionen

9.5.1 Rechnungswesen

Das betriebliche Rechnungswesen ist kein einheitlich ausgerichtetes Rechengebäude. Es erfüllt gleichlaufend und nebeneinander Dokumentations-, Dispositions- und Kontrollfunktionen. Aus dieser Fülle von Aufgaben erklärt sich die beachtliche Zahl einschlägiger Gliederungsversuche, von welchen die wichtigsten in Lechner/Egger/Schauer (1990, 487) angeführt sind. Grundsätzlich beinhaltet das **Finanz- und Rechnungswesen** alle Verfahren, welche die in der Unternehmung auftretenden Geld- und Leistungsströme mengen- und wertmäßig erfassen und überwachen. Die Klassifikation finanzieller Transaktionen und Zusammenführung in Gewinn- und Verlustrechnung und Bilanz, die Vorbereitung von Budgets und Kostenrechnung sind einige konkrete Anwendungen in dieser Funktion.

Operative Kontrolltätigkeiten in diesem Bereich sind die Durchführung täglich anfallender Buchhaltungs- und Kostenrechnungstransaktionen. Die administrative Ebene braucht Gegenüberstellungen von budgetierten und aktuellen Kosten, um Abweichungen analysieren zu können. Die strategischen Rechnungswesenmanager entwickeln Maßnahmen, um eine adäquate Finanzierung zu sichern und um steuerliche Einflüsse zu minimieren.

Das Rechnungswesen kann als das klassische Anwendungsgebiet der EDV bezeichnet werden. Die Computerunterstützung erstreckt sich im wesentlichen auf "Kostenrechnung", "Kalkulationsmodelle", "Betriebsergebnisrechnung" und "Finanzbuchhaltung". Budget- und Kosteninformationen sind wiederum ein wichtiger Input für administrative Kontrollberichte in allen Funktionen der Betriebswirtschaft. Der Computer-Einsatz im Finanzbuchhaltungsbereich hat bisher zu keinen grundsätzlich neuen betriebswirtschaftlichen Konzeptionen gegenüber einer manuellen Bearbeitung geführt. Gründe dafür sind laut Scheer in der gegebenen engen Strukturierung aufgrund legistischer Vorschriften zu finden (Scheer 1990). Dagegen eröffnet die Kostenrechnung eher die Möglichkeit zur Entwicklung neuer EDV-orientierter betriebswirtschaftlicher Ansätze. Vor allem im Bereich kostenorientierten Aufbereitung von Daten für strategische Entscheidungen und Controlling-Aktivitäten wird heute intensive Forschung betrieben.

Finanzbuchhaltung. Aufgabe der Finanzbuchhaltung ist es, die quantitativen Beziehungen der Unternehmung mit der Außenwelt darzustellen und sämtliche Geschäftsvorfälle aufzuzeigen. Sie gliedert sich in eine Hauptbuchführung und mehrere Nebenbuchführungen (Debitoren, Kreditoren, Anlagen, Material und Lohn/Gehalt).

Die Computerunterstützung erstreckt sich auf folgende Arbeitsgebiete (Scheer 1990 und Stahlknecht 1990):

- *Debitorenbuchhaltung:* Hier werden alle Last- und Gutschriftbuchungen auf den Kundenkonten durchgeführt. Die Lastschriften werden aus der Fakturierung übernommen. Für die Hauptbuchhaltung werden Gesamtübersichten ermittelt.
- *Kreditorenbuchhaltung:* Hier werden die Last- und Gutschriftbuchungen auf den Lieferantenkonten durchgeführt. Für die Hauptbuchhaltung werden wiederum Gesamtübersichten ermittelt.
- In der *Lohn- und Gehaltsbuchführung* wird die Lohnabrechnung durchgeführt.
- In der *Materialbuchführung* bestimmt man den wertmäßigen Materialverbrauch für die Kostenrechnung. Es existiert ein enger Bezug zu Materialwirtschaftssystemen.
- Die *Anlagenbuchhaltung* ermittelt auch die kalkulatorischen Abschreibungen für die Kostenrechnung. Darüber hinaus bestehen enge Verbindungen zur Instandhaltungsplanung und zum Produktionsplanungs- und steuerungssystem.
- *Hauptbuchhaltung:* Die Gesamtsummen werden aus den Nebenbuchhaltungen übernommen und daraus werden die bilanztechnischen Auswertungen erstellt. Um eine automatische Übergabe der Informationen zu ermöglichen müssen die Schnittstellen definiert und die Daten standardisiert sein.

Vorgelagerte Bereiche (Schnittstellen) sind bei der Kreditorenbuchhaltung "Einkauf und Materialwirtschaft", bei der Debitorenbuchhaltung die "Fakturierung" und bei Anlagen-, Material- und Lohnbuchhaltung die "Betriebsdatenerfassung" (= aktuelle Erfassung von Laufzeiten der Anlagen, Leistungsdaten des Personals und Materialverbräuche). Die Rechnungsprüfung ist wegen der engen Datenbeziehung häufig in DV-Systeme der Materialwirtschaft eingegliedert, während sie organisatorisch von der Kreditorenbuchhaltung bearbeitet wird (Scheer 1990).

Schnittstellen zur Kostenrechnung sind bei allen oben beschriebenen Arbeitsgebieten gegeben. Beispiele für Schnittstellen zwischen Finanzbuchhaltung und anderen Aufgabenbereichen sind:

- Anlagenbuchführung und Kostenrechnung: Abschreibungen;
- Anlagenbuchführung und Produktionsplanungs- und steuerungssysteme;
- Materialbuchführung und Kostenrechnung: Materialverbrauch und Materialdisposition;
- Rechnungsprüfung und Einkauf: Bestellungen, Wareneingang, Lieferanten.

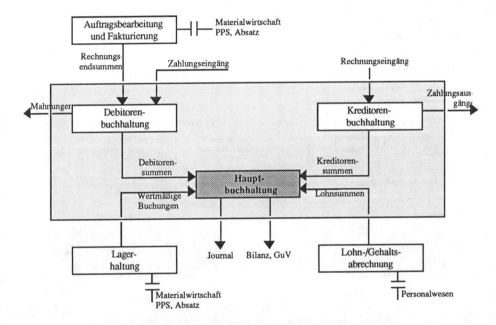

Abb. 9-15: Arbeitsgebiete der Finanzbuchhaltung mit Schnittstellen
(nach Stahlknecht 1990, 36)

Die **Kosten- und Leistungsrechnung** hat Grundlagen zu liefern für (Lechner/Egger/Schauer 1990, 693):

- die Preisbildung,
- die kalkulatorische Ergebnisermittlung (für den gesamten Betrieb, Betriebsabteilungen und einzelne Kostenträger),
- die Kontrolle der innerbetrieblichen Wirtschaftlichkeit (Gegenüberstellung von Ist-Kosten und Soll-Kosten),

- die Optimierung des betrieblichen Leistungsprogramms in Breite (welche Leistungen?) und Tiefe (wieviel von welchen Leistungen?),
- die Bewertung der Halb- und Fertigerzeugnisse in Handels- und Steuerbilanz.

Diese Grundlagen werden in den Arbeitsgebieten Kostenartenrechnung, Kostenstellenrechnung (verursachungsgerechte Verteilung der Kosten), Kostenträgerstückrechnung (=Kalkulation) und Kostenträgerzeitrechnung (=Betriebsergebnisrechnung) gebildet. Die Kostenrechnung ist eine nachgelagerte Funktion, da sie außer den Planungsdaten einer Plankostenrechnung kaum eigene Daten erzeugt. Vorgelagerte Bereiche und somit Datenlieferanten sind (Scheer 1990):

- Finanzbuchhaltung,
- Lohn/Gehalt,
- Material und Anlagen,
- Fakturierung,
- Materialwirtschaft,
- Betriebsdatenerfassung.

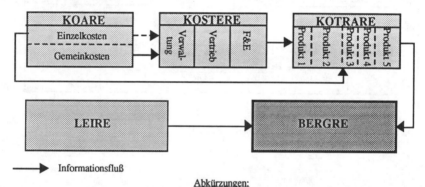

Abb. 9-16: Informationsfluß in der Kosten- und Leistungsrechnung

Die Aufgabe der **Kostenartenrechnung** besteht in der Abstimmung der Kostenrechnungsdaten mit den aus der Finanzbuchhaltung entnommenen Daten. Bei hoher Integration können diese bereits einmal erfaßten Daten direkt übernommen werden. Im Hinblick auf Redundanzvermeidung und Konsistenzsicherung der Daten, ist es notwendig, die Daten in einer zentralen Datenbasis zu speichern. In der **Kostenstellenrechnung** erfolgt die Verrechnung innerbetrieblicher Leistungen nach dem Ort ihrer Verursachung. Gerade im Kostenrechnungsbereich erhebt sich die Forderung nach verstärkter Integration im Rahmen eines CIM-Konzeptes.

Im Mittelpunkt der Führungsinformation stehen Plan-Ist bzw. Soll-Ist-Abweichungen, welche im Rahmen der Plankostenrechnung ermittelt werden. Diese Plankostenermittlung bilden nach Mertens (1988) die "erste" Informationsart im Bereich der Kostenrechnung. Weitere Informationsarten sind (Mertens 1988, 197):

	Informationsart	**Benötigt für...**
1)	Plankosten	Kosten- und Finanzplanung
2)	Abweichungen	Kostenkontrolle und -planung erfolgsabhängige Entlohnung
3)	Analyse von Deckungsbeiträgen	Vertriebs- und Investitionspolitik, Kostenkontrolle
4)	Kostenkennzahlen	Kostenkontrolle und -planung erfolgsabhängige Entlohnung, Abweichungsanalyse
5)	Kostenelastizität	Kostenkontrolle und -planung, Abweichungsanalyse, Investitionsplanung, Absatzpolitik
6)	Innerbetriebliche Leistungen	Entscheidung über Eigenfertigung oder Fremdbezug

Aufgrund von technologischen Entwicklungen (CIM, *Just-in-Time*, etc.) und intensiveren wettbewerblichen Beziehungen in den Beschaffungs- und Absatzmärkten hat sich in vielen Unternehmungen der Prozeß der betrieblichen Leistungserstellung und Wertschöpfung deutlich verändert. Management- und Administrationstätigkeiten (vorbereitende, planende, steuernde und überwachende Tätigkeiten in Forschung und Entwicklung, Beschaffung und Logistik, Produktionsplanung und -steuerung, Qualitätssicherung und -prüfung sowie Auftragsabwicklung, Vertrieb und Service) haben in allen betrieblichen Funktionen stark zugenommen und eine Verschiebung der Kostenstrukturen bewirkt (Coenenberg/Fischer 1991, Schimank 1990). In vielen Betrieben und Branchen gibt es ein Mißverhältnis zwischen der vergleichsweise genauen Kosten- und Leistungsrechnung in der Fertigung und der geringen Kenntnis der Kosten in den übrigen Funktionsbereichen. Die Konsequenz sind meist einheitliche und zuweilen unrealistisch hohe Verwaltungs- und Vertriebsgemeinkosten-Zuschläge. Durch nicht verursachungsgerechte Kostenumlagen können Fehler in der Produkt- und Preispolitik entstehen, die den Erfolg strategischer Entscheidungen gefährden.

Zur Lösung dieser Probleme ist in den letzten Jahren ein neuer Ansatz zur Produktkalkulation vorgeschlagen worden. Die **Prozeßkostenrechnung** (aus dem amerikanischen: *Transaction Costing, Activity-Based Costing, Activity Accounting, Cost-Driver Accounting*) ist transaktionsorientiert und versucht alle bei einer Aktivität anfallenden Gemeinkosten (z.B.: Verwaltung, Vertrieb) zu bewerten, um exakte Kostenträgerkalkulationen zu ermöglichen. Die in den indirekten Bereichen einer betrieblichen Wertschöpfung (F&E, Verwaltung, Logistik, PPS, Qualitätssicherung, Informationssysteme, Vertrieb, etc.) stattfindenden Transaktionen werden als Hauptkostenverursacher herausgestellt. Die Prozeßkostenrechnung kann als neuer Ansatz verstanden werden, "die Kostentransparenz in den indirekten Leistungsbereichen zu erhöhen, einen effizienten Ressourcenverbrauch sicherzustellen, die Kapazitätsauslastung aufzuzeigen, die Produktkalkulation zu verbessern und damit strategische Fehlentscheidungen zu vermeiden" (vgl. Horváth 1990, 183).

Abschließend kann festgestellt werden, daß die Kosten- und Leistungsrechnung in starkem Maße von den individuellen Gegebenheiten der Unternehmen bestimmt wird und daher viel weniger standardisiert ist als die Finanzbuchhaltung. Auch die Dialogverarbeitung, die im Rahmen der Finanzbuchhaltung breit anerkannt ist, wird nicht im gleichen Umfang eingesetzt. Gerade im Hinblick auf den nächsten Punkt, dem Controlling, eröffnet der Schnittstellenbereich zur Kostenrechnung einen interessanten Aspekt. Das im Controlling einzusetzende Informationssystem wird immer direkt von der Datenaufbereitung aus der Kostenrechnung abhängig sein. Durch die stärkere Betonung der Entscheidungsunterstützung verändert sich die Kostenrechnung in Richtung eines **Kosteninformationssystems**. Für den Absatzbereich ist es zum Beispiel wichtig, Deckungsbeiträge über Artikel, Verkaufsgebiete und Kunden zur gewinnoptimalen Steuerung einzusetzen. Kosteninformationen sind weiters eine wichtige Voraussetzung bei der Forschung und Entwicklung neuer Produkte. Diese Schnittstellenaspekte fordern integrierte Konzepte, die mit einer zentralen Datenbank arbeiten.

9.5.2 Controlling

Die Erarbeitung einer Controlling-Definition ist heute in der betriebswirtschaftlichen Literatur keineswegs abgeschlossen (Hopfenbeck 1989). So werden in Definitionen die Zielorientierung (Controlling = Gewinnsteuerungssystem), die Entscheidungsvorbereitung (durch problemadäquate Informationsaufbereitung), die Informationsfunktion (Controlling = Planungs- und Kontrollsystem auf der Basis betrieblicher Informationssysteme) und die Führungsfunktion (Controlling = Ein Subsystem der Führung, das Planung und Kontrolle sowie Informationsversorgung...kontrolliert) angeführt. Beginnend bei der Deckungsgleichheit von Controlling und Management ("Weißt man dem Controlling Zielplanung, Maßnahmenplanung, Kontrolle und Steuerungsmaßnahmen zu, verbleibt kaum Raum für ein gesondertes Management", vgl. Ihring 1986, 6) und letztlich endend bei der Degenerierung des Controlling zum Rechnungswesen (Controlling = Kennzahlengenerator) umspannen die zahlreichen Definitionen von Controlling ein breites Spektrum (Weber 1991, 16). Auch wird dem Controlling oft nur Unterstützungsfunktion (Informationsversorgung für das Management) zugedacht. Weber (1991, 21) unterscheidet drei sich auf das Rechnungswesen beziehende Definitionsrichtungen des Controllings:

- Controlling als funktional erweitertes traditionelles Rechnungswesen,
- Controlling als verändertes, stärker problem- und benutzerorientiertes Rechnungswesen,
- Controlling als zum Informationsmanagement ausgebautes Rechnungswesen.

Der Aufbau und Einsatz eines effizienten Controlling-Systems ist geeignet, der Unternehmensführung wesentliche Informationen zur schnellen Reaktion auf kritische Entwicklungen zu liefern. Die Verfügbarkeit computergestützter "entscheidungsunterstützender Systeme" verbessert die Wahrnehmungsmöglichkeiten von Steuerungs- und Überwachungsaufgaben auf der Basis der Daten des Rechnungswesens (Stahlknecht 1990). Vor allem der Einsatz von wissensbasierten Informationssystemen (Expertensysteme) für schlecht-strukturierte Controlling-Entscheidungsprobleme ist ein aktueller betriebswirtschaftlicher Problembereich (siehe Untersuchung von Kraemer/Scheer 1989).

Die Schnittstellen zum Informationswesen sind vielfältig. Bausteine eines Controlling-Instrumentariums können sein:

- Methoden der Informationserfassung und -verarbeitung,
- ein aussagefähiges Berichtswesen,
- ein integriertes Planungs- und Kontrollsystem,
- Kostenrechnungssysteme,
- Kostensenkungsprogramme,
- Kennzahlensysteme,
- Erfolgsrechnung,
- Wirtschaftlichkeits- und Investitionsrechnung,
- Frühwarnsysteme.

Küpper (1987, 99) bezieht auch noch Schnittstellen des Controlling zur Organisation und zum Personalführungssystem explizit mit in die Betrachtung von Führungs- und Controllingsystem ein. Das Informationssystem bildet auch dort ein Kernstück des Controlling-Systems (siehe Abb. 9-17).

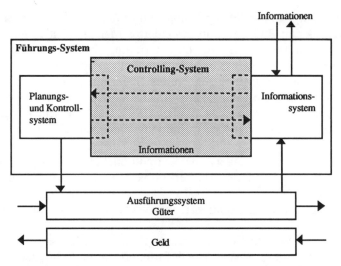

Abb. 9-17: Controlling-System (nach Hopfenbeck 1989, 763)

Das Prinzip der Verdichtung von Informationen nach den jeweiligen Funktionen und Hierarchien steht bei Controlling-Systemen im Vordergrund. Informationen sind also, entsprechend dem Informationsbedürfnis der Entscheidungsebene, in unterschiedlichen Verdichtungsgraden rechtzeitig zu liefern (siehe Kapitel 9.3.1). So spricht auch Scheer (1990) davon, daß ein kennzahlengestütztes und managementorientiertes Führungsinformationssystem (FIS, siehe Abb. 9-18) auf der obersten Ebene der Software-Pyramide zu konzipieren ist.

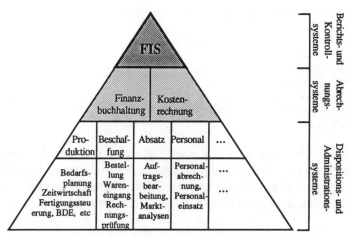

Abb. 9-18: Hierarchie eines Führungsinformationssystems - FIS
(nach Reichmann 1991, 60)

Als Konzept auf lange Sicht wäre der direkte Zugang des Controllers zu einer Gesamtheit von expertensystem-, methodenbank- und datenbankgestützten Controllinginstrumenten denkbar. Die operativen Systeme einer Unternehmung liefern hierzu eine Fülle von Daten. "Der durchgehende Informationsfluß von den operativen Systemen der Betriebsdatenerfassung über die wertorientierten Systeme der Kostenrechnung bis hin zu den Berichts- und Kontrollsystemen des Controlling mit den darauf aufbauenden Analyse-Informationssystemen bedeutet eine konsequente Fortführung der Datenintegration" (vgl. Kraemer/Scheer 1989, 15). Die Abbildung 9-19 zeigt ein weiteres - etwas detaillierteres - hierarchisches Konzept zur Entscheidungsunterstützung.

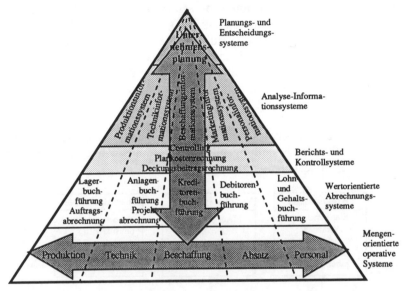

Abb. 9-19: Integrierte Informationssysteme (nach Scheer 1988)

9.5.3 Finanzwesen

Die Funktion Finanzwesen bildet eine klassische Querschnittsfunktion, die meistens von einer zentralen Organisationseinheit wahrgenommen wird. Die Beschaffung von Kaufkraft ist eine der wichtigsten Funktionen der finanzwirtschaftlichen Aktivität einer Unternehmung. In der älteren Literatur stand die Kaufkraftbeschaffung bisweilen so sehr im Vordergrund, daß sie als die finanzwirtschaftliche Funktion schlechthin betrachtet wurde. In den letzten Jahren wurde dieser enge Finanzierungsbegriff weitgehend verlassen und eine Verbindung der Beschaffungs- und Verwendungsfunktion unter dem Begriff der Finanzwirtschaft hergestellt. Nach moderner Ansicht ist die Finanzwirtschaft ein Teil der allgemeinen Managementfunktion und bedient sich somit auch folgender Instrumente (Perridon/Steiner 1986, 4):

- *Planung* (Investitions- und Finanzplanung, Budgetierung): zur Beurteilung und Auswahl der Investitionen und Ermittlung des Bedarfs an finanziellen Mitteln;
- *Organisation* (Finanzorganisation): zur Steuerung des Beschaffungs- und Einsatzprozesses;
- *Kontrolle*: zur Überwachung der Planrealisation.

Aus diesen Aufgaben wird ersichtlich, daß es Überschneidungen und enge Verbindungen zum Finanz- und Rechnungswesen (tritt vor allem als Datenlieferant auf) und zum Controlling (als Instrument der genannten Kontrollfunktion) gibt. Einsatzgebiete von Informations- und Kommunikationssystemen liegen vor allem auch in der Anwendung finanzmathematischer Modelle (Kennzahlenanalyse, Investitionsrechnung, Kapitalbedarfsplanung) und in der Realisierung von Netzwerken zwischen Unternehmung und finanzwirtschaftlich relevanter Umwelt (Banken, Börsen, etc.).

Das wichtigste Instrument des betrieblichen Finanzmanagements stellt der Finanzplan dar. Bei der Erstellung müssen Interdependenzen zu den übrigen betrieblichen Plänen beachtet werden.

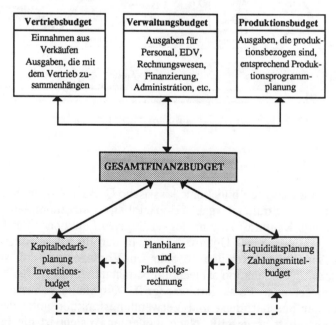

Abb. 9-20: Stellung des Finanzplanes (nach Perridon/Steiner 1986, 375)

Aus dem Schema wird ersichtlich, daß das Finanzbudget faktisch in 2 Teilpläne zerfällt, in den Kapitalbedarfsplan für Investitionen und in den Liquiditätsplan. Letzterer konsolidiert alle eingehenden und ausgehenden Zahlungsströme der betreffenden Budgetperiode. Die Zahlungsbereitschaft des Unternehmens soll überwacht werden. Der Investitionsfinanzierungsplan enthält Angaben über die Kapitalbedarfsdeckung für die beabsichtigten Investitionen. Abschließend seien noch die Verbindungen zwischen Finanzplan, Bilanz, Gewinn- und Verlustrechnung (GuV), Planbilanzen und Plan-GuV in der folgenden Abbildung 9-21 dargestellt.

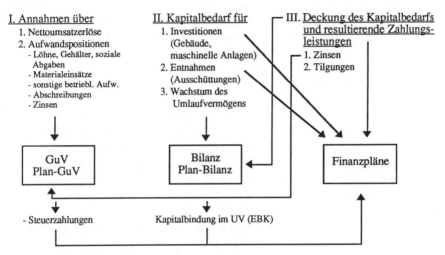

Abb. 9-21: Schnittstellen zwischen Finanzplan, Bilanz, GuV, Plan-Bilanzen und Plan-GuV
(nach Drukarczyk 1989, 84)

9.5.4 Personalwesen

Ziel der Personalwirtschaftslehre sind Aussagen über Gestaltungsbeiträge zum Einsatz von Personal in Unternehmungen. Gegenstand sind Aussagen über Bedingungen und Alternativen des Einsatzes von Personal in arbeitsteiligen Unternehmungen unter mehrfacher Zielsetzung (Drumm 1989, 7). Die wichtigsten Aufgaben der Personalfunktion sind Suche, Selektion, Training und Entwicklung, Leistungsbeurteilung, Entlohnung und Freisetzung von Personal.

Personalinformationssysteme (PIS) sollen alle Informationen liefern, die zur Planung, Entscheidung, Durchführung und Kontrolle im Bereich des betrieblichen Personalwesens benötigt werden. In folgenden Teilaufgaben können computergestützte Systeme eingesetzt werden (Heinrich/Pils 1979, Seibt 1990):

- Lohn- und Gehaltsabrechnung,
- Berechnung von Sozialleistungen,
- Berechnung der Kranken- und Rentenversicherungsbeiträge,
- Ermittlung der Arbeits- und Krankheitszeiten,
- Ermittlung der Personalkosten,
- Bescheinigungswesen,
- Berichtswesen / Statistiken,
- Verwaltung und Pflege der Personalstammdaten.

Weitere typische Aktivitäten sind Anforderungsprofile erstellen, Stellenbeschreibungen dokumentieren, Ausbildungsinhalte erstellen, Personaldaten
verwalten, Gehaltsanpassungen durchführen, leistungsorientierte Bezahlungen
errechnen, etc. Operative Informationen werden für Personalsuche, und -
training, Kündigung, Gehaltsanpassungen, etc. gebraucht. Das administrative
Management wird durch Berichte und Analysen, die Abweichungen zwischen
geplanter und tatsächlicher Leistung nach Klassifikationen wie Anzahl der neu
eingestellten Mitarbeiter, Kosten der Personalsuche, Kosten der Personalentwicklung (pro Programm, pro Person), Gehaltsschemata, Lohntarifverteilung.
Der Personalstratege hat mit der Bewertung und Einführung alternativer Such-
, Gehalts-, Ausbildungs- und Provisionsstrategien zu tun. Ausbildungskonzepte
werden in diesem Bereich entwickelt, um die Ziele der Unternehmung durch
qualifizierte Mitarbeiter zu erreichen.

Die in der Praxis bereits realisierten Personalinformationssysteme haben
folgende **Eigenschaften** (Seibt 1990, 124):

- Zentrale Datenbank mit Personaldaten aller Mitarbeiter, Rentner und even-
  tuell auch der Familienangehörigen,
- Abrechnungsdaten der Mitarbeiter (Lohn-/und Gehaltsdaten),
- Beschreibung aller Stellen und Arbeitsplätze, die besetzt und offen sind
  (Stellenverwaltungsprogramme),
- Dialogfähigkeit,
- Einhalten der Datenschutzbestimmungen.

Zukünftige Entwicklungen im Bereich integrierter betrieblicher Informationssysteme erfordern die Abstimmung des Personalmanagements sowohl mit operativen Abrechnungssystemen der Zeitwirtschaft als auch mit den im Aufbau
befindlichen CIM-Konzeptionen. Für das betriebliche Personalwesen ergibt sich
somit eine grundlegende Änderung des Bezugrahmens. "Das Personalmanagement wird um eine strategische Komponente zu ergänzen sein, in der das anzu-
strebende Qualifikationspotential abteilungsübergreifend definiert wird und in
der Wege und Mittel formuliert werden, um diese Vorgabe zu erreichen" (vgl.
Lay 1989, 109).

10. Informationswesen und Organisation

10.1 Technologische Entwicklungen und organisatorische Auswirkungen

Der Beginn der kommerziellen Nutzung der Informationstechnologie kann etwa Mitte der fünfziger Jahre angesetzt werden. Auf dem Markt wurden vor allem Spezialrechner angeboten. Wegen der beschränkten Einsatzmöglichkeiten dieser Geräte konnten nur ganz bestimmte routinemäßig ablaufende Aufgaben unterstützt werden. Dies führte zu einer verstärkten Arbeitsteilung, wobei zwischen den einzelnen Teilaufgaben oft sehr aufwendige manuelle Bearbeitungsschritte notwendig waren (z.B. Sortieraufgaben). Die strukturelle Eingliederung stellte keine Schwierigkeiten dar. Die Verantwortung übernahm gewöhnlich jene Organisationseinheit, deren Aufgaben mit Hilfe dieser Geräte erfüllt wurden, d.h. in vielen Fällen das Rechnungswesen. (vgl. Schmitz 1981)

Anfang der 60er Jahre werden die Spezialrechner von Universalrechnern abgelöst. Die Universalrechner waren einfacher zu programmieren und damit auch wesentlich flexibler einsetzbar. Gleichzeitig zeigte sich, daß die Leistung dieser Systeme schneller anstieg als die Kosten. Dieses Phänomen ist als *Gesetz von Grosch* bekannt geworden. Beide Aspekte führten in organisatorischer Hinsicht zu einer Zentralisation. Die Betreuung der Anlagen, die Entwicklung von Programmen und die Ausführung derselben wurden in einer zentralen Stelle zusammengefaßt. Aus der Zentralisierung selbst leiteten sich noch einige weitere Konsequenzen ab. Dies betraf z.B. die Schaffung einer geeigneten Aufbauorganisation für die neu geschaffene DV-Abteilung, ihre Einordnung in die Gesamtorganisation und die Festlegung der Abläufe im Zusammenhang mit der Programmentwicklung.

Mitte der 60er Jahre erfolgt die Einführung von Massenspeichern mit der Möglichkeit des direkten Zugriffs. Parallel dazu wurde bei größeren Systemen der Mehrprogrammbetrieb und die Dialogverarbeitung eingeführt. Es wurden die ersten Datenbanksysteme angeboten. Auf der Basis dieser Technologien wurden Transaktionssysteme für das routinemäßige Mengengeschäft entwickelt (z.B. Buchungssysteme in Banken). Ziel solcher Systeme war es, möglichst vielen Benutzern den Zugang zu den vorhandenen Datenbeständen zu ermöglichen. Der Aufgabenträger sollte möglichst viele Bearbeitungsschritte unmittelbar am Terminal erledigen, das ihm an seinem Arbeitsplatz zur Verfügung gestellt wurde. Die Bedeutung der Stapelverarbeitung (mehrere Aufträge werden vom Rechner nacheinander abgearbeitet) nahm in der Folge ab. Es kam vielfach zu einer Reintegration von Aufgaben, die durch Automatisierung mit den bisherigen Möglichkeiten stark arbeitsteilig organisiert waren. Änderungen der Aufbau- und Ablauforganisation gab es auch in der DV-Abteilung. Es war nötig, vom offenen Betrieb (*open shop*), wo die Benutzer unmittelbar Zugang zum Computer hatten, zum geschlossenen Betrieb (*closed shop*) überzugehen. Durch die Einführung einer Arbeitsvorbereitung wurde die effektive Nutzung der Möglichkeiten des Mehrprogrammbetriebs (Technik, die den gleichzeitigen Ablauf mehrerer Anwendungsprogramme in einem DV-System ermöglicht) hergestellt. Auch Sicherheitsaspekte spielten beim Übergang zum geschlossenen Betrieb eine wichtige Rolle. Für die neuen Aufgabenbereiche wie Datenbankverwaltung oder Datenfernübertragung wurden entsprechende Stellen geschaffen. Die Programmierrichtlinien bzw. die Abläufe bei der Systementwicklung mußten an die neuen Erfordernisse angepaßt werden. (vgl. Schmitz 1981)

Mitte der 70er Jahre rückten die Kommunikationsmöglichkeiten zwischen den Endgeräten rücken in den Mittelpunkt des Interesses. Diese Entwicklung wird des öfteren als *kopernikanische Wende* in der Informationstechnik bezeichnet. Nicht mehr das Rechenzentrum und der zentrale Großcomputer stehen im Mittelpunkt des Interesses, sondern der zweckorientierte Einsatz der Informations- und Kommunikationstechnologie zur Erreichung der Unternehmensziele. Das bedeutet nicht generell eine Abkehr vom Zentralcomputer. Man begann Strukturen zu schaffen, durch die verschiedene Funktionen gleichzeitig an einem Arbeitsplatz verfügbar gemacht werden konnten (z.B. Telex, BTX, Informationsdienste, ISDN, Rechnerverbund). Die Weiterentwicklung führte zu den heute schon teilweise verfügbaren multimedialen Informationssystemen, wie Daten-, Text, Bild-, Sprach- und Wissensverarbeitung und deren Integration an einem Arbeitsplatz. Es ergibt sich ein sehr breites Spektrum an organisatorischen Gestaltungsmöglichkeiten. Die Organisationsstruktur und die organisatorischen Regelungen brauchen nicht länger an die Gegebenheiten der Informationstechnologie angepaßt werden, sondern können durch die Wahl einer geeigneten technischen Unterstützung frei gestaltet werden.

Seit dem Beginn der achtziger Jahre finden Mikrocomputer bzw. Personal Computer eine immer größere Verbreitung in den Unternehmen. Unter *Personal Computing* versteht man heute aber nicht nur den Einsatz von PCs, sondern die gesamte individuelle Datenverarbeitung. *Personal Computing* bedeutet Datenverarbeitung am Arbeitsplatz des Benutzers, wobei entweder arbeitsplatzpezifische Aufgaben unterstützt oder entsprechende Werkzeuge zur Verfügung gestellt werden, mit denen der Benutzer selbst Lösungen entwickeln kann. Die organisatorischen Konsequenzen sind sehr vielfältig. Unbestritten ist, daß durch diese Entwicklung insgesamt gesehen eine autarke Sachbearbeitung gefördert wird. Auch die Ausgliederung variationsarmer Tätigkeiten (z.B. zentraler Schreibdienst) wird vielfach rückgängig gemacht. (vgl. Schmitz 1981)

Mit dem Beginn der 90er Jahre verstärkte sich der Einsatz der verteilten Datenverarbeitung. Jede Computerart bietet für bestimmte Anwendungen in verschiedenen Unternehmensstrukturen bestimmte Vorteile und Nachteile. Zu bestehenden Computersystemen kommen neue Technologien dazu, die wiederum für ein ganz bestimmtes Aufgabenspektrum besonders gut eingesetzt werden können. Diese Vielfalt an verschiedenen Computersystemen muß integriert werden, um einen den Unternehmenszielen entsprechenden Output zu erzielen. "Die Möglichkeiten vernetzter und intelligenter Geräte am einzelnen Arbeitsplatz erlauben es, Aufgaben organisatorisch zusammenzufassen, die zuvor in viele Einzelschritte zerlegt waren und ein zeitraubendes, koordinationsbedürftiges Hin- und Herwandern des Arbeitsgutes von einem Platz zum anderen bedingten. Der organisatorische Gesichtspunkt hat nun Vorrang vor dem technischen; die organisatorisch zweckmäßige und sinnvolle Gestaltung einer Aufgabe und ihrer Erledigung scheitert nicht mehr an den Einschränkungen des technisch Machbaren" (vgl. Schüler 1989, 185).

In Anlehnung an Gernet (1987) wird im folgenden die Entwicklung von Informationswesen und Organisation dargestellt:

- *Isolierte Lösungen:* Zu Beginn der betrieblichen EDV waren Anwendungsgebiete zu Rechnungswesenzwecken und technischen Berechnungen (Konstruktion, etc.) verwirklicht. Wenn man die vielfältigen Anforderungen an das Informationswesen (siehe "Funktionen des Informationswesens", Kapitel 10.4.2) betrachtet, so läßt sich leicht feststellen, daß solche isolierte Lösungen für bestimmte funktionale Bereiche nicht mehr sinnvoll sind.

- *Datenverarbeitung als Hilfsmittel der Organisation:* Der nächste Schritt war in einer beginnenden Integration von Organisation und EDV zu beobachten. Datenverarbeitung wurde als Hilfsmittel der Organisation eingesetzt. Textverarbeitung tauchte bereits vereinzelt dezentral auf.

- *Integration von Datenverarbeitung und Organisation:* Die Textverarbeitung blieb auch dezentral, als Organisation und Datenverarbeitung zusammengefaßt wurden. Zu dezentralen Anwendungen der Textverarbeitung kamen durch das Aufkommen von Mikrocomputern noch andere EDV-Anwendungen dazu (Tabellenkalkulation, kleinere Datenverwaltungssysteme). Diese Situation entspricht der teils zentralen, teils dezentralen Informationsverarbeitung. Vom organisatorisch sinnvoll geregeltem Informationswesen war man noch weit entfernt.

- *Integration von Informationswesen und Unternehmensorganisation:* Ein harmonischer Ablauf von Informationsverarbeitung und -verteilung kann nur von zentraler Stelle aus erreicht werden. Dies soll jedoch nicht mit zentraler

Informationsverarbeitung verwechselt werden. Verarbeitung wird an vielen
Arbeitsplätzen durchgeführt. Das Zusammenführen von Informationen, die
die gesamte Unternehmung betreffen, kann organisatorisch nur zentral vorgenommen werden (Gernet 1987, 41).

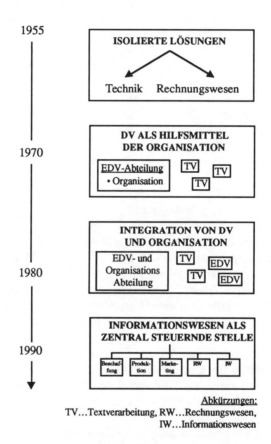

Abb. 10-1: Entwicklung von Informationswesen und Unternehmensstruktur
(in Anlehnung an Gernet 1987, 37)

10.2 Zentrales oder dezentrales Informationswesen

10.2.1 Gegenüberstellung

Ein klassisches Forschungsthema der Organisationslehre ist die Frage nach
Zentralisierung oder Dezentralisierung. Beide Begriffe sind in ihrer Extremform organisatorisch irrelevant (vgl. dazu insbesondere Kapitel 3.2.2.6). In den

folgenden Kapiteln soll sich die Sichtweise zum einen auf die organisatorische Gesamteingliederung des Informationswesens in ein Unternehmen (eher zentral oder eher dezentral) und zum anderen auf die "interne Struktur" der Abteilung Informationswesen (welche Ressourcen sind eher zentral, welche Ressourcen sind eher dezentral zu organisieren?) konzentrieren.

Mit einem veränderten Verständnis der Informationsfunktion gewinnen Fragen der Zentralisierung oder Dezentralisierung einzelner Funktionen an Bedeutung (Mertens 1985, Selig 1986). Die technologischen Rahmenbedingungen, die zu Beginn der sechziger Jahre zu einer Zentralisierung führten, sind in der Zwischenzeit weitgehend weggefallen. Wenn heute von Dezentralisierung gesprochen wird, so ist selbstverständlich nicht nur die Verteilung der Hardware, sondern auch die Verteilung von Daten, Funktionen und Entscheidungsbefugnissen gemeint. Die organisatorische Unterstützung bei konkreten Vorhaben erfolgt in vielen Unternehmen durch die Einrichtung eines Informationszentrums oder Benutzerservice-Zentrums (siehe Kapitel 10.2.2). Es handelt sich dabei um einen Mittelweg zwischen Zentralisierung und Dezentralisierung. Einerseits soll dem Trend zur Verselbständigung der Anwender Rechnung getragen werden, um z.B. die zentrale Entwicklungs-Abteilung zu entlasten und den Anwendungsrückstau abzubauen, andererseits soll jedoch zentrales Know-How genutzt werden, um den Anwenderbetrieb möglichst effizient zu gestalten. In der Praxis findet sich das Informationszentrum, sowohl als Abteilung der zentralen DV-Abteilung als auch in Form einer bewußt neutralen Instanz zwischen DV-Abteilung und Fachabteilungen (vgl. Mertens 1985).

Im Rahmen der Zentralisierungs-/Dezentralisierungsfrage kann zwischen **räumlicher** (bezieht sich auf physische Standorte, an denen Informationsverarbeitungsfunktionen ablaufen), **organisatorischer** (Aufgaben und Verantwortung) und **technischer** (Hardware- und Netzebenen, verteilte Systemsoftware und verteilte Daten) Zentralisierung/Dezentralisierung unterschieden werden. In diesem Zusammenhang ist vor allem der organisatorische Zentralisierungs-/Dezentralisierungsgrad interesssant, der davon abhängt, inwieweit die Verantwortung für die Systemplanung, Einführung und Wartung von zentralen oder dezentralen Stellen getragen wird (Mertens 1985, 20).

Gründe für die Zentralisierung sind beispielsweise (vgl. Gewald et al. 1982, 250, Mertens 1985, 16ff, Heilmann 1990, 689):

- Integrierte Lösungen auf der Grundlage abgestimmter Daten lassen sich mit dezentralisierter Organisation nur sehr schwer aufbauen und pflegen. Der Informationsbedarf für die Unternehmensleitung ist aus zentralen Systemen einfacher zu extrahieren.

- Es besteht weniger als bei Dezentralisierung die Gefahr, daß im Rahmen eines gewissen Wildwuchses Mehrfacharbeiten geleistet, inkompatible Geräte und Softwareprodukte beschafft werden und dann Schwierigkeiten bei der Wartung auftreten.

- Die Zuordnung und Aufrechterhaltung der Verantwortung ist einfacher, ebenso die Budgetierung und Finanzkontrolle.

- Das Erstellen und Einführen von Werkzeugen, Standards und Methoden, die Kontrolle ihrer Verwendung und Einhaltung, die Messung ihrer Wirkung ist einfacher und effektiver zu bewerkstelligen. Ein ingenieurmäßiges Vorgehen in der Softwareentwicklung und -wartung wird deshalb, zumindest am Anfang, vor allem durch zentrale Organisation begünstigt.

- Der Einsatz der einzelnen Mitarbeiter kann zentral besser geplant und optimiert werden. Eine "Verschiebbarkeit" vor allem auch zu Ausbildungszwecken wird erleichtert. Für große Projekte kann es einfacher sein, die notwendige Zahl der Mitarbeiter und insbesondere die im Sinne der Arbeitsteilung einzusetzenden Spezialisten schnell zu einem Team zusammenzubringen.

- Es wird eine bessere Auslastung der Rechenkapazität erreicht.

- Besser geeignet für unternehmensübergreifende Anwendungssysteme.

Gründe für die Dezentralisation sind u.a. (vgl. Gewald et al. 1982, 250f, Mertens 1985, 18f):

- Der Anwendungsstau erzwingt die Verselbständigung der Fachabteilungen in der Datenverarbeitung.

- Weitgehend autonome Fachabteilungen, z.B. solche, die als *Profit Center* gestaltet sind, müssen in kurzer Zeit neue Anwendungen entwickeln und ändern können und dürfen nicht von den Prioritätsentscheidungen einer zentralen DV-Abteilung oder von denen von Koordinierungsgremien abhängig sein, sonst ist ihre Ergebnisverantwortung beeinträchtigt.

- Reibungsverluste bei der Abstimmung der Fachabteilung mit der zentralen DV-Abteilung entfallen ganz oder teilweise.

- Die "lokalen" Bedürfnisse der einzelnen Fachabteilungen können schneller befriedigt werden.

- Das Wachstum der DV-Lösungen erfolgt stetiger und flexibler.

- Dezentrale Systemanalytiker sind mit den Problemen der Fachabteilungen vertrauter. Dies ist besonders bei komplexen Systemen wichtig, bei denen das Wissen und die Erfahrung zu den Anwendungen nur allmählich erworben werden kann.

10.2.2 Das Konzept des Informationszentrums

Technologieplanung umfasst mehr, als Voraussagen über die zukünftige Verfügbarkeit von Hard- und Software zu treffen. Genauso wichtig ist es die Rolle des Benutzers in einer Umgebung der Informationsverarbeitung zu berücksichtigen und zu planen. Und wiederum ist der Mikrocomputer enorm an der Belebung der Idee "Informationszentrum" mitbeteiligt. Der PC wird als wichtiges Werkzeug für Analyse und Planung sowohl im strategischen und administrativen als auch operativen Bereich eingesetzt. Tabellenkalkulationsprogramme, Textverarbeitungs- und Datenbankprogramme sind für den Mitarbeiter sofort einsetzbar. Durch die Vernetzung zur zentralen DV-Anlage tauchten Fragen wie "Wäre es nicht schön, die Information direkt vom Großrechner zu bekommen und in meine Tabellenkalkulation einzufügen?", "Warum kann ich die auf meinem Textsystem erstellte Nachricht nicht direkt zum Textsystem des Abteilungsleiter senden?", "Wie kann ich mir Zugang zu einer externen öffentlichen Datenbank verschaffen?" auf.

Für solche und ähnliche Probleme sollte ein Informationszentrum installiert werden. Die Unterstützung des Benutzers zur Erreichung optimaler Lösungen ist das Ziel dieser Einrichtung. Folgende Aufgaben müssen wahrgenommen werden:

- Beratung und Information,
- Schulung und Training,
- Auswahl von Hard- und Software,
- Motivation,
- Unterstützung bei der Beschaffung von Datenressourcen,
- Unterstützung bei der Definition von Informationsbedürfnissen.

Mertens geht noch differenzierter auf die Aufgaben des Informationszentrums ein (Mertens 1985, 70):

- Werbung bei Mitarbeitern und Anwendern,
- Durchführung von Pilotprojekten,
- Koordination von Standardisierung und Erlassen von Richtlinien,
- Durchführung von Schulung und Weiterbildungsmaßnahmen,
- Auswahl von Hard- und Software,
- Beschaffung von externen Informationen und Dienstleistungen,
- Systementwicklung (vor allem bei Pilotprojekten),

- Informationssammlung und -vermittlung,
- Führung von Archiven,
- Datenverwaltung für spezielle Projekte der Unternehmensleitung,
- Lagerhaltung,
- Installation und Wartung.

Die steigende Nachfrage nach arbeitsplatz- und problemspezifischer Computer-unterstützung, der bestehende Anwendungsstau und die hohen Kosten der Ent-wicklung und Wartung von Software durch Spezialisten trugen maßgeblich zur Entwicklung und Verbreitung der *Information Center* Idee bei. Auch wenn die Organisationseinheiten zur Beratung und Unterstützung der Benutzer unter verschiedenen Bezeichnungen geführt werden, ist die Notwendigkeit zur Imple-mentierung einer derartigen Funktion weitgehend unbestritten. Hinsichtlich der organisatorischen Gestaltung von Beratungs- und Unterstützungsleistungen stößt man auf unterschiedliche Vorstellungen (Kutzner 1988, 125). Nach Kutzner wird das Informationszentrum direkt der Abteilung Informationswe-sen unterstellt (Abb. 10-4).

Abb. 10-2: Aufbauorganisatorische Eingliederung eines Informationszentrums in das Informationswesen (nach Kutzner 1988)

Es ist auch eine Eingliederung als Unterabteilung der konventionellen DV-Abteilung denkbar. Bei größeren Unternehmen, die eine stark dezentralisierte Organisationsstruktur aufweisen und deren Unternehmensbereiche räumlich voneinander getrennt sind, kann sich die Einrichtung mehrerer Beratungs-zentren als zweckmäßig erweisen (zentrale Koordination durch einen zentralen Unterstützungsstab).

Einige kritische Anmerkungen werden von Mertens (1985) angeführt: Danach verursacht ein Informationszentrum zum einen zusätzlichen Koordinationsaufwand und führt zu Reibungsverlusten innerhalb des Informationswesen und zum anderen produziert es neuen Bedarf an Anwendungen und trägt deshalb nicht immer zur Lösung vorhandener Probleme der Informationsverarbeitung eines Unternehmens bei (Mertens 1985).

10.2.3 Verteilung der Informationsressourcen

Eine besonders wichtige Frage, die an den Anfang organisatorischer Überlegungen gestellt werden sollte, ist die Frage nach der Verteilung der Informationsressourcen: Wie soll das Aufteilungsverhältnis in bezug auf Zentralisierung und Dezentralisierung aussehen? Welche Ressourcen tendieren zu mehr zentralen und welche zu mehr dezentralen Verteilungsformen. In den vergangenen Jahren beeinflußten diese Entscheidung hauptsächlich die Hardwarekosten. Informationssysteme befanden sich bei den meisten Großunternehmen in großen EDV-Zentren. Schnell fallende Hardwarepreise, bessere Möglichkeiten der Telekommunikation und die Einführung von Mini- und Mikrocomputern in den späten 70er Jahren ermöglichten die Verteilung von Computersystemen über die verschiedenen Organisationshierarchien. Wenn man die klassischen Datenverarbeitungsaufgaben **Datenerfassung, Datentransformation, Datenausgabe** und **Datenspeicherung** betrachtet, so tendieren die ersten drei Funktionen mehr in Richtung Dezentralisierung, während bezüglich der Datenspeicherung weiterhin eine Zentralisierungstendenz besteht (Scheer 1987, 62).

Um zu vermeiden, daß überflüssige Daten (Redundanz) erfaßt, verarbeitet, ausgegeben und gespeichert werden, ist es notwendig, einen harmonischen Ablauf von Informationsverarbeitung und -verteilung in der gesamten Unternehmung von zentraler Stelle aus zu steuern. Das heißt jedoch nicht, daß die Informationsverarbeitung zentral durchgeführt werden muß. Verarbeitung wird an vielen Arbeitsplätzen effizienter als durch eine Zentrallösung geleistet. Das Zusammenführen und die Verteilung (Verdichtung) von Informationen kann allerdings organisatorisch nur zentral vorgenommen werden. Da Informationsverarbeitung auf allen Ebenen des Unternehmens anfällt, bedeutet dies, daß die Funktion Informationswesen auf einer Hierarchieebene anzusiedeln ist, die es ihr ermöglicht, die zentrale Steuerung auch durchzusetzen.

Eine wichtige Aufgabe, die dem *Chief Information Officer* (CIO, Informationsmanagers, siehe Kapitel 10.5.2) in diesem Zusammenhang zukommt, ist die Planung der Architektur (=Struktur) der Informationsressourcen. Die wichtigste Verantwortung besteht in der strategischen Informationsplanung. Der Bau einer passenden Struktur folgt der Strategieformulierung. Für die folgenden Ausführungen wird dazu vom Modell, das in Abbildung 10-3 gezeigt wird, ausgegangen.

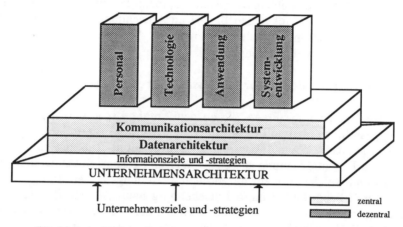

Abb. 10-3: Architektur der Informationsressourcen (nach Synnott 1987)

Daten- und Kommunikationsarchitektur sind horizontal dargestellt, da sie bereichsübergreifend zur Ressourcenbereitstellung aktiv werden. Sie sind als zentrale Dienstleister für alle Geschäftseinheiten (Funktionen und Sparten) im Unternehmen zu sehen. Die vier vertikalen Balken "Personal", "Technologie", "Anwendung" und "Systemplanung" sind stark von der jeweiligen betrieblichen Funktion oder Sparte abhängig. Ihr Einsatz kann in den verschiedenen Abteilungen definiert werden. Einige Beispiele sollen diese Trennung in zentrale und dezentrale Informationsressourcen verdeutlichen: Es ist sinnvoll in der Marketingabteilung einen Informationssystembetreuer mit Marketinghintergrund zu haben. Weiters sind zum Beispiel Anforderungen an Computertechnologie und Anwendungsprogramme in der Werbeabteilung anders als in der Forschungs- und Entwicklungsabteilung. Die Entwicklung von Subsystemen mit dezentralem Charakter kann nach zentral durchgeführter Schnittstellendefinition zum Gesamtinformationssystem in den jeweils betroffenen Abteilungen durchgeführt werden.

Zusammenfassend ergibt sich daraus folgender Ansatz: Während Daten- und Kommunikationsressourcen zentral zu organisieren sind, empfiehlt sich für die Personalpolitik, Technologieplanung, Einsatzplanung von Anwendungsprogrammen und Systementwicklung eine "dezentralere" Struktur. Der Grad der Dezentralisierung von Informationsressourcen hängt unmittelbar mit der Organisationsphilosophie des Unternehmens zusammen. Der Trend in der Praxis geht zu flacheren Organisationspyramiden. Funktionale Gliederungen werden von Sparten- und ähnlichen Strukturierungsformen abgelöst. Weiters hat der stattfindende Wandel von der Daten- zur Informationsverarbeitung starke Dezentralisierungstendenzen zur Folge.

Aus den Unternehmenszielen und strategischen Planungsprozessen ensteht eine bestimmte Strukturorganisation (=Unternehmensarchitektur), welche die Basis für weitere Untergliederungen in Funktionen, Sparten, Produkte, Regionen oder Geschäftseinheiten bildet. Aber auch für die Informationsarchitektur bildet die Unternehmensarchitektur eine wichtige Rahmenbedingung, in der bereits grundsätzliche Unternehmens- und somit Informationsphilosophien festgelegt werden. Die Frage nach Zentralisierung oder Dezentralisierung wird meistens in diesem Stadium bereits entschieden.

Das Entscheidungsproblem, ob zentral oder dezentral vorgegangen werden soll, zählt zu den klassischen Themen der Organisationslehre (siehe Kapitel 3.2.2.6). Es war bisher nicht möglich, ein allgemein gültiges Entscheidungsmodell zu schaffen. Nicht technische oder betriebswirtschaftliche Ursachen sind dafür ausschlaggebend, sondern hauptsächlich unternehmenspolitische. Es ging - und es geht noch immer - darum, wer die Kontrolle über die Ressourcen inne haben soll.

Drei Aspekte sind bei der grundsätzlichen Entscheidung, ob zentral oder dezentral, bedeutend (Synnot 1987):

- *Kontrolle:* Es geht im Prinzip darum, wer die Entscheidungen trifft. Bei zentralen Organisationsformen werden sie vom Topmanagement getroffen. Entscheidungskompetenzen wandern bei dezentralen Organisationsformen in der Hierarchie tiefer, was wiederum den Gedanken des Unternehmertums (*Intrapreneurship*: Unternehmen im Unternehmen, Profit-Center Gedanke) fördern kann.

- *Standort der Ressourcen:* Wenn zentral, dann ist die Haltung (?) und Administration von Betriebsmitteln udgl. kostengünstiger (*"Economies of Scale"*). Sollten die Betriebsmittel dezentral verwaltet werden, so können Vorteile der Unabhängigkeit leicht durch daraus resultierende Redundanzen (schlechte Koordination) verschwinden.

- *Funktionale Verantwortlichkeit:* Aus Zentralisierung können effizientere Durchführung, flüssigere Abläufe und geringere Kostenbelastung resultieren. Dezentralisierung hingegen bringt Vorteile bei der gegenseitigen Abstimmung zwischen Unternehmensbereichen und größere Liniendiskretion.

Viele Organisationen suchen heute einen goldenen Mittelweg und bauen Informationsarchitekturen nach der Philosophie der "Verteilten Datenverarbeitung":

Informationsressourcen sind über sämtliche Organisationseinheiten verteilt. Die zentrale Planung, Führung und Kontrolle (=Management) liegt jedoch in den Händen einer Abteilung unter der Leitung eines Informationsmanagers. Im folgenden werden die einzelnen Komponenten des Modells, nämlich Datenarchitektur, Kommunikationsarchitektur, Personal, Technologie, Anwendung der Informationssysteme und Systementwicklung, detaillierter diskutiert.

Datenarchitektur. Die Datenarchitektur stellt die Verbindung zwischen Unternehmensplänen und Informationssystemen dar. Daten-Ressourcen-Management (DRM) ist ein "Top-down" Prozess, der mit einer strategischer Planung der Daten beginnt. Abläufe in Organisationen und die benötigten Daten werden koordiniert und in unternehmensweite Datenmodelle und Datenbank-Managementssysteme umgewandelt. Diese enge Verbindung von Abläufen über gemeinsame Daten erfordert eine Gesamtkoordination der beteiligten Unternehmensbereiche beim Entwurf der Datenstrukturen und zwingt zu einer integrierten Betrachtung der betrieblichen Funktionen.

Folgende Argumente werden von Date (1987, 13) für eine zentrale Kontrolle des Datenmanagements angeführt:

* Redundanz wird reduziert,
* Inkonsistenz wird minimiert,
* Daten können gemeinsam genutzt werden,
* Standards sind leichter durchzusetzen,
* Sicherheitsvorkehrungen sind leichter zu treffen,
* Integration ist leichter zu realisieren,
* Konfliktäre Anforderungen können ausgeglichen werden,
* Datenunabhängigkeit wird durchgesetzt.

Kommunikationsarchitektur. Informationen, die aus oben beschriebener Datenarchitektur gewonnen werden, müssen nun systematisch über das gesamte Unternehmen verteilt werden. Strategische Aktivitäten in diesem Bereich beginnen mit der Analyse des unternehmensweiten Kommunikationsbedarfs und von Designalternativen. Die Notwendigkeit für eine zentrale Planung der Kommunikationsarchitektur wird durch folgendes Beispiel verdeutlicht: Die Planung und der Bau von Autobahnen und Bundesstrassen hat zentral zu erfolgen. Sollte das nicht geschehen, so ist folgendes Szenario sehr realistisch. Reichere Bundesländer würden mehrspurige Autobahnen haben, die an den Grenzen zu ärmeren Ländern in schmutzige Bezirksstrassen münden würden, oder sogar enden würden. Ein bundesweites Autobahnsystem verlangt koordiniertes Vorgehen und zentrale Planung. Um effektiv zu sein, braucht auch ein unternehmensweites und bereichsübergreifendes Kommunikationssystem eine zentrale Organisationsbasis.

Alle Arten von Information (Sprache, Daten, Texte und Bilder) müssen integriert werden und mit Hilfe eines zentralen Netzwerkes übermittelt werden. Grundsätzlich wird bei der Netzwerkplanung zwischen LANs (*Local Area Networks*, lokale Bereiche einer Organisation sind vernetzt, siehe Kapitel 8.2) und WANs (*Wide Area Networks*, Kommunikation zwischen geographisch weit voneinander entfernten Organisationseinheiten, siehe Kapitel 8.2) unterschieden.

Personal. Es handelt sich hier um "Systemleute", d.h. DV-Mitarbeiter, welche in Bereichen wie "Systemanalyse", "Operating", "Programmierung", "Operative Datenverarbeitung", etc. tätig sind. Es ist sinnvoll (vor allem bei dezentral organisierten Unternehmungen), die Personalpolitik im Bereich des Informationswesens zu dezentralisieren. Folgende Funktionen müssen hier wahrgenommen werden:

- *Strategisch:* Festlegen der Anzahl und Qualifikation des Systempersonals, Organisation der wichtigsten Systemfunktionen, Zuteilung des Personals auf Organisationseinheiten, Erstellung von Personalentwicklungskonzepten;
- *Administrativ:* Zuteilung des Personal zu bestimmten Projekten;
- *Operativ:* Kontrolle und Beobachtung des Personals.

Technologie. Aufgabe des Technologiemanagements ist es, "die Informations- und Kommunikationstechnologien im Hinblick auf ihren Einsatz als Komponenten der Informations-Infrastruktur einer Organisation zu planen" (vgl. Heinrich/Burgholzer 1987). Die immer stärker werdende Verteilung von unterschiedlichen Informationssystemen im Unternehmen wurde bereits einigemale erwähnt. Kompetente Technologieplanung und -einsatz gehört zu wichtigen Schlüsselfaktoren im Informationsbereich. Eine geordnete Abstimmung der verschiedenen Systeme zu einer gemeinsamen Zielerreichung ist eine wichtige Aufgabe im Technologiemanagement. Schlecht koordinierte Datenverarbeitung führt zu Redundanz, Kostenexplosion und funktionaler Isolation. Synnott spricht von *"The four layers of computing"* (1. Unternehmensweites Datenzentrum, 2. Divisionale Datenverarbeitung, 3. Minicomputer in Abteilungen und 4. Individuelle Mikrocomputer, vgl. Synnott 1987, 271). Die Herausforderung an den "Technologiearchitekten" ist die Integration der verschiedenen Ebenen. Die wahrzunehmenden Funktionen können wiederum auf die drei bereits bekannten Planungsebenen umgelegt werden:

- *Strategisch:* Planung der Informationsinfrastruktur des Unternehmens;
- *Administrativ:* Installation und Zusammenhängen der Computer auf allen Ebenen der Organisation;

- *Operativ:* Sicherstellung kontinuierlicher Funktionserfüllung der Informationsinfrastruktur.

Anwendung der Informationssysteme. Die Integration der Endbenutzer in die bestehende Informationsinfrastruktur steht im Mittelpunkt der Aufgaben im Anwendungsbereich. Planung und Einsatz von Büroautomation, Informationszentren, Mikrocomputern, Expertensystemen und andere endbenutzerorientierten Werkzeugen sind die dafür notwendigen Mittel.

Systementwicklung. Strategische Systemplanung beinhaltet die langfristige Einsatzplanung von Anwendungssystemen, die gebraucht werden, um eine effiziente Unternehmensführung zu gewährleisten. Die Implementierung dieser Systeme erfolgt auf administrativer Ebene. Operative Tätigkeiten sind die Sicherstellung einer kontinuierlichen Operation und permanenten Erweiterung der bestehenden Informationssysteme (vgl. auch Kapitel 11).

10.3 Einflüsse auf die Unternehmensorganisation

10.3.1 Änderung der Ablauforganisation

Neben den strukturellen Auswirkungen der Informationstechnologie ergeben sich besonders starke Änderungen in der Ablauforganisation. Besondere Aufmerksamkeit gilt dabei immer wieder der Frage, in welcher Richtung sich die Ablauforganisation unter dem Einfluß der Informationstechnologie weiter entwickeln wird. Die Polarisierung zwischen einer weiteren tayloristischen Verschärfung und einer Zurücknahme der Arbeitsteiligkeit wird wohl nie endgültig geklärt werden können (vgl. Wollnik 1988).

Die ersten Phasen der kommerziellen Nutzung der Informationstechnologie waren noch stark von Arbeitsteiligkeit bestimmt. Die technischen Fortschritte ermöglichten allmählich eine Entwicklung, die bereits Anfang der siebziger Jahre mit dem Begriff "Integration der Datenverarbeitung" umschrieben wurde (vgl. Wollnik 1988). Gemeint ist damit eine verfahrensbezogene Integration von Vorgängen, Aktivitäten usw. Verbindungsstellen zwischen computergestützten Arbeitsschritten, die bisher durch manuelle Tätigkeiten hergestellt wurden, werden zunehmend automatisiert, sodaß längere, z.T. sogar betriebsübergreifende Vorgangsketten hergestellt werden können. Durch die simultane Abwicklung von Vorgangsketten ergeben sich parallel verlaufende Geschäftsprozesse, welche durch Informationsaustausch koordiniert werden, um so die Ausrichtung auf ein gemeinsames Unternehmensziel zu gewährleisten (Wildemann 1990).

Am Beispiel eines Ablaufs in der Buchhaltung soll diese Veränderung etwas präzisiert werden (vgl. Wedekind 1988, 45-50). Abbildung 10-4 zeigt den Ablauf einer Buchhaltung als Stapel-Anwendung. Durch den Wechsel zwischen verschiedenen Abteilungen entstehen z.B. unproduktive Rüstzeiten. Eine genaue Abstimmung und Koordination der einzelnen Arbeitsgänge ist nötig.

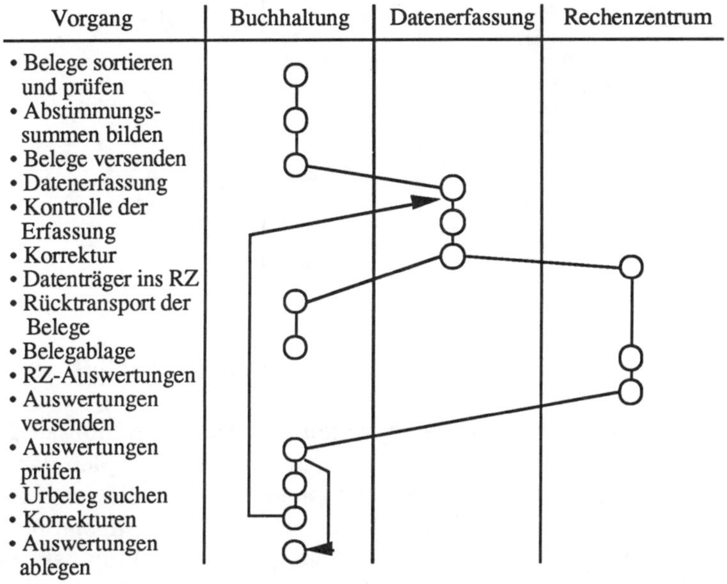

Vorgang	Buchhaltung	Datenerfassung	Rechenzentrum

• Belege sortieren und prüfen
• Abstimmungssummen bilden
• Belege versenden
• Datenerfassung
• Kontrolle der Erfassung
• Korrektur
• Datenträger ins RZ
• Rücktransport der Belege
• Belegablage
• RZ-Auswertungen
• Auswertungen versenden
• Auswertungen prüfen
• Urbeleg suchen
• Korrekturen
• Auswertungen ablegen

Abb. 10-4: Ablauf einer Stapel-Buchhaltung (nach Wedekind 1988, 46)

Der beschriebene Buchhaltungsvorgang besteht bei Übergang zur Dialogverarbeitung (Online) aus wesentlich weniger Arbeitsschritten (siehe Abbildung 10-5). Zwar kommen einige zusätzliche Aktivitäten (z.B. Aufruf des Buchungsprogramms) hinzu, es fallen jedoch wesentlich mehr Arbeitsschritte fort (z.B. Transport, Datenerfassung, Wiederholungsarbeiten wie Kontrolle und Abstimmung), sodaß sich die Gesamtbearbeitungszeit in Summe verringert. Während sich die Batchverarbeitung noch durch festgelegte Bearbeitungszeitpunkte, Arbeitsteiligkeit und die Notwendigkeit einer Koordination auszeichnete, verliert dieser vorgegebene Ablauf bei zunehmender Dialogisierung immer mehr an Bedeutung. Es kommt in der Folge durch den Abbau der Arbeitsteilung zu einer Reduktion der beteiligten Stellen und damit zu einer Reintegration und zu ganzheitlicheren Aufgaben. Die Abhängigkeit von der begrenzten Verfügbarkeit des Zentralrechners im Rechenzentrum, die im dargestellten Beispiel noch gegeben ist, kann durch den Einsatz eines dezentralen Computers (z.B. PC) vollständig abgebaut werden.

Vorgang	Buchhaltung	Rechenzentrum

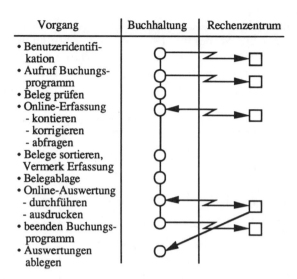

• Benutzeridentifi-
  kation
• Aufruf Buchungs-
  programm
• Beleg prüfen
• Online-Erfassung
  - kontieren
  - korrigieren
  - abfragen
• Belege sortieren,
  Vermerk Erfassung
• Belegablage
• Online-Auswertung
  - durchführen
  - ausdrucken
• beenden Buchungs-
  programm
• Auswertungen
  ablegen

Abb. 10-5: Ablauf einer Online-Buchhaltung (nach Wedekind 1988, 47)

Aus einer etwas anderen Perspektive stellen sich die Integrationstendenzen in
der industriellen Fertigung bei den sogenannten CIM-Konzepten dar. Voraussetzung ist hier zunächst wieder die Datenintegration, d.h. die zentrale Verfügbarkeit aller für den Ablauf benötigten Daten. Ausgangspunkt für die
Schaffung einer prozeßorientierten Organisationsstruktur ist dann die
Festlegung logisch zusammenhängender Vorgangsketten. Man spricht daher
auch von "Kettenorganisation". Die Organisation orientiert sich nicht mehr
primär nach den Funktionen sondern nach den hintereinander ablaufenden
Prozessen, sodaß sie insgesamt flußverstärkend wirkt. Kriterien für die
Effizienz der Organisation sind bei dieser Sichtweise nicht mehr die
Ressourcenauslastung oder ständige Lieferbereitschaft, sondern Flexibilität,
Durchlaufzeit, Transaktionskosten usw.

10.3.2 Änderung der Strukturorganisation

Die Zurückführung organisatorischer Veränderungen auf den Einfluß neuer
Technologien (insbesondere der Informations- und Kommunikationstechnologie) setzt einen empirischen Zusammenhang zwischen Technologie und Organisation voraus. Dies entspricht einem weit verbreiteten Denkansatz, der sich
jedoch empirisch nur schwer nachweisen läßt. Die Auswirkungen der Informationstechnologie können selbstverständlich nur als Auswirkungen bestimmter
Einsatzformen oder Anwendungsformen einer Technologie, nicht jedoch der
Technologie selbst, verstanden werden. Der Einfluß der Informationstechnolo-

gie wirkt sich üblicherweise auch nicht auf die Gesamtorganisation, sondern nur auf bestimmte Teilbereiche aus (vgl. Kieser/Kubicek 1983).

Die Gründe und Zwecke des Computereinsatzes liegen meist in der Situation der jeweiligen Organisation begründet. Er kann z.B. eingesetzt werden, um bei zunehmender Organisationsgröße den Verwaltungsaufwand zu beherrschen oder bei starken Konkurrenzverhältnissen die Wettbewerbsfähigkeit zu erhalten. Die Messung der organisatorischen Auswirkungen ist nahezu unmöglich, da beispielsweise nicht entscheidbar ist, ob die Veränderung mit dem Technologieeinsatz, der Konkurrenzsituation oder der Unternehmensgröße zu begründen ist (vgl. Kieser/Kubicek 1983). Änderungen können sich darüber hinaus nicht nur in den vermuteten Beziehungen zwischen Technologie und Organisationsstrukturen, sondern auch in der Art der Beziehungen selbst ergeben. Solche Veränderungen scheinen sich derzeit zu vollziehen, wobei folgende Eigenschaften von Informations- und Kommunikationssystemen mitverantwortlich sein dürften: Nutzungsoffenheit neuer Systeme, dezentrale Verfügbarkeit der Hardware, Kostendegression, Bedienerfreundlichkeit (z.B. grafische Benutzeroberflächen), Anwendungsflexibilität sowie geräte- und übertragungstechnische Integration (vgl. Wollnik 1988).

Lange Zeit stand vor allem die Automatisierung im Mittelpunkt organisatorischer Überlegungen. Man geht aber heute bei der organisatorischen Gestaltung der Informationsinfrastruktur von ihrer Gesamtheit aus. Die zunehmende Durchdringung der Unternehmen mit Informationssystemen und der Ausbau der Kommunikationsstrukturen bewirken, daß sich die organisatorische Gestaltung nicht mehr auf Einzelabläufe beschränken kann, sondern ganze Funktionsbereiche und Aufgabenzusammenhänge zu betrachten sind. Bei diesem Ansatz wird Information als Produktionsfaktor (siehe Kapitel 9.5.2) aufgefaßt. Dies stellt einen Strukturbruch im Denken dar und bedarf letztlich auch neuer Organisationsformen und methodischer Unterstützung. Die Information kann nämlich nur dann ihre Wirkung entfalten, wenn sie rechtzeitig in der richtigen Menge und Qualität zur Verfügung steht. Die Leistungsfähigkeit der Hardware ist dabei kein Engpaß mehr. Die Informationsverarbeitung beruht auch nicht mehr ausschließlich auf dem klassischen EVA-Prinzip (Eingabe-Verarbeitung-Ausgabe), sondern dient der ergänzenden persönlichen Unterstützung (z.B. in Form des PC-Einsatzes oder der individuellen Datenverarbeitung). Die simultane Verfügbarkeit unterschiedlicher Informationen an einem Arbeitsplatz erhöht das Problemlösungs-Know-how der Mitarbeiter. Einerseits können komplexere Aufgaben von einem Mitarbeiter effizienter durchgeführt werden und andererseits ermöglicht der geringe Grad der Arbeitsteilung die Kontrolle eines größeren Abschnittes der Wertschöpfungskette in einer Hierarchiestufe. Hieraus entstehen Potentiale zur Verflachung der Organisationsstruktur (Wildemann 1990, 3).

Es ist schwierig konkrete Auswirkungen der Informationstechnologie auf die Organisationsstruktur anhand von Instrumentalvariablen wie Spezialisierungs-grad, Formalisierung, Standardisierung, Programmierung oder Koordination nachzuweisen. "Alte" organisatorische Lösungen führten die DV-Abteilung noch als Abteilung einer anderen Funktion. Am verbreitesten war die Zuord-nung zum Finanz- und Rechnungswesen. Ziel der folgenden Punkte ist es, eini-ge Beispiele für "neuere" Organisationsstrukturen darzustellen. Wie im Text bereits des öfteren angeführt, gibt es keine Standardstrukturen für bestimmte Informationsystemlösungen. Der Aufbau von Strukturen ist von zu vielen Fak-toren abhängig.

10.3.3 Informationswesen als Linienstelle der zweiten Ebene

Die Funktion des Informationswesens wurde als bereichsübergreifende be-triebswirtschaftliche Funktion dargestellt. Um diese Tatsache nun auch in der Strukturorganisation einer Unternehmung umzusetzen, ist es notwendig, der Funktion "IW" eine dementsprechende formale Position zu geben. Eine gleich-rangige Einordnung mit den traditionellen Funktionen gibt dem Informations-wesen dieselbe Gewichtung. Eine Unterstellung als Funktionsbereich unter die Unternehmensleitung wird nach Mertens "dem dienenden Charakter der Daten-verarbeitung nicht gerecht", kommt aber dort in Frage, wo sie eine besonders hohe Bedeutung im Unternehmen hat (Heilmann 1990, 697). Die Implemen-tierung ist jedoch von zahlreichen Faktoren abhängig. So muß bei dieser Auf-wertung der Informationsfunktion der Entwicklungsstand der Unternehmung in bezug auf Informationsplanung berücksichtigt werden.

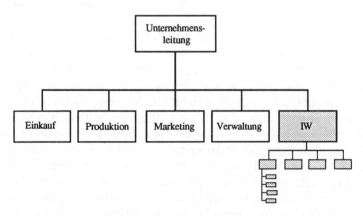

Abb. 10-6: Informationswesen als Linienstelle der 2. Ebene
(nach Gernet 1987, 42)

Ein weiterer Aspekt ist der Integrationsstand des Informationswesens im Ge-samtunternehmen. Der Anteil der Investitionen für Informationsverarbeitung gemessen an den gesamten Investitionen ist ein weiteres Kriterium. So wird die angeführte Einordnung als Linienstelle der zweiten Ebene nur bei Unternehmen vorgenommen, die einen hohen Investitionsanteil haben. Nach Mertens kommt diese Lösung dort in Frage, "wo die Informationsverarbeitung schon allein deshalb eine hohe Bedeutung hat, weil keine physischen Produkte hergestellt werden und deshalb die Produktion von Informationen natürlicherweise mehr Gewicht bekommt, so vor allem in Banken und Versicherungen" (vgl. Mertens 1985, 10). Bei mittleren und kleinen Unternehmen wird die Funktion des Informationsmanagers - die allerdings nicht so genannt und noch nicht so gesehen wird - oft schon jetzt als Teilfunktion eines Mitgliedes der Unternehmensleitung wahrgenommen.

10.3.4 Informationswesen als zentraler Stab der Unternehmungsleitung

Da ein Stab keine Weisungsbefugnisse an informationsverarbeitende Arbeitsplätze hat, muß bei einer solchen organisatorischen Einbindung die zentrale Steuerung und Verteilung des Informationsflusses durch gezielte und fundierte Beratung erfolgen. Die Abteilung ist praktisch als Servicestelle zu verstehen und betont den Beratungscharakter der Abteilung. Ohne Weisungskompetenzen wird sie auf Auftrag für jede Stelle der Unternehmung aktiv.

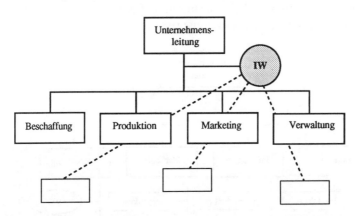

Abb. 10-7: Informationswesen als zentraler Stab der Unternehmensleitung
(nach Gernet 1987, 43)

Besondere Probleme ergeben sich nach Mertens (1985), wenn das Unternehmen divisionalisiert ist und damit die Geschäftsbereiche Ergebnisverantwortung haben. Eine Errichtung mehrerer IW-Abteilungen (für jeden Geschäftsbereich) widerspricht einer effizienten und an den Unternehmenszielen orientierten Informationsverarbeitung. Auftretende Redundanzen und Mehrgleisigkeiten sind vorprogrammiert. Die Zentralisierung der IW-Funktion in einem Stabsbereich

ermöglicht zwar einheitliche Planung und Kontrolle, mindert jedoch die Leis-
tungsmotivation der Bereichsleiter. Eine dritte Möglichkeit wäre die Führung
der IW-Abteilung als eigenes *Profit Center*. Die einzelnen Divisonen und Sparten kaufen sich IW-Dienstleistung von der unternehmenseigenen IW-Abteilung.
Die Realisierung geht nur über ein gut funktionierendes internes Leistungs-
verrechnungssystem. Mertens (1985) schlägt für einzelne Projekte die Bildung
von sogenannten Kompetenzzentren vor. Unternehmensbereiche werden ausgewählt und sind verantworlich für die "Federführung" bei einschlägigen Maßnahmen und Vorhaben.

10.3.5 Informationswesen bei funktionaler Organisation

Die funktionale Organisationsform ist durch eine starke zentrale Kontrolle an
der Unternehmensspitze gekennzeichnet (siehe Kapitel 3.2.1). Diese Form wird
immer mehr von einer divisionalen Organisation (auch Spartenorganisation)
abgelöst. Die Unterstellung des Informationswesens unter einen Funktionsbereich oder (seltener) unter eine Division ist häufig historisch bedingt: Die in
den ersten Entwicklungsstadien der Datenverarbeitung getroffenen Zuordnungen werden häufig einfach beibehalten. Am zahlreichsten ist die Unterstellung
unter den Verwaltungsbereich (Finanz- und Rechnungswesen, Personal, etc.).
Wie aus der Abbildung 10-8 ersichtlich, ist das Informationswesen in einer
zentralen Organisationseinheit zusammengefasst. Die Verwaltungsabteilung
versorgt alle Ebenen mit Informationsressourcen.

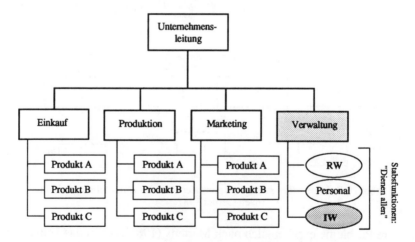

Abb. 10-8: Informationswesen bei funktionaler Unternehmensorganisation
(nach Synnott 1987, 209)

10.3.6 Informationswesen bei divisionaler Organisation

Divisionale Strukturen unterteilen eine große Unternehmung in eine Vielzahl kleinerer Geschäftseinheiten (vgl. Kapitel 3.2.1), welche von Managern mit generellem Ausbildungshintergrund und großer Autonomie geführt werden. In der zweiten Ebene solcher Unternehmungen befinden sich sogenannte Strategische Geschäftseinheiten (SGE). Jede dieser SGEs hat die Verantwortlichkeit für eine eigene Produkt/Markt-Kombination. Viele große Firmen haben in den letzten Jahren ihre Organisationsform in diese Richtung entwickelt. Im unten dargestellten Beispiel ist auch das Informationswesen dezentral organisiert. Die gesamte Funktion wird jedoch auf Unternehmensstabsebene zentral koordiniert. Diese - bereits im ersten Beispiel angeführte - zentrale Koordination durch eine Stelle im Unternehmen kann für den Erfolg sehr kritisch sein. Unternehmen, die diesen zentralen Aspekt nicht vorsehen, haben zum Beispiel aufgrund von Systeminkompatibilitäten große Schwierigkeiten, Informationen effizient durch die Organisation zu schleusen.

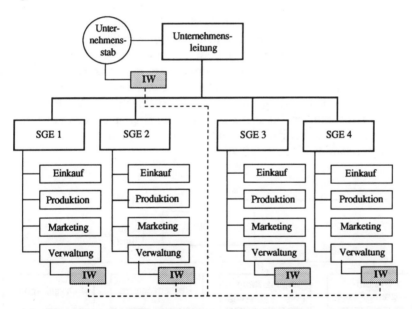

Abb. 10-9: Informationswesen bei divisionaler/dezentraler Organisation
(nach Synnott 1987, 209)

10.4 Aufbauorganisation des Informationswesens

10.4.1 Strukturelle Beziehung zwischen Organisation und Informationswesen

Für allgemeine Organisation, traditionelle Datenverarbeitung und Büroautomation sind oft verschiedene Instanzen zuständig. Wegen der ausgeprägten Beziehungen zwischen Organisation und Informationswesen ist es heute weitgehend üblich, daß beide Bereiche unter einer gemeinsamen Leitung zusammengefaßt werden. Die Zuordnung der Büroautomation ist nicht so eindeutig. Sie nutzt jedoch dieselben lokalen und entfernten Netze und Kommunikationsdienste wie die Datenverarbeitung. Es ist jedoch unbestritten, daß die gesamte Informations- und Kommunikationsinfrastruktur auch im Hinblick auf Büroautomation geplant werden muß.

Aus historischen und aus personellen Gründen finden sich verschiedene Formen der Zusammenarbeit zwischen Organisation und Informationswesen, die sich durch den Grad der Integration unterscheiden. Wenn ein DV-Spezialist mit der gemeinsamen Leitung betraut wird besteht die Gefahr, daß die Automatisierung überbewertet wird und daß die allgemeine Organisation zu kurz kommt., d.h. es werden zwar bestehende Abläufe automatisiert, die konzeptionellen Mängel in der Organisation jedoch nicht behoben oder die organisatorischen Konsequenzen der Automatisierung ungenügend berücksichtigt. Der Einsatz eines Organisationsspezialisten für diese Aufgabe scheitert meistens am fehlenden DV-Fachwissen; solche Mitarbeiter laufen Gefahr manipuliert oder abhängig zu werden (vgl. Schmidt 1985, 216-220).

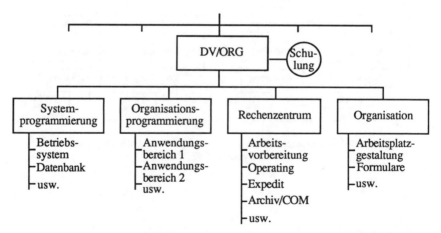

Abb. 10-10: Integration von Organisation und Informationswesen (nach Schmidt 1985, 217)

In Abbildung 10-10 wird an einem Organigramm ein Beispiel für die **vollständige Integration** zwischen Organisation und Informationswesen gezeigt. Mit dem Berufsbild Organisationsprogrammierer werden Spezialisten beschrieben, die sich sowohl um die organisatorische Ablaufgestaltung kümmern, als auch die Systementwicklung durchführen. Es handelt sich also um Organisatoren mit einer sehr breiten Ausbildung und einem DV-Schwerpunkt.

Nachteilig bei dieser Lösung kann sein, daß es kaum qualifizierte Bewerber gibt, die solche Anforderungen erfüllen. Vorteile sind das Wegfallen von Verständigungsproblemen zwischen unterschiedlichen Abteilungen, eine klare Zuordnung der Verantwortung, die Identifikation mit der Aufgabe und der einfache Ausgleich von personellen Engpässen (vgl. Schmidt 1985, 217-218).

In Abbildung 10-11 wird an einem Organigramm ein Beispiel für eine **Teilintegration** zwischen Organisation und Informationswesen gezeigt. Im Unterschied zur vollständigen Integration wird die Systementwicklung in eine (DV-)Organisation und eine Programmierung untergliedert. Die Zuständigkeit der (DV-)Organisatoren reicht von den organisatorischen Vorarbeiten bis zur Erstellung der Programmvorgabe. Die Programmierer haben keinen Einfluß auf die organisatorische Gestaltung und auf den Systemablauf. Die Organisatoren sind also für den funktionalen und benutzerorientierten Entwurf zuständig (vgl. Schmidt 1985, 218-219).

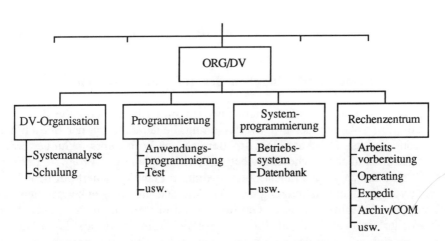

Abb. 10-11: Teilintegration von Organisation und Informationswesen

Ein Vorteil dieser Lösung liegt in der Spezialisierung bei der Aufgabenerfüllung und in dem besseren Verständnis der Benutzersituation. Die gemeinsame Leitung erleichtert die Abstimmung bei Differenzen und ist eine einheitliche Anlaufstelle für das gesamte Unternehmen.

Im letzten idealtypischen Modell, das in Abbildung 10-12 gezeigt wird, sind sowohl Organisatoren als auch Systementwickler spezialisiert und darüberhinaus verschiedenen Abteilungen zugeordnet. Eine solche **Trennung** verschärft häufig Abstimmungs- und Verständigungsprobleme und kann leicht zu einem Hin- und Herschieben der Verantwortung führen. Dazu kommt noch, daß jede Abteilung versuchen wird, ihren Zuständigkeitsbereich auszuweiten, um dadurch Einfluß zu gewinnen. Vorteilhaft an diesem Modell ist jedoch, daß der betriebswirtschaftliche und der DV-technische Aspekt gleichrangig berücksichtigt werden (vgl. Schmidt 1985, 219-220).

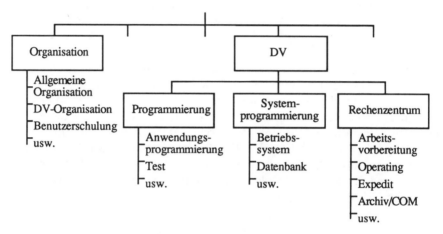

Abb. 10-12: Trennung von Organisation und Informationswesen (nach Schmidt 1985, 219)

10.4.2 Funktionen und Aufgaben des Informationswesens

Operative Tätigkeiten im Informationswesen sind z.B. die tägliche Zeit- und Durchführungsplanung der Datenverarbeitung, Fehleranalysen, der Betrieb und die Kontrolle der DV-Abteilung. Im Bereich der Projektentwicklung werden Informationen über tägliche und wöchentliche Zeitpläne von Programmierfortschritt und Testzeiten gebraucht. Administrative Planung basiert auf dem Vergleich von Soll- und Istnutzung der DV-Anlagen, auf Kostenkennzahlen der einzelnen Abteilungen und Geräte, auf Beurteilungen der einzelnen Mitarbeiterleistungen und auf Soll-, Istvergleichen in der Projektdurchführung (Statusberichten, Evaluierung, Anpassung, ect.). Die Informationsstrategen setzen sich mit Problemen der Organisation des Informationswesens (zentral/dezentral), mit einem Gesamtinformationsplan und mit der generellen Struktur der Hard- und Softwareumgebung auseinander. Verwaltung und Büroautomation (Textverabeitung, Bürokommunikation, Mailingsysteme, etc.) werden als eigenes Untersystem dieser Funktion betrachtet.

Die generellen Funktionen und Aufgaben des Informationswesens können nach folgenden Hauptpunkten untergliedert werden:

Festlegung der Informationsphilosophie (wird abgeleitet aus der Unternehmensphilosophie);

Funktionen der Aufbauorganisation:

- *Einordnung in die Unternehmung* (institutionelle Sicht) als Stab oder Linie, zentral oder dezentral, Berichte an ..., Berichte von ..., Anweisungsbefugnisse, etc.;
- *Einsatz von Computertechnologien* (materielle Sicht): verteilte Datenverarbeitung, Netzwerke aus verschiedenen Computergruppen, Rechenzentrumsbetrieb, Datenfernverarbeitung, etc.);
- *Struktur des Informationswesens* (funktionelle Sicht): Anpassung an Informationsbedürfnisse, Führungsstil, Einsatz eines möglichst vielfältigen Wissens aus anderen funktionalen Bereichen, Kommunikation zu anderen Abteilungen, Verantwortung und Kompetenzen;
- *Personalentwicklung/Benutzerführung* (personelle Sicht).

Funktionen der Ablauforganisation:

- *Projektorganisation:* Sonderaufträge, Systementwicklung (Systemanalyse, Systemplanung, Systemgestaltung, Systemkontrolle, Systemevaluation)
- *Informationsverteilung* (Steuerung des individuellen und Masseninformationsflusses zwischen Arbeitsplätzen, Unternehmungen, öffentlicher Verwaltung und Märkten); interne Kommunikation: Unterstützung der Betriebswirtschaft (Personal, Rechnungswesen, Marketing, Finanzierung, Materialwirtschaft), Unterstützung der Technik (Fertigung - CAM, Konstruktion - CAD, Forschung und Entwicklung - CAE); externe Kommunikation: Netze und Dienste (BTX, öffentliche Datenbanken, etc.), Datenfernübertragung, Schnittstellen zur internen Kommunikation, Dokumentenverkehr, Korrespondenz;
- *Informationssicherung.*

Funktionen des Datenverarbeitungszentrums (Rechenzentrum):

- *Datenerfassung* (Bild, Sprache, Text und Daten);
- *Datentransformation:* Arbeitsvorbereitung (=Planung des Tagesgeschäftes), Betrieb/Operating, Datenübertragung;
- *Datenausgabe;*
- *Datenspeicherung/Archiv;*
- *Instandhaltung/Wartung.*

Funktionen des Informationszentrum (zur Unterstützung des Benutzers
zur Erreichung optimaler Lösungen):

• *Beratung und Information;*
• *Schulung, Training und Erziehung;*
• *Auswahl von Hard- und Software;*
• *Motivation;*
• *Unterstützung bei der Beschaffung von Datenressourcen;*
• *Unterstützung bei der Definition von Informationsbedürfnissen.*

10.4.3 Alternativen zur Gestaltung der Aufbauorganisation

Die Aussage *Structure-Follows-Strategy* gilt auch für die Aufbauorganisation
des Bereichs Informationswesen. Bis vor wenigen Jahren bestand die strukturelle Gliederung aus den Aufgaben "Entwicklung", "Wartung" und "Betrieb".
Bei der Durchsicht von Organigrammen vieler Unternehmungen fällt sehr oft
die grundsätzliche Trennung "DV-Betrieb" (Hardwareplanung, Operating, Betriebssysteme, Datenbank, Datenerfassung) und "DV-Entwicklung" (Anwen-
dungssystemplanung und -pflege, Programmierung, Strategische IS-Planung)
auf. Durch den stattfindenden Wandel von der Daten- zur Informationsverarbeitung kamen noch umfangreiche Beratungs- und Unterstützungsaufgaben
(externe Informationsbeschaffung, Recht, Ausbildung, Betriebswirtschaft)
dazu. Das Informationszentrum (siehe Kapitel 10.2.2) nahm sich vieler dieser
Aufgaben an. Auch die Aufgabengliederung änderte sich durch diesen Wandel.
So kamen neue Aufgaben dazu (Netzwerkmanagement, unternehmensweite
Datenmodellierung, strategisches Informationsmanagement) und klassische
Aufgaben der Datenverarbeitung (Operating, Rechenzentrumsbetrieb, etc.)
änderten sich in ihrem Umfang.

Gernet leitet aus den in Punkt 10.4.2 angeführten Funktionen folgenden organi-
satorischen Grundaufbau des Informationswesens ab (vgl. Gernet 1987, 46):
Das Informationswesen besteht aus den 4 Abteilungen "Schulung", "Projekte",
"Kommunikation" und "Information". Die Koordination und Durchführung
(abhängig von der Unternehmensgröße) der Personalentwicklung wird von der
Schulungsabteilung wahrgenommen. Die Projektabteilung ist zuständig für
Aufträge, deren Implementierung einer umfangreichen Planung bedürfen, und
die deshalb im Tagesgeschäft nicht erledigt werden können (vgl. Gernet 1987,
47). Zum primären Aufgabenbereich der Kommunikationsabteilung ist einerseits die Steuerung des Informationsflusses zwischen zentraler Informationsverarbeitung und einzelnen Arbeitsplätzen und andererseits die Auswahl des
grundsätzlichen Mediums (konventionell, über Leitung oder über Austausch
von Datenträgern). Die Informationsabteilung beschränkt sich in Gernets Modell auf rein operative Bereiche der Informationserfassung, -verarbeitung und -
speicherung. Obwohl sich eine weitgehende Überlagerung von Informations-

wesen und Organisation ergibt, vernachlässigt Gernet ganz bewußt die Integration von organisatorischen Funktionen. Um dieses Grundmodell, welches für größere Unternehmen konzipiert wurde, auch kleineren bis mittleren Betrieben Gültigkeit zu verleihen, werden einige Reduktionsmöglichkeiten angeführt (vgl. Gernet 1987, 51: Reduktion durch Verteilung von Funktionen und durch Zusammenfassung von Funktionen).

Die Bezeichnung der Abteilung mit "Informationsverarbeitung und Organisation" durch Heilmann, bringt bereits die Integration von Organisation und Informationswesen zum Ausdruck. In der zweiten Ebene wird dort nach "Allgemeine Organisation", "Anwendungssystementwicklung und -wartung", "Information Center", "Technologieplanung- und steuerung" und "Rechenzentrum" gegliedert. Übergreifende Stabsfunktionen sind der Gesamtleitung zugeordnet und beinhalten Funktionen wie Controlling, Planung, neue Technologien, Methoden, Datenschutz und -sicherheit, Qualitätssicherung, Schulung und Bibliothek (vgl. Heilmann 1990, 695).

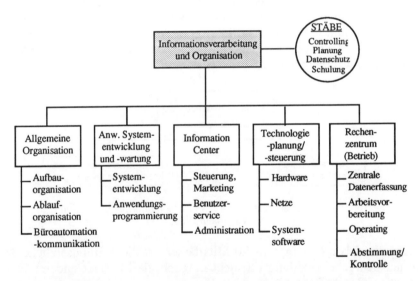

Abb. 10-13: Aufbauorganisation einer großen Informations-/Organisationsabteilung
(nach Heilmann 1990, 695)

Heilmann unterscheidet zwischen "großen" (ab 20 Mitarbeitern), "mittleren" (6-20) und "kleinen" (weniger als 5) IV-Abteilungen und empfiehlt auch bei mittleren Unternehmungen (Abb. 10-14) eine grundsätzliche Trennung zwischen Systementwicklung und Systembetrieb.

Abb. 10-14: Aufbauorganisation einer mittleren Informations-/Organisationsabteilung
(nach Heilmann 1990, 696)

Bei kleinen Unternehmungen ist die Zusammenfassung einzelner Funktionen
und Übernahme von einer Person nicht zu vermeiden. Organisation, Datenerfassung, Verarbeitung und Kontrolle liegen bei den jeweiligen Fachabteilungen.
Unterstützungsfunktionen werden häufig externen Beratern übertragen. Die
Leitung der IV-Abteilung wird häufig in Personalunion mit anderen Managementaufgaben wahrgenommen.

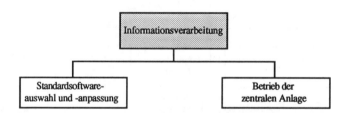

Abb. 10-15: Aufbauorganisation einer kleinen Informationsabteilung
(nach Heilmann 1990, 697)

Bei Kleinbetrieben (weniger als 20 Mitarbeiter) ist diese grundsätzliche Trennung und Aufgabenzuteilung oft nicht möglich, da Manager anderer Funktionen oder Geschäftsbereiche auch Kompetenzen der Informationswesen
wahrnehmen. So ist der Leiter "Rechnungs- und Finanzwesen" für Finanzbuch-
haltungs- und Fakturierungsprogramme zuständig, der Leiter "Absatz und
Vertrieb" für die Auftragsbearbeitung und der Leiter "Verwaltung" für die
Textverarbeitung und Büroautomation.

10.5 Berufsbilder

10.5.1 Tätigkeitsstruktur für Berufe im Informationswesen

Dostal wählt bei der Tätigkeitsstruktur für Computerberufe die Dreigliederung Systementwicklung, Systembetrieb und Systemmanagement, welche in der folgenden Abbildung 10-16 zum Ausdruck kommt (vgl. Dostal 1990, 766).

Tätigkeiten \ Berufe	Systementwicklung						Systembetrieb							Systemmanagement und -assistenz						
	EDV-Organisatoren	Systemanalytiker	EDV-Koordinatoren	Anwendungsprogrammierer	Organisationsprogrammierer	Codierer	Datenerfasser	Operateure	Arbeitsvor- und -nachbearbeiter	Wartungsfachleute	Systemprogrammierer	Systemberater	Systemkoordinatoren	Informationsmanager	EDV-Führungskräfte	EDV-Revisoren	Datenschutzbeauftragte	EDV-Berater	EDV-Trainer	Vertriebsbeauftragter
Software entwickeln																				
Probleme analysieren und detaillieren	●	●	○	○							○	○						●	○	○
Lösungen und -wege festlegen	●	●	○	○	●	○					●							○		○
Programmieren				●	●	●					●									
Software testen				●	●	●					●									
Dokumentieren	○	○	○	●	●	○					●	●						○		
Software modifizieren																				
Fehler korrigieren				●	●	●					●	●								
Optimieren	○	●		●	●	○					●						○			
Erweitern, Verändern	○			●	●	○					○									
Computer/Informationssysteme betreiben																				
Geräte bedienen/überwachen							●	●												
Abläufe überwachen/kontrollieren	○						●	●				○			○	●				
Daten sichern/schützen	○		○	○			○	●	○			○			●	●				
Warten, instandhalten, reparieren								○	○	●								○		○
Software implementieren	●		○	○			○	○			○	○	●					○		○
Informationen bereitstellen																				
Informieren, aufklären				○			○	○			●	●	●		○	○	●	●		○
Beraten		●						○			●	●	●		●	○	●			○
Schulen			○								○	○	○		○	○	●			
Verkaufen																				●
Führen und Entscheiden																				
Personal führen														●						
Projekte überwachen	●	○	●	○	●			●			○			●		●	●			
Hard- und Software beschaffen								○	○					○	●					
Evaluierung	○	●	●		○			○			●	○	○	●	●	●		●		

Legende:
● Kerntätigkeiten
○ weitere Tätigkeiten

Abb. 10-16: Tätigkeitsstruktur für Berufe im Informationswesen (nach Dostal 1990, 766)

IV-Abteilungen mit eigener Softwareentwicklung sind in beinahe allen Unternehmungen organisatorisch ähnlich strukturiert: Produktion, Systementwicklung und Systemtechnik. In kleineren Unternehmen werden hochspezialisierte Tätigkeiten in Personalunion in einer der genannten Abteilungen wahrgenommen. In größeren Unternehmen sind spezialisierte Tätigkeiten separaten Funktionen zugeordnet, die wiederum in eigenen Funktionsbereichen zusammengefasst oder als Stabsfunktion der Leitung zugeordnet sein können.

10.5.2 Anforderungsprofil eines Informationsmanagers

Dieser Manager sollte nicht mit dem traditionellen Berufsbild eines EDV-Leiters verwechselt werden. Das Jobprofil eines "echten" Informationsmanagers umfasst sämtliche Funktionsbereiche eines Unternehmens. Diese Person soll sich auf jeden Fall in einer Hierarchiestufe mit den anderen funktionalen Bereichsmanagern (Marketing, Rechnungswesen, Finanzierung, Produktion, etc.) befinden und an der Entwicklung und Umsetzung von gemeinsamen Unternehmensstrategien mitwirken. Der Informationsmanager sollte nach Möglichkeit Mitglied der Unternehmensleitung sein. Die Führung von Informationsteams, die sich zwischen und in allen funktionalen Unternehmensbereichen bewegen, stellt eine bedeutende Aufgabe dar.

Wenn in früheren Kapiteln von der Wandlung der Daten- zur Informationsverarbeitung gesprochen wird, so erfolgt im gleichen Zug natürlich auch eine Wandlung vom klassischen DV-Manager zum Informationsmanager. Folgende Aufgabenänderungen kennzeichnen diesen Übergang:

• Von der Technik- zur Führungsorientierung;
• Von Implementierungs- zu Planungsaufgaben;
• Vom Operator und Administrator zum Unternehmensstrategen;
• Von der Orientierung nach innen zur Orientierung nach außen (Markt).

Idealtypischerweise weisen Informationsmanager auf dem Entwicklungsweg von der Grundauffassung bis zur Operationalisierung folgende Konkretisierungsstufen auf:

STUFE 1: Lehrer und Missionar von Sinn und Bedeutung eines wahren Informationsmanagements in dem konkreten Unternehmen.

STUFE 2: Vorbereitung der Unternehmung und Treffen organisatorischer Maßnahmen.

STUFE 3: Konzeption und Anwendung von Informationstechniken, um Wettbewerbsvorteile zu erreichen.

STUFE 4: Position und Macht von Spitzenanwälten im Bereich des Informationswesens werden erreicht. Sie werden Vollmitglieder der Unternehmensleitung.

STUFE 5: Teams von Informationsspezialisten werden gebildet, die die Entwicklung und Implementation von strategischen Informationskonzepten unterstützen. Informationstechniken werden als Erfolgspotentiale zur Erlangung von Wettbewerbsvorteilen eingesetzt. Organisatorisch gesehen arbeiten sie quer durch alle funktionellen Linien, mit dem Ziel, neue strategische Richtungen zu erforschen und Szenarios zu entwickeln.

STUFE 6: Geführt wird ein Team von Informationsspezialisten, die das gesamte Unternehmenspotential erschließen und beeinflußen können, indem sie Systeme und Prozeduren für einen dauernden Austausch von Ideen und Aktionsplänen mit Endbenutzern schaffen. Diese Teams haben auch wichtige Erziehungsfunktionen im Unternehmen. Beginnend beim Generaldirektor bis zu den Sachbearbeitern, sind sie missionarisch tätig.

Dem Informationsmanager obliegt die Planung aller Unternehmensressourcen in bezug auf Information und Daten. Er muß sicherstellen, daß diese Ressourcen bei Bedarf verfügbar sind. Als Mitglied der Unternehmensleitung trägt er die Verantwortung - sowohl intern als auch in bezug auf einen langfristigen Wettbewerbsvorteil - für die unternehmensweite Maximierung des Investitionsnutzens im Informationssystem- und Technologiebereich. Seine Verantwortlichkeiten bestehen u.a. in folgenden Aktivitäten:

- Direkte Berichterstattung an die Unternehmensleitung;

- Festlegung und Aufbau der grundsätzlichen Richtung der Informationsinfrastruktur mit der Sicherstellung von hoher Effizienz und von ihm formulierter Qualitätserfordernisse;

- Optimierung der Anwendung der Informations- und Kommunikationssysteme über das gesamte Unternehmen hinweg;

- Bekanntgabe allgemeingültiger Leitlinien für Kompatibilität, Kontrolle, Integration und Funktionalität bei Respektierung der dezentralen Umgebung der einzelnen Geschäftsbereiche;

- Bewußtseinsbildende Maßnahmen bei der Unternehmungsleitung sowie den funktionalen Abteilungs- und Geschäftsbereichsleitern in bezug auf die Wichtigkeit des Sammelns, Verarbeitens und Verteilens von Information als Mittel zur Produktivitätssteigerung, besserer Managemententscheidungen und zur Erreichung von Wettbewerbsvorteilen;

- Teilnahme bei allen Entscheidungen, die Investitionen im Bereich der Informations- und Kommunikationstechnik betreffen;

- Sicherstellung der Personalverfügbarkeit in qualitativer und quantitativer Hinsicht.

Aufgrund der Anforderungen, die an den Informationsmanager gestellt werden, müßte er idealtypischerweise folgende Teilberufsbilder in einer Person vereinen:

PLANER
- Integration von Informations- und Unternehmensstrategien
- Betrachtung von Information als wichtige Unternehmensressource und Wettbewerbsfaktor.
- Fähigkeit zum globalen Denken in vernetzten Strukturen

KATALYSATOR FÜR VERÄNDERUNG UND INNOVATION
- Motivation der Unternehmung: *Change Agent*
- Förderung der Akzeptanz beim Management
- Überkommen der Furcht vor Veränderung
- Ständige Weiterbildung und Vorhersagefähigkeit über globale Trends der technischen Entwicklung, eingebettet in den Rahmen strategischer Planung.

INFORMATIONSBERATER
- Förderung von Kommunikation zwischen DV-Spezialisten und funktionalen Managern.
- Beherrschung der Fach- und Fremdsprachen interner und externer Organisations- und Beratergruppen.

ERFAHRENER MANAGER (GENERALIST)
- Führung: Aufgabenkenntnis eines jeden Managementbereichs, so als ob dieser zu führen sei.
- Personal-, Ressourcen-, Projektmanagement
- Budgetierung, Rechnungswesen und Controlling
- Benutzerbeziehungen/Managementschnittstellen
- Marketing: Fähigkeiten, um den Ausdruck materiellen Informationsgehaltes an Unternehmenskultur und *Corporate Identity* (=äußeres Erscheinungsbild) anpassen zu können.

TECHNIKER
- Management von DV-Betrieb und Datenkommunikationsaktivitäten
- Technologiemanagement: Kenntnis von Techniken und Modellen, die der Organisation ein Maximum an effizienter und qualitativer Informationsgeschwindigkeit verleihen.

11. Systementwicklungsprozeß

Die Reaktion auf die Schwierigkeiten bei der Entwicklung und beim Einsatz von Anwendungssystemen, insbesondere von Software, führte zur Herausbildung einer technischen Disziplin, die als Software Engineering bezeichnet wird. Diese Disziplin und auch ihr Entstehungszeitpunkt sind in enger Verbindung mit der sogenannten "Softwarekrise", die Ende der sechziger Jahre ein breites Interesse beanspruchte, zu sehen. Durch Beachtung und Anwendung von Methoden und Techniken des Software Engineering sollte die Qualität der Software erhöht und die Produktivität bei ihrer Entwicklung gesteigert werden.

Bei der Organisation des Softwareentwicklungsprozesses geht es um Wege zur Bewältigung der Projektabwicklung. Trotz verschiedener Hinweise, daß im Prozeß der Systementwicklung Fragen des Managements und der Organisation eine besonders wichtige Rolle spielen (vgl. z.B. Gewald/Haake/Pfadler 1982), konzentrieren sich die Anstrengungen des Software Engineering häufig auf technische Aspekte wie Werkzeugunterstützung oder Programmiersprachen. Sieht man von solchen Versuchen einer einseitigen Problemlösung ab, so kann grob zwischen einem vorgehensorientierten und einem personenorientierten Ansatz unterschieden werden. Vorgehensorientierte Ansätze bestimmen maßgeblich die Vorgehensmethodik im Rahmen der Projektarbeit (z.B. Phasenkonzept). Der personenorientierte Ansatz regelt die personelle Zusammensetzung sowie die Beziehungen der Projektbeteiligten (z.B. Teamorganisation, Benutzerbeteiligung). Die Verbindung wird durch das Projektmanagement hergestellt, dem ein wesentlicher Teil des vorliegenden Buches gewidmet ist (Kapitel 13 bis 16). In vorliegenden Kapitel erfolgt eine Konzentration auf jene Aspekte, die im Softwareentwicklungsprozeß eine von den allgemeinen Ansätzen des Projektmanagements abweichende Lösung erfordern oder in diesem Prozeß eine spezifische Bedeutung haben.

11.1 Prinzipien und allgemeine Ansätze des Software Engineering

Um geforderte Qualitätseigenschaften erreichen zu können ist es zweckmäßig, bei der Systementwicklung bestimmte Prinzipien einzuhalten. Prinzipien sind allgemein anerkannte Grundsätze, die man dem Handeln zugrundelegt. Sie sind gewöhnlich allgemeingültig und abstrakt, d.h. also weitgehend unabhängig von einem bestimmten Anwendungsgebiet. Prinzipien bilden eine theoretische Grundlage, die häufig aus der Erfahrung hergeleitet oder durch sie bestätigt wird. Prinzipien sagen nichts darüber aus, wie man, bezogen auf ein konkretes Anwendungsgebiet, zu ihnen gelangt (vgl. Krüger 1986, Balzert 1985, Wix/ Balzert 1988).

Nach Balzert lassen sich für die Aufgaben des Software Engineering allgemeine Prinzipien, Entwurfsprinzipien und Implementierungsprinzipien unterscheiden (vgl. Balzert 1985, Wix/ Balzert 1988). Zu den allgemeinen Prinzipien gehören u.a. die konstruktive Voraussicht, die Strukturierung, die Modularisierung, die Lokalität, die integrierte Dokumentation und die Standardisierung. Zu den Entwurfsprinzipien gehören z.B. die Modularisierung, die funktionale Bindung, die schmale Datenkopplung, das Geheimnisprinzip, die Strukturierung, die Mehrfachverwendung und die vollständige Schnittstellen-Spezifikation. Zu den Implementierungsprinzipien zählen z.B. die schrittweise Verfeinerung, die linearen Kontrollstrukturen und die Verbalisierung.

Viele dieser Prinzipien erscheinen trivial. Erfahrungen wie die sogenannte "Softwarekrise" oder Probleme mit der Softwarequalität lehren jedoch die Notwendigkeit der expliziten Anwendung dieser Prinzipien. Die Schwierigkeit der Anwendung liegt darin, daß die Prinzipien in wechselseitiger Abhängigkeit stehen und sich zum Teil gegenseitig voraussetzen. Eine ausführliche Beschreibung der genannten Prinzipien findet sich in der angeführten Literatur (siehe z.B. Balzert 1982, Balzert 1985, Wix/Balzert 1988). Die Verbindungen und wechselseitigen Voraussetzungen sind jedoch wissenschaftlich noch wenig untersucht.

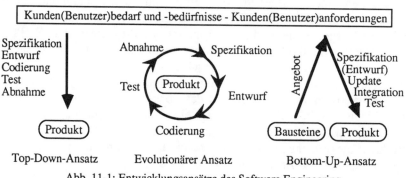

Abb. 11-1: Entwicklungsansätze des Software Engineering

Neben den Prinzipien des Software Engineering spielt für das Vorgehen im Softwareentwicklungsprozeß noch die Wahl des Entwicklungsansatzes eine bedeutende Rolle. Da Software als Abbildung eines Realitätsausschnittes aufgefaßt werden kann, ist sie auch in einem hohen Maß den Wandlungen dieser Realität unterworfen. Die Entwicklung bzw. Weiterentwicklung von Software bedeutet eine Überwindung der Distanz zwischen abzubildender Realität und Modelldarstellung (in Form der Software). Als idealtypische Entwicklungsansätze, die in unterschiedlichen Mischformen vorkommen können, lassen sich der Top-Down-Ansatz, der Bottom-Up-Ansatz und der evolutionäre Ansatz unterscheiden (vgl. auch Kapitel 12.3). Abbildung 11-1 zeigt eine Gegenüberstellung dieser Ansätze. Aufgaben wie Dokumentation, Schulung und Installation wurden dabei nicht berücksichtigt, da sie in allen Entwicklungsansätzen gleichermaßen vorkommen.

Beim **Top-Down-Ansatz** wird das System sukzessive, von den Kundenbedarfen und -anforderungen ausgehend, entwickelt. Diesem Ansatz liegt die Annahme zugrunde, daß eine konsistente, vollständige und stabile Beschreibung des geplanten Systems möglich ist. Die bei umfangreichen Systemen erforderliche Komplexitätsreduktion erfolgt mit den bereits genannten Prinzipien des Software Engineering.

Der **Bottom-up-Ansatz** geht nicht von einer definierten Vorstellung über das zukünftige System aus, sondern von einem vorhandenen Istzustand. Es existieren eine Menge von Bausteinen (z.B. Programmmodule), die man für die Konstruktion des Systems einzusetzen versucht. Anders ausgedrückt wird durch das Angebot der Bausteine einerseits ein Möglichkeitsraum für die Systemgestaltung geschaffen, andererseits werden aber auch Grenzen und Restriktionen vorgegeben. Dies kann einerseits ein Vorteil sein, da vorher abgeklärt werden kann, was machbar ist, aber auch ein Nachteil, der sich aus der Beschränkung auf vorgegebene Möglichkeiten ergibt.

Von ganz anderen Voraussetzungen geht der **evolutionäre Entwicklungsansatz** aus. Der Kundenbedarf bzw. die Kundenanforderungen werden nicht als vorgegeben und als Ganzes, sondern als fließend und ständig in Entwicklung befindlich angesehen (vgl. auch Kurbel/Pietsch 1990). Diesem Ansatz liegt die Annahme zugrunde, daß die Systemspezifikation durch keine Methodik im vorhinein vollständig und verbindlich festgestellt werden kann. Die evolutionäre Entwicklung verlangt daher als Konsequenz einen wiederholten Durchlauf der vorgesehenen Phasen.

11.2 Phasenkonzepte

Die ersten Vorgehensmodelle für die Strukturierung des Software-Entwicklungsprozesses waren Phasenkonzepte. Mittlerweile sind Phasenkonzepte weitgehend akzeptiert und verbreitet. Sie sind gewöhnlich zentraler Bestandteil des Projektmanagements. Das Phasenkonzept dient einer zeitlichen Gliederung der Systementwicklung (vgl. auch Kapitel 15.1.2). Das ursprüngliche Ziel für den Einsatz von Phasenkonzepten im Rahmen der Softwareentwicklung, nämlich den Aufwand von der Programmierung zum Entwurf zu verlagern und damit eine Qualitätssteigerung zu erreichen, ist in der Zwischenzeit längst in Vergessenheit geraten. Das Phasenkonzept unterstützt heute die Planung, Überwachung und Steuerung des gesamten Prozesses der Systementwicklung. Ausgehend von einem allgemeinen Phasenkonzept ist jeweils die Anpassung an die projektspezifische Umgebung vorzunehmen. Diese Anpassung erfolgt unter Berücksichtigung von speziellen Bedürfnissen und Rahmenbedingungen des Unternehmens oder des Anwendungsgebietes. Die jeweilige Phaseneinteilung ist dabei von verschiedenen Merkmalen wie Projektgröße, Produkteigenschaften oder verwendete Methoden abhängig (vgl. Kapitel 15.1.2). Daneben gibt es aber auch phaseninhärente Aufgaben wie das Bestimmen der Ziele, Alternativen und Restriktionen der jeweiligen Phase, die Bewertung von Alternativen und des Risikos sowie die Detailplanung der nächsten Schritte (vgl. Boehm 1988, 29).

Für den Wirtschaftsinformatiker sind jene Phasenkonzepte, die in Softwareentwicklungsprojekten eingesetzt werden, besonders wichtig; sie sollen daher nachfolgend anhand ihrer historischen Entwicklung näher erläutert werden. Obwohl es sachlich nicht gerechtfertigt ist, haben sich für diese Phasenkonzepte auch die Bezeichnungen Software-Lebenszyklus und Lebenszyklus-Konzept durchgesetzt. Sehr vereinfachend kann eine Einteilung in sequentielle, teilzyklische und zyklische Phasenkonzepte vorgenommen werden. Ein Überblick und eine kritische Beurteilung dieser Phasenkonzepte finden sich u.a. bei Elzer (1989), Schulz (1989), Selig (1986), Möller (1983), Hermann (1983). Auf Besonderheiten, die sich bei der Entwicklung von Expertensystemen ergeben, wird bei Kurbel/Pietsch (1989) und König/Behrendt (1989) eingegangen.

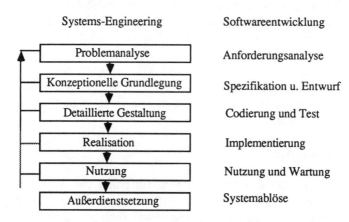

Abb. 11-2: Phasen des Systems-Engineering-Ansatzes und der Softwareentwicklung

Für die zeitliche Strukturierung des Softwareentwicklungsprozesses in nacheinander ablaufende Phasen stand zunächst der Systems-Engineering-Ansatz Pate. Bereits für die erste Generation von Phasenkonzepten gibt es zahlreiche Ausprägungen. Die in der Literatur und in der Praxis vorkommenden Phasenkonzepte unterscheiden sich aber meist nur sprachlich voneinander. Abbildung

11-2 zeigt die Gliederung nach diesem Ansatz mit einer Gegenüberstellung der Phasenbezeichnung eines typischen Softwareentwicklungsprojekts.

Bereits frühzeitig setzte Kritik am Idealbild des zeitlich-sequentiellen Ablaufs ein und stellte den Wert solcher Phasenkonzepte für die Beschreibung realer Entscheidungsprozesse und für die Unterstützung der Kommunikation zwischen Systementwickler und Anwender in Frage. Gegen rein sequentiell ablaufende Phasen sprechen neben empirischen Untersuchungsergebnissen (vgl. z.B. Witte 1968) u.a. folgende Argumente (vgl. z.B. Selig 1986, Krüger 1986, Schulz 1989):

- das Einbringen späterer Erkenntnisse wird erschwert;
- bei langdauernden Projekten ändert sich oft die Aufgabenumwelt, sodaß die Ergebnisse nicht mehr den Vorstellungen des Auftraggebers entsprechen;
- das Vorgehen beim Lösen komplexer Probleme geschieht meistens durch Versuch und Irrtum.

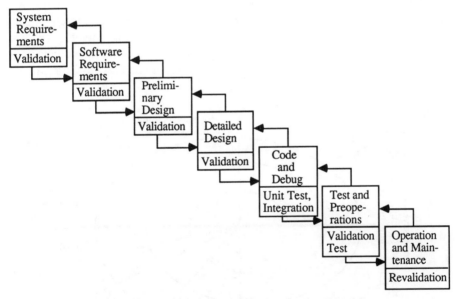

Abb. 11-3: Wasserfall-Modell (Quelle: Boehm 1981, 36)

Am Übergang von den sequentiellen zu zyklischen Phasenkonzepten beschrieb Boehm ein Phasenmodell, das er **Wasserfall-Modell** nannte, weil die Ergebnisse einer Phase - wie bei einem Wasserfall - in die nächste Phase fallen. Ausgehend von der Überlegung, welche aufeinander aufbauenden Teilergebnisse in einem Softwareentwicklungsprojekt zu erarbeiten sind, wird eine entsprechende Phaseneinteilung vorgeschlagen, die in Abbildung 11-3 gezeigt wird.

Idealtypischerweise wird im Wasserfall-Modell noch von der Annahme ausgegangen, daß die Projektphasen sequentiell durchlaufen werden, wobei jede Phase mit einem Validierungsprozeß endet. Um von einer Phase in die nächste zu gelangen, müssen alle im Rahmen einer Phase geforderten Ergebnisse vorliegen. Ein Durchbrechen des sequentiellen Vorgehens ist nur ausnahmsweise vorgesehen, und zwar dann, wenn sich Produkte zurückliegender Phasen als fehlerhaft erweisen und korrigiert werden müssen. Das Wasserfallmodell ist zur Grundlage für die Entwicklung aller weiteren Vorgehensmodelle bzw. Phasenkonzepte für die Softwareentwicklung geworden, sodaß es trotz Mängel bis heute nicht an Bedeutung verloren hat. Es wurde im Laufe der Zeit immer mehr verfeinert. Die neueste Variante ist das sogenannte **Spiralmodell** von Boehm (vgl. Boehm 1988). Nach dieser Modellvorstellung ist die Softwareentwicklung ein evolutionärer Prozeß, bei dem die einzelnen Phasen während der gesamten Lebensdauer der Software wiederholt ablaufen. Dies führt zu einer spiralförmigen Darstellung wie sie in Abbildung 11-4 gezeigt wird. Auf den ersten Blick scheint das Spiralmodell mit dem evolutionären Ansatz identisch zu sein; in beiden Fällen wird die Software inkrementell (weiter) entwickelt. Während das evolutionäre Modell jedoch von einer ständigen Interaktion mit dem Auftraggeber bzw. Benutzer ausgeht, ist dies im Spiralmodell nicht vorgesehen.

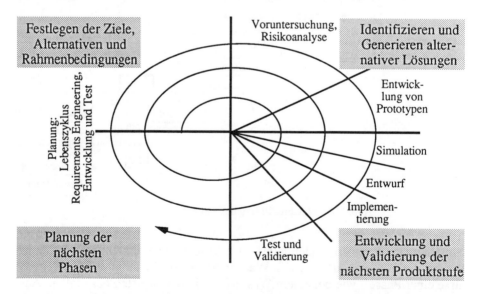

Abb. 11-4: Spiralmodell (nach Boehm 1988)

Eine Sonderstellung nimmt das **Komponentenkonzept** von Müller-Merbach ein. Es wurde ursprünglich für die Strukturierung des Modell-Entwurfprozesses im Sinne des Operations Research entwickelt und später auf den Software-Entwicklungsprozeß übertragen. Der grundlegende Unterschied gegenüber herkömmlichen Phasenkonzepten liegt weniger in den Inhalten als in der zeitlichen Anordnung der durchzuführenden Aktivitäten. Das Komponentenkonzept beruht auf der Idee, die einzelnen Aktivitäten nicht mehr als Phasen zusammenzufassen, sondern so zu gruppieren, daß sie sich in unterschiedlicher Intensität durch den gesamten Software-Entwicklungsprozeß ziehen. Den Vorteil dieses Konzepts sieht Müller-Merbach darin, daß die Entwicklung neuer Ideen während des gesamten Software-Entwicklungsprozesses bewußt gefördert und nicht gehemmt wird. Aus diesem zweifellos bestehenden Vorteil erwächst aber auch gleichzeitig ein gravierender Nachteil. Durch die große Flexibilität können prinzipiell uneingeschränkt neue Möglichkeiten und Ideen eingebracht werden, die bereits abgeschlossene Aktivitäten wieder eröffnen und damit das fertiggestellte Zwischenprodukt wieder in Frage stellen (vgl. Selig 1986).

11.3 Teamorganisation

Die Entscheidung zwischen Einzelarbeit und Gruppenarbeit ist bei der Systementwicklung allgemein zugunsten der Gruppenarbeit gefallen, die sich auch bewährt hat (vgl. aber auch Kapitel 3.1.2 und 16.2). Weitgehend unabhängig von den gewählten oder vorhandenen Organisationsformen der Informationsverarbeitung (vgl. Kapitel 8), können für den Systementwicklungsprozeß folgende Formen der Teamorganisation beobachtet werden, die am Beispiel von Programmiererteams näher erläutert werden (vgl. Balzert 1982, Selig 1986, Mertens 1985):

- kontrollierte zentralisierte Organisationsstruktur,
- demokratisch dezentralisierte Organisationsstruktur,
- kontrollierte dezentralisierte Organisationstruktur.

Die **kontrollierte zentralisierte Organisationsstruktur** wurde von Mills unter der Bezeichnung Chief Programmer Team (CPT) vorgeschlagen (Balzert 1982). Die Aufgaben verteilen sich auf den Teamleiter (Chief Programmer), den Vertreter des Teamleiters (Backup Programmer), den Sekretär (Librarian) und die Mitarbeiter.

Der Teamleiter ist für alle technischen Aspekte der Entwicklung verantwortlich. Er entwirft und entwickelt zentrale, kritische Teile des Systems und delegiert Teilaufgaben an die Mitarbeiter. Die Ergebnisse der Mitarbeiter werden vom Teamleiter begutachtet und ins Gesamtsystem übernommen. Diese Merkmale stehen in starkem Gegensatz zum herkömmlichen Verständnis von Teamarbeit, da sich die Arbeitsteilung vor allem an Teilprodukten orientiert. Der Sekretär übernimmt die gesamte Verwaltungsarbeit. Auf der Mitarbeiterebene können bei Bedarf weitere Spezialisten beigezogen werden.

Die Vorteile dieser Struktur liegen in der raschen Aufgabenerledigung und den kurzen Kommunikationswegen. Die Nachteile sind u.a. die Abhängigkeit des Entwicklungserfolgs von der Qualifikation des Teamleiters, die unzureichende Motivation der Mitarbeiter und der geringe Teamzusammenhalt. Schlecht definierte Projekte mit vielen Schnittstellen scheitern bei dieser Organisationsform häufig. Die Kommunikation nach oben ist im allgemeinen positiv gefärbt, sodaß Verbesserungsvorschläge oder Schwachstellen häufig nicht erkannt werden (vgl. Balzert 1985). In der Praxis konnte festgestellt werden, daß es nicht leicht ist, Chief Programmer Teams zu bilden. Gründe dafür sind u.a. die hohen fachlichen Anforderungen an den Teamleiter und die besondere Stellung des Sekretärs. Auch für die Durchführung von Wartungsaktivitäten ist diese Organisationsform schlecht geeignet (vgl. Gewald/Haake/Pfadler 1982).

Die **demokratisch dezentralisierte Organisationsstruktur** wurde von Weinberg unter der Bezeichnung Egoless Programming Team vorgeschlagen (vgl. Shooman 1983). In dieser Teamstruktur gibt es keinen festen Teamleiter, da die Leitungsfunktion zwischen den Mitarbeitern rotiert. Das Team wird von jenem Mitarbeiter geleitet, dessen Fähigkeiten gerade am meisten benötigt werden. Die Teamgröße umfaßt bis zu zehn Mitarbeiter. Ziele werden durch Gruppenkonsens gesetzt. Vorteile dieser Struktur sind der hohe Problemlösungsgrad bei schwierigen Problemen, die hohe Arbeitszufriedenheit und die hohe Risikobereitschaft. Nachteile sind der hohe Zeit- und Kommunikationsaufwand, die geringe Termintreue, der Informationsüberfluß pro Mitarbeiter sowie ein hoher Konformitäts- und Normierungsdruck (vgl. Balzert 1982).

Die **kontrollierte dezentralisierte Organisationsstruktur** ist eine in der Praxis häufig anzutreffende Mischform. Dabei leitet ein Teamleiter eine Gruppe von Teilteams. Er setzt die Ziele und verteilt die Aufgaben auf die Gruppen. Die Leiter der Teilteams (Senior-Programmierer) leiten eine Gruppe von Mitarbeitern (Junior-Programmierer). Sie sind verantwortlich für das Gruppenergebnis, für die Information der Gruppe und für die Kommunikation mit den übrigen Teilteam-Leitern. Die Vorteile dieser Struktur liegen in der guten Eignung für kurzfristige Entwicklungen und der hohen Zuverlässigkeit der Produkte. Die Nachteile liegen z.B. in der geringen Arbeitszufriedenheit, in der Tendenz zur Ineffizienz bei steigender Schwierigkeit der Aufgabe, in der Tendenz zur Zentralisierung und in der geringen Eignung für leichte, gut strukturierte Aufgaben (vgl. Balzert 1982).

Welche der genannten Formen der Teamorganisation im Einzelfall am besten geeignet ist, hängt von verschiedenen Faktoren, wie Umfang des zu entwickelnden Systems, Unternehmensgröße oder Grad der Außenkontakte (z.B. Gespräche mit Kunden oder Anwendern) ab. Eine vergleichende Gegenüberstellung findet sich bei Balzert (1982).

11.4 Alternative Konzepte im Systementwicklungsprozeß

Basierend auf der Kritik zu den Phasenkonzepten finden sich in der Literatur unter den Begriffen **partizipative Systementwicklung, Prototyping** und **Wiederverwendung** weitere Ansätze zur Strukturierung oder Unterstützung des Systementwicklungsprozesses (vgl. Selig 1986, Krüger 1986, Pomberger/ Remmele 1987, Heinrich/Burgholzer 1988, Kurbel/Pietsch 1990). Diese Ansätze ergänzen sich teilweise und können bei Beachtung gewisser Einschränkungen auch in Verbindung mit den traditionellen Phasenkonzepten eingesetzt werden.

Mit Hilfe der **partizipativen Systementwicklung** wird versucht, den späteren Benutzer der Software in die Projektdurchführung einzubinden, um dadurch das Problem wechselnder und ungenauer Anforderungen zu vermindern und die Akzeptanz des Ergebnisses zu sichern (vgl. auch Kapitel 3.1.2.4, 3.3, 7 und 16.3). Die verschiedenen Ansätze der Benutzerbeteiligung lassen sich in konsensorientierte Ansätze und gewerkschaftlich orientierte Gegenmacht-Ansätze gliedern (vgl. Heinrich/Burgholzer 1990, Kolm et al. 1988, Oppermann 1983). Konsensortientierte Ansätze gehen davon aus, daß die Bewertung von Anwendungssystemen nicht allein nach den technischen Kriterien erfolgen kann, sondern nach deren Funktionsweise im Anwendungskontext geschehen muß, d.h. auch nach ihrer Akzeptanz und nach ihrer Effizienz. Die gewerkschaftlichen Gegenmacht-Ansätze gehen dagegen von Interessensgegensätzen zwischen technischen und betriebswirtschaftlichen Zielen einerseits und sozialen Zielen andererseits aus (vgl. Heinrich/Burgholzer 1990). Eine gemeinsame Suchen nach Lösungen ist allerdings gegenwärtig nur selten anzutreffen. Die Experten zeigen zwar gewöhnlich Bereitschaft, auf Benutzeranforderungen einzugehen, sie sehen darin jedoch primär ein Instrument zur Sicherung der Akzeptanz. Auch konzentriert sich die Benutzerbeteiligung gewöhnlich auf eine begrenzte Anzahl sachkompetenter Vertreter der Fachabteilungen (vgl. Heinrich/Burgholzer 1990).

Beim **Prototyping** können unterschiedliche Ansätze wie exploratives, experimentelles und evolutionäres Prototyping unterschieden werden (vgl. Pomberger/Remmele 1987). Gemeinsam ist diesen Ansätzen, daß mit möglichst geringem Aufwand ein meist sehr vereinfachter Prototyp von jenen Teilen des späteren Produkts, die als relevant erachtet werden, erstellt wird. In der Idee des Prototyping ist insofern eine Verbesserung gegenüber herkömmlichen Phasenkonzepten zu sehen, als dem empirisch nachweisbaren Tatbestand Rechnung getragen wird, daß eine vollständige Spezifikation nicht möglich ist. Ausgehend vom Prototyp wird auf einem iterativen Weg ein zufriedenstellendes Ergebnis angestrebt.

Der ökonomische Anstoß für die **Wiederverwendung** von Software ist derselbe wie der für die Verwendung von genormten Teilen in der Industrie. Normteile sind billiger, zuverlässiger und in der Regel leichter zu reparieren oder zu ersetzen, wenn Fehler auftreten. Wiederverwendung von Software wird als Entwicklungsprozeß verstanden, der nicht jedesmal am Punkt Null aufsetzt, sondern der vorhandene Software verwendet, um ein System neu zu entwickeln oder weiterzuentwickeln. Unterschieden werden kann zwischen einer nicht geplanten und einer geplanten Wiederverwendung. Im ersten Fall wurde bei der ursprünglichen Entwicklung nicht daran gedacht, daß das Produkt oder Teile davon in einem später zu entwickelndem Produkt Verwendung finden könnten. Die Entscheidung zur Wiederverwendung geschieht im nachhinein. Anders ist es bei der geplanten Wiederverwendung. Hier werden bereits bei der ursprünglichen Entwicklung Vorkehrungen getroffen, welche die Wiederverwendbarkeit erleichtern (vgl. Endres 1988).

Bei der Wiederverwendung in Zusammenhang mit Software denkt man in erster Linie an die Wiederverwendung von Code. Hier ist es offensichtlich, wo die Potentiale für Kostensenkungen liegen. Dazu kommt, daß man Fehler, die schon einmal entfernt wurden, nicht wieder entdecken wird. Der Begriff "Code" wird hier jedoch in einem weiteren Sinn verstanden. Daten- und Dateibeschreibungen sind ebenso eingeschlossen wie Spezifikation und Testfälle. Nach Art und Umfang der wiederverwendeten Komponenten werden Programmportierung, Programmadaptierung, Schablonentechnik und Bausteintechnik unterschieden (Endres 1988):

- Ziel der **Programmportierung** ist es, Programmteile ohne oder nur mit geringer Änderung in eine neue Umgebung (z.B. geänderte Hardware) zu übertragen. Maßnahmen zur Erreichung einer möglichst hohen Portabilität sind u.a. die Benutzung einer möglichst weit verbreiteten höheren Programmiersprache, die Vermeidung von hersteller- oder systemspezifischen Befehlen von Programmiersprachen und die Lokalisierung aller notwendigen Systemabhängigkeiten.

- Der Begriff **Programmadaptierung** hängt mit Anpassungsfähigkeit zusammen und ist um einiges weiter gefaßt als die Portabilität. Die innere Struktur eines Programms muß bereits berücksichtigen, wo später Änderungen zu erwarten sind. Algorithmen und Module, die später wahrscheinlich geändert werden, faßt man zusammen oder markiert sie besonders. Eine häufig verwendete Technik besteht darin, Funktionen durch Tabellen darzustellen, deren Werte bei Bedarf ersetzt werden. Der Erfolg dieser Methode hängt davon ab, ob man die tatsächlichen Änderungen vorhergesehen hat.

- Bei der **Schablonentechnik** wird kein vollständiges oder lauffähiges Programm hergestellt, sondern nur das Gerippe eines Programms. Dieses Gerippe wird im Zuge der Entwicklung des Systems verwendet und komplettiert. In der Regel sind die Variablen-, Feld- oder Dateinamen nachzutragen. Da die entsprechenden Stellen häufig freigelassen werden, spricht man auch von der "Fill-in-the-Blanks"-Methode.

- Bei der **Bausteintechnik** werden Teile so entwickelt, daß sie in einem späteren System möglichst unverändert wiederverwendet werden können. Bausteine (man spricht auch von Komponenten oder Moduln) können auch unabhängig von einem Produkt auf Vorrat entwickelt werden.

12. Datenorientierte Modellierung betrieblicher Funktionen

Will man Informationssysteme entwickeln, die den Ablauf betrieblicher Funktionen unterstützen, muß man einerseits die relevanten Funktionen genau kennen, andererseits die Schnittstellen zwischen diesen definieren. Ersteres geschieht im Rahmen der Funktionsmodellierung, letzteres im Rahmen der Datenmodellierung. Beide Bereiche sind integraler Bestandteil des Systementwicklungsprozesses, einer ist ohne den anderen wertlos. Betrachtet man z.B. Structured Analysis (siehe Kapitel 6.4.3), eine Methode zur Modellierung von Funktionen, so kann man sehen, daß bei der Modellierung von Funktionen Daten in Form von sogenannten Datenspeichern und Datenflüssen eine wichtige Rolle spielen. Dies ist dem Prinzip der Objekt- und Verrichtungsanalyse (siehe Kapitel 4.2.2) ähnlich; Daten repräsentieren Objekte, Funktionen Verrichtungen. Funktionen können zwar Daten verändern, nicht aber deren sachlogische Struktur. Sachlogische Datenstrukturen existieren unabhängig von ihrer Verwendung, sind eher von statischer Natur und weisen daher eine hohe Stabilität auf (Vetter 1988, 24).

Nach mehrjährigem Einsatz von Informationssystemen zeigte sich in einer Befragung, daß die Bedeutung der Datenbasis hoch eingeschätzt wird, und z.B. die Bedeutung des Funktionsumfanges zurückgeht, während vor der Installation dieses Verhältnis umgekehrt war. Die Datenbasis wird immer mehr als Flaschenhals für Anwendungen (Funktionen) erkannt (Scheer 1987, 190f). Vetter sieht das "Jahrhundertproblem der Informatik" in der Bewältigung des Datenchaos, das infolge historisch unkontrolliert gewachsener Datenbestände entstanden ist (Vetter 1988). Eine der Hauptursachen liegt sicherlich darin, daß Daten nicht als eigenständige Ressourcen, sondern lediglich als Betriebsmittel funktionaler Systeme organisiert sind (Müller-Ettrich 1989, 9). All diese Aussagen führen zu der Konsequenz, daß wir von einer vorwiegend funktionsorientierten auch zu einer datenorientierten Sicht einer betrieblichen Realität bzw. zu einem Ausschnitt aus dieser Realität gelangen müssen.

Die Koexistenz von Funktionen und Daten führt aus fachlich-konzeptioneller Sicht - die im Rahmen der "Organisationslehre für Wirtschaftsinformatiker" unseren Fokus darstellt - auch zu zwei parallelen Wegen bei der Modellierung einer betrieblichen Realität (siehe Abbildung 12-1): Zur Funktionenmodellierung werden Methoden wie z.B. Hierarchiediagramme (Funktionsbäume) zur Zerlegung von Funktionskomplexen in Teilfunktionen und zur Beschreibung der Funktion selbst (d.h. die Transformation von Inputs zu Outputs), z.B. Struktogramme eingesetzt. Eine andere Methode zur Funktionenmodellierung wäre z.B. Structured Analysis. Der zweite Weg, der Inhalt dieses Kapitels ist, führt uns zur Beschreibung der sachlogischen Datenstrukturen einer betrachteten Realität.

Datenstrukturen können aus drei verschiedenen Ebenen gesehen werden: die konzeptionelle Ebene, die externen Ebenen und die interne Ebene. Die **konzeptionelle Ebene** wird auch globales Datenmodell genannt und beschreibt die Gesamtsicht der relevanten Daten aus einer rein logischen Sicht. Die **externen Ebenen** setzen sich aus den spezifischen Sichten (Benutzersichten) der verschiedenen Applikationen (z.B. Buchhaltung, Lagerverwaltung) auf die konzeptionelle Ebene zusammen (siehe Kapitel 12.3.1). Eine externe Ebene repräsentiert den Datenbedarf für die jeweilige Funktion. Die **interne Ebene** bietet eine speicherungsorientierte Sicht der Daten, ist also die Beschreibung der physischen Datenorganisation bzw. der DV-technischen Realisierung.

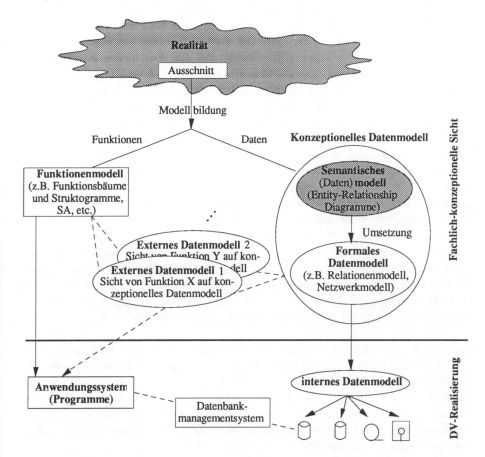

Abb. 12-1: Modellierung eines Realitätsausschnittes: Daten und Funktionen

Logische Datenstrukturen werden aus dem Benutzerproblem abgeleitet und bilden das semantische Datenmodell (siehe Abbildung 12-1). Dieses kann durch einen Transformationsprozeß (siehe z.B. Kapitel 12.5.2) in die Entwurfssprache (Data Definition Language) eines formalen Datenmodells übergeführt werden. Zu diesen Modellen zählen z.B. das hierarchische Datenmodell, das Netzwerkmodell und das Relationenmodell. Ein formales Datenmodell dient als Grundlage für spätere Datenbankimplementierungen.

Im weiteren konzentrieren wir uns auf den Entwurf des semantischen Datenmodells bzw. sachlogischer Datenstrukturen. Es gilt die Fragen "Was ist ´Sache´ in unserem Bereich?" bzw. "Wie betreiben wir unser ´Geschäft´?" aus datenorientierter Sicht zu beantworten. Nur wer "sein Geschäft versteht", kann Probleme erkennen und dafür Lösungen entwickeln. Dabei liegt das Problem nicht so sehr in der Komplexität der (Fach-)Aufgabenstellung, sondern in der eindeutigen Vereinbarung über die Bedeutung der einzelnen Datenmodell-Komponenten; spätere Realisierungen bzw. DV-Implementierungen können nur noch schlechter sein als das sachlogische Konzept. Die Entwicklung eines semantischen Datenmodells stellt eine Orientierungshilfe dar, durch die alle Beteiligten einen Ausschnitt aus der "Realitätswolke" von Abbildung 12-1 gleich interpretieren. Die Einigung auf gleiche Interpretation eines Sachverhaltes ist Grundvoraussetzung für die weitere Durchführung von Projekten im betrachteten Bereich. Projekte, die diesem Abklärungsschritt ausweichen, sind - wie auch die Praxis zeigt - kostenintensiver oder sogar zum Scheitern verurteilt.

Ein semantisches Datenmodell dient gleichzeitig als Kommunikationsbasis zwischen den Mitarbeitern der einzelnen Fachbereiche und dem Bereich Organisation/DV, da es eine gewisse Denk- und Sprach-Disziplin (Münzenberger 1989, 34) erfordert, um einen Sachverhalt eindeutig, d.h. ohne Interpretationsspielräume, zu beschreiben. Für den Prozeß der Erstellung eines semantischen Datenmodells müssen Entwurfshilfen bereitstehen, die eine Umsetzung von Begriffen der Problemebene in die Begriffe der Beschreibung von Datenstrukturen unterstützen. Diese Entwurfshilfen müssen sehr eng die Denkweisen der Fachabteilungen berücksichtigen, da das Fachwissen ohne unnötige Sachprobleme in die Datenstrukturen eingebracht werden soll (Scheer 1988).

Ein Charakteristikum für semantische Datenmodelle ist ihre Unabhängigkeit gegenüber technischen Implementierungen. Es ist egal, ob es als Vorgabe für eine spätere DV-Anwendung dient, oder für eine händische Organisation mittels Karteikarten verwendet wird. Wichtig ist, daß der fachspezifische Sachverhalt logisch-strukturell eindeutig erfaßt wird und auf eindeutigen, mit den Fachabteilungen *festgelegten Sachbegriffen*, die für die spätere Implementierung *verbindlich* sind, basiert.

12.1 Grundbegriffe der Datenmodellierung

Objekte: In der realen Welt existieren Objekte (Entitäten), d.s. Personen, Dinge, Vorgänge etc., die voneinander eindeutig unterscheidbar, also identifizierbar sind. Die Definition eines Objektes hängt jeweils von den Anforderungen des Modells ab. Einmal kann z.B. ein ganzes Unternehmen mit all seinen Abteilungen als ein Objekt definiert werden, in einer anderen Betrachtung wären wiederum die einzelnen Abteilungen von Interesse. Ein Objekt kann sein (Kudlich 1988, 17):

- eine natürliche oder juristische Person,
- ein Gegenstand (Produkt, Maschine),
- ein abstrakter Begriff (Fachgebiet),
- immaterielle Dinge und Sachverhalte (Vertrag, Buchung, Ereignis, Statistik, Stundenplan, etc.).

Beispiele: Fritz Specht; Motor mit der Nr. 236A23443289; Linz/Donau; Johannes Kepler Universität Linz; Erlaß der Bundesregierung Nr. 78/6624; ...

Merkmale, Attribute, Wertebereiche: Merkmale sind Eigenschaften, die zur Beschreibung eines Objektes dienen. Attribute sind Merkmale, die formatiert dargestellt werden (siehe Abbildung 12-2). Der Wertebereich eines Attributes ist die Menge der Ausprägungen (Werte), die ein Attribut annehmen kann.

Beispiele für Merkmale: Der Herr heißt Fritz Specht, wurde am 28.12.1960 geboren, hat drei Kinder, ... und wird in Steuerklasse IV eingestuft.

Beispiele für Attribute: Geschlecht, Name, Geburtsdatum, Steuerklasse, Anzahl Kinder, Farbe, Temperatur, Anzahl Einwohner, ...

Beispiele für Wertebereiche: Farbe: {rot, blau, grün, ...}, Monate: {Jan .. Dez}, Name: {Kombinationen von max. 20 alphabetischen Zeichen}, ...

Funktionale Abhängigkeit zwischen Attributen: Ein Attribut B ist von einem Attribut A dann funktional abhängig, wenn von jedem Attributwert A direkt auf den Attributwert B geschlossen werden kann (Schreibweise: A -> B). Man bezeichnet A als ein determinierendes Attribut bzw. eine funktionale Determinante von B.

Beispiel: Man kann von jedem Wert des Attributes "Personalnummer" auf den Wert des Attributes "Mitarbeitername" schließen, wenn jede Personalnummer nur einmal vergeben wird. Die Personalnummer "P01" tritt dann immer mit dem Namen "Busch" auf, "P03" immer mit dem Namen "Regen" usw. Das Attribut "Mitarbeitername" ist daher funktional abhängig von "Personalnummer" bzw. "Personalnummer" ist die Determinante von "Mitarbeitername".

Allgemeiner gefaßt kann der Begriff der funktionalen Abhängigkeit auf Attributkombinationen ausgedehnt werden. Eine Kombination K1 der Attribute B1, B2, ... , Bn kann von der Kombination K2 der Attribute A1, A2, ..., Am funktional abhängig sein. Eine transitive Abhängigkeit des Attributes C vom Attribut A liegt dann vor, wenn ein Attribut C funktional abhängig vom Attribut B und das Attribut B funktional abhängig vom Attribut A ist.

Beispiel: Die Attribute "Ort" und "Bundesland" können vom Attribut "Postleitzahl" funktional abhängig sein. Vom Attribut "Personalnummer" kann auf "Abteilungsnummer" geschlossen werden, da jeder Mitarbeiter in nur einer bestimmten Abteilung arbeitet. Aus der Abteilungsnummer folgt "Abteilungsname", "Abteilungsname" ist daher transitiv abhängig von "Personalnummer".

Funktionale Abhängigkeit ist in der Regel nicht umkehrbar. So ist es nicht zulässig, vom Namen eines Mitarbeiters auf die Personalnummer zu schließen, da es durchaus mehrere Mitarbeiter mit dem gleichen Namen geben kann.

Objekttypen: Konzeptionelles Arbeiten inkludiert die Notwendigkeit zu abstrahieren, d.h. daß nicht mit Begriffen gearbeitet wird, die den Einzelfall betreffen, sondern mit solchen, die eine generelle Gültigkeit für eine ganze Menge von Einzelfällen besitzen. Im Sinne eines konzeptionellen Datenmodells interessiert uns nicht, ob Herr Vogl und Frau Fisch im Unternehmen beschäftigt sind, sondern lediglich die Tatsache, daß das Unternehmen Mitarbeiter hat; d.h. Objekte, welche dieselben Merkmale aufweisen, werden zu Objekttypen (Entity-Typen) zusammengefaßt. Ein Objekttyp ist eine Menge gleichartiger Objekte oder umgekehrt, Objekte sind einzelne Ausprägungen von Objekttypen. Dies entspricht dem Prinzip der Klassifizierung (siehe Abbildung 12-2).

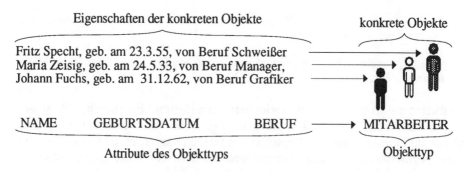

Eigenschaften der konkreten Objekte   konkrete Objekte

Fritz Specht, geb. am 23.3.55, von Beruf Schweißer
Maria Zeisig, geb. am 24.5.33, von Beruf Manager,
Johann Fuchs, geb. am 31.12.62, von Beruf Grafiker

NAME   GEBURTSDATUM   BERUF   MITARBEITER

Attribute des Objekttyps   Objekttyp

Abb. 12-2: Objekt - Objekttyp, Merkmale (Eigenschaften) - Attribute

Primärschlüssel: Attribute dienen zur Beschreibung eines Objektes durch Festhalten seiner Eigenschaften und zu dessen Unterscheidung von anderen Objekten. Nicht alle Attribute eines Objekts sind zu seiner eindeutigen Identifikation notwendig. Die minimale Kombination aller Attribute, durch deren Werte ein bestimmtes Objekt eindeutig identifiziert ist, heißt Primärschlüssel. Ein Primärschlüssel, der sich aus mehreren Attributen zusammensetzt, wird zusammengesetzter Primärschlüssel genannt. Ein Attribut eines zusammengesetzten Primärschlüssels wird als Teilschlüssel bezeichnet. Der Wert eines Primärschlüssels darf im betrachteten Realitätsausschnitt nur ein einziges Mal vorkommen.

Welche Attribute sich zur Bildung eines Primärschlüssels für einen Objekttyp eignen, hängt von ihrem Wertevorrat im betrachteten Realitätsausschnitt ab. Geeignete Attribute bzw. Attributkombinationen bezeichnen wir als Schlüsselkandidaten.

Beispiel (aus Kudlich 1988, 25f): Das Attribut ZUNAME reicht als Primärschlüssel für den Objekttyp KUNDE nicht aus, da bestimmte Werte für dieses Attribut mehrfach vorkommen können. In einem weiteren Schritt wird versucht, den Primärschlüssel aus der Kombination der Attribute ZUNAME und VORNAME zu bilden. Da nicht garantiert werden kann, daß jede Wertekombination dieser Attribute nur ein einziges Mal vorkommt, müssen weitere Attribute als Teilschlüssel in Betracht gezogen werden. Wenn auch die Hinzuziehung weiterer Attribute mehrdeutige Werte nicht ausschließt, muß ein eigenes Attribut als künstlicher Primärschlüssel eingeführt werden (z.B. Kundennummer). Es muß allerdings sichergestellt werden, daß für diesen Primärschlüssel nur eindeutige Werte vergeben werden.

Beziehungen: Zwischen Objekten kann es eine oder mehrere Beziehungen (relationships) geben. Während Objekte für sich allein existieren können, besteht eine Beziehung nur, wenn die entsprechenden Objekte vorhanden sind.

Beziehungen können der Gestalt 1:1, 1:n, n:m sein (Kardinalität von Beziehungen - siehe Abbildung 12-3). Eine 1:1-Beziehung bedeutet, einem Objekt aus der Menge A wird genau ein Objekt aus der Menge B zugeordnet und umgekehrt. Eine 1:n-Beziehung ordnet einem Objekt der Menge A mehrere Objekte der Menge B zu, der Menge B aber nur ein Objekt der Menge A. Eine n:m-Beziehung ordnet den Objekten der Menge A mehrere Objekte der Menge B zu und umgekehrt.

Neben der Kardinalität von Beziehungen betrachten wir ihre Konditionalität (Abbildung 12-4), die angibt, ob alle oder nur eine Teil der Objekte einer Menge im konkreten Fall eine Beziehung aufweisen. Man spricht dabei von einer Kann- bzw. Muß-Beziehung. Eine Beziehung wird von jeder Seite auf ihre Konditionalität untersucht, sodaß sich vier Kombinationsmöglichkeiten ergeben: Muß-Muß-, Kann-Muß-, Muß-Kann- und Kann-Kann-Beziehungen. Die Beispiele in Abbildung 12-3 sind Beziehungen der Form "Muß-Muß", d.h. alle Exemplare beider Mengen müssen an der Beziehung beteiligt sein.

Konstruktionsoperatoren: Durch die Modellbildung wird der relevante Teil der Welt vereinfacht, diskretisiert, andererseits aber auch für eine systematische Darstellung zugänglich gemacht. Dieser Prozeß wird weitgehend auf der fachwissen-bezogenen Ebene durchgeführt. Auf Grundlage bereits bekannter Begriffe werden durch Anwendung von Konstruktionsoperatoren neue Begriffe erzeugt. Die wichtigsten Operatoren sind Klassifizierung, Generalisierung-Spezialisierung und Aggregation (Gruppierung).

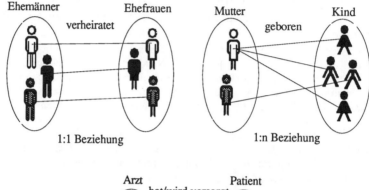

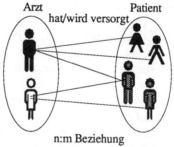

Abb. 12-3: Kardinalität von Beziehungen

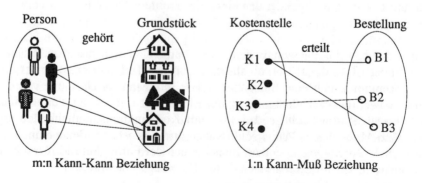

Abb. 12-4: Konditionalität von Beziehungen

Klassifizierung (Bildung von Objekttypen): Elementen, die durch die gleichen Attribute beschrieben werden, wird ein übergeordneter Begriff zugeordnet. Werden z.B. Personen durch Kundennummer, Adresse, etc. beschrieben, so gehören sie zur Klasse der Kunden.

Generalisierung-Spezialisierung: (Unterteilen von Objekttypen in Subobjekttypen und umgekehrt): Eine höhere Menge wird in Teilmengen zerlegt (Spezialisierung) bzw. zwei oder mehrere Teilmengen werden zu einer höheren Menge zusammengefaßt (Generalisierung); so könnte man z.B. den Objekttyp "Mitarbeiter" in "Arbeiter" und "Angestellte" untergliedern oder, wenn zuerst die beiden Objekttypen "Arbeiter" und "Angestellte" gebildet wurden, diese zu einem übergeordneten Objekttyp Mitarbeiter zusammenfassen (siehe Abbildung 12-5).

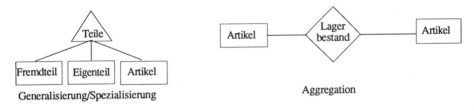

Generalisierung/Spezialisierung

Aggregation

Abb. 12-5: Konstruktionsoperatoren

Aggregation: (Bilden von Beziehungen): Mit Hilfe der Aggregation werden aus einzelnen Teilbegriffen komplexere Zusammenhänge gebildet. Die Aggregation ist eine Abstraktion, die es ermöglicht, Beziehungen als Objekte einer höheren Klasse zu sehen (siehe Abbildung 12-5).

12.2 Datenobjekt-Diagramme

Als Hilfsmittel zur Darstellung eines semantischen Datenmodells verwenden wir Datenobjekt-Diagramme (Entity-Relationship-Diagramme). Sie dienen der zusammenfassenden, visuellen Veranschaulichung des Datenmodells. Die Graphiksprache folgt einer Syntax, deren Regeln die Kommunikation zwischen den Beteiligten erleichtern. Eine verbale Beschreibung des Modells erfolgt händisch auf Formularen oder maschinell unterstützt in einem Data Dictionary und ist eine notwendige Vervollständigung um Einzelheiten, die in der Graphik allein nicht hinreichend darstellbar sind. Datenobjekt-Diagramme enthalten Objekttypen, Beziehungstypen, Primärschlüssel und implizite Integritätsbedingungen, die verbale Beschreibung enthält eine genaue Definition und die Attribute der Objekttypen, sowie jeweils genaue Beschreibungen der Beziehungstypen, der Attribute und der Integritätsbedingungen.

Objekttypen: Diese werden in Kästchen mit abgerundeten Ecken dargestellt. Jeder Objekttyp ist eindeutig mit einem Namen zu versehen. Jedes einzelne Element aus einem Objekt muß mit einem Primärschlüssel identifiziert werden können. Objekte können in weitere Objekte unterteilt werden (Subobjekte - z.B. Mitarbeiter in Arbeiter und Angestellte).

Primärschlüssel: Im Zusammenhang mit einem Datenobjekt-Diagramm sind nur die Schlüsselattribute von Objekten bedeutend. Alle anderen Attribute, die ein Objekt charakterisieren, werden bei der verbalen Beschreibung erfaßt. Das Verständnis der Gesamtzusammenhänge und die Absteckung der Systemgrenzen bzw. die Konzentration auf das Wesentliche wird dadurch erleichtert.

Bezichungstypen: Eine Beziehung verbindet immer 2 Objekte miteinander. Sie ist nicht gerichtet und unterscheidet sich damit wesentlich von DV-technischen Implementierungen (z.B. Zeiger, Ablauffolgen etc.). Jede Beziehung muß benannt werden.

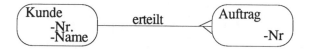

Eine Muß-Beziehung wird mittels einer durchgezogenen, eine Kann-Beziehung mittels einer strichlierten Linie gezeichnet. Die Kardinalitäten einer Beziehung werden ebenfalls mit Symbolen, die aus Abbildung 12-6 ersichtlich sind, dargestellt. Bei der Festlegung einer Beziehung wird immer zuerst ihre Konditionalität und dann ihre Kardinalität bestimmt. Die graphische Darstellung der verschiedenen Arten von Beziehungstypen, die durch Kardinalität und Konditionalität von Beziehungen entstehen (Kapitel 12.1.6), ist aus Abbildung 12-6 ersichtlich.

Objekt A		Beziehung		Objekt B
	1:1	1:N	M:N	
Muß	———————	—————< >————————<	Muß
Muß	————··········	————·····< >———·····<	Kann
Kann	·········	·········< >·······———<	Muß
Kann	··············	·············< >·······<	Kann

Abb. 12-6: Darstellung von Kardinalität und Konditionalität von Beziehungstypen

Feste Beziehungen (Muß-Muß-Beziehungen): Für jede Ausprägung eines Objektypes muß es eine adäquate Ausprägung des an der Beziehung beteiligten Objektes geben (z.B muß jede Ehefrau einen Ehemann haben).

Eins : Eins - Beziehung (1:1)

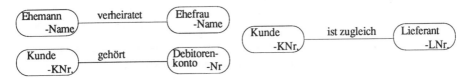

Eins : Mehrere - Beziehung (1:n)

Mehrere : Mehrere - Beziehung (m:n)

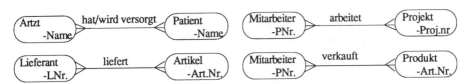

Ein Arzt hat einen oder mehrere Patienten bzw. ein Patient wird durch einen oder mehrere Ärzte versorgt.

Wahlweise Beziehung (Kann-Beziehung): Ausprägungen von dem einen Objekttyp oder von beiden Objekttypen einer Beziehung können existieren, ohne an der Beziehung beteiligt zu sein.

Kann-Kann-Beziehung: Kein Objekt muß beteiligt sein (voll wahlweise):

Muß-Kann-Beziehung: Ausprägungen eines Objektypes brauchen nicht beteiligt zu sein (von einer Seite aus wahlweise (Muß-Kann-Beziehung)):

Rekursive Beziehungen: Eine rekursive Beziehung ist meistens eine Kann-Beziehung, selten eine Muß-Beziehung.

Ein Mitarbeiter kann, muß aber nicht, einen oder mehrere Mitarbeiter führen. Ein Arzt kann, muß aber nicht, mit einem oder mehreren Ärzten zusammenarbeiten. Eine Firma muß mit einer oder mehreren anderen Firmen verbunden sein.

Identifikation von Objekten: Jede Ausprägung (jedes Element) eines Objekttyps muß eindeutig und unverwechselbar identifiziert werden können. Dies kann entweder durch die Angabe eines Primärschlüssels, einer Mischform aus Primärschlüssel und Beziehungen oder rein über Beziehungen erfolgen. In den letzten zwei Fällen sind die betrachteten Objekttypen existentiell abhängig von jenen, die an der Ursprungseite der Beziehung stehen (siehe "Integritätsbedingungen" in diesem Kapitel).

• Identifikation durch ein oder mehrere Attribute (Primärschlüssel, siehe Kapitel 12.1.5): im folgenden Beispiel ist die Auftragsnummer nur dann eindeutig, wenn sie fortlaufend vergeben wird.

• Identifikation durch eine Beziehung und ein oder mehrere Attribute: Der Querstrich vor dem zweiten Objekttyp bedeutet, daß der Primärschlüssel des ersten zum zweiten "mitgenommen" wird. Im folgenden Beispiel ist die "Vorstellung" nur über die Beziehung von "Theater" sowie die "Position" nur über die Beziehung von "Beleg" eindeutig. Eine Vorstellung muß in einem Theater stattfinden, ohne die Beziehung zu "Theater" könnte "Vorstellung nicht existieren. Eine Belegposition ohne Angabe des Belegs wäre bedeutungslos.

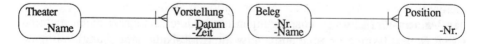

• Identifikation durch zwei oder mehrere Beziehungen: Im folgenden Beispiel ist eine "Operation" identifizierbar über die Beziehungen von "Arzt", "Patient" und "Operationstermin"

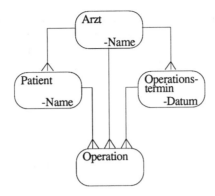

Darstellung von Sub-Objekttypen: Wenn einige Elemente eines Objekttyps Eigenschaften (Attribute) aufweisen, die andere nicht besitzen, so kann man zwei Objekttypen, die durch eine 1:1-Kann-Muß-Beziehung verbunden sind, daraus bilden. Der erste Objekttyp enthält jene Attribute, die alle Objekte , der zweite jene, die nur die Teilmenge betreffen. Eine Beziehung zwischen Objekttyp und Subobjekttyp nennt man "IS-A"-Beziehung (Ist-ein-Beziehung).

Beispiel: Im Rahmen eines Datenmodells für eine Krankenklinik kommt der Objekttyp "Personal" vor, welcher durch die Attribute Personalnummer, Name, Anschrift, Gehaltskonto, etc. beschrieben wird. Eine spezielle Art von Personal sind Ärzte, bei diesen will man auch wissen, in welchem medizinischen Fachgebiet sie ausgebildet sind. Wäre nun die Eigenschaft "Medizinisches Fachgebiet" ein Attribut des Objekttyps "Personal", so müßte man z.B. bei einem Krankenpfleger diesem Attribut den Wert "irrelevant" zuordnen. Da man solche Nullwerte prinzipiell vermeiden sollte, führt man einen neuen (Sub-)Objekttyp "Arzt" ein, der durch das Attribut "Medizinisches Fachgebiet" charakterisiert wird und eine Beziehung zu "Personal" aufweist. Ein Arzt muß dem Personal angehören, jemand aus dem Personal kann ein Arzt sein.

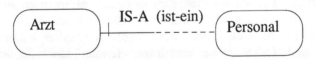

Integritätsbedingungen: Eine Menge von Bedingungen, die implizit im Datenmodell selbst enthalten sind oder explizit durch ergänzende Beschreibungen festgehalten werden, soll die Datenintegrität sicherstellen. Dabei geht es um Integritätsbedingungen, die unabhängig vom späteren Verarbeitungsprozeß sind (semantische Integrität). Spätere Manipulationen an der Datenbasis, wie Einfügen, Ändern und Löschen von Objekten dürfen deren Integrität nicht zerstören. Ein Beispiel für eine implizit enthaltene Integritätsbedingung wäre die Eindeutigkeit von Primärschlüsseln oder die Existenz einer entsprechenden Objekttypausprägung bei einer Muß-Beziehung (z.B. es gibt keinen Auftrag ohne dazugehörenden Kunden). Ein Beispiel für eine explizite Bedingung wäre folgende Abhängigkeit zwischen Beziehungstypen in Abbildung 12-7. Sie bringt zum

Ausdruck, daß ein Produkt entweder nur von einem Lieferanten oder nur intern in einer Produktionsstätte hergestellt wird. Diese Bedingung muß durch eine explizite Beschreibung festgehalten werden. Abbildung 12-8 enthält einen Formularvorschlag für solch eine Beschreibung.

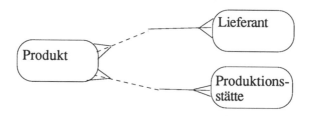

Abb. 12-7: Beispiel einer Integritätsbedingung (Quelle: Münzenberger 1989, 61)

Verbale Beschreibung von Datenobjekt-Diagrammen: Da in einem Datenobjekt-Diagramm nur die elementaren Strukturen dargestellt werden, erfolgt eine nähere Beschreibung der Objekttypen, Beziehungstypen und der Attribute entweder händisch auf Formularen (siehe Abbildung 12-8) oder maschinell unterstützt mit einem Data-Dictionary. Eine verbale Beschreibung der Elemente aus Datenobjekt-Diagrammen zwingt zu einer genauen Definition derselben und kann eventuelle Fehler bei deren Bildung aufdecken. Zusammen mit der verbalen Beschreibung bilden Datenobjekt-Diagramme eine solide Basis für die spätere Implementierung von Datenbanken.

12.3 Datenstrukturanalyse

Informationssysteme werden durch Daten und Funktionen beschrieben, deren Zusammenwirken aus der Stücklistenstruktur eines Informationssystems (siehe Abbildung 12-9) zu sehen ist. Es stellt sich nicht die Frage, ob ein Datenmodell oder ein Funktionenmodell erstellt werden soll, sondern ob beide aufeinander abgestimmt sind. Je komplexer und integrierender jedoch Systeme werden, desto mehr empfiehlt es sich, mit der Analyse der logischen Datenstrukturen zu beginnen.

Eine Datenstrukturanalyse wird in einer sehr frühen Phase der Entwicklung eines Informationssystems und in enger Zusammenarbeit mit den betroffenen Fachabteilungen durchgeführt. Das zu lösende betriebswirtschaftliche Problem steht im Mittelpunkt. Das Problem der Datenstrukturanalyse besteht dabei nicht so sehr in der Komplexität der Aufgabenstellung, sondern in der Festlegung einer eindeutigen Vereinbarung über die Bedeutung der einzelnen Datenmodellkomponenten. Grundsätzlich stehen zwei verschiedene Vorgehensweisen zur Analyse der Datenstrukturen zur Verfügung: Bottom-Up-Analyse und Top-Down-Analyse.

Objekttyp: Name: Kundenpreise	Beziehungstyp: Name: Kunde-Auftrag
Beschreibung:: Individuell vereinbarte Artikelpreise für Kunden. Jeder Kunde kann theoretisch für jeden Artikel in seiner Währung einen eigenen Preis vereinbaren. Dies gilt nicht für Artikel, die Artikelgruppenpreise haben	**Beschreibung** Zuordnung von Aufträgen zu dem jeweiligen Kunden

Objekttyp: Name: Kundenpreise

Beschreibung::
Individuell vereinbarte Artikelpreise für Kunden. Jeder Kunde kann theoretisch für jeden Artikel in seiner Währung einen eigenen Preis vereinbaren. Dies gilt nicht für Artikel, die Artikelgruppenpreise haben

Attribute Schlüsselattribut (SA)
Kundennummer (SA)
Artikelnummer (SA)
Preis

Offene Punkte
klären, ob kundenindividuellen Preise auch für Sonderangebote gelten.

Mengengerüst
maximal 200 Artikel x 300 Kunden

Beziehungstyp: Name: Kunde-Auftrag

Beschreibung
Zuordnung von Aufträgen zu dem jeweiligen Kunden

Struktur

Objekttyp 1:	Art	Objekttyp 2
Kunde	-----—<	Auftrag

Obj1 -> Obj2			Obj2 -> Obj2		
min	max	mit	min	max	mit
0	20	3	1	1	1

Offene Punkte
keine

Attribut Name: Auftragsnummer

Beschreibung
Eindeutige Identifikation von geprüften Aufträgen.
Die Vergabe erfolgt zentral bei der Auftragserfassung

Format aabbbbb
    aa = letzte beiden Ziffern der
          Jahresangabe
    bbbbb = laufende Nummer

Wertebereich

    keine besonderen Angaben

Offene Punkte
keine

Integritätsbedingung: Nr.: I-015
Name: Produktbehandlung

Definition
eigenerstellte/fremdbezogene Produkte

Beschreibung
Ein Produkt aus dem Produktsortiment des Unternehmens kann entweder über einen Lieferanten bezogen werden (Handelsware), oder an einer der Produktionsstätten selbst hergestellt werden (Eigenproduktion), aber nicht beides.

Struktur:
Beziehung Produkt-Lieferant-beziehbar
Beziehung Produkt-Produktionsst.-hergestellt

Hinweise / offene Punkte
keine

Abb. 12-8: Beispiele für verbale Beschreibungen von Elementen aus Datenobjekt-Diagrammen

12.3.1 Bottom-Up-Analyse

Basis für die Bottom-Up-Analyse ist der klassische Normalisierungsprozeß des relationalen Datenmodells (siehe Kapitel 12.5). Durch eine Benutzersicht soll prinzipiell der Informationsbedarf einer Funktion ausgedrückt werden. Den Ausgangspunkt bilden die Aufgaben, die von der untersuchten Anwendung erbracht werden, und die zu diesen Aufgaben gehörenden Informationen (z.B.

Listen, Masken, Formulare, Bearbeitungsunterlagen, etc.). Es wird untersucht
was die Funktion leisten soll, welche Eingaben sie benötigt, und welche Ausgaben erstellt werden, um die elementaren Datenelemente (Attribute) zu eruieren.
Dabei wird nur die fachliche Sicht der Anwendung auf die Daten berücksichtigt, realisierungstechnische Details über Dateien, Feldlängen etc. dürfen in
diesem Zusammenhang nicht von Bedeutung sein. Nach Sammlung aller benötigten Attribute wird aus diesen in einem Syntheseprozeß mit Hilfe von
Normalisierungsregeln eine Menge von Relationen in dritter Normalform
abgeleitet, die dann in Objekttypen überführt werden können.

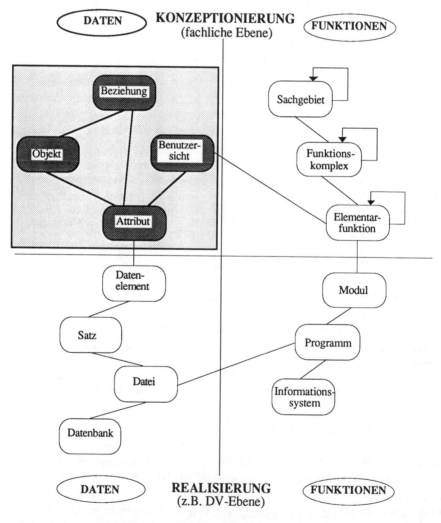

Abb. 12-9: Stücklistenartige Zusammenhänge eines Informationssystems
(aus Münzenberger 1989, 37)

Beispiel: Im Rahmen einer Kundenauftragsverwaltung soll die Funktion "Umsatz eines Landes feststellen" am Ende eines jeden Monats eine absteigend sortierte Liste mit den Länderumsätzen drucken. Zuerst wird die Ausgabeseite der Funktion untersucht: Ausgegeben werden sollen folgende Datenelemente: "Kennzeichen des Landes", "Währung" und "Gesamtumsatz dieses Landes". Untersuchen wir die Funktion auf ihre benötigten Eingabeinformationen, so stellen wir fest, daß Informationen über alle Länder und alle Kunden benötigt werden. Der Informationsbedarf beschränkt sich jedoch auf die Datenelemente (Attribute) "Kennzeichen" und "Währung" des Objekttyps "Land" und auf das Attribut "Umsatz" des Objekttyps "Kunde". Welche Adresse ein bestimmter Kunde hat, ist für diese Funktion irrelevant.

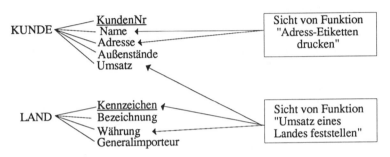

Abb. 12-10: "Informationsbedarf" verschiedener Funktionen

12.3.2 Top-Down-Analyse

Ziel dieses Prozesses ist es, durch Abstraktion des relevanten Ausschnittes der realen Welt die wesentlichen Informationsobjekte herauszufiltern, wobei es auf dieser Stufe des Designs nicht auf eine detaillierte Betrachtung ankommt. Losgelöst von Benutzersichten versucht man sogenannte "objects of interest" zu finden, deren strukturellen Zusammenhänge zu untersuchen, sie mittels einer graphischen Sprache (Datenobjekt-Diagramme) darzustellen und durch relevante Attribute und Integritätsbedingungen zu ergänzen. Top-down-orientierte Methoden drücken die Semantik von Datenbeschreibungen umfassender und präziser aus, als das durch bottom-up-orientierte Methoden (ohne zusätzliche Semantik-Beschreibungen) möglich ist. Die einzelnen Schritte beim Top-down Vorgehen wären:

Analyse bestehender Informationselemente und Finden relevanter Objekttypen: In einem ersten Schritt kann z.B. im Rahmen eines Brainstormings, mit Interviews oder in Form eines Workshops mit den betroffenen Fachabteilungen eine Liste mit Aussagen über das betrachtete Arbeitsgebiet erstellt werden, die fürs erste nicht unbedingt vollständig sein muß. Sie bildet den Ausgangspunkt für die Modellbildung. Welche Aussagen sich überlappen, widersprechen, fehlen oder irrelevant sind, erweist sich auch im Verlauf der Modellierung (Kougioumtzoglou 1989). Folgende Fragen sollen geklärt werden (Münzenberger 1989, 49):

• Was macht das Unternehmen bzw. der ausgewählte Unternehmensbereich?
• Womit "handelt" das Unternehmen?
• Welche Informationen müssen ständig abrufbereit sein?
• Wie gestalten sich im Außenverhältnis die geschäftlichen Beziehungen?

Danach legt man die Objekttypkandidaten fest und prüft, ob es sich wirklich um einen eigenständigen Objekttyp oder "nur" um ein Attribut eines anderen Objekttyps handelt.

Beispiel : Im Rahmen der Entwicklung eines Systems zur Auftragsbearbeitung wird mit dem Vertriebsdisponenten in Gesprächen nach und nach erörtert, daß Kunden, Aufträge, Artikel, Lieferanten, Bestellungen, Preise und Regionen die tragenden Informationsobjekte für diesen Aufgabenbereich sind. Über Bestellungen und Lieferungen stehen Kunden bzw. Lieferanten zu den Artikeln in Beziehung.

Das Faktum "Verkaufspreis" könnte als Attribut des Objekttyps "Artikel" angesehen werden. In diesem Fall würde es sich um einen Standard-Verkaufspreis handeln, der für alle Kunden gleich ist. Wenn ein Unternehmen z.B. jedoch für jedes Land einen eigenen Preis für einen Artikel festlegt, so müssen wir einen eigenen Objekttyp "Länderpreise" mit den Attributen Land, Artikelnr, Preis. einführen.

Solche Fragen können nur durch Diskussion mit den betroffenen Abteilungen geklärt werden. Wichtig dabei ist, daß das Datenmodell alle strukturellen Aspekte des betrachteten Arbeitsgebietes berücksichtigt. Obiges Beispiel zeigt, daß ein Faktum eine andere Semantik erhält, wenn es durch einen eigenständigen Objekttyp ausgedrückt wird.

Objekttypen liegen immer dann vor, wenn ein Sachverhalt durch Attribute beschrieben und ihnen (den Objekttypen) eine eigene Bedeutung zugewiesen werden kann, die für das Unternehmen bzw. ein Aufgabengebiet relevant ist. Die Inhalte von Berichten, Auswertungen, Auskünften sind das Ergebnis von Funktionen und stellen deshalb keine Objekttypen dar. Sind jedoch verschiedene Angaben über derartige Berichte von Bedeutung (wie z.B. Berichtsnummer, Erstellungsdatum, Verteilerangaben, Periodizität etc.), dann stellt ein derartiger Bericht(srahmen) ebenfalls einen Objekttyp im Sinne der Datenmodellierung dar. Nach Feststellen der Relevanz eines Objekttyps sollte sofort seine verbale Beschreibung erfolgen (Münzenberger 1989, 49).

Festlegen der identifizierenden Attribute: Jedes Objekt muß durch einen Primärschlüssel identifiziert werden. Hierbei muß unbedingt darauf geachtet werden, daß in ihm keine Informationen über das jeweilige Objekt versteckt werden. Jede Änderung des Objekts würde eine anschließende Änderung des identifizierenden Schlüssels notwendig machen. Der identifizierende Schlüssel muß für die gesamte "Lebensdauer" eines Objekttyps Gültigkeit behalten. Insbesondere dürfen keine klassifizierenden Schlüssel als identifizierende Schlüssel mißbraucht werden; erstere sind Attribute eines Objekttyps, die als Kriterium zur Klassenbildung unter Ausprägungen (Exemplaren) desselben Objekttyps herangezogen werden (Kougioumtzoglou 1989, 30).

Analyse der Beziehungen: Beim Festlegen der Beziehungen zwischen den Objekten muß die Semantik der Beziehung festgelegt werden, die meist aus der Aussagenliste hervorgeht. In einem ersten Datenmodell, das nur der Absteckung der Systemgrenzen bzw. dem Erfassen der wichtigsten Zusammenhänge dient, können ohne weiteres m:n Beziehungen enthalten sein, sie halten das Modell kleiner und überschaubarer. Will man in den nächsten Schritten jedoch ein Modell, das die Strukturen redundanzfrei wiedergibt, muß man m:n- Beziehungen durch Einführen eines Zusatzobjektes in eine 1:m- und eine 1:n- Beziehung auflösen.

Beispiel: Wir haben folgenden Sachverhalt modelliert: Mehrere Kunden können mehrer Artikel bestellen, bzw. mehrere Artikel können von mehreren Kunden bestellt werden.

Wenn nun ein bestimmter Kunde tatsächlich einen Artikel bestellt, so wollen wir die Bestellmenge festhalten. Führen wir diese als Attribut beim Objekttyp "Kunden" ein, so stehen wir vor dem Problem, daß ein Kunde mehrere Artikel bestellen kann und der Wert des Attributs Bestellmenge nur ein kumulierter Wert wäre; wir könnten nicht mehr rekonstruieren, wieviel Stück von jedem Artikel der Kunde bestellt. Ist umgekehrt die Bestellmenge ein Attribut von Artikel, könnten wir nicht mehr feststellen, welcher Kunde einen bestimmten Artikel bestellt. Wir könnten unsere Kunden nicht - bzw. nur nach dem Zufallsprinzip beliefern, weil wir nicht wissen, wieviel ein Kunde von einem bestimmten Artikel bestellt hat.

Die Situation kann durch die Einführung eines neuen Objektes "Bestellung" geklärt werden, wobei als Primärschlüssel die Kunden- und Artikelnummer kombiniert auf das neue Objekt "übertragen" werden. Das Attribut "Bestellmenge" wird dem neuen Objekt zugeordnet.

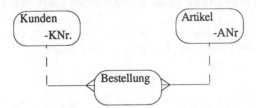

Das so entstandene Datenmodell sagt aus, daß ein Kunde eine oder mehrere Bestellungen machen kann und daß eine Bestellung mindestens einen Artikel beinhalten muß. Ein Artikel kann in mehreren Bestellungen vorkommen.

Nachdem wir das Diagramm dem Vertriebsdisponenten präsentierten, brachte er den Einwand, daß ein Kunde mit einer Bestellung mehrere Artikel ordern kann und die gesamte Bestellung zu einem bestimmten Termin ausgeliefert wird.

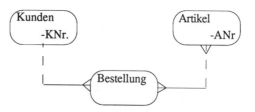

Im neuen Datenmodell haben wir wieder eine m:n-Beziehung, die uns mit einem ähnlichen Problem wir vorher konfrontiert: Zu welchem Objekt geben wir die Bestellmenge: Zur Bestellung oder zum Artikel? Die Auflösung dieser m:n-Beziehung bringt folgendes Modell:

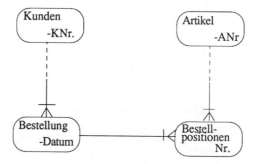

Aus diesem Beispiel läßt sich erkennen, daß der gesamte Prozeß der Modellerstellung nicht "straight forward" erfolgt, sondern eher ein ständiges Ent-, Um- und Verwerfen darstellt, solange bis der Sachverhalt vollständig abgebildet ist (und dies immer in Kooperation mit den betroffenen Fachabteilungen).

Rekursive Beziehungen (direkt oder indirekt) zwischen 2 Objekttypen müssen ebenfalls durch Einführen eines Zusatzobjektes aufgelöst werden.

Beispiel: Eine indirekte Rekursion besteht darin, daß jeder Abteilung Personal zugeordnet werden kann und ein Mitarbeiter eine Abteilung als Leiter führen kann.

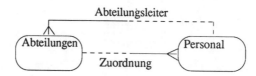

Auflösung der Rekursion:

1:1-Beziehungen kann man dahingehend prüfen, ob es möglich ist, die jeweils beteiligten Objekttypen zusammenzufassen. Hierbei muß besondere Sorgfalt darauf verwendet werden, daß die übrigen Beziehungen, die diese beiden Objekttypen besitzen, aufrechterhalten und nicht verfälscht werden.

Bereinigung von Beziehungs-Inkonsistenzen: Immer wenn eine Reihe von Beziehungen eine Ringstruktur aufweisen - d.h. ausgehend von einem Objekttyp, gelangt man durch Verfolgung der Beziehungen wieder zum selben Objekttyp zurück - ist eine Überprüfung auf Redundanz notwendig. Ob eine Beziehung signifikant oder redundant ist, kann man nur durch ein genaues Verständnis des realen Sachverhaltes feststellen.

Beispiel (aus Münzenberger 1989, 57): Im folgenden Ausschnitt eines Datenmodells kann man erkennen, daß der Beziehungs-Typ "erhält" redundant ist, da eine Rechnung an einen Kunden nicht ohne Bezug zu einem vorliegenden Auftrag verschickt wird.

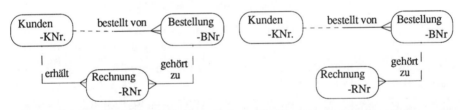

Im Ausschnitt eines anderen Datenmodells liegt in der Ringstruktur keine Redundanz, d.h. der Informationsgehalt jeder der dargestellten Beziehungstypen läßt sich nicht jeweils durch die beiden anderen Beziehungstypen darstellen. Dieses Beispiel könnte die Situation einer Kfz-Bestellung wiedergeben, wo entweder komplette Zusatz-Ausstattungen (Produkt-Paket) oder einzelne Zubehör-Teile (Produkt) bestellt werden können.

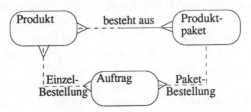

Analyse und Beschreibung der relevanten Attribute inklusive ihrer Zuordnung zu den ermittelten Objekttypen: Bei der Zuordnung von Attributen zu Objekttypen ist zu beachten, daß ein Attributwert zu einem Objekt elementar sein muß, d.h. es dürfen keine Wiederholgruppen von Attributwerten vorkommen, z.B. kann das Attribut "Projekte" vom Objekttyp "Mitarbeiter" nicht den (die) Wert(e) "P1, P3, P7" annehmen. (siehe Kapitel 12.5.1, erste Normalform). Attribute müssen funktional abhängig vom Schlüssel des Objekttyps sein, nicht jedoch von Teilen des Schlüssels (siehe Kapitel 12.5.1, zweite Normalform). Außerdem dürfen keine funktionalen Abhängigkeiten zwischen den nicht zum Schlüssel gehörenden Attributen eines Objekttyps bestehen (siehe Kapitel 12.5.1, dritte Normalform). Die Einhaltung dieser Regeln liefert automatisch ein normalisiertes Datenmodell.

		F1	F2							Fx
Objekttypen	O1	E,V	L							
	On									
Beziehungstypen	B1									
	Bm									

E = Erzeugen, V = Verändern, L = Löschen

Abb. 12-11: Datenmodell/Funktionsmodell Matrix

Aufstellen von Integritätsbedingungen und Überprüfung des semantischen Datenmodells (Konsolidierung mit dem Bottom Up Ansatz und dem Funktionenmodell): Alle Bedingungen, die explizit zur logischen Datenintegrität beitragen, müssen beschrieben werden (siehe Abbildung 12-8). Bei korrekter Anwendung aller oben genannten Schritte sollte ein semantisches Datenmodell vorliegen, das redundanzfrei und in sich konsistent ist. Eine weitergehende Überprüfung des semantischen Datenmodells kann auf der Grundlage von Benutzersichten erfolgen. Dies stellt somit eine Konsolidierung mit dem Bottom-Up-Ansatz dar. Benutzersichten stellen die Verbindung zwischen dem detaillierten Funktionsmodell und dem detaillierten semantischen Datenmodell dar (siehe Abbildung 12-9). Durch die Definition von Benutzersichten lassen sich eventuell Lücken oder Inkonsistenzen sowohl im Funktionenmodell als auch im semantischen Datenmodell entdecken. Funktionenmodell und semantisches Datenmodell sollten daher immer parallel entwickelt und gegenseitig abgestimmt werden. Es ist dabei unerheblich, ob zunächst das Datenmodell oder das Funktionsmodell (z.B. Structured Analysis, Funktionsbäume mit Struktogrammen, etc.) erstellt wird. Ein Informationssystem wird immer durch ein Datenmodell und ein Funktionenmodell beschrieben. Den Zusammenhang zwischen Daten- und Funktionsmodell kann man durch eine Matrix darsellen (Abbildung 12-11).

12.3.3 Überprüfung von Datenmodellen

Die folgenden Fragenkataloge sind Vorschläge, die zur Überprüfung von logischen Datenmodellen (aber auch bereits bei deren Erstellung) verwendet werden können (entnommen aus Münzenberger 1989, 68ff).

Überprüfung von Objekttypen

- Welche Personen, Produkte, Gegenstände, Arbeitsergebnisse, Ereignisse usw., die für das betriebliche Geschehen relevant sind, werden durch den vorliegenden Objekttyp repräsentiert?

- Ist die Beschreibung des Objekttyps verständlich, vollständig und eindeutig interpretierbar? Stellen die zugeordneten Attribute relevante Merkmale zur Beschreibung des Objekttyps dar? Dienen diese zur weiteren Erhärtung der Relevanz des Objekttyps?

- Ist der Objekttyp bereits in einem anderen (Teil-)Datenmodell beschrieben worden? In welchen anderen (Teil-)Datenmodellen wird der Objekttyp noch genutzt?

- Ist aus der Beschreibung des Objekttyps eindeutig ablesbar, welche Objekt-Exemplare diesem Objekttyp zuzuordnen sind und welche nicht?

- Läßt sich jedes Objekttyp-Exemplar über einen Wert des Primärschlüssels eindeutig identifizieren?

- Lassen sich relevante Fragestellungen über Objekt-Ausprägungen dieses Objekttyps formulieren (isoliert oder in Verbindung mit Beziehungstypen), an denen dieser Objekttyp beteiligt ist? Das bedeutet auch: Werden Angaben über den Objekttyp zur Durchführung bestimmter Funktionen benötigt? Erscheinen diese in Listen oder auf Bildschirm-Masken?

- Ist die Existenz des Objekttyps abhängig von der Existenz anderer Objekt-Typen?

- Repräsentiert der Objekttyp eine relevante Teilmenge einer umfassenderen Menge von Objekt-Ausprägungen, die insgesamt von Bedeutung ist? Ist diese Teilmenge präzise abgrenzbar (Sub-Objekttypen)?

- Repräsentiert der Objektyp möglicherweise nur einen Informationsträger (wie Bericht, Formular) oder stellt er eine Auswertung dar? Lassen sich somit die erforderlichen Angaben aus anderen Objekttypen und deren Beziehungen untereinander zusammenstellen?

Überprüfung von Beziehungstypen:

- Welche relevanten Fragestellungen lassen sich durch die Verwendung der betrachteten Beziehungstypen (beide Richtungen) formulieren? Wie lautet das jeweilige Verb in der Fragestellung? Das bedeutet auch: Werden Angaben über den Beziehungstyp zur Durchführung bestimmter Funktionen benötigt? Erscheinen diese in Listen oder auf Bildschirmmasken?

- Ist die Beschreibung des Beziehungstyps verständlich, vollständig und eindeutig interpretierbar?

- Ist der Beziehungstyp bereits in einem anderen Datenmodell beschrieben worden? In welchen anderen Datenmodellen wird er noch genutzt?

- Für welche Objekt-Ausprägungen der an einem Beziehungstyp beteiligten Objekttypen bestehen Zusammenhänge mit dieser Bedeutung? Ist somit die jeweilige Art des Beziehungstyps (1:1, 1:n, m:n, Muß, Kann) korrekt beschrieben?

- Beschreibt der Beziehungstyp die möglichen und zulässigen Abhängigkeiten der Objekt-Ausprägungen der beteiligten Objekttypen?

- Existieren mehrere relevante Beziehungstypen zwischen zwei Objekttypen? Läßt sich dabei die Bedeutung eines Beziehungstyps klar genug gegen die Bedeutung der anderen Beziehungstypen abgrenzen?

- Sind die m:n-Beziehungstypen und alle bedingten Beziehungstypen (in beide Richtungen) aufgelöst?

- Existieren Ringstrukturen? Sind diese bereits auf redundante Darstellungen hin analysiert worden?

Überprüfung von Attributen

- Welche relevanten Fragestellungen lassen sich durch die Verwendung des betrachteten Attributes formulieren? Werden Werte dieses Attributes zur Durchführung bestimmter Funktionen benötigt? Erscheinen diese in Listen oder auf Bildschirmmasken?

- Ist die Beschreibung des Attributes verständlich, vollständig und eindeutig interpretierbar?

- Ist das Attribut bereits in einem anderen (Teil-)Datenmodell beschrieben worden?

- Ist der mögliche und zulässige Wertebereich klar abgrenzbar?

- Ist das Attribut, sofern es kein Schlüssel-Attribut darstellt, nur einem Objekttyp zugeordnet?

- Existiert pro Objekttyp-Ausprägung nur ein Wert des Attributes (erste Normalform - siehe Kapitel 12.5.1)?

- Lassen sich die möglichen und zulässigen Werte des Attributs aus den Werten eines anderen Attributs (bzw. einer Attributkombination) ableiten?

- Ist für das Attribut - falls es sich um ein Schlüssel-Attribut handelt (oder Bestandteil eines zusammengesetzen Schlüssels) - sichergestellt, daß jeder Wert dieses Attributs (jede Kombination von Werten dieser Attribute) eindeutig eine zugehörige Objekttyp-Ausprägung identifiziert?

- Werden Werte eines Nicht-Schlüsselattributes nur eindeutig durch entsprechende Werte des Schlüssels des gemeinsamen Objekt-Typs bestimmt (funktionale Abhängigkeiten nur vom gesamten Schlüssel und nicht von dessen Teilen - zweite Normalform - siehe Kapitel 12.5.1)?

12.4 Unternehmensdatenmodell

Die oben beschriebenen Tätigkeiten der Datenanalyse sind meist unter dem Aspekt eines Anwendungsbereiches zu sehen. Ein Anwendungsdatenmodell stellt nur einen Schritt auf dem Weg zum Unternehmensdatenmodell dar (siehe Abbildung 12-12). Die Hinzunahme und Integration eines Anwendungsdatenmodells in das Unternehmensdatenmodell kann sowohl eine Erweiterung (Erhöhung der Anzahl der Objekttypen und/oder Beziehungen) als auch eine Modifizierung des Unternehmensdatenmodells bewirken.

Beispiel: Ist für die Erstellung des Unternehmensdatenmodells eines Industriebetriebes das Arbeitsgebiet "Personalplanung" unberücksichtigt geblieben, so fehlen darin Objekttypen wie z.B. "Kurse", "Ausbildungsmaßnahmen", "Karriere" etc. Diese werden bei der nächsten für dieses Arbeitsgebiet zu entwickelnden Anwendung eine Rolle spielen und damit anschließend Eingang in das unternehmensweite Datenmodell finden.

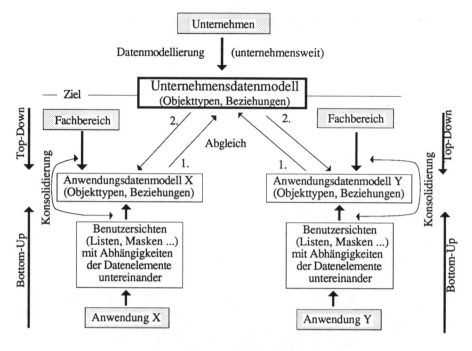

Abb. 12-12: Weg zum Unternehmensdatenmodell

Der Weg zum Unternehmensdatenmodell sollte schrittweise über einzelne Anwendungsdatenmodelle führen. Die Praxis zeigt, daß der auf den ersten Blick kürzere Weg über ein allumfassendes Projekt "Unternehmensdatenmodell" durch den Bereich Organisation/DV eines Unternehmens aus folgenden Gründen nicht ratsam ist (Kougioumtzoglou 1989, 32):

• Die Fachabteilungen, die zur Erstellung des Unternehmensdatenmodells Input über ihren Bereich liefern müssen, sehen dazu keine unmittelbare Notwendigkeit, weil keine direkten und positiven Auswirkungen auf ihre Arbeit sichtbar sind. Dies hat zur Folge, daß ihr Arbeitseinsatz gering sein wird ("Überzeugungsarbeit" seitens des zentralen Datenmanagements ohne ein gewisses Maß an Eigeninteresse seitens der Fachabteilung führt in diesem Zusammenhang nur sehr selten zum Erfolg).

• Die gleichzeitige Berücksichtigung vieler und verschiedener Standpunkte über einen Unternehmenssachverhalt ist schwer koordinierbar.

12.5 Relationales Datenmodell

Der relationale Ansatz im Bereich der Datenmodellierung bezieht seine theoretischen Grundlagen aus der Relationentheorie in der Mathematik. Eine Relation hat folgende Form:

$$R \supseteq W_1 \times W_2 \times \ldots \times W_n$$

Jedes Element r aus der Relation R besteht aus einer geordneten Menge einzelner Werte

$$r = (w_1, w_2, \ldots, w_n) \qquad w_i \in W_i$$

W_i = Wertebereich
w_i = Element aus Wertebereich

Relationen können anschaulich als Tabellen dargestellt werden. Die Elemente der Relation $(W_1, W_2, W_3 \ldots W_n)$ werden als n-Tupel bezeichnet und bilden die Zeilen der Tabelle. Jede Spalte repräsentiert ein Attribut des Objekttyps.

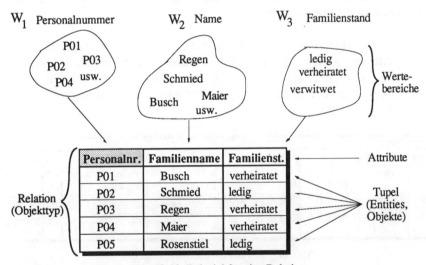

Abb. 12-13: Beispiel für eine Relation

Eine andere Schreibweise für eine Relation (auf Typ-Ebene) wäre die Angabe ihres Namens und die Aufzählung ihrer Attribute, wobei jene Attribute, die dem Primärschlüssel angehören, unterstrichen werden.

MITARBEITER (Personalnummer, Name, Familienstatus, ...)

Jede Zeile einer Relation wird durch einen Primärschlüssel (siehe Kapitel 12.1.5) eindeutig identifiziert. Da es sich bei den Tabellenzeilen um Elemente einer Menge handelt, können in einer Relation keine zwei absolut gleichen Zeilen vorkommen. Es sind jedoch zwei bzw. mehrere Spalten mit dem gleichen Wertebereich zulässig.

So kann z.B. kann das Attribut "maximaler Steuerfreibetrag" mit dem Wertebereich {0..40000} und das Attribut "in Anspruch genommener Steuerfreibetrag" mit dem gleichen Wertebereich in einer Relation vorkommen. Der Wertebereich beider Attribute ist zwar derselbe, die Bedeutung der Attribute ist jedoch verschieden.

12.5.1 Normalisierung

Wenn ein Teil des Datenbestandes ohne Informationsverlust weggelassen werden kann, wird er als redundant bezeichnet. Dies birgt die Gefahr des Auftretens von Änderungsanomalien (Mutationsanomalien), d.h. redundant gespeicherte Daten werden möglicherweise nicht mitverändert (mitmutiert). Auf der konzeptionellen Ebene sollte Redundanz daher grundsätzlich vermieden werden. Das Aufdecken und die Eliminierung von Redundanz erfolgt durch ein Verfahren, das als Normalisierung bezeichnet wird.

Eine nicht normalisierte Relation ist u.a. dadurch gekennzeichnet, daß sie Attribute mit Attributswerten aufweist, die sich aus mehreren Elementen zusammensetzen, d.h. am Kreuzungspunkt einer Spalte und einer Zeile findet man mehrere Werte vor (siehe Abbildung 12-14) oder daß einzelne Attribute voneinander logisch abhängen.

Mitarbeiter

Pers.#	Name	F.st.	Pr.#	Pr.bez.	Preis	Funktion	A#	A.Name
P01	Busch	verh.	T04,T09, T26	Drucker,Laserdr., Tintendr.	5.700, 30.300 15.000	Einkauf, Einkauf Einkauf	A1	Einkauf
P03	Regen	verh.	T80,T01	PS9/A, PC X/0A	80.000, 22.300	Best.kontr., Preise	A5	Lager
P22	Wolke	led.	T01	PC X/0A	22.300	Kontrolle	A5	Lager

Abb. 12-14: Nicht normalisierte Relation

Das Beispiel in Abbildung 12-14 sagt z.B. aus, daß Herr Busch die Personalnummer P01 hat, verheiratet ist und in der Abteilung A1 - Einkauf - arbeitet; er übt für die Produkte Drucker, Laserdrucker und Tintendrucker jeweils die Funktion Einkauf aus. Das Produkt Laserdrucker hat die Produktnummer T09 und kostet 30.300 Geldeinheiten. Diese Relation ist unnormalisiert, da sie z.B. im Kreuzungspunkt der ersten Zeile und der vierten Spalte mehrere Elemente aufweist. Auch wird ein und dasselbe Faktum an mehreren Stellen angeführt: So ist in der zweiten Zeile festgehalten, daß das Produkt PC X/0A die Produktnummer T01 hat und 22.300 Geldeinheiten kostet, in der dritten Zeile findet man dieselbe Information noch einmal.

Datenredundanz verursacht Anomalien bei Einfüge- Lösch und Modifikations-operationen (Mutationen) an der Datenbasis. Anomalien sind "Schwierigkeiten", die eine Relation in einen Zustand überführen können, der zwar den formalen Anforderungen einer Relation, jedoch nicht mehr den Realitätsbeobachtungen entspricht.

So könnte bei einer Modifikationsoperation in der dritten Zeile von Abbildung 12-14 der Preis für das Produkt PC X/0A auf 19.700 Geldeinheiten verändert werden, ohne daß dies auch in der zweiten Zeile geschieht.

Erste Normalform (1NF-Relation): Eine Relation befindet sich in der ersten Normalform, wenn ihre Attribute nur einfache Attributwerte aufweisen, d.h. am Kreuzungspunkt einer Spalte und einer Zeile darf jederzeit höchstens ein skalarer Wert vorzufinden sein.

Im Normalisierungsprozeß wird eine unnormalisierte Relation so umgestaltet, daß mehrfache Wertausprägungen einer Zeile in einfache Wertausprägungen mehrerer Zeilen überführt werden. Durch diese Transformation ist die Eindeutigkeit des Primärschlüssels nicht mehr gegeben. Dieser muß daher neu definiert werden. Im Beispiel in Abbildung 12-15 wird durch die Hinzunahme des Attributes "Pr.#" ein zusammengesetzter Primärschlüssel gebildet.

Mitarbeiter								
Pers.#	**Name**	**F.st.**	**Pr.#**	**Pr.bez.**	**Preis**	**Funktion**	**A#**	**A.Name**
P01	Busch	verh.	T04	Drucker	5.700	Einkauf	A1	Einkauf
P01	Busch	verh.	T09	Laserd.	30:300	Einkauf	A1	Einkauf
P01	Busch	verh.	T26	Tintend.	15.000	Einkauf	A1	Einkauf
P03	Regen	verh.	T80	PS9/A	80.000	Best.kontr	A5	Lager
P03	Regen	verh.	T01	PC X/0A	22.300	Preis	A5	Lager
P22	Wolke	led.	T01	PC X/0A	22.300	Kontrolle	A5	Lager

Abb. 12-15: Relation aus Abbildung 12-14 in erster Normalform

Relationen in erster Normalform kommen lediglich der Forderung nach skalaren Attributen nach, die Datenredundanz ist noch nicht beseitigt oder wird, wie in unserem Beispiel, sogar noch vergrößert. Durch Anwendung weiterer Normalisierungsschritte können diese Unzulänglichkeiten beseitigt werden.

So kann z.B. ein neuer Mitarbeiter aufgrund des zusammengesetzten Primärschlüssels erst dann in die Datenbasis eingespeichert werden, wenn er für ein Produkt eine Funktion erfüllt.

Zweite Normalform (2NF-Relationen): Eine Relation befindet sich in zweiter Normalform, wenn diese sich in der ersten Normalform befindet und jedes nicht dem Schlüssel angehörende Attribut funktional abhängig ist vom Gesamtschlüssel, jedoch nicht von einzelnen Schlüsselteilen. Zum Begriff der funktionalen Abhängigkeit siehe Kapitel 12.1.3.

Analysiert man die Relation in Abbildung 12-15 auf die Einhaltung der Kriterien zur zweiten Normalform, so wird ersichtlich, daß nur das Attribut "Funktion" diese nicht verletzt. "Name", "Fam.st.", "A#" und "A.Name" sind funktional abhängig vom Schlüsselteil "Pers.#", "Pr.bez." und "Preis" vom Schlüsselteil "Pr.#".

Relationen, die sich nicht in zweiter Normalform befinden, werden aufgespalten. Dabei werden jene Attribute, die von Schlüsselteilen funktional abhängig sind, zusammen mit diesen Teilschlüsseln (determinierende Attribute) in getrennten Relationen zusammengefaßt. In diesen abgespaltenen Relationen werden die determinierenden Attribute der ursprünglichen Relation Primärschlüssel. Die determinierenden Attribute verbleiben jedoch auch in der ursprünglichen Relation als Verbindungsglieder zu den abgespaltenen neuen Relationen (Kudlich 1988). Man nennt sie in der ursprünglichen Relation auch Fremdschlüssel. Fremdschlüssel sind ein oder mehrere Attribute einer Relation, die in einer anderen Relation Primärschlüssel sind.

Abb. 12-16: Relation aus Abbildung 12-15 in zweiter Normalform

Relationen in zweiter Normalform können noch immer Anomalien aufweisen.

So könnte in der dritten Zeile der Relation "Mitarbeiter" in Abbildung 12-16 der zur Abteilungsnummer "A5" gehörende Abteilungsname "Lager" durch eine Modifikationsoperation auf "Verkauf" geändert werden und einen Widerspruch zur zweiten Zeile hervorrufen, in der mit Abteilungsnummer "A5" noch immer der Abteilungsname "Lager" verbunden wird.

Dritte Normalform (3NF Relationen): Eine Relation befindet sich in dritter Normalform, wenn sie in zweiter Normalform ist und kein Attribut, das nicht zum Primärschlüssel gehört, transitiv von diesem abhängt. Mit anderen Worten: Es dürfen keine Attribute, die nicht dem Primärschlüssel angehören, voneinander funktional abhängig sein.

In der Relation "Mitarbeiter" aus Abbildung 12-16 ist das Attribut "A.Name" vom Attribut "A#", welches nicht dem Primärschlüssel angehört, funktional abhängig (oder: transitiv abhängig vom Schlüsselattribut "Pers.#").

Nicht in dritter Normalform befindliche Relationen werden derart aufgespalten, daß die funktional abhängigen zusammen mit ihren determinierenden Attributen in getrennten Relationen zusammengefaßt werden. In analoger Weise zur Aufspaltung in die zweite Normalform werden die determinierenden Attribute der ursprünglichen Relation Primärschlüssel und ihre funktional abhängigen Attribute zu normalen beschreibenden Attributen in der neu entstandenen Relation. Die Verbindung der beiden Relationen wird durch das determinierende Attribut, welches in der ursprünglichen Relation als Fremdschlüssel verbleibt, hergestellt (Kudlich 1988).

Mitarbeiter			
Pers.#	**Name**	**F.st.**	**A#**
P01	Busch	verh.	A1
P03	Regen	verh.	A5
P22	Wolke	led.	A5

Abteilung	
A#	**A.Name**
A1	Einkauf
A5	Lager

Mitarbeiter/Produkt		
Pers.#	**Pr.#**	**Funktion**
P01	T04	Einkauf
P01	T09	Einkauf
P01	T26	Einkauf
P03	T80	Best.kontr.
P03	T01	Preis
P22	T01	Kontrolle

Produkte		
Pr.#	**Pr.bez.**	**Preis**
T04	Drucker	5.700
T09	Laserd.	30.300
T26	Tintend.	15.000
T80	PS9/A	80.000
T01	PC X/0A	22.300

Abb. 12-17: Relationen aus Abbildung 12-16 in dritter Normalform

Die Normalisierungsschritte im Relationenmodell wurden ursprünglich bis zur dritten Normalform entwickelt. Inzwischen gibt es Erweiterungen, die aber für die Datenmodellierung meist ohne Bedeutung sind und nur in Spezialfällen Anwendung finden (Scheer 1988, 33). Man kann davon ausgehen, daß eine Relation in dritter Normalform keine Datenredundanz aufweist und damit auch keine Anomalien in Speicheroperationen zuläßt, obwohl es grundsätzlich möglich ist, Relationen zu definieren, welche die dritte Normalform respektieren und trotzdem Anomalien in Speicheroperationen zulassen (Vetter 1989, 151). Für diese Fälle wurden die weiteren Normalformen (z.B. Boyce-Codd-Normalform, vierte und fünfte Normalform) entwickelt, die in der einschlägigen Literatur näher erläutert werden (siehe z.B. Wedekind 1981; Schlageter/Stucky 1983; Kudlich 1989; Vetter 1989).

12.5.2 Datenobjekt-Diagramme und Relationenmodell

Ein und derselbe Sachverhalt kann durch ein Datenobjektdiagramm oder durch Relationen dargestellt werden. Datenobjektdiagramme können in Relationen übergeführt werden und umgekehrt. Bei der Transformation von Datenobjekt-diagrammen in Relationen wird jeder Objekttyp eine Relation. Wurden alle Schritte in der Top-Down Datenstrukturanalyse durchgeführt, so liegen nur mehr Beziehungstypen der Art 1:n vor. 1:n-Beziehungen werden im relationalen Datenmodell durch Fremdschlüssel dargestellt. Der Schlüssel des Objekttyps, der an der "1-Seite" der Beziehung steht, wird als Fremdschlüssel in die Relation des Objekttyps, der an der "N-Seite" der Beziehung steht, aufgenommen (siehe Abbildung 12-18).

Ist ein Objekttyp von einem oder mehreren Objekttypen existentiell abhängig, d.h. werden Exemplare des betrachteten Objekttyps über mindestens eine Beziehung identifiziert (siehe Kapitel 12.2), wird der Primärschlüssel desjenigen Objekttyps, von dem der betrachtete existentiell abhängt, nicht nur Fremdschlüssel, sondern Teil des Primärschlüssels im betrachteten Objekttyp (siehe Abbildung 12-19).

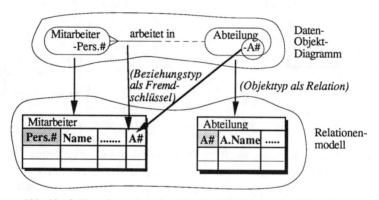

Abb. 12-18: Transformation eines Datenobjektdiagrammes in Relationen

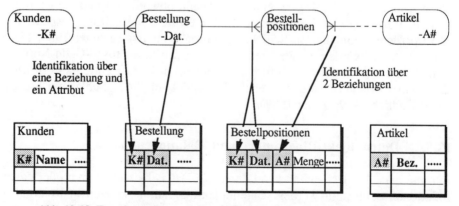

Abb. 12-19: Transformation von existentiell abhängigen Objekttypen in Relationen

Das Relationenmodell kennt kein explizites Konstrukt zur Darstellung von Beziehungen. Diese werden - wie oben erwähnt - nur durch "gleiche" Attribute in verschiedenen Relationen (Fremdschlüssel) implizit ausgedrückt. Wollte man aus Relationen Datenobjektdiagramme generieren, so müßten alle Relationen auf Fremdschlüssel durchsucht werden, um mögliche Beziehungen zu entdecken. Weiters müßten alle zusammengesetzten Primärschlüssel daraufhin analysiert werden, ob ein Teil des Schlüssels Fremdschlüssel ist, um existentielle Abhängigkeiten festzustellen. Bei einer größeren Anzahl von Relationen verliert man dabei rasch den Überblick. Ohne zusätzliche Beschreibungen ist aus einem Relationenmodell nicht ersichtlich, ob es sich um Muß- oder um Kann-Beziehungen handelt. Diese Differenzierung der Beziehungen ist für die logische Integrität der späteren Datenbasis jedoch von großer Bedeutung.

Es ist daher empfehlenswert, zuerst die logischen Datenstrukturen in Form von Datenobjektdiagrammen zu erstellen, und sie erst danach in das Relationenmodell zu überführen (siehe Abbildung 12-1). Zehnder (1989, 63) schreibt dazu: "Die Wirklichkeit ... beginnt aber nicht mit einer Relation und deren Normalisierung, sondern oft mit einer Vielzahl von Entitätsmengen, die ihrerseits je durch eine Relation darstellbar sind. Und zwischen diesen Entitätsmengen bestehen Beziehungen verschiedener Art." Diese Vorgehensweise hat den Vorteil, daß man sich bei der Konzeptionierung auf den Gesamtzusammenhang konzentriert und sich nicht sofort in Details verliert.

Eine Kombination zwischen beiden Ansätzen ist möglich und sinnvoll. So kann ein Sachverhalt zunächst in grober Form als Datenobjekt-Diagramm dargestellt werden, wobei Objekt- und Beziehungstypen im Vordergrund stehen und Attribute nur pauschal betrachtet werden. Bei der anschließenden Ausformulierung der Attribute können dann unnormalisierte Strukturen auftreten, so daß mit Hilfe der Normalisierungsschritte neue Objekt- und Beziehungstypen entstehen (Scheer 1988, 33). Diese Vorgehensweise ist implizit in der Top-Down-Analyse von Datenstrukturen (siehe Kapitel 12.3.2) enthalten.

12.6 Beispiel für Integration von Funktionsbereichen über Daten

Die traditionelle Betriebswirtschaftslehre, insbesondere die Industriebetriebslehre, ist funktional orientiert, d.h. sie stellt die einzelnen Funktionen im Zuge der Leistungserstellung in den Mittelpunkt ihrer Betrachtung. Im Falle eines Industriebetriebes wären dies - wie Abbbildung 12-20 zeigt - z.B. Beschaffung, Absatz, Produktion, Personal und Rechnungswesen. Diese Gliederung ist durchaus im Funktionsangebot von betrieblichen Informationssystemen zu finden.

Bei einer Vielzahl von Funktionen und Subfunktionen gehen grundsätzliche (strukturelle, statische) Zusammenhänge zwischen einzelnen Funktionsbereichen für den Betrachter verloren. Was hat die Stücklistenverwaltung mit der Arbeitsplanerstellung zu tun? Wie hängt das Personalwesen mit der Betriebsmittelverwaltung zusammen? Zusammenhänge dieser Art kann man in den elementare Datenstrukturen erkennen.

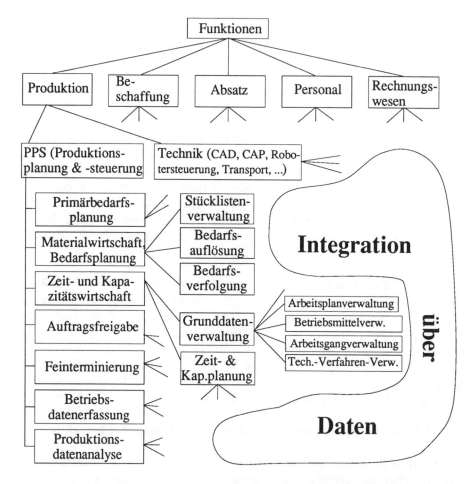

Abb. 12-20: Ausschnitt aus Funktionalbereichsbaum im Industriebetrieb

Mit zunehmender Automatisierung von Arbeitsabläufen über alle betrieblichen Ebenen - von der Bearbeitung eines Auftrags auf dispositiver Ebene bis zur Steuerung von NC-Maschinen eben für diesen Auftrag - ist die Integration von Daten von größter Bedeutung, die Identifikation von Datenstrukturen lebensnotwendig. Ein Exkurs in einen Teilbereich der Grunddatenverwaltung in der

Produktionsplanung soll diese aus datenorientierter Sicht darstellen, um Unterschiede zwischen Datenstrukturen und Auswertungen (Ergebnisse einer Funktion) zu zeigen. Dabei sollen auch einige Begriffe der Produktionsplanung erklärt werden:

Eine Backwarenfabrik stellt als Teil ihres Produktionsprogramms Apfel- und Erdbeerkuchen her. Diese bestehen aus verschiedenen Zutaten (Teilen) und werden nach gewissen Vorschriften mit (bzw. auf) verschiedenen Betriebsmitteln gefertigt. Einige Zutaten werden von Lieferanten gekauft, andere selbst gefertigt und manche auch an Kunden verkauft. Für den Aufbau eines Produktionsplanungssystems soll das Datenmodell entwickelt werden (Anmerkung: Das Beispiel dient nur der Veranschaulichung von Datenintegration und erhebt keinen Anspruch auf Vollständigkeit oder Allgemeingültigkeit).

12.6.1 Teile, Teilestrukturen und Stücklisten

Produkte bestehen meist aus mehreren Komponenten (Teile, Baugruppen, andere Produkte), jede Komponente kann mit einer bestimmten Menge in eine übergeordnete Komponente eingehen. Ein Erzeugnisbaum (siehe Abbildung 12-21) zeigt in graphischer Form die Struktur eines Erzeugnisses ("Über- und Unterstellung" von Komponenten). Komponenten werden dabei als Knoten dargestellt, die Über- bzw. Unterstellung erkennt man aus den Kanten, die auch die Menge angeben, mit der eine Komponente in eine direkt übergeordnete eingeht. Mehrfach verwendete Komponenten werden auf verschiedenen Stufen eines Erzeugnisses auch mehrfach angeführt. Aus Gründen der Anschaulichkeit werden in Abbildung 12-21 und Abbildung 12-22 Komponenten, die nicht weiter zerlegbar sind (Einzelteile), durch Kreise, und solche, die sich aus anderen Komponenten zusammensetzen, durch Rechtecke dargestellt.

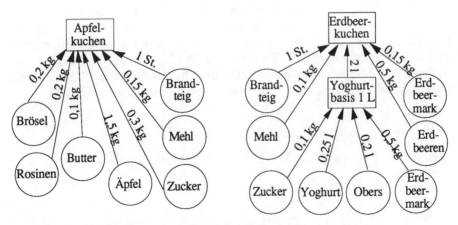

Abb. 12-21: Erzeugnisbaum für Erdbeerkuchen und Apfelstrudel

Dies führt jedoch zu Redundanzen, die durch die Verwendung eines Gozinto-graphen (Abbildung 12-22) vermieden werden können. Dabei wird jede Komponente unabhängig von der Häufigkeit ihrer Verwendung in verschiedenen Erzeugnissen nur einmal als Knoten angeführt.

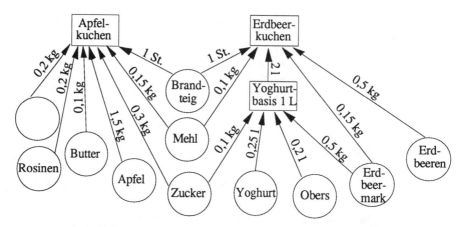

Abb. 12-22: Gozintograph für Erzeugnisbäume aus Abbildung 12-20

Die Datenstruktur zu einem Gozintographen sieht folgendermaßen aus (Abbildung 12-23 und Abbildung 12-24): Die einzelnen Komponenten fassen wir zum Objekttyp "Teile" zusammen. Bei der Definition der Teile unterscheiden wir zwischen Eigenteilen, Fremdteilen und Verkaufsteilen (Artikeln). Einige Attribute, die alle Teile betreffen, wären z.B. Teilenummer, Bezeichnung des Teils, Lagerstand, Mengeneinheit, Nummer im Verkaufskatalog, Nummer der technischen Zeichnung, Dispositionsart, Typ, Statusdaten, Positionsdaten, Kostendaten etc.; Attribute, die nur Verkaufsteile betreffen, wären der Verkaufspreis, Rabattklassifikation etc.; Attribute, die nur Eigenteile betreffen, wären Losgröße, Durchlaufzeit, etc.; Attribute, die nur Fremdteile betreffen, wären Kennzeichnung für die Berechnung der Bestellmenge (Andler-Formel, fixe Menge, ...), Lieferzeit etc. Identifiziert werden Teile über die Teilenummer. Verkaufsteile, Eigenteile und Fremdteile sind eine Spezialisierung des Objekttyps Teile.

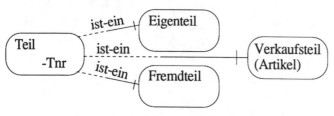

Abb. 12-23: ER-Diagramm für Teile

Teile

Nr.	Bezeichnung	Art	Lager-stand	Ein-heit	....
T1	Apfelkuchen	P	27	St.	:
T2	Erdbeerkuchen	P	3	St.	:
T3	Yoghurtbasis	B	6	L	:
T4	Brandteig	E	52	St.	:
T5	Mehl	E	10,3	kg	
T6	Zucker	E	6,5	kg	
T7	Yoghurt	E	2	L	
T8	Obers	E	1	L	
T9	Erdbeermark	E	50	kg	
T10	Erdbeeren	E	17	kg	
T11	Brösel	E	5	kg	
:	:		:	:	

Verkaufsteile

Nr.	Verk.-preis
T1	135,--
T2	146,--
T3	70,--
T4	29,--
T23	250,--
:	:

Fremdteile

Nr.	Bestell-politik	....
T4	Andler	:
T5	fix	:
T6	bedarf	:
T7	fix	:
T8	fix	
:	:	

Eigenteile

Nr.	Los-größe	....
T1	15	:
T2	5	:
T3	10	:
T23	25	:
:	:	

Abb. 12-24: ER-Diagramm von Abb. 12-23 in Tabellenform (Relationen) gefüllt mit "konkreten" Daten

Die Teilestruktur kann durch eine rekursive m:n-Beziehung des Objekttyps "Teile" dargestellt werden (siehe Abbildung 12-25 und Abbildung 12-26): Ein Teil kann aus mehreren anderen Teilen bestehen (ist ein Oberteil) bzw. ein Teil kann in mehrere andere Teile eingehen (ist ein Unterteil). Die Auflösung der Beziehung ergibt einen weiteren Objekttyp "Teilestruktur". Identifiziert wird ein Strukturelement durch die Angabe der Oberteilnummer zusammen mit der Unterteilnummer. Ein zusätzliches Attribut, das die Beziehung ausmacht, ist die Menge, mit der das Unterteil in das Oberteil eingeht.

Abb. 12-25: ER-Diagramm zur Teilestruktur

Die erstellte Grunddatenstruktur mit den konkreten Daten ist die Basis zur Generierung von Stücklisten. Eine Stückliste ist in diesem Sinne eine Auswertung (Ergebnis einer Funktion) der vorhandenen Daten über Teile und ihre Strukturbeziehungen (siehe Abbildung 12-27).

Die Mengenübersichtsstückliste listet alle Komponenten eines Erzeugnisses mit den benötigten Gesamtmengen auf, ohne Rücksicht auf ihre Stellung innerhalb der Erzeugnisstruktur zu nehmen. Die Baukastenstückliste führt die direkt untergeordneten Komponenten eines Enderzeugnisses oder einer Baugruppe auf. Eine Strukturstückliste ist eine rekursive Baukastenstückliste.

Struktur

Ober-Tnr.	Unter-Tnr.	Menge
T2	T4	1
T2	T5	0,1
T2	T3	2
T2	T9	0,15
T2	T10	0,5
T3	T6	0,1
T3	T7	0,25
T3	T8	0,2
T3	T9	0,5
T1	T4	1
T1	T5	0,15
T1	T6	0,3
:	:	:

Abb. 12-26: Teilestruktur als Tabelle (Relation)

Mengenübersichtsstückliste
1 St. Erdbeerkuchen

Teilnr.	Bezeichnung	Menge	
T4	Brandteig	1	St.
T5	Mehl	0,1	kg
T3	Yoghurtbasis	2	L
T6	Zucker	0,2	kg
T7	Yoghurt	0,5	L
T8	Obers	0,4	L
T9	Erdbeermark	1,15	kg
T10	Erdbeeren	0,5	kg

Strukturstückliste
1 St. Erdbeerkuchen

Stufe	Teilnr.	Bezeichnung	Menge	
1	T4	Brandteig	1	St.
1	T5	Mehl	0,1	kg
1	T3	Yoghurtbasis	2	L
2	T6	Zucker	0,1	kg
2	T7	Yoghurt	0,25	L
2	T8	Obers	0,2	L
2	T9	Erdbeermark	0,5	kg
1	T10	Erdbeeren	0,5	kg
1	T9	Erdbeermark	0,15	kg

Baukastenstückliste
1 Stück Erdbeerkuchen

Teilnr.	Bezeichnung	Menge	
T4	Brandteig	1	St.
T5	Mehl	0,1	kg
T3	Yoghurtbasis	2	L
T9	Erdbeermark	0,15	kg

Baukastenstückliste
1 L Yoghurtbasis

Teilnr.	Bezeichnung	Menge	
T6	Zucker	0,1	St.
T7	Yoghurt	0,25	kg
T8	Obers	0,2	L
T9	Erdbeermark	0,5	kg

Abb. 12-27: Grundformen von Stücklisten

Sieht man die Strukturbeziehung von der Gegenrichtung ("geht ein"), so kann man eine zweite Art von Auswertung, den Verwendungsnachweis, produzieren (siehe Abbildung 12-28). Dieser ist eine Umkehrung der Stückliste, gibt also an, in welchen übergeordneten Komponenten ein Teil mit welcher Menge ver-

wendet wird. Neben diesen Grundformen von Stücklisten und Verwendungs-
nachweisen existieren Sonderformen, wie z.B. Fertigungsstücklisten, Konstruk-
tionsstücklisten, Variantenstücklisten etc. Auf diese soll aber hier nicht näher
eingegangen werden, da sie eine Erweiterung unserer oben entwickelten Datenstruktur sowie mehr Komplexität erfordern würden.

Mengenübersicht- Verwendungsnachweis		
Zucker		
Teilnr.	Bezeichnung	Menge
T1	Apfelkuchen	0,3 kg
T3	Yoghurtbasis	0,1 kg
T2	Erdbeerkuchen	0,2 kg

Struktur-Verwendungsnachweiß			
Zucker			
Stufe	Teilnr.	Bezeichnung	Menge
1	T1	Apfelkuchen	1 kg
1	T3	Yoghurtbasis	0,1 kg
2	T2	Erdbeerkuchen	2 L

Baukasten- Verwendungsnachweis		
Zucker		
Teilnr.	Bezeichnung	Menge
T1	Apfelkuchen	0,3 kg
T3	Yoghurtbasis	0,1 kg

Baukasten- Verwendungsnachweis		
Yoghurtbasis		
Teilnr.	Bezeichnung	Menge
T1	Erdbeerkuchen	0,3 L

Abb. 12-28: Grundformen von Teileverwendungsnachweisen

12.6.2 Betriebsmittel, Technische Verfahren und Arbeitspläne

Ein Produkt bzw. ein Eigenteil wird nach bestimmten technischen Verfahren
mit den benötigten Komponenten auf gewissen Betriebsmitteln gefertigt. Diese
Daten werden im Arbeitsplan festgehalten. Abbildung 12-29 und Abbildung 12-
30 zeigen zwei verschiedene Arbeitspläne zur Erzeugung der Yoghurtbasis.

Wir wollen als nächsten Schritt die Datenstruktur zum Bereich Arbeitsplanung
entwickeln (Abbildung 12-31 und Abbildung 12-32) und können danach feststellen, daß, wenn das Datenmodell erstellt und die Daten in der Datenbasis
vorliegen, die Arbeitspläne in Abbildung 12-29 und 12-30 lediglich Auswertungen dieser Datenbasis sind.

Der Objekttyp "technisches Verfahren" beschreibt die grundsätzlich einzusetzenden Fertigungsverfahren wie in unserem Beispiel Backen, Rühren,
Schlagen etc. Er wird durch eine Reihe technischer Attribute beschrieben und
durch eine Nummer identifiziert. Die einzelnen Betriebsmittel bilden den Objekttyp "Betriebsmittel".

ARBEITSPLAN	Für: Yoghurtbasis		Menge: 10 Liter	AP.Nr.: AP36		
erstellt am: 25.6.90	Ersteller: Fuchs	Änderung:			Blatt: 1 von 1	
geprüft am: 26.6.90	Prüfer: Vogler	Arbeitsplanart: Teilefertigungsplan				
Nr. AG	ARBEITSGANG	Teile	Menge	Betriebs- mittel	Rüst- zeit	Arbeits- zeit
1	schlagen	Obers	2 L	Mixer 1 Topf 4	10″	2′
2	rühren	Yoghurt Zucker Erdbeermark	2,5 L 1 kg 5 kg	Mixer 3 Topf5	7″	1′30″
3	unterziehen			Topf5 Topf4 Löffel		2′

Abb. 12-29: Arbeitsplan zur Erzeugung von Yoghurtbasis

ARBEITSPLAN	Für: Yoghurtbasis		Menge: 10 Liter	AP.Nr.: AP25		
erstellt am: 23.5.90	Ersteller: Fuchs	Änderung:			Blatt: 1 von 1	
geprüft am: 3.6.90	Prüfer: Vogler	Arbeitsplanart: Teilefertigungsplan				
Nr. AG	ARBEITSGANG	Teile	Menge	Betriebs- mittel	Rüst- zeit	Arbeits- zeit
1	schlagen	Obers Erdbeermark	2 L 5 kg	Mixer 2 Topf 6	15″	1′25″
2	rühren	Yoghurt Zucker	2,5 L 1 kg	Mixer 2 Topf 6		1′

Abb. 12-30: Alternativer Arbeitsplan zur Erzeugung von Yoghurtbasis

Um eine Komponente herzustellen, wird von der Arbeitsvorbereitung eine bestimmte Reihenfolge auszuführender technischer Verfahren zusammengestellt,
die im Arbeitsplan festgehalten werden. Ein Arbeitsplan besteht aus einigen
Kopfdaten wie z.B. Name des Erstellers, Erstellungsdatum, etc. und der Beschreibung der einzelnen Arbeitsgänge. Ein Arbeitsgang erfordert die Angabe
des technischen Verfahrens, der benötigten Teile mit deren Menge, der verwendeten Betriebsmittel, der Rüst- und Arbeitszeit. Als Objekttypen bieten sich
dabei "Arbeitsplan" mit den Kopfdaten als Attribute und der Arbeitsplannummer als Schlüssel, sowie "Arbeitsgang" mit Arbeitsplannummer und Reihen-
folgenummer als Schlüssel.

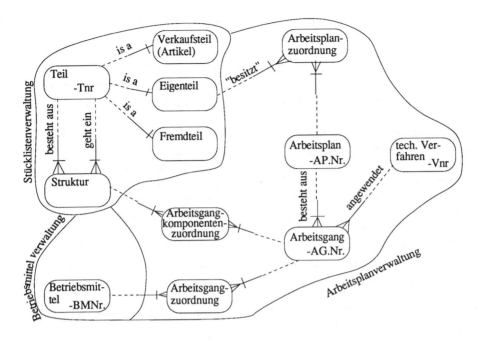

Abb. 12-31: ER-Modell zu Arbeitsplanverwaltung

Arbeitsplan-
zuordnung

T. Nr	AP.- Nr.	...
T1	AP17	:
T2	AP19	:
T3	AP25	:
T23	AP45	:
T3	AP36	
:	:	

Arbeitsplan

AP Nr.	Er- steller	Prü- fer	Erst.- datum	...
AP36	P007	P009	25.6.90	:
AP25	P007	P009	23.5.90	:
:	:	:	:	

Technisches
Verfahren

V. Nr.	Be- zeichnung	....
V1	schlagen	:
V2	backen	:
V3	rühren	:
V4	unterziehn	
:	:	

Betriebsmittel

BM. Nr.	Bezeich- nung	War- tung	....
B1	Mixer 1	9/90	:
B2	Löffel	9/90	:
B3	Mixer 3	8/90	:
B4	Topf 4	3/91	
B9	Topf 5	3/91	
B7	Mixer 2	8/90	
:	:	:	

Arbeitsgang-
zuordnung

AP Nr.	AG Nr.	BM Nr.	...
AP36	1	B1	:
AP36	1	B4	:
AP36	2	B3	:
AP36	2	B9	
AP36	3	B4	
AP36	3	B9	
AP36	3	B2	
AP25	1	B7	
:	:	:	

Arbeitsgang-
komponentenzuordnung

AP Nr.	AG Nr.	O. Tnr.	U. Tnr.	....
AP36	1	T3	T8	:
AP36	2	T3	T7	:
AP36	2	T3	T6	:
AP36	2	T3	T9	
AP25	1	T3	T8	
:	:	:	:	

Arbeitsgang

AP Nr.	AG Nr.	V. Nr.	....
AP36	1	V1	:
AP36	2	V3	:
AP36	3	V4	:
AP25	1	V1	
AP25	2	V3	
:	:	:	

Abb. 12-32: Arbeitsplanverwaltung in Tabellenform (Relationen)

Es ist möglich, einen Arbeitsgang auf mehreren Betriebsmitteln und auf einem Betriebsmittel verschiedene Arbeitsgänge zu fertigen. Welche Betriebsmittel bei einem bestimmten Arbeitsgang benötigt werden, kann man durch eine m:n-Beziehung zwischen "Arbeitsgang" und "Betriebsmittel" darstellen. Die Auflösung dieser Beziehung gibt uns einen neuen Objekttyp "Arbeitsgangzuordnung", mit der Rüst- und Arbeitszeit (u.a.) als zusätzliche Attribute.

Die komplizierteste Beziehung erhält man aus der Zuordnung von Komponenten zu einem Arbeitsgang. Die Komponenten eines Teils sind in der schon vorhandenen "Teilestruktur" enthalten. In unserem Beispiel benötigt der erste Arbeitsgang im Arbeitsplan AP36 die Komponente Obers, und im zweiten die Komponenten Yoghurt, Zucker und Erdbeermark. Es besteht ein alternativer Arbeitsplan AP35, bei dem schon beim ersten Arbeitsgang auch das Erdbeermark bereitgestellt sein muß. Es können somit Komponenten, die zur Herstellung eines Teiles erforderlich sind, in unterschiedlichen Arbeitsgängen (verschiedener Arbeitspläne) benötigt werden und umgekehrt an einem Arbeitsgang mehrere Komponenten. Dies kann im Datenmodell durch eine m:n-Beziehung zwischen "Teilestruktur" und "Arbeitsgang" dargestellt werden. Durch die Auflösung der m:n-Beziehung erhalten wir einen neuen Objekttyp "Arbeitsgangkomponentenzuordnung".

Für einen Teil können verschiedene Arbeitspläne bestehen, z.B. einer, bei dem ein hochtechnisiertes Fertigungsverfahren angewandt wird, und ein anderer für weniger technisierte Fertigungsanalgen mit geringen Rüstkosten. Arbeitspläne für das gleiche Teil können sich auch nach verschiedenen Betriebsstandorten unterscheiden. Andererseits ist es vorstellbar, daß fertigungstechnisch ähnliche Teile innerhalb der Stücklistenstruktur nach dem gleichen Arbeitsplan gefertigt werden können, z.B. wenn sich Teile nur durch den Einsatz unwesentlich verschiedener Materalien (z.B. verschiedener Farbe) unterscheiden. Es besteht eine m:n-Beziehung zwischen "Teile" und "Arbeitsplan", deren Auflösung den Objekttyp "Arbeitsplanzuordnung" ergibt.

Im Abbildung 12-31 erkennt man, daß eine Schnittstelle zwischen den Bereichen Stücklistenverwaltung und Arbeitsplanverwaltung in der Zuordnung (Beziehung) von Arbeitsplänen zu eigenerstellten Teilen besteht; eine zweite liegt in der Zuordnung von Komponenten zu einem Arbeitsgang. Die Daten, die in einem konkreten Arbeitsplan (z.B. Abbildung 12-29) aufgelistet sind, erhält man durch Auswerten der Datenbasis, deren sachlogische Struktur in Abbildung 12-31 dargestellt ist. Mögen die notwendigen Funktionen noch so komplex sein, der Grundbaustein für ein Informationssystem liegt in der richtigen Erfassung der Datenstruktur (ähnlich Statikberechnungen im Bauwesen).

PROJEKTMANAGEMENT

13. Grundlagen des Projektmanagements

13.1 Begriffliche Grundlagen

Das Projektmanagement ist eine spezielle Führungskonstruktion zur Lösung komplexer Aufgaben. Man kann dabei grundsätzlich zwischen einer institutionalen und einer funktionalen Betrachtungsweise unterscheiden. Mit dem institutionalen Projektmanagement sind die Träger der Aufgabendurchführung und deren Einordnung in die Unternehmensorganisation gemeint. Unter dem funktionalen Projektmanagement versteht man die Leitung und Koordination des Projekts, d.h. alle projektbezogenen Aufgaben hinsichtlich Planen, Kontrollieren und Steuern. Die Kontrolle umfaßt sowohl die fachliche als auch die wirtschaftliche Kontrolle. Die fachliche Kontrolle soll die Übereinstimmung des entstehenden Produkts mit der Produktdefinition, wie sie z.B. im Pflichtenheft dokumentiert ist, sicherstellen. Die wirtschaftliche Kontrolle soll erreichen, daß die zu Beginn des Projekts geplanten Kosten- und Terminziele nicht überschritten werden.

Ein Überblick über die Aufgaben des Projektmanagements sowie über Lösungsansätze findet sich z.B. bei Saynisch et al. (1979), Madauss (1984), Kummer et al. (1985). Softwaretechnische Aspekte des Projektmanagements, die besonders für Wirtschaftsinformatiker von Bedeutung sind, werden u.a. bei Daenzer (1986), Heinrich (1988), Elzer (1989), Frühauf (1988), Heilmann (1984), Reifer (1986), dem Zentralverband der elektrotechnischen Industrie (1984) und Surböck (1978) erläutert. Der Methodeneinsatz und seine Auswirkungen wurden von Krüger (1986) untersucht.

13.1.1 Projektbegriff

Der Begriff Projekt wird mit sehr unterschiedlichen Bedeutungsinhalten verbunden. Der Bau eines Kraftwerks wird genauso als Projekt bezeichnet wie die Herstellung eines Films, die Suche nach Rohstoffvorkommen und die Entwicklung von Software. Während in der Industrie und im Gewerbe nicht nur die Planung, sondern auch die Ausführung miteingeschlossen sind, ist im Architektur- und Bauingenieurwesen nur die Planung gemeint.

Die in der Literatur zur Projektplanung bzw. zum Projektmanagement angeführten Definitionen beschreiben Projekte einheitlich als innovative Aufgabenkomplexe, die innerhalb eines begrenzten Zeithorizonts und mit vorgegebenen

Mitteln durchzuführen sind. Das betriebliche Alltagsgeschäft oder Routinearbeiten werden klar ausgegrenzt. Die Analyse von zahlreichen Projekten zeigt,
daß sie folgende Gemeinsamkeiten aufweisen (vgl. z.B. Kummer et al. 1985,
Madauss 1984, Hügler 1988, 126f, Rüsberg 1971, DIN 69900):

- Ein Projekt ist ein zeitlich abgegrenztes Vorhaben; Anfangs- und Endzeit-
  punkt des Vorhabens sind geplant oder vorgegeben.
- Das Ziel bzw. die Leistung sind vorgegeben.
- Das Vorhaben ist komplex und stellt keine Wiederholung früherer Arbeiten
  dar.
- Die zur Durchführung des Vorhabens verfügbaren Mittel sind begrenzt.
- An der Durchführung des Vorhabens sind mehrere Stellen beteiligt, deren
  Zusammenarbeit erforderlich ist.
- Die Kosten bzw. das Budget sind im voraus geplant oder festgelegt.

13.1.2 Projektmerkmale

Projekte sind durch Merkmale gekennzeichnet, die in unterschiedlicher Gewichtung auftreten können und je nach ihrer Ausprägung Einfluß auf die Organisation und den Ablauf des Projekts haben. Durch die Bestimmung der Ausprägung dieser Merkmale kann eine Klassifizierung und Beurteilung des Projekts erfolgen. Im Konzept zur Auswahl der passenden Projektorganisationsform, das später erläutert wird, finden folgende Merkmale Anwendung (vgl.
Hügler 1988, 126-131, Rinza 1985, 10, Kummer et al. 1985, Kuba 1987, 16):

Umfang: Der Projektumfang kann durch mehrere unterschiedliche Dimensionen erfaßt werden. Er bezieht sich z.B. auf die im Projekt durchzuführ-
renden Einzelaufgaben. Ein Projekt mit geringem Umfang hat relativ wenige,
ein Projekt mit großem Umfang relativ viele Einzelaufgaben. Weitere Dimensionen sind die Anzahl der beteiligten Personen oder Abteilungen, die in
Mengeneinheiten festgelegte Leistung (z.B. Auftragswert) und die einzusetzenden Mittel (z.B. Geldmittel, betriebliche Ressourcen).

Dauer: Projekte sind auf ein bestimmtes Ziel ausgerichtet. Der Beginn des
Projekts kann durch Ereignisse wie den Zeitpunkt der Ressourcenbewilligung,
den Beginn der Projektaktivitäten oder den Zeitpunkt der Auftragserteilung
bestimmt werden. Mit dem Erreichen des Ziels ist der Projektzweck erfüllt und
das Projekt beendet. Die Projektdauer wird in Zeiteinheiten angegeben, und
kann sich von einigen Wochen bis zu mehreren Jahren erstrecken.

Besonderheit: Projekte sind Aufgaben, die nicht im Rahmen der Routine-
tätigkeit oder der normalen Geschäftsabläufe durchgeführt werden. Besonderheit wird daher gewöhnlich als Neuartigkeit oder Einmaligkeit des Vorhabens

interpretiert. Die Besonderheit wird also durch den Grad der Erfahrung im Betrieb bezüglich der notwendigen Techniken der Aufgabendurchführung charakterisiert. Je geringer die Vertrautheit mit der Aufgabe ist, desto größer ist die Gefahr, daß die Ziele nicht befriedigend erreicht werden. Die Besonderheit kann aber auch durch spezielle Rahmenbedingungen wie politische Situation, Klima, Infrastruktur, Vertragsbedingungen oder kulturelle und gesellschaftliche Gegebenheiten bedingt sein.

Komplexität: Unter Komplexität versteht man die Anzahl und Verschiedenartigkeit der Projekt-Teilaufgaben sowie ihre Verflechtung und gegenseitige Abhängigkeit. Der Komplexitätsgrad wird z.B. durch folgende Faktoren beeinflußt: wissenschaftlicher Neuheitsgrad, Anzahl der beteiligten Organisationseinheiten und Fremdfirmen, Anzahl der Querverbindungen und Abhängigkeiten zwischen den Einzelaufgaben, Risiko der Zielerreichung.

Schwierigkeit: Der Schwierigkeitsgrad hängt eng mit dem Projektrisiko zusammen. Er kann sich auf verschiedene Aspekte wie Schwierigkeit in technischer, wirtschaftlicher, organisatorischer, personeller oder sozialer Hinsicht beziehen. Der Schwierigkeitsgrad kann beurteilt werden, indem man prüft, wie wahrscheinlich die Erreichung des Projektzieles ist. Der Schwierigkeitsgrad ist z.B. hoch, wenn ein knappes Budget vorgegeben ist, wenn die Widerstände von betroffenen Interessensgruppen groß sind, bei kurzfristigen und unrealistischen Terminen oder wenn die für das Vorhaben notwendigen Kenntnisse fehlen.

Bedeutung: Die Bedeutung des Projekts ergibt sich aus dessen Einfluß auf die Teil- oder Gesamtziele des Unternehmens. Die Bedeutung muß nicht unbedingt mit dem Umfang oder dem Risiko korrelieren. Maßstab für die Bedeutung kann z.B. der relative Umsatzwert des Projekts verglichen mit dem Gesamtumsatz oder sein Einfluß auf die Gewinnsituation sein. Es kann sich jedoch auch um nicht quantifizierbare Faktoren wie den Einfluß auf die Konkurrenzfähigkeit oder die Förderung langfristiger Entwicklungschancen handeln. Dabei können Projekte, die strategische Maßnahmen oder organisatorische Veränderungen zum Inhalt haben, und die im Vergleich zur Errichtung neuer Produktionskapazitäten einen geringen Umfang aufweisen, möglicherweise einen weitaus größeren Einfluß auf die langfristige Unternehmenssituation haben.

Risiko: Unter Risiko wird die Höhe des Schadens verstanden, den das Unternehmen erleidet, wenn die Projektziele nicht erreicht werden. Das Gesamtrisiko läßt sich in verschiedene Teilrisiken zerlegen: technisches Realisierungsrisiko (das Projekt führt zu keinem Ergebnis, ist also im Grunde ein Fehlschlag), Verwertbarkeitsrisiko (das Projekt bringt ein verwertbares Ergebnis, das aber nicht in dieser Form geplant war), Zeitrisiko (Termine werden nicht eingehalten), Aufwandsrisiko (die Gefahr einer Überschreitung des geplanten Projektaufwands wie Kosten oder Mittel), Zielsetzungsrisiko (der Zweck des Projekts entspricht nicht den Anforderungen und Bedürfnissen des Auftraggebers). Daneben können im Einzelfall noch weitere Risiken wie z.B. Betriebsrisiko, Kursrisiko, Zinsrisiko, politisches Risiko von Bedeutung sein.

Kosten: Der Kostenaspekt ist in den bisher genannten Merkmalen meist implizit enthalten. Neben der Zeit und dem Mitteleinsatz ist er bereits im Planungsstadium quantifizierbar.

Kontinuität: Zum Projektsystem gehören nicht nur die Personen, die für die gesamte Dauer des Projekts ausschließlich mit Projektaufgaben betraut sind, sondern auch diejenigen, die für begrenzte Zeit oder partiell mitwirken. Mit Kontinuität soll erfaßt werden, ob der einzelne Projektmitarbeiter nur sporadisch, häufig (variabel, Teilzeit) oder kontinuierlich (hauptamtlich) mit der Projektarbeit befaßt ist.

Intensität: Die Intensität gibt im Gegensatz zur Kontinuität die Beanspruchung der Projektmitarbeiter während ihrer Mitarbeit am Projekt wieder. Diese können überlastet, ausgelastet oder unterbeschäftigt sein. Die Intensität wird auch durch die Art der Projektorganisation beeinflußt: Einfluß-Projektmanagement (nebenamtlich), reines Projektmanagement (hauptamtlich).

Anzahl: Wieviele Projekte werden gleichzeitig durchgeführt? Dieses Merkmal deutet auf die relative Belastung des Unternehmens durch Aufgaben hin, die nicht zum routinemäßigen Tagesgeschäft gehören. Es gibt einerseits Unternehmen, deren Tätigkeitsbereich überwiegend aus Projekten besteht (z.B. Statikbüro, Bauunternehmen), andererseits solche, wo Projekte eine Ausnahme darstellen (z.B. ein Mittelbetrieb, der ein neues Produktionsverfahren einführt).

Organisations- und Führungsverständnis: Dieses Merkmal ist ein Indikator für den Entwicklungsstand eines Unternehmens in bezug auf Kooperationsbereitschaft, Konfliktlösungsfähigkeit und Flexibilität der Mitarbeiter.

In der Literatur finden sich noch weitere Merkmale wie eingesetzte Technologie, Projektleiterpersönlichkeit, Zentralisierungsgrad der Projektleitung, Finanzierung, Internationalität, Subauftragnehmer usw. zur Charakterisierung von Projekten (vgl. z.B. Kummer et al. 1985). Die isolierte Betrachtungsweise von einzelnen Merkmalen reicht aber zur Beurteilung eines Projekts nicht aus. Die einzelnen Merkmale müssen vielmehr in ihren wechselseitigen Zusammenhängen erfaßt werden und ergeben erst im Gesamtüberblick ein Bild des Projekts. Soweit wie nötig wurde bei der Beschreibung der Merkmale auf diese Abhängigkeiten hingewiesen. Je stärker diese Merkmale - oder einige davon -

ausgeprägt sind, umso mehr Aufwand muß in das Projektmanagement investiert werden.

13.1.3 Projektarten

Anhand der Stellung des Projektauftraggebers erfolgt üblicherweise die Unterscheidung in **interne und externe Projekte.**

• Bei *internen Projekten* ist der Auftraggeber üblicherweise die Unternehmensleitung des projektdurchführenden Unternehmens, die auch die Projektziele formuliert. Durch das Projektergebnis soll das Leistungspotential des Unternehmens erneuert oder verbessert werden. Dies schließt nicht aus, daß die Projektdurchführung mit externer Hilfe erfolgt. Beispiele für interne Projekte sind die Rationalisierung von Produktionsabläufen, die Reorganisation des Unternehmens und die Entwicklung neuer Produkte.

• *Externe Projekte* werden vom Unternehmen für einen Kunden durchgeführt. Das Projektergebnis ist eine Marktleistung. Das Unternehmen kann in diesem Fall erwarten, daß die Projektziele klar vorgegeben bzw. überwiegend durch den Auftraggeber (=Kunde) formuliert werden. Von einem externen Projekt spricht man z.B., wenn ein Softwarehaus für ein Unternehmen Individualsoftware entwickelt.

Eine weitere, verbreitete Einteilung ist die Gliederung nach der **Art des Projektzieles** (vgl. Hügler 1988, Rüsberg 1971): Es können technische Projekte (z.B. Entwicklung eines Dieselmotors), wissenschaftliche Projekte (z.B. universitäre Grundlagenforschung), ökonomische Projekte (z.B. Mehrwertsteueränderung), politische Projekte (z.B. internationales Handelsabkommen), multinationale Gemeinschaftsprojekte (z.B. Nachrichtensatelliten), kulturelle Projekte (z.B. Film, Theaterinszenierung), Krisenprojekte (z.B. Katastrophenhilfe) sowie Kombinationen daraus unterschieden werden.

Projekte können aber auch in sachziel- und in prozeßorientierte sowie in repitive und nicht-repititive Projekte unterteilt werden (vgl. z.B. Frese 1984, 466, Hügler 1988, 135).

• *Sachzielorientierte Projekte* verändern das Produkt- und Absatzprogramm eines Unternehmens. Beispiele sind die Entwicklung und Einführung neuer Produkte und die Errichtung einer neuen Produktionsanlage.

• *Prozeßorientierte Projekte* beziehen sich entweder auf Ausführungshandlungen oder -handlungsfolgen von Leistungserstellungsprozessen oder auf Infor-

mationsprozesse zur Koordination dieser Prozesse. Ein Beispiel dafür ist die
Entwicklung von Software für die Einkaufsadministration.

- *Repititive Projekte* betreffen Vorhaben, die mit veränderter, aber doch ähnlicher Aufgabenstellung öfter vorkommen (z.B. Entwicklung von Software).

- *Nicht-repititive Projekte* sind einmalige Aufgaben oder Vorhaben (z.B.
Entwicklung eines Prototyps).

13.2 Einsatzgründe und Anwendung

Die heutigen Aufgaben in den Unternehmen unterscheiden sich gegenüber
früheren vor allem durch zunehmende Komplexität, durch eine größere Anzahl
von beteiligten Mitarbeitern und Stellen sowie durch den Einsatz neuer Technologien. Der zunehmende Einsatz von technischen Systemen erfolgt hauptsächlich unter Rationalisierungsgesichtspunkten; Kostenminimierung und Effizienz-
steigerung sind dabei die wichtigsten Ziele der Bemühungen. Immer mehr
werden auch wissenschaftliche Erkenntnisse realisiert. Der Zwang zu ständiger
technischer Neuerung erschwert die Überschaubarkeit technischer Möglichkeiten und Lösungen und führt aufgrund der großen Anzahl verschiedenartiger
Komponenten zu einer Zunahme von Integrationsproblemen.

Da Projekte zeitlich begrenzte Vorhaben und von relativer Neuartigkeit sind,
lassen sie sich nur schwer in eine normale (Stab-)Linienorganisation integrieren. In traditionellen Organisationsstrukturen ist die Qualität, die Quantität
und die Schnelligkeit des Informationsflusses durch hierarchische Kommunika-
tionswege beeinträchtigt. Der Problemstau bei Führungskräften und die Überlastung der Unternehmensspitze führen zu längeren Entscheidungsprozessen.
Aufgrund der gegenseitigen Abhängigkeit von Stellen bei der Aufgabendurchführung besteht ein hohes Konfliktpotential. Das Führungssystem solcher Organisationsformen ist nicht auf die für das Projekt erforderliche Zusammenarbeit
unterschiedlicher Stellen ausgerichtet, d.h. es ist ein mangelhaftes Ineinan-
dergreifen wichtiger Unternehmensbereiche zu beobachten. Die Folge ist eine
falsche Beurteilung der Realisierbarkeit, des voraussichtlichen Zeitbedarfs und
der Kosten.

Aus diesen veränderten Aufgabenstellungen und Anforderungen an Unternehmen sowie den Unzulänglichkeiten traditioneller Organisationsformen leitet
sich die Notwendigkeit des Einsatzes von Projektmanagement ab. Als Anwendungsgebiet kommt grundsätzlich jede Innovation in Frage. Hier sind aber nur
betriebliche Innovationen von Interesse, die man folgendermaßen gliedern kann
(vgl. Rinza 1985):

- **Technik** (z.B. Forschung, Entwicklung von Produkten und Verfahren, Erstellung von Anlagen, Bauprojekte);

- **Markt** (z.B. Erschließung neuer Märkte, Einführung neuer Produkte oder Dienstleistungen, Entwicklung eines Marketingkonzepts);

- **Organisation** (z.B. Durchführung von Reorganisationsvorhaben, Entwicklung und Einführung eines Informationssystems).

Projektmanagement wird selbstverständlich auch auf anderen Gebieten wie Medizin oder Sozialwesen eingesetzt. Rüsberg (1971) unterscheidet z.B. die Bereiche Bildung (z.B. Universitäten), Naturwissenschaft, multinationale Gemeinschaftsentwicklungen, Wirtschaft und Verwaltung, Entwicklungshilfe, Umweltschutz und Landwirtschaft (z.B. Neustrukturierung). Der weitaus größte Anwendungsbereich bezieht sich aber auf betriebliche Neuerungen.

13.2.1 Projektträger

Als Projektträger oder Projektinstanz wird jene organisatorische Einheit bezeichnet, der die gesamte Projektorganisation unterstellt ist (vgl. Hügler 1988). Der Projektträger ist der verantwortliche Auftraggeber für das Projekt und hat die letzte Entscheidungskompetenz. Die direkte Unterstellung unmittelbar unter die Unternehmensleitung ist nur bei besonders wichtigen Projekten erforderlich. Im Normalfall wird jene Abteilung Projektträger sein, zu der ein besonderes fachliches oder sonstiges Naheverhältnis besteht (z.B. DV-Abteilung bei Softwareprojekten). Sind in das Projekt mehrere Unternehmensbereiche involviert, so kann für die Projektträgerschaft auch ein Komitee gebildet werden, in dem alle betroffenen Bereiche vertreten sind (z.B. DV-Lenkungsausschuß).

Da eine Projektorganisation in jedem Unternehmen quasi ein Fremdkörper ist, macht ihre Integration oft Schwierigkeiten. Große Projekte werden häufig von mehreren Interessensgruppen getragen. Bei Veränderungen in den Mehrheitsverhältnissen kann dies Auswirkungen auf den Willensbildungsprozeß haben. Dies gilt z.B. bei internen Projekten in Großfirmen oder bei Behörden, wo verschiedene Stellen Projekte zwar initiieren können, jedoch andere über die Mittel entscheiden, oder bei unklaren Abgrenzungen die Kompetenz an sich ziehen. In der Folge kann auf diese Weise die ursprüngliche Zielsetzung verändert und sogar das Projektergebnis gefährdet werden.

Der Rolle des Projektträgers wird im Projektmanagement gewöhnlich viel zu wenig Bedeutung beigemessen. Er ist in erster Linie für Grundsatzentscheidungen, für die Gesamtpolitik und für die Zielsetzung verantwortlich. Er trifft in der Regel nur übergeordnete Entscheidungen, welche für das bzw. die Projekte von besonderer Bedeutung sind. Beispiele für solche Entscheidungen sind die Formulierung des Projektauftrags mit Grobziel und Randbedingungen, das Festlegen von Projektprioritäten zur Vermeidung von Kollisionen und Engpässen, die Ernennung des Projektleiters, die Regelung von Kompetenzen sowie Abbruchsentscheidungen und Terminverlängerungen. Der Projektträger hat also die Rahmenbedingungen zur Durchführung von Projekten zu schaffen, um eine optimale Erfüllung des Projektauftrags zu gewährleisten (vgl. Kummer et al. 1985).

Die direkten Projektleitungsaufgaben werden vom Projektträger an den Projektmanager delegiert. Auch wenn der Projektträger im Hintergrund bleiben sollte, ist doch auf sein Informationsbedürfnis zu achten und der Projektfortschritt durch regelmäßige Berichte zu dokumentieren. Bei der Matrix-Projektorganisation hat der Projektträger zusätzlich die kritische Aufgabe, das Verantwortungs- und Kompetenzgleichgewicht zwischen Projektleiter und funktionalem Vorgesetzten aufrecht zu erhalten. Wenn zwischen Projektprioritäten und funktionalen Prioritäten abzuwägen ist, spielt der Projektträger die entscheidende Rolle der Schiedsstelle.

13.2.2 Multi-Projektmanagement

In vielen Untenehmen werden oft mehrere Projekte gleichzeitig durchgeführt (z.B Softwarehaus, Architekturbüro). Die Aufgaben des Multi-Projektmanagements bestehen in solchen Fällen in der Festlegung der Projektpolitik als Teil der Unternehmenspolitik. Diese Funktion ist dem Projektträger zugeordnet, der auch die Entscheidungen über die Projektbudgets zu treffen hat und die Einsetzung der einzelnen Projektmanager vornimmt. Damit wird sichergestellt, daß die Auswahl der Projekte den Zielen und Möglichkeiten des Unternehmens entspricht. Mit den Richtlinien für ein einheitliches Projektmanagement wird gleichzeitig eine Rationalisierung der Projektdurchführung angestrebt.

Die Multi-Projektplanung umfaßt vor allem die Koordination der Projekte untereinander (z.B. im Hinblick auf Mitteleinsatz oder zeitliche Staffelung). Dazu benötigt der Projektträger Informationen über die Gesamtsituation aller geplanten und laufenden Projekte. Ein relativ einfaches Überwachungsverfahren ist die Multi-Projektübersicht, wie sie in Abbildung 13-1 gezeigt wird. Bei diesem Verfahren werden alle Projekte in einer Gesamtübersicht hinsichtlich Projektfortschritt, Termine und Kosten beurteilt. Durch einzelne Farben wird die Soll-Ist-Abweichung signalisiert. Die eingesetzten Symbole geben zusätzliche Informationen über die geplante oder tatsächliche Belastung des Unternehmens hinsichtlich Kosten, Personal und Ressourcen sowie über wichtige Projektereignisse. Die Gesamtsituation läßt sich bei mehreren Projekten aber

auch durch Gap-Analysen, Balkenpläne und Histogramme grafisch gut veranschaulichen.

Projektstatus	L = Leistung □ Status grün ▲ Projektplan genehmigt K = Kosten ▨ Status gelb ● Projektmeeting T = Termin ■ Status rot																
Projekt	**Jahr**	1991												1992			
	Monat	J	F	M	A	M	J	J	A	S	O	N	D	J	F	M	A
PPS-System 700.000,- A.Meier	L					□	▨	□	□	□							
	T				□	▨	▨	□	□								
	K				□	□	■	▨	▨								
	M			▲		●	●		●								
Hardware 3.000.000,- R. Braun	L		□	□	□	□	□	□	□								
	T		□	□	□	□	□	□	□								
	K		□	□	□	□	□	□	□								
	M	▲	●						●								
.....																	

Abb. 13-1: Multi-Projektübersicht (nach Hügler 1988)

14. Institutionales Projektmanagement

Projekte stellen aufgrund ihrer Eigenschaften besondere Anforderungen an die
Schaffung von Organisationsstrukturen zur Erreichung der Projektziele.
Wegen der begrenzten Lebensdauer von Projekten können die einzelnen
organisatorischen Regelungen nicht immer von langer Dauer sein. Änderungen
der Umwelt, Projekterfordernisse im Zuge der fortschreitenden Arbeit usw.
erfordern eine hohe Flexibilität und u. U. eine Anpassung der gewählten
Organisationsform. Nach Abschluß des Projekts ist die Projektorganisation in
den meisten Fällen wieder aufzulösen.

Mit dem Leitungs- und Organisationskonzept des Projektmanagements soll die
Aufgabendurchführung in bezug auf Leistung, Kosten und Termine sichergestellt werden. Der Begriff "institutional" weist auf die beabsichtigte Verankerung oder Institutionalisierung des Projektmanagements in der bestehenden
Organisation hin. Wichtigstes Ziel ist dabei die Schaffung der strukturorgani-
satorischen Rahmenbedingungen für die Abwicklung und Führung des Projekts.

Der Einsatz des Projektmanagements erfordert im Grunde nicht unbedingt eine
Änderung der bestehenden Organisationsstruktur, sondern vor allem eine Um-

orientierung der Leitung und der Mitarbeiter in bezug auf die Verteilung von Kompetenzen und Verantwortung. Für die Institutionalisierung des Projektmanagements im Unternehmen sind jedoch einige grundlegende organisatorische Regelungen zu treffen. Vor allem sind das Projektträgersystem, die Projektorganisationsform und die Kompetenzen des Projektleiters festzulegen.

14.1 Projektorganisationsformen

Projektmanagement läßt sich in jedem Unternehmen durchführen. Die bestehende Organisationsstruktur wird zeitlich befristet für die Dauer des Projekts durch eine Projektorganisation ergänzt. Es wird ein Projektmanager eingesetzt, der mit einem Projektteam das Vorhaben durchführt. In Theorie und Praxis haben sich drei Projektorganisationsformen durchgesetzt, die im folgenden näher dargestellt werden (siehe z.B. Grochla 1982, Reber/Strehl 1988).

14.1.1 Reine Projektorganisation (Task Force)

In der reinen Projektorganisation werden die Projektmitarbeiter unter der direkten Leitung eines Projektmanagers zu einer Organisationseinheit zusammengefaßt. Alle Projektmitarbeiter sind dem Projektleiter voll verantwortlich und unterstehen ihm unmittelbar. Der Projektmanager wiederum ist einem Vorgesetzten (z.B. der Unternehmensleitung) für die Projektdurchführung (Leistung, Kosten, Termine) verantwortlich. Er verfügt über die entsprechenden Entscheidungskompetenzen und Anordnungsbefugnisse in bezug auf die Projektmitarbeiter und die zur Verfügung stehenden Mittel.

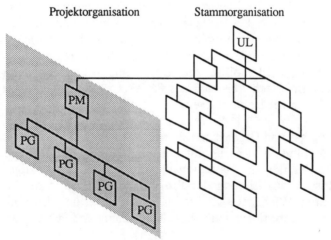

PM = Projektmanager PG = Projektgruppe UL = Unternehmensleitung

Abb. 14-1: Organigramm der reinen Projektorganisation

Die Projektmitarbeiter werden für die Durchführung des Projekts aus der bestehenden Organisation herausgelöst oder neu aufgenommen. Sie sind für die Projektdauer ihrem ursprünglichen Vorgesetzten in keinerlei Hinsicht unterstellt. Damit entsteht eine ausschließlich projektbezogene Parallelorganisation mit einem hohen Ausmaß an Eigenständigkeit. Die Abbildung 14-1 zeigt das Organigramm der reinen Projektorganisation.

Vorteile der reinen Projektorganisation:

• Eindeutige Zuordnung von Aufgaben und Kompetenzen an den Projektleiter;
• Volle Konzentration auf das Projekt;
• Sowohl für den Auftraggeber als auch für die Projektmitarbeiter existiert eine Anlaufstelle in allen Projektbelangen;
• Identifikation der Projektmitarbeiter mit der Aufgabe, was sich in einer erhöhten Bereitschaft zur Bewältigung von Schwierigkeiten äußern kann;
• Rasche, projektbezogene Entscheidungsfindung und Möglichkeit einer flexiblen Reaktion auf veränderte Situationen.

Probleme der reinen Projektorganisation:

• Die Abstellung von Mitarbeitern für ein Projekt bedeutet, daß diese Mitarbeiter in der betroffenen Abteilung nicht zur Verfügung stehen, d.h. eine qualitative und quantitative Schwächung. Dies kann zur Folge haben, daß gerade jene Mitarbeiter abgestellt werden, die in der Abteilung am wenigsten fehlen. Im Fall eines Konflikts wegen des Personalbedarfs zwischen Projektmanager und Abteilungsleiter liegt es vor allem bei der Unternehmensleitung für die richtige Zusammensetzung des Projektteams zu sorgen.
• Die Auslastung der Projektmitarbeiter ist in den einzelnen Phasen unterschiedlich. Zeitweise werden sie überhaupt nicht mehr benötigt und erst später wieder eingesetzt. Dies kann zu einer nicht optimalen Auslastung der personellen Kapazitäten führen.
• Die Projektmitarbeiter benötigen für ihre Aufgaben manchmal Informationen oder Hilfe aus ihrer angestammten Abteilung. Diese Beanspruchung der Abteilung und die eventuell dort entstehenden Störungen bei der Arbeit können zu zusätzlichen Konflikten führen.
• Während der Projektdurchführung sind die verbleibenden Mitarbeiter in den Abteilungen stärker belastet.
• Die Wiedereingliederung nach Ende des Projekts kann zu Spannungen führen, wenn z.B. der Mitarbeiter im Projekt die Abteilungsinteressen nicht genügend vertreten hat. Ebenso sind Probleme zu erwarten, wenn sich herausstellt, daß das Fehlen des Mitarbeiters zu keiner Überlastung der Abteilung geführt hat.

• Aus der zeitlich begrenzten Projektdauer entstehen auch häufig motivationale Probleme. Eine verständliche Ursache ist z.B. die Unsicherheit, Nachteile bei der Wiedereingliederung nach dem Projektabschluß in Kauf nehmen zu müssen. Es kann auch sein, daß der Mitarbeiter vor dem Einsatz in einem neuen Projekt mehr oder weniger unausgelastet mit wenig attraktiven Tätigkeiten mitgeschleppt wird.

Einsatzbereich der reinen Projektorganisation:

Diese Organisationsform ist vor allem für Projekte mit den Aufgabenmerkmalen "groß" oder "hoch" geeignet. Typische Beispiele sind die Leitung einer Baustelle oder der Aufbau und die Leitung eines Messestandes. Es wird aber nicht ausgeschlossen, daß die reine Projektorganisation bereits bei weniger extremen Merkmalsausprägungen eingesetzt werden kann. Dies wäre z.B. bei einem Projekt von besonderer Schwierigkeit (Forschungsprojekt) oder für sehr kleine Projekte, die nur wenige Mitarbeiter erfordern, denkbar.

14.1.2 Einfluß-Projektorganisation

Die Kompetenzen des Projektmanagers, oder - hier besser - des Projektkoordinators, sind bei der Einfluß-Projektorganisation stark eingeschränkt. Die funktionale Hierarchie im Unternehmen bleibt unverändert. Der Projektleiter übt eine reine Koordinations- und Informationsfunktion zwischen den am Projekt beteiligten Stellen und Mitarbeitern aus. Er übernimmt die Planungsaufgaben und führt die Entscheidungsvorbereitung aus. Er verfolgt den sachlichen, den terminlichen und den kostenmäßigen Projektverlauf und schlägt den zuständigen Linieninstanzen die durchzuführenden Maßnahmen vor. Er verfügt aber über keine formalen Entscheidungs- oder Weisungsbefugnisse sondern ist in einer Stabsfunktion im traditionellen Sinn tätig. Im Falle von Planabweichungen meldet er diese der vorgesetzten Stelle bzw. der Unternehmensleitung.

Die Projektstabstelle sollte nach Möglichkeit einer Instanz zugeordnet werden, bei der eine Zusammenfassung aller am Projekt beteiligten Abteilungen erfolgen kann. Der Projektkoordinator ist auf die Information der Projektmitarbeiter angewiesen und damit auf deren Bereitschaft zur Zusammenarbeit. Das Organigramm der Einfluß-Projektorganisation ist in Abbildung 14-2 dargestellt.

Vorteile der Einfluß-Projektorganisation:

• Der organisatorische Aufwand ist gering. Die bestehende Organisation braucht nicht verändert zu werden. Gegebenenfalls ist die Stelle des Projektkoordinators einzurichten.

- Aufgrund des geringen organisatorischen Aufwands können viele Projekte gleichzeitig auf diese Weise abgewickelt werden.

- Da die Projektmitarbeiter in ihren Abteilung verbleiben, ergibt sich die Möglichkeit einer flexiblen Auslastung der personellen Kapazität.

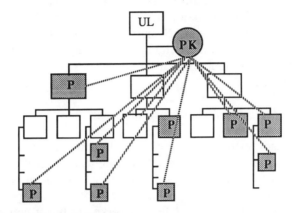

UL = Unternehmensleitung
PK = Projektkoordinator (Stabstelle)
P = Projektmitarbeiter bzw. direkt am Projekt beteiligte Stelle
▬▬▬ = projektbezogene Koordinationsfunktion

Abb. 14-2: Organigramm der Einfluß-Projektorganisation

Probleme der Einfluß-Projektorganisation:

- Der Projektkoordinator wird zwar einerseits für die Projektdurchführung verantwortlich gemacht, hat aber in seiner Stabsfunktion nicht die notwendigen Kompetenzen und Anweisungsbefugnisse, um die Durchführung einzelner Aufgaben durchzusetzen. Er ist also formal nicht in der Lage, gravierende Koordinationsprobleme auszuräumen. Er kann im Einzelfall von den Projektmitarbeitern sogar als unerwünschter Außenseiter betrachtet werden, der die Arbeiten ohnehin nur "stört".

- Bei nicht lösbaren Konflikten ist der Projektkoordinator gezwungen, das Problem der vorgesetzten Stelle vorzulegen. Dies führt dazu, daß der eigentliche Zweck der Stelle, nämlich die Entlastung der Leitung, nicht oder nur teilweise erreicht wird. Da der Projektkoordinator Probleme vermutlich erst dann "nach oben" melden wird, wenn er keine Chance mehr sieht, diese selbst zu lösen, können sich zusätzliche Verzögerungen im Projektablauf ergeben, .

- Eine weitere Zeitverzögerung ergibt sich im Konfliktfall dadurch, daß sich die vorgesetzte Stelle sowohl mit dem Projektkoordinator als auch mit den beteiligten Stellen auseinander setzen muß, um das Problem beurteilen zu können.

- Die Einfluß-Projektorganisation weist eine geringe externe Kundenorientierung auf. Der Projektkoordinator ist im Grunde nicht der kompetente und entscheidungsberechtigte Gesprächspartner für den Auftraggeber. Er muß meistens den Umweg über die Leitung einschlagen. Das Bedürfnis der Projektmitarbeiter, über Abteilungsgrenzen hinweg Schwierigkeiten zu meistern, ist meist nur gering.

Einsatzbereich der Einfluß-Projektorganisation:

Das Nichtübereinstimmen von Autorität und Verantwortung weist darauf hin, daß diese Organisationsform die schwächste Möglichkeit der Projektabwicklung darstellt. Diese Form der Projektorganisation eignet sich in erster Linie für gut strukturierte Aufgaben, bei denen allen Mitarbeitern die Vorgangsweisen bekannt sind. Die Ausprägungen der Projektmerkmale liegen am unteren Ende der Skala, d.h. sie weisen Werte wie "niedrig" oder "klein" auf. Der Aufgabenumfang, die eingesetzten Mittel und die Leistung sollten nicht wesentlich von bereits bekannten Aufgaben abweichen; die Aufgaben im Projektablauf stellen also nichts grundsätzlich Neues dar. Beispiele für die Anwendung dieser Organisationsform sind die Einführung eines Qualitätszirkels und die Organisation einer Austellung anläßlich eines Firmenjubiläums.

14.1.3 Matrix-Projektorganisation

Bei der Matrix-Projektorganisation handelt es sich um eine zweidimensionale Organisationsform, bei der das Fayol´sche Prinzip der Einheit der Auftragserteilung durchbrochen wird. Im Gegensatz zu herkömmlichen Organisationsformen, bei denen auf einer einzigen Hierarchieebene nur nach einer einzigen Dimension (z.B. Verrichtung oder Objekt) gegliedert wird, finden in der Matrixorganisation gleichzeitig mindestens zwei Gliederungsmerkmale nebeneinander Berücksichtigung (siehe auch Kapitel 3.2.2.4). Die normale vertikale Hierarchie wird durch eine horizontale Dimension (Projekt) überlagert. Die Mitarbeiter unterliegen damit einer Doppelzuordnung, d.h. sie haben zwei Vorgesetzte, von denen sie Anweisungen erhalten können. Abbildung 14-3 zeigt das Organigramm einer Matrix-Projektorganisation mit einigen funktionalen Abteilungen, die am Projekt beteiligt sind.

Die Projektmitarbeiter in den am Projekt beteiligten Abteilungen befinden sich in der Situation einer Doppelzuordnung oder Doppelunterstellung (Matrix-

Kreuzungsfelder). Diese Kreuzungsfelder sind "Punkte des beabsichtigten Konflikts". Die Auseinandersetzung zwischen den Dimensionen ist in der Matrix keine unerwünschte Nebenwirkung der Mehrdimensionalität, sondern sie wird mit Absicht durch die Struktur herbeigeführt. Ziel ist einerseits, Konflikte möglichst früh offenzulegen, damit rechtzeitig Lösungen gefunden werden können, und andererseits die sachliche Auseinandersetzung zu einer Abstimmung zu führen, die insgesamt eine bessere Lösung ergibt.

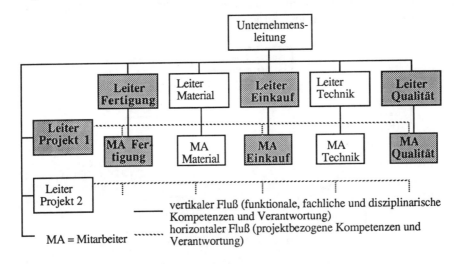

Abb. 14-3: Organigramm der Matrix-Projektorganisation

In der Konzeption der Matrix-Projektorganisation wird davon ausgegangen, daß zur Durchführung der Gesamtaufgabe weder der funktionale Vorgesetzte noch der Projektmanager allein entscheiden und handeln dürfen. Es sollen sich gerade aus dem "organisatorischen Zwang" zur Gemeinsamkeit für die Projektaufgabe bessere Lösungen ergeben. Besondere Bedeutung kommt daher der Aufteilung der Kompetenzen zwischen dem Projektmanager und den funktionalen Vorgesetzten zu. Dem Projektleiter werden - abgestimmt auf die Dauer und den Umfang des Projekts - gewisse Entscheidungs- und Weisungsbefugnisse übertragen, während andere bei den Linieninstanzen verbleiben.

In Abbildung 14-4 ist die Kompetenzaufteilung in der Matrixorganisation schematisch dargestellt. Die Projektmitarbeiter sind dem funktionalen Vorgesetzten fachlich und disziplinarisch unterstellt, während der Projektmanager Kosten, Termine sowie Inhalt und Ziele der Tätigkeiten vorgibt. Es sind jedoch auch andere Formen der Kompetenzaufteilung denkbar: z.B. daß der Projektmanager alle Kompetenzen und Verantwortung für die Projektarbeiten erhält, während die Fachabteilungen nur für den Einsatz und die Verwaltung der Betriebs-

mittel zuständig sind (vgl. Hügler 1988, 147). Der Projektmanager muß letztlich organisatorisch in die Lage versetzt werden, das Projekt auftragsgemäß
durchzuführen. Ein kompetenzmäßig benachteiligter Projektmanager kann
bestenfalls die Funktion eines Koordinators in Stabsfunktion ausführen. Durch
die Abstimmung mit dem Projektmanager kommt es in der Matrix zu einer
Relativierung der abteilungsbezogenen Interessen und Prioritäten zugunsten der
Projektdimension. Erst wenn es dem Projektmanager und dem funktionalen
Vorgesetzten nicht gelingt, die Interessen aufeinander abzustimmen, d.h. den
Konflikt zu lösen, darf der gemeinsame Vorgesetzte eingeschaltet werden.

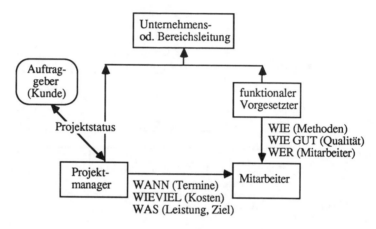

Abb. 14-4: Kompetenzaufteilung in der Matrixorganisation

Vorteile der Matrix-Projektorganisation:

- Die Doppelzuordnung ist bei richtiger Handhabung der Hauptvorteil der
  Matrix-Projektorganisation. Der Projektmitarbeiter erfüllt die Funktion eines
  "Frühwarnsystems". Die Projektziele können vom Projektmanager selbstän-
  dig und direkt verfolgt werden.
- Es ist ein flexibler Personal- und Mitteleinsatz möglich. Dadurch ergibt sich
  auch eine gute Eignung für ein Multi-Projektmanagement.
- Spezialwissen und besondere Erfahrungen können gezielt eingesetzt werden.
- Da sich sowohl Projektleiter als auch Projektmitarbeiter für das Projekt ver-
  antwortlich fühlen, ist die Motivation gut.
- Größeres Sicherheitsgefühl der Projektmitarbeiter, die nicht vollständig aus
  ihrer angestammten Abteilung herausgelöst werden.

Probleme der Matrix-Projektorganisation:

- Sowohl bei den Vorgesetzten als auch bei den Mitarbeitern kann es zu einer
  Verunsicherung kommen, im ersten Fall durch einen Verzicht auf Aus-

schließlichkeitsansprüche, im zweiten Fall durch die Mehrfachunterstellung. Konflikte werden sich daher häufig nicht vermeiden lassen.

- Probleme bezüglich der Zuständigkeiten (Kompetenzkonflikte).
- Durch die Situation der Doppelzuordnung besteht die Möglichkeit, die Vorgesetzten gegeneinander auszuspielen oder primär die Anordnungen desjenigen zu erfüllen, von dem der Projektmitarbeiter stärker abhängig ist bzw. von dem größere Vorteile zu erwarten sind. Wenn er unvereinbaren Anforderungen gleichzeitig gerecht werden soll, kann er sich leicht frustriert fühlen.

Einsatzbereich der Matrix-Projektorganisation:

Der Einsatzbereich der Matrix-Projektorganisation ist grundsätzlich sehr weit. Bedingt durch die Flexibilität des Konzepts ergeben sich keine wesentlichen Restriktionen. Allerdings sollten bei den einzelnen Projektmerkmalen gewisse Minimalausprägungen und andererseits keine Extremausprägungen vorliegen, damit die Matrix sinnvoll und wirtschaftlich eingesetzt werden kann. Die Projekte sollen so umfangreich und komplex sein, daß mehrere Abteilungen daran mitarbeiten, d.h. es ist ein relativ hoher Koordinationsaufwand erforderlich. Gut geeignet ist diese Organisationsform auch bei einer starken Marktorientierung des Unternehmens oder bei parallen Projekten. Erforderlich sind aber ein hoch entwickeltes Führungsverständnis und die Konfliktlösungsfähigkeit aller Beteiligten.

14.1.4 Sonstige Formen der Projektorganisation

Die drei dargestellten Projektorganisationsformen sind Idealtypen. Aufgrund spezieller Vor- und Nachteile sind sie für bestimmte Projektarten besonders geeignet. In Unternehmen, bei denen Projekte mit keinen eindeutig ausgeprägten Eigenschaften existieren, finden sich jedoch auch **kombinierte Organisationsformen** oder es bestehen parallel unterschiedlich organisierte Projekte. Ein weiterer Grund für die Verwendung unterschiedlicher Projektorganisationsformen kann im Projekt selbst liegen. Es bietet sich an, einzelne Phasen des Projekts mit der jeweils günstigsten Organisationsform durchzuführen, wenn große, phasenbedingte Unterschiede bestehen (vgl. Hirzel 1975, 258, Kuba 1987, 27-30). Beim Verzicht auf die Einrichtung projektbezogener Stellen entsteht eine Organisation ohne strukturelle Projektausrichtung (vgl. Saynisch 1984, 42).

Häufig ist noch der Fall anzutreffen, daß lediglich die Mitarbeiter einer einzigen Abteilung in Projektteams zusammengefaßt sind (z.B. in der DV-Abteilung großer Unternehmen). In Anlehnung an Frese wird dies als **projektorientierte Teilorganisation** bezeichnet (vgl. Frese 1984). In diesem Fall überträgt die Linieninstanz, ähnlich wie bei der Matrix-Projektorganisation, gewisse

Kompetenzen an einen ihr ohnehin unterstellten Projektleiter und es bleibt eine eindimensionale Organisationsform erhalten. Ähnlich gelagert ist der Fall, wo die **Projektleitung in der Linienorganisation** erfolgt. Bei dieser Organisationsform bekommt gewöhnlich die Fachabteilung mit dem größten Anteil am Projekt die Verantwortung des Projektmanagements übertragen (vgl. Kuba 1987, 18-20). Diese Organisationsform ist nur für kleinere Projekte zweckmäßig, die überwiegend in einer Fachabteilung bearbeitet werden können, während nur ein geringer Teil der Aufgaben an andere Fachabteilungen weitergegeben werden muß. Da der Projektleiter für die Erreichung des Projektzieles verantwortlich ist, sollte er für die Durchsetzung seiner Ansprüche in anderen Fachabteilungen die erforderlichen Vollmachten erhalten.

14.2 Einrichtung der Projektorganisation

14.2.1 Auswahl der Projektorganisationsform

Ausgangspunkt für die Wahl einer Projektorganisationsform ist das Projekt selbst. Es wird nach den bereits bekannten Merkmalen analysiert (siehe Kapitel 13.1.2). Für die Werte dieser Merkmale gibt es keine absoluten Ausprägungen. Was "groß" oder "klein" bedeutet, ist für jede Organisation und auf die jeweiligen Gegebenheiten abzustimmen. Einige Beispiele sollen die Notwendigkeit, aber auch die Schwierigkeit dieser Einschätzung verdeutlichen. Ein Softwareentwicklungsprojekt, das 2 Jahre dauert, wird üblicherweise als groß angesehen, während der gleiche Zeitraum für den Bau eines Passagierschiffes klein wäre. Der Projektumfang wird bei der Softwareentwicklung allerdings meist in Mannmonaten oder Mannjahren angegeben, sodaß die Projektdauer zu einer veränderlichen Größe wird. Große Softwareentwicklungsprojekte, wie z.B. die Entwicklung eines neuen Betriebssystems, zeichnen sich weniger durch eine lange Projektdauer, als durch eine große Anzahl von Mitarbeitern, durch Termindruck und durch eine sehr komplexe Aufgabenstellung aus.

In der Phase der Auswahl der Projektorganisationsform werden folgende Ziele verfolgt:

• Klärung der Frage des Einsatzes von Projektmanagement an sich (vor dem Projektbeginn);
• Klärung, ob die personellen, finanziellen, maschinellen usw. Kapazitäten für das Vorhaben zur Verfügung stehen;
• Miteinbeziehung betroffener Mitarbeiter in die Planung von Beginn an; dies führt einerseits zur Reduzierung des Widerstands durch die Verringerung der Überraschung, wenn das Projekt tatsächlich durchgeführt wird, andererseits fördert die Partizipation in der Projekt-Vorphase auch die Motivation.

Die Abbildung 14-5 zeigt ein Entscheidungsschema, mit dem die Auswahl der Projektorganisationsform unterstützt werden kann. Durch die Gewichtung der einzelnen Projektmerkmale erfolgt eine Reihung nach ihrer relativen Bedeutung. Diese Gewichtung ist sinnvoll, da nicht jedes Merkmal für jedes Projekt gleich wichtig sein muß. Der Wert 1 stellt die geringste Gewichtung, 3 die höchste dar. Durch die Bewertung der Eigenschaften in einer 4-stufigen Skala wird die Ausprägung der Merkmale festgehalten. In der Eigenschaftsspalte werden die Projektmerkmale durch konkrete Fragen erfaßt. Damit sollen die Anwender dieses Verfahrens in die Lage versetzt werden, sich unter den Merkmalen konkret etwas vorzustellen, das sie auch einschätzen können. Es können mehrere Eigenschaften bzw. Fragen je Projektmerkmal formuliert werden, sodaß sich eventuell auch mehrere Bewertungen ergeben. Für das Merkmal "Umfang" könnten die Eigenschaften z.B. an folgenden Fragen bewertet werden:

Eigenschaften	Bewertung			
	1	2	3	4
• Können die Einzelaufgaben mit der bestehenden Organisation bewältigt werden?	ja	eher ja	eher nein	nein
• Welche zusäzlichen Mittel sind für die Projektdurchführung notwendig?	sehr wenige	einige	viele	sehr viele
• Sind Unternehmensexterne Stellen an der der Projektdurchführung beteiligt?	keine	wenige	einige	viele

Projektmerkmal	Gewichtung			Eigenschaften	Bewertung				Bewertung x Gewichtung
	1	2	3		1	2	3	4	
Umfang									
Dauer									
Besonderheit									
Komplexität									
Schwierigkeit									
Bedeutung									
Risiko									
Kosten									
Kontinuität									
Intensität									
Anzahl									
					Gesamtpunkte				

Abb. 14-5: Entscheidungsschema zur Auswahl der Projektorganisationsform

Die Punktezahlen aus Bewertung und Gewichtung werden multipliziert und zu einer Gesamtpunktezahl aufsummiert. Je niedriger diese Gesamtpunktezahl ist, umso eher handelt es sich um eine Routineaufgabe oder um ein Projekt, das in Stabsfunktion koordiniert werden kann. Wo der Schwellenwert für Routineaufgaben anzusetzen ist, beruht auf Erfahrung, die sich am ehesten durch den Vergleich mehrerer Projekte gewinnen läßt. Es ist nicht möglich, dafür eine absolute Punktezahl zu nennen, da die Beurteilung stark subjektiv gefärbt ist. Je höher die Punktezahl ist, desto eher handelt es sich um eine Projektaufgabe, für die eine Matrixorganisation oder eine reine Projektorganisation geeignet ist. Das "Rechenverfahren" liefert aber bestenfalls Hinweise, keinesfalls absolut gültige Anhaltspunkte für eine Entscheidung. In jedem Fall sind die innerbetrieblichen Erfahrungswerte bei der Grenzziehung zu berücksichtigen. Die Tabelle kann dabei im Sinne einer Checkliste als Grundlage für Überlegungen und Analysezwecke verwendet werden.

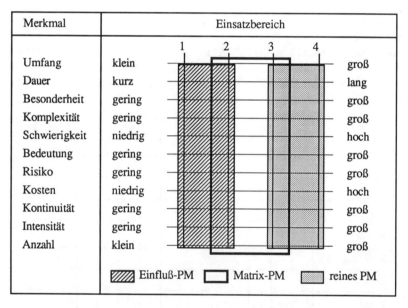

Abb. 14-6: Einsatzbereiche der Projektorganisationsformen

Das vorgestellte Konzept zur Wahl der Projektorganisationsform hat sich in der Praxis bewährt. In der Literatur werden weitere Verfahren dargestellt, die jedoch weitgehend auf dem gleichen Prinzip beruhen und sich lediglich in den verwendeten Merkmalen unterscheiden (siehe z.B. Kummer et al. 1985, Kuba 1987, 16). Die bereits bekannten Einsatzbereiche der Projekt-Organisationsformen werden in Abbildung 14-6 noch einmal im Überblick dargestellt. Die Überlappungen zwischen Einfluß- und Matrix-Projektmanagement, sowie zwischen Matrix- und reinem Projektmanagement, sollen verdeutlichen, daß es Grenzbereiche gibt, in denen zwei Organisationsformen in Frage kommen.

14.2.2 Kompetenzzuteilung

Projektbezogene Organisationsformen weisen im allgemeinen einen "Weisungskompetenzdualismus" auf (Hügler 1988, 143). Man bezeichnet diese Form der Mehrfachunterstellung daher auch als Duplexstruktur. Das bedeutet, daß in der Projektorganisation zwei Leitungssysteme, ein projekt- oder objektbezogenes und ein funktions- oder verrichtungsbezogenes, eingerichtet sind. Der Erfolg des Projektmanagements hängt u.a. stark davon ab, wie weit es gelingt, die Kompetenzen des Projektmanagers und der funktionalen Vorgesetzten aufeinander abzustimmen. Besonders zu beachten sind dabei die Schwächung der funktionalen Vorgesetzten sowie Kompetenzüberschneidungen bzw. Kompetenzlöcher. Letztere kann man auch als Kompetenzunklarheiten auffassen, da sie leicht zu unproduktiven Konflikten führen.

Die Zuteilung der Kompetenzen kann nach vielfältigen Kriterien erfolgen und damit an die jeweiligen Erfordernisse und an die spezifische Aufgabenstellung angepaßt werden. Häufig werden die von Cleland/King eingeführten W-Fragen als Abgrenzungskriterien für die Zuordnung von Kompetenzen und Befugnissen verwendet (Cleland/King 1968, vgl. auch Zogg 1974, Bleicher 1981):

Planungsaspekt	W-Frage	Erläuterung
Objekt	Was/	Aufgabeninhalt (quantitativ und qualitativ),
	Woran	Funktionen, Rahmenkonzeption usw.
	Warum	Gründe, Hintergrundinformationen
	Wozu	Sollvorstellung, Ziele, Erträge
Verrichtung	Wie/	Ausführungsbestimmungen, Art und Methoden
	Wie gut	der Durchführung, Qualität, Abläufe, Phase, Etappen, Organisationsform
	Wie oft	Häufigkeit, Wiederholungsgrad
	Wieviel	Quantität, Kosten
Aufgabenträger	Wer	Personelle Aufgabenzuordnung, Beteiligte, Instanzen, Kompetenzen
Sachmittel	Womit/	Art und Menge der einzusetzenden Sachmittel,
	Wodurch	Budget, Ressourcen, Hilfsmittel
Zeit	Wann/	zeitliche Terminierung des Leistungsvollzugs
	Wie lange	(Zeitfolge, Zeitdauer, Zeitpunkte)
Ort	Wo	räumliche Festlegung der Aufgabendurchführung, Land, Region
Umwelt	Woher	Beschaffung der Mittel, Zulieferer, Berater
	Mit wem	Kunde, Partner, Subunternehmer
	Wohin	weitere Verwendung nach Projektabschluß (Personal, Ressourcen)

Um Konflikte zu vermeiden, ist es in jedem Fall wichtig, die Kompetenzen eindeutig und verbindlich festzulegen und allen Beteiligten durch Stellenbeschreibungen, Funktionenmatrix, Entscheidungstabellen u.ä. bekanntzugeben. Diese
Dokumente sollen eindeutig darüber Auskunft geben, wer bei welchen Problemen, Aufgaben usw. in welchem Ausmaß das Recht zur Entscheidung und Anordnung besitzt. Die Erstellung solcher "Kompetenzbilder" sollte unter Mitwirkung aller beteiligten Stellen erfolgen. Eine partizipative Vorgangsweise bringt
nicht nur einen entsprechenden Lerneffekt und wichtige Informationen, sondern erlaubt eine Kompetenzaufteilung, die den individuellen Kenntnissen und
Fähigkeiten entspricht; sie führt damit auch zu einer weitgehenden Identifikation aller Beteiligten mit den vereinbarten Regelungen. Abbildung 14-7 zeigt
die Möglichkeiten der Kompetenzaufteilung an fünf Kompetenzstufen (vgl.
auch Kapitel 3). Im Fall der Matrix-Projektorganisation sind die Kompetenzen
weitgehend gleichwertig oder gleichgewichtig verteilt.

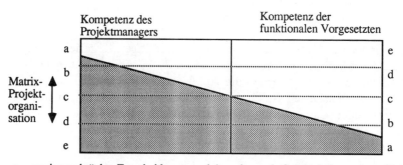

a ... uneingeschränkte Entscheidungs- und Anordnungsbefugnis; Informationspflicht
b ... umfassende Entscheidungs- und Anordnungsbefugnis; Konsultationspflicht
c ... Entscheidungs- und Anordnungsbefugnis im Einvernehmen; Vetorecht
d ... Informations- und Rückspracherecht
e ... Informationsrecht

Abb. 14-7: Möglichkeiten der Kompetenzaufteilung

Die entsprechenden Entscheidungs- und Anordnungsbefugnisse müssen für
jeden Aspekt der Aufgabendurchführung zwischen dem Projektmanager, den
funktionalen Vorgesetzten und den Mitarbeitern aufgeteilt werden. Der
Projektmanager hat in erster Linie die Kompetenzen in bezug auf Objekt, Zeit
und Umwelt, der funktionale Vorgesetzte in bezug auf Verrichtung, Aufgabenträger, Sachmittel und Ort (vgl. z.B. Hirzel 1989, siehe auch Abbildung 14-4).

14.3 Methoden und Instrumente der Projektorganisation

Zwischen den Methoden und Instrumenten der Projektorganisation sowie jenen
der Projektplanung und -überwachung bestehen vielfältige Wechselbeziehun-
gen. Es handelt sich gleichsam um eine Schnittstelle zwischen dem institutiona-

len und dem funktionalen Projektmanagement. Der Zusammenhang zwischen Aufbau- und Ablauforganisation ist beim Projektmanagement deutlicher als bei anderen organisatorischen Aufgaben zu erkennen.

14.3.1 Projekt-Organisationsplan

Der Projekt-Organisationsplan zeigt einerseits den Zusammenhang zwischen dem Projektteam und dem Gesamtunternehmen, andererseits den internen Aufbau des Projektteams. Es handelt sich also um das projektbezogene **Organigramm**. Dargestellt werden sowohl die internen als auch die externen Stellen, die durch das Projekt berührt werden. Die Bestimmung der an der Projektdurchführung beteiligten Mitarbeiter und Stellen erfolgt ausgehend vom Projektstrukturplan (vgl. Kapitel 15.1).

Abbildung 14-8 zeigt den Projekt-Organisationsplan eines Projekts zum Aufbau und zur Leitung eines Messestandes. Für dieses Projekt wurde die Form der reinen Projektorganisation gewählt. Die Projektmitarbeiter werden für die Dauer des Projekts aus ihren angestammten Abteilungen ausgegliedert und sind direkt dem Projektmanager unterstellt. Externe Partner könnten im Beispiel Tischler, Maler und Elektriker sein. Der Projektmanager ist für den Aufbau, die Leitung und den Abbau des Messestands verantwortlich. Ihm obliegt außerdem die gesamte Koordination mit den externen Stellen.

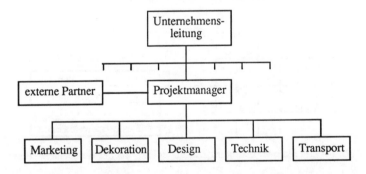

Abb. 14-8: Beispiel für einen Projekt-Organisationsplan

14.3.2 Funktionen- und Verantwortungsmatrix

Die Aufgaben und Tätigkeiten der Projektmitarbeiter sowie aller sonstigen am Projekt beteiligten Personen müssen eingeteilt, gegliedert und zugeordnet werden. Geeignet dafür ist eine Matrix mit den Dimensionen Aufgaben und Aufgabenträger. Diese Matrix, die auch **Funktionenmatrix** oder Funktionendiagramm genannt wird, zeigt in übersichtlicher und komprimierter Form, welche

Stellen (Matrixspalten) bei der Durchführung einzelner Aufgaben, Teilprojekte, Funktionen usw. (Matrixzeilen) beteiligt sind. Ähnlich wie der Projekt-Organisationsplan wird auch die Funktionenmatrix in Verbindung mit dem Projektstrukturplan erstellt (vgl. Kapitel 15.1). Änderungen im Projektstrukturplan wirken daher auf die Funktionenmatrix zurück.

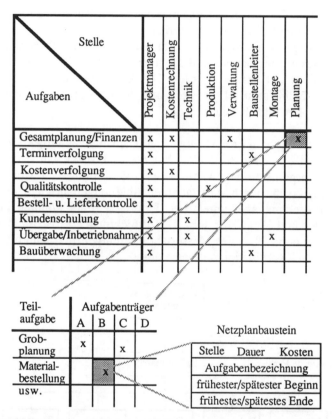

Abb. 14-9: Funktionenmatrix im Zusammenhang mit der Netzplanerstellung

Jedes Matrixfeld in der Funktionenmatrix kann schrittweise weiter zergliedert werden. Die Hauptaufgaben werden in Teilaufgaben zerlegt und die Teilaufgaben schließlich einzelnen Mitarbeitern innerhalb der Stellen zugeordnet. Auch dafür eignet sich die Matrix als Darstellungsform. Die Felder des Funktionendiagramms, insbesondere jene, wo bereits eine Zuordnung zwischen Aufgaben und Mitarbeitern hergestellt ist, dienen in der weiteren Projektplanung als Ausgangspunkt für die Erstellung des Netzplans. Diese elementaren Planungselemente werden daher auch als Netzplanbausteine bezeichnet (vgl. Kapitel 15.1).

Abbildung 14-9 zeigt das Beispiel einer Funktionenmatrix im Zusammenspiel mit der Netzplanerstellung.

Vorteile der Funktionenmatrix sind:

- Sie hilft beim funktionsgerechten Aufbau der Projektorganisation;
- Sie ermöglicht die klare Zuordnung von Aufgaben, Kompetenzen und Verantwortung;
- Sie gibt einen aktuellen Überblick über die Arbeitsgebiete einzelner Stellen und über die Zusammenarbeit zwischen diesen Stellen;
- Sie ist ein Hilfsmittel bei der Kontrolle von Teilzielen und Arbeitsabläufen;
- Sie ermöglicht die lückenlose Gliederung und logische Ordnung der Aktivitäten.

Aufgabenträger (Stellen) / Aufgaben	Projektmanager	Kostenrechnung	Produktionsabteilung	Baustellenleiter	Verwaltungsabteilung	Montageabteilung	Technik	Kunde
Finanzen	1	7					7	
Projektüberwachung	2	4						
Zwischenberichte	9	9	9	9		9	9	
Qualitätskontrolle			2				1	
Lieferüberwachung	3				2		8	
Bauüberwachung	3			1				
Kundenschulung	1		8	8			8	8
Inbetriebnahme	3			5			4	
Übergabe	1		8	7			4	

Legende: 1 ... entscheidet   6 ... koordiniert
2 ... erläßt Vorschriften   7 ... beantragt
3 ... veranlaßt   8 ... berät
4 ... führt durch   9 ... erarbeitet
5 ... überwacht und prüft   10 .. informiert

Abb. 14-10: Verantwortungsmatrix

Eine Erweiterung der Funktionenmatrix ist die **Verantwortungsmatrix**. Mit Symbolen (Zahlen, Buchstaben oder Zeichen) wird die Art der Aktivität, das Ausmaß der Verantwortung u.ä. sowie die Beziehung zwischen Spalten und Zeilen erläutert. Die Verantwortungsmatrix ist ein Instrument zur Regelung der Beziehungen zwischen den Stellen, die am Projekt beteiligt sind. Sie zeigt, welche Aktivitäten von wem (Stelle oder Aufgabenträger) mit welchem Ausmaß an Kompetenzen und Verantwortung durchgeführt werden sollen. Abbildung 14-10 zeigt das Beispiel einer Verantwortungsmatrix.

In der Verantwortungsmatrix sind die wesentlichen Informationen des konventionellen Organigramms enthalten. Die Eintragungen in einer Spalte enthalten in Kurzform die Informationen der Stellenbeschreibung. Der Vorteil dieser Darstellungsform ist, daß nicht eine isolierte Betrachtungsweise erfolgt, sondern daß auch ein Zusammenhang mit den übrigen Projektmitarbeitern hergestellt wird. Die Eintragungen in einer Zeile zeigen, welche Mitarbeiter in welcher Funktion am Projekt beteiligt sind.

14.3.3 Stellenbeschreibung

Vor allem bei großen oder langdauernden Projekten kann es von Vorteil sein, für die wichtigsten Projektmitarbeiter eine Stellenbeschreibung zu erarbeiten. Die Stellenbeschreibung ist eine schriftliche Festlegung der Aufgaben und Funktionen, die von einer Person als Inhaber einer Stelle durchzuführen sind. Sie enthält außerdem die Kompetenzen und die Verantwortung, die Eingliederung der Stelle in die Unternehmensorganisation (Über- und Unterstellungsbeziehungen) sowie in vielen Fällen Angaben über die Anforderungen an den Stelleninhaber und seine Qualifikation. Der Zweck der Stellenbeschreibung im Rahmen eines Projekts liegt hauptsächlich in der Schaffung und Bekanntgabe einer klaren und eindeutigen Zuständigkeit sowie in der Beschreibung der konkreten Aufgaben und Anforderungen (siehe auch Kapitel 6.4.1.1).

Beispiel einer Stellenbeschreibung für einen Projektmanager:

(1) Stellenbezeichnung: Projektleiter für Projekt "XY"

(2) Organisatorische Beziehungen

• Der Projektleiter ist der Unternehmensleitung in allen Belangen direkt unterstellt.
• Für die Projektdauer sind dem Projektleiter folgende Mitarbeiter ausschließlich in
  Projektangelegenheiten unterstellt: X, Y, Z, ...
• Berichtswesen: Der Projektleiter ist unaufgefordert vom gesamten internen und externen
  Schriftverkehr (Aktennotizen, Sitzungsprotokolle, Telefonnotizen usw.) zu informieren.
• Außenkontakte: Der Projektleiter ist bevollmächtigt, alle Verhandlungen mit den Kunden und
  anderen externen Stellen für das Projekt zu führen.

(3) Stellvertretung:

Der Projektleiter wird in allen Belangen durch den Verkaufsleiter, Herrn X, vertreten. Wenn auch dieser verhindert ist, übernimmt die Unternehmensleitung selbst die Stellvertretung.

(4) Aufgaben und Verantwortung:

- Der Projektleiter ist für die gesamte Projektdurchführung entsprechend den im Auftrag festgelegten Terminen, Kosten und Leistungen verantwortlich.
- Er ist bei allen entscheidenden Auftragsverhandlungen zwischen Unternehmen, Auftraggeber und sonstigen externen Stellen dabei.
- Er wählt zusammen mit den Abteilungsleitern die Projektmitarbeiter aus.
- Er sorgt für die Erstellung von Planungsunterlagen (Projektstrukturplan, Meilensteinliste, Netzplan, Kostenpläne) in Zusammenarbeit mit den betreffenden Abteilungen.
- Er hält die notwendigen Kontakte mit dem Auftraggeber.
- Er entscheidet in allen Projektbelangen in bezug auf Kosten, Termine und Aufgabendurchführung.
- Er überwacht und steuert den Leistungsfortschritt, die Termine, die Kosten und die Auftragserfüllung insgesamt.
- Er berichtet regelmäßig der Unternehmensleitung über den Projektstand, auf jeden Fall aber, wenn sich größere Planabweichungen ergeben.
- Er berichtet regelmäßig dem Auftraggeber.
- Er holt regelmäßig Informationen von den am Projekt beteiligten externen Stellen über den Stand der Arbeiten ein.
- Er beruft regelmäßig bzw. immer dann, wenn es notwendig ist, Besprechungen ein.
- Der Projektleiter ist der Unternehmensleitung in bezug auf die Einhaltung von Kosten, Terminen und Leistung voll verantwortlich.

(5) Weisungsbefugnisse:

Der Projektleiter hat Weisungsbefugnisse in bezug auf
- die Einhaltung von Terminen, Kosten und Auftragsspezifikationen,
- Steuerung und Kontrolle der Projektarbeiten,
- Einholung sämtlicher für das Projekt notwendiger Informationen.

15. Funktionales Projektmanagement

Nachdem in den vorangegangenen Ausführungen die Grundlagen des Projektbegriffs sowie Besonderheiten verschiedener struktureller Formen der Projektorganisation erläutert wurden, geht es im folgenden um Wege zur Bewältigung der Aufgaben während der Projektdurchführung. Die funktionale Sicht des Projektmanagements umfaßt sämtliche projektbezogenen, dispositiven Aufgaben. Als Kernaufgaben lassen sich die **Projektplanung**, die **Projektkontrolle** und die **Projektsteuerung** ableiten. Sowohl die einzelnen Aufgaben als auch die dafür verfügbaren Methoden und Hilfsmittel werden nachfolgend näher erläutert.

Die **Projektplanung** ist die gedankliche Vorwegnahme der Projektdurchführung sowie die Festlegung dieser Planungen (z.B. in Form der Dokumentation oder von Vereinbarungen mit den Projektmitarbeitern). Zu den Einzelaufgaben gehören u.a. die Abgrenzung des Projektgegenstandes, die Auftragsspezifikation (z.B. Leistungsverzeichnis), das Zerlegen der Gesamtaufgabe unter Berücksichtigung der logischen Abhängigkeiten (Projektstrukturplan), die Aufwandsschätzung und in Verbindung damit die Aufgabenplanung, die Personaleinsatzplanung und die Terminplanung sowie das Festlegen zu verwendender Methoden und Hilfsmittel (Sachmittelplanung). Auf der Grundlage der Sachmittel- und Personaleinsatzplanung erfolgt die Kostenplanung. Weiters gehören zur Projektplanung auch die aufbau- und ablauforganisatorische Gestaltung ("Organisationsplanung", siehe Kapitel 14), das Bilden der Projektgruppe (siehe Kapitel 16) und die Planung des Berichts- und Dokumentationswesens (siehe Kapitel 15.4).

Die Aufzählung der Planungsaufgaben hat Beispielcharakter. In konkreten Projekten sind die genannten Aufgaben jeweils ihrem Stellenwert entsprechend wahrzunehmen bzw. bei Bedarf um weitere projektspezifische Planungsaufgaben wie Qualitätsplanung, Testplanung, Notfallplanung usw. zu ergänzen. Nicht zuletzt ist auch das theoretische Lösen des Projektproblems und der daraus abgeleiteten Unterprobleme Teil der Projektplanung. Generell sollten die einzelnen Maßnahmen zur Erreichung der Projektziele zunächst nur grob geplant werden (Grobplanung) und erst im weiteren Verlauf, wenn die nötigen Einzelheiten bekannt sind, präzisiert werden (Detailplanung).

Die **Projektkontrolle** umfaßt die Überwachung des Projektablaufs hinsichtlich Leistung, Kosten und Termine. Voraussetzung dafür ist neben einer sorgfältigen und aktualisierten Projektplanung vor allem die Erfassung der Istdaten (z.B. Start- und Endtermine, Mittelverbrauch, Zeitaufwand).

Unter **Projektsteuerung** versteht man die Durchsetzung der geplanten Lösungen. Dabei fallen u.a. folgende Einzelaufgaben an: Zuordnung von Aufgaben, Kompetenzen und Verantwortung, Anleitung und Motivation der Mitarbeiter zum Lösen bestimmter Teilaufgaben, Herbeiführen notwendiger Entscheidungen, Einleiten von Korrekturmaßnahmen bei Planabweichungen sowie Koordination zwischen Auftraggeber, Auftragnehmer und den verschiedenen am Projekt beteiligten Arbeitsgruppen.

Abbildung 15-1 zeigt den gesamten Projektablauf mit den aufgabenbezogenen Wechselwirkungen im Überblick. Besonders hervorgehoben wird in der Abbildung die Planung, deren Detaillierungsgrad mit zunehmenden Projektfortschritt im Zeitverlauf zunimmt. Ferner ist die Zuordnung wichtiger Methoden und Instrumente des Projektmanagements zu den einzelnen Aufgabenbereichen ersichtlich. Die Zusammenhänge zwischen den einzelnen Aufgabenbereichen sind dabei nicht nur zeitlicher, sondern auch logischer Art. Die Aufgabenanalyse und die Grobplanung beeinflussen z.B. die Projektorganisation. Zwischen dem Erstellen des Projektstrukturplans und dem Organisationsplan sowie der Funktionenmatrix bestehen enge Wechselwirkungen. Die entstehende Projektstruktur bestimmt zusammen mit der Phasengliederung den Aufbau und den Ablauf des Projekts und damit die Zusammensetzung des Projektteams. Die Planung und die Organisation wiederum bilden die Grundlage für die Projektkontrolle, da nur das kontrolliert werden kann, was in der Planung definiert und abgegrenzt wurde. In Abhängigkeit von der Projektgröße werden die einzelnen Detailpläne aus der Grobplanung abgeleitet und auf die entsprechenden Kontrollgrößen des Projekts abgestimmt.

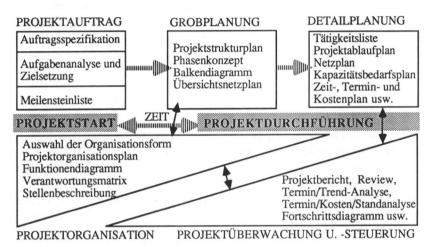

Abb. 15-1: Der Projektablauf und seine methodische Unterstützung

15.1 Projektauftrag und Grobplanung

Die Projektorganisationsform gibt den aufbauorganisatorischen Rahmen für das Projekt vor. Innerhalb dieses Rahmens sind die Struktur und der Ablauf der Projektaufgabe zu planen. Bei größeren Projekten und bei neuartigen Aufgaben sind zum Beginnzeitpunkt der Projektplanung meist noch keine ausreichend detaillierten Informationen über die Projektanforderungen vorhanden, so daß zunächst nur eine Grobplanung für das Gesamtprojekt durchgeführt werden kann. Erst für die unmittelbar bevorstehenden Teilaufgaben wird die Detailplanung durchgeführt.

15.1.1 Auftragsspezifikation und Leistungsverzeichnis

Während in der Auftrags- oder Produktspezifikation festgehalten wird, wie das Projektergebnis aussehen bzw. wie das Endprodukt funktionieren soll, enthält das Leistungsverzeichnis Informationen darüber, was der Auftragnehmer wann, wo und wie erledigen muß (Madauss 1984).

Der Natur der Sache entsprechend liegen zu Projektbeginn meist weder für die Auftragsspezifikation noch für das Leistungsverzeichnis vollständige und umfassende Informationen vor. Normalerweise ergeben sich aber aus dem Projektauftrag bereits wichtige und kritische Ereignisse wie der Beginn bestimmter Arbeiten (z.B. Montage) oder der Projektendtermin (z.B. Inbetriebnahme). Solche herausragenden Ereignisse im Projektablauf, die das besondere Interesse des Projektmanagers oder des Projektträgers verdienen, werden auch als Meilensteine bezeichnet. Man faßt sie sinnvollerweise in einer Tabelle, der sogenannten Meilensteinliste, zusammen. Die Zusammenhänge zwischen den Meilensteinen und die endgültige Zuordnung von Terminen ergeben sich meist erst bei der Erstellung des Netzplans bzw. der detaillierten Ablaufplanung. Meilensteine sind im Netzplan in der Regel als Anfang oder Ende von Hauptaktivitäten definiert.

Die Meilensteinliste wird häufig zur Kontrolle des Projektfortschritts eingesetzt. Da die Kontrolle aber nur an fertiggestellten Objekten ansetzen kann, sollten die definierten Meilensteine möglichst mit überprüfbaren Projektergebnissen (z.B. Dokumente, Teilprodukte) übereinstimmen. Abbildung 15-2 zeigt beispielhaft eine Meilensteinliste. Bei Bedarf kann eine solche Meilensteinliste jederzeit um zusätzliche Spalten (z.B. verantwortliche Stelle oder Bearbeiter) erweitert werden.

Meilenstein	Ereignis	Soll-Termin	Ist-Termin
1	Pflichtenheft	01.12.89	08.12.89
2	Ausschreibung	15.01.90	15.01.90
3	Angebote liegen vor	01.03.90	
4	Beginn Systementwicklung	01.05.90	
5	Beginn Probebetrieb	01.01.91	
6	Stammdatenübernahme	01.02.91	
7	Echtbetrieb	01.03.91	

Abb. 15-2: Meilensteinliste

Das Leistungsverzeichnis beschreibt also sämtliche Aufgaben und Pflichten, die der Auftragnehmer im Rahmen des Projekts übernimmt. Damit das Leistungsverzeichnis nicht für jedes Projekt neu formuliert werden muß, sollten im Projekthandbuch bereits die grundlegenden Inhalte (z.B. in Form einer Checkliste) angeführt sein (vgl. Kapitel 15.4). Das Leistungsverzeichnis ist allerdings nicht als Auflistung aller Einzelaktivitäten im Sinne eines Netzplans zu verstehen. Es dient vielmehr zur Vermeidung von Mißverständnissen und zur klaren Definition von Lieferungen und Leistungen.

Das Leistungsverzeichnis läßt sich modular aufbauen. Der Vorteil des modularen Aufbaus liegt in der unabhängigen Bearbeitung der einzelnen Bestandteile durch Spezialisten. Die nachfolgende Gliederung gibt ein Beispiel für den Aufbau eines Leistungsverzeichnisses (vgl. Madauss 1984):

(1) Einführung
(2) Projektziele
(3) Generelle Anforderungen
(4) Aufgaben
       - Projektleitung
       - Entwicklung
       - Produktion
       - Test
(5) Dokumentation
(6) Lieferung (Hardware, Software, Dokumentation)
Anlagen

15.1.2 Aufgabengliederung und Aufgabenverteilung

Ziel der Aufgabengliederung ist es, die Gesamtaufgabe soweit zu zerlegen, bis sich planbare und kontrollierbare Teilaufgaben ergeben (siehe auch Kapitel 4.2). Die Aufgabengliederung stellt die Grundlage für die gesamte weitere Planung des Projektablaufs dar. Das wichtigste Hilfsmittel zur Aufgabengliederung ist der Projektstrukturplan (PSP). Der Projektstrukturplan wird durch die schrittweise horizontale und vertikale Gliederung des Projekts erstellt. Die Gliederung kann verrichtungsorientiert (d.h. nach Funktionen), objektorientiert (z.B. nach Baugruppen) oder phasenorientiert (d.h. nach dem zeitlich-logischen Ablauf) erfolgen. Das Ergebnis in Form der Aufgabengliederung muß so gestaltet sein, daß die Aufgaben überschaubar und klar voneinander abgegrenzt sind. Keine Aufgabe darf zweimal erledigt oder gar vergessen werden. Auch die Zusammenhänge zwischen den Aufgaben müssen ersichtlich sein.

Um zu einer detaillierten Aufgabengliederung zu kommen, ist es notwendig, sukzessive unterschiedliche Gliederungskriterien anzuwenden. Mit welchem Gliederungskriterium man beginnt, ist eine Frage der Zweckmäßigkeit; neben organisatorischen Aspekten sind dabei auch die Kosten, verfügbare Teillösungen oder die Auftragserteilung an Subunternehmer zu berücksichtigen. Nur bei sehr einfachen Projekten wird der Projektstrukturplan sofort in einer endgültigen Form vorliegen. In der Regel wird er im Projektverlauf schrittweise weiterentwickelt. Die Unterteilung wird beendet, wenn die einzelnen Teilaufgaben als "Arbeitspakete" einer einzigen Stelle (z.B. Fachabteilung oder externe Stelle) zugeordnet werden können. Der resultierende, hierarchisch strukturierte

Graph gibt einen Überblick über die einzelnen Teilaufgaben und deren Zusammenhänge. Abbildung 15-3 zeigt am Beispiel einer Filmkamera einen objektorientierten Projektstrukturplan.

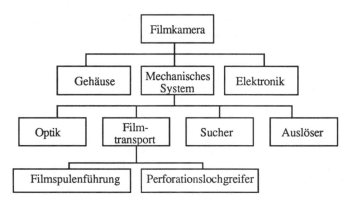

Abb. 15-3: Objektorientierter Projektstrukturplan

Die Erstellung des Projektstrukturplans muß nicht unbedingt durch den Projektmanager selbst erfolgen. Er hat jedoch durch seine koordinierende Funktion sicherzustellen, daß die in Frage kommenden Mitarbeiter einbezogen werden, und daß sie ihr Wissen und ihre Erfahrung bezüglich der geplanten Aufgabe einbringen.

Die Projektdurchführung kann als Problemlösungsprozeß, der nicht in einem einzigen und umfassenden Vorgang geplant und durchgeführt werden kann, verstanden werden. In der Literatur wird deshalb die Zerlegung in mehrere, möglichst zeitlich nacheinander ablaufende Phasen oder Unterprojekte vorgeschlagen (vgl. Hügler 1988, 151, Saynisch et al. 1979, 33). Die Phaseneinteilung trägt wesentlich dazu bei, das Risiko der technischen Realisierbarkeit und der Einhaltung von Terminen und Kosten zu minimieren. Sie dient auch als Orientierungsrahmen für die nachfolgenden Detailplanungen wie z.B. Leistungs-, Kosten- und Terminplanung, was zu einer Art rollierender Planung führt. Der Übergang von einer Phase zur nächsten geschieht durch einen Entscheidungsvorgang, der aus der Bewertung der Ergebnisse und der Freigabe der Folgephase besteht. In der Zukunft liegende Phasen werden nur sehr grob geplant, während die aktuellen Phasen exakt geplant werden.

Eine Projektphase ist ein zeitlicher Abschnitt im Projektverlauf, der logisch oder sachlich gegenüber anderen Abschnitten eine Einheit bildet. Die jeweilige Phasengliederung hängt von den Merkmalen und von der Art eines Projekts, aber auch von speziellen Bedingungen in unterschiedlichen Branchen ab; eine generelle Einteilung kann daher nicht vorgegeben werden. Die jeweilige Pha-

sengliederung wird z.B. von der Projektgröße, vom Produkt oder von den
verwendeten Methoden beeinflußt (vgl. Saynisch 1984). Für den Wirtschaftsinformatiker sind jene Phasenkonzepte besonders wichtig, die in Softwareentwicklungsprojekten eingesetzt werden. Sehr vereinfachend kann dabei eine Einteilung in sequentielle, teilzyklische und zyklische Phasenkonzepte vorgenommen werden (siehe Kapitel 11).

Einen Überblick über verschiedene Phasengliederungen geben u.a. Hügler
(1988), Saynisch (1979) und Kummer et al. (1985). Bedingt durch die speziel-
len Bedürfnisse und Rahmenbedingungen in verschiedenen Unternehmen oder
Situationen ist, jeweils ausgehend von einem allgemeinen Phasenkonzept, die
Anpassung an die projektspezifische Umgebung vorzunehmen. Jede einzelne
Phase sollte eine weitgehend geschlossene Episode darstellen. Dies bietet u.a.
die Möglichkeit, nach Abschluß jeder Phase eine Entscheidung bezüglich der
Projektfortführung oder des Projektabbruchs zu treffen. Vor dem Beginn jeder
Phase sollten folgende Aktivitäten durchgeführt werden:

• Beurteilung der Organisation der vergangenen Phasen;
• Abschätzung der wichtigsten Probleme der kommenden Phase;
• Erarbeiten einer zweckmäßigen Organisation für die kommende Phase.

Ziel der Aufgabenverteilung ist es, die im Projektstrukturplan dargestellten,
elementaren Teilaufgaben unter Berücksichtigung der phasenweisen Gliederung
an interne oder externe Projektmitarbeiter zur Erfüllung zu übertragen. Die
Planung der Aufgabenverteilung umfaßt folgende Teilaufgaben:

• Planung und Zuordnung der Teilaufgaben zu Projektmitarbeitern und
• Regelung der Art der Zusammenarbeit der Projektmitarbeiter bei der Erfüllung dieser Teilaufgaben.

Beide Planungsschritte können mit Hilfe der Funktionen- bzw.
Verantwortungsmatrix vorgenommen werden (siehe Kapitel 14.3.2). Während
der Zuordnung der Aufgaben zu den Mitarbeitern ist zu überprüfen, ob der
Projektstrukturplan hinreichend detailliert für eine entsprechende
Aufgabenverteilung ist. Wenn man nach erfolgter Aufgabenzuordnung die
Zeilen in der Funktionenmatrix betrachtet, so wird daraus ersichtlich, welche
Mitarbeiter bei der Erfüllung einzelner Teilaufgaben zusammenwirken. Die
Teamarbeit ist durch eine entsprechende Spezifizierung der von den einzelnen
Projektmitarbeitern auszuübenden Funktionen zu regeln (z.B. in Form der
Stellenbeschreibung oder durch Organisationsanweisungen).

Aufgrund der Ergebnisse der Planung der Aufgabenverteilung sind die einzelnen Teilaufgaben an die Projektmitarbeiter zu verteilen. Die Verteilung an in-

terne Projektmitarbeiter erfolgt durch interne Aufträge. Solche internen Aufträge sollten außer der Beschreibung der zu erfüllenden Aufgaben auch Kostenvorgaben, Terminvorgaben und Richtlinien zur Aufgabenerfüllung enthalten. Sie stellen damit ein wesentliches Hilfsmittel des Projektmanagements dar, mit dem Leistungen veranlaßt und die Projektziele erreicht werden können. Außerdem dienen interne Aufträge auch zur Erfassung und Dokumentation aller internen Leistungen. Abbildung 15-4 zeigt ein Beispiel für ein internes Auftragsformular.

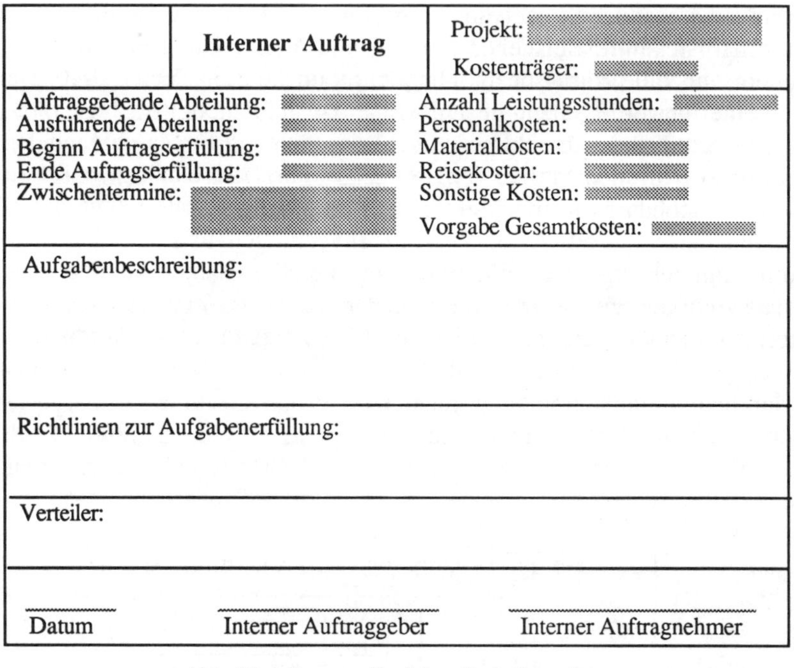

Abb. 15-4: Internes Projektauftragsformular

Die Verteilung von Teilaufgaben an Subauftragnehmer oder externe Projektmitarbeiter erfolgt durch externe Auftragsvergaben. In den dafür zu gestaltenden Verträgen sind neben Terminvereinbarungen für die Fertigstellung bzw. Abnahme auch Vereinbarungen über Zwischentermine (Meilensteine) und eine eventuell notwendige Zusammenarbeit mit internen Projektmitarbeitern zu treffen.

15.1.3 Ablaufplanung

Die Ablaufplanung von Projekten kann grundsätzlich mit Hilfe von Balkenplänen oder Netzplänen vorgenommen werden. Bei der Balkenplantechnik werden die Vorgänge in der Vertikalen des Balkenplans so weit wie möglich chronologisch gereiht. In der Horizontalen werden auf der Zeitachse je Vorgang zeitproportionale Balken eingezeichnet. Die Netzplantechnik umfaßt alle Verfahren zur Analyse, Beschreibung, Planung, Steuerung und Überwachung von Abläufen auf der Grundlage der Graphentheorie. Beide Techniken werden nachfolgend näher erläutert.

Balkenpläne sind in der Praxis weit verbreitet, da sie anschaulich und übersichtlich sind und für ihre Verwendung keine Vorkenntnisse notwendig sind. Sie sind auch unter den Bezeichnungen Balkendiagramm, Gantt-Diagramm und Gantt Chart bekannt. Bei der Erstellung und Verwendung eines Balkenplans bestehen sehr viele Variationsmöglichkeiten (siehe z.B. Reuter 1986, Heinrich 1988). Häufig werden über die Zeitachse die geplanten Vorgänge (z.B. Auftragsfortschrittsplan), die einzusetzenden Maschinen (z.B. Maschinenbelegungsplan), die betroffenen Stellen (z.B. Urlaubsplan), die benötigten Ressourcen (z.B. Materialbedarfsplan) u.ä. als Balken aufgetragen. Die Länge der Balken gibt dann den Zeitverbrauch, Ressourcenverbrauch usw. an. Die Lage der Balken zeigt die zeitliche Folgebeziehung an. Die Balken können aber auch kumulativ aufgetragen werden oder zur Gegenüberstellung von Plan- und Istwerten verwendet werden. Abbildung 15-5 zeigt einen Balkenplan für ein Softwareentwicklungsprojekt, auf dem der Projektfortschritt parallel zu den ursprünglichen Planwerten eingetragen ist.

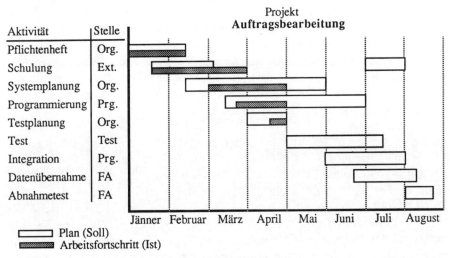

Abb. 15-5: Balkenplan

Eine Erweiterung des Balkenplans ist der **Transplan**. Dabei wird das Ende eines Balkens mit dem Anfang aller Balken verbunden, die unmittelbar anschließen. Man erhält dadurch einen Balkenplan mit logischen Abhängigkeiten, in dem auch der kritische Pfad und eventuelle Zeitreserven ersichtlich sind (vgl. Hügler 1988, 180).

Der **Netzplan** ist ein Instrument der zeitlichen und inhaltlichen Planung von Aufgaben. Die Netzplantechnik wurde Anfang der Sechziger-Jahre entwickelt, um die Planung und Durchführung komplexer Probleme zu unterstützen. Netzpläne können in Tabellenform oder grafisch dargestellt werden. Herkömmliche Netzplanverfahren unterstellen, daß der Projektablauf statisch und vorab bekannt ist. Die formalen Elemente eines Netzplans sind Pfeile und Knoten. Durch sie werden die funktionalen Elemente, also die Vorgänge, die Anordnungsbeziehungen und die Ereignisse dargestellt. Ein Vorgang ist ein zeiterforderndes Geschehen mit definiertem Anfang und Ende bzw. Dauer. Ein Ereignis ist das Eintreten eines definierten Zustands im Projektablauf.

Alle Methoden der Netzplantechnik haben folgendes Vorgehen gemeinsam: Den Ausgangspunkt bildet die Tätigkeitenliste. Die einzelnen Eintragungen werden auch als Netzplanbausteine bezeichnet und ergeben sich aus der Zuordnung der Aufgaben zu Aufgabenträgern (vgl. Abbildung 14-9). Diese Netzplanbausteine tragen üblicherweise folgende Informationen: Ausführende Stelle oder Person, Beschreibung der Aufgabe, geplante oder geschätzte Dauer des Vorgangs, Ressourcenbedarf, frühester und spätester Beginnzeitpunkt. Um zur richtigen Reihenfolge und zum logischen Zusammenhang der Vorgänge zu gelangen, werden zunächst jene Vorgänge festgestellt, die keine Vorgänger haben. Allen diesen Vorgängen stellt man eine Scheinaktivität "Start" voran. In gleicher Weise wird den Vorgängen ohne Nachfolger die Scheinaktivität "Ende" nachgestellt. Auf diese Weise erhält das Projekt einen logischen Anfang und ein logisches Ende. Danach werden iterativ alle Vorgänger bzw. Nachfolger dieser Vorgänge bestimmt bzw. festgestellt, welche Vorgänge unabhängig voneinander durchgeführt werden können. Die logische Verknüpfung aller Netzplan-Bausteine ergibt den Netzplan.

In einem weiteren Schritt wird unter Berücksichtigung der einzelnen Abhängigkeitsbeziehungen die optimale Aufeinanderfolge der Vorgänge bestimmt, die von verschiedenen Faktoren wie Personal oder Finanzierung beeinflußt sein kann. Ferner werden der frühestmögliche Beginnzeitpunkt und der späteste Endzeitpunkt jedes Vorgangs bzw. jedes Ereignisses sowie der kritische Weg und die Pufferzeiten ermittelt. Innerhalb des Projekts wächst der Detaillierungsgrad des Netzplans mit zunehmendem Projektfortschritt vom Übersichtsnetzplan über den Grobnetzplan zum Feinnetzplan. Veränderungen in den Terminen haben keinen Einfluß auf die Ablaufstruktur, Änderungen im Ablauf beeinflussen jedoch die Terminsituation. Die verschiedenen Methoden der Netzplantechnik unterscheiden sich vor allem durch ihre Darstellungsart und werden nachfolgend näher erläutert.

Bei der **Metra-Potential-Methode (MPM)** werden die Tätigkeiten (Vorgänge) als Knoten dargestellt. Die Reihenfolgebedingungen gehen aus den Anordnungsbeziehungen hervor. Man bezeichnet diese Form des Netzplans daher auch als Vorgangsknoten-Netzplan. Jeder Vorgang wird als Kästchen dargestellt, das folgende Informationen enthält: Bezeichnung, Dauer, frühester Anfang, spätester Anfang, frühestes Ende, spätestes Ende. Ein Vorgang kann erst beginnen, wenn alle seine Vorgänger bereits beendet sind. Der früheste Endzeitpunkte eines Vorgangs ergibt sich als Maximum aller frühesten Anfangswerte seiner Vorgänger (Vorwärtsrechnung). Der späteste Endzeitpunkt ist jener Zeitpunkt, zu dem ein Vorgang spätestens abgeschlossen sein muß, um seine Nachfolger nicht zu verzögern. Er wird als Minimum der spätesten Anfangszeitpunkte aller Nachfolger eines Vorgangs bestimmt (Rückwärtsrechnung). Abbildung 15-6 zeigt das Beispiel eines MPM-Netzplans.

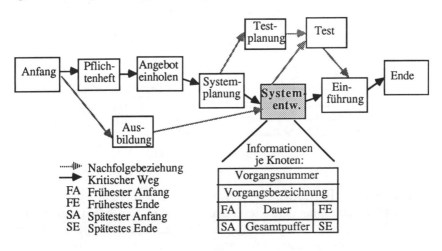

Abb. 15-6: MPM-Netzplan

Ist der früheste Anfang eines Vorgangs gleich dem spätesten Anfang und das früheste Ende gleich dem spätesten Ende, so nennt man ihn kritischen Vorgang. Die Folge aller kritischen Vorgänge heißt kritischer Weg. Die Verzögerung eines solchen Vorgangs würde das geplante Projektende verzögern. In der Praxis ist neben der Ermittlung des kritischen Wegs die Analyse der zeitlichen Spielräume wichtig. Diese Spielräume nennt man Pufferzeiten. Die größte Zeitspanne, um die man einen Vorgang verschieben kann, ohne den Projektendtermin zu beeinflussen, heißt Gesamtpufferzeit.

Bei der **Critical-Path-Methode (CPM)** werden die Tätigkeiten (Vorgänge) als Pfeile dargestellt. Man spricht daher auch von Vorgangspfeil-Netzplan. Die Tätigkeiten sind Pfeile, die Ereignisse (Knoten) verbinden. Die Länge der

Pfeile sagt nichts über die Dauer aus. Die Dauer der Tätigkeit und der jeweilige
Betriebsmittelbedarf ergeben sich aus den Zahlen, die den Pfeilen zugeordnet
werden. Ereignisse verbrauchen weder Zeit noch Betriebsmittel. Ein Ereignis
kann erst stattfinden, wenn alle vor ihm liegenden Tätigkeiten abgeschlossen
sind. Der kritische Weg ist die Verbindung aller Ereignisse, die keine Puffer-
zeit haben, d.h. wo der frühestmögliche Termin mit dem spätest möglichen
Termin identisch ist. Abbildung 15-7 zeigt das Beispiel eines CPM-Netzplans.
Eine Besonderheit dieser Netzplanart sind die sogenannten Scheinvorgänge.
Scheinvorgänge haben die Zeitdauer Null und dienen zur Darstellung von Und-
Verknüpfungen.

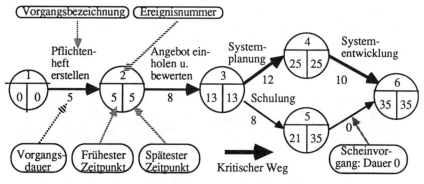

Abb. 15-7: CPM-Netzplan

Die **Program-Evaluation-and-Review-Technique (PERT)** ist ein proba-
bilistisches Verfahren, bei dem Ereignisse als Knoten dargestellt werden. Diese
Form des Netzplans wird daher auch als Ereignisknoten-Netzplan bezeichnet.
Die äußere Darstellung weist zwar eine gewisse formale Ähnlichkeit mit CPM-
Netzplänen auf, der Schwerpunkt bei PERT liegt jedoch auf der Zeitplanung
und der Kontrolle des Gesamtprojekts, nicht - wie bei CPM - in der Überwachung von Aktivitäten; die Pfeile stellen daher nicht unbedingt Vorgänge
dar, sondern beschreiben die Anordnung der Ereignisse. In späteren Erweiterungen von PERT wurden allerdings auch den Pfeilen eindeutig Vorgänge
zugeordnet.

Da bei PERT-Netzplänen nicht Vorgänge, sondern Ereignisse betrachtet werden, steht am Anfang das Erstellen einer Ereignisliste. Diese Vorgehensweise
steht im Gegensatz zu CPM, das vor allem dort sinnvoll eingesetzt werden
kann, wo für die einzelnen Vorgänge und Aktivitäten bereits Erfahrungswerte
aus früheren Projekten bekannt sind. Die Grundannahme bei PERT ist, daß die
Zeitdauer zwischen zwei Ereignissen, die in der Regel durch einen Vorgang
beschrieben wird, stochastischer Natur ist. Die Verteilung der Zufallsvariablen

"Zeitdauer des Vorgangs" wird gewöhnlich durch die Beta-Verteilung repräsentiert. Wenn man zu jedem Vorgang die drei Zeitwerte optimistische Zeitdauer, wahrscheinliche Zeitdauer und pessimistische Zeitdauer schätzt, so ergibt sich der Erwartungswert t_e für die Zeitdauer des Vorgangs nach folgender
Formel:

$$t_e = (t_{optimistisch} + 4 * t_{wahrscheinlich} + t_{pessimistisch}) / 6.$$

Aufgabe der Zeitanalyse bei PERT ist es, anhand dieser Werte die kritischen
Ereignisse und damit den kritischen Weg zu ermitteln. Der kritische Weg ist
die Folge der kritischen Ereignisse und wird ähnlich wie bei CPM ermittelt.
Abbildung 15-8 zeigt eine Ereignisliste mit dem zugehörigen PERT-Netzplan.

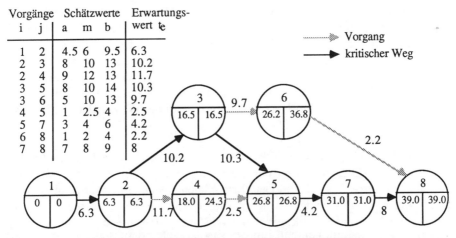

| Vorgänge | | Schätzwerte | | | Erwartungs- |
i	j	a	m	b	wert t_e
1	2	4.5	6	9.5	6.3
2	3	8	10	13	10.2
2	4	9	12	13	11.7
3	5	8	10	14	10.3
3	6	5	10	13	9.7
4	5	1	2.5	4	2.5
5	7	3	4	6	4.2
6	8	1	2	4	2.2
7	8	7	8	9	8

Abb. 15-8: PERT-Netzplan mit zugehöriger Ereignisliste

Aufgrund der Annahme betaverteilter Vorgangszeitdauern und normalverteil-
ter Ereigniszeiten können nun entsprechend den stochastischen Eigenschaften
dieser Zeiten verschiedene Aussagen gemacht werden. Im Beispiel, das in Abbildung 15-8 gezeigt wird, beträgt die errechnete Projektdauer 39 Zeiteinheiten. Da als Berechnungsgrundlage Erwartungswerte dienen, kann angenommen werden, daß die Projektdauer diesen Wert mit einer Wahrscheinlichkeit
von 0.5 nicht überschreitet. Weiters kann man bei PERT mit Hilfe elementarer
statistischer Rechenverfahren ermitteln, mit welcher Wahrscheinlichkeit das
Projekt innerhalb einer bestimmten Zeit fertiggestellt ist bzw. wie lange die
voraussichtliche Projektdauer bei einem vorgegebenen Sicherheitsniveau sein
wird. Trotz der Einbeziehung des stochastischen Elements sind der Anwendung
von PERT gewisse Grenzen gesetzt. Vor allem in großen Netzplänen können
sich die starke Vereinfachung der Berechnungsformeln, die Vortäuschung einer
größeren Genauigkeit durch die dreifache Zeitschätzung und die meist

fehlenden Voraussetzungen für die Anwendung der Normalverteilung in Fehlern bemerkbar machen. Außerdem sind in PERT weder Überlappungen noch Maximalabstände von Vorgängen darstellbar. Trotz dieser Nachteile und auch wenn die errechneten Wahrscheinlichkeiten theoretisch nicht haltbar sind, bietet PERT doch mehr Informationen als CPM und MPM, und wird mitunter sogar als Basis für die Vertragsgestaltung herangezogen.

Das Erstellen und laufende Aktualisieren des Netzplans, das Berechnen der Termine, das Ausdrucken des Netzplans, das automatische Erstellen von Tätigkeitslisten, Balkenplänen usw. wird durch den Einsatz von Software erheblich erleichtert. Die verschiedenen Netzplantypen haben sich im Laufe der Zeit im praktischen Einsatz so weiterentwickelt, daß heute kaum noch Unterschiede bestehen. Die Vorgangs-Knoten-Darstellung weist jedoch als praktischen Vorteil u.a. die Vermeidung von Scheinvorgängen auf, sodaß dieses Verfahren insbesondere in Projektmanagement-Programmen häufig vorzufinden ist. Ungewißheiten über die Reihenfolge einzelner Vorgänge oder alternative Durchführungsvarianten können mit den erläuterten Verfahren nicht abgebildet werden. Dies führte dazu, daß in neueren Ansätzen weitere Strukturelemente (z.B. Sub-Netzpläne, Entscheidungsblöcke, Auswahlblöcke) eingeführt wurden.

Wie bereits erwähnt, wird die Planung mit dem Projektfortschritt kontinuierlich verfeinert. Dies wird von der Netzplantechnik unter anderem durch die Möglichkeit der Ableitung von Detailnetzplänen aus einem Grobnetzplan unterstützt. Bei kleineren Projekten mit geringer Komplexität wird meist auf den Einsatz der Netzplantechnik verzichtet und unter Umständen nur ein Gesamtplan in Form eines Balkenplans erstellt. Abgesehen davon stellen Balkenpläne eine ideale Ergänzung zum Netzplan dar und sie können auch leicht aus einem Netzplan abgeleitet werden. Die Nachteile der jeweiligen Technik, die nachfolgend zusammenfassend dargestellt sind, werden durch die Integration in Projektmanagement-Programmen weitgehend kompensiert (vgl. Madauss 1984):

Nachteile der Balkenplantechnik gegenüber der Netzplantechnik sind:

- Da im Balkenplan keine ablauflogischen Abhängigkeiten oder Zusammenhänge dargestellt werden können, werden Einzelheiten leicht übersehen.
- Die Übersichtlichkeit von Balkenplänen nimmt mit zunehmender Projektgröße und Komplexität rasch ab. Das Korrigieren großer Balkenpläne ist außerdem sehr mühsam, während bei Änderungen im Netzplan die Ablaufstruktur weitgehend gleich bleibt und meistens bloß die Listen geändert werden; aber auch Strukturmodifikationen in Netzplänen sind leicht vorzunehmen.

- Die Auswirkungen von Terminänderungen auf noch zu erstellende Vorgänge kann in Balkenplänen kaum festgestellt werden; ebenso ist nicht ersichtlich, welcher Zeitdruck auf den einzelnen Vorgängen liegt.
- Der Netzplan zeigt, wo Zeitreserven vorhanden sind, wo sie fehlen und wo Beschleunigungsmaßnahmen notwendig sind.

Nachteile der Netzplantechnik gegenüber der Balkenplantechnik sind:

- Der Netzplan ist für den unmittelbar Ausführenden im allgemeinen schwer lesbar, da ihm die Darstellung der zeitlichen Analogie fehlt.
- Im Netzplan selbst ist es nicht möglich, eine Einsatzmittelplanung vorzunehmen; zu diesem Zweck ist es notwendig, eine Zeitachse in die Darstellung einzuführen.

15.2 Detailplanung

Die Detailplanung baut auf den Planungsergebnissen der Grobplanung auf. Ihr Ziel ist die Verfeinerung und Optimierung der ablauflogischen Ordnung aller Projektaktivitäten unter Berücksichtigung der verschiedenen Planungsgrößen wie Termin, Leistung, Ressourcen, Personal und Kosten. Der genaue Projektablauf - und damit auch die Detailplanung - werden durch die zwischen den einzelnen Planungsgrößen bestehenden Abhängigkeiten wesentlich mitbestimmt. Bei sehr großen Projekten kann es daher zweckmäßig sein, nur die jeweils unmittelbar zur Realisierung anstehenden Aktivitäten im Detail zu planen.

15.2.1 Termin- und Ablaufplanung

Die Terminplanung orientiert sich am Fertigstellungstermin des Projekts, der durch die allgemeinen Planungsziele vorgegeben ist. Vom Projektstrukturplan und von eventuell vorgegebenen Endterminen ausgehend werden für die einzelnen Projekt-Teilaufgaben Termine und Zwischentermine festgelegt. Eine wichtige Aufgabe ist dabei auch die Zeitplanung: Für jede Teilaufgabe bzw. Tätigkeit wird der für ihre Durchführung erforderliche Zeitbedarf (Dauer) ermittelt. Meist handelt es sich dabei um Schätzwerte, für die neben Erfahrungswerten aus vergangenen Projekten auch das Wissen und die Fertigkeiten der Projektmitarbeiter sowie die zur Verfügung stehenden Hilfsmittel zu einzubeziehen sind.

Die Terminplanung führt nur bei einer gleichzeitigen Berücksichtigung der Abläufe zu einem brauchbaren Ergebnis. Als kleinste Planungs- und Kontrolleinheit empfehlen sich hinsichtlich der späteren Abstimmung mit den Ergebnissen der Projektkontrolle die Vorgänge des Netzplans oder die Arbeitspakete des Projektstrukturplans. Parallel zur Fixierung der Beginn- und Endtermine

sind die zeitlichen und logischen Abhängigkeiten festzulegen. Zweckmäßigerweise erfolgt die Termin- und Ablaufplanung im Zuge der Verfeinerung des
Netzplans. Hinzuweisen ist auch auf den engen Zusammenhang mit der Einsatzmittelplanung (vgl. Kapitel 15.2.2). Abhängig vom jeweiligen Projekt sind
bei Bedarf weitere Einzelpläne wie der Schulungsplan oder der
Installationsplan zu erstellen bzw. aus den genannten Plänen abzuleiten.

Die Ergebnisse der Termin- und Ablaufplanung dienen später zur Kontrolle
des Leistungsfortschritts, die auf der Basis leistungsbezogener Meßgrößen
erfolgen sollte. Die Festlegung solcher Meßgrößen stellt einen kreativen Prozeß
dar, der ebenfalls als Teil der Termin- und Ablaufplanung betrachtet werden
kann. Bei Vorgängen, wo der Leistungsfortschritt anhand von bestehenden
Größen kontinuierlich gemessen werden kann, sollten diese auch verwendet
werden (z.B. Erdaushub in m^3, Betoneinbringung in m^3). Bei Leistungen, wo
dies nicht möglich ist (z.B. Konstruktionsleistungen) sollten als Meßgrößen für
die Planung und die darauf aufbauende Kontrolle des Fortschritts Meilensteine
definiert werden. Bei der Verwendung von Meilensteinen kann entweder angenommen werden, daß zwischen zwei Meilensteinen ein linearer Leistungsfortschritt stattfindet (z.B. Baupläne) oder, daß kein wesentlicher Fortschritt
stattfindet (z.B. Forschungsprojekt) (vgl. auch Kapitel 15.3.3).

15.2.2 Einsatzmittelplanung

Ziel der Einsatzmittelplanung ist es, den Bedarf an Einsatzmitteln differenziert
nach Einsatzmittelarten im Zeitablauf zu planen. Damit sollen die kapazitäts-
mäßigen Voraussetzungen für die Projektdurchführung geschaffen werden. Die
Grundlagen der Einsatzmittelplanung, die auch als Ressourcenplanung bezeichnet wird, stellen die Ergebnisse der Termin- und Ablaufplanung dar. Während
die Netzplanvorgänge in der Terminplanung als zeitverbrauchende Teilaufgaben eines Projekts betrachtet werden, sind diese Vorgänge für die Einsatzmittelplanung Träger des Ressourcenbedarfs. Bei der Einsatzmittelplanung
müssen also zusätzlich zu den zeitlichen Überlegungen qualitative, quantitative,
örtliche und organisatorische Aspekte berücksichtigt werden (vgl. Hügler
1988). Eine realistische Terminplanung ist allerdings ohne Vorüberlegungen
zum Bedarf an Personal, Sachmittel usw. nicht denkbar, sodaß Termin-, Ab-
lauf- und Einsatzmittelplanung meist in einem wechselseitigen Abstimmungs-
prozeß erfolgen.

Typische und häufig vorkommende Einsatzmittel sind Maschinen und Geräte,
Finanzmittel, Lagerflächen, Materialien usw. Üblicherweise ist auch das Personal bzw. Gruppen von Arbeitskräften (Techniker, Programmierer, Elektriker
usw.) Bestandteil der Einsatzmittelplanung (Personaleinsatzplan). Für jeden
Vorgang ist festzustellen, welche Einsatzmittel und wieviele davon für die

Durchführung gebraucht werden und wo der Vorgang durchgeführt wird. Für die Ermittlung des Kapazitätsbedarfs müssen die geplanten Mengen den Terminen zugeordnet werden. Zu Beginn des Projekts wird man nur sehr globale Kapazitätsschätzungen vornehmen können, die in späteren Phasen entsprechend verfeinert werden.

In Unternehmen, die mehrere Projekte gleichzeitig abwickeln, ist es zweckmäßig, die Einsatzmittel zu Kapazitätsgruppen zusammenzufassen (z.B. gleichartige Maschinen, Personal mit gleicher Qualifikation) und bei der organisatorischen Gliederung zu berücksichtigen. Dadurch kann leicht festgestellt werden, welche Kapazitätsart in welcher Höhe zu Verfügung steht. Es läßt sich dann durch einen Vergleich des Kapazitätsbedarfs überprüfen, ob die vorhandenen Kapazitäten für den Planungsbedarf ausreichen.

15.2.3 Kosten- und Finanzplanung

Die Kostenplanung hat in den einzelnen Projektphasen sehr unterschiedliche Aufgaben. Zu Beginn soll durch eine Kostenschätzung ein globaler Überblick über die Gesamtkosten erreicht werden. Ein Überblick über Methoden, die dafür verwendet werden können, findet sich u.a. bei Hügler (1988) und Madauss (1984); DV-spezifische Schätzverfahren werden bei Noth/Kretschmar (1986) dargestellt. Im Zuge der Verfeinerung der Planung im PSP und im Netzplan erfolgt auch eine schrittweise Konkretisierung der Kostenplanung. In der Durchführungsphase werden die angefallenen Istkosten periodisch ermittelt und den Plankosten gegenübergestellt. Kostenabweichungen können bei einer detaillierten Kostenaufzeichnung auf diese Weise leicht ermittelt und analysiert werden.

Der **Finanzplan** läßt sich durch eine Verknüpfung von Termin- und Kostenplan erstellen. Er zeigt, welche Ausgaben zu welchen Terminen anfallen und dient zur Budgetierung und zur Steuerung der Finanzmittelbereitstellung (vgl. Madauss 1984). Neben den betriebseigenen Kosten werden im Finanzplan auch die Kosten für die Verpflichtungen gegenüber Dritten festgehalten. Die Kostenaufgliederung muß die Aufteilung der Tätigkeiten entsprechend dem Netzplan berücksichtigen, denn nur dann besteht zu einem späteren Zeitpunkt auch die Möglichkeit der Kontrolle.

Die Projektkosten lassen sich in Projekteinzelkosten und Projektgemeinkosten gliedern. Einzelkosten können dem Projekt unmittelbar zugeordnet werden (z.B. Materialkosten, Personalkosten). Gemeinkosten können dem Projekt nicht direkt zugerechnet werden (z.B. Heizkosten); sie werden durch Zuschläge berücksichtigt, die vom Rechnungswesen in der Kostenrechnung ermittelt werden. Die Einzelkosten sollten möglichst auf Vorgangsebene erfaßt werden. Es gibt jedoch auch Kosten, die nur ganzen Aufgaben oder dem gesamten Projekt zugerechnet werden können (z.B. Beraterkosten, Versicherungen). Sie sollten jenem Kostenträger angelastet werden, dem sie direkt zurechenbar sind (vgl. Hügler 1988).

Aufgabe laut PSP	Kosten-art	Monat												Summe
		J	F	M	A	M	J	J	A	S	O	N	D	
A 1	KA 1													
	KA 2													
	...													
A 2	KA 1													
	KA 2													
	...													
...	...													
Gesamt														

Projekt: [ ]   Projektleiter: [ ]   Jahr: [ ]

Abb. 15-9: Projektkostenplan

Es ist allgemein üblich, die Projektkosten über Kostenarten zu erfassen, die wiederum zur Reduzierung des Planungsaufwands in Kostenartengruppen zusammengefaßt werden. Die Planung und Erfassung der Kosten, die dann bestimmten Kostenträgern zugerechnet werden, erfolgt bei den Kostenstellen. Kostenträger ist das jeweilige Projekt. Bei Bedarf ist eine Zerlegung in Unterkostenträger möglich. Dabei ist es von Vorteil, wenn bereits beim Projektstrukturplan darauf geachtet wird, daß jede Tätigkeit (Arbeitspaket) nur einer Stelle bzw. einer Kostenstelle zugeordnet ist. Als Ergebnis der Kostenplanung entsteht ein detaillierter Projektkostenplan. Abbildung 15-9 zeigt ein Formularmuster zur Erstellung eines solchen Kostenplans

15.3 Projektkontrolle und Projektsteuerung

Zweck der Projektkontrolle und Projektsteuerung ist es, bereits während der Projektdurchführung Abweichungen von den Projektzielen zu erkennen. Die Durchführung der einzelnen Projekt-Teilaufgaben muß dazu regelmäßig kontrolliert werden. Bei Planabweichungen sind die Ursachen und die Auswirkungen zu analysieren und bei Bedarf korrigierende Maßnahmen einzuleiten.

Die Projektkontrolle umfaßt das Beobachten des Projektverlaufs bezüglich der Erreichung von Projektzielen und das Feststellen von Abweichungen. Sie erfolgt primär als Termin-, Kosten- und Leistungskontrolle, die anschließend noch näher erläutert werden. Abhängig von der jeweils projektspezifischen Situation sind weitere Merkmale wie Kapazitätsauslastung, Qualität usw. bei der Kontrolle zu berücksichtigen. Mit Hilfe der Kapazitätskontrolle soll z.B. das Vorhandensein von ausreichenden Kapazitäten (z.B. Maschinen, Material) oder die gleichmäßige Kapazitätsauslastung überprüft werden. Die Qualitätskontrolle dient z.B. zur Feststellung der Einhaltung von Qualitätsvorschriften in bezug auf das Projektergebnis.

Bei kleineren Projekten kann die Kontrollfunktion vom Projektleiter selbst wahrgenommen werden. Bei großen Projekten werden spezialisierte Mitarbeiter mit dieser Tätigkeit beauftragt sowie automatisierte Berichtssysteme zur Unterstützung eingesetzt. Je klarer in der Planungsphase die Unterteilung des Projekts vorgenommen wurde, desto einfacher wird die Kontrolle während der Projektdurchführung sein. Als Kontrollunterlagen dienen die Auftragsspezifikation sowie alle verfügbaren Planungsunterlagen und Projektberichte. Um eine effektive Kontrolle zu gewährleisten, muß sichergestellt sein, daß alle Veränderungen, die während eines Projekts stattfinden, in die Pläne eingearbeitet werden. Für die Darstellung des Projektfortschritts eignen sich z.B. Balkenpläne und Fortschrittstabellen.

15.3.1 Termin- und Ablaufkontrolle

Bei der Terminkontrolle erfolgt die Feststellung des Projektstands bzw. des Projektfortschritts. Dies geschieht durch direkte Gespräche und aufgrund der Rückmeldungen über den Status der einzelnen Vorgänge durch die Projektmitarbeiter im Rahmen des Berichtwesens. Grundlage für die Terminkontrolle sind die Informationen über den Stand jener Aufgaben, die zum jeweiligen Kontrollzeitpunkt fertiggestellt sein sollten. Die Ergebnisse der Terminkontrolle informieren über den Anfangszeitpunkt aller angefangenen Vorgänge, den Endzeitpunkt beendeter Vorgänge sowie den Leistungsfortschritt und zu erwartenden Fertigstellungszeitpunkt angefangener Vorgänge. Bei Vorgängen, die noch nicht begonnenen wurden, sind gegebenenfalls Planwerte, die zu korrigieren sind, aufzuzeigen.

Eine einfache Auflistung der Terminabweichungen ist allerdings noch keine ausreichende Kontrolle. Vielmehr müssen auch die Ursachen und die Auswirkungen aller Abweichungen auf den weiteren Projektablauf sowie auf den voraussichtlichen Endtermin festgestellt werden. Im Rahmen von Termin- und Ablaufkontrollsitzungen ist zu prüfen, ob Veränderungen in der Ablauflogik notwendig sind. Solche Sitzungen sollten unmittelbar bei Bedarf, jedoch mindestens einmal pro Monat stattfinden. Wenn Korrekturmaßnahmen nötig sind, dann müssen sich diese auf die Verhinderung weiterer Nachteile als Folge

der Verzögerung konzentrieren. Besondere Bedeutung erhalten diese Maßnahmen, wenn Teilvorgänge von einer verzögerten Tätigkeit abhängig sind und
durch diese Verzögerung erhebliche Mehrkosten zustande kommen würden.

Häufige Ursachen von Terminüberschreitungen sind:

• Zu optimistische Schätzung bei der Planung;
• Externe Partner halten die Fristen nicht ein;
• Änderungen in den Projektzielen;
• Bei der Planung wurden wichtige Tätigkeiten nicht berücksichtigt;
• Informationen treffen zu spät oder gar nicht ein.

Für die Termin- und Ablaufkontrolle können sowohl Meilensteinlisten als auch
Balkenpläne verwendet werden. Beim Einsatz der Netzplantechnik sind sehr
genaue Analysen möglich, auf deren Grundlage auch Korrekturmaßnahmen
geplant werden können (z.B. zeitliche oder logische Veränderung der Netz-
planstruktur mit nachfolgender Revision des Kostenplans).

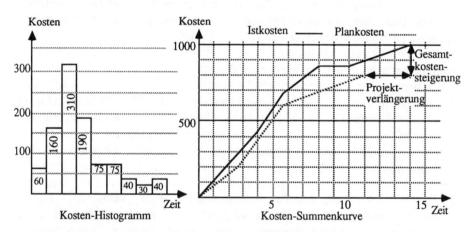

Abb. 15-10: Grafische Kostenkontrolle

15.3.2 Kostenkontrolle

Durch die Kostenkontrolle soll die Kostenentwicklung im Projekt ständig überschaubar sein. Dies erfordert eine periodische Gegenüberstellung von geplanten
und angefallenen Kosten. Ein häufiges Problem ist jedoch, daß die Kostendaten
erst einige Wochen nach Kostenanfall verfügbar sind. Damit bei Überschrei-
tungen der Planwerte ein rechtzeitiges Eingreifen möglich ist, sollten die
Kosteninformationen möglichst kurzfristig verfügbar sein. Außerdem muß
sich die Kontrolle auf voneinander abgegrenzte Teilaufgaben beziehen, d.h. ein

Bezug zum Netzplan oder zum Projektstrukturplan muß herstellbar sein und die Kosten dürfen auch nicht durch Umlage anderer Kosten verfälscht sein. Grafisch läßt sich der Kostenverlauf durch Kosten-Histogramme und Kosten-Summenkurven gut darstellen (Abbildung 15-10).

15.3.3 Leistungsfortschrittskontrolle

Ein wesentliches Problem der Projektkontrolle ist die Feststellung des tatsächlichen Fortschritts der Arbeiten. Mit der Leistungskontrolle soll sichergestellt werden, daß die ausgeführten Vorgänge auch das in der Auftragsspezifikation festgelegte Ergebnis liefern. Diese Kontrolle wird möglicherweise dadurch beeinträchtigt, daß von den zuständigen Projektmitarbeitern ein Problem oder Terminverzug erst dann gemeldet wird, wenn absolut keine Möglichkeit mehr besteht, das gesetzte Ziel zu erreichen; zu diesem Zeitpunkt kommen aber auch Korrekturmaßnahmen bereits zu spät.

Bei der Leistungsfortschrittskontrolle gelten andere Prinzipien wie bei der Termin- und Kostenkontrolle, die überwiegend periodisch erfolgt. Ein Schätzwert für den Status des Gesamtprojekts als Kennzahl für den Projektfortschritt ist meist nur von geringem Wert. Bei der Feststellung des tatsächlichen Fortschritts ist von den Ergebnissen und Annahmen der Termin- und Ablaufplanung auszugehen. Für die einzelnen Meßgrößen, die als Kontrolleinheiten festgelegt wurden, ist festzustellen, ob die entsprechende Kontrolleinheit fertiggestellt, in Durchführung oder eventuell noch gar nicht begonnen ist. Für die formale Leistungskontrolle müssen jedoch zwei Voraussetzungen erfüllt sein: Eindeutige Spezifikation bzw. Aufgabenbeschreibung und definierte Meßpunkte. Folgende Methoden können zur Bewertung des Ist-Fortschritts angewendet werden:

- *Methode der 0%- oder 100%-Annahme:* Diese Methode setzt eine weitgehende Detaillierung der Planungseinheiten voraus. Sie ist relativ ungenau, da jede Arbeitseinheit entweder als noch nicht begonnen (0% Leistungsfortschritt) oder als fertiggestellt (100% Leistungsfortschritt) eingestuft wird.

- *Schätzung durch die Projektbearbeiter:* Bei dieser Methode gibt der mit der Aufgabe befaßte Mitarbeiter eine subjektive Schätzung über den prozentuellen Leistungsfortschritt ab. Auf den Einsatz objektivierbarer Meßgrößen wird dabei verzichtet.

- *Methode der Output-Meßgrößen:* Diese Methode liefert die genaueste Aussage über den Projektfortschritt, da der Ist-Fortschritt mit Hilfe von leistungsbezogenen Meßgrößen gemessen wird. Es ist auch die einzige Methode, bei der ein

Soll-Ist-Vergleich für Leistungen möglich ist, die sich erst in Durchführung befinden.

Wenn sich während der Projektdurchführung Engpässe ergeben, so wird man zuerst versuchen, einzelne Vorgänge im Rahmen von Pufferzeiten zu verschieben. Wenn diese Möglichkeit nicht ausreicht, kann noch versucht werden, durch Überlappen von Vorgängen oder eine kurzfristige Kapazitätsausweitung, eine Terminverschiebung zu vermeiden. In Unternehmen, in denen mehrere Projekte nebeneinander durchgeführt werden, muß dabei immer auch die Gesamtsituation betrachtet werden.

15.3.4 Integrierte Kontrolle

Abweichungen im Projekt sind häufig eine Kombination aus verschiedenen Problemen wie z.B. Kosten- und Terminabweichungen. Für eine ausreichende Kontrolle müssen daher alle Faktoren möglichst gleich berücksichtigt und die Abweichungen zueinander in Beziehung gesetzt werden.

Die **Integration der Leistungsfortschritts- und der Terminkontrolle** sollte auf der Ebene der Vorgänge des Detailnetzplanes erfolgen. Wenn sich zum Stichtag der Ist-Leistungsfortschritt vom geplanten Leistungsfortschritt unterscheidet, kann die bis dahin aufgetretene Leistungsdifferenz ermittelt und dargestellt werden. Weiters kann auch die Zeitdifferenz (Soll-Zeit) festgestellt werden, dh. wieviel Zeit für die Ist-Leistung hätte verbraucht werden dürfen. Auf der Vorgangsebene kann zwischen dem Leistungsfortschritt und der verbrauchten Zeit eine proportionale Beziehung unterstellt werden. Auf höheren Aggregationsebenen, wo jeweils mehrere Vorgänge zusammengefaßt sind (z.B. Arbeitspakete im Projektstrukturplan), besteht dieses proportionale Verhältnis allerdings nicht mehr (siehe Gegenüberstellung in Abbildung 15-11).

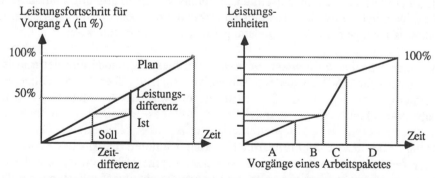

Abb. 15-11: Leistungsfortschritt auf Vorgangs- und Arbeitspaketebene

Die **Integration der Leistungsfortschritts- und der Kosten-Kontrolle** kann ebenfalls auf der Ebene der Vorgänge des Detailnetzplanes erfolgen. Wenn dies der Fall ist, entstehen proportionale Beziehungen zwischen Leistung, Zeit und Kosten. Da sich aber in der Praxis aus Kontrollgründen eine Zurechnung von Kosten zu Netzplanvorgängen meist nicht als zweckmäßig erweist, wird vorgeschlagen, die Leistung-Kosten-Integration sowie die Zeit-Kosten-Integration auf der Arbeitspaketebene des Projektstrukturplans vorzunehmen. Dadurch ergibt sich auf der Arbeitspaketebene eine proportionale Beziehung zwischen Leistungsfortschritt und Kosten. Im Zuge dieser Kontrolle kann außer einer eventuellen Leistungsdifferenz auch die entsprechende Kostendifferenz (Ist-Kosten abzüglich Soll-Kosten, die für die Ist-Leistung geplant waren) festgestellt werden.

Im Rahmen der mitlaufenden **Nachkalkulation** sollten weiters alle aufgefallenen Ist-Kosten periodisch (z.B. monatlich) erfaßt und den Plankosten gegenübergestellt werden. Dieser Soll/Ist-Vergleich bildet die Grundlage für eine **Erfolgskontrolle**. Den Vorgriff auf die endgültigen Kosten eines Projekts bezeichnet man als **Engagementkontrolle**. Dabei werden zusätzlich zu den bereits disponierten und den angefallenen Kosten auch die zu erwartenden Kosten berücksichtigt.

15.3.5 Verfahren der Projektkontrolle

Für die integrierte Projektkontrolle können einfache und aufwendigere, manuelle und computergestützte Systeme eingesetzt werden. Dabei besteht ein enger Zusammenhang mit dem eingesetzten Dokumentations- und Berichtssystem. Die überwiegende Anzahl der Unternehmen setzen noch immer manuelle Projektkontroll-Systeme ein. Die einfachste Form der Projektkontrolle ist das Terminübersichtsblatt (vgl. Kuba 1987, 138). Dabei werden Planungs- und Überwachungsaktivitäten auf einem Formular vereinigt. Das Terminübersichtsblatt liegt während der Projektdurchführung beim Projektmanager und wird nach Abschluß jeder Phase an den Projektträger weitergegeben. Die Projektkontrolle wird dabei nicht monatlich, sondern jeweils am Ende eines Projektabschnitts, durchgeführt. Da die Projektkontrolle damit üblicherweise einen größeren Zeitraum umfaßt, sind auch weniger Eingriffsmöglichkeiten als bei der periodischen Kontrolle gegeben.

Die typischen Formen der manuellen Projektkontrolle bauen gewöhnlich auf zwei Formularen, dem Mitarbeiterbericht (z.B. Arbeitszeitbericht, Tätigkeitsbericht) und dem Projektfortschrittsbericht (Statusbericht) auf (vgl. Kuba 1987, 142). Der Mitarbeiterbericht sagt aus, wer an einem Projekt gearbeitet hat. Dieser Bericht wird meist von jedem Mitarbeiter wöchentlich ausgefüllt. Der Projektfortschrittsbericht wird meist einmal pro Monat erstellt und zeigt, welcher Fortschritt in der abgelaufenen Periode erzielt worden ist. Er weist auch den Projektstatus aus. Für den Projektfortschrittsbericht werden die Daten der Mitarbeiterberichte und die Schätzdaten des Projektleiters herangezogen. Der Projektfortschrittsbericht ist ein reiner Terminbericht. Anstelle des Fertigstellungsgrads findet man immer häufiger auch den restlichen Bedarfswert in Tagen ausgedrückt. Über weitere Umrechnungen kann aus diesem Bericht auch der Kostenbericht für die Budgetfortschreibung abgeleitet werden. Abbildung 15-12 zeigt das Beispiel eines Projektfortschrittsberichts.

Projekt-Fortschrittsbericht	Projekt: ▨ Sollbeginn: ▨ Istbeginn: ▨															
Datum: ▨	Projektnummer: ▨ Projektleiter: ▨ Sollabschluß: ▨ Istabschluß: ▨															
Phasen	Feldübersicht	Sollwerte	Istwerte je Monat												
Mitarbeiteranteil von bis			1	2	3	4	5	6	7	8	9	10	11	12
Sollkonzept + Analyse	Vorgabetage Verbrauch kum. Restbedarf Abweichung Beginn Ende														
Sytementwicklung	Vorgabetage Verbrauch kum. Restbedarf Abweichung Beginn Ende														
Einführung	Vorgabetage Verbrauch kum. Restbedarf Abweichung Beginn Ende														

Abb. 15-12: Projektfortschrittsbericht (nach Kuba 1987)

Die Erstellung des Projektfortschrittsberichts ist zwar nicht schwierig, meist aber sehr arbeitsaufwendig. Computerunterstützte Systeme bieten hier vielfältige Erleichterungen gegenüber manuellen Verfahren. Ein wesentlicher Vorteil liegt z.B. darin, daß Projektfortschrittsberichte aus den erfaßten Istwerten, die den Arbeitsberichten der Mitarbeiter entnommen werden, damit weitgehend automatisch erstellt werden können. Auch der Vergleich mit gepeicherten Werten aus Vorperioden ist bei entsprechender Automatisierung mit geringem Aufwand möglich.

15.4 Berichts- und Dokumentationssystem

Die Berichterstattung im Projekt kann als eines der wichtigsten Instrumente des Projektmanagements angesehen werden. Das projektbezogene Berichtssystem soll gewährleisten, daß die jeweiligen Informationen, die für die Durchführung des Projekts erforderlich sind, richtig, vollständig und rasch zur Verfügung stehen. Soweit im Unternehmen allgemeine Richtlinien bestehen, ist zu prüfen, inwieweit diese im Projekt Anwendung finden. Bereits bei der Festlegung der Organisationsstruktur und der Zuständigkeiten ist festzulegen, wer von wem zu welchem Zeitpunkt welche Informationen zu erhalten hat.

Aufgabe des Dokumentationssystems ist die Gestaltung, Kennzeichnung und Archivierung aller anfallenden Dokumente. Beispiele für solche Dokumente sind Listen, Pläne, Berichte, Vorschriften, Spezifikationen, Verträge, Abnahmeberichte, Zeichnungen, Handbücher, Prozeduren, Programme, Dateibeschreibungen usw.. Für jedes Dokument sollte eine einheitliche Bezeichnung und eine Dokumentationsnummer festgelegt werden. Mit der Dokumentationsnummer wird ein Ordnungssystem geschaffen, welches das Auffinden und die Identifikation unterstützen soll.

15.4.1 Projekthandbuch

Das Projekthandbuch stellt eine gegliederte Zusammenfassung der in einem Unternehmen für die Projektorganisation und -durchführung gültigen organisatorischen Regeln dar. Wenn im Unternehmen bereits ein Organisationshandbuch vorhanden ist, so sollte dieses um ein entsprechendes Kapitel "Projektorganisation" ergänzt werden. Das Projekthandbuch - geläufig ist dafür auch die Bezeichnung Verfahrenshandbuch - gilt grundsätzlich für die gesamte Dauer eines Projekts und dient als Nachschlagewerk für organisatorische Regeln sowie als Führungsinstrument, indem es über Ziele, Aufgaben, Methoden, Techniken usw. informiert. Es kann seinen Zweck allerdings nur erfüllen, wenn es stets auf den aktuellen Stand gebracht ist. Bei Bedarf muß es daher auch im Laufe der Projektbearbeitung (z.B. vor einem neuen Projektabschnitt) revidiert und an geänderte Erfordernisse angepaßt werden. Die Verantwortung für die Aktualisierung liegt entweder bei der Unternehmensleitung selbst bzw. einer beauftragten Stabsstelle oder ersatzweise auch bei der Projektleitung (vgl. Kuba 1987). Da das Projekthandbuch schrittweise erstellt bzw. sukzessive weiterentwickelt wird, ist eine Loseblattsammlung zu empfehlen.

Im Projekthandbuch wird die Projektorganisation für alle Beteiligten verbindlich festgelegt. Dargestellt werden darin auch die Ziele und die Arbeitsweise im Projekt, und es werden den beteiligten Stellen Aufgaben, Leistungen, Befugnisse und Verantwortung zugewiesen. Das Projekthandbuch bildet damit eine wichtige Grundlage zur Erteilung detaillierter Aufträge im Rahmen des Projekts. Es unterstützt die Erstellung interner Aufträge (vgl. Abbildung 15-6) und die Ausarbeitung notwendiger Verträge, d.h. es dient während der Projektbearbeitung als verbindliche Richtlinie für die Zusammenarbeit. Wie allgemein bei Organisationsanweisungen üblich, sollten auch die im Projekthandbuch enthaltenen Regelungen durch die Unternehmensleitung genehmigt werden. Dies ist besonders wichtig, weil bei Meinungsverschiedenheiten oder Kompetenzproblemen im Projektverlauf auf die Regelungen im Projekthandbuch zurückgegriffen werden kann. Die Regelungen können entweder explizit in Form projektspezifischer Mitteilungen und Arbeitsanweisungen festgelegt werden oder sich aus dem Einsatz von Checklisten und Formularen ergeben.

Die konkreten Inhalte des Projekthandbuchs hängen stark von der Art der durchzuführenden Projekte (vgl. Kapitel 13.1) und von den jeweiligen Projektinhalten ab. Sie können daher nicht in allgemeiner Form vorgegeben werden. Folgende Punkte sollten aber auf jeden Fall berücksichtigt werden (vgl. z.B. Madauss 1984, Kuba 1987, 159-204):

• Projektorganisationsplan,
• Beteiligte Stellen und Organe sowie Beschreibung ihrer Aufgaben,
• Projektleitung und Berichtswesen,
• Sitzungskonzept,
• Funktionen- und Verantwortungsmatrix,
• Arbeits- und Entscheidungsabläufe,
• Pflichtenheft und Hauptaufgaben,
• Erläuterungen zu den erteilten Aufträgen.

Weitere mögliche Inhalte des Projekthandbuchs sind:

• Checklisten für die Projektplanung und -steuerung,
• Checklisten für Auftragsverhandlungen,
• Checklisten für die Angebotslegung,
• Führungsgrundsätze,
• Stellenbeschreibung,
• Schulung,
• Finanzierung und Beschaffung,
• Dokumentationsanforderungen.

Speziell für Software-Entwicklungsprojekte sind noch folgende Punkte von Bedeutung (vgl. auch Kapitel 11):

• Phasenkonzept,
• Software-Qualitätsanforderungen und Qualitätssicherungsmaßnahmen,
• Verwendete Methoden und Darstellungstechniken,
• Eingesetzte Werkzeuge und CASE-Tools.

Als zweckmäßig hat sich herausgestellt, in einer Beilage zum Projekthandbuch Muster aller Dokumente, die in den einzelnen Projektphasen zu verwenden sind, beizulegen. Auch die Berichtsinhalte sollten zumindest im Entwurf oder als Beispiel vorgegeben werden. Neben diesen allgemeinen, und für alle im Unternehmen durchgeführten Projekte gültigen Richtlinien, sollte beim Multi-Projektmanagement noch für jedes Projekt eine separate Beschreibung angefertigt werden. Wesentliche Inhalte dieses projektspezifischen Handbuchs sind die Ausgangslage, die Projektziele, die Projektstrukturierung, die Kosten und die Finanzierung sowie sonstigen Besonderheiten.

15.4.2 Projektberichte

Projektberichte dienen zu Informations-, Dokumentations- und Kommunikationszwecken. Sie sind ein wesentliches Instrument der Projektkontrolle und der Projektsteuerung. Mit ihnen wird gleichzeitig ein großer Teil der formalen Kommunikationsbeziehungen im Projekt festgelegt. Das Berichtssystem läßt sich nach folgenden Gesichtspunkten gliedern (vgl. Madauss 1984, 288-289, vgl. auch Kapitel 5.2.2):

* Berichtsfluß,
* Berichtsinhalte,
* Berichtshäufigkeit.

Für die verschiedenen Berichtsarten sind bei Projektbeginn zunächst die Verwendung und der Verteilerschlüssel zu bestimmen. Der Berichtsfluß ist auf jeden Fall mit der Organisationsstruktur und den definierten Zuständigkeiten in Übereinstimmung zu bringen. Jeder Bericht sollte ein einheitliches Layout sowie den Ersteller des Dokuments (Name, Firma, Abteilung), das Erstellungsdatum und einen Verteiler aufweisen. Diese Regelungen, welche die äußerliche Berichtsform betreffen, sollten bereits zu Projektbeginn feststehen. Die Berichterstattung sollte weitgehend schriftlich oder zumindest unterstützt durch die schriftliche Dokumentation der Berichtsinhalte erfolgen. Folgende Berichtsarten können unterschieden werden (vgl. Hügler 1988, Kuba 1987):

* Der **Projektstatusbericht** (auch als Projektinformation oder Projektfortschrittsbericht bezeichnet) wird periodisch erstellt und informiert einen festgelegten Empfängerkreis über wesentliche Projektdaten (z.B. Termin-, Kosten-, Leistungs-, Kapazitäts- und Personalsituation, Koordination); der Berichterstatter ist durch die Periodizität zu einer regelmäßigen Informationsweitergabe gezwungen.

* Der **Projektabschlußbericht** beschreibt den Projektverlauf und faßt die wichtigsten Ereignisse noch einmal zusammen; er enthält auch eine Nach-

kalkulation sowie die Begründung einer eventuellen Verfehlung der Projektziele.

• Ein **Projektsonderbericht** wird bei Bedarf erstellt und informiert über bereits eingetretene Ausnahmesituationen oder absehbare Planabweichungen.

Die Berichtsinhalte richten sich selbstverständlich nach dem jeweiligen Aufgabengebiet, und zwar gleichermaßen des Berichtenden und des Adressaten. Der Projektträger benötigt z.B. Berichte über die Gesamtsituation aller geplanten oder laufenden Projekte. Diese Berichte sollen so zusammengefaßt sein, daß die geplante und die tatsächliche Situation bezüglich Kosten, Kapazitätsauslastung usw. periodisch oder zu bestimmten Stichtagen dargestellt wird (vgl. Kapitel 13.2.2). Ein Techniker wird dagegen über den technischen Projektstatus berichten. Die Berichtsinhalte sollten aber generell so abgefaßt sein, daß die Aussagen in einer erkennbaren Beziehung zur Planung stehen, etwaige Abweichungen klar herausgestellt und zu erwartende Probleme angesprochen werden (vgl. Madauss 1984, 288).

Tätigkeitsbericht				Personalnummer:		
Name:				Kostenstelle:		
				Kalenderwoche:		
Abteilung:				Datum:		
Tag	Projektnr.	Tätigkeitsnr.	Bezeichnung		Std.	Überstd.
Mo						
Di						
Mi						
Do						
Fr						
Sa						
So						
			Summe			

Abb. 15-13: Tätigkeitsbericht

Auch die Frage nach der Berichtshäufigkeit ist nicht allgemein zu beantworten. Sie hängt u.a. von den Projektmerkmalen, den Vertragsbedingungen, der Berichtsart und der Bedeutung der Information ab. Berichte über die Kosten- oder Finanzsituation werden in fast allen Unternehmen in einem monatlichen Rhythmus erstellt. Über Ausnahmesituationen muß dagegen unmittelbar berichtet werden. Komplexe Entwicklungsvorhaben werden üblicherweise einen kürzeren Berichtszyklus erfordern als repitive Projekte.

Basis für jede Art der Berichterstattung sind Aufzeichnungen über die laufenden Projektaktivitäten. Die Projektmitarbeiter sollten daher in einem Verlaufsprotokoll oder Projekttagebuch alle Informationen festhalten, die ihrer Auffassung nach für die Beurteilung der Projektergebnisse, für den Projektverlauf usw. von Bedeutung sein könnten. Häufig wird dazu ein formalisiertes Berichtssystem verwendet (vgl. auch Kapitel 5.2.2). Abbildung 15-13 zeigt ein Formularmuster für die Erfassung von Projektaktivitäten.

Viele Informationen wie Zusammenarbeit in der Projektgruppe oder Angaben zum Projektfortschritt können allerdings formularmäßig kaum erfaßt werden. Besondere Bedeutung kommt daher neben der schriftlichen noch der mündlichen Berichterstattung zu. Diese erfolgt im Rahmen der **Projektbesprechung**, die auch unter Bezeichnungen wie Statusbesprechung, Arbeitsbesprechung u.ä. bekannt ist. Gerade in kleinen Projekten ist die unmittelbare Kontrolle durch den Projektmanager auf diese Weise noch sinnvoll und möglich. Eine besondere Form der Projektbesprechung ist das **Review**. Zum Review kommen alle an einem Projekt beteiligten Stellen zusammen, um gemeinsam den Status des Projekts kritisch zu beleuchten und gegebenenfalls verändernde Maßnahmen zu besprechen. Reviews dienen nicht zur Problemlösung, sondern lediglich zur Identifikation und Erörterung möglicher Probleme.

Speziell bei Software-Entwicklungsprojekten werden noch Sonderformen der Projektbesprechung wie **Walk-Through** und **Code-Inspection** eingesetzt. Ein Walk-Through ist die gemeinsame Beurteilung und Überprüfung von Spezifikationen, Programmcode, Dokumentationen usw. durch das Projektteam. Ziel ist die möglichst frühzeitige Entdeckung von Fehlern. Die Code-Inspection ist eine spezielle Form des Walk-Throughs. Sie dient zur Überprüfung fertiger Programme auf Vollständigkeit, Richtigkeit und Übereinstimmung mit dem Gesamtsystem (vgl. Selig 1986, Kuba 1987).

Im Rahmen des Berichtssystems sind auch alle Änderungen des Projektauftrags und der Projektplanung zu dokumentieren. Besonders bei Entwicklungsprojekten sind nachträgliche Änderungen in der Auftragsspezifikation während der Projektdurchführung relativ häufig. Solche Änderungen haben in der Regel Auswirkungen auf andere Projektkomponenten sowie auf Termine, Kosten und

Kapazitäts- bzw. Ressourcensituation. Durch die Änderungssteuerung soll ein geregeltes Vorgehen bei der Bearbeitung von Änderungen erreicht werden. Die gewünschten Änderungen können z.b. in speziellen Änderungsantragsformularen erfaßt und vor ihrer Verwirklichung von einer kompetenten Instanz analysiert, bewertet und schließlich genehmigt oder abgelehnt werden. Mit Hilfe eines solcherart formalisierten Vorgehens soll weitgehend verhindert werden, daß unkontrolliert eingebrachte Änderungen den Projektfortschritt gefährden.

15.4.3 Projektdokumenation

Zwischen dem Projektberichts- und dem Dokumentationswesen besteht ein enger Zusammenhang. Während beim Berichtswesen der Projektverlauf im Mittelpunkt des Interesses steht, ist die Sichtweise der Projektdokumentation eher objektorientiert. Mit Objektorientierung ist sowohl die Art der Ergebnisdarstellung als auch der formale Aufbau und die Verwaltung der Projektdokumente gemeint. Aus diesen Anforderungen lassen sich folgende Hauptaufgaben für ein Dokumentationsmanagement ableiten (vgl. Madauss 1984):

• Identifikation der Dokumentationsarten,
• Festlegung von Dokumentationsanforderungen und Standards,
• Erstellen eines Dokumenationsnummernsystems,
• Verteiler für jedes Dokument festlegen,
• Überwachung des Dokumentationsstatus,
• Dokumentationsfreigabe,
• Archivfunktion.

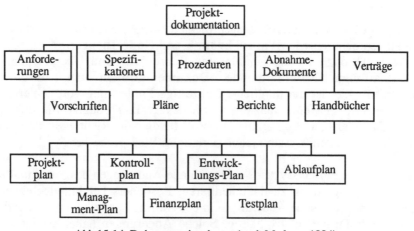

Abb.15-14: Dokumentationsbaum (nach Madauss 1984)

Durch die Wahrnehmung dieser Aufgaben ist sicherzustellen, daß die richtigen Dokumente rechtzeitig an die richtigen Empfänger weitergeleitet werden. Die festgelegten Standards werden im Projekthandbuch fixiert (vgl. Kapitel 15.4.1). In der Praxis hat sich eine Übersichtsdarstellung der Dokumente in grafischer Form bewährt. Abbildung 15-14 zeigt eine solche Übersicht in Form eines Dokumentationsbaums.

Um Probleme aufgrund einer mangelhaften Projektdokumentation zu vermeiden, ist es notwendig, die Dokumentation in den Projektablauf zu integrieren. Jede Projektdokumentation sollte auf einheitlich gestalteten Formularen (möglichst DIN A4) durchgeführt werden. Für eine wirkungsvolle Projektdokumentation sollten folgende Prinzipien beachtet werden (vgl. Kuba 1987):

- Mitlaufende Dokumentation: die Dokumentation soll ständig aktualisiert werden und bereits während der Arbeitsabläufe erfolgen; lediglich Ergänzungen oder Erläuterungen sollten nachträglich vorgenommen werden;

- Vermeidung von Redundanz: um ein mehrfaches Erfassen gleicher Daten, Beschreibungen usw. zu vermeiden, sollten Querverweise oder automatische Dokumentationssysteme mit einem zentralen Data Dictionary verwendet werden.

- Einheitliche Bezeichnungen und Begriffe: mit der Schaffung eines Ordnungssystems (z.B. für Suchbegriffe) und der Normierung des Formularlayouts kann sichergestellt werden, daß alle Dokumente zugeordnet und auch wiedergefunden werden könne.

- Systematisierung der Ablage: Privatablagen neben der offiziellen Dokumentation sollten grundsätzlich vermieden werden; die Ordnung der Ablage sollte nach einem eindeutigen und einheitlichen Schlüsselverzeichnis, das im Projekthandbuch festgelegt ist, erfolgen.

- Alle nicht eindeutig zuordenbaren Dokumente, Aufzeichnungen usw. sollten in zeitlicher Folge unter "Sonstiges" abgelegt werden.

15.4.4 Projektbibliothek

Die Projektbibliothek ist ein technisches Hilfsmittel zur Unterstützung des Berichts- und Dokumentationssystems. Unter den vielfältigen Funktionen, die eine Projektbibliothek erfüllen kann, sind folgende Einsatzmöglichkeiten hervorzuheben:

- Speicherung und Verwaltung der gesamten Projektdokumentation;

- Unterstützung der Kommunikation zwischen den Projektmitarbeitern;
- Speicherung und Verwaltung von Projektergebnissen; synonym werden dafür auch die Begriffe Konfigurationsbibliothek und Konfigurationsmanagement verwendet;
- Speicherung und Verwaltung allgemeiner Projektinformationen (z.B. Kosten, Ergebnisse der Aufwandsschätzung); synonym werden dafür auch die Begriffe Projekt-Datenbank, Cost-Database und Erfahrungsdatenbank verwendet;
- Vergleich unterschiedlicher Projekte;
- Wiederverwendung von Dokumenten, Planungsunterlagen oder Projektergebnissen in zukünftigen Projekten.

Aufgrund dieser unterschiedlichen Anforderungen, die sich sowohl vom gewünschten Verwendungszweck als auch von der Art des Projekts ableiten, ist die Projektbibliothek für jedes Projekt weitgehend neu zu konzipieren. Einen allgemeingültigen Aufbau kann es nicht geben.

Die **Projektbibliothek** im engeren Sinn ist ein Dateisystem, das alle im Projektverlauf anfallenden Dokumente und Daten speichert und verwaltet. Wie die genannten Daten im einzelnen gespeichert werden, hängt von der verwendeten Software ab. Es sollten aber bei der Auswahl einer derartigen Software die Möglichkeit einer flexiblen Auswertung der Daten und Schnittstellen zu anderen im Rahmen des Projektmanagements eingesetzten Werkzeugen (z.B. Planungssoftware, Grafikprogramme) berücksichtigt werden.

Die Daten, die zur Erfüllung der Aufgaben bei der Projektdokumentation und Projektsteuerung notwendig sind, lassen sich in zwei Gruppen einteilen: Projektinformationen und Rahmeninformationen. Während die Projektinformationen das Projekt selbst näher beschreiben, dienen die Rahmeninformationen zur Charakterisierung der Umgebung, in der das Projekt abgewickelt wird. In der Datenbasis sollten alle Termin-, Leistungs-, Kapazitäts- und Kostendaten sowie auch die projektspezifischen organisatorischen und personellen Daten enthalten sein. Die Datenbasis kann noch um technische Beschreibungsdaten (z.B. Bauteile, Produktspezifikation, Leistungsverzeichnis), Finanzdaten (Budget) und Dokumentationsdaten (z.B. Aufträge, Berichte, Verträge) ergänzt werden.

Etwas anders gestalten sich die Aufgaben und Anwendungsmöglichkeiten beim Einsatz als **Konfigurationsbibliothek**. Unter Konfiguration wird die mögliche oder tatsächliche Zusammensetzung eines Objektsystems verstanden (Saynisch 1984); es geht also um die Verwaltung unterschiedlicher Versionen, Releases oder Varianten eines Produkts (=Projektergebnis). Eine konfigurationsbezogene Betrachtung bietet sich immer dann an, wenn das Projektergebnis aus Teilprodukten besteht, deren Entwicklung und

Weiterentwicklung nicht direkt aneinander gekoppelt sind. Dies trifft z.B. bei Software oder bei Konstruktionsplänen zu. Durch die separate Weiterentwicklung einzelner Teile (z.B. Unterprogramme, Teilpläne) entstehen möglicherweise Konsistenzprobleme im Gesamtsystem. Eine wichtige Frage ist dann, welche Teile miteinander kombiniert werden können, damit die volle Funktionsfähigkeit des Produkts gewährleistet ist. Mit Hilfe von Konfigurationen wird Ordnung in die Vielfalt der Zustände von Teilsystemen gebracht, und es können Bezugspunkte für Änderungsprozesse (z.B. Releasewechsel bei Software) bestimmt werden.

Das Konfigurationsmanagement stellt die Methoden zur Bestimmung, Steuerung, Überwachung und Dokumentation von Konfigurationsänderungen bereit. Bei großen Projekten mit langer Lebensdauer der Projektergebnisse ist der Einsatz von automatisierten Werkzeugen empfehlenswert. Bei kleineren oder mittleren Projekten ist besonderes Augenmerk darauf zu richten, daß der zusätzliche Projekt-Overhead in einer angemessenen Relation bleibt. Ein entscheidender Vorgang ist dabei die Auswahl und Festlegung der einzelnen Dokumente, die in der Konfigurationsbibliothek verwaltet werden. Werden zu viele Komponenten definiert, steigen die Kosten der Steuerung und Überwachung, während eine Beschränkung auf zu wenige oder nicht logisch eindeutig definierte Komponenten das Risiko ansteigen läßt, und die fehlende Transparenz nur geringe Steuerungsmöglichkeiten zuläßt. Ein Vorschlag für eine Checkliste zur Bestimmung der Komponenten findet sich bei Saynisch (1984).

Die Konfigurationsverfolgung soll die Dokumentation der Entwicklung einer Konfiguration sicherstellen. Um dies zu ermöglichen ist ein Register mit allen beantragten und genehmigten Änderungen zu führen sowie der Stand der Änderungen einschließlich ihrer Einführung in den laufenden Betrieb aufzuzeichnen (vgl. auch Änderungssteuerung, Kapitel 15.4.2). In der Konfigurationsbibliothek erfolgt die Zusammenfassung von Produkt- oder Objektversionen mit Hilfe von sogenannten Konfigurationslisten. Diese können dann ohne Beeinflussung anderer Konfigurationen weiterentwickelt werden. Der Benutzer wird damit auch von der Kenntnis und Verwaltung der Versionsnummern befreit. Typische Frage- und Aufgabenstellungen sind:

• Übersichten über die Produktstruktur oder Änderungshistorie eines Objekts;
• Bereitstellen aller oder bestimmter Objekte einer Konfiguration;
• Feststellen von Unterschieden zwischen Konfigurationen;
• Übersicht über Änderungen, die zur Zeit in Arbeit sind;
• Auflistung aller Objekte, die von einer bestimmten Änderung betroffen sind.

Zusammenfassend kann festgestellt werden, daß die technische Unterstützung sowohl für kleine als auch für große Projekte empfehlenswert ist. Der Einsatz einer Projekt- oder Konfigurationsbibliothek erleichtert den Änderungsdienst gegenüber einem ausschließlich manuellen Vorgehen. Die strukturierende Wirkung solcher Bibliotheken fördert methodisches Arbeiten z.B. durch die Übergabe definierter Zwischenergebnisse an die Projektbibliothek (vgl. z.B. Raible 1983). Durch die Verfügbarkeit leistungsfähiger und preisgünstiger Werkzeuge auf PCs sowie durch die Möglichkeiten bei der Speicherung und Verarbeitung grafischer Daten, lassen sich Informations- und Kommunikationsdefizite in der Projektführung reduzieren. Der aktuelle Projektstand kann jederzeit ermittelt werden.

16. Personelle Aspekte des Projektmanagements

16.1 Projektmanager

16.1.1 Aufgaben des Projektmanagers

Die Aufgabe des Projektmanagers ist es, das Projekt so durchzuführen, daß die vorgegebenen Projektziele erreicht werden. Er muß das Projekt so leiten, daß die vorgegebene Leistung erreicht und die geplanten Termine und Kosten eingehalten werden (vgl. Rinza 1985). Im Rahmen seiner Kompetenzen, die durch die Projektorganisation vorgegeben sind, muß er u.a. folgende Aufgaben erfüllen:

• Projektziele ausformulieren und Genehmigung des Projektträgers einholen;
• Erstellen und Aktualisieren der Projektplanung;
• Kontrolle und Steuerung der Projektdurchführung;
• Kommunikation und Informationsaustausch sicherstellen;
• Dokumentation planen, erstellen und überwachen;
• Wirtschaftlichkeit überprüfen;
• Projektgruppe führen;
• Projektentscheidungen vorbereiten bzw. treffen.

Besonderer Aufmerksamkeit bedürfen die Bereiche Information, Koordination und Steuerung. Je größer und komplexer ein Projekt ist, desto mehr Teilaufgaben sind durchzuführen. Die Koordination dieser Teilaufgaben im Hinblick auf das Projektziel ist daher besonders wichtig. Hilfsmittel für die Steuerung sind z.B. Projektbesprechungen (Koordinationssitzungen), interne Aufträge, Organisationsanweisungen und Checklisten, die Verantwortlichkeiten, Vorgehen, Termine und Hilfsmittel enthalten. Auch die Projektberichte und die Projektdokumentation erfüllen eine wichtige Aufgabe bei der Koordination, da sie einen umfassenden Überblick über den Projektstand geben.

16.1.2 Eigenschaften des Projektmanagers

Der Erfolg oder Mißerfolg eines Projekts hängt sehr stark von der Person des Projektmanagers ab. In der Literatur finden sich daher mehrfach Auflistungen von Anforderungskriterien bezüglich eines Persönlichkeitsprofils (z.B. Kummer et al. 1985, Groth et al. 1983). Nach solchen Kriterien kann man unter Berücksichtigung der wesentlichen Projekteigenschaften ein Anforderungsprofil erstellen, und daraus die fachlichen Eigenschaften und die Führungseigenschaften des Projektmanagers ableiten. Mehrere Fragen sind für die Erstellung eines Anforderungsprofils von Bedeutung:

• Welche Erfahrungen muß der Projektmanager mitbringen?
• Muß er fachlicher Experte sein oder vor allem Manager im Sinn eines Organisators (oder beides)?

Abbildung 16-1 zeigt ein Anforderungsprofil, das eine umfassende Liste von Eigenschaften und Qualifikationen eines Projektmanagers darstellt. Dem dargestellten Profil liegen folgende Annahmen zugrunde: es handelt sich um ein großes, technisches und kompliziertes Projekt; der Auftraggeber ist im Inland; am Projekt beteiligt sind sowohl mehrere betriebsinterne Stellen als auch einige externe Vertragspartner und Lieferanten. Das Anforderungsprofil ist als Idealprofil gedacht und soll die Vielfältigkeit der Anforderungen zum Ausdruck bringen.

Erfahrungen aus der Praxis zeigen, daß Leiter von kleineren Projekten eher Spezialisten sind und Erfahrung mit der sachlichen Problemstellung besitzen. Leiter von größeren Projekten benötigen in höherem Ausmaß Organisations- und Führungsqualitäten. Sie koordinieren und führen die funktionalen Spezialisten, setzen sich aber weniger mit fachlichen Details auseinander. Auf jeden Fall aber werden, aufgrund der oft relativ schwachen Position des Projektmanagers gegenüber den funktionalen Abteilungen, hohe Anforderungen an sein Verhalten und seine Motivationsfähigkeit gestellt. Die fachlichen Qualifikationsanforderungen variieren mit der jeweiligen Aufgabenstellung.

Der Projektmanager muß vor allem auf der zwischenmenschlichen Beziehungsebene fähig und in der Lage sein, sowohl personenbezogen (d.h. die Bedürfnisse und Probleme des Mitarbeiters betreffend) als auch aufgabenbezogen (die Anforderungen der Stelle und Funktion betreffend) zu führen (vgl. dazu auch Kapitel 3.1.2).

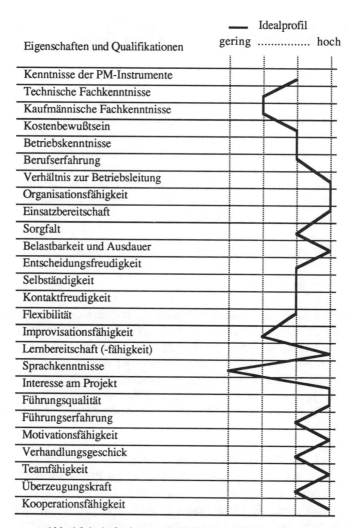

Abb. 16-1: Anforderungsprofil für einen Projektmanager

16.1.3 Rolle des Projektmanagers

Der Projektmanager ist projektbezogener Vorgesetzter von funktionalen Mitarbeitern, die ihm - außer im reinen Projektmanagement - nicht ausschließlich unterstellt sind. Die Kompetenzen sind, abhängig von der gewählten Organisationsform, verschieden. In der Einfluß-Projektorganisation hat der Projektmanager nur beratende und koordinierende Aufgaben; die Projektmitarbeiter sind ihm nicht unterstellt. In der reinen Projektorganisation sind ihm die Projektmitarbeiter sowohl fachlich als auch disziplinarisch unterstellt. Bei der

Mischform der Matrixorganisation ergibt sich ein hohes Konfliktpotential, da die vorhandenen Linienfunktionen eine dauernde Einrichtung im Unternehmen sind, die Projektorganisation jedoch nur fallweise und zeitlich begrenzt aufgebaut wird. Diese Situation kann dazu führen, daß die Unternehmensleitung häufiger zugunsten der Linienfunktion entscheidet, da diese ja langfristig als Träger des Unternehmens angesehen wird; dies geht zu Lasten des formalen Einflusses und der Entscheidungsmöglichkeiten des Projektmanagers. Auch die Projektmitarbeiter werden sich im Zweifel eher am Linienvorgesetzten orientieren, da sie von diesem sowohl fachlich als auch disziplinarisch stärker abhängig sind als vom Projektmanager.

In der Praxis zeigt sich häufig, daß große Unklarheiten in der Abgrenzung bzw. Zuordnung von Kompetenzen und Verantwortung herrschen; die Kompetenzaufteilung wird bewußt oder unbewußt vermieden und eher von den individuellen Kenntnissen und Fähigkeiten, aber auch vom Durchsetzungsvermögen des Projektmanagers abhängig gemacht (vgl. Frese 1984, 492). Dies führt leicht zu Unsicherheiten und dysfunktionalem Verhalten. Die funktionalen Vorgesetzten fühlen sich dabei oft im Vorteil, wobei der Aspekt der disziplinarischen Unterstellung eine wichtige Rolle spielt. Je weniger ein Projektmanager z.B. auf Leistungsbeurteilung, auf Prämien, auf Auftiegsmöglichkeiten usw. Einfluß nehmen kann, desto eher werden Projektmitarbeiter die Forderungen des funktionalen Vorgesetzten erfüllen, da sie ja in erster Linie von diesem abhängig sind. Einen formalen Autoritätsmangel kann der Projektmanager durch verschiedene Strategien wie Expertenmacht (Fachwissen), Überzeugungskraft, Verhandlungsgeschick oder gegenseitige Gefälligkeiten ausgleichen.

16.2 Projektgruppe

Unter einer Gruppe versteht man eine Mehrzahl von Personen, die in direkter Interaktion miteinander stehen, durch Rollendifferenzierung und gemeinsame Normen gekennzeichnet sind und die ein Wir-Gefühl verbindet (Rosenstiel 1978, vg. auch Kapitel 3.1.2). Projekte scheitern sehr oft an der mangelnden Bereitschaft oder Fähigkeit der beteiligten Personen zur Zusammenarbeit. Die Projektgruppe sollte daher in ihrer Zusammensetzung in qualitativer und quantitativer Hinsicht den Planungszielen entsprechen. Bereits vor Projektbeginn sind die personellen Voraussetzungen zu klären, die zur Bildung der Projektgruppe führen.

Besonders wichtige Voraussetzungen für eine erfolgreiche Projektführung sind:

• Identifikation der Gruppenmitglieder mit den Projektzielen,
• Fähigkeit zur Zusammenarbeit,

• Fachwissen der Gruppenmitglieder,
• Führungskraft des Projektleiters und
• Fähigkeit zur Kommunikation mit dem Auftraggeber.

Auch die Größe der Projektgruppe muß überdacht werden; eine zu kleine
Gruppe kann genauso unzweckmäßig sein wie eine zu große. Daneben ist für
das Erreichen der Planungsziele besonderes Augenmerk auf die Zusammenarbeit der Gruppe, die Ausbildung der Mitarbeiter für die Erfüllung ihrer Aufgaben, die Kommunikation in der Gruppe, die Motivation sowie die Wider-
stands- und Konfliktbewältigung zu legen.

16.2.1 Anzahl der Projektmitarbeiter und Gruppengröße

Bei größeren Projektvorhaben ist die Bestimmung der optimalen Projektgröße,
bezogen auf Mitarbeiteranzahl und Projektdauer, ein wichtiges Anliegen. Einfache Quantifizierungsansätze versuchen die optimale Mitarbeiteranzahl zu
schätzen. In der Literatur sehr verbreitet ist folgende, auf empirischer Basis
gewonnene Faustformel (vgl. Noth/Kretschmar 1986):

Optimale Bearbeiterzahl = (Projektaufwand in Mannmonaten)$^{1/2}$

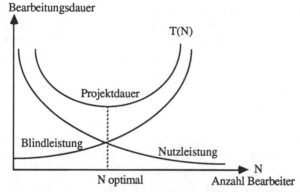

Abb. 16-2: Zusammenhang zwischen Mitarbeiteranzahl und Projektdauer

In einem von Schweiggert erstellten Modell setzt sich die Projektdauer additiv
aus den Kommunikationszeiten (Blindleistung, $T_B(N)$) und den Arbeitszeiten
(Nutzleistung, $T_N(N)$) zusammen (vgl. Bolkart et al.1981). Vereinfachend wird
dabei angenommen, daß die Projektdauer einerseits von der Nutzleistung und
andererseits von der exponentiell zunehmenden Blindleistung beeinflußt wird.
Die Blindleistung ist keine vorsätzliche Fehlleistung, sondern die Zeit, die für
die notwendige Kommunikation zwischen Projektmitarbeitern sowie nach
außen verloren geht. Sie wird bestimmt von der Qualität der Kommunikation,

der Qualifikation der Bearbeiter und der Komplexität des Projekts. Die Nutzleistung steht in umgekehrtem Verhältnis zur Mitarbeiteranzahl und sinkt bei
zunehmender Anzahl der Projektbeteiligten. Sehr pointiert drückt dies Brook
in dem Satz aus: "adding manpower to a late project makes it later" (Schelle/-
Molzberger 1983). Abbildung 16-2 zeigt dies am Zusammenhang zwischen Mitarbeiteranzahl und Projektdauer (vgl. Elzer 1989, Schelle/Molzberger 1983).

Die Mathematisierung des Problems der optimalen Projektgröße bzw. der Mitarbeiteranzahl mag bestechend erscheinen. Die Kritik an diesen Ansätzen
richtet sich jedoch vor allem gegen die Annahme, der Projektverlauf könne mit
mathematischen Formeln erfaßt werden. Die Schwierigkeiten liegen in der
objektiven Bewertung der verwendeten Größen wie Projektkomplexität, Qualifikationsstufe und Technologiefaktor. Selbst wenn diese Größen ermittelt werden könnten, bleibt noch eine Fülle von Problemen offen, da z.B. Mitarbeiter
mit der entsprechenden Qualifikation erst gefunden werden müssen. Auch aus
der konkreten Führungssituation im Projekt können sich Einflüsse ergeben. Die
hergeleiteten Relationen können letztlich nur als interessanter Anhaltspunkt
angesehen werden.

Eine einheitliche Auffassung über die optimale oder maximale Gruppengröße
besteht ebenfalls nicht. Fronz (1972) empfiehlt 6 bis 8 Mitarbeiter und darüber
hinaus eine Aufteilung in Untergruppen. Dreger sieht 3 bis 12 Mitarbeiter als
günstig an (Dreger 1975, 63). Budde et al. (1980) halten für DV-Projekte eine
Gruppengröße bis zu 8 Mitarbeitern für geeignet. In der von Selig durchgeführten empirischen Untersuchung wird die Empfehlung abgegeben, für
DV-Projekte Teams mit maximal 12 Mitarbeiter zu bilden (Selig 1986, 277-
279). Berücksichtigt man, daß die unterschiedlichen Empfehlungen hinsichtlich
der Gruppengröße jeweils nur in einem bestimmten Kontext sinnvoll sind, so
sollten Projektgruppen dennoch nicht zu groß sein, um eine gewisse Schwer-
fälligkeit aufgrund zu starker Koordinations- und Kommunikationsbedarfe zu
vermeiden, und auch um die Bildung einer sozialen Gruppe zu fördern (vgl.
Kapitel 3.1.2). Die minimale Gruppengröße sollte wegen des höheren Risikos
einer Fehlentwicklung ab einer gewissen Projektgröße nur in Ausnahmen
weniger als 3 Mitarbeiter umfassen.

16.2.2 Projektbeginn

Der Informationsstand der Projektmitarbeiter ist gewöhnlich sehr unterschiedlich. Sich dessen im Projektverlauf nicht immer wieder zu vergewissern ist ein
häufig begangener Fehler. Besonders schwerwiegend können die Auswirkungen
sein, wenn man bereits bei der Projektgründung nicht auf die sorgfältige
Information achtet. Unmittelbar zu Projektbeginn sollten daher im Rahmen
eines sogenannten "Kickoff-Meetings" die Aufgaben des Projektteams und die

Rahmenbedingungen vorgestellt werden. Auch die Zuordnung der Verantwortlichkeiten ist zu besprechen. Üblicherweise weiß zwar bereits jeder, wofür er
selbst verantwortlich ist, nicht aber wofür die anderen zuständig sind. Ein
wichtiger Punkt im Rahmen dieser ersten Projektbesprechung ist auch die Art,
in der der Projektmanager das Projekt zu führen gedenkt (z.B. Berichts-
richtlinien, Zusammenarbeit, Entscheidungsspielräume). Die allgemeine Bekanntheit dieser Spielregeln kann dazu beitragen, spätere Reibungen und Konflikte zu vermeiden.

Nicht zuletzt wird mit dem Kickoff-Meeting eine Erfahrung der Gruppendynamik berücksichtigt. Eine Projektgruppe ist nicht sofort vom ersten Zusammen-
kommen an arbeits- und aktionsfähig, sondern benötigt gewöhnlich einige Zeit,
um sich zu formieren. In dieser Zeit, die notwendigerweise unproduktiv ist,
klären die Gruppenmitglieder ihr Verhältnis zueinander. Für die Zusammenarbeit von Gruppen ist es charakteristisch, daß bestimmte Phasen durchlaufen werden (vgl. Kummer et al. 1985, vgl. auch Kapitel 3.1.2): In der For-
mierungsphase werden bestimmte Verhaltensmuster ausprobiert. Die unterschiedlichen Meinungen und Widerstände führen zur Konfliktphase, die als
Basis für die Festlegung von Gruppennormen angesehen werden kann. In der
Normierungsphase werden die Widerstände überwunden und es entwickelt sich
der Gruppenzusammenhalt. In der Arbeitsphase, d.h. wenn die interpersonalen
Probleme gelöst sind, erfolgt die Konzentration auf die eigentliche Aufgabenstellung. Wird die Zeit für diese Prozesse nicht eingeplant, so werden die
Phasen oft später im Projektverlauf, allerdings nicht immer in erkennbarer
Form, nachgeholt. Zahlreiche unverständlich und unnötig erscheinende Kon-
flikte über scheinbar sachliche Probleme sind das Ergebnis.

16.2.3 Motivation und Konflikte

Wenn die Erwartungen und Wünsche an die Arbeit mit den tatsächlichen Arbeitsbedingungen übereinstimmen bzw. nur geringfügig abweichen, kann Arbeitszufriedenheit erwartet werden. Um ein zielstrebiges, initiatives und aus-
dauerndes Verhalten der Projektmitarbeiter zu erreichen, ist ihre Motivation
unerläßlich (vgl. auch Kapitel 3.1.1). Sie ist eine Daueraufgabe des Projektmanagers.

Konflikte werden im Unternehmen häufig als unerwünschte Störfaktoren angesehen. Konflikte sind aber "normal", da jeder einzelne eigene Ziele, Bedürfnisse, Wertvorstellungen usw. hat, die er verwirklichen will. Negativ am Konflikt ist nicht der Konflikt an sich, sondern die Unfähigkeit, ihn zu lösen. Häufige Konfliktursachen sind z.B. unterschiedliche Ziele, unterschiedliche Information der Beteiligten, unterschiedliche Methoden (Meinungsverschiedenheiten
über die Zielerreichung), unterschiedliche Wertvorstellungen und Verhaltens-

muster. Im Projektablauf sind Konflikte umso wahrscheinlicher, je schwächer die formale Position des Projektmanagers gegenüber seinen Mitarbeitern ist, je unterschiedlicher die Kenntnisse und Erfahrungen der Beteiligten sind, je unklarer die Rollenverteilung und Kompetenzabgrenzung ist und je weniger die Projektziele von den Mitarbeitern verstanden werden.

Mögliche Konfliktlösungsstrategien sind (vgl. Kummer et al. 1985, siehe auch Kapitel 2.2.4 und Kapitel 2.2.5):

- *Gegenüberstellung:* Die unterschiedlichen Meinungen werden diskutiert und das Problem gemeinsam gelöst (Synthese);
- *Durchsetzen:* Eine Partei setzt ihren Standpunkt durch Machtanwendung (z.B. Positionsmacht) durch;
- *Glätten:* Man vermeidet eine Auseinandersetzung oder spielt die Differenzen herunter (der Gewinn einer Partei führt zur Niederlage der anderen Partei);
- *Rückzug:* Beide Parteien weichen aus;
- *Kompromiß:* Es kommt zu einem Vergleich oder einer Übereinkunft, wobei jeder Beteiligte Zugeständnisse macht.

16.3 Randprobleme des Projektmanagements

16.3.1 Auf- und Abbau des Projektpersonals

Bei den durch interne Organisationsteilnehmer zu besetzenden Stellen handelt es sich um die Stellen des Projektmanagers und der Projektmitarbeiter. Qualifiziertes Projektpersonal ist meistens knapp und viele Unternehmen können das Problem der Personalbeschaffung nur mit großen Schwierigkeiten lösen. Es liegt eben in der Natur von Projekten begründet, daß der Personaleinsatz nicht über einen längeren Zeitraum stabil und gleichmäßig verteilt ist, sondern daß er oft in kurzen Abständen Änderungen unterworfen ist. So kann es vorkommen, daß es durch Projekte, die wegen einer möglichst kontinuierlichen Auftragsauslastung angenommen wurden, zu vorübergehenden Personalengpässen kommt. Besonders gravierend ist dies bei Schlüsselpersonal wie Projektmanager oder Spezialisten; für diese Mitarbeiter gibt es nämlich aufgrund ihrer besonderen Qualifikation oft keinen ausreichenden Ersatz (vgl. Madauss 1984, 376).

Folgende Alternativen stehen zur Überwindung von Personalengpässen zur Verfügung (vgl. Madauss 1984, 376):

- Unternehmensinternes Personal;
- Leihpersonal;
- Freie Mitarbeiter;

• Externe Aufgabenvergabe.

Unternehmen bemühen sich meist, Personalengpässe im Projekt durch eigene Mitarbeiter zu überbrücken. Wenn jedoch auch trotz Überstunden, Doppelbesetzung usw. die Auslastungsspitzen nicht mehr abgebaut werden können, läßt sich das Projektziel oft nur mehr durch den Einsatz von zusätzlichem Personal erreichen. Der Einsatz von Leihpersonal und freien Mitarbeitern ist arbeitsrechtlich nicht immer ganz unproblematisch. Daneben bieten sich jedoch auch die Auftragsvergabe nach außen und die Aufnahme zusätzlicher Mitarbeiter an. Besonders die externe Auftragsvergabe auf der Basis eines Werkvertrags scheint in vieler Hinsicht geeignet, das in Projekten permanent auftretende Problem von Personalengpässen zu entschärfen.

Da jedes Projekt einmal beendet sein wird, muß auch das Ende und der damit verbundene Personalabbau rechtzeitig eingeplant werden. Insbesondere bei Großprojekten bedeutet das Auslaufen eines Projekts für den Projektmanager und die Projektmitarbeiter den Abschied von einer Phase des beruflichen Lebens, und in manchen Fällen auch von einer gewohnten Umgebung oder von den Teamkollegen (vgl. Madauss 1984, 377). In vielen Fällen gelingt es allerdings den Unternehmen, das Ende des einen Projekts mit dem Anfang eines anderen Projekts fast stufenlos zu verknüpfen. Eine ideale Situation ergibt sich dann, wenn dabei auch das Projektteam weitgehend erhalten bleibt. Es darf jedoch nicht übersehen werden, daß ein nahtloser Übergang nicht immer möglich ist und daß mitunter auch ein erfolgreiches Projektteam aufgelöst werden muß. Die Mitarbeiter stehen dann als Einzelpersonen wieder für neue Aufgaben zur Verfügung, was u.U. zu Härtefällen führen kann. In solchen Fällen kommt es besonders auf das Geschick der Unternehmensleitung an (vgl. Madauss 1984, 377). Während bei der Matrix- und der Einfluß-Projektorganisation die Mitarbeiter wieder verstärkt in ihren Stammabteilungen eingesetzt werden können, beginnt bei der reinen Projektorganisation das Aufteilen jener Mitarbeiter, die nicht mehr in ihre Stammabteilungen zurückkehren können.

16.3.2 Akzeptanz der Projektergebnisse

Über den Erfolg oder Mißerfolg eines Projektes wird in vielen Fällen erst bei der Implementierung des Projektergebnisses entschieden. Eine wichtige Rolle spielt dabei neben der inhaltlichen Qualität des Projektergebnisses auch seine Akzeptanz. Strukturelle und methodische Veränderungen sind zwar vielfach Voraussetzungen, jeder Wandel löst aber auch Widerstand aus (vgl. Kapitel 3.3 und Kapitel 7). Wichtig ist dann, daß alle betroffenen Mitarbeiter oder Personen genügend Informationen über die Gründe von anstehenden Veränderungen und über die Vorgehensweisen dabei haben.

Um diese Akzeptanz sicherzustellen sind personale Vorkehrungen während der Projektdurchführung und bei der Implementierung des Projektergebnisses zu treffen, d.h. die Beteiligung sämtlicher Betroffener muß sichergestellt sein. Nicht alle Ansätze sind für jedes Projekt gleich geeignet. Aus der Sicht des Wirtschaftsinformatikers sind die Überlegungen im Zusammenhang mit Softwareentwicklungs-Projekten von besonderem Interesse. Krüger unterscheidet dabei zwischen DV-Verbindungsperson, partizipativer Projektarbeit und dem Konzept der Organisationsentwicklung (Krüger 1986).

Die **DV-Verbindungsperson** ist ein Mitglied jener Fachabteilung, welche die zu entwickelnde Software einsetzen wird. Dieser Mitarbeiter sollte über weitgehende DV-Kenntnisse verfügen. In der Praxis finden sich für diese Position auch die Bezeichnungen DV-Beauftragter oder DV-Koordinator. Seine Aufgabe besteht darin, die Interessen der Fachabteilung gegenüber dem Projektmanagement kompetent zu vertreten. So artikuliert die DV-Verbindungsperson beispielsweise Erweiterungs- und Änderungswünsche und arbeitet, wenn möglich, selbst in Projekten mit.

Der Grundgedanke der **partizipativen Projektarbeit** ist eine stärkere Beteiligung der späteren Systembenutzer an der Projektarbeit (vgl. dazu auch die Kapitel 3.1.2.4, 3.3, 7 und 11.4). Über den Grad der Beteiligung existieren sehr unterschiedliche Auffassungen. Sie reichen von der besseren Information der Systembenutzer bis zur Forderung, die Fachabteilung müsse alleinige Entscheidungskompetenz im Projekt besitzen. Im engeren Sinn kann von partizipativer Projektarbeit gesprochen werden, wenn die späteren Systembenutzer ständig an der Projektentwicklungsarbeit und zumindest punktuell an den Entscheidungen teilnehmen. Dies bedeutet, daß während der Zeit der Projektdauer mindestens ein Fachabteilungsmitglied für die Projektarbeit freigestellt und in das Projektteam integriert sein muß. Daneben muß auch eine zumindest teilweise Einbindung in das Projektmanagement gegeben sein (vgl. Oppermann 1983, Heilmann 1981, Selig 1986)

Beim Konzept der **Organisationsentwicklung** wird die Projektarbeit von den späteren Systembenutzern maßgeblich selbst durchgeführt. Dies betrifft sowohl den Entscheidungsprozeß als auch die Entwicklungsarbeit. Die Projektspezialisten treten als "Change Agents" auf und beraten oder informieren die Fachabteilung (vgl. auch Kapitel 3.3). Eine starke Schematisierung des Ablaufs ist zunächst nicht vorgesehen, da dem Konzept der Organisationsentwicklung die Idee des Veränderns durch ein selbstkritisches Umdenken und Umlernen der Betroffenen zugrundeliegt.

17. Schlußbemerkungen

Die Beziehungen und Wechselwirkungen zwischen Organisation und Informationswesen verstärkten sich in den letzten Jahrzehnten immer mehr. Dies geschah vor allem unter dem Einfluß der Entwicklung der Informationsverarbeitung, die sich in mehreren Phasen vollzog (vgl. z.B. Nolan 1979, Gernet 1987, Lütolf 1989, 25f, Ortner 1990). Aus der Sicht betrieblicher Anwendungen beschreibt die letzte Phase meist die vollständige Integration der Informationsverarbeitung im Unternehmen. Die Informations- und Kommunikationssysteme spiegeln dann die Organisationsstruktur, die Abläufe sowie die Entscheidungs- und Kommunikationsstrukturen des Unternehmens wider. Aufbau und Betrieb integrierter Informations- und Kommunikationssysteme sind allerdings nur auf der Basis einer unternehmensweit konsolidierten Datenarchitektur bzw. eines Unternehmensdatenmodells wirtschaftlich möglich. Der entscheidende Beitrag zur zunehmenden Integration erfolgt demnach über die Daten bzw. die Funktion der Datenmodellierung (vgl. Ortner 1990). Damit ist gleichzeitig ein Einstieg in das ressourcenorientierte Verständnis der Informationsverarbeitung verbunden ("Information als Produktionsfaktor"), dem im vorliegenden Buch durch eine entsprechende Schwerpunktsetzung aus organisatorischer Sicht Rechnung getragen wurde (siehe Kapitel 6.4.3, 9.1.2 und 12).

Im Zusammenhang mit den neuen Informations- und Kommunikationstechniken wurde auch auf die Entwicklung zu immer komplexeren Techniksystemen hingewiesen, die durch Multifunktionalität, zunehmende Vernetzung und Integration, inhaltliche Unbestimmtheit u.ä. Merkmale gekennzeichnet sind (vgl. Kapitel 7 und Kapitel 8). Der betriebliche Einsatz dieser neuen Techniken erfordert die Berücksichtigung auf der individuellen Ebene (Mensch), auf der mikroorganisatorischen Ebene (Team, Arbeitsgruppe) und auf der makroorganisatorischen Ebene (Gesamtunternehmen). Dazu kommt noch, daß zur Zeit in vielen Unternehmen nicht nur interne Strukturen sondern auch die Beziehungen von "innen zu außen" neu gestaltet werden, dh. "es findet eine aktive Umstrukturierung von Beschaffungs- und Absatzmärkten statt, zu der auch die datentechnische Vorwärts- und Rückwärtsintegration von Lieferanten und Kunden zählt. So erhalten z.B. die als Warenwirtschaftssysteme bezeichneten technisch-organisatorischen Lösungen im Handel, welche die innerbetrieblichen Warenströme integrieren", Schnittstellen zu Lieferanten (z.B. automatische Bestellung und Disposition), zu Banken (z.B. Automatisierung des Zahlungsverkehrs), zu Marktforschungsunternehmen (z.B. Analyse von Markt- und Verkaufsdaten) und zu Kunden (z.B. Selbstbedienung, bargeldlose Geschäftsabwicklung, elektronischer Markt) (Biervert/Monse, 16).

Die Antwort auf diese Herausforderungen wird häufig in einer technischen Bewältigung gesucht, ohne daß die überkommenen Organisationsstrukturen überprüft werden. In Anbetracht der dabei auftretenden Probleme rücken jedoch zunehmend Konzepte ins Blickfeld, die den betrieblichen Ablauf auch organisatorisch neu zu strukturieren suchen und dabei Qualifikationen aktivieren, anstatt auf die Technik als Allheilmittel zu vertrauen. So tritt in der gegenwärtigen Umbruchsituation die Entwicklung angemessener Organisationsformen deutlicher denn je als Gestaltungsaufgabe hervor (vgl. Brödner 1990, 218). Mit dem vorliegenden Buch wurde versucht, einen Beitrag zur Lösung solcher Aufgaben, die als besondere Herausforderung der Wirtschaftsinformatik verstanden werden, zu leisten.

Literatur

Acker, H. B.: Organisationsanalyse. Baden Baden/Bad Homburg 1966

Ackermann, K.-F., Reber, G. (Hrsg.): Personalwirtschaft. Stuttgart 1981

Albach, H.: Innerbetriebliche Lenkpreise als Instrument dezentraler Unternehmenführung. In: Zeitschrift für betriebswirtschaftliche Forschung, 26(1974), 216-242

Alemann, U. von, Schatz, H.: Mensch und Technik. 2. Aufl., Opladen 1987

Allen, S. A.: Corporate - Divisional Relationships in Highly Diversified Firms. In: Lorsch, J. W., Lawrence, P. R. (Hrsg.): Studies in Organization Design. Homewood, Ill., 1970, 16-35

Allioth, A.: Selbststeuerungskonzepte. In: Kieser, A., Reber, G., Wunderer, R. (Hrsg.): Handwörterbuch der Führung. Stuttgart 1987, 1823-1833

Aoki, M., Gustafson, B., Williamson, O. E., (Hrsg.): The Firm as a Nexus of Treaties. London 1990

Argyris, C.: Interpersonal Competence and Organizational Effectives. Homewood, 1962

Argyris, C.: Reasoning, Learning and Actions. San Francisco 1982

Argyris, C.: Strategy, Change and Defensive Routines. Boston 1985

Asch, S.: Änderung und Verzerrung von Urteilen durch Gruppendruck. In: Irle 1969 (Effects of Group Pressures upon the Modification and Distortion of Judgement, New York 1952)

Ashby, W. R.: Einführung in die Kybernetik. Frankfurt 1974

Atkinson, J. W., Birch, O.: The Dynamics of Action. Englewood Cliffs 1970

Atteslander, P.: Methoden der empirischen Sozialforschung. 5. Aufl., Berlin/New York 1984

Awad, E.M.: Management Information Systems. Menlo Park, Califonia 1988

Balzert, H. (Hrsg.): CASE, Systeme und Werkzeuge. Mannheim 1989

Balzert, H. (Hrsg.): Moderne Software-Entwicklungssysteme und -werkzeuge. Mannheim et al. 1985

Balzert, H.: Die Entwicklung von Software-Systemen. Mannheim et al. 1982

Bandura, A.: Social Foundations of Thought and Action. Englewood Cliffs 1986

Bandura, A.: The Social Learning Theorie. New York 1971

Baron, R. et al.: Die OSSAD-Methodik und das Softwarepaket OrgSolution. In: Schönecker, H. G. und Nippa, M. (Hrsg.): Computerunterstützte Methoden für das Informationsmanagement. Baden-Baden 1990, 309-334

Baron, R. und Beslmüller, E. (Hrsg.): OSSAD Field Test Report. ESPRIT Project No. 285, Institut für Organisationsforschung und Technologieanwendung (IOT), München 1989

Bartsch-Spörl, B.: Der relationale Ansatz. In: Neumaier, H. (Hrsg.): State of the Art 6 - Relationale Datenbanken. 1989, 9-21

Bateson, G.: Ökologie des Geistes. Frankfurt 1985 (Steps to an Ecology of Mind, 1972)

Bavelas, A.: Communication patterns in task-oriented groups. 1950, Nachdruck in: Cartwright/-Zander 1968

Beck, A.: Perspektiven zur Mensch-Maschine-Funktionsteilung. In: Softwaretechnik-Trends, Mitteilungen der GI-Fachgruppe Software Engineering, Band 9 Heft 2/1989, 4-13

Beer, M.: The Technology of Organization Development. In: Dunette, M. D., (Hrsg.): Handbook of Industrial an Organizational Psychology. Chicago, 1976, 937-993

Belady, L. A. und Lehman, M. M.: A Model of large Program Developement. In: IBM System Journal 3/1976, 225-252

Bendixen, P., Kemmler, H. W.: Planung. Organisation und Methodik innovativer Entscheidungsprozesse. Berlin 1972

Berger, H.: Vergleich der Software-Entwicklungsumgebungen Promod und Powertools an
einem exemplarischen Beispiel. Diplomarbeit, Universität Linz 1989

Berlyne, D.E.: Conflict, Arousal and Curiosity. New York 1960

Bertalanffy, L.: General System Theory - A Critical Review. In: Litterer, J. A.(Hrsg.): Organizations, Vol. II, New York 1969

Berthel, J.: Personalmanagement. Stuttgart 1989

Biervert, B., Monse, K. (Hrsg.): Wandel durch Technik? Institution, Organisation, Alltag.
Opladen 1990

Bion, W. R.: Erfahrungen in Gruppen und andere Schriften. Stuttgart 1971 (Experiences in
Groups and Other Papers, London 1961)

Blau, P.M., Schoenherr, F.: The Structure of Organizations. New York 1971

Bleicher, K.: Kollegien. In: Grochla, E., Wittman W.: Handwörterbuch der Betriebswirtschaft.
Bd. 2, 4. Aufl., Stuttgart 1975, 2157-2167

Bleicher, K.: Organisation - Formen und Modelle. Wiesbaden 1981

Blum, E.: Betriebsorganisation - Methoden und Techniken. 2. Aufl., Wiesbaden 1988

Bodenwinkler, P. et al.: Datenverarbeitung 1. Linz 1987

Boehm, B. W.: A spiral model of software development and enhancement. In: IEEE Computer,
5/1988, 61-72

Boehm, B. W.: Software Engineering Economics. Englewood Cliffs, NJ, 1981

Böhnisch, W.: Führung und Führungskräftetraining nach dem Vroom-Yetton Modell. Stuttgart
1991

Böhnisch, W.: Führungstheorien und Führungstrainings. In: Kieser/Reber/Wunderer 1987

Böhnisch, W.: Personale Widerstände bei der Durchsetzung von Innovationen. Stuttgart 1979

Bolkart, W., Schweiggert, F., Roggenbruck, G.: Wachstumsverluste. Ulm 1981

Bono, E. de: Laterales Denken für Führungskräfte. Hamburg 1986 (Lateral thinking for management, 1971)

Bosetzky, H., Heinrich, P.: Mensch und Organisation. Berlin 1985

Brandstätter, H.: Die Ermittlung personaler Eigenschaften kognitiver Art. In: Reber, G. (Hrsg.):
Personalinformationssysteme. Stuttgart 1979, 74-95

Braybrooke, D., Lindblom, C.: A Strategy of Decision. New York 1963

Brödner, P.: Gestaltung von Arbeit und Technik in der auftragsgebundenen Fertigung. In:
Biervert, B., Monse, K. (Hrsg.): Wandel durch Technik? Institution, Organisation, Alltag.
Opladen 1990, 217-233

Bromann, P.: Erfolgreiches strategisches Informationsmanagement. Landsberg/Lech 1987

Brosius, G.: Arbeit mit EDV in öffentlichen und privaten Verwaltungen. Ergebnisse einer
empirischen Untersuchung. In: Hochschule für Wirtschaft und Politik Hamburg (Hrsg.): Auswirkungen Neuer Technologien auf Betrieb, Wirtschaft und Gesellschaft. Opladen 1989, 63-80

Budde, R., Schnupp, R., Schwald, A.: Untersuchung über Maßnahmen zur Verbesserung der
Software-Produktion. Teil 1, München/Wien 1980

Bühner R., Waller, H.: Divisionalisierung in der Bundesrepublik Deutschland. In: Der Betrieb,
30(1977), 1205-1207

Bühner, R.: Management-Holding - ein Erfahrungsbericht. In: Die Betriebswirtschaft, 51(1991)
(im Druck)

Bühner, R.: Management-Holding. In: Die Betriebswirtschaft, 47(1987), 40-49

Bühner, R.: Strategie und Organisation. Wiesbaden 1985

Burke, N. W.: Organization Development. Boston 1982

Burns, T., Stalker, G. M.: The management of innovation. London 1961

Busch, U.: ORG-DV-Leiter vs. Kommunikationsmanager - Die neue Führungsposition im Unternehmen. In: Krallman, H. (Hrsg.): Informationsmanagement auf der Basis integrierter Bürosysteme. Berlin 1987, 41-59.

Bushardt, S. C., Fowler, A. R., Debnath, S.: Sales Force Motivation: A Theoretical Analysis. In: Human Relations, 41, 12/1989, 901-913

Cameron, K. S., Sutton, R.I., Whitten, D. A. (Hrsg.): Readings in Organizational Decline. Cambridge, Mass 1988

Cartwright, D., Zander A. (Hrsg.): Group dynamics-research and theory. New York 1968

Chandler, A. D.: Strategy and Structure, Cambridge Mass., 1962

Chandler, A. D.: The Visible Hand: The Managerial Revolution in American Business. Cambridge Mass., 1978

Child, J.: More Myths of Management Organizations? In: The Journal of Managment Studies, 7(1970), 376-390

Chmielewicz, K., Coenenberg, A. G., Köhler, R., Meffert, H., Reber, G., Szypeski, N. (Hrsg.): Unternehmensverfassung. Stuttgart 1981

Cleland, D. I. und King, W. R.: System Analysis and Project Management. New York et al. 1968

Club of Rome, Peccei, A. (Hrsg.): Zukunftschance Lernen. München 1983

Coase, R. H.: The Nature of the Firm. In: Economica, 1937, 386-405 (wiederabgedruckt in: Stigler, G. J., Boulding, K. E., Readings in Price Theory, Homewood, Illinois, 1952)

Coenenberg, A.G., Fischer, T.: Prozeßkostenrechnung als Grundlage strategischer Entscheidungen. in: DBW 1991 (noch nicht veröffentlichte Ausgabe).

Coenenberg, A. G. (Hrsg.): Unternehmensrechnung. Betriebliche Planungs- und Kontrollrechnungen auf der Basis von Kosten und Leistungen. München 1976

Coenenberg, A. G.: Verrechnungspreise zur Steuerung divisionalisierter Unternehmen. In: Wirtschaftswissenschaftliches Studium, 2(1973), 373-382

Cohn, R. C.: Von der Psychoanalyse zur Themenzentrierten Interaktion. Stuttgart 1975

Crozier, M.: The Bureaucratic Phenomenon. Chicago 1964

Curth, M. A. und Weiß, B.: PC-gestützte Managementtechniken. München/ Wien 1987

Cyert, R. M., March, J. G.: A Behavioral Theory of the Firm. Englewood Cliffs 1963

Daenzer, W. F.: Systems Engineering. 5. Aufl., Zürich 1986

Dahl, R. A., Tufte, E. R.: Size and Democracy. Stanford 1973

Dalton, G. W., Lawrence, P.R. (Hrsg.): Motivation and Control in Organisations. Homewood Illinois 1971

Date, C. J.: An Introduction to Database Systems. Reading/Massachusetts 1987

Davis, G. B., Olson, M. H.: Management Information Systems. New York 1985

Davis, J. H.: Group performance. Massachusetts 1969

Davis, L. E.: Cherns, A. B. (Hrsg.): The Quality of Working Life. 2. Bd., New York 1975

Davis, S. M., Lawrence, P. R.: Der Matrix-Diamant. In: Reber, G., Strehl, F. (Hrsg.): Matrix Organisation. Stuttgart 1988, 17-30

Davis, S. M., Lawrence, P. R.: Matrix. Reading Mass. 1977

De Bono, E.: Laterales Denken für Führungskräfte. Hamburg 1986

De Charms, R.: Personal Causation, New York 1968

Deci, E. L.: Intrinsic Motivation. New York 1975

De Marco, T.: Structured Analysis and System Specification. New York 1978

Dernbach, W.: Grundsätze einer flexiblen Infrastruktur. In: Strunz H. (Hrsg.): Planung in der Datenverarbeitung, 1985, 82-97

Dickson, G. W., Wetherbe, J.C.: The Management of Information Systems. New York 1985

Dinkelbach, W.: Die Gestaltung der Aufbauorganisation des betrieblichen Informations- und Kommunikationssystems. Entwicklung eines computergestützten Gestaltungsverfahrens. Bergisch Gladbach/Köln 1989

Döhl, W.: Akzeptanz innovativer Technologien in Büro und Verwaltung. Göttingen 1983

Dörner, D.: Problemlösen als Informationsverarbeitung. 2. Aufl., Stuttgart 1969

Dostal, W.: Berufe in der Wirtschaftsinformatik. In: Kurbel, K., Strunz, H. (Hrsg): Handbuch Wirtschaftsinformatik. 1990, 759-775

Dreger, W.: Projekt-Management. Wiesbaden/Berlin 1975

Drucker, P. F.: Praxis des Managements. 3. Aufl., Düsseldorf 1962

Drucker, P. F.: The Concept of the Corporation. New York 1946

Drukarczyk, J.: Finanzierung. 4. Aufl., Stuttgart 1989.

Drumm, H. J.: Personalwirtschaftslehre. Berlin/Heidelberg 1989

Drumm, H. J.: Theorie und Praxis der Lenkung durch Preise. In: Zeitschrift für betriebswirtschaftliche Forschung, ZfbF 24(1972), 253-267

Duncan, R., Weiss, A.: Organizational Learning: Implications for Organizational Design. In: Staw, B. (Hrsg.): Research in Organizational Behavior. Vol. 1, Greenwich, Conn. 1979, 75-123

Dunckel, H.: Arbeitspsychologische Kriterien zur Beurteilung und Gestaltung von Arbeitsaufgaben im Zusammenhang mit EDV-Systemen. In: Maaß, S. und oberquelle, H. (Hrsg.): Software-Ergonomie, Stuttgart 1989, 69-79

Durr, M.: Netzwerke für den PC. Bonn 1988

Eisenführer, F.: Divisionale Organisation. In: Grochla, E. (Hrsg.): Handwörterbuch der Organisation. 2. Aufl., Stuttgart 1980, 558-568

Elzer, P. F.: Management von Softwareprojekten. In: Informatik Spektrum 4/1989, 181-197

Emery, J. C.: Organizational Planning and Control Systems. New York, 1969

Endres, A.: Software-Wiederverwendung: Ziele, Wege und Erfahrungen. In: Informatik Spektrum, Band 11, 2/1988, 85-95

Esparrago, R. A.: KANBAN. In: Production and Inventory Management Journal, 1988, 6-10

Exner, A., Königswieser, R., Titscher, S.: Unternehmungsberatung - systemisch. In: Die Betriebswirtschaft, DBW 47(1987), 265-284

Fayol, H.: Allgemeine und industrielle Verwaltung. München 1919 (deutsche Übersetzung)

Festinger, L., Carlsmith, J. M.: Kognitive Folgen erzwungener Zustimmung. In: Irle, M. (Hrsg.): Texte aus der experimentellen Sozialpsychologie, 1969

Festinger, L.: A Theorie of Cognitive Dissonance. Stanford 1968

Fiedler, F. E.: Führungstheorien - Kontingenztheorie. In: Kieser, A., Reber, G., Wunderer, R. (Hrsg.): Handwörterbuch der Führung. 1987

Finke, W. F. und Hartstock, H.: Informationsmanagement mit integrativen PC-Softwarewerkzeugen. In: Information Management 1/1987, 16-27

Fischer, G. und Gunzenhäuser. (Hrsg.): Methoden und Werkzeuge zur Gestaltung benutzergerechter Computersysteme. Berlin/New York 1986

Fitts, P. M.: Human Engineering for an Effective Air Navigation and Control System. National Research Council, Washington D.C. 1951

Flechtner, H. J.: Grundbegriffe der Kybernetik. Stuttgart 1966

Foerster, H. von: Sicht und Einsicht: Versuche zu einer operationalen Erkenntnistheorie. Wiesbaden 1985

Fogarty, D. W., Hoffmann, T. R., Stonebraker, P. W.: Production and Operations Management. Cincinnati 1989

Freiling, E.: Der Fragebogen zur Arbeitsplatzanalyse (FAA) und seine Anwendungsmöglichkeiten zur Gestaltung von Personalinformationssystemen. In: Reber, G. (Hrsg.): Personalinformationssysteme. Stuttgart 1979, 163-177

French, J. R. P., Raven, B. H.: The basis of social power. In: Cartwright, D. (Hrsg.).: Studies in social power. Ann Arbor 1959, 150-167

French, R. L.: Sociometric measusures in relation to individual adjustment and group performance among naval recruits. In: American Psychologist 4, 1949

French, W. L., Bell, C. H. W.: Organisationsentwicklung. Bonn 1977

Frese, E., Glaser, H.: Verrechnungspreise. In: Grochla, E. (Hrsg.): Handwörterbuch der Organisation. 2. Aufl., Stuttgart 1980, 2311-2326

Frese, E.: Grundlagen der Organisation. 4. Aufl., Wiesbaden 1988 (1. Aufl. 1980, 2. Aufl. 1984)

Frese, E.: Marktinterdependenzen in Unternehmungen der Investitionsgüterindustrie als organisatorisches Problem. In: Schmalenbachs Zeitschrift für betriebswirtschaftliche Forschung, 37(1985), 287-290

Freud, S.: Werkausgabe in zwei Bänden. Frankfurt 1978, Bd.1: Formulierungen über die zwei Prinzipien des psychischen Geschehens (1911)

Friedland, P. und Iwasaki, Y.: The concept and implementation of skeletal plans. In: Journal of Automated Reasoning, 1/1985, 161-208

Friedman, G.: Grenzen der Arbeitsteilung. Frankfurt 1959

Fronz, M.: Verhaltenswissenschaftliche Aspekte des Projektmanagements. In: ZfO 41, 1972, 175-182

Frühauf, K., Ludewig, J., Sandmayr, H.: Software-Projektmanagement und -Qualitätssicherung. Stuttgart 1988

Fuchs, R.: Hierarchie im Wandel. In: Zeitschrift für Organisation, ZfO 44(1975), 9-18

Gabele, E.: Die Einführung von Geschäftsbereichsorganisationen. Tübingen 1981

Gaitanides, M.: Prozeßorganisation. München 1983

Galbraith, J. R.: Matrix-Organisation-Designs: Wie kann man funktionale und Projekt-Formen kombinieren. In: Reber G., Strehl, F. (Hrsg.): Matrix-Organisation. Stuttgart 1988, 65-81

GEI - Gesellschaft für Elektronische Informationsverarbeitung (Hrsg.): Promod 1.4d - Handbuch. Aachen 1987

Gergen, K. J.: Toward the Transformation in Social Knowledge. New York 1982

Gerke, W.: Anwendungen und Auswirkungen neuer Kommunikationstechniken in der Kreditwirtschaft. Projekt-Vorstudie, Universität Mannheim, Lehrstuhl für ABWL und Finanzwirtschaft (Schwerpunkt Bankbetriebslehre), 1988

Gernet, E.: Das Informationswesen in der Unternehmung. München/Wien 1987

Gewald, K., Haake, Pfadler: Software-Engineering. 3. Aufl., München/Wien 1982

Ghorpade, J. V.: Job Analysis. Englewood Cliffs 1988

GI (Gesellschaft für Informatik, Hrsg.): Anforderungsprofil für die Universitätsausbildung in Wirtschaftsinformatik in wirtschaftswissenschaftlichen Studiengängen. In: Informatik Spektrum 4/1989, 225-228

GI (Gesellschaft für Informatik, Hrsg.): Newsletter Petri Nets and Related System Models. Gesellschaft für Informatik (GI), D-5300 Bonn, Newsletter Nr. 16, Februar 1984

Gilbreth, F. B.: Motion Study. New York 1911

Gisiger, H. P. und Kündig, A.: Petri-Netze: Netze zur Modellierung verteilter Systeme. In: Bulletin ASE/UCS 79, 17/1988, 1026-1034

Glasersfeld, E. von: Wissen, Sprache und Wirklichkeit und der Begriff der Objektivität. In: Gumin/Mohler 1985

Goldberg, W. H.: Zur Organisation interner Innovationsvorhaben in älteren und größeren Unternehmungen. In: Die Betriebswirtschaft, 46(1986), 128-139

Golembiewski, R. T.: Approaches to Planned Change. 2. Bd, New York 1979

Gottschaldt, K., Lersch, Ph., Sander, F., Thomae, H.: Handbuch der Psychologie. Göttingen 1966

Graumann, C.-F.: Nicht sinnliche Bedingungen des Wahrnehmens. In: Gottschaldt et al.: Handbuch der Psychologie, 1966

Grochla, E.: Forschung und Entwicklung auf dem Gebiet der Informationssysteme als Aufgabe der Betriebswirtschaftslehre. In: ZfbF Jg. 41, 1971, 563-582

Grochla, E.: Grundlagen der organisatorischen Gestaltung. Stuttgart 1982

Grollmann, J. et al.: Multi-Media-Dialog. In: Paul, M. (Hrsg.): Proceedings der 19. GI-Jahrestagung, Computergestützter Arbeitsplatz, Bd. 1, Berlin et al. 1989, 30-48

Groth, R., Erbslöh, F., Hugelshofer, H.-J., Strombach, M.: Projektmanagement in Mittelbetrieben. Köln 1983

Grunwald, W.: Das "Eherne Gesetz der Oligarchie": Ein Grundproblem demokratischer Führung in Organisationen. In: Grunwald, W., Lilge, H.-G.: Partizipative Führung, Bern 1980, 245-285

Gumin, H., Mohler, A.: Einführung in den Konstruktivismus. München 1985

Gupta Technologies Inc. (Hrsg.): SQL Windows. Technical Reference Manual (Preliminary Documentation). Gupta Technologies Inc., 1020 Marsh Road, Suite 210, Menlo Park, CA 94025 USA, 1988

Gutenberg, E.: Grundlagen der Betriebswirtschaftslehre. Band 1, 20. Aufl., Berlin 1973 (und 4. Aufl. 1958)

Gyllenhammar, P. G.: People At Work. Reading, Mass. 1977

Hackman, J. R., Oldham, G. R.: Development of the job diagnostic survey. In: Journal of Applied Psychology, 60, 1975,159-170

Hackman, J. R., Oldham, G. R.: Work Redesign. Reading, Massachusetts 1980

Hammer, R. M, Hinterhuber, H. H., Kapferer, R., Turnheim, G. (Hrsg.): Strategisches Management in den 90er Jahren. Wien 1990

Haneke, W.: Büroanalysemethoden. In: Angewandte Informatik 10/1984, 399-409

Haneke, W.: Methoden der Büroanalyse. In: ZfO 7/1984, 426-431 und 1/1985, 56-58

Hannan, M. T., Freeman, J.: The Population Ecology of Organizations. In: American Journal of Sociology, 82, 5/1977, 929-964

Hansen, H. R.: Wirtschaftsinformatik I, 5. Aufl., Stuttgart 1987

Hayward, R. G.: Developing an Information Systems Strategy. In: Longe Range Planning, Vol. 20, April 1987

Heckhausen, H.: Motivation und Handeln. Berlin/Heidelberg/New York 1980

Hedberg, B., Nystrom, P. C., Starbuck, W. H.: Camping on Seesaws: Prescriptions for a Self-Designing Organization. In: Administrative Science Quarterly, 21(1976), 41-65

Hedberg, B.: How Organizations Learn and Unlearn. In: Nystrom, P.C., Starbuck, W. H.: Handbook of Organizational Design. Bd. 1, Oxford 1981, 3-27

Heilmann, H.: Computerunterstützung für das Management - Entwicklung und Überblick. In: Handbuch der modernen Datenverarbeitung (HMD), Heft 138, 1987, 3-17

Heilmann, H. et al. (Hrsg.): Projektmanagement. Handbuch der modernen Datenverarbeitung (HMD), Heft 116, Stuttgart/Wiesbaden 1984

Heilmann, H.: Modelle und Methoden der Benutzermitwirkung in Mensch-Computer-Systemen. Stuttgart/Wiesbaden 1981

Heilmann, H.: Organisation und Management der Informationsverarbeitung im Unternehmen. In: Kurbel, K., Strunz, H. (Hrsg): Handbuch Wirtschaftsinformatik. 1990, 683-700

Heilmann, H. und Simon, M.: Organisationsanalyse und -planung mit ODB/OIS: Integration mit bestehenden Anwendungssystemen im Unternehmen. In: Paul, M. (Hrsg.): Proceedings der 19. GI-Jahrestagung, Computergestützter Arbeitsplatz, Bd. 2, Berlin et al. 1989, 190-203

Heimlich, A.: Dialogmodellierung mit einem objektorientierten User-Interface-Management-System. In: Paul, M. (Hrsg.): Proceedings der 19. GI-Jahrestagung, Computergestützter Arbeitsplatz, Bd. 1, Berlin et al. 1989, 174-185

Heinen, E.: Grundlagen betriebswirtschaftlicher Entscheidungen. Das Zielsystem der Unternehmung. 2. Aufl., Wiesbaden 1971

Heinrich, L. J., Burgholzer, P.: Informationsmanagement. 3. Aufl., München/Wien 1990

Heinrich, L. J., Burgholzer, P.: Systemplanung. 4. Aufl., Band 1 (1989) und Band 2 (1990), München/Wien

Heinrich, L. J., Lehner, F., Roithmayr, F.: Informations- und Kommunikationstechnik, 2. Aufl., München/Wien 1990

Heinrich, L. J. und Kurbel, K. (Hrsg.): Studien- und Forschungsführer Wirtschaftsinformatik. Berlin et al. 1988

Heinrich, L. J.: Wirtschaftsinformatik in Forschung und Ausbildung. In: Information Management, IM 1/1986, 63-69

Heinrich, L.J., Pils, M.: Das Aufgabensystem von Personalinformationssystemen. In: Reber 1979, 1-27.

Heinzelbecker, K.: Marketing-Informationssysteme. Stuttgart Berlin Köln Mainz 1985

Henderson, J. C., Treacy, M. E.: Managing End-User Computing for Competitive Advantage. In: Sloan Management Review, Winter 1986

Herkner, W. (Hrsg.): Attribution - Pyschology der Kausalität. Bern 1980

Hermann, O.: Kalkulation von Softwareentwicklungen. München/Wien 1983

Hershey, W. R.: Idea Processors. In: Byte 6/1985, 337-350

Herzberg, F.: Die Motivations-Hygiene-Theorie. In: Ackermann, K.-F., Reber, G. (Hrsg.): Personalwirtschaft, 1981 (Work and the Nature of Man, Cleveland-New York 1981)

Heydebrand, W. V.: Hospital Bureaucracy. New York 1973

Hibbeler, M.: Graphische Benutzungsoberflächen. In: Computer Magazin 9/1989, 48-49

Hill, W., Fehlbaum, R., Ulrich, P.: Organisationslehre. Band 1 und 2, 4. Aufl., Bern 1989 (1. Aufl. 1974, 3. Aufl. 1981)

Hirschleifer, J.: Economics of the Divisionalized Firm. In: Journal of Business, 30(1957), 96-108

Hirzel, M.: Phasenorientierte Projektorganisation. In: ZfO 44, 5/1975, 255-260

Hirzel, M.: Projektmanagement gekonnt einführen. In: io Management Zeitschrift, 1/1989, 87-90

Hochschule für Wirtschaft und Politik Hamburg (Hrsg.): Auswirkungen Neuer Technologien auf Betrieb, Wirtschaft und Gesellschaft. Opladen 1989

Hoffmann, F.: Aufgabe. In Grochla, E. (Hrsg.): Handwörterbuch der Organisation. 1980, 200-207

Hofmann, M., Cordes, R. und Langendörfer, H.: Hypertext/Hypermedia. In: Informatik Spektrum 4/1989, 218-219

Hofstätter, P. R.: Gruppendynamik. Hamburg 1971

Höhn, R.: Stellenbeschreibung und Führungsanweisung. Bad Harzburg 1979

Holden, P. E., Pederson, C. A., Germane, G. E.: Top Management. New York 1968

Homans, G. C.: The human group. New York 1950

Hopfenbeck, W.: Allgemeine Betriebswirtschafts- und Managementlehre. Landsberg am Lech 1989

Hormann, A. M.: A Man-Machine Synergistic Approach to Planning and Creative Problem Solving. In: International Journal of Man-Machine Studies, 3/1971, 167-184

Horváth, P., Urban, G. (Hrsg.): Qualitäts-Controlling. Stuttgart 1991.

Horváth, P., Gassert, H., Solaro, D. (Hrsg.): Controllingkonzeptionen für die Zukunft. Stuttgart 1991.

Horváth, P. (Hrsg.): Strategieunterstützung durch das Controlling: Revolution im Rechnungswesen ?. Stuttgart 1990

Horváth, P.: Revolution im Rechnungswesen: Strategisches Kostenmanagement. In: Horváth 1990, 175-193.

House, R. J., Dessler, G.: The path goal theory of leadership: some post hoc and a priori tests. In: Hunt/Larson 1974

House, R. J.: Führungstheorien - Charismatische Führung. In: Kieser, A., Reber, G., Wunderer, R. (Hrsg.): Handwörterbuch der Führung, Stuttgart 1987

Hoyer, R. und Kölzer, G.: Rechnergestützte Planung und Gestaltung von Büroinformationssystemen. 1988

Huckert, K.: Einsatztechnologien und Anwendungsgebiete von Personal-Computern mit Beispielen aus dem Personalwesen. In: ZfbF 41, 5/1989, 415-426

Hügler, G. L.: Controlling in Projektorganisationen. München 1988

Humble, J.: Praxis des Management by Objectives. München 1972

Hunt, J. G., Larson, L. L., Contingency Approaches to Leadership. Illinois 1974

Huse, E.F., Cummings, T.G.: Organization Development and Change. 3 Aufl., St. Paul 1985

Ihring, H.C.: Einführung in das Controlling für Mittelstandsunternehmen. Wien 1986

Irle, M. (Hrsg.): Texte aus der experimentellen Sozialpsychologie. Neuwied 1969

Irle, M.: Lehrbuch der Sozialpsychologie. Göttingen/Toronto/Zürich 1975

Irle, M.: Macht und Entscheidungen in Organisationen. Frankfurt 1971

Jago, A. G.: Führungsforschung - Führung in Nordamerika. In: Kieser, A., Reber, G., Wunderer, R. (Hrsg.): Handwörterbuch der Führung. 1987

Jago, A. G.: Führungstheorien - Vroom/Yetton-Modell. In: Kieser, A., Reber, G., Wunderer, R. (Hrsg.): Handwörterbuch der Führung. 1987

Janis, I. L., Mann, L.: Decision Making. New York 1977

Janis, I. L.: Victims of Groupthink. 2. Aufl., Boston 1982 (1. Aufl. 1972)

Jarke, M. (Hrsg.): Managers, Micros and Mainframes: Integrating Systems for End-Users. New York 1986

Jennergren, L.P.: Decentralization in Organizations. In: Nystrom, P.C., Starbuck, W.H. (Hrsg.): Handbook of Organizational Design. Bd. 2, Oxford 1981, 39-59

Jermakowicz, W.: Organizational Structures in the R- and D- Sphere. In: R&D Management, Special Issue, 1978, 107-113

Jick, T. D., Murray, V. V.: The Management of Hard Times: Budget Cutbacks in Public Sector Organizations. In: Organization Studies, 3(1982), 141-169

Jones, E. E., Nisbett, R. E.: The Actor and the Observer: Divergent Perceptions of the Causes of Behavior. Morristown, N.J., 1971

Jones, M. O., Moore, M. D., Snyder, R. C. (Hrsg.): Inside Organizations: Understanding the Human Dimension. Newbury Park et.al. 1988

Joschke, H. K.: Darstellungstechniken. In: Grochla, E. (Hrsg.), Handwörterbuch der Organisation. 1980, 433-462

Kagermann, H.: Perspektiven der Weiterentwicklung integrierter Standardsoftware für das innerbetriebliche Rechnungswesen. In: Horváth 1990, 277-306.

Kast, F. E., Rosenzweig, J. E.: Organization and Management. A Systems Approach. 2. Aufl. Tokyo 1974

Kelley, H. H., Thibaut, J. W.: Group problem solving. In: Lindzey/Aronson 1969

Kelley, H. H.: Attribution Theory in Social Psychology. In: Jones, M. R. (Hrsg.): Nebraska Symposium on Motivation, 1967. Lincoln 1968, 192-240

Kelley, H. H.: Causal Schemata and the Attribution Process. Morristown 1972

Kerr, S., Mathews, C. S.: Führungstheorie - Theorie der Führungssubstitution. In: Kieser, A., Reber, G., Wunderer, R. (Hrsg.): Handwörterbuch der Führung. Stuttgart 1977, 910-922

Khandwalla, P. N.: The Design of Organizations. New York 1972

Kieser, A., Krüger, M., Röber, M.: Organisationsentwicklung: Ziele und Techniken. In: Wirtschaftswissenschaftlicher Studium, 7(1979), 149-155

Kieser, A., Kubicek, H.: Organisation. 2. Aufl., Berlin 1983

Kieser, A., Reber, G., Wunderer, R. (Hrsg.): Handwörterbuch der Führung. Stuttgart 1987

Kieser, A.: Darwin und die Folgen für die Organisationstheorie: Darstellung und Kritik des Population Ecology-Ansatzes. In: Die Betriebwirtschaft, 48(1988), 603-620

King, N.: Analyse und Beurteilung der Dual-Faktoren-Theorie der Arbeitszufriedenheit. In Ackermann, K.-F., Reber, G. (Hrsg.): Personalwirtschaft, 1981 (Clarification and Evaluation of the Two-Faktor-Theorie of Job Satisfaction, in Psychological Bulletin, 74.Jg. USA 1970)

King, W. R.: How Effective is Your Information Systems Planning? In: Long Range Planning Vol. 21, October 1988.

Kirsch, W., Esser, W.-M., Gabele, E.: Das Management des geplanten Wandels von Organisationen. Stuttgart 1979

Kirsch, W. und Mitarbeiter: Empirische Explorationen zu Reorganisationsprozessen. München 1978

Knebel, H., Schneider, H.: Taschenbuch zur Stellenbeschreibung. 3. Aufl., Heidelberg 1985

Köhler, R., Uebele, H., Tebbe, K.: Objektorientierte Organisationsformen im Absatzbereich von Industrieunternehmen. Forschungsbericht, Köln 1983

Köhler, W.: Gestalt Psychology. Toronto 1947

Kolbinger, J., Betriebswirtschaftslehre als Lehre von der sozialen Leistungsordnung. Berlin 1980

Kolbinger J.: Das humane Maß der Größe. Linz 1983

Kolm, P., Wagner, I., Volst, A.: Konflikt und Innovation in computerunterstützten Organisationen. München/Wien 1988

Kolm, P.: Herrschaftsaspekte bei computerisierter Arbeit. In: Kolm, P., Wagner, I., Volst, A.: Konflikt und Innovation in computerunterstützten Organisationen. München/Wien 1988, 47-90

Kolodny, H.: Matrix-Organisation Design and New Product Successes. In: Research Management, 23(1980), 29-33

König, R.: Praktische Sozialforschung I: Das Interview, Formen, Technik, Auswertung. Köln/Berlin 1965

König, W., Behrendt, R.: Die Produktion von Expertensystemen. In: Angewandte Informatik 3/1989, 95-102

Kornhauser, W.: Scientists in Industry: Conflict and Accomodation. Berkeley 1963

Kosiol, E.: Ablauforganisation, Grundprobleme der, In: Grochla, E. (Hrsg.), Handwörterbuch der Organisation. 1980, 1-8

Kosiol, E.: Bausteine der Betriebswirtschaftslehre. Band I, Berlin 1973

Kosiol, E.: Grundlagen der Organisation. Wiesbaden 1962

Kosiol, E.: Organisation der Unternehmung. Wiesbaden 1962

Kotler, P.: Marketing für Nonprofit Organisationen. Stuttgart 1978

Kougioumtzoglou, S.: Datenanalyse. In: Neumaier, H. (Hrsg.): State of the Art 6 - Relationale Datenbanken. Oldenbourg Verlag, München 1989, 23-34

Kraemer, W., / Scheer, A.W.: Wissensbasiertes Controlling. In: Information Management 2/89, 6-17.

Kredel, L.: Wirtschaftlichkeit von Bürokommunikationssystemen. Berlin et al. 1988

Kreifelts, Th.: DOMINO: Ein System zur Abwicklung arbeitsteiliger Vorgänge im Büro. In: Angewandte Informatik, AI 4/1984, 137-146

Kreikebaum, H.: Stellen- und Arbeitsplatzbeschreibung. In: Grochla, E. (Hrsg.), Handwörterbuch der Organisation. 1980

Kroeber-Riel, W., Lorson, T., Neibecker, B.: Expertensysteme im Marketing. Erscheint voraussichtlich in DBW 1991

Krüger, W. (Hrsg.): Projektmanagement in der Krise: Probleme und Lösungsansätze. Frankfurt et al. 1986

Krüger, W.: Aufgabenanalyse. Wiesbaden 1980

Krüger, W.: Grundlagen der Organisationsplanung. Gießen 1983

Kuba, R. W.: Computergestützte Projektorganisation. Köln 1987

Kubicek, H., Leuck, H.G., Wächter, H.: Organisationsentwicklung: Entwicklungsbedürftig und Entwicklungsfähig. In: Gruppendynamik, 10(1979), 247-318

Kubicek, H.: Sozial- und ökologieorientierte Technikfolgenforschung. Probleme und Perspektiven am Beispiel der Büro- und Telekommunikation. In: Biervert, B., Monse, K. (Hrsg.): Wandel durch Technik? Institution, Organisation, Alltag. Opladen 1990, 353-385

Kudlich, H.: Datenbank-Design. Wien/New York, 1988

Kuhn, T.: The Structure of Scientific Revolution. 2. Aufl., Chicago 1970

Kummer, W., Spühler, R., Wyssen, R.: Project-Management. Leitfaden zu Methode und Teamführung. Zürich 1985

Kurbel, K., Strunz, H. (Hrsg): Handbuch Wirtschaftsinformatik. Stuttgart 1990

Kurbel, K.: Forschungsprogramm "Wirtschaftsinformatik". In: Information Management, IM 2/1988, 58-63

Kurbel, K. und Pietsch, W.: A Cooperative Work Environment for Evolutionary Software Development. In: Gibbs, S., Verrijn-Stuart, A. A. (Hrsg.): Multi-User Interfaces and Applications, North-Holland Publ. Comp., 1990, 115-128

Kurbel, K. und Pietsch, W.: Expertensystem-Projekte: Entwicklungsmethodik, Organisation und Management. In: Informatik Spektrum (1989) 12, 133-146

Kurpicz, F.-J.: Die Organisationsdatenbank strukturiert Unternehmen. In: Schönecker, H. G., Nippa, M. (Hrsg.): Computerunterstützte Methoden für das Informationsmanagement. Baden-Baden 1990, 289-308

Kutzner, R.: Organisationskonzepte für Personal Computer. Köln 1988

Lam, S.-T., Greenstein, J. S.: The Effects of Input Medium and Task Allocation Strategy on Performance of a Human-Computer System. In: Shackel, B. (Hrsg.): Human-Computer Interaction, INTERACT`84, Amsterdam 1985, 195-200

Lang, R., Hellpach, W.: Gruppenfabrikation. Berlin 1922

Langmaack, B., Braune-Krickau, M.: Wie die Gruppe laufen lernt. Weinheim - Basel 1985

Lawler, E. E.: Erwartungstheorie. In Ackermann, K.-F., Reber, G. (Hrsg.): Personalwirtschaft, 1981 (Expectancy Theorie, New York 1975)

Lawler, E. L., Rode, J. G.: Information and Control in Organizations. Pacific Palisades 1976

Lawrence, P. R., Kolodny H. F., Davis, S. M.: Die personale Seite der Matrix. In: Reber, G., Strehl, F. (Hrsg.): Matrix Organisation. Stuttgart 1988, 127-150

Lay, G.: Neue Produktionstechnologien und ihre Einflüsse auf das strategische Personalmanagement. In: Weber/Weinmann 1989.

Leavitt, H. J.: Some effects of certain communication patterns on group performance. In: Journal of Abnormal and Social Psychology 46, 1961

Lehman, M. M.: Programs, Life Cycles and Laws of Software Evolution. In: Proc. IEEE, Vol. 68, 9/1980, 1060-1076

Lehner, F.: Expertensysteme für Organisationsaufgaben. In: Zeitschrift für Betriebswirtschaft, ZfB (erscheint voraussichtlich 1991)

Lehner, F.: Planung und Einsatz neuer Bürotechnologien in Banken. In: Zeitschrift für betriebswirtschaftliche Forschung (ZfbF), 4/1990, 317-333

Lehner, F.: Software als Werkzeug für den Organisator. In: Paul, M. (Hrsg.): Computergestützter Arbeitsplatz. Proceedings der 19. GI-Jahrestagung, Berlin et al. 1989, Bd. 2, 143-157

Lehner, F.: Software für Organisations- und Managementaufgaben. In: Informationstechnologie - Computer, Systeme, Anwendungen (it), 4/1990, 241-254

Lehner, F.: Wartung und Nutzung von Software. München 1989

Lerch, P.: Aufbau der Person. 7. Aufl., München 1956

Leszak, M. und Eggert, H.: Petri-Netz-Methoden und Werkzeuge. Berlin et al. 1989

Lewin, K., Dembo, T., Festinger, L., Sears, P.: Das Anspruchsniveau. In: Ackermann, K.-F., Reber, G. (Hrsg.): Personalwirtschaft, 1981 (Level of aspiration, New York 1944)

Lewin, K.: A Dynamic Theory of Personality. New York 1935

Lewin, K.: Field Theory in Social Sciences. New York 1951

Lewin, K.: Group Discussion and Social Change. In: Maccoby, E. E., Newcomb, T. M., Hartley, E. L. (Hrsg.): Readings in Social Psychology. New York 1958, 197-211

Liebelt, W., Sulzberger, M.: Grundlagen der Ablauforganisation. Gießen 1989

Lindblom, C. E.: The Science of "Muddling Through". Dissertation Abstracts International, 1964

Lindblom, C.: The Science of Muddling Through. In: Public Administration Review, 19(1959), 79-88

Lindzey, J., Aronson, E. (Hrsg.): The handbook of sozial psychology 4, Massachusetts 1969

Lippe, W.-M. (Hrsg.): Software-Entwicklung. Konzepte, Erfahrungen, Perspektiven. Berlin et al. 1989

Lucas, H. C.: Information Systems Concepts for Management. 3. Aufl., New York 1986

Lüder-Schirmer, H.: DOMINO: Integrierte Verfahrenstechnik für die Entwicklung und Wartung informationsverarbeitender Systeme. In: Balzert, H. (Hrsg.): CASE, Systeme und Werkzeuge. Mannheim 1989

Lüder-Schirmer, H.: Organisationsentwicklung und Ressourcen-Management mit DOMINO. In: Paul, M. (Hrsg.): Computergestützter Arbeitsplatz. Proceedings der 19. GI-Jahrestagung, Berlin et al. 1989, 450-463

Lueger, M., Schmitz, C.: Das offene Interview. Wien 1984

Lütolf, D.: Entwicklung und Einführung entscheidungsunterstützender Computermodelle für das Strategische Management. Bern/Frankfurt 1989

MacKenzie, K. D.: Organizational Design: The Organizational Audit and Analysis Technology. Norwood 1986

Madauss, B. J.: Projektmanagement. Stuttgart 1984

Madnick, S. E. (Hrsg.): The strategic Use of Information Technology. Oxford 1987

Maier, N. R. F.: Assets and Liabilities in Group Problem Solving: The Need for an Integrative Function. In: Pyschological Review, 74(1967), 239-249

Maier, N. R. F.: Psychology in Industry. Boston 1955

Manz, C. C., Sims, H. P. Jr.: Führung in selbststeuernden Gruppen. In: Kieser, A., Reber, G., Wunderer, R. (Hrsg.): Handwörterbuch der Führung. Stuttgart 1987, 1805-1823

March, J. G., Simon, H. A.: Organizations. New York 1958

Martial, F. v., Victor, F.: Das elektronische Organisationshandbuch: Anforderungen und Spezifikation. WISDOM-Verbundprojekt. GMD Forschungsbericht FB-GMD-87-16, Gesellschaft für Mathematik und Datenverarbeitung, Bonn 1987

Maslow, A. H.: Eine Theorie der menschlichen Motivation, In: Ackermann, K. F., Reber, G. (Hrsg.): Personalwirtschaft. Stuttgart 1981, 154-160

Maslow, A. H.: Motivation and Personality. New York 1954

Maturana, H., Varela, F.: Der Baum der Erkenntnis. Bern/München/Wien 1987 (El árbol del conocimiento, Chile 1984)

Mauri, G.: Window-Systeme. In: Informatik Spektrum 6/1987, 336-337

Mayer, A. (Hrsg.): Organisationspsychologie, Stuttgart 1978

Mayer, A., Herwig, B. (Hrsg.): Handbuch der Psychologie in 12 Bänden, Band 9: Betriebspsychologie, Göttingen 1970

Mayer, E., Weber, J. (Hrsg.): Handbuch Controlling. Stuttgart 1990.

McCracken G.: The Long Interview. 2nd Printing, Sage University Paper Series on Qualitative Research Methods, Vol. 13, Newbury Park et.al. 1989

McKelvey, B.: Organizational Systematics: Taxonomy, Evolution, Classification. Berkeley 1982

Mead, M.: Leben in der Südsee. Jugend und Sexualität in primitiven Gesellschaften, München 1965

Meiser, M., Wagner, D., Zander, E.: Personal und neue Technologien. München Wien 1991.

Melzer-Ridinger, R.: Materialwirtschaft. München/Wien 1989

Mertens, P., Griese, J.: Industrielle Datenverarbeitung 2. 5. Aufl., Wiesbaden 1988

Mertens, P., Hildebrand, R. J. N., Kotschenreuther, W.: Verteiltes wissensbasiertes Problemlösen im Fertigungsbereich, In: Zeitschrift für Betriebswirtschaft, 59, 8/1989, 839-854

Mertens, P.: Aufbauorganisation der Datenverarbeitung. Wiesbaden 1985

Mertens, P.: Industrielle Datenverarbeitung 1. 7. Aufl., Wiesbaden 1988

Merton, R. K.: Social Theory and Social Structure. London 1967

Meyer, F., Stopp, U.: Betriebliche Organisationslehre, Unternehmensaufbau - Arbeitsablauf. 9. Aufl., Expert Verlag/Taylorix Fachverlag, 1988

Meyer, J., Greif, H.-H.: PIMS - Das Instrument zur Strategischen Kursbestimmung im Zeitalter der Diskontinuitäten. In: Hammer et al.: Strategisches Management in den 90er Jahren, 1990, 193-228

Michels, R.: Die oligarchischen Tendenzen der Gesellschaft (1908). In: Röhrich, W. (Hrsg.): Demokratische Eliteherrschaft. Darmstadt 1975, 47-116

Michels, R.: Zur Soziologie des Parteiwesens in der modernen Demokratie. 2. Aufl., Stuttgart 1970

Miles, R. H.: Coffin Nails and Corporate Strategies. Englewood Cliffs 1982

Milgram, S.: Behavioral Study of Obedience. In: Journal of Abnormal and Social Psychology 67, 1963

Miller, D., Friesen, P. H.: Organizations, A Quantum View. Englewood Cliffs 1984

Miller, D., Mintzberg, H.: The Case for Configuration. In: Quinn, J. B., Mintzberg, H., James, R. M. (Hrsg.): The Strategy Process. Englewood Cliffs 1988, 518-524

Miller, G. A.: Die magische Zahl sieben plus oder minus zwei. In: Ackermann, K.-F., Reber, G. (Hrsg.): Personalwirtschaft, 1981

Milling, P.: Systemtheoretische Grundlagen zur Planung der Unternehmenspolitik. Berlin 1981

Mintzberg, H.: The Manager's Job: Folklore and Fact. In: Harvard Business Review, 53(1975), 49-61

Mintzberg, H.: The Structuring of Organizations. Englewood Cliffs 1979

Mintzberg. H.: The Nature of Managerial Work. Englewood Cliffs 1973

Mistelbauer, H.: Datenstrukturanalyse in der Systementwicklung. In: Müller-Ettrich, G. (Hrsg.): Effektives Datendesign. 1989, 109-160

Mitroff I. I.: Stakeholders of the Organizational Mind. San Francisco 1983

Möller, K.-H.: Entwicklung von Software als organischer Prozeß - ein Vergleich verschiedener Phasenkonzepte. In: Angewandte Informatik 7/1983, 284-289

Morgan, G.: Creative Organization Theory - A Resourcebook. Sage Publications, Newbury Park et. al. 1989

Morgan, G.: Images of Organization. Beverly Hills 1986

Mulder, M.: The Daily Power Game. Leiden 1977

Müller, H.: Entwicklungstendenzen im innerbetrieblichen Rechnungswesen. In: Horváth 1990, 307-331.

Müller, J.: Einführung und Verbreitung von Personal-Computern in Sparkassen. In: OFFICE MANAGEMENT 3/1986, 282-285

Müller, J.: Objektorientierte Bedienoberflächen auf der Basis von Standard-Fenstersystemen. In: Paul, M. (Hrsg.): Proceedings der 19. GI-Jahrestagung, Computergestützter Arbeitsplatz, Bd. 1, Berlin et al. 1989, 160-173

Müller-Ettrich, G. (Hrsg.): Effektives Datendesign, Praxis-Erfahrungen. Köln 1989

Münzenberger, H.: Eine pragmatische Vorgehensweise zur Datenmodellierung. In: Müller-Ettrich , G. (Hrsg.): Effektives Datendesign. 1989, 32-75

Münzenberger, H.: Pragmatische Datenmodellierung. In: Online 1/1990, 14-20

Muth, M. und Neumann, T.: Das UIMS THESEUS. In: Paul, M. (Hrsg.): Proceedings der 19. GI-Jahrestagung, Computergestützter Arbeitsplatz, Bd. 1, Berlin et al. 1989, 186-197

Nassi, J., Shneidermann, B.: Flowchart Techniques for Structured Programming. In: SIGPLAN Notices, ACM 8/1973

Nastansky, L.: Flexibles Informationsmanagement für Organisatoren mit Werkzeugumgebungen für Persönliches Informationsmanagement (PIM). Proceedings der 19. GI-Jahrestagung, Computergestützter Arbeitsplatz, Bd. 2, Berlin et al. 1989, 232-244

Nastansky, L.: Über das Märchen von der totalen PC-Werkzeugintegration aus dem grossen Fabelbuch für den vollkompatiblen Enbenutzerbereich. Arbeitsbericht Nr. 39, IWI - Institut für Wirtschaftsinformatik, St.Gallen 1989

Neibecker, B.: Werbewirkungsanalysen mit Expertensystemen. Heidelberg 1990.

Neisser, U.: Cognition and Reality. San Francisco 1976

Ness, A. J., Reim, F.: Planungs- und Gestaltungswerkzeuge für verteilte Bürosysteme. Fraunhofer-Institut für Arbeitswirtschaft und Organisation (IAO), 1987

Neuberger, O.: Die Ermittlung personaler Eigenschaften von Führungskräften. In: Reber, G. (Hrsg.): Personalinformationssysteme. Stuttgart 1979, 125-141

Neuberger, O.: Führen als widersprüchliche Handeln. In: Psychologie und Praxis: Zeitschrift für Arbeits- und Organisationspsychologie, 27(1983)

Neugebauer, U.: Das Softwareunternehmen. Empirische Untersuchung des Unternehmensverhaltens und des Unternehmenserfolgs. GMD-Bericht Nr. 157, München/Wien 1986

Neumaier, H. (Hrsg.): State of the Art 6 - Relationale Datenbanken. Oldenbourg Verlag, München/Wien 1989

Newell, A., Shaw, J. G., Simon, H. A.: Report on a General Program-Solving Program. In: Luce, R. D., Bush, R. R., Galanter, E. E. (Hrsg.): Readings in Mathematical Psychology, New York 1965, 41-57

Niemeier, J.: Methoden zur Planung und Gestaltung von Bürokommunikationssystemen. In: Handbuch der modernen Datenverarbeitung (HMD), Heft 136, 1987, 19-40

Niemeier, J. Ness, A. und Reim, F.: Werkzeuge zum Entwurf von verteilten Informationssystemen im Büro - State-of-the-Art und Ansätze zur Methodenintegration. In: Wagner, R. R. und Traunmüller, R.: Informationsbedarfsermittlung und -analyse für den Entwurf von Informationssystemen. Berlin/Heidelberg 1987, 201-226

Noelle-Neumann E.: Umfragen in der Massengesellschaft: Einführung in die Methoden der Demoskopie. Reinbeck bei Hamburg 1963

Nolan, R. L.: Managing the Crisis in Data Processing. In: Harvard Business Review (HBR), March-April 1979, 115-136

Nomina GesmbH (Hrsg.): ISIS Personal Computer Report. Nomina Verlag, Landsbergerstr. 338, D-8000 München 21, Ausgabe 1/1987

Nordsieck, F.: Betriebsorganisation. 4. Aufl., Stuttgart 1972

Nordsieck, F.: Rationalisierung der Betriebsorganisation. (2. Aufl. von Grundlagen der Organisationslehre, 1934), Stuttgart 1955

Noth, Th., Kretschmar, M.: Aufwandschätzungen von DV-Projekten. 2. Aufl., Berlin et al. 1986

Nowotny, E.: Das System der "Sozial- und Wirtschaftspartnerschaft" in Österreich - gesamtwirtschaftliche und einzelbetriebliche Formen und Effekte. In: Die Betriebswirtschaft, 38, 2/1978, 273-285

Nowotny, E.: Wirtschafts- und Sozialpartnerschaft in Österreich - Gesamtwirtschaftliche und einzelwirtschaftliche Formen und Effekte. In: Die Betriebswirtschaft, 51(1991)

Nystrom, P. C., Starbuck W. H. (Hrsg.) Handbook of Organisational Design. New York 1981

Odiorne, G. S.: Management by Objectives - A System of Managerial Leadership. New York 1965

Oechsler, W. A.: Personal und Arbeit. München/Wien 1988

ohne Autor: ZfO - Firmenprofil: Bertelsmann - die Organisation der Gruppe. In: Zeitschrift für Organisation, 46(1977), Seite ..

Oppermann, R.: Forschungsstand und Perspektiven partizipativer Systementwicklung. GMD-Bericht Nr. 140, München/Wien 1983

Oppolzer, A., Zachert, U.: Gefährdungen und Gestaltungsmaßnahmen beim Einsatz neuer Technologien für die Arbeitnehmer im Großhandel. In: Hochschule für Wirtschaft und Politik Hamburg (Hrsg.): Auswirkungen Neuer Technologien auf Betrieb, Wirtschaft und Gesellschaft. Opladen 1989, 81-100

Oppolzer, A.: Neue Technologien: Risiken, Chancen, Gestaltungsaufgaben. In: AFA-Informationen, 35. Jg., 2/1985

Ornstein, R.: Psychologie des Bewußtseins. Frankfurt 1976 (The Psychology of Consciousness, San Francsico 1972)

Ortner, E.: Entwicklung des datenorientierten Ansatzes zum Informationsmanagement in den Unternehmen. In: Herget, J., Kuhlen, R. (Hrsg.): Pragmatische Aspekte beim Entwurf und Betrieb von Informationssystemen. Konstanz 1990, 488-508

Osborn, A. F.: Applied Imagination, Principles and Procedures of Creative Problem Solving. New York 1953

Parsons, G. L.: Information Technology: A New Competitive Weapon. In: Sloan Management Review, Fall 1983

Perridon, L., Steiner, M.: Finanzwirtschaft der Unternehmung. 4. Aufl. München 1986.

Perrow, C.: Complex Organizations. Glenview 1972

Perrow, C.: Markets, Hierarchies und Hegemony. In: Van de Ven, A. H., Joyce, W. F. (Hrsg.): Perspectives on Organizational Design and Behavior. New York 1981, 371-386

Pettigrew, A. M.: The Awakening Giant; Continuity and Change in Imperial Chemical Industries. Oxford 1985

Pettigrew, A. M.: The Politics of Organizational Decision Making. London 1973

Poensgen, O. H., Marx, M.: Die Ausgestaltung der Geschäftsbereichsorganisation in der Praxis. In: Zeitschrift für Betriebswirtschaft, 52(1982), 238-249

Poensgen, O. H.: Geschäftsbereichsorganisation, Opladen 1973

Polanyi, M.: Implizites Wissen. Frankfurt 1985 (The Tacit Dimension, New York 1966)

Pomberger, G., Remmele, W.: Prototyping-orientierte Software-Entwicklung. In: Information Management, IM 2/1987, 28-35

Poppel, H. L.: Who needs the office of the future? In: Harvard Business Review, November-December 1982

Portele, G.: Autonomie-Macht-Liebe. Frankfurt 1989

Porter, M. E., Millar, V. E.: How information gives you competitve advantage. In: Harvard Business Review, July-August 1985

Pugh, D. S., Hickson, D. J., Hinings, C. R., Turner, C.: Dimensions of Organization Structure. In: Administrative Science Quarterley, 13(1968), 65-105

Pugh, D. S., Hickson, D. J.: Eine dimensionale Analyse bürokratischer Strukturen. In: Mayntz, R. (Hrsg.): Bürokratische Organisation. Köln 1971, 82-93

Quinn, J. B. Mintzberg, H.: James R. M. (Hrsg.): The Strategy Process, Englewood Cliffs, 1988

Quinn, J. B.: Strategies for Change: Logical Incrementalism. Homewood, Ill., 1980

Quiske, F.: Die Bedeutung der Raumgestaltung für den Arbeitsablauf im Bürobereich. In: Grochla, E. (Hrsg.): Handwörterbuch der Organisation, 2. Aufl., Stuttgart 1971, 171-214

Raffee, H. et al.: Theorie der kognitiven Dissonanz und Konsumgütermarketing. Wiesbaden 1973

Raible, R.: Projektbibliothek. In: Elektrisches Nachrichtenwesen 4/1983, 334-338

Raven, B. H., Kruglanski, A. W.: Conflict and Power. In: Swingle, P. 1970

Reber, G. (Hrsg.): Personalinformationssysteme. Stuttgart 1979

Reber, G., Czycholl, R., Strehl, F., Brandl, P., Oberklammer, E.: Organisation und Datenverarbeitung. 2. Bd., Linz 1982

Reber, G., Jago A. G., Böhnisch, W.: A Cross-Cultural Comparison of Leadership Based on the Vroom/Yetton Model. In: Proceedings, 4th West European Congress on The Psychology of Work and Organisation, Cambridge, UK, 10-12 April 1989

Reber, G., Strehl, F. (Hrsg.): Matrix Organisation. Stuttgart 1988

Reber, G., Strehl, F.: Organisatorische Bedingungen von Produktinnovationen. In: Mazanec, J., Scheuch, F.: Marktorientierte Unternehmungsführung. Wien 1984, 625-649

Reber, G., Strehl, F.: Zur organisatorischen Gestaltung von Innovationsprozessen. In: Zeitschrift für Organisation, ZfO 52(1984), 262-266

Reber, G.: Die minimale personale Arbeitsaufgabe: Überlegungen zur Bestimmung einer Untergrenze der Arbeitsteilung. In: Wirtschaftswissenschaftliches Studium, 3(1974), 217-223

Reber, G.: Matrix-Organisation. In: Die Betriebswirtschaft, 43(1983), 666-668

Reber, G.: Organisationsstrukturen und Partizipationsspielraum. In: Dorow, W. (Hrsg.): Unternehmung in der demokratischen Gesellschaft, Festschrift zum 65. Geburtstag von G. Dhegos. Berlin 1987, 161-184

Reber, G.: Personales Verhalten im Betrieb. Stuttgart 1973

Reber, G.: Stagnation und Schrumpfung als besondere Herausforderung für die Ganzheitsforschung. In: Bühler et al. (Hrsg.): Festschrift zum 60. Geburtstag von J. Kolbinger. Wien 1985, 477-498

REFA, Verband für Arbeitsstudien und Betriebsorganisation eV. (Hrsg.): Methodenlehre der Organisation für Verwaltung und Dienstleistung. Teil 1-3, München/Wien 1985

REFA: Methodenlehre des Arbeitsstudiums. Teil 1 bis 4, 3. Aufl., München/Wien 1973

Reichmann, Th.: Controlling-Konzeptionen in den 90er Jahren. In: Horváth/Gassert/Solaro 1991. 47-70.

Reifer, D. J.: Tutorial: Software Management. 3. Aufl., IEEE Computer Society Press 1986

Reisig, W.: Anforderungsbeschreibung und Systementwurf mit Petri-Netzen. In: Handbuch der modernen Datenverarbeitung (HMD), Heft 130 1986, 81-96

Reisig, W.: Systementwurf mit Netzen. Berlin et al. 1985

Reuter, V.: Using Graphic Management Tools. In: Reifer, D. J.: Tutorial: Software Management. 3. Aufl., IEEE Computer Society Press 1986

Rinza, P.: Projektmanagement, Planung, Steuerung und Überwachung von technischen und nichttechnischen Vorhaben. 2. Aufl., Düsseldorf 1985

Robins, J. A.: Organizational Economics: Notes in the Use of Transaction-Cost Theory in the Study of Organizations. In: Administrative Science Quarterly, 32(1987), 68-86

Roethlisberger, F. J., Dickson, W. J.: Management and the Worker. Cambridge, Mass. 1939

Rogers, C. R.: Die Entwicklung der Persönlichkeit. Stuttgart 1983 (On Becoming a Person, 1961)

Rosenstiel, L. v.: Arbeitsgruppe. In: Mayer, A.: Organisationspsychologie. Stuttgart 1978

Rosenstiel, L. v.: Die Ermittlung personaler Eigenschaften motivationaler Art. In: Reber, G. (Hrsg.): Personalinformationssysteme. Stuttgart 1979, 51-73

Rouse, W. B.: Human-Computer Interaction in Multitask Situations. In: IEEE Transactions on Systems, Man and Cybernetics. 7/1977, 384-392

Rouse, W. B.: Human-Computer Interaction in the Control of Dynamic Systems. In: Computing Surveys, 13/1981, 71-99

Rüsberg, K.-H.: Die Praxis des Project-Management. München 1971

Saxton Bampfylde Internation PLC: The Search for the Euro-Executive. (Special Report) London 1989

Saynisch, M., Schelle, H., Schub, A. (Hrsg.): Projektmanagement. Konzepte, Verfahren, Anwendungen. München/Wien 1979

Saynisch, M.: Konfigurationsmanagement. Köln 1984

Schachter, S.: The psychology of affilition. Experimental studies of the source of gregariousness. Stanford 1959

Scheer, A.-W.: CIM - Der computergesteuerte Industriebetrieb. 3. erw. Aufl., Berlin/Heidelberg/NewYork/London/Paris/Tokyo 1988

Scheer, A.-W.: EDV-orientierte Betriebswirtschaftslehre. 3. Aufl., Berlin/Heidelberg/New York 1987 (und 4. Aufl. 1990)

Scheer, A.-W.: Wirtschaftsinformatik, Informationssysteme im Industriebetrieb. Berlin/Heidelberg/New York 1988

Schein, E. H.: Process Consultation: Its Role in Organization Development. Reading, Mass. 1969

Schelle, H. und Molzberger, P. (Hrsg.): Psychologische Aspekte der Softwareentwicklung. München/Wien 1983

Schimank, C.: Strategische Entscheidungsunterstützung durch prozeßorientierte Kosteninformationen. In: Horváth 1990, 227-247.

Schlageter, G., Stucky, W.: Datenbanksysteme: Konzepte und Modelle. Stuttgart 1983

Schmalenbach, E.: Pretiale Wirtschaftslenkung. Bd. II: Pretiale Lenkung des Betriebes. Bremen 1948

Schmalt, H. D.: Motivationspsychologie. Stuttgart et al. 1986

Schmidt, G.: Grundlagen der Aufbauorganisation. Gießen 1985

Schmidt, G.: Methoden und Techniken der Organisation. 8. Aufl., Gießen 1989

Schmidt, S.: Büro-Informationssysteme - Ein Überblick. In: Informatik Spektrum 12/1989, 19-30

Schmitz, P.: Die Auswirkungen der Informationstechnologie auf die Betriebsorganisation. In: Betriebswirtschaftliche Forschung und Praxis (BFuP), 4/1981, 297-312

Schöllmann, M.: Eine Organisationsdatenbank schafft Ordnung. In: Computerwoche, 13. Jg. Nr. 43, 24.10.1986, 22-24

Schönecker, H. G. und Nippa, M. (Hrsg.): Computerunterstützte Methoden für das Informationsmanagement. Baden-Baden 1990

Schroder, H. M., Driver, M. J., Streuvert, S.: Menschliche Informationsverarbeitung. Weinheim Basel 1975

Schüler, W.: Informationsmanagement: Gegenstand und organisatorische Konsequenzen. In: Spreman, K., Zur, E. (Hrsg.): Informationstechnolgie und Strategische Führung, 1989, 181-188

Schultz von Thun, F.: Miteinander reden: Störungen und Klärungen. Hamburg 1981

Schulz, A.: Software-Lifecycle und Vorgehensmodelle. In: Angewandte Informatik 4/1989, 137-142

Schwärtzel, H. (Hrsg.): Informatik in der Praxis. Aspekte ihrer industriellen Nutzanwendung. Berlin/Heidelberg/New York 1986

Schwarze, J.: Büro-Kommunikations- und Büroinformations-Systeme. In: DBW 2/1988, 217-232

Schweizerische Vereinigung für Datenverarbeitung SVD (Hrsg.): Berufe der Wirtschaftsinformatik in der Schweiz. Stuttgart 1988.

Seashore, S.: Group cohesiveness in the industrial work group. Ann Arbor 1954

Seibt, D.: Ausgewählte Probleme und Aufgaben der Wirtschaftsinformatik. In: Wirtschaftsinformatik 1/1990, 7-19

Seibt, D.: Computergestützte Personalinformationssysteme. In: Kurbel, K., Strunz, H. (Hrsg): Handbuch Wirtschaftsinformatik. 1990, 119-135

Selig, J.: EDV-Management. Berlin et al. 1986

Semin, G. R., Gergen, K.J. (Hrsg.): Everyday Understanding. London et.al. 1990

Shaffer, J. B. P., Galinsky, D.: Handbuch der Gruppenmodelle. Gelnhausen 1981

Shaver, K. G.: An Introduction to Attribution Processes. Cambridge, Mass., 1975

Sherif, M.: The Psychology of Social Norms. New York 1936

Shooman, M. L.: Software Engineering. New York et al. 1983

Siemens AG (Verf. Deym, A. von): Organisationsplanung: Planung durch Kooperation. 7. Aufl., Siemens AG, Berlin/München 1985

Simon, H. A.: Administrative Behavior. 3. Aufl., New York 1976

Singh, J. V., House, R. J., Tucker, D. J.: Organizational Change and Organizational Mortality. In: Administrative Science Quarterly, 31(1986), 587-611

Sloan, A. P.: My Years at General Motors, Doubleday 1963

Smith, A.: Der Wohlstand der Nationen: Eine Untersuchung seiner Natur und seiner Ursachen. München 1974

Solaro, D.: Schnittstellen-Controlling. In: Horváth/Gassert/Solaro 1991. 91-110.

Spaniol, O., Kauffels, F. J.: Architektur von Datenkommunikationssystemen. In: Kurbel, K., Strunz, H. (Hrsg): Handbuch Wirtschaftsinformatik. 1990, 893-925

Spiegel, R.: Personalpolitik in Banken unter dem Einfluß der neuen Technologien. In: Die Bank 1/86, 4-10

Spitschka, H.: Praktisches Lehrbuch der Organisation. 4. Aufl., Landsberg am Lech 1988

Spremann, K., Zur, E. (Hrsg.): Informationstechnolgie und Strategische Führung. Wiesbaden 1989

Stahlknecht, P.: Computerunterstützung in den betriebswirtschaftlichen Funktionsbereichen. In: Kurbel, K., Strunz, H. (Hrsg): Handbuch Wirtschaftsinformatik. 1990, 29-45

Stahlknecht, P.: Einführung in die Wirtschaftsinformatik. Berlin Heidelberg1989

Starbuck, W., Greve, A., Hedberg, B.: Responding to Crisis. In: Journal of Business Administration, 9(1978), 111-137

Staudinger, R.: Management des Wandels. Linz 1990

Staw, B. M., Ross, J.: Behavior in Escalation Situations: Antecedents, Prototypes, and Solutions. In: Cummings, L. L., Staw, B. M. (Hrsg.): Research in Organizational Behavior. Vol. 9, Greenwich, Conn. 1987, 39-78

Staw, B. M.: The Escalation of Commitment To a Course of Action. In: Academy of Management Review, 6(1981), 577-587

Stegmüller, W.: Hauptströmungen der Gegenwartsphilosophie. Stuttgart 1969

Steinbuch, P. A.: Organisation. 7. Aufl., Ludwigshafen 1988

Steiner, D.: Group Process and Productivity. New York 1972

Steinmann, H., Gerum, E.: Unternehmensordnung. In: Bea, F. X., Dichtl, E., Schweitzer, M.: Allgemeine Betriebswirtschaftslehre. Bd. 1: Grundfragen, 4. Aufl., Stuttgart 1988, 179-267

Steinmann, H., Schreyögg, G.: Management: Grundlagen der Unternehmensführung. Wiesbaden 1990

Stirn, H.: Die Arbeitsgruppe. In: Mayer/Hellwig 1970

Strehl, F.: Arbeitsrollen der Führungskräfte. In: Kieser, A., Reber, G., Wunderer, R.: Handwörterbuch der Führung. Stuttgart 1987, 33-46

Strehl, F.: Reformarbeit in bürokratischen Organisationen. Baden-Baden 1989

Strehl, F.: Umwelt und Matrix-Organisation. (Dissertation) Wien 1981

Strunz H. (Hrsg.): Planung in der Datenverarbeitung. Berlin/Heidelberg 1985

Surböck, E. K.: Management von EDV-Projekten. Berlin/New York 1978

Swingle, P. (Hrsg.): The structure of conflict. New York 1970

Synnott, W. R.: The Information Weapon. New York 1987

Szyperski, N., Klaile, B.: Die Nachfrage nach externer Unternehmensberatung. Arbeitspaper, Universität zu Köln 1983

Szyperski, N.: Winand, U.: Duale Organisation - Ein Konzept zur organisatorischen Integration der strategischen Gesellschäftsfelder. In: Zeitschrift für betriebwirtschaftliche Forschung, 31(1979), 195-205

Tannenbaum, A. S. (Hrsg.): Control in Organizations. New York 1968

Tannenbaum, A. S., Kavcic, B., Rosner, M., Vianello, M., Wesier, G.: Hierarchy in Organizations. San Francisco 1974

Taylor, F. W.: Principles of Scientific Management. New York 1911

Taylor, F. W.: Scientific Management. New York 1947

Tayol, H.: Allgemeine und industrielle Verwaltung. München 1929

Thom, N.: Zur Effizienz betrieblicher Innovationsprozesse. Köln 1976

Thomae, H.: Konflikt, Entscheidung, Verantwortung. Stuttgart 1974

Thomas, K.: Conflict and Conflict Management. In: Dunnette, M. D. (Hrsg.): In: Handbook of Industrial and Organizational Psychology, Chicago 1976, 889-935

Thome, R.: Computergestützte Systeme für Marketing und Vertrieb. In: Kurbel, K., Strunz, H. (Hrsg): Handbuch Wirtschaftsinformatik. 1990, 89-97

Thompson, J. D.: Organizations in Action. New York 1967

Thost, M.: Welchen Beitrag leisten prozedurale Bürobeschreibungssprachen zur Darstellung der informationellen Absicherung in schwachstrukturierten Verwaltungsvorgängen? In: Herget, J., Kuhlen, R. (Hrsg.): Pragmatische Aspekte beim Entwurf und Betrieb von Informationssystemen. Konstanz 1990, 78-98

Tichy, W. F.: Tools for Software Configuration Management. In: Softwaretechnik-Trends. Mitteilungen der Fachgruppe "Software-Engineering", Gesellschaft für Informatik, 8/1988, Bonn, 51-70

Titscher, S., Königswieser, R.: Entscheidungen im Unternehmen. Wien 1985

Titscher, S.: Zur möglichen Zukunft betrieblicher Personalarbeit. In: Weber, W. (Hrsg.): Personalmanagement: Wien 1984, 107-117

Tom, P. L.: Managing Information as a Corporate Resource. Glenview/London 1987

Töpfer, A., Poersch, M.: Aufgabenfelder des betrieblichen Personalwesens für die 90er Jahre. Frankfurt 1989

Trebesch, K. (Hrsg.): Organisationsentwicklung in Europa. 2. Bd, Bern 1980

Tylkowski, O.: Controlling und Datenverarbeitung. In: Mayer/Weber 1990, 477-507.

Ulrich, H.: Die Unternehmung als produktives System. Bern 1968

Van de Ven, A. H., Delbecq, A. L., Koenig, R. Jr.: Determinants of Coordination Modes Within Organization. In: American Sociological Review, 41 (1976), 322-338

Varela, F. J.: Kognitionswissenschaft-Kognitionstechnik. Frankfurt 1990

Vetter, M.: Aufbau betrieblicher Informationssysteme mittels konzeptioneller Datenmodellierung. 5. Aufl., Stuttgart 1989

Vetter, M.: Strategie der Anwendungssoftware-Entwicklung (Planung, Prinzipien, Konzepte). Stuttgart 1988

Victor, F., Sommer, E. und Martial, F. von: Das Planungsunterstützungssystem VIPS: Synthese und Analyse von Vorgängen auf der Basis eines elektronischen Organisationshandbuchs. In: Paul, M. (Hrsg.): Computergestützter Arbeitsplatz. Proceedings der 19. GI-Jahrestagung, Berlin et al. 1989, 464-475

Vinek, G., Rennert, P. F., Tjoa, A. M.: Datenmodellierung - Theorie und Praxis des Datenbankentwurfs. Würzburg/Wien 1982

Volpert, W.: Kontrastive Analyse des Verhältnisses von Mensch und Rechner als Grundlage des System-Design. IfHA-Berichte Nr. 11, TU Berlin, Berlin 1986

Vossen, G: Datenmodelle, Datenbanksprachen und Datenbankmanagement-Systeme, Bonn/-Reading 1987

Vroom, V. H., Jago, A. G.: Flexible Führungsentscheidungen - Management der Partizipation in Organisationen. Stuttgart 1991

Vroom, V. H., Yetton, P. W.: Leadership and Decision Making. Pittsburgh 1973

Vroom, V. H.: Can Leaders Learn to Lead? In: Organisational Dynamics 4, 1976

Vyslozil, W.: Wandel zwischen Planung und Organisation. Linz 1990

Wagner, H.: Mehrdimensionale Organisationsstrukturen. In: Die Betriebswirtschaft, 38(1978), 103-115

Walbrück, H.-J.: Entwicklung von integrierten Bürokommunikationssystemen - Ansätze und Aktionsparameter. In: Angewandte Informatik 8/1986, 329-334

Walker, A. H., Lorch, J. W.: Organizational Choice: Product Versus Funtion. (Harvard Business Review, 1968). Nachdruck in: Jelinek, M., Litterer, J. A., Miles, R. E. (Hrsg.): Organizations by Design: Theory and Practice. Georgetown, Ontario, 1981, 265-278

Walter-Busch, E.: Das Auge der Firma. Stuttgart 1989

Watzlawick, P. (Hrsg.): Die erfundene Wirklichkeit. München 1988 (deutsche Übersetzung)

Watzlawick, P., Beavin, J. H., Jackson D. D.: Menschliche Kommunikation. Bern/Stuttgart/-Wien 1971 (Pragmatics of Human Communication, New York 1967)

Weber, J.: Einführung in das Controlling. 3. Aufl., Stuttgart 1991

Weber, M.: Wirtschaft und Gesellschaft. 2. Bd., Studienausgabe, Köln 1964

Weber, M.: Wirtschaft und Gesellschaft. Tübingen 1976

Weber, W., Weinmann, J. (Hrsg.): Strategisches Personalmanagement. Stuttgart 1989

Wedekind, E. E.: Informationsmanagement in der Organisationsplanung. Wiesbaden 1988

Wedekind, H.: Datenbanksysteme I: Eine konstruktive Einführung in die Datenverarbeitung in Wirtschaft und Verwaltung. 2. Aufl., Mannheim/Wien/Zürich 1981

Weick, K. E.: Der Prozeß des Organisierens. Frankfurt 1985 (deutsche Übersetzung)

Weick, K. E.: Educational Organizations as Loosely Coupled Systems. In: Administrative Science Quarterly, 21(1976), 1-19

Weick, K. E.: Laboratory Experimentation with Organizations. In: March, J. G. (Hrsg.): Handbook of Organization. Chicago 1965,194-260

Weick, K. E.: Management of Organizational Change Among Loosley Coupled Elements. In: Goodman P. S. and Associates (Hrsg.): Change in Organizations. San Francisco 1984, 375-408

Weick, K. E.: The Social Psychology of Organizing. Reading, Mass. 1969

Weidner, W.: Organisation in der Unternehmung: Aufbau- und Ablauforganisation, Methoden und Techniken praktischer Organisationsarbeit. München/Wien 1982

Welge, M. K.: Profit-Center-Organisation. Wiesbaden 1975

Wertheimer, M.: Drei Abhandlungen zur Gestalttheorie. Darmstadt 1967

Wertheimer, M.: Produktives Denken. 2. Aufl., Frankfurt 1964

Westerlund, G., Sjöstrand, S.-E.: Organisationsmythen. Stuttgart 1981

Wiendahl, H.-P.: Betriebsorganisation für Ingenieure. München/Wien 1983

Wildemann, H.: Integrationslücken und Integrationspfade für CIM. unveröffentlichtes Manuskript (erscheint voraussichtlich in DBW, 1991)

Williamson, O. E., Ouchi, W. G.: The Markets and Hierarchies and Visible Hand Perspectives. In: Van de Ven, A. H., Joyce, W. F. (Hrsg.): Perspectives on Organizational Design and Behavior. New York 1981, 347-370

Williamson, O. E.: Corporate Control and Business Behavior: An Inquiring Into the Effects of Organization Form on Enterprise Behavior. Englewood Cliffs 1970

Williamson, O. E.: Markets and Hierarchies: Analysis and Antitrust Implications. New York 1975

Williamson, O. E.: The Firm as a Nexus of Treaties: an Introduction. In: Aoki, M., Gustafsson, B., Williamson, O. E.: The Firm as a Nexus of Treaties. London 1990, 1-25

Winkler, P.: Anforderungsbeschreibung mit Netzmodellen. In: Automatisierungstechnische Praxis (atp), Jg. 28, 1/1986, 32-39 (Teil 1), atp, Jg. 28, 2/1986, 94-98 (Teil 2)

Witte, E.: Entscheidungsprozesse. In: Grochla, E. (Hrsg.): Handwörterbuch der Organisation, 1980, 633-641

Witte, E.: Gegenstand und Methoden des Forschungsprojektes. In: Witte, E., Hausschild, J., Grün, O.: Innovative Entscheidungsprozesse. Die Ergebnisse des Projekts "Columbus". Tübingen 1988

Witte, Th.: Heuristisches Planen. Wiesbaden 1979

Wittgenstein, L.: Philosophische Untersuchungen. Oxford 1953

Wittlage, H.: Methoden und Techniken praktischer Organisationsarbeit. 2. Aufl., Herne/Berlin 1986

Wittlage, H.: Unternehmensorganisation. 4. Aufl., Herne/Berlin 1989

Wittmann, W.: Unternehmung und unvollkommene Information. Köln/Opladen 1959

Wittstock, M.: Die Auswirkungen neuer Informations- und Kommunikationstechniken auf mittelständische Unternehmen. Stuttgart 1987

Wix, B. und Balzert, H. (Hrsg.): Softwarewartung. Mannheim et al. 1988

Wohlgemuth, A. C.: Das Beratungskonzept der Organisationsentwicklung. Bern 1982

Wohlleben, H.-D.: Techniken der Präsentation. Gießen 1984

Wollnik, M.: Anpassung der Organisation der DV-Abteilung zur Nutzung neuer Technologien. In: Information Management 3/1989, 12-19

Wollnik, M.: Reorganisationstendenzen in der betrieblichen Informationsverarbeitung. Der Einfluß neuer informationstechnologischer Infrastrukturen. In: Handbuch der modernen Datenverarbeitung (HMD) Heft 142, 1988, 62-80

Wood, J. K.: Menschliches Dasein als Miteinandersein. Köln 1988

Wood, R. E.: Task Complexity: Definition of the Construct. In: Organizational Behavior and Human Performance,37, 1986, 60-82

Wrighley, L.: Divisional Autonomy and Diversification. PhD-Thesis, Harvard University 1970

Wübbenhorst, K.: Konzept der Lebenszykluskosten. Darmstadt 1984

Wulffen, H. A.: Computergestützte Projekt-Management-Systeme - was leisten sie? In: io Management Zeitschrift 58/1987 Nr. 6, 293-299

Wunderer, R. (Hrsg.): Führungsgrundsätze in Wirtschaft und öffentlicher Verwaltung. Stuttgart 1983

Wunderer, R.: Laterale Kooperation als Führungsaufgabe. In: Kieser, A., Reber, G., Wunderer, R. (Hrsg.): Handwörterbuch der Führung. Stuttgart 1987, 1295-1311

Wurch, G.: Erfassung und Darstellung von Bürogeschehen. In: Wißkirchen, P. et al. (Hrsg.): Informationstechnik und Bürosysteme. Stuttgart 1983, 121ff

Zangemeister, Ch.: Nutzwertanalyse in der Systemtechnik. 4. Aufl., München 1976

Zäpfel, G.: Produktionswirtschaft. Operatives Produktionsmanagement. Berlin 1982

Zehndner, C. A.: Informationssysteme und Datenbanken. Stuttgart, 1989

Zentralverband der elektrotechnischen Industrie (ZVEI), (Hrsg.): Kalkulation von DV-Software und Projektierungsleistungen. Frankfurt 1984

Zogg, A.: Systemorientiertes Projektmanagement. Zürich 1974

Stichwortverzeichnis

1NF-Relation; 449
2NF-Relationen; 449
3NF Relationen; 450

ABC-Analyse; 222
Abhängigkeit der Spezialisten; 99
Abilene-Paradoxon; 16
Ablauf- und Prozeßgestaltung; 310
Ablaufdiagramme; 311
Ablaufkarten; 270
Ablauforganisation; 392
Ablaufplanung; 496
Ablaufstruktur; 269
Abstraktion; 165
Abteilungsrechner; 338
Abwertung von Aufgaben; 332
Adam Smith; 24
administrative Planung; 354
Agenda-System; 298; 299
Aggregation; 161; 175; 188; 429
Ähnlichkeit, wahrgenommene; 68
aktive Systemkomponenten; 288
Aktivität; 173; 176
Aktivitäten; 157; 161
Akzeptanz; 34; 77; 329; 419
Akzeptanzklima; 329
Akzeptanz der Projektergebnisse; 530
Alleinabstimmung; 114
Alternativenbewertung; 242; 244
Alternativengenerierung; 228
Amortisationsrechnung; 244
Analogien; 235
Analyse von Informationselementen; 437
Analyse der Beziehungen; 439
Analyse von Petrinetzen; 296; 297
analytisch; 230
Änderungen; 517
Änderungsanomalien; 448
Anfangskosten: Dominanz; 330
Anfangsmarkierung; 292
Anforderungsanalyse; 278
Anforderungsprofil; 264; 408; 523; 524
angepaßt; 27
Angstgefühle; 336
Annuitätenmethode; 244
Anomalien; 449
Anpassung; 26; 29; 141; 164; 174; 191; 193
Anpassungsfähigkeit; 331
Anreizsystem; 31
Anweisung; 176; 177; 183; 185; 191; 192; 205
Anweisungen; 175; 186
Anwendungsdatenmodell; 445

Anwendungsrückstau; 383
Anzahl der Projektmitarbeiter; 526
Arbeitgeber; 33
Arbeitnehmer; 33
Arbeits- und Bewegungsstudien; 83
Arbeitsabläufe; 304
Arbeitsablaufgestaltung; 321
Arbeitsanforderungen; 335
Arbeitsanweisungen; 514
Arbeitsbedingungen; 320; 332; 334; 335
Arbeitsbeziehungen; 335
Arbeitserleichterung; 337
Arbeitsfähigkeit von Gruppen; 72
Arbeitsgang; 462; 158; 159; 160
Arbeitsgangkomponentenzuordnung; 462
Arbeitsgangzuordnung; 462
Arbeitsgestaltung; 219; 332
Arbeitsinhalt; 335; 337; 337
Arbeitsintensität; 335; 335; 337; 337
Arbeitskontakte; 326
Arbeitsplan; 177; 178; 206; 169; 173; 459
Arbeitsplanzuordnung; 462
Arbeitsplatzrechner; 338
Arbeitsplatzsicherheit; 334
Arbeitsstudien; 84; 209
Arbeitsteiligkeit; 333
Arbeitsteilung; 69; 82; 82; 99; 158
Arbeitsvereinigung; 159
Arbeitsverfassungsgesetz; 327
Arbeitsverteilung; 158
Arbeitsvorbereitung; 104
Arbeitszeiterfassung; 328
Arbeitszeitregelungen; 335
Arbeitszufriedenheit; 53
Attribut; 438; 425; 442; 429; 437
Attributionstheorien; 14
Attributkombinationen; 426
Aufgaben; 278
Aufgabenanalyse; 267
Aufgabenfolgeplan; 271
Aufgabengliederung; 268; 493
Aufgabenstrukturbild; 267
Aufgabenträger-Folgeplan; 271
Aufgabenverteilung; 322; 493; 495
Aufgaben des Informationswesens; 403
Aufgaben des Projektmanagements; 463
Aufgaben des Projektmanagers; 522
Auflösung; 155
Aufmerksamkeit; 41
Aufteilung der Kompetenzen; 477
Auftrag; 203
Auftragsspezifikation/Leistungsverzeichnis; 491

Ausschuß; 218
Außenbeziehungen; 93
Auswahl der Projektorganisationsform; 480;
481
Autokratie; 33
Autonomie; 326
autoritär; 33
Autorität, formale; 74

B/E-Netze; 290
Balancing; 283; 286
Balkenplan; 497
Balkenplantechnik; 496
Bank Wiring Observation Room; 261
Baugruppen; 455
Baukastenstückliste; 457
Bausteintechnik; 421
Baustellenfertigung; 160
Bedeutsamkeit; 148
Bedingung; 290
Bedingungen; 288
Bedingungs-Ereignis-Netze; 290
Bedürfnisse; 26; 43; 56
Befehl; 24
begrenzte Entscheidungstabelle; 276
Begriffsbildung; 45
Beharrungstendenz; 135
Benutzer; 323
Benutzeranforderungen; 419
Benutzerbeteiligung; 411
Benutzerservice-Zentrum; 383
Benutzersicht; 435; 437; 442
Beobachtung; 260
Berater; 131
Beraterrolle; 132
Bericht; 176; 177; 206
Berichterstattung; 515
Berichts- und Dokumentationssystem; 512
Berichtsarten; 515
Berichtshäufigkeit; 517
Berichtsinhalte; 515; 516
Berichtssystem; 515; 517
Berichtwesen; 507
Berufe im Informationswesen; 407
Berufsbilder; 407
Beschaffung; 357
Bestellbestand; 221
betriebliche Informationssysteme; 1
Betriebsdatenerfassung; 205
Betriebsmittel; 459
Betriebsversammlung; 100
Bewegungsstudien; 25; 157
Beziehungen; 427
Beziehungs-Inkonsistenzen; 441
Beziehungsmuster ; 61
Beziehungstypen; 429
Bilden von Beziehungen; 429
Blindleistung; 526

Blockdiagramm; 273
Blockschaltbilder; 274
Bottom-Up-Analyse; 435
Bottom-Up-Ansatz; 413; 442
Bottom-Up-Gewichtung; 243
"Bowery El"-Effekt; 41
Brainstorming; 230; 242; 437
Bündel; 162
Bürokommunikationstechniken; 313
Bürokratie; 29; 122
Bürokratiemodell; 116
bürokratisch; 24; 28; 33
Büroorganisation; 317
Bürosysteme; 313

CASE-Tools; 311
Change Agents; 531
Chaos; 129
Charisma; 34
Chief Programmer Team; 417; 418
Code-Inspection; 517
Computer; 28
Computergruppen; 338
Computer Aided Design; 360
Computer Aided Industry; 360
Computer Aided Manufacturing; 360
Computer Aided Office; 360
Computer Aided Planning; 361
Computer Aided Qualitiy Ensurance; 361
Computer Integrated Manufacturing; 359
computergestütztes Interview; 363
computerunterstützte Aufgabenabwicklung;
2
CPM-Netzplan; 500
CPM; 499
Critical-Path-Methode; 499

Darstellungselemente in Petrinetzen; 288
Darstellungstechniken; 264
Darwin; 27
Data-Dictionary; 311; 434; 429
Datenarchitektur; 390
Datenbank; 298
Datenerhebung; 247
Datenflußdiagramm; 279; 279
Datenfluß; 279
Datenflußpläne; 273
Datenlexikon; 279; 283; 286
Datenmodell/Funktionsmodell Matrix; 442
Datenmodell; 311
Datenmodellierung; 422
Datenobjekt-Diagramme; 429; 437; 451
datenorientierte Modellierung; 422
datenorientierter Ansatz; 285
datenorientierte Darstellung; 309
Datenredundanz; 449
Datenspeicher; 279
Datenstrukturanalyse; 434; 452

Deadlock; 296
Delegation; 118
demokratisch; 33
Denken; 44
Desktop-Publishing; 298; 299; 339
Detaillierung; 163; 164; 175; 188
Detailplanung; 490; 503
determinierendes Attribut; 425; 450
Determiniertheit; 147
Deuterolernen; 65
Dezentralisation; 118; 135; 384
dezentralisierte Organisationsstruktur; 417;
418
Dezentralisierung; 117; 383; 388
Dezentralisierungsmatrix; 120
Diagrammhierarchie; 281
Diener zweier Herren; 111
Differenzierung von Aufgaben; 98
Dilemma der Ablauforganisation; 170
"Dilemma" spartenorientierter
Unternehmungen; 93
dispositiv; 137; 146; 180
"disziplinarische" Weisungsfugnis; 105
Divergentes Denken; 229
Divisionalized Form; 94
Divisionen; 88
Dokumentation; 515; 522
Dokumentationsanalyse; 257
Dokumentationsmanagement; 518
Dokumentationssystem; 513
Dokumentationswesen; 518
DOMINO; 313
Doppelunterstellung; 476
Doppelzuordnung; 476
Double-Loop-Learning; 126; 126; 132
Drittelparitäten; 127
dritte Normalform; 436; 442; 450
Druckprinzip; 213
Dual-Faktoren-Theorie; 55
"duale" Organisationen; 129
Durchführung; 205
Durchlaufzeit; 168; 170
DV-Verbindungsperson; 531
dyadische Konflikte; 36
dynamisch; 137; 147
dynamisches Verfahren; 244
dynamisches Verhalten; 296
dysfunktional; 95; 129
dysfunktionales Verhalten; 329
Dysfunktionalität; 96; 100; 134

EAN-Codierung; 359
Effektivität; 140
Effizienz; 140
Egoless Programming Team; 418
"ehernes Gesetz der Oligarchie"; 100
Eigeninitiative; 115
Eigenschaften; 425; 426

Eigentum; 331
Einbetten; 295
Einfluß-Projektorganisation; 474; 475
Einheit (Entität), soziale; 38
Einheit der Auftragserteilung; 101; 103;
105; 476
Einkauf; 92; 93
Einliniensystem; 101
Einrichtung der Projektorganisation; 480
Eins:Eins - Beziehung; 431
Einsatzmittelplanung; 504
Einstellung; 328
Einzel- und Auftragsfertigung; 169
Elastizität; 140
elementar; 137; 146
Elementarfaktoren; 345
emanzipative, humanistische Entwicklung;
131
Empfänger; 184; 185
Endknoten; 279; 282
Engagementkontrolle; 511
Enthumanisierung; 326
Entity-Relationship-Diagramme; 429
Entscheidung; 28; 50; 185; 194
Entscheidungs-Unterstützungs-Systeme;
352
Entscheidungsfindung; 77
Entscheidungskompetenzen; 29
Entscheidungskriterien; 331
Entscheidungsmanipulationen; 106
Entscheidungsprozesse; 106
Entscheidungsspielraum; 326
Entscheidungsstrategien; 78
Entscheidungstabelle; 275; 276; 284
Entscheidungsvorbereitung; 119
Entschluß; 106
Entschlußphase; 119
Entschlußträger; 106
Entwicklungsansätze des Software Enginee-
ring; 412
Entwurfs- oder Darstellungstechniken; 295
Entwurfsprinzipien; 295; 412
Enumeration; 150
Ereignisliste; 501
Ereignisse; 289; 290
Erfassung von Projektaktivitäten; 517
Erfolg; 523
Erfolgsfaktoren; 347
Ergebniskontrolle; 327
Ergonomie; 219
Erkenntnisobjekte der
Wirtschaftsinformatik; 3
Erreichbarkeitsanalyse; 296
erste Normalform; 449; 442
Erwartung ; 56
Erzeugnisbaum; 455
Euro-Manager; 96
Evolution; 123

evolutionärer Ansatz; 416
evolutionärer Entwicklungsansatz; 413
existentiell abhängig; 432
Expertenmacht; 34; 525
Expertensystem; 199; 303; 363
Expertensystemtechnologie; 317
expressive Kreativität; 230
externale Selektion; 128; 133
externen Ebenen; 423

Fachabteilung; 383
Fachkompetenz; 99
Fairness; 296
FAOR; 313
Fayol'sche Brücke; 102
Fehler; 323
Fehlerhäufigkeit; 323; 324
Feinnetzplan; 498
Feld; 162
Fertigungsfamilie; 216
Fertigungsverfahren; 459
Fertigungszellen; 216
feuern; 292
Finanz-Holding; 97
Finanzbuchhaltung; 368
Finanzplan; 505
Finanzwesen; 375
Flexibilität; 324; 325
Fließfertigung; 160; 215
Flußdiagramm; 283; 311
Folgekosten; 330
Folgepläne; 271
Folgestrukturen; 271
Ford; 25
formale Autorität.; 34
formales Datenmodell; 424
formalisiert; 204
Formalisierung; 192; 205
Formalisierungs- und Routineprogramme;
88
Formular; 205
Fremdbestimmung; 117
Fremdschlüssel; 450; 452
Führer; 76
Führungsverhalten; 77
Führung und Kontrolle von Sparten; 92
functional foremanship; 104
functional forman; 103
funktionale Abhängigkeit; 425
funktional abhängig; 442; 450
funktionale Determinante; 425
funktionale Organisation; 83; 92; 104; 122
funktionales Projektmanagement; 463; 489
funktionaler Vorgesetzter; 484
Funktionen- und Verantwortungsmatrix;
485
Funktionen; 85; 278; 495
Funktionendiagramm; 268

Funktionenmatrix; 485
Funktionenmodell; 442
Funktionsbäume; 422
Funktionsmeister; 104; 108
Funktionsmeistersystem; 104; 113
Funktionsmodellierung; 422
funktionsorientierter Ansatz; 285
Funktionsteilung zwischen Mensch und
Maschine; 321
Gaming; 331
Gangfolge; 160
Gantt-Diagramme; 170
Ganzheiten; 17
ganzheitlich; 148
Gebrauchswertlogik; 328
Gefährdung; 332
Gefährdung durch
Rationalisierungsmaßnahmen; 334
gefärbte Petrinetze; 290
Gehorsam; 34
Gehorsamsbereitschaft; 74
Generalisierung; 429
Gesamtpufferzeit; 499
Gesamtverantwortung; 101; 104
Geschäftsbereich; 88
Gestalt; 13; 17; 47; 134
Gestaltbildung; 19
Gestalteigenschaften; 21
"Gestalt" der Koordination; 98
Gestaltung von Büroabläufen; 313
Gewerkschaft; 31
Gewichte; 291
Gewichtung; 194
Gewinnvergleichs-Rechnung; 244
Gewöhnungsforschung; 41
Gilbreth; 25; 156
Glaubenssätze; 30
Gleichgewicht; 129; 140; 153; 283
Gliederungstiefe; 156
Gozintographen; 456
Grafik-Software; 308
Grafik; 298
grafische Kostenkontrolle; 508
grafische Beschreibungssprache; 311
Gremien; 100
Grobnetzplan; 498
Grobplanung; 490; 503
Größendegression; 92
Großgruppe; 79
Groupthink; 15; 125
Grundfunktionen; 282
Gruppe-als-Ganzes; 67
Gruppe; 148; 162; 198; 220; 224; 418; 525
Gruppenarbeit; 71; 417
Gruppenbildung; 71
Gruppendynamik; 528
Gruppenfertigung; 216
Gruppengröße; 526; 527

Gruppeninterview; 252
Gruppenkohäsion; 70
Gruppenleistung; 76
Gruppennormen; 528
Gruppenphänomene; 125
Gruppenprozesse; 15
Gruppenzusammenhalt; 528
"gute" Gestalten; 17

Haupt- und Nebenziele; 139
Hawthorne-Studien; 26
Hawthorne Experimente; 261
Hearings zur Problemanalyse; 259
Herrschaftslogik; 328
Hierarchie; 10; 98
Hierarchiebildung; 99
Hierarchiesubstitute; 113
hierarchisch; 138
hierarchisches Datenmodell; 424
hierarchischer Dienstweg; 115
Hilfe zur Selbsthilfe; 132
Holding; 97
Holographie; 28
horizontale Dezentralisation; 118
Human-Relations; 26
Humanisierung; 326
Humanisierung des Arbeitslebens; 132
Hygienefaktoren; 55
Ideenprozessor; 298; 299
Identifikation; 34; 426
Identifikationsmacht; 74
identifizierenden Attribute; 438
Implementierungsprinzipien; 412
Incentive-Reisen; 31
INFORA IMAGE; 314
Informatik; 1
informationelle Abhängigkeit; 106
Informationsbedarf einer Funktion; 435
Informationsinfrastruktur; 319
Informationsmacht; 34; 74
Informationsobjekte; 437
Informationsplanung; 344
Informationssystem; 321
Informationszentrum; 383; 385; 404
Inhalte des Projekthandbuchs; 514
inkrementale Veränderungskonzeptionen; 133
inkrementale Veränderungsprozesse; 135
Inneneinheiten; 93
Innovationen; 112
innovative Entscheidungsprozesse; 258
Instanz; 98; 108; 114; 289
Instanzen; 105; 289
institutionales Projektmanagement; 463; 471
Instrumentalisten; 248
instrumenteller Organisationsbegriff; 136
instrumentelles Lernen; 125
Integration; 300; 319

Integration von Funktionsbereichen; 453
integrierte Kontrolle; 510
integrierte Projektkontrolle; 511
Integritätsbedingungen; 429; 437; 442
Interaktion; 27; 148; 220
Interaktionisten; 248
Interaktionskette; 319
Interaktion zwischen Mensch und Maschine; 220
Interessen; 32; 36
Interessensausgleich; 127
internale Selektion; 133
internes Projektauftragsformular; 496
interne Aufträge; 522
interne Ebene; 423
interne Projekte; 467
interne Schwerkraft; 128
interpersonale Kompetenz; 112
Interpunktion; 61
Interview; 252; 437
Interviewleitfaden; 253
"intrinsische" Arbeitsmotivation; 98
intrinsische Motivation; 96
intuitive Ideenfindungsmethoden; 230
"IS-A"-Beziehung; 433
Iteration; 197

Japan; 30
Job Enrichment; 96
Jörg/Gscheidle-Diagramm; 312
Just-in-Time; 213; 346

Kamineffekt; 87; 102
Kanal-Instanzen-Netz; 296
Kanal; 184; 191; 288; 289
KANBAN; 212
Kann-Beziehung; 430; 431
Kann-Kann-Beziehung; 431
Kann-Ziele; 242
Kann- bzw. Muß-Beziehung; 427
Kanten; 287
Kapazität; 28; 168; 169; 170; 176; 184; 191; 204; 208; 208; 292
Kapital; 168
Kapitalwertmethode; 244
Kardinalität von Beziehungen; 427; 428; 430
Kette; 269
Key-Account-Manager; 111
Kickoff-Meetings; 527
Klassifizierung; 426; 429
Knoten; 287
Koalition; 36
Koalitionspartner; 127
kognitive Dissonanz; 49
kognitive Orientierungen; 94
kognitive Probleme; 330
Kollationierer; 259

Kollegien; 116
Kommunikation; 60; 145; 153; 155; 156;
173; 177; 156; 220; 224; 326; 520; 522
Kommunikationsarchitektur; 390
Kommunikationssystem-Studie; 314
Kompensation; 36
Kompetenz; 335; 335; 524; 525
Kompetenzaufteilung; 477; 478
Kompetenzzunahme; 336
Kompetenzzuteilung; 483
komplementär; 138
komplementierender Ansatz; 322
Komplexität; 147; 189; 191; 197; 465
Komponenten; 147; 455
Komponentenkonzept; 417
Konditionalität; 427
Konditionalität von Beziehungen; 428; 430
Konfiguration; 17; 134; 134; 520
Konfigurationsbibliothek; 520
Konfigurationsmanagement; 521
Konfigurationsverfolgung; 521
Konflikt; 30; 31; 32; 35; 291; 296; 327;
477; 484; 528; 529
Konflikthandhabung; 36
Konfliktlösungsstrategien; 529
Konfliktursachen; 528
Konfrontationssitzung; 132
konkurrierend; 139; 194
Konsens; 34
konsistent; 442
Konsistenzerhaltung; 295
Konsolidierung; 442
Konstruktion; 23
Konstruktionsoperatoren; 428
Kontakt; 68; 291; 296; 326
Kontext-Diagramm; 282
Kontext; 38; 146; 147; 153; 156
Kontingenzansatz; 122
kontingenztheoretische Aspekte; 122
kontingenztheoretische Optimierung; 112
Kontingenztheorien; 17; 27
kontrastive Analyse; 323
kontrastiver Ansatz; 323
Kontrolle; 96; 326; 327; 328
Kontrolle der Kontrolle; 327
Kontrolle des Leistungsfortschritts; 504
Kontrolle des Projektfortschritts; 492
Kontrollflüsse; 287
Kontrollinstrument; 327
Kontrollschein; 218
Kontrollsituation; 328
Kontrollstrukturen; 283
Kontrollsystem; 96
Kontrollunterlagen; 507
konvergentes Denken; 229
konzeptionelle Ebene; 423
konzernleitende Obergesellschaft; 97
Kooperation; 31; 326

Koordination; 82; 86; 141; 147; 153; 156;
174; 176; 183; 186; 189; 211; 214; 222
Koordinationsmechanismen; 81
Koordinationsrollen; 99
Koordinationssitzungen; 522
Kosten-/Wirksamkeitsanalyse; 247
Kosten-Histogramme; 509
Kosten-Summenkurven; 509
Kosten- und Finanzplanung; 505
Kosten- und Leistungsrechnung; 369
Kosten; 466
Kosteninformationssystem; 372
Kostenkontrolle; 508
Kostenplanung; 505
Kostensenkung; 337
Kostenvergleichs-Rechnung; 244
Kreativitätstechniken; 228
KSS; 314
Kultur; 123
Kybernetik; 174

Lager; 168; 172; 212; 214; 217; 221
laterale Rollen; 116
Lebendigkeit; 296
Lebenszyklus-Konzept; 414
Leerkapazitäten; 92
Leerkosten; 91
Leistung-Kosten-Integration; 511
Leistungsbeurteilung; 525
Leistungsfähigkeit; 321; 323
Leistungsfähigkeit der Matrixorganisation;
112
Leistungsfähigkeit von Gruppen; 70
Leistungsfortschritt; 510
Leistungsfortschrittskontrolle; 509
Leistungskontrolle; 509
Leistungsnorm; 70
Leistungsverzeichnis; 492; 520
Leiter; 75
Leitstand; 210
Leitung; 185
Leitungsfunktion; 418
Lernebene; 66
Lernen, diskontinuierliches; 66
Lernen; 29; 63
Lernformen; 29
Lernforschung; 124
Lernkapazität von Organisationen; 129
Lernsprünge; 66
Letztentschluß; 106
Letztinstanz; 101
Lewinsche Verhaltensformel; 64
lineare Programmierung; 171
Local Area Networks; 341
logische Aufgabengliederung; 268
logische Integrität; 453
Lohnschein; 206
Lokale Netze; 342

Macht; 33; 73; 100
Machteinsatz; 100
Machtgrundlagen; 15
Machtkämpfe; 33
Machtstruktur; 327
Macht durch Belohnungs- und
Bestrafungsmöglichkeit; 34
Mac Project; 302
MAGNA Corporation; 130
make or buy; 208
makrosoziale Veränderungswiderstände;
126
Management-by-Objectives; 117
Management-Holding; 97
Management-Informations-Systeme; 352
Management; 349
Managementfunktionen; 349
Marken; 291; 293; 294
Marketing-Informations-Systeme; 363
Marketing; 362
Maslow; 26
Massen- und Serienfertigung; 167; 169
Materialschein; 169; 206
Materialwirtschaft; 357
Matrix-Diamant; 109; 113
Matrix-Projektorganisation; 476; 478
Matrix; 109
Matrixorganisation; 105; 127; 330
Mayo; 26
Mechanisierungsgrad; 324
Mehrdeutigkeit; 52
mehrdimensionale Organisationsformen;
108
Mehrdimensionalität; 112
Mehrliniensystem; 103; 108
Mehrprogrammbetriebs; 380
Meilensteine; 492; 496; 504
Meilensteinliste; 492
Mengenübersichtsstückliste; 457
Mensch-Maschine-Funktionsteilung; 321;
323
Mensch-Maschine-Interaktion 220
Mensch-Maschine-Partnerschaft; 322
Mensch-Maschine-System; 1; 321
Mensch; 321
Mensch als Fehlerquelle; 323
Mensch als Korrektiv im Arbeitsprozeß; 324
menschliche Fehler; 323
Merkmale; 425
Methode; 635; 232
Methode des internen Zinsfußes; 244
Methoden/Techniken des Organisationsent-
wicklungsberaters; 132
Methoden und Instrumente der Projektorga-
nisation; 484
methodische Unterstützung; 491
Metra-Potential-Methode; 499
Micro Planner; 302

Midvale Steel Company of Philadelphia;
109
mikrosoziale Veränderungswiderstände; 125
Milgram-Experimente; 74
Militär; 24
Mini-Spezifikation; 279; 282; 284
Mitarbeiteranzahl; 526
Mitarbeiterbericht; 511
Mitarbeiterqualifikation; 324
Mitbestimmungsrecht; 118; 327
mitgliederorientierte Ziele; 139
Mittel; 150; 151; 154; 194; 199
mobile Datenerfassungssysteme; 363
Modell-Lernen; 64; 132
Modell; 125; 278
Modellbildung mit SA; 280
Modellentwurf; 295
Modul; 161
Momentum; 134
morphologische Analyse; 239
morphologische Matrix; 240
MOSAIK; 314
Motivation; 324; 324; 528
motivational; 27; 148
motivationale Kräfte; 93
Motivatoren; 55
Moving; 130
MPM-Netzplan; 499
MPM; 499
muddling through; 164
Multi-Projektmanagement; 470
Multi-Projektplanung; 470
Multi-Projektübersicht; 470
Multiprogramming; 340
Muß-Beziehung; 430
Muß-Muß-Beziehungen; 431
Muß-Ziele; 242
Muß- oder Kann-Beziehungen; 453
Mutationsanomalien; 448
Mythen; 22; 81

Nachkalkulation; 511
Nassi-Schneidermann Diagramme; 274
Netz; 290
Netzmodelle; 290
Netzplan; 498
Netzplanbausteine; 498
Netzplanerstellung; 486
Netzplantechnik; 498; 508
Netzwerkmodell; 424
Neugestaltung; 140; 173
Neukonfiguration; 133
Nicht-Determiniertheit; 296
Nicht-repititive Projekte; 468
nicht-triviale Maschine; 57
Nordamerika; 30
Norm; 172; 208; 218
normalisiertes Datenmodell; 442

Normalisierungsprozeß; 435
Normen; 68; 69
Normen und Standards; 320
Nullsummenspiele; 35
Nutzen; 171
Nutzleistung; 526
Nutzwertanalyse; 246

OAM; 315
Ober- und Unterziele; 139
"obersten" Organisatonsaufgabe; 98
objects of interest; 437
Objekt- und Verrichtungsanalyse; 422
Objekt; 145; 150; 151; 154; 160; 172; 214;
224
objektbezogene Interdependenzprobleme; 90
objektbezogene Organisation; 83; 92
objektbezogene Spezialisierung; 88
Objekte; 425; 426
objektorientierte Darstellung; 308
Objekttyp; 438
Objekttypen; 426; 429; 430; 429; 437
Objekttypkandidaten; 438
ODER-Rückkopplung; 269
ODER-Verknüpfung; 269
ODER-Verzweigung; 269
offene Systeme; 25
ökonomische Ziele; 139
Oligarchie; 33; 100
operational; 164; 186; 198
operationale Kreativität; 230
Operationalisierung von Zielen; 242
Operations Research; 171
operativ; 180
operative Planung; 354
Optimale Nutzung der Ressourcen; 91
optimaler Dezentralisationsgrad; 122
Organigramm; 82; 106; 127; 266; 304; 311;
485
Organisation; 1; 2; 3; 5
organisational; 13
organisationale Stagnation; 133
organisationale Transformationen; 135
Organisations-Datenbank; 304
Organisations-Informationssysteme; 304
Organisations- und Führungsverständnis;
466
Organisationsanweisungen; 514; 522
Organisationsentwicklung; 128; 531
Organisationsentwicklungsgurus; 132
Organisationsform; 2
Organisationshandbuch; 513
Organisationslehre; 2; 4
Organisationsprogrammierer; 401
Organisationsstruktur; 418; 471
organisatorisch; 13
organisatorischer Gestaltungsspielraum; 332
organisatorischer Wandel; 130

Orientierungsreaktion; 41
OSSAD; 315

Partei; 36
Partizipation; 118
Partizipationsgrad; 77
partizipative Projektarbeit; 531
partizipative Systementwicklung; 329; 419
partizipative Vorgangsweise; 484
Paßamt; 102
passive Systemkomponenten; 288
PC-Software; 298
Personalbeschaffung; 529
Personalengpässe; 530
Personalengpässen; 529
personale Veränderungswiderstände; 124
Personalinformationssysteme; 377
Personalvertretung; 127
Personalwesen; 377
Persönlichkeitsprofils; 523
PERT-Netzplan; 501
PERT; 500; 501
Petrinetz-Software; 311; 312
Petrinetz; 287; 312
Pfeilbeschriftung; 293
Pfeile; 289
Pfeilgewicht; 292
Phase; 151; 181
Phaseneinteilung; 414; 416; 494
Phasengliederung; 494
Phasenkonzept; 411; 413; 414; 416; 495
Phasenschemata; 119
Pilotstudien; 259
pixelorientierte Darstellung; 308
Pläne; 117
Planschein; 211; 217
Planung; 123; 498
Planungsaufgaben; 490
Planungsphase; 507
Polarisierungsthese; 337
"politische" Koalition; 127
politisches Paradigma; 133
Pool; 188; 190
Population-Ecology-Theorie; 18; 127
Population-Ecology Ansatz; 27
Population; 27
Positionsmacht; 74; 329
Prädikat-Transitions-Netze; 290; 294
Prädikate; 288
Präferenzmatrix; 243
pragmatisch; 185
präventive Verlern-/Lernfähigkeit; 129
Pretest; 259
Primärschlüssel; 426; 429; 430; 432; 438;
448; 456
Primitiv-Prozesse; 282
Prinzipien; 411
Prinzipien des Software Engineering; 412

Priorität; 194; 204; 214
Problem; 194
Problemlösungsgrad; 418
Problemtypen; 228
Produkt-Markt-Entscheidungen; 95
Produktion; 359
Produktionsfaktor; 137; 209; 345
Produktionsplanung- und steuerung; 360
Produktspezifikation; 520
Professionalisierungsforschung; 115
Profit Center; 398
Prognostizierbarkeit von Verhalten; 58
Program-Evaluation-and-Review-
Technique; 500
Programm; 116; 168; 169; 173; 174; 208
Programmablaufpläne; 273
Programmadaptierung; 420
Programmiererteam; 417
Programmierung/Standardisierung; 116
Programmierung; 192
Programmportierung; 420
Projekt-Organisationsplan; 485
Projekt-Teilaufgaben; 465
Projektablauf; 491
Projektabschlußbericht; 515
Projektarbeit; 411
Projektarten; 467
Projektauftrag; 492
Projektauftrag und Grobplanung; 491
Projektbeginn; 492; 527
Projektbegriff; 463
Projektberichte; 515
Projektbesprechung; 517; 522
Projektbibliothek; 519; 520; 522
Projektdauer; 464; 526
Projektdokumenation; 301; 518; 519; 520
Projektdurchführung; 494
Projekteigenschaften; 523
Projekteinzelkosten; 505
Projektfortschritt; 507; 509
Projektfortschrittsbericht; 511; 512
Projektgemeinkosten; 505
Projektgröße; 495; 527
Projektgründung; 527
Projektgruppe; 525
Projekthandbuch; 513; 513; 519
Projektinstanz; 469
Projektkomplexität; 527
Projektkontrolle; 301; 489; 490; 506; 511;
515
Projektkoordinator; 474
Projektkosten; 505; 506
Projektkostenplan; 506
Projektleitung in der Linienorganisation;
480
Projektmanagement-Programme für PCs;
301
Projektmanagement-Software; 300; 309

Projektmanagement; 5; 411; 413; 463; 468
Projektmanager; 484; 522; 523
Projektmanager; 523; 528
Projektmerkmale; 464; 517
Projektorganisation; 469; 513
Projektorganisationsform; 472; 480
projektorientierte Teilorganisation; 479
Projektphasen; 494; 515
Projektplanung; 300; 300; 489; 522
Projektsonderbericht; 516
Projektstabstelle; 474
Projektstands; 507; 522
Projektstatusbericht; 515
Projektsteuerung; 301; 489; 490; 506; 520
Projektstrukturplan; 493; 494; 495; 503
Projekttagebuch; 517
Projektteam; 485; 530
Projektträger; 469; 516
Projektüberwachung; 300
Projektumfang; 464
Projektziele; 465; 467; 522
Projekt "Columbus"; 258
Promotorenmodell; 329
prosoziale Normen; 126
Prototyping; 419
Prozesse; 289
Prozeß; 279
Prozeßgestaltung; 132
Prozeßkostenrechnung; 372
Prozeß der Systementwicklung; 411
Prozeßorientierte Projekte; 467
PrT-Netze; 294
Pseudocode; 284
PSP; 493; 505
Puffer; 215
Pyramide; 101

Qualifikation; 324; 335; 336; 337
Qualifikationsanforderungen; 324
Qualität; 167; 218; 411
qualitatives Interview; 249
qualitative und quantitative Methoden; 248
Quantensprünge; 135
Quantität; 167
Quantum Approach; 133
Quinault; 315

Randprobleme des Projektmanagements;
529
Rang; 151; 161; 180
rational; 133
Rationalisierung; 333; 337
Rationalisierungsmaßnahmen; 334
Rationalisierungspotentiale; 332
Rationalität; 28
Raum; 146; 160; 167
Rechnerkapazität; 92
Rechnungswesen; 367

Redundanz; 28
redundanzfrei; 442
REFA; 209
Refreezing; 130
Regel; 30
Regelkreis; 212; 217
Regelstrecke; 174
Reihenfertigung; 215
Reihung; 204
reine Projektorganisation; 472; 473
rekursive Beziehungen; 432; 440
Relation; 447
relationales Datenmodell; 435; 447
Relationen; 136
Relationenmodell; 424; 451
relationships; 427
Rentabilitätsrechnung; 244
Reorganisation; 140
repititive Projekte; 468
Ressortegoismus; 123
Ressourcenteilbarkeit; 92
retrograd; 214
Return on Investment; 90; 95
Reversion; 133; 134
Review; 517
reziprok; 189
Rhythmen; 160
Ringstruktur; 441
Risiko; 465
Risikoschub; 107
Riten; 81
Robustheit; 141
Rollendifferenzierung; 68; 69; 525
Rollenverhalten; 69
Rolle des Projektmanagers; 524
Rolle des Projektträgers; 469
Routinearbeit; 326; 333
Rückkopplung; 174; 212; 222
Rückmeldung; 174; 176; 177; 177; 183;;
187; 193; 204; 205; 226
Rückverbindung; 99; 104
Rüst- und Arbeitszeit; 462
Rüsten; 152

S -> O -> R-Paradigma; 251
S -> R-Paradigma; 250
S/T-Netze; 291
SA; 278
Sach- und Arbeitsmittel; 146
Sachfunktionen; 349
sachlogische Datenstrukturen; 422
sachzielorientierte Projekte; 467
Sanktionsmacht; 73
satisfiszierend; 140
Schablonentechnik; 421
schalten; 292
Schema; 22
schlecht strukturierte Probleme; 229

Schlüsselkandidaten; 427
Schnittstellen; 295; 319; 422
Schnittstellen zum Informationswesen; 5
Schulung; 172
Schwerkraft; 123; 130
Seitenzahlungen; 36
Selbstabstimmung; 113; 115
Selbstaktualisierung; 96
Selbststeuerung; 132
selektive Informationsaufnahme; 330
Semantik von Datenbeschreibungen; 437
semantisches Datenmodell; 424
semantische Integrität; 433
Sender; 184
sequentiell; 189; 193; 197
Sicherheitsbestände; 214
single gang boss; 103
Situationsanalyse; 79
skalare Attribute; 449
slack; 135
Software-Entwicklungsprojekten; 517
Software-Entwicklungsprozesses; 413
Software-Lebenszyklus; 414
Software; 411
Softwareentwicklung; 278; 414; 416
Softwareentwicklungsprojekt; 416
Softwareentwicklungsprozeß; 411
Softwarekrise; 411; 412
Software Engineering; 411; 412
Softwareunterstützung für organisatorische
Aufgaben; 298
Sohn-Diagramme; 282
Sozialdarwinismus; 18
sozialer Druck; 70
soziale Einheit (Entität); 38; 67
soziale Interaktion; 57; 63; 64; 68
sozialer Kontakt; 326
soziale Lerntheorien; 124
Sozialpartnerschaft; 33
soziokulturelle Bedingtheit; 55
soziologische Natur von Arbeitsgruppen;
261
Sparten; 88
Spartenorganisation; 119; 123
Speicherung; 184
Spezialisierung; 82; 82; 99; 429
Spezialisierungsgrad; 91
Spezialisierungstypen; 97
Spiel; 30
Spieltheorie; 35
Spiralmodell; 416
Sprache; 45
Staat; 33
Stab-Liniensystem; 105
stabilisierte Bilder; 42
Stabilität; 140
Stabsabteilungen; 106
Stabsgeneralisten; 105

Stabsspezialisten; 105
Stabsstelle; 105
Standardisierbarkeit; 325
standardisiert; 204
Standardisierung; 177; 191; 192
Stapelverarbeitung; 379
"stark strukturiertes" Interview; 251
statisch; 137
statische Verfahren; 244
Statusbericht; 511
Statusbesprechung; 517
Stelle; 158; 172; 176; 184; 188; 190; 191;
204; 205; 226; 228; 288
Stellen-Transitions-Netze; 290; 291
Stellenbeschreibung; 264; 304; 488
Stellenplan; 304
Stellvertreterplan; 304
Steuerungspapiere; 211
Stichprobe; 218
Störgrößen; 174
Storyboard; 298; 299
strategisch; 165; 170; 180; 208; 225
strategische Geschäftseinheiten; 399
strategische Unternehmensführung; 355
strategisches Informationsmanagement; 357
strategische Planung; 353
strategische und taktisch-operative Planung;
90
Streß; 336
Structured Analysis (SA); 278; 285; 286;
311; 422
Structure Follows Strategy; 122
Struktogramm; 274; 422
Strukturen; 10
Strukturorganisation; 394
Strukturstückliste; 457
Struktur eines Erzeugnisses; 455
Stückliste; 208; 455; 457
Stücklistenstruktur eines
Informationssystems; 434
Sub-Objekttypen; 433
Subobjekte; 430
Subobjekttypen; 429
Substitutionsgesetz; 141
Survey Feedback; 132
Synektik; 235
Synergieeffekte; 86
System, musterbildendes; 47
System, selbstorganisierendes; 46
System; 278; 287
Systementwicklungsprozeß; 411
Systems-Engineering-Ansatz; 414
System "vorbestimmter Zeiten"; 104
systematische Faulheit; 114
Systementwurf mit Petrinetzen; 295
Systemgröße; 323
systeminduzierte Konfliktanfälligkeit; 87
Systemmodelle; 278

Systemschnittstellen; 280
Systemtheoretiker; 25
Systemtheorie; 27
Systemverhalten; 296

T-Gruppen; 132
Tabellenkalkulation; 298
Tabellenkalkulations-Programm; 305; 307;
309
taktisch; 165; 170; 180; 225; 208
Task Force; 472
Tätigkeits- und Kommunikationsanalyse;
313
Tätigkeitsbericht; 516
Taylor; 24
tayloristische Arbeitsteilung; 322
Team-Building; 132
Team; 418
Teamgröße; 418
Teamleiter; 417; 417; 418
Teamorganisation; 411; 417
technische Verfahren; 459
Technokratie; 33
teilautonome Gruppen; 116
Teile; 455
Teilestruktur; 457; 455
Teilintegration; 401
Teilschlüssel; 427
"teilstrukturierte" Form der Befragung; 252
Telefoninterview; 252
Termin- und Ablaufkontrolle; 507; 508
Termin- und Ablaufplanung; 503; 504
Termin- und Kostenplan; 505
Terminabweichungen; 507
Terminkontrolle; 507
Terminplanung; 503
Terminüberschreitungen; 508
Textverarbeitung; 298
Theorie der "Eskalation"; 125
Therbligs; 157
Toleranzbereich; 218
Top-Down-Analyse; 437
Top-Down-Ansatz; 413
Top-Down-Gewichtung; 243
Top-Down-Vorgehensweise; 281
Total Quality Management; 218
Traineeprogramm; 226
Trainingsgruppen; 71
Transaktionsanalyse; 132
Transaktionskosten; 11; 86
Transformation; 152; 181
Transformationsbeschreibung.; 284
Transformationsschübe; 135
Transformationssystem; 136
Transitionen; 289; 291
transitive Abhängigkeit; 426; 450
Transplan; 497
Transport; 152; 172; 195; 212; 214; 224

transskribiert; 257
Trap; 296
Trennung; 402
Triade; 36; 127

überleben; 27; 142
Überlebensfähigkeiten; 128
Überlebenskämpfe; 133
Überprüfung des semantischen
Datenmodells; 442
Überprüfung von Attributen; 444
Überprüfung von Beziehungstypen; 444
Überprüfung von Datenmodellen; 443
Überprüfung von Objekttypen; 443
Umwelt; 13; 26; 139; 140; 172; 186; 199
UND-Verknüpfung; 269
UND-Verzweigung; 269
Unfreezing; 130
Universitätsorganisationsgesetz; 118
Unter-Über-Ordnungsgefüge; 99
Untergrenzen der Arbeitsteilung; 83
Unternehmensdatenmodell; 445
Unternehmenserfolg; 331
Unternehmensverfassung; 113
unvollendete Ganzheiten; 92
Utopienspiel; 234

Valenz ; 56
Variabilität; 147
Varietät; 26; 147
Vater-Diagramm; 282
Veränderungsstrategien; 128
Veränderungswiderstände; 132
Veränderung von Arbeitsbedingungen; 332
Verantwortung; 525
Verantwortungsmatrix; 487; 495
verbale Beschreibung von Datenobjekt-
Diagrammen; 434
verbale Beschreibung; 429
verbale Rasterdarstellung; 270
Verdienst; 335
Verfahrenshandbuch; 513
Verfahrenskontrolle; 327
verfeinern; 295
vergleichender Ansatz; 321
Verhalten; 321
Verhaltensänderung; 63
Verhaltensformel von Kurt Lewin; 13
Verhaltenskoordination; 57; 60; 69
Verhaltensmuster; 30
Verhandlungsstrategie; 331
VERIKS; 314
Verkauf; 93
verknüpfte Entscheidungstabellen; 277
Verknüpfung; 188; 189
Verlaufsprotokoll; 517
Vermögens- und Ertragsverteilung; 130
vernetzte Systeme; 319

Vernetzung; 319; 341
Verrechnungspreise; 92; 192
Verrichtung; 85; 145; 150; 151; 152; 154;
161; 214; 224
Verstärkungslernen; 63
Verteidigung eingenommener Standpunkte;
108
verteilte Datenverarbeitung; 342
Verteilung; 204
"vertikale" und "horizontale"
Dezentralisation; 118
Verträge; 10
Verwendungsnachweis,; 458
VIPS; 317
Volkswagen AG; 134
vollständige Integration; 401
Vollständigkeit; 150; 153; 155
Vorgangs-Knoten-Darstellung; 303
Vorgehensmodelle; 413; 416
Vorkopplung; 174
Vroom/Yetton-Modell; 127

W-Fragen; 483
wahlweise Beziehung; 431
Wahrnehmung, selektive; 43
Wahrnehmung; 22
Wahrnehmungsrealistik; 331
Wahrnehmungszyklus; 23
Wahrnehmung als Abbildung; 40
Walk-Through; 517; 517
Warenwirtschaftssysteme; 358
Wartung; 178
Wasserfall-Modell; 415
Weisungsbefugnis; 105; 105
Weisungsbeziehungen; 118
Weisungskompetenzdualismus; 483
"wenig strukturiertes" Interview; 251
Werbe- und PR-Aktivitäten; 92
Werkstättenfertigung; 161
Werkverteiler; 211
Werkzeuge der Büroautomatisierung; 311;
313
Wertebereich; 425; 448
Werttönung; 43
Westeuropa; 30
Wettbewerbsfaktor; 346
Widersprüche; 49
Widerstand; 329; 530
Wide Area Networks; 341
Wiederholgruppen von Attributwerten; 442
Wiederverwendung; 419; 420
Wille; 33
Wir-Gefühl; 68; 69
Wirtschaftlichkeit; 140; 153; 170
Wirtschaftlichkeitsrechnung; 244
Wirtschaftsinformatik; 1; 2; 4
Wirtschaftssysteme; 112

wissenschaftliche Betriebsführung; 24; 83; 156
Wissensträger; 106
wohlstrukturierte Probleme; 228
Workstations; 339

Zeigarnik-Effekt; 93
Zeit-Kosten-Integration; 511
Zeit; 146; 152; 156; 159; 164; 167; 178; 184; 188
zeitbehafteten Petrinetzen; 297
Zentralbereiche; 119
Zentralisation; 379
zentralisierte Organisationsstruktur; 417
Zentralisierung; 117; 383
Zentralrechner; 338
Ziele; 52; 56
Zielformulierung; 242
Zielhierarchie; 139
Zielkatalog; 242
Zielstruktur; 242
Zielstrukturanalyse; 242
Zirkularität; 61
Zugprinzip; 213
Zukunftsvorsorge; 92
Zuordnung; 167; 171; 176; 204
Zweck-Mittel-Beziehungen; 242
Zweck; 152; 156; 180
Zweckmäßigkeit; 140; 153
Zweierkoalition; 127
zweite Normalform; 442; 449
Zwischenlager; 217